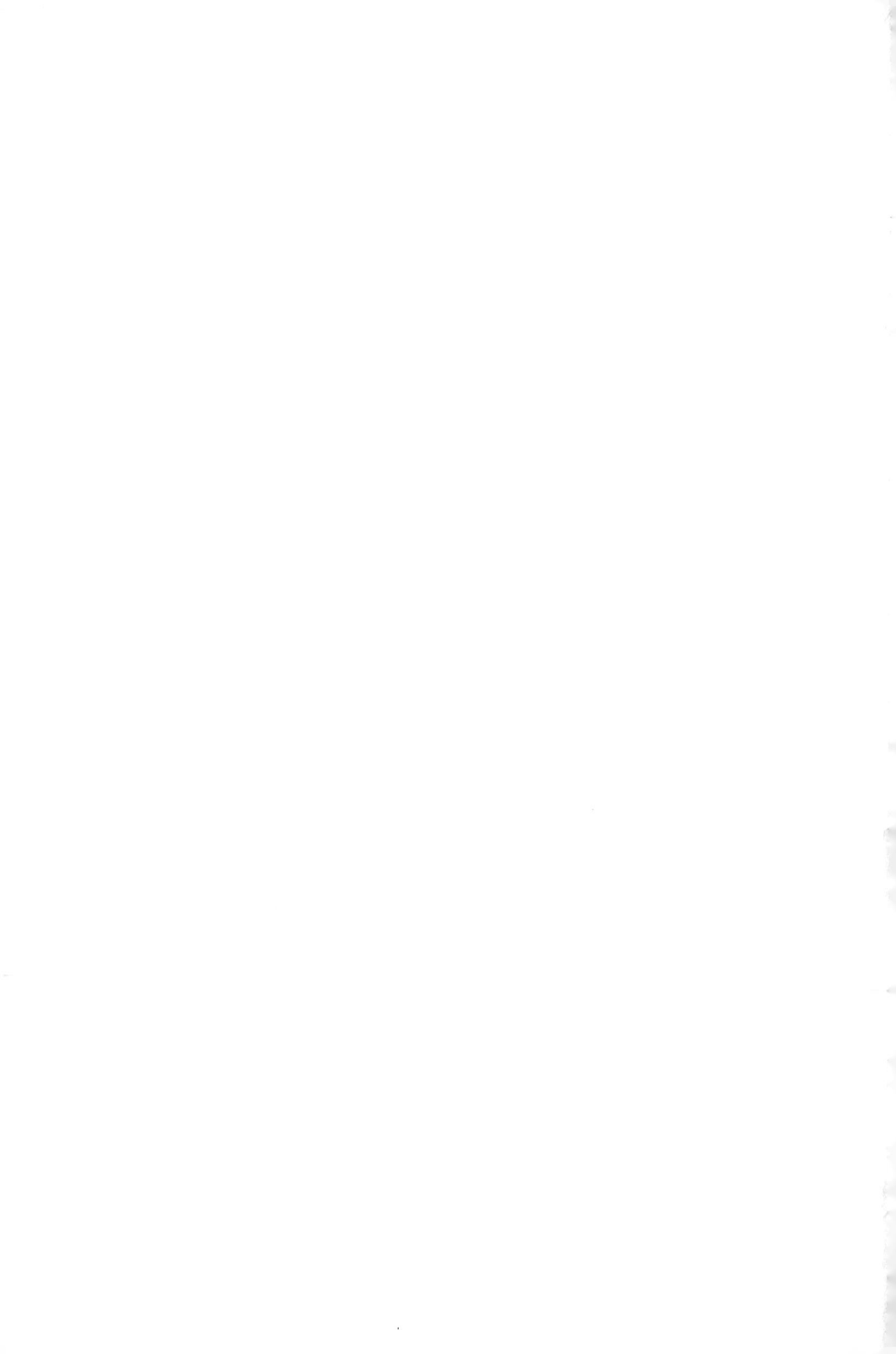

Karsten Müller / Georgios Souleidis

Italienisch mit c3 und d3

– solide und giftig!

Mit einem Vorwort von Anish Giri

Joachim Beyer Verlag

ISBN 978-3-95920-143-8

2. Auflage 2022

Ein Imprint des Schachverlag Ullrich, Zur Wallfahrtskirche 5,
97483 Eltmann

Originaltitel: *Winning with the Slow (but Venomous!) Italian,* erschienen 2016 bei New in Chess, Niederlande

Inhaltsverzeichnis

Zeichen und Symbole

+− Weiß steht auf Gewinn

± Weiß steht deutlich besser

⩲ Weiß steht etwas besser

= die Stellung ist ausgeglichen

⩱ Schwarz steht etwas besser

∓ Schwarz steht deutlich besser

−+ Schwarz steht auf Gewinn

∞ die Stellung ist unklar

=∞ mit Kompensation für das Material

→ mit gefährlichem Angriff (für die Seite, die den letzten Zug ausgeführt hat, z.B. 11.Sxf7→ bedeutet, dass Weiß einen gefährlichen Angriff hat)

↑ gefährliche Initiative (nicht „Kaffeehaus-Kompensation“, z.B. zwei Bauern und ein Schach für eine Figur) für die Seite, die den letzten Zug ausgeführt hat

!! ein starker und schöner Zug

! ein starker Zug

!? ein interessanter und evtl. starker Zug

?! ein zweifelhafter Zug

? ein Fehler

?? ein grober Fehler

Vorwort

Jeder 1.e4-Spieler weiß, dass 1...e5 ein starker Zug und schwierig zu handhaben ist. Die Spanische Partie ist nicht einfach zu erlernen, da Schwarz sehr viele Optionen zur Verfügung stehen. Warum also nicht die Italienische Partie wählen, die genauso alt ist und zu ähnlichen Strukturen führt? Wir geben zu, dass 3.Lb5 direkt mehr Druck ausübt, Schwarz aber deutlich mehr Auswahl hat. Die Italienische Partie mit c3 und d3 und der Idee später d3-d4 folgen zu lassen bewahrt die Initiative und ist für Schwarz nicht einfach zu handhaben. Schwarz hat mehrere Optionen aber kein einfaches Leben, da Weiß oft bis ins Endspiel hinein Druck ausüben kann. Deswegen haben wir typische Strategien, Endspiele und Taktikaufgaben eingefügt.

Wir empfehlen einen schematischen Aufbau, ähnlich wie in der Spanischen Partie, mit 0–0, Sb1-d2-f1-g3(– f5), Te1, h3 und d3-d4 und falls Schwarz ...d6-d5 spielt exd5. Dieses Schema kann man aber nicht immer blind anwenden und muss einige Zugfolgen kennen, um nicht ausgetrickst zu werden. Weiß kann auch andere Aufbauten wählen, auf die wir kurz eingehen. Zum Beispiel betrachten wir den zur Zeit im Trend liegenden Aufbau mit frühem a2-a4 und der Idee den Springer über a3 zu entwickeln. Weitere Aufbauten und Konzepte werden in Kapitel 9 kurz angerissen. Wir haben die Zugfolgen der Einfachheit halber und gemäß unserem Konzept unifiziert.

Wir möchten Jonas Lampert und Ufuk Tuncer für ihre Ideen, Vorschläge und analytische Korrekturen, Robert Ullrich vom Beyer Verlag für die gute Kooperation und Thomas Beyer für das gelungene Layout, sowie Anish Giri für das Vorwort danken.

Karsten Müller und Georgios Souleidis, Hamburg 2016

Vorwort

Als 1.e4-Spieler mühte ich mich während meiner Karriere lange ab, was ich gegen 1...e5 spielen soll. Da ich nicht der fleißigste Typ der Welt bin, lehnte ich es immer ab den massiven Theorieberg der Spanischen Partie abzuarbeiten. Stattdessen probierte ich fast jede andere Möglichkeit 1..e5 zu begegnen, auch dubioses Zeug wie 2.d4 oder irgendwelche Gambits deren Name ich nicht nennen möchte. An einem bestimmten Punkt dachte ich, dass ich die Italienische Partie ausprobieren muss. Davor glaubte ich, dass es eine der langweiligsten Eröffnungen der Schachgeschichte ist und dass es sehr schwierig sei damit zu gewinnen. Zu meiner Überraschung fing ich aber an, auch gegen stärkere Gegner, eine Partie nach der anderen zu gewinnen und das sogar ohne groß die Theorie zu studieren.

Das ist allerdings keine Überraschung, denn die Italienische Partie ist eine sehr natürliche Eröffnung mit viel Tradition. Weiß entwickelt auf sehr natürliche Weise seine Figuren, bringt schnell seinen König in Sicherheit und kämpft von Beginn an um das Zentrum. Das sind die basalen Regeln fast jeder Eröffnung und das sind die Regeln, die Schachtrainer ihren Schützlingen beibringen sollten. Heutzutage ist die Italienische Partie meine Hauptwaffe gegen 1...e5 und wird es wohl für immer bleiben.

Karsten fragte mich mehrmals ein Buch mit ihm zu schreiben. Ich lehnte immer ab, bis er mir dieses Projekt anbot. Ich akzeptierte sofort, weil ich wusste, dass es sehr viele Publikationen aus schwarzer Sicht gegen 1.e4 gibt, aber sehr wenige aus weißer Sicht. Natürlich gibt es den Klassiker „beating 1.e4 e5“ von John Emms aus dem Jahr 2010, aber die Theorie hat sich seitdem enorm entwickelt. Viele starke Spieler haben die Italienische Partie in ihr Repertoire aufgenommen und einige von ihnen wie Sergei Tiviakov oder Ivan Saric nutzten oder nutzen sie immer noch als ihre Hauptwaffe.

Früher lautete die Hauptvariante 5.d4, aber das hat sich geändert. Die neue Hauptvariante, der wir uns in diesem Buch widmen, lautet 1.e4 e5 2.Sf3 Sc6 3.Lc4 Lc5 4.c3 Sf6 5.d3. In diesem Buch betrachten wir alles nach 1.e4 e5 2.Sf3 Sc6 3.Lc4. Ich glaube, dass wir einen guten Weg gefunden haben, um trotz des nicht zu unterschätzenden Umfangs der Theorie ein spielbares Repertoire für den Amateurspieler zu präsentieren, der offensichtlich kaum Zeit hat eine Eröffnung ausschweifend zu studieren. Natürlich nutzen wir bei unserer Arbeit die neuesten Engines zur Analyse jeder Variante und wir hoffen, dass wir ein supersolides Repertoire präsentieren können, das über die Jahre auf höherem Niveau genutzt werden kann. Für mich wird es mein Referenzbuch sein in den nächsten Jahren und ich hoffe auch für die Leser.

Georgios Souleidis, Hamburg 2016

Vorwort

Die Eröffnung ist die Phase der Partie, die man vorhersehen und planen kann. Dementsprechend verwundert es nicht, dass dieser Aspekt viele Schachspieler jeglicher Spielstärke und jeglichen Alters fasziniert. Die Partie aus der Eröffnung heraus zu gewinnen, indem man eine Sequenz von Zügen auswendig lernt, so verlockend es erscheint, kommt aber nur in Märchen vor – oder in einigen meiner Partien, aber ich bestreite damit meinen Lebensunterhalt, so dass ihr das zu Hause nicht versuchen solltet.

Immer mehr Spieler haben erkannt, dass sie mit Weiß eine Eröffnung finden müssen, wo die Pläne einfach und trotzdem harmonisch sind. Das Hauptaugenmerk verlagert sich dann in das Mittelspiel, wo der schärfere Geist sich durchsetzt. Das ist allerdings einfacher gesagt als getan. Es ist sehr schwierig sich durch den imaginären Eröffnungsbaum, der sich täglich mit neuen und relevanten Partien erweitert, zu steuern. Die Optionen sind unzählig und für jeden Zug, den man mit Weiß spielt, muss man auf fünf Alternativen vorbereitet sein.

Ein einfacher aber stolzer Weg außerhalb dieses Eröffnungskarussells oder Irrenhauses ist die Italienische Partie oder Giuoco Piano. Die ersten zehn bis fünfzehn Züge sind klar, wie Karsten und Georgios zu Beginn erklären, doch sogar die stärksten Spieler scheiterten bislang sich durch das Labyrinth dieser kristallklaren Eröffnung zu navigieren. Hinter der scheinbaren Klarheit und Einfachheit verbirgt sich eine Schicht von Zugfolgen – Feinheiten und Nuancen, die man nicht unbedingt kennen muss, über die man aber unweigerlich stolpern könnte. Ich habe wenig Zweifel, dass die Varianten in diesem Buch weder komplett noch fehlerlos sind und dass sogar einige Bewertungen zu bezweifeln wären. Weitere wiederum dürften sich als fehlerhaft erweisen, wenn man sie unter dem Mikroskop sehr schneller Hard- und Software legen sollte. Aber die basalen Prinzipien, die Pläne und die Konzepte sowie die Modellpartien, die in diesem Buch angeboten werden, werden vielen ambitionierten Schachliebhabern helfen, ihr Verständnis dieser ruhigen aber trotzdem faszinierenden Eröffnung zu erweitern.

Ich persönlich habe viele erfolgreiche Partien mit der Italienischen Partie, insbesondere mit kurzer Bedenkzeit aber auch einige und wichtigere Partien mit langer Bedenkzeit, gespielt. Im Kandidatenturnier in Moskau 2016 nutzte ich diese Eröffnung, um Hikaru Nakamura auszutricksen, auch wenn er mir letztendlich entwischte, im Gegensatz zu Pavel Eljanov, dem ersten Spieler nach dem Kandidatenturnier, gegen den ich spielen durfte. Hoffentlich gewinne ich viele weitere Partien mit der Italienischen Partie und das wünsche ich auch den Lesern.

Anish Giri, August 2016

Konzept des Buches

Die Idee der Italienischen Partie ist mit den Bauern im Zentrum zu spielen, also mit c2-c3 und später d3-d4. Lange Zeit spielte Weiß ohne Umschweife d2-d4 in einem Zug, doch die moderne Praxis und computerunterstützte Analysen zeigen, dass Weiß damit keinen Vorteil erzielt und sein Potential mit diesem Zug sofort verbrennt. Aus diesem Grund empfehlen wir einen langsamen Ansatz mit c3 und d3 zu Beginn der Partie. Diese Idee verbreitete sich unter Großmeistern erst spät in den 70-ern, entwickelte sich aber seitdem rapide. Man kann es mit ähnlichen Zugfolgen in der Spanischen Partie vergleichen und manchmal geht die Partie in die andere Eröffnung über.

1.e4 e5 2.Sf3 Sc6 3.Lc4

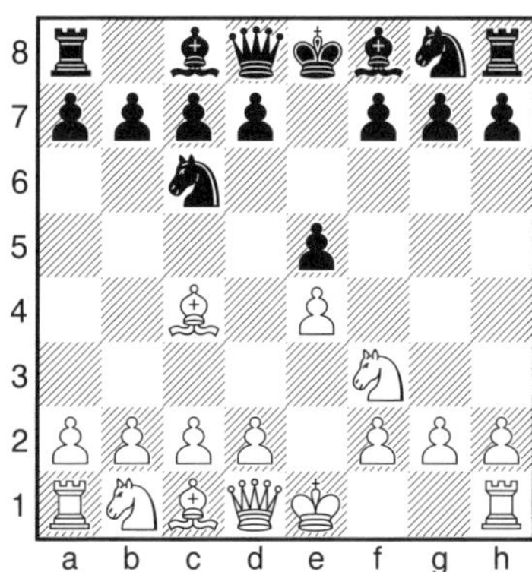

Die Startstellung dieses Buches ist erreicht. Weiß plant die kurze Rochade, c3, d3, h3, Te1, Sb1-d2-f1 und danach Sg3, Le3 oder d4. Dieser Plan ist einfach zu merken und die folgenden Strategien sind auch eindeutig.

3...Lc5

Für Nebenvarianten wie 3...g6 siehe Kapitel 1.

3...Sf6 4.d3 Lc5 (Für den anderen Hauptzug *4...Le7* und Nebenvarianten siehe Kapitel 3.) 5.c3 geht über in die Hauptvariante.

4.c3

Für die Zugfolge 4.0-0 siehe Kapitel 9. Hier ist es häufig wichtig, dass Weiß nicht h3 spielt, solange Schwarz noch nicht rochiert hat. Dieser Zug ist gegen ein frühes ...d7-d5 gerichtet.

4...Sf6

Für Nebenvarianten wie 4...Df6 siehe Kapitel 2.

5.d3!?

Das ist unsere Zugfolge im Buch.

5.d4 ist die alte Hauptvariante, aber inzwischen von 5.d3 überholt.

5...d6

5...d5? ist ein typischer Fehler wegen 6.exd5 Sxd5 7.Db3+−;

5...0−0 6.0−0 (Für die Zugfolge *6.Sbd2*, um ein frühes ...d7-d5 mit exd5 nebst Se4 zu beantworten, siehe Kapitel 4.4.) 6...d6 mit Zugumstellung. (Für *6...d5* siehe Kapitel 4.1 und 4.2.

Und für *6...a6 7.Sbd2 d5* siehe Kapitel 4.3.);

5...a6 6.0−0 La7 (*6...0−0 7.Sbd2 La7 8.h3 d5* führt zur selben Stellung.) 7.Sbd2 0−0 8.h3 d5 ist eine weitere Zugfolge, die zum Kapitel 4.3 führt. (*8...d6* führt zur Hauptvariante)

6.0−0 0−0

6...Lb6 mit der Idee ...Sc6-e7-g6 siehe Kapitel 6.2.

6...Lg4 7.Sbd2 siehe Kapitel 5.1.

7.Sbd2

Diese Zugfolge wird von den Spezialisten Giri und Nisipeanu favorisiert.

Für den modernen Ansatz 7.a4!? mit der Idee Sb1-a3-c2 folgen zu lassen siehe Kapitel 9.4.

7...a6

7...Se7 siehe Kapitel 6.

7...Sa5 wird mit 8.Lb5!? (Der Computer präferiert *8.Lxf7+ Txf7 9.b4±*, aber das ist chaotischer als unsere Empfehlung.) 8...a6 9.La4 b5 10.Lc2⩲ beantwortet.

7...Le6 8.b4 siehe Kapitel 5.4.

7...a5 siehe Kapitel 5.5.

8.Lb3

Der Läufer muss vor ...Sa5 geschützt werden.

8...La7

Für 8...Le6 9.h3 oder (*9.Te1* siehe Kapitel 8.1.3.2 bzw. 8.1.3.3. *9.Lc2* ist Anish Giris Zug um den weißfeldrigen Läufer zu bewahren – siehe Giri – Anand im Strategieteil.)

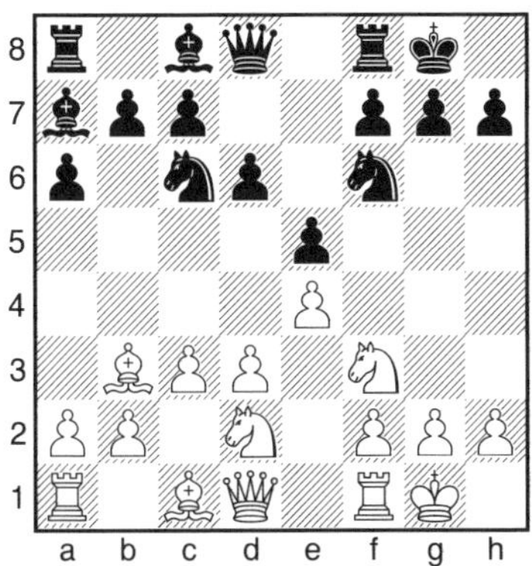

9.h3!

Ein wichtiger Moment ist erreicht.

9.Te1?! ist ungenau wegen 9...Sg4 10.Te2 Kh8 11.h3 Sh6 (Sogar das direkte *11...f5!?* ist interessant.) 12.Sf1 f5 und Schwarz besitzt eine starke Initiative.

9...h6

9...Se7 siehe Kapitel 6.3.

9...Le6 10.Te1 siehe Kapitel 8. (Die interessante Alternative *10.Lc2* wird in Giri – Anand im Strategieteil betrachtet.);

Nach 9...Sh5 ist 10.Sc4! sehr wichtig und wird in Kapitel 7.1 betrachtet.

10.Te1

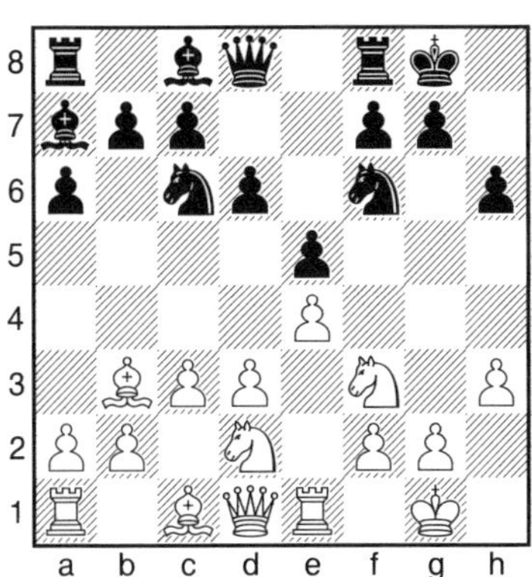

10...Te8

10...Le6 11.Sf1 siehe Kapitel 8. (*11.Lc2* ist eine weitere Zugfolge.);

10...Sh5 siehe Kapitel 7.2.

11.Sf1 Le6 12.Sg3

12.Lc2 ist eine weitere Zugfolge.

12...Dd7

12...d5 siehe Kapitel 8.

12...Lxb3 wird gewöhnlich mit 13.Dxb3 beantwortet, aber wenn Schwarz ...h6 gespielt hat, kommt auch *13.axb3!?* in Betracht – siehe Kapitel 8.

13.Lc2 d5

Siehe Kapitel 8.

Zugfolge

Normalerweise kann man die schematische Zugfolge 0–0, Te1, Sbd2-f1-g3 (für den modernen Ansatz mit a4 und Sb1-a3-c2 siehe Kapitel 9) und Lb3-c2 fast beliebig umstellen. Aber es gibt einige Punkte, die beachtet werden müssen:

1) Vor Tf1-e1 muss man immer aufpassen, ob ...Sg4 gefährlich ist. Andernfalls kann Schwarz schnell ...f7-f5 folgen lassen. In unserer Hauptvariante spielen wir Te1 sehr spät.

2) h2-h3 wird normalerweise erst gespielt, sobald Schwarz kurz rochiert hat. Andernfalls kann Schwarz mit ...g7-g5-g4 den Punkt h3 angreifen. Außerdem kann Schwarz über ein Opfer auf h3 nachdenken, insbesondere wenn sein schwarzfeldriger Läufer die Diagonale a7-g1 kontrolliert. Darauf muss man besonders aufpassen!

3) Man muss sich im klaren sein, wie man ...d7-d5 beantwortet oder man stoppt es mit einem frühen Te1. In unserer Hauptvariante mit Sbd2 hat Weiß häufig Se4 oder Te1 zur Verfügung, um gegen ein frühes ...d5 zu agieren. Aber diese Varianten muss man sich genauer anschauen, um nicht die Initiative früh einzubüßen.

4) Wir empfehlen den Läufer so lange wie möglich auf b3 zu halten und ihn erst im 13. Zug zurückzuziehen – siehe Kapitel 8. Auf ...Le6 kommt aber auch der Rückzug Lc2 stark in Betracht – siehe Giri – Anand im Strategieteil. Falls Schwarz auf b3 schlägt, schlagen wir normalerweise mit der Dame zurück, aber falls Schwarz schon ...h6 gespielt hat, dann kommt auch axb3 stark in Betracht.

5) Der weiße Läufer verbleibt normalerweise auf c4, bis Schwarz ...Sa5 droht. Dann sollte Lb3 gespielt werden.

6) Der zentrale Vorstoß d3-d4 sollte vorbereitet und nicht zu früh gespielt werden. Häufig sollte der Damenspringer schon auf g3 stehen.

7) ...Lg4 ist normalerweise nicht gefährlich und spielt Weiß in die Karten.

8) Es ist wichtig 9...Sh5 mit 10.Sc4! zu beantworten. Das ist eine Ausnahme im Vergleich zur Hauptvariante – siehe Kapitel 7.1.

Eine Möglichkeit, um einen ersten Einblick in eine Eröffnung zu erhalten, ist sich die Partien von starken Großmeistern anzuschauen. In unserem Fall empfehlen wir z.B. Anish Giri, Liviu – Dieter Nisipeanu, Ivan Saric, Alexander Delchev, Nigel Short, Bartosz Socko, Sergei Tiviakov, Alexander Areshchenko, Anna Muzychuk und Hou Yifan.

Kapitel 1

Nebenvarianten

Im ersten Kapitel betrachten wir alle mehr oder weniger sinnvollen Züge außer 3...Lc5 und 3...Sf6. Drei von ihnen – 3...f5?!, 3...Sd4?! und 3...h6?! – sind zweifelhaft, weil Schwarz seine Entwicklung vernachlässigt. Weiß sichert sich mit natürlichen Zügen Vorteil. Nach 3...d6 und 3...Le7 kann Weiß in Kapitel 3 übergehen, aber wir bieten auch alternative Möglichkeiten an, die Weiß Vorteil versprechen. 3...g6 ist ein interessanter Versuch Hauptvarianten aus dem Weg zu gehen. Der schwarze Plan ist etwas langsam und gibt Weiß die Möglichkeit energisch im Zentrum vorzugehen. Mit einem schönen Bauernopfer reißt er die Initiative an sich und erfreut sich nach der Eröffnung einer besseren Stellung.

1.e4 e5 2.Sf3 Sc6 3.Lc4 Die folgenden Züge werden hauptsächlich auf Amateurniveau gespielt.

3...g6

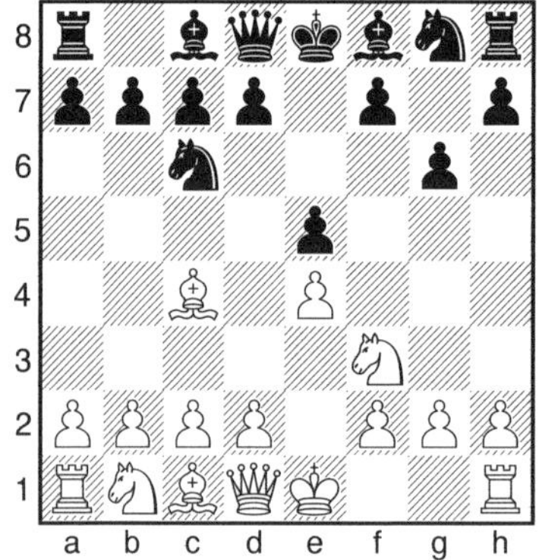

Dieser Versuch kann als seriös betrachtet werden. Schwarz möchte seinen schwarzfeldrigen Läufer nach g7 und seinen Springer g8 nach e7 entwickeln.

A) 3...f5?! Dieser sehr aggressive Zug schwächt den schwarzen Königsflügel und widerspricht den basalen Eröffnungsregeln. Weiß erhält großen Vorteil nach 4.d4 oder 4.d3.

A1) 4.d4

a) 4...fxe4 5.Sxe5 d5 6.Lb5 Dd6 7.c4! a6 8.Lxc6+ (*8.La4 b5 9.cxb5 Sxe5 10.dxe5 Dxe5 11.b6+ Ld7 12.Lxd7+ Kxd7 13.Le3 Lb4+ 14.Sc3 Lxc3+ 15.bxc3 cxb6 16.Ld4±* A. Wosch (2275) – S. Daenen (1850), LSS email 2007) 8...bxc6 9.0–0 Sf6 10.Sc3 Le7 11.Lf4 De6 12.f3± A. Stanitz (2180) – S. Daenen (2202), ICCF email 2009;

b) 4...exd4 5.e5!

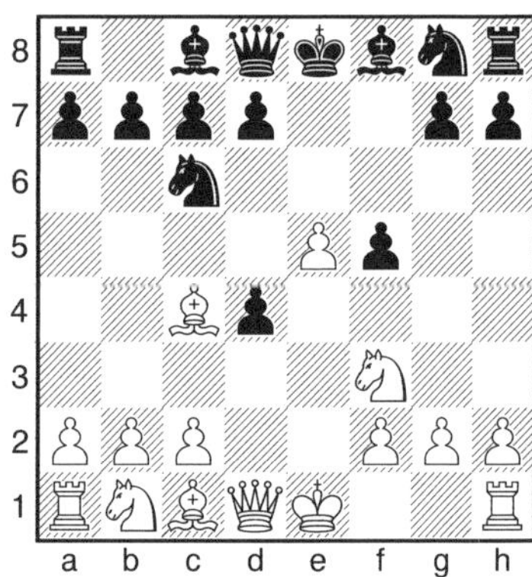

Dieser Zug ist sehr überzeugend, wie die folgenden Beispiele zeigen. Der schwarze König gerät unter Beschuss.

5...d6 Die nächsten Züge sind mehr oder weniger forciert. Die folgende Fernpartie schließt dieses Kapitel.

(5...Lb4+?! 6.c3! dxc3 7.bxc3 Lf8? *(7...d5 8.Lxd5 Lc5 9.La3 Lxa3 10.Sxa3 Sge7 11.c4±)* 8.Lg5 Sge7 9.Db3 d5 10.exd6 Dxd6 11.Lf7+ Kd8 12.0–0+– D. Burk – J. Holwell, Fernschachpartie 1990)

6.exd6 Dxd6 *(6...Lxd6 7.0–0 Sf6 8.Te1+ Kf8 9.c3±)* 7.0–0 Le7 8.Te1 Ld7 9.Sg5 Sh6 10.Se6! Lxe6 11.Txe6 Dc5 12.b3! 0–0–0 13.La3 Sb4 14.De1! Sxc2 15.Lxc5 Sxe1 16.Txe7 Sc2 17.Sa3 Sxa1 18.Sb5! b6 *(18...d3? 19.Lxa7!+–; 18...The8 19.Le6+ Kb8 20.Lxa7+ Ka8 21.Txe8 Txe8 22.Sxc7+ Kxa7 23.Sxe8 d3 24.Kf1 g6 25.Lc4±)* 19.Lb4 d3 20.Ld2 g5?! *(20...The8 21.Txc7+ Kb8 22.Txg7 Sg4 23.Sc7 Te2 24.Sa6+ Ka8 25.Tg8! Kb7 26.Txd8 Txd2 27.Td7+ Kc8 28.Txd3±)* 21.Sxc7+– M. Voracek – A. Vegjeleki (2313), ICCF email 2007;

c) 5.Sg5 Sh6 R. Gardner (2247) – H. Jung (2251), Brantford 1999 6.d5!N Se7 7.Sc3±

A2) 4.d3 Sf6

(4...d6 5.0–0 Le7 *(5...f4* G. Milosevic (2410) – J. Costa (2425), Schweiz 1993 *6.d4!N Lg4 7.Lb5 Sge7 8.d5 a6 9.Le2±)* 6.Sc3 Lf6 O. Reeh (2399) – M. Bach (2352), Hamburg 2000 7.b4!?N fxe4 *(7...Sxb4 8.Tb1 Sc6 9.exf5 Lxf5 10.d4 Sge7 11.dxe5 dxe5 12.De2±)* 8.dxe4 Sxb4 9.Tb1 Sc6 10.h3±) 5.0–0 Lc5 6.Sc3 d6 *(6...f4 7.Sd5 d6 8.c3 Lg4 9.b4 Lb6 10.a4 a5 11.Sxb6 cxb6* D. Bojkov (2514) – P. Dimitrov (2304), Sunny Beach 2012 *12.b5 Se7 13.h3 Lh5 14.Le6 Sg6 15.g4! fxg3 16.fxg3±)* 7.Lg5! Sa5 *(7...h6? 8.Lxf6 gxf6 9.exf5 h5 10.Sh4 Sd4 11.Se4 Sxf5 12.Sxf5 Lxf5 13.Sxc5 dxc5 14.Df3±)* 8.Lxf6 Dxf6 9.Sd5 Dd8 10.b4 Sxc4 11.bxc5 fxe4 12.dxc4 exf3 13.Dxf3 c6 14.Sc3 Df6 15.Se4 Dxf3 16.Sxd6+ Ke7 17.gxf3± D. Fryer (2078) – M. Lyell (2272), Hastings 2003;

B) 3...Sd4?! 4.Sxd4 *(4.Sxe5?! Dg5!* ist eine alte Falle. Die Stellung nach *5.Lxf7+ Kd8 6.0–0! Dxe5 7.c3 Se6 8.d3* ist alles Andere als klar. Allerdings gibt es keinen Grund nicht auf natürlichere Weise zu reagieren.) 4...exd4 5.0–0 Sf6 6.Te1 d6 7.c3± Weiß hat Entwicklungsvorsprung und übernimmt die Initiative im Zentrum.

C) 3...h6?! Das kommt recht häufig auf Amateurniveau vor, weil Schwarz einen Springerausfall nach g5 befürchtet. Offensichtlich kostet der Zug wertvolle Zeit. 4.0–0 Sf6 (4...Lc5 5.c3 Natürlich. Weiß baut ein starkes Zentrum auf. 5...d6 6.d4 exd4 *(6...Lb6 7.dxe5 dxe5 8.Dxd8+ Sxd8 9.Sxe5±)* 7.cxd4 Lb6 8.Sc3 *(8.Db3?!* R. Antonio (2574) – A. Ahmed (1788), Ha Long City 2009 *8...Sa5! 9.Da4+ Ld7 10.Lb5 Sf6∞)* 8...Sge7 *(8...Sf6 9.h3 0–0 10.Te1±; 8...Lg4 9.Lb5±)* 9.h3±)

5.d4! Nutzt die schlechte schwarze Zugfolge aus. *(5.d3* führt zu Kapitel 3 nach 4...h6.) 5...exd4 6.e5! d5 7.Lb5 Se4 8.Sxd4 Ld7 9.Lxc6 *(9.e6!? fxe6 10.Lxc6 bxc6 11.Dh5+ Ke7 12.Sd2 Sf6* G. Antal (2479) – X. Sandi, Indianapolis 2009. Hier verbessert *13.De2!N* die weiße Spielweise, aber es ist nicht klar, ob Weiß genügend Kompensation besitzt.)

9...bxc6

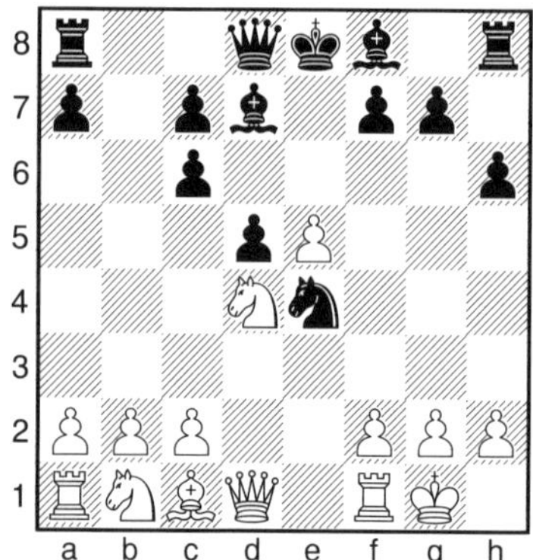

führt zu einer bekannten Stellung aus dem Zweispringerspiel im Nachzug, die normalerweise über 3...Sf6 4.d4 erreicht wird. Der Unterschied ist, dass Weiß den nützlichen Zug 0–0, während Schwarz den eher nutzlosen Zug ...h6 gespielt hat, anstatt seinen Läufer nach e7 zu entwickeln. 10.f3 Sg5 11.f4 Se4 12.Sc3! Greift den starken Springer auf e4 an. 12...c5 (*12...Sxc3 13.bxc3 c5 14.e6!→; 12...Lc5 13.Sxe4 dxe4 14.Le3 0–0 15.De2±*) 13.Sde2 Sxc3 14.bxc3!± Weiß droht schön einen Angriff mit f5.

D) 3...d6 Nach diesem bescheidenen Zug kann Weiß sofort um Eröffnungsvorteil kämpfen oder in Kapitel 3 überleiten. 4.c3!

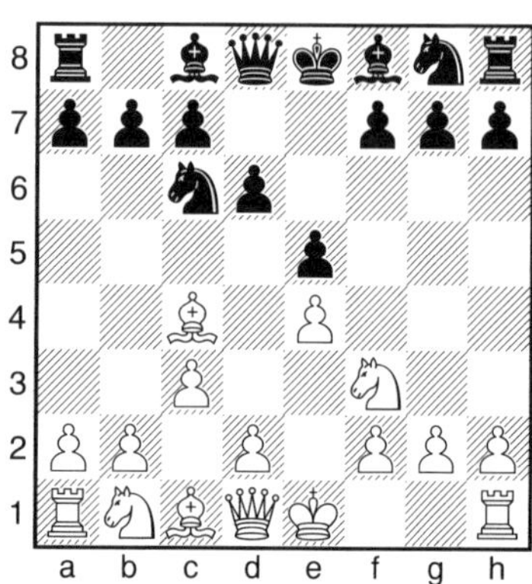

Das ist objektiv besser als 4.0–0, da es in allen Varianten zu weißem Vorteil führt.

(4.0–0 Sf6 (*4...Le7 5.a4 Sf6 6.d3 0–0 7.Te1* führt zu Kapitel 3.) 5.Te1 Le7 (*5...Sxe4?? 6.Txe4 d5 7.Sxe5!+–*) 6.a4! Wir haben nur eine Partie gefunden, in der Weiß diesen Zug spielte. (*6.d3* erlaubt *6...Sa5!* und Weiß kann den Tausch seines starken Läufers auf c4 nicht vermeiden.) 6...0–0 (*6...Sxe4* Diese typische Idee scheint für Schwarz in dieser konkreten Situation nicht zu funktionieren. *7.Txe4 d5 8.Lxd5 Dxd5 9.Sc3 Da5 10.Tb1! 0–0 11.Sxe5! Sxe5 12.b4 Lxb4 13.Tbxb4* Die beeindruckenden weißen Türme machen Schwarz das Leben schwer, z.B. *13...Sg6 14.La3 Da6 15.h4±* mit Initiative.) 7.d3 und wir sind per Zugumstellung in Kapitel 3 gelandet.)

4...h6

a) 4...Sf6?! 5.Sg5! d5 (*5...Le6 6.Sxe6! fxe6 7.Db3!±*) 6.exd5 Sxd5 7.d4 Das ist eine sehr bekannte Stellung, die normalerweise über 3.Lc4 Sf6 4.Sg5 d5 usw. erreicht wird. Hier hat Weiß einen Zug gewonnen, da Schwarz zuerst ...d6 und dann ...d5 gespielt hat. 7...Le7 8.Sxf7 Kxf7 9.Df3+ Ke6 10.0–0 Tf8 11.De4± Weiß hat einen Riesenangriff wie verschiedene Fernpartien beweisen.

b) 4...Le7 5.Db3 Sh6 (*5...Sa5? 6.Lxf7+ Kf8 7.Da4 Kxf7 8.Dxa5±* Weiß hat einen gesunden Mehrbauern.) 6.d4 0–0 (*6...Sa5? 7.Da4+ c6 8.Le2±*) 7.Lxh6 gxh6 Weiß hat die bessere Struktur und erfreut sich eines kleinen Vorteils, z.B. 8.0–0 Sa5 9.Da4 Sxc4 10.Dxc4 Lg4 11.Sbd2 Lg5 12.Tfe1 c5 13.Dd3 Tc8 14.Sxg5 hxg5 15.Sf1 exd4 16.cxd4 Df6 17.Dg3 Df4 18.Se3⩲ M. Mujunen (2226) – K. Zhuravlev (2180), ICCF email 2014;

c) 4...Lg4 5.d4 Lxf3 6.Dxf3 Df6 7.Le3 Dxf3 8.gxf3⩲;

5.0–0 Sf6 6.d4 Le7

(6...Sxe4 7.dxe5 Le6?! (*7...Le7 8.Te1 Lf5 9.Sd4! Sxd4 10.Dxd4 d5 11.Lxd5 Sc5 12.Lc4⩲*) 8.Lxe6 fxe6 9.Sd4! Sxd4 10.Dh5+ Kd7 11.cxd4± R. Zelcic (2460) – I. Krnic, Zadar 1994)

7.Te1 0–0 (*7...Lg4 8.Lb5⩲*) 8.h3⩲;

E) 3...Le7 Genau wie nach 3...d6 kann Weiß in Kapitel 3 überleiten oder mit trickreichem Spiel versuchen, sich sofort einen Vorteil zu sichern. 4.d4 (4.0–0 Sf6 (*4...d6 5.a4 Sf6 6.d3 0–0 7.Te1* leitet in Kapitel 3 über.) 5.d3 0–0 6.Te1 führt zu Kapitel 3.)

4...exd4

(4...d6 5.d5 Das ist der Favorit der Engines, die sich gerne Raumvorteil sichern. (*5.dxe5 dxe5 6.Dxd8+ Lxd8 7.Sc3* bietet Weiß ebenfalls gute Aussichten, siehe E. Vasiukov (2560) – F. Gheorghiu (2540) Manila 1974, in unserem Strategieteil.) Nach 5...Sb8 6.Ld3 Sf6 7.c4 Sbd7 8.Sc3 a5 9.h3 Sc5 10.Lc2 0–0 11.Le3 b6 12.a3⩲ erfreut sich Weiß eines guten „Königsinders".)

5.c3!?

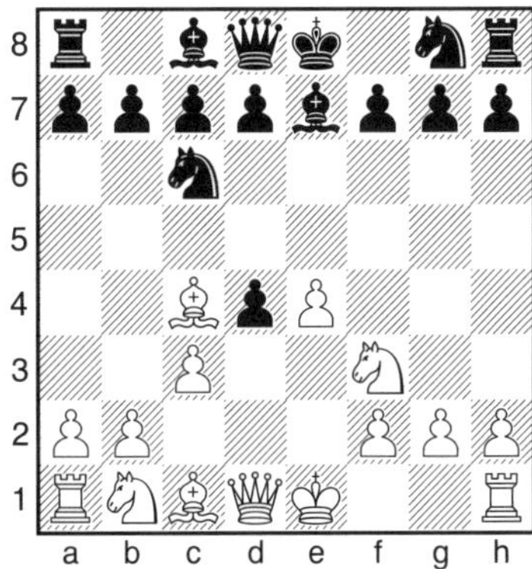

Nach diesem Zug ist es sehr einfach für Schwarz den falschen Weg einzuschlagen. 5...Sa5! (*5...d6?! 6.Db3 Sa5 7.Lxf7+ Kf8 8.Da4 Kxf7 9.Dxa5 Sf6 10.cxd4⩲; 5...dxc3?! 6.Dd5*

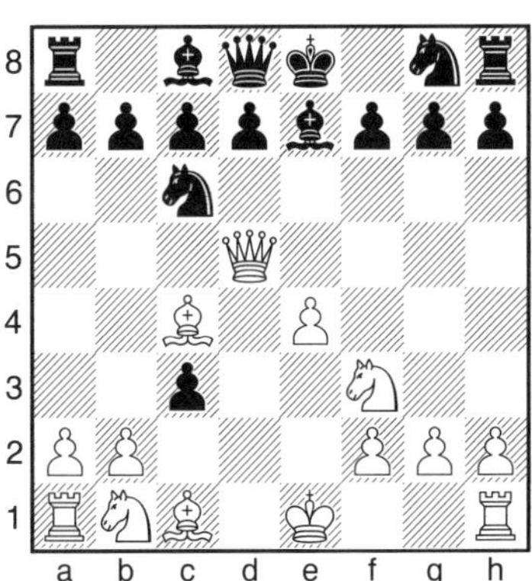

In vielen Partien gab Schwarz schon auf, doch er kann noch weiterkämpfen mit 6...Sh6 7.Lxh6 0–0 8.Lxg7 Kxg7 9.Sxc3 d6 10.Dd3±; 5...d3 6.Db3 Sa5 7.Lxf7+ Kf8 8.Da4 Kxf7 9.Dxa5 d5 10.Se5+ Kf8 11.Dxd5 Dxd5 12.exd5±; 5...Sf6?! 6.e5 Se4 7.Ld5!±) 6.Le2 dxc3 (*6...d5 7.Da4+ c6 8.exd5 Sf6 9.dxc6 Sxc6 10.Sxd4±*) 7.Sxc3 d6 8.0–0 Sf6 (*8...Sc6 9.Db3 Sf6 10.Td1 Sd7 11.Le3 0–0 12.h3 De8 13.Tac1⩲* G. Ardelean (2525) – E. Pessi (2224), Baile Olanesti 2010) 9.Da4+ Sc6 10.e5 dxe5

(10...Sd7 Z. Andriasian (2523) – Y. Erturan (2383), Dresden 2007 11.Dg4!N Kf8 (*11...0–0 12.Lh6 g6 13.Lxf8±; 11...Sdxe5 12.Dxg7 Lf6 13.Dh6±*) 12.exd6 Lxd6 13.Lg5⩲)

11.Sxe5 Ld7 A. Horvath (2495) – E. Pastor Alonso de Prado (2172), Madrid 2012 (*11...0–0 12.Td1 Ld6 13.Sc4 Le6 14.Sxd6 cxd6 15.Dh4 d5 16.Lg5 h6 17.Lxf6 Dxf6 18.Dxf6 gxf6 19.Sxd5±*) 12.Sxd7!N Dxd7 (*12...Sxd7 13.Td1 0–0 14.Lf4 Ld6 15.Lxd6 cxd6 16.Txd6 De7 17.Tad1±*) 13.Td1 Dc8 (*13...Ld6?! 14.Lg5 0–0 15.Lxf6 gxf6 16.Dh4±*) 14.Lf4⩲

4.d4

Eine gute Reaktion. Weiß attackiert sofort das Zentrum, da er einen Entwicklungsvorsprung hat.

4...exd4 5.c3!

5.Sxd4 Lg7 6.Sxc6 bxc6 7.0–0 Se7 8.Sc3 0–0 9.Lg5 d6 10.Dd2 Le6 11.Lb3 Dd7 12.Tfe1 Tfe8 S. Ganguly (2615) – S. Mamedyarov (2757), Doha 2014 13.Tad1N sieht ein wenig besser aus für Weiß, doch Schwarz hat mit 13...Sc8 eine schöne Ressource in petto. Der Springer geht nach b6 und unterstützt den Vormarsch des a- und/oder c-Bauern.

5...d3!

5...Lg7 6.cxd4

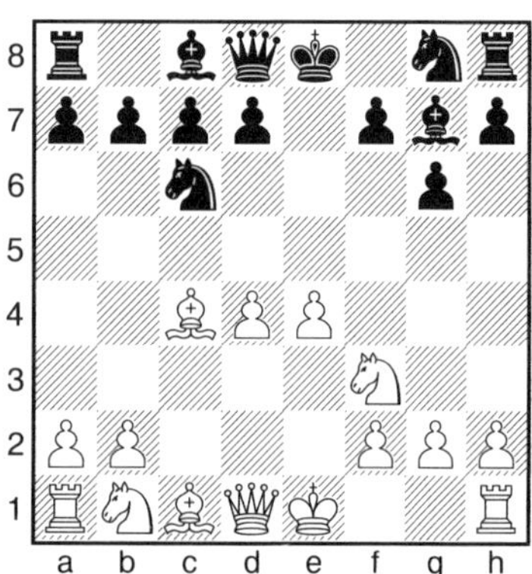

Diese Stellung bietet Weiß dank seiner besseren Kontrolle des Zentrums einen Vorteil. 6...d6 Danach kann sich Weiß sogar aussuchen, wie er Vorteil erzielt.

(6...Sge7 Y. Lapshun (2479) – S. Guramishvili (2273), Banyoles 2007 7.d5!N Sa5 (*7...Sb8?! 8.d6!±; 7...Se5 8.Sxe5 Lxe5 9.0–0 d6 10.Sc3 0–0 11.Lg5±*) 8.Le2 0–0 9.0–0 d6 10.Sc3± Weiß hat Raumvorteil und Schwarz braucht Zeit, um seinen Springer a5 wieder ins Spiel zu bringen.)

7.0–0

a) 7.Db3 Dd7 D. Flores (2440) – U. Pina Gomez (2263), Villa Ballester 2004 8.Ld2!N a6 (*8...Sxd4 9.Sxd4 Lxd4 10.Lxf7+ Dxf7 11.Da4+ Ld7 12.Dxd4 Sf6 13.Sc3±*) 9.d5 Se5 10.Sxe5 Lxe5 11.0–0 De7 12.Te1 Sf6 (*12...Lg7?! 13.Lb4 f6 14.f4 Sh6 15.Sd2 0–0*

16.Sf3±) 13.f4 Ld4+ 14.Le3 Lxe3+ 15.Dxe3 0–0 16.Sc3⩲;

b) 7.d5 Sce7 L. Ptacnikova (2284) – H. Gretarsson (2561), Reykjavik 2015 8.0–0!N Sf6 9.Sc3 0–0 10.Lf4⩲;

7...Sge7

(7...Sf6 8.Sc3 0–0 9.h3 Sxe4 (9...Sa5 10.Ld3 c5 11.dxc5 (*11.Lf4!? cxd4 12.Sb5 a6 13.Sxd6 Le6 14.e5 Sd5 15.Lg3±*) 11...dxc5 N. Hendrickson (2178) – B. Finegold (2482), St Louis 2013 12.Lg5N h6 13.Le3⩲) 10.Sxe4 d5 11.Lg5 f6 12.Sxf6+ Lxf6 13.Lxf6 Txf6 M. Krivokapic (2413) – S. Batricevic (2245), Tivat 2011 14.Lb3!±)

8.Sc3 0–0 9.h3 h6 (*9...Sa5 10.Le2 d5 11.e5⩲*) 10.Te1± B. Ramnath (2412) – M. Sidhant (2228), Mumbai 2014;

5...dxc3?! Das kam in der Praxis zu recht kaum vor. 6.Db3!?N Der Favorit der Engines.

(6.Sxc3 d6 M. Reinert (2330) – J. Hvenekilde (2280), Allerod 1984 (6...Lg7?! 7.Db3! De7 (*7...Sh6 8.Lxh6 Lxh6 9.Lxf7+ Kf8 10.Ld5±*) 8.Sd5! Dxe4+ 9.Le2! Kd8 10.0–0 Dxe2 (*10...Sge7 11.Lg5 h6 12.Sxe7 Sxe7 13.Ld3 Dc6 14.Tac1+–*) 11.Lg5+ f6 12.Tfe1+– und hier möchte der Computer die Dame „opfern", um den sofortigen Verlust zu vermeiden.) 7.0–0!N Lg7 8.Lg5 Sge7 9.Db3 0–0 10.Sd5 Kh8 11.Sxe7 Sxe7 12.Lxf7⩲) 6...De7 (6...Sh6?! 7.0–0! Lg7 (*7...Sa5?? 8.Dxc3+–*) 8.Lxh6 Lxh6 9.Lxf7+ Kf8 10.Sxc3 Kg7 11.e5 Tf8 12.Ld5±) 7.Sxc3 Sa5 (*7...Lg7?!* führt zur Variante 6...Lg7?!) 8.Db5 Sxc4 9.Dxc4 c6 10.0–0 d6 11.Lf4 Lg4 12.Tad1 Lxf3 13.gxf3 Td8 14.Dd4 f6 15.Dxa7⩲

6.0–0

Andere Züge sind ebenfalls gut und versprechen Weiß einen kleinen Vorteil.

6.Lg5!? Stört die schwarze Harmonie. 6...Le7 R. Pokorna (2352) – A. Matnadze (2399), Deutschland 2012 7.Lf4!N Sf6 8.Dxd3 0–0 9.0–0 d6 10.Sbd2⩲; 6.Dxd3 Lg7 7.0–0 Sge7 8.Lf4 d6 9.Sbd2 0–0 10.Tad1 h6 11.Tfe1 g5 12.Lg3 Sg6 A. Pourkashiyan (2232) – S. Melia (2251), Halkidiki 2003 13.h3!⩲

6...Lg7 7.Lg5 Sge7 8.Dxd3 d6

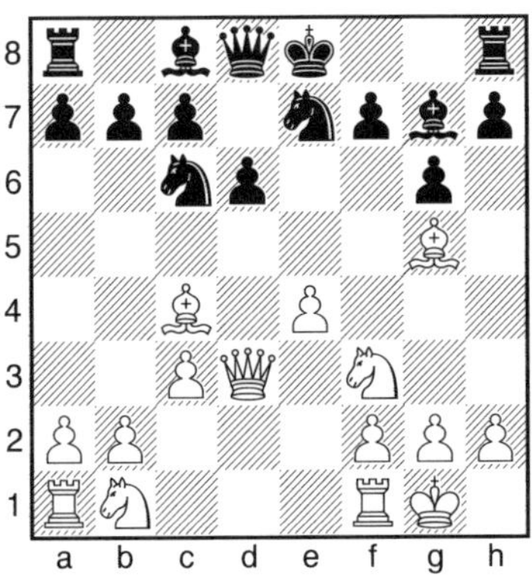

8...h6 9.Le3 d6 10.Dd2 (*10.Sbd2* führt zur Hauptvariante.) 10...Le6 11.Lxe6 fxe6 12.Sa3 Dd7 13.Sc2 g5= M. Schippers (2267) – D. Semcesen (2489), Vlissingen 2014

9.Sbd2!N

9.De3 h6! 10.Lh4 S. Jayakumaar (2231) – S. Rajdeep (2233), Jammu 2015 10...0–0=

9...h6

9...0–0 10.De3!⩲

10.Le3 0–0 11.Tad1 a6 12.Dc2±

Weiß erfreut sich eines kleinen Vorteils dank der besseren Entwicklung, der besseren Platzierung seiner Figuren und eines kleinen Raumvorteils. In diesem Kapitel betrachteten wir seltene Züge nach 3.Lc4. Nach 3...f5?!, 3...Sd4?! und 3...h6?! steht Weiß besser. Nach 3...d6 und 3...Le7 kann Weiß in Kapitel 3 überleiten oder direkt um Eröffnungsvorteil kämpfen. 3...g6 ist ein seriöser Zug. Weiß erhält einen leichten Vorteil, indem er das Zentrum öffnet und seine Figuren auf natürliche Weise entwickelt. Schwarz hat eine solide Stellung, aber gleichzeitig seinen Königsflügel etwas geschwächt. Außerdem hat er Probleme seine Entwicklung zu vervollständigen, ohne seine Stellung weiter zu schwächen.

Kapitel 2

Nebenvarianten im 4. Zug

In diesem Kapitel beschäftigen wir uns mit einigen Nebenvarianten nach 3.Lc4 Lc5 4.c3. 4...Df6?! ist ein gutes Beispiel, warum wir unsere Dame nicht so früh ins Spiel bringen sollten. Obwohl Schwarz mit vier Figuren das Feld d4 kontrolliert, kann Weiß seinen d-Bauern in Gang setzen und einen großen Vorteil in der Eröffnung erzielen. 4...De7 ist dagegen viel solider. Schwarz gibt das Zentrum auf und plant einen Angriff am Königsflügel, sobald beide Seite ihre Entwicklung größtenteils beendet haben. Wir empfehlen ihnen die Varianten genau anzuschauen, um nicht böse überrascht zu werden. 4...d6 ist sehr bescheiden und Weiß kann sich mit 5.d4 sofort ein schönes Zentrum sichern. Es gibt aber eine kleine Falle, die man in der Hauptvariante beachten muss. Weiß kann nur nach 5...exd4 6.cxd4 Lb6 und jetzt 7.Lb5! einen Vorteil beanspruchen. Das ist am Brett nicht einfach zu finden.

1.e4 e5 2.Sf3 Sc6 3.Lc4 Lc5 4.c3 d6

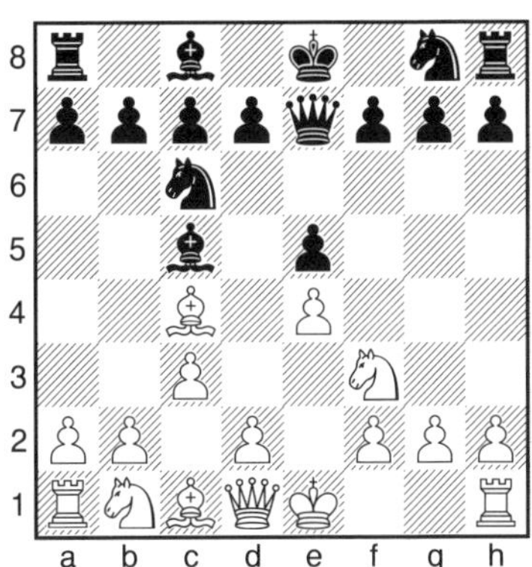

4...De7 Das ist eine alte solide Variante. Schwarz möchte das Zentrum geschlossen halten. 5.0–0 d6 (*5...Sf6 6.d4 Lb6* T. Abergel (2528) – M. Smits (2292), Belgien 2007 *7.a4!N a6 8.Te1* führt wahrscheinlich zur gleichen Stellung wie nach 5...d6, da Schwarz nicht sinnvoll abweichen kann.) 6.d4! Lb6 Der einzige Zug. Es wäre Selbstmord das Zentrum mit der Dame auf e7 zu öffnen. 7.a4! a6 8.h3 (*8.d5 Sb8 9.Sbd2±* mögen die Engines, ist aber nicht jedermanns Geschmack, da es das Zentrum abschließt. Falls man geschlossene Stellungen mag, spricht allerdings nichts dagegen. Man erfreut sich eines schönen Raumvorteils, muss aber am Königsflügel auf Gegenspiel aufpassen.) 8...Sf6 9.Te1 h6 (9...0–0 10.Lg5 h6 11.Lh4

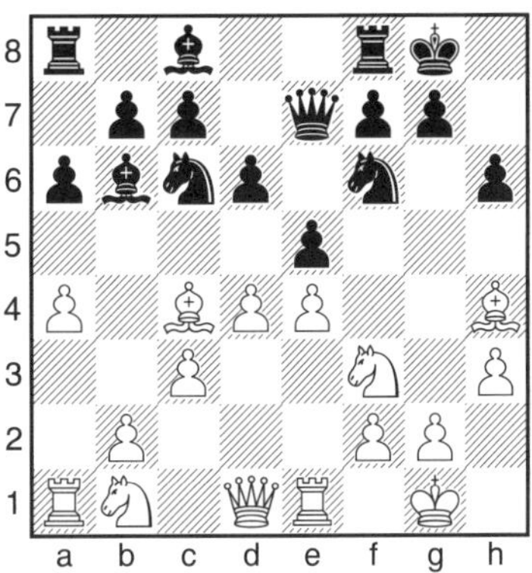

Weiß muss diese Stellung genau anschauen, da Schwarz einige interessante Möglichkeiten auf Gegenspiel hat. 11...Kh7 V. Anand (2770) – K. Sundararajan (2245), Madras 1998

a) 11...exd4 12.cxd4 g5 13.Lg3 g4 14.hxg4 Lxg4 Auf den ersten Blick sieht das vielleicht gut aus für Schwarz, aber mit konkretem Spiel kann Weiß die schwarzen Schwächen am Königsflügel ausnutzen. 15.Sc3! Sxd4 16.e5! Lxf3 17.gxf3 dxe5 18.Txe5 Dd8 19.a5 La7 20.Kg2±;

b) 11...g5 12.Lg3 Sh5 13.Lh2 (*13.Sxe5 Sxe5 14.Lxe5 dxe5 15.Dxh5 Kg7*≌) 13...g4 14.hxg4 Lxg4 15.Le2 Df6 16.Sa3 Sf4 17.Lxf4 Dxf4 18.Sc4 Lxf3 19.Lxf3 La7 20.g3 Dg5 21.Se3 exd4 22.Sf5 dxc3 23.bxc3 mit der Idee Kg2 und Th1 folgen zu lassen sieht vielversprechend aus für Weiß.

12.Sa3!N Weiß steht auf jeden Fall besser, aber er muss aufpassen, z.B. 12...g5 13.Lg3 g4 14.hxg4 Lxg4 15.Lh4! und mit einigen starken Zügen weist Weiß nach, dass der schwarze König letztendlich schlechter steht. Wir geben einige Varianten, die der Leser aber auch selber prüfen sollte. 15...exd4 (*15...Tg8 16.Sc2 Tg6 17.Se3*±) 16.e5! dxe5 17.a5! La7 (17...Lxa5 18.Ld3+ Kg7 19.Sc4 Lb6 20.cxd4 De6 (*20...Sxd4? 21.Txe5 Dd8 22.Sxb6 cxb6 23.Dd2! Lxf3 24.Tg5+! Kh8 25.Th5!*+–) 21.Scxe5+–)

18.cxd4 Dd6 (*18...Sxd4 19.Ld3+ Kg8 20.Dd2! Sxf3+ 21.gxf3 Tad8 22.Dxh6 Lxf2+ 23.Lxf2 Txd3 24.Sc4*+– Schwarz verliert Material:*; 18...e4 19.Txe4! Dxe4 20.Ld3 Dg6 21.Lxg6+ fxg6 22.Db3*±) 19.dxe5 Dxd1 20.Taxd1± Die Aktivität seiner Figuren gibt Weiß einen klaren Vorteil, auch wenn die Stellung etwas chaotisch ist.)

10.Le3 La7 (*10...Sxe4? 11.dxe5 Lxe3 12.Txe3 d5 13.Lxd5*±) 11.Sbd2 0–0 Z. Jovanovic (2558) – M. Zupe (2353), Bizovac 2009 12.a5!N Sh5 13.Lb3 Df6 14.Sc4 Sf4 15.Lxf4 Dxf4 16.Se3 Se7 17.Ta4⩲;

4...Lb6 5.d4 exd4

a) 5...De7 leitet in 4...De7 über.

b) 5...d6?! verliert einfach einen Bauern nach 6.dxe5 dxe5 (*6...Sxe5 7.Sxe5 dxe5 8.Lxf7+!*±*; 6...De7 7.exd6 Dxe4+ 8.Le2 Dg6 9.0–0 Dxd6 10.Dxd6 cxd6 11.Te1*⩲ ist wahrscheinlich noch das Beste, was Schwarz nach 5...d6?! erreichen kann.) 7.Dxd8+ Sxd8 (*7...Kxd8 8.Lxf7*±) 8.Sxe5 Sf6 9.f3±;

6.cxd4 d6 führt zur Hauptvariante.

4...Df6?! Dieser frühe Damenausflug verhindert nicht, dass Weiß das Zentrum besetzt. 5.d4! Lb6 (5...exd4 6.e5!

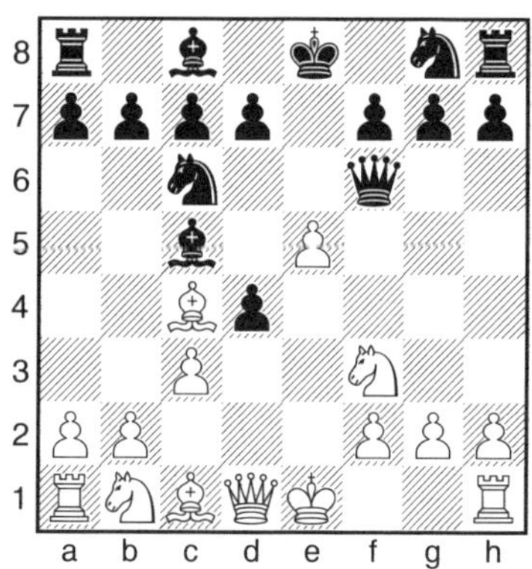

6...Dg6

a) 6...Dd8?! 7.cxd4 Lb4+ (*7...d5*

8.exd6 Lxd6 9.0–0±) 8.Sc3 d5 9.exd6 Dxd6 10.0–0+– S. Benderac (2285) – M. Scekic (2400), Nis 1997;

b) 6...Df5?! R. Dzindzichashvili (2550) – Comp Fritz 2, New York 1993 7.cxd4!N Lb4+ 8.Sc3 d5 9.Lxd5 Sge7 10.Lc4±;

7.cxd4 Lb4+ 8.Sc3 d5 K. Kiik (2395) – J. Kivimaki (2182), Jyvaskyla 2012 (*8...Dxg2? 9.Tg1 Dh3 10.Lxf7+!+–*) 9.exd6!N Lxd6 10.d5 Sce7 11.0–0 Sf6 12.Sb5 0–0 13.Sxd6 cxd6 14.Te1±)

6.0–0 h6 (6...d6 7.Lg5 Dg6 8.dxe5 Lg4 (*8...dxe5? 9.Sxe5! Dxg5 10.Sxf7±; 8...Lh3 9.gxh3 h6 10.exd6 cxd6 11.Dd5±*) 9.exd6 cxd6 10.Sbd2± H. Poetsch (2498) – B. Dauth (2360), Berlin 2015. Schwarz hat keine Kompensation und keinen Angriff für den Bauern.)

7.a4! a6 8.dxe5 (*8.a5 La7 9.Lb3 Sge7 10.d5 Sd8 11.Le3 Lxe3 12.fxe3 d6 13.La4+ Kf8 14.c4±* S. Nogler (2412) – W. Richter (2357), Remote email 2013) 8...Sxe5 9.Sxe5 Dxe5 10.Db3 Sf6? (*10...Dh5 11.Lf4±*) 11.Lxf7+ Ke7 12.Sd2 Sg4 13.Sf3 Dxe4 14.Ld2 Kd8 15.a5 La7 16.Ta4 1-0 V. Egin (2439) – B. Saidov (2345), Tashkent 2009

5.d4 exd4 6.cxd4 Lb6

Nach 6...Lb4+?! 7.Sc3 Sf6 8.0–0 erhält Weiß eine fantastische Version des Greco – Angriffs, weil Schwarz mit 4...d6 ein Tempo eingebüßt hat. Es gibt hier nicht wirklich etwas zu analysieren, weil der Leser diese Stellung wahrscheinlich nie am Brett antreffen wird. Allerdings zeigen wir gerne die folgende Kurzpartie. 8...Lxc3 9.bxc3 Sxe4 10.Te1 d5 11.Txe4+ dxe4 12.Sg5 0–0?! (*12...Se5 13.Dh5 g6 14.Dh6 Sxc4 15.Dg7 Sd6 16.Dxh8+ Kd7 17.Dg7±; 12...Le6 13.Lxe6 fxe6 14.Sxe6 Dd7 15.d5±*) 13.Dh5 h6 14.Sxf7 Txf7 15.Lxf7+ Kf8 (*15...Kh8 16.Lxh6 Lg4 17.Lxg7+ Kxg7 18.Dg6+ Kf8 19.Lb3+–*) 16.La3+ Se7 17.Lc4 De8 18.Dd5 1-0 A. Khairul (2266) – A. Laksana (2316) Jakarta 2011

7.Lb5!⩲

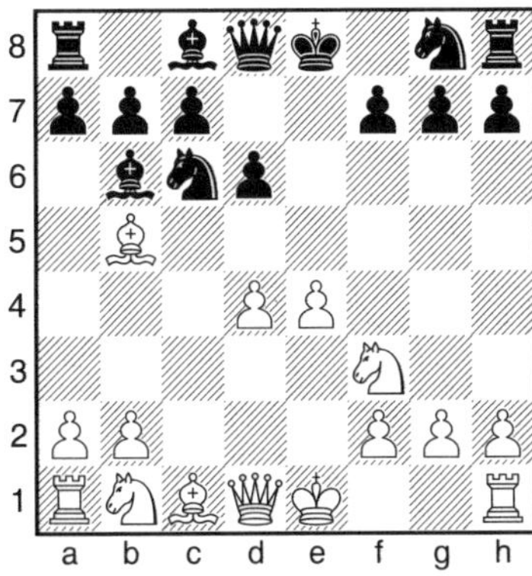

Nur nach diesem Zug kann Weiß einen Vorteil beanspruchen. Schwarz muss die Drohung 8.d5 abwehren, wodurch Weiß genug Zeit erhält sein Zentrum zu konsolidieren.

7.0–0 Sf6 8.Sc3 0–0 9.h3 (*9.d5 Se5* verspricht Weiß auch nicht viel.) läuft in das typische Manöver 9...Sxe4! 10.Sxe4 d5= Das ist eine kleine Falle, auf die Schwarz in dieser Variante aus ist.

7...Ld7 8.Sc3

8.0–0 Sf6 9.e5!? (*9.Sc3 0–0 10.h3⩲*) 9...dxe5 10.dxe5 Se4 11.De2 Sc5 G. Della Morte (2392) – C. Garcia Palermo (2449), Buenos Aires 2014 12.Td1!?N 0–0 13.Lxc6 bxc6 14.Sc3⩲

8...Sge7 9.0–0 0–0 10.h3 a6

10...Sg6 11.Te1 (*11.Lg5 Sce7 12.Lc4 h6 13.Le3 c6 14.Te1 Tc8 15.Db3⩲* S. Videki (2441) – M. Rachela (2395), Szombathely 2010) 11...Sh4 M. Jurcik (2474) – M. Rachela (2375), Slowakei 2012 12.Sxh4!N Dxh4 13.Le3⩲

11.La4 h6

11...Sg6 12.Te1 Sh4 13.Sxh4 Dxh4 14.Le3 La5 T. Farkas (2300) – T. Fodor (2422), Budapest 2008 15.Tc1!N (*15.f3?! Lxh3!*) 15...Tae8 16.d5 Se5 17.Lxd7 Sxd7 18.Da4 Lxc3 19.Txc3 Sf6 20.Txc7 Txe4 21.Db3 Tb4 22.Dc2 h6 (*22...Sxd5?! 23.Tc8!*) 23.Ld2↑

12.Te1 Sg6 13.Le3 Sce7 14.Lb3 La5 15.Sd2 Kh7

15...b5!? 16.f4 c5 17.dxc5 dxc5 18.f5 c4 19.fxg6 cxb3 20.Sxb3 Lxc3 21.gxf7+ Txf7 22.bxc3⩲

16.Dh5 Lxc3 17.bxc3 De8

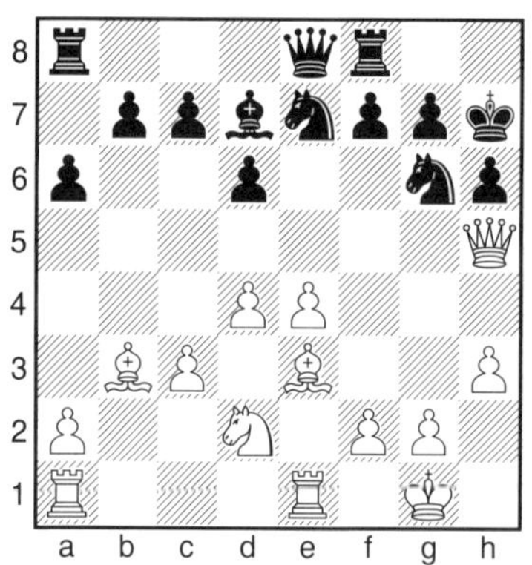

M. Godena (2528) – C. Garcia Palermo (2455), Condino 2014

18.g4!N Sg8

Andererseits lässt Weiß f4 mit großem Raumvorteil folgen.

19.g5 f5 20.exf5 Lxf5

20...Txf5 21.Lc2 Df7 22.Lxf5 Dxf5 23.Dg4±

21.gxh6 Sf4 22.Dxe8 Sxh3+ 23.Kg2 Taxe8 24.Th1 Sxh6

24...Sxf2 25.Lxg8+! Kxg8 26.hxg7 Sxh1 27.gxf8D+ Kxf8 28.Lh6+ Kf7 29.Txh1±

25.Txh3 Lxh3+ 26.Kxh3⩲

Weiß steht in diesem Endspiel dank seines Läuferpaares gegen Turm und Bauer offensichtlich besser. In allen in diesem Kapitel besprochenen Varianten ist Weiß in der Lage Vorteil zu erzielen. 4...Df6?! ist zweifelhaft, während 4...De7 und 4...d6 viel solider sind. Nach 4...De7 kann Weiß ein starkes Zentrum aufbauen. Danach kann er das Zentrum mit Raumvorteil schließen oder dynamisch fortsetzen. In diesem Fall muss er auf potentielles Gegenspiel am Königsflügel gewappnet sein. Nach 4...d6 muss Weiß die schöne Idee 7.Lb5! kennen, die ihm genug Zeit gibt, um ein schönes Zentrum aufzubauen.

Kapitel 3

Zweispringerspiel ohne ...Lc5

In diesem Kapitel betrachten wir den zweiten Hauptzug 3...Sf6 und nach 4.d3 alle sinnvollen Züge außer 4...Lc5, was zur Hauptvariante führt. Der Hauptzug ist natürlich 4...Le7. Aber wir schauen uns auch 4...h6 und die seltenen Züge 4...d6?! sowie 4...d5?! an. Nach 4...h6 erzielt Weiß durch energisches Spiel im Zentrum einen schönen Vorteil, wie unsere Analyse zeigt. In der Hauptvariante gehen wir ausführlich auf die kritische Stellung nach 5.0–0 0–0 6.Te1 d6 7.a4 ein. Nach 7.a4 gibt es gleich sieben Fortsetzungen, die wir näher untersuchen müssen. 7...h6 und 7...a5 sind interessant, aber Weiß erhält zumindest die angenehmere Stellung. 7...Kh8 initiiert einen aggressiven Plan am Königsflügel. Dieser Zug wird in einigen Theoriebüchern empfohlen, aber wir weisen nach, dass die weiße Stellung vorzuziehen ist. 7...Le6 ist ein sehr solider Zug mit der Idee den starken Läufer auf c4 abzutauschen. Es ist schwierig einen weißen Vorteil nachzuweisen, allerdings hat Schwarz kein richtiges Gegenspiel und spielt im Prinzip „nur" auf Remis. 7...Sa5 ist der Hauptzug. Schwarz strebt eine Struktur wie in der Spanischen Partie an nach 8.La2 c5. Weiß steht ein simpler Plan zur Verfügung. Er stößt den b – Bauern vor und tauscht den Läufer auf e6, falls Schwarz zu ...Le6 greift, um die schwarze Bauernstruktur zu schwächen.

1.e4 e5 2.Sf3 Sc6 3.Lc4 Sf6 Das ist der zweite Hauptzug in dieser Stellung.

4.d3 Der riskante Zug 4.Sg5 ist eine ganz andere Geschichte und nicht Teil unserer Arbeit.

4...Le7 Mit Abstand der Hauptzug neben 4...Lc5. Wir gehen ausführlich auf die Stellung nach dem 7ten weißen Zug ein. Aber zuerst analysieren wir einige seltene schwarze Züge.

A) 4...h6

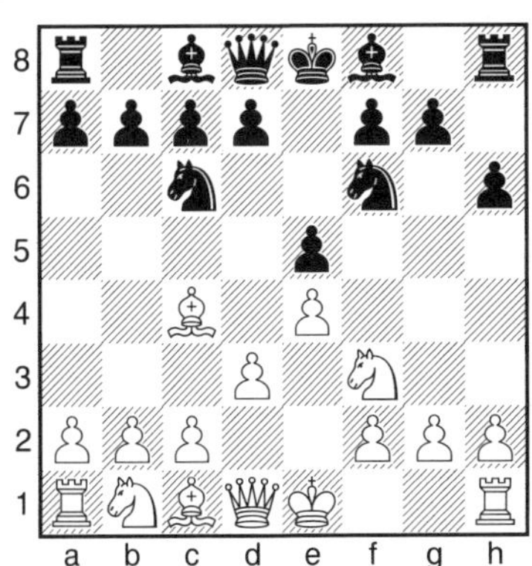

Schwarz möchte seinen Läufer nach g7 entwickeln. Dieser Plan ist nicht so unsolide, wie er vielleicht aussieht. Weiß sollte sich schnell entwickeln und das Zentrum besetzen. 5.0–0 d6 6.c3 g6 7.d4! (*7.Te1* ist zu langsam: *7...Lg7 8.d4 0–0 9.h3 exd4 10.cxd4 d5! 11.exd5 Sxd5 12.Sc3 Le6*=) 7...Lg7?

a) 7...exd4 8.cxd4 Lg7 9.Sc3 0–0 Schwarz droht 10...Sxe4. 10.d5! Se7 (*10...Sa5 11.Ld3 c5 12.h3 a6 13.Lf4 b5 14.Dd2 Kh7* A. Haik (2455) – S. Arkhi–

pov (2550), Sotschi 1985 *15.Tfe1!N Lb7 16.Tad1±*) 11.Te1 (*11.h3 c6 12.dxc6 bxc6* S. Milliet (2326) – A. Payen (2386), Evry 2004 *13.Te1!N d5 14.exd5 cxd5 15.Ld3⩲* ist auch etwas besser für Weiß.) 11...a6 O. Korneev (2602) – V. Malaniuk (2514), Sotschi 2012 12.Sd4!N g5 13.f3 c5 14.dxc6 bxc6 15.Le3⩲ Weiß hat die bessere Struktur und schön platzierte Figuren.

b) 7...Sxe4 Es gibt so gut wie keine Partien mit diesem Zug. Eine einfache Variante lautet 8.dxe5 dxe5 9.Ld5 Lf5 10.Te1 Sc5 11.Lxc6+ bxc6 12.Dxd8+ Txd8 13.Sxe5 Le6 14.Sxc6⩲;

c) 7...De7 Der Hauptzug, da Schwarz es sich nicht leisten kann, dass Weiß die Stellung im Zentrum öffnet. 8.Sbd2 (*8.Te1 Lg7 9.Sbd2* verläuft genauso.) 8...Lg7 9.Te1 0–0 10.h3

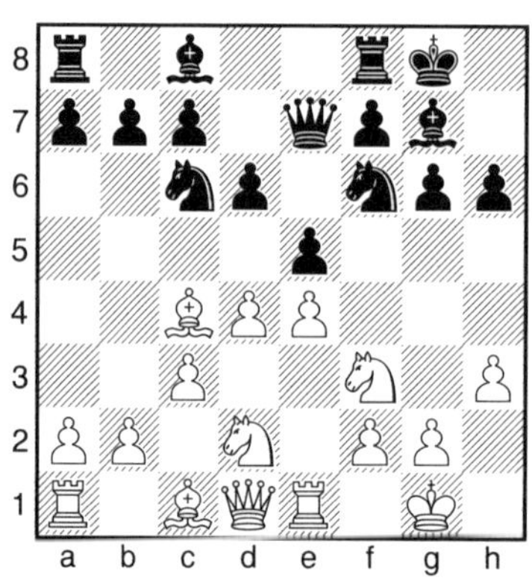

Das ist eine wichtige Stellung. Wir geben einen Überblick über die geläufigsten Züge und Pläne. 10...Dd8

c1) 10...Sh7 Schwarz möchte über g5 eine Figur tauschen, doch das schwächt seine Struktur. 11.Sf1 Sg5 B. Heberla (2509) – D. Marholev (2400), Plovdiv 2008 12.Sxg5!N hxg5 13.d5 Sd8 14.Ld3 f5 15.Se3⩲ Während Weiß gute Perspektiven am Damenflügel hat, indem er seine Bauern vorschiebt, sieht der schwarze Ansatz am Königsflügel zweifelhaft aus.

c2) 10...Kh8 Das ist langsam. Weiß vergrößert seinen Einfluss im Zentrum und erfreut sich seines Raumvorteils. 11.Sf1 exd4 (11...Ld7 12.Sg3 Sh7 13.Le3 Tae8 (*13...Sg5 14.Sxg5 hxg5 15.Dd2±*) 14.Dd2 h5 15.b4 Dd8 V. Bologan (2665) – S. Halkias (2585), Plovdiv 2008 (*15...h4 16.Se2 exd4 17.cxd4 Dxe4 18.Ld3 De7 19.b5 Sb8 20.Sf4 Dd8 21.a4±* Schwarz steht viel zu passiv.) 16.Tad1!N h4 17.Se2 exd4 18.cxd4 Txe4 19.b5 Se7 (*19...Sb8 20.Sc3 Tee8 21.Lg5 Sxg5 22.Sxg5 Kg8 23.Txe8 Lxe8 24.Df4+–*) 20.Sc3 Txe3 21.Dxe3±)

12.cxd4 Sxe4 S. Narayanan (2397) – A. Ismagambetov (2523), Gurgon 2009 13.d5!N Sb4 14.a3 Sa6 15.Sg3 Sac5 16.Ta2 f5 17.b4 Sd7 18.Tc2 Sdf6 19.Sd4 Dd8 20.Sxe4 Sxe4 21.Lb2 und Weiß hat sehr schöne Kompensation für den Bauern dank seiner aktiven Figuren und Angriffschancen gegen den schwarzen König.

c3) 10...Ld7 11.Sf1 Tae8 12.Sg3 Die Hauptvariante dieses Komplexes. Schwarz hat Probleme, wie die folgenden Beispiele zeigen. 12...Dd8

c3.1) 12...Kh7 13.a3 Sg8 14.b4 a6 15.Le3 Lc8 16.Dd2 Df6 17.Le2 Td8 18.Tad1± V. Bologan (2585) – D. Bronstein (2400), Oslo 1994;

c3.2) 12...Kh8 13.Ld3 Sh7 14.d5 Sd8 15.Dc2 h5 16.Ld2 h4 17.Sf1 f5 18.c4 c5 19.b4 cxb4 20.Lxb4 b6 V. Fougerit (2225) – V. Koziak (2467), Montpellier

2015 (*20...Sf7 21.c5±*) 21.exf5!N gxf5 22.Sxe5 Lxe5 23.Txe5!+-;

13.Ld3 (Es gibt mehr Partien mit *13.Lb3,* aber es macht sehr viel Sinn den Läufer sofort auf die Diagonale b1-h7 zu stellen, um die weitere Entwicklung mit Le3 und Dd2 voranzutreiben.) 13...Sh7 14.Le3 exd4 15.cxd4 Sg5 16.Sxg5 hxg5 17.Le2 Df6 18.d5 Sd4 19.Lg4 Lxg4 20.hxg4 c5?! (*20...De5 21.Dd2 Lf6 22.Ted1 c5 23.dxc6 Sxc6 24.Tab1±*) 21.Dd2 Lh6 22.Tac1 Te7 23.b4 b6 24.Ted1 Dh8 (*24...De5 25.Tc4±*) 25.f3 Lg7 26.Lxg5± B. Amin (2665) – W. Arencibia Rodriguez (2501), Al – Ain 2015;

c4) 10...Sh5 11.Sf1 Ld7 12.Se3 Tae8 D. Neelotpal (2486) – B. Adhiban (2401), Chennai 2008 13.Sd5!N Dd8 14.g4 Sf6 15.Sxf6+ Dxf6 16.d5 Sd8 17.g5 De7 18.gxh6 Lf6 19.Lf1±;

11.Lb5!? Sd7 (*11...exd4 12.cxd4±* überlässt Weiß ein schönes Zentrum, ist aber vielleicht die beste Option für Schwarz. *11...Te8 12.Lxc6 bxc6 13.dxe5 dxe5 14.Da4±* mit der besseren Struktur war die Idee von 11.Lb5. *11...Ld7?!* kostet einen Bauern nach *12.Lxc6 Lxc6 13.dxe5 dxe5 14.Sxe5* e.g. *14...Lxe4 15.Sxe4 Dxd1 16.Sxf6+ Lxf6 17.Txd1 Lxe5 18.Lxh6±*) 12.Sc4 exd4 13.cxd4 a6 14.Lxc6 bxc6 15.Lf4 Sb6?! (*15...c5 16.Dd2 g5 17.Lg3±*) 16.Sa5 Ld7 17.Tc1 g5 18.Lg3 f5 J. Armas (2460) – A. Stanciu (2310), Predeal 1988 19.Sxc6!N Lxc6 20.Txc6±;

d) 7...Lg4? 8.Db3! Dd7 (*8...Sa5 9.Da4+ c6 10.Le2 b5 11.Dc2±*) 9.Lxf7+! Dxf7 10.Dxb7 Kd7 11.d5! Se7 12.Dxa8 Sxe4 13.Sbd2+- S. Fedorchuk (2577) – S. Bednarek (2321), Warschau 2005;

e) 7...Sd7?! 8.dxe5! Sdxe5 9.Sxe5 Sxe5 10.Lb3 Lg7 11.f4 Sc6 J. Rojo Gomez (2306) – J. Candela Perez (2416), Barcelona 2000 12.f5!N und Schwarz ist in Schwierigkeiten, da er nicht rochieren kann.

8.dxe5 dxe5 9.Dxd8+ Sxd8 10.Sxe5 Sxe4 11.Te1 Sd6? (*11...Lf5 12.g4! Lxe5 13.gxf5 gxf5 14.f3 Tg8+ 15.Kf1+-*) 12.Sxf7+ Kf8 13.Sxh8 Sxc4 14.Sxg6++- M. Womacka (2471) – N. Milchev (2358), Guben 2011;

B) 4...d6?!

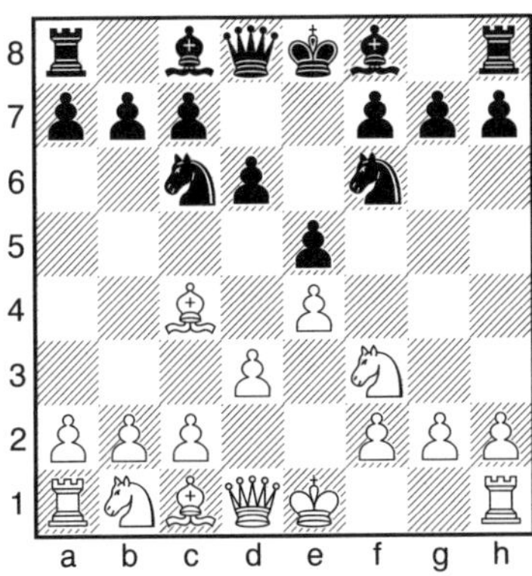

Ein typischer Fehler auf Amateurniveau. 5.Sg5! d5 Das ist eine bekannte Stellung aus dem Zweispringerspiel im Nachzug mit dem zusätzlichen Zug d3 für Weiß! 6.exd5 Sxd5

a) 6...Sa5 7.0–0 Sxc4 (*7...h6 8.Sf3 e4 9.Te1 Le7 10.Sd4±*) 8.dxc4 h6 9.Sf3 e4 10.Te1 Le7 11.Sd4 0–0 12.h3± S. Movsesian (2717) – M. Vokac (2454), Hustopece 2010 (rapid).

b) 6...b5 7.Lxb5 (*7.dxc6 bxc4 8.dxc4 Dxd1+ 9.Kxd1±*) 7...Dxd5 8.Lxc6+

Dxc6 9.Df3 Lb7 (9...Dxc2?! 10.Sc3 Lc5? (*10...Tb8 11.Dc6+ Ld7 12.Dxc7 Tc8 13.Dxe5+ Le7 14.0–0 Dxd3 15.Lf4±*) 11.Dc6+ Sd7 12.Sge4 Ld4 13.Dxa8+– S. Navarro (2274) – A. Kizov (2389), Plovdiv 2010)

10.0–0 Dxf3 11.Sxf3 Lxf3 12.gxf3±;

7.Sc3! Mit dem Bauer auf d2 ist dieser Zug nicht möglich, aber mit dem Bauern auf d3 führt das zu großem weißen Vorteil. 7...Le6 8.Sxe6 fxe6 9.Se4± Weiß hat das Läuferpaar und die bessere Struktur.

C) 4...d5?! ist zweifelhaft, da Weiß Entwicklungsvorsprung erhält nach 5.exd5 Sxd5 6.0–0

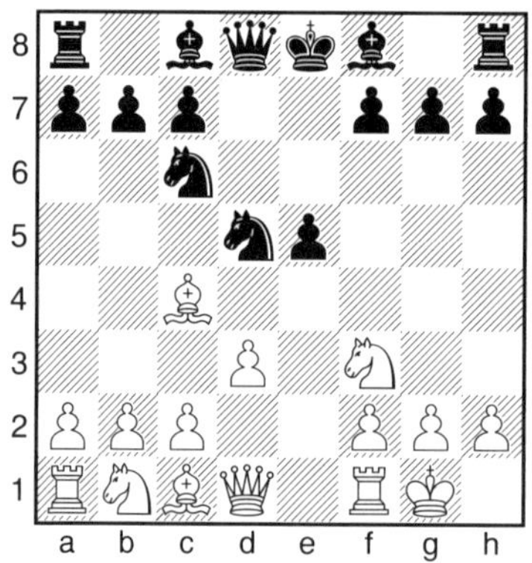

Wir zeigen einige Möglichkeiten auf: 6...Lg4

a) 6...Le7 7.Te1 f6 8.h3 Sb6 (*8...0–0 9.Sc3 Le6 10.d4 Lf7 11.Lxd5 Lxd5 12.dxe5 Lxf3 13.Dxf3 fxe5 14.De4⩲*) 9.Lb3 Lf5 H. Odeev (2487) – M. Buker (2137), Adana 2006 (*9...Sa5? 10.Sxe5!+– fxe5 11.Dh5+ Kd7 12.Dxe5 Sxb3 13.Lg5 Te8 14.De6#* 1-0 S. Conquest (2445) – J. Durao (2230), Thessaloniki 1988) 10.a4!N a5 11.d4 Sxd4 12.Sxd4 Dxd4 13.Df3 Ld7 14.Dxb7 Dc5 15.Df3 Dc6 16.Dg3 Le6 17.Lxe6 Dxe6 18.Dxg7 0–0-0 19.Dg4⩲;

b) 6...Lc5 7.Te1 0–0 8.Sxe5 Dh4 (8...Sxe5 9.Txe5 Lxf2+ (*9...c6 10.Df3 Le6 11.Sd2 Lb6 12.a3! Lc7 13.Te1⩲*) 10.Kxf2 Dh4+ 11.Kf1 Df6+ 12.Df3 Dxe5 13.Lxd5 c6 14.Lb3 Dxh2 15.Le3⩲ R. Tischbierek (2520) – I. Donev (2385), Liechtenstein 1995. Die zwei Leichtfiguren sind mehr wert als Turm plus Bauer. Darüber hinaus ist der weiße König kaum in Gefahr.

9.Sf3! Dxf2+ 10.Kh1 Sf6 11.Te2 Sg4 12.c3 b5 (*12...Sa5 13.h3 Dg3 14.hxg4 Sxc4 15.dxc4 Lxg4 16.De1!±*) 13.Ld5 Lb7 14.Sbd2! Schwarz kann materiellen Verlust nicht vermeiden. 14...Tae8 15.Se4 Dxe2 16.Dxe2 Sf2+ 17.Dxf2! Lxf2 18.Sxf2+– A. Dyakov (2250) – M. Ibar (2309), IECG email 2002;

7.h3 Lh5 8.Te1 Le7

(8...Dd6 9.Sbd2 0–0-0 10.Se4 Dg6? (*10...Dd7 11.Lb5 Lxf3 12.Dxf3 f6 13.c3 Kb8 14.a4 a6 15.Lc4 Sb6 16.Lb3⩲* Mit dem Läuferpaar sind die weißen Aussichten am Damenflügel deutlich realistischer als die schwarzen Aussichten am Königsflügel. Und *16...Dxd3* ist problematisch wegen *17.Le3↑* und verschiedenen Drohungen.) 11.g4 Lxg4 12.hxg4 Dxg4+ D. Neelotpal (2428) – N. Lokesh (2103), Bhubaneswar 2014 13.Sg3!N h5 14.Sg5 Dd7 15.Df3 f6 16.Dxd5 Dxd5 17.Lxd5 Txd5 18.Sf3±)

9.g4 Lg6 10.Sxe5 Sxe5 11.Txe5 Sb6 12.Lb3 0–0 13.Sc3 Kh8 14.Df3 f5 J. Gallagher (2480) – S. Halkias (2578), Budva 2009 (*14...Sd7 15.Te2 f5* J. Cubas (2463) – M. Santos (2365), Sao

Paolo 2011 *16.Dxb7!N fxg4 17.hxg4 Ld6 18.Dg2 Dh4 19.Sb5 Se5 20.Ld5 Tab8 21.Sxd6 cxd6 22.Dg3±; 14...Ld6 15.Te1 f5 16.g5 f4 17.h4 Sd7 18.d4 c5 19.Se4 Da5 20.c3 Tae8 21.Ld2±* E. Karibaeva (2237) – E. Egorova (2104), Satka 2005) 15.Dxb7!N fxg4 16.hxg4 Dd4 17.Te2 Dxg4+ 18.Dg2 Dh4 19.Ld2 Lc5 20.Tf1± Objektiv hat Schwarz nicht genügend Kompensation für den Bauern, auch wenn der weiße König etwas entblößt ist.

D) 4...Lc5 5.c3 führt zu anderen Kapiteln unseres Buches.

Nun zurück zu **4...Le7**:

5.0–0 0–0

Manchmal verzögert Schwarz die Rochade und spielt zuerst 5...d6 Diese Zugfolge kann trickreich sein, aber aus schwarzer Sicht ist kaum ein Nutzen zu erkennen, da eine Überleitung in die Hauptvariante das realistische Szenario darstellt. Auf der anderen Seite erhält allerdings Weiß zusätzliche Optionen. 6.a4 Natürlich. Wir brauchen das Feld a2 für den Läufer sofort nach 5...d6. 6...0–0 (Für *6...Sa5* und weitere Versuche siehe V. Nevednichy (2546) – S. Halkias (2541) Alba Iulia 2016, im Strategieteil. Aus weißer Sicht ändert sich nicht viel, weil er, wie gesagt, zusätzliche Optionen erhält.) 7.Te1 führt zur Hauptvariante, aber bei dieser Zugfolge muss Weiß seinen Turm nicht sofort auf e1 platzieren. Stattdessen kann er *7.a5!?* probieren, was die schwarze Hauptidee 7...Sa5 verhindert. Das Problem mit dieser Stellung ist, dass Weiß sie generell nicht forcieren kann. Wir fügen eine Analyse in die Partie D. Howell (2693) – P. Sowray (2349) Birmingham 2016, im Strategieteil ein. In dieser Partie dreht sich alles um die Idee 6.a4!?.

6.Te1

Der Hauptzug und unsere Empfehlung. Weiß verhindert den Vorstoß 6...d5.

6.a4!? ist eine sehr interessante Alternative für Weiß mit der Idee Te1 zurückzustellen und die Hauptvariante 7...Sa5 zu vermeiden. Wer sich für diese Idee interessiert, der schaue sich bitte die Partie D. Howell (2693) – P. Sowray (2349) Birmingham 2016, im Strategieteil genauer an.

6...d6 7.a4

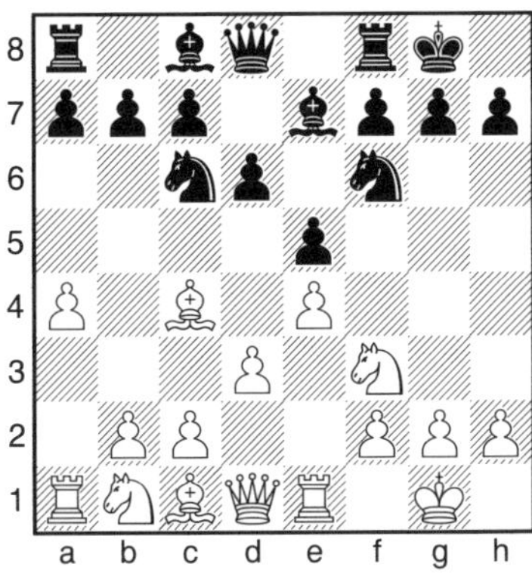

Wieder der Hauptzug und unsere Empfehlung. Weiß gewinnt Raum am Damenflügel und schafft das Rückzugsfeld a2 für den Läufer.

7.c3 erlaubt 7...Sa5 8.Lb5 a6 9.La4 b5 10.Lc2 c5 mit Übergang in die Spanische Partie.

7...Sa5

7...Lg4 Dieser Zug kann fast schon als zweifelhaft bezeichnet werden. Falls Schwarz diesen Läufer am Königsflügel aufstellt, dann gewinnt der Läufer auf c4 an Stärke. Außerdem gewinnt Weiß einige Tempi, indem er den Läufer mit natürlichen Zügen angreift. Die folgenden Varianten zeigen, dass Weiß die besseren Aussichten hat. 8.h3 Lh5 (8...Lxf3 9.Dxf3 Sd7 (*9...Sd4 10.Dd1 c6 11.c3 Se6 12.La2⩲*) 10.a5 Lg5 R. Antoniewski (2604) – A. Beliavsky (2622), Graz 2010 11.Lxg5!N Dxg5 12.c3 Se7 13.b4⩲) 9.c3 Dd7

a) 9...d5 10.exd5 Sxd5 11.a5!

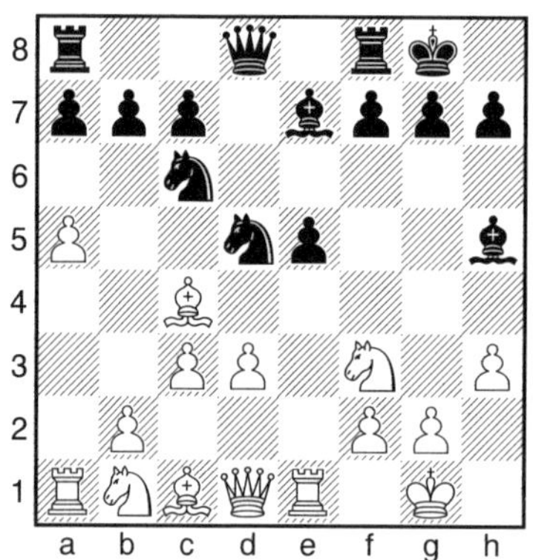

11...a6

a1) 11...Dd6?! 12.Sbd2 Tad8 13.Se4 Dd7?! (*13...De6 14.Sfg5 Lxg5 15.Sxg5 Lxd1 16.Sxe6 fxe6 17.Txd1±*) 14.Sxe5 Sxe5 15.Dxh5 Sxc4 16.dxc4 Sf6 17.Sxf6+ Lxf6 18.a6 b6 19.Df3± C. Bauer (2610) – U. Petakov (2356), Cannes 2010;

a2) 11...Tb8 12.Sbd2 f6 13.Sf1 Kh8 14.Sg3 Lf7 15.Ld2 Te8 16.b4 Lf8 17.Db3⩲ J. Zidu (2533) – P. Leisebein (2452), Remote email 2014;

12.Sbd2 (*12.g4 Lg6 13.Sxe5 Sxe5 14.Txe5* ist riskant, da Schwarz Gegenspiel am Königsflügel erhält.) 12...Kh8 (12...Tb8 13.Sf1 (*13.Se4⩲* dürfte sogar genauer sein.) 13...f6?! (*13...Dd6 14.Sg3 Lg6 15.Ld2⩲*) 14.Sg3 Lf7 C. Marcelin (2476) – V. Veys (2341), Montpellier 2015 15.d4!N exd4 16.Sxd4 Se5 17.Sdf5! Sxc4 18.Dg4 g6 19.Sh6+ Kh8 20.Dxc4±)

13.Se4 f6 14.Db3 Lxf3 15.Lxd5 Lh5 16.Le3 Tb8 17.Lc5 Le8 18.Dc4 Ld6 (*18...h6 19.d4⩲*) 19.d4± V. Bologan (2682) – A. Naiditsch (2678), Kallithea 2008;

b) 9...a5!? 10.Sbd2 Sd7 (*10...d5? 11.exd5 Sxd5 12.Db3 Sb6 13.Sxe5 Sxe5 14.Txe5 Lg6 15.d4 Ld6 16.Te1 Te8 17.Txe8+ Dxe8 18.Lf1!±* J. Gallagher (2495) – K. Georgiev (2648), Zürich 2013) 11.Sf1 Sb6 12.Lb3 Kh8 13.g4 Lg6 14.Sg3⩲ A. Karpatchev (2442) – C. Junker (2061), Frankfurt 2014;

c) 9...Kh8?! 10.Sbd2 (*10.a5* zuerst sieht genauer aus.) 10...Dd7 11.a5 a6 12.Sf1 Tae8 13.Sg3 Lg6 14.Sh4 Sg8 15.Sxg6+ fxg6 16.Le3± D. Svetushkin (2593) – G. Moiseev (2380), Moskau 2009;

10.Sbd2 a6

(10...Tad8 11.a5 a6 (*11...Sb8?! 12.Sf1 b5 13.axb6 axb6* S. Haslinger (2526) – H. Evengroen (2163), Dieren 2015 *14.Sg3!N Lg6 15.Sh4±*) 12.Sf1 Tfe8 13.Sg3 Lg6 14.Db3 Sh5 15.Sf5 Lf8? (*15...Tb8 16.S5h4±*) 16.S5h4 Sf4 17.Lxf4 exf4 18.Sxg6 hxg6 19.d4 Tb8 20.e5+– S. Reefat (2489) – H. Ayyad (2095), Doha 2006)

11.Sf1 Lg6 12.Sh4 d5 13.Sxg6 hxg6 14.exd5 Sxd5 15.a5 Lc5 16.Sg3 Sf6 17.b4 La7 18.Lg5± I. Salgado Lopez

(2411) – N. Yaremko (2324), Herceg Novi 2006;

7...h6 Schwarz möchte über das Feld g5 eine Figur abtauschen. Das ist ein etwas „fauler" Ansatz, der Weiß zumindest die angenehmere Stellung überlässt. 8.a5 a6 9.c3 Sh7 10.Sbd2 Wir bevorzugen diesen klaren Plan gegenüber 10.Le3, was natürlich auch spielbar ist und auch etwas häufiger gespielt wird.

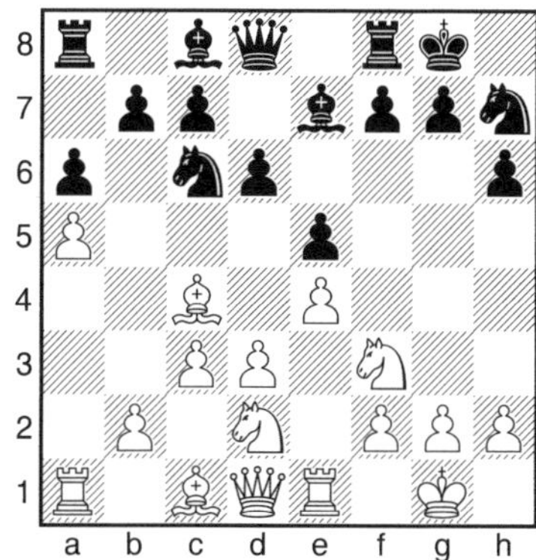

10...Sg5

(10...Kh8 11.d4 exd4 (*11...Sg5* A. van Weersel (2176) – K. Szczepkowska Horowska (2376), Warschau 2012 *12.d5!N Sb8 13.Sxg5 Lxg5 14.Ld3 f5 15.c4±*) 12.cxd4 f5 13.d5 Se5 14.Sxe5 dxe5 A. Delchev (2661) – V. Bologan (2661), Gonfreville 2006 15.exf5!N Lxf5 16.Sf3 e4 17.Sd4 Lb4 18.Ld2 Lc5 19.Le3±)

11.Sf1 Lg4 (*11...Sxf3+ 12.Dxf3 Lg5* L. Vajda (2549) – T. Roussel Roozmon (2422), Budapest 2007 *13.Lxg5!N Dxg5 14.Se3 Le6 15.b4±*) 12.Lxg5 Lxg5 13.h3 Ld7 14.Sxg5 Dxg5 15.Te3 Le6 16.Tg3 Df6 17.Se3 Kh7 18.Tf3 Dd8 19.Db3 Lxc4 20.dxc4± S. Sulskis (2556) – M. Beinoras (2375), Vilnius 2014;

7...Kh8

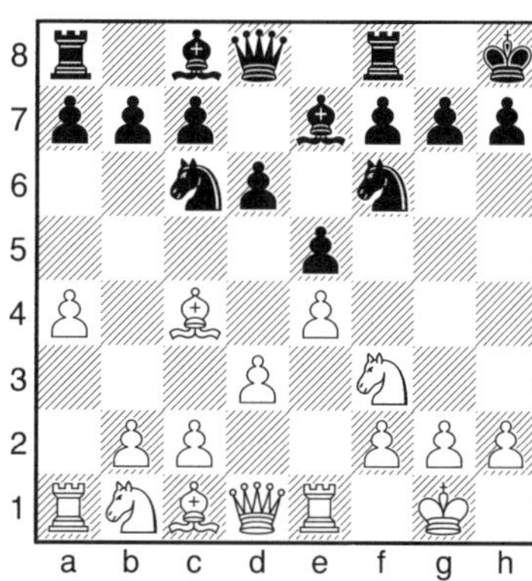

Das initiiert einen gefährlichen Plan. Schwarz möchte ...Sg8 und ...f5 mit Gegenspiel am Königsflügel folgen lassen. Weiß muss umsichtig agieren.

8.a5 Ein wichtiger Zug, der 9.a6 droht und die schwarze Option ...Sa5 nebst ...c5 aus dem Spiel nimmt.

8...a6 (8...Sg8?! sieht zweifelhaft aus wegen 9.a6 b6 (*9...f5 10.axb7 Lxb7 11.Sc3 Sb4* R. Bitoon (2430) – E. Handoko (2405), Tagaytay City 2004 *12.Le6!±*) 10.Ld5 Ld7 11.b4± aber das kam in der Praxis noch nie vor.)

9.Sc3 ist ein guter Zug gegen 9...Sg8 mit der Idee 10.Sd5 folgen zu lassen, aber Schwarz spielt 9...Lg4! 10.h3 Lh5 und die Fesselung ist äußerst unangenehm. 11.g4? funktioniert nicht wegen 11...Sxg4! 12.hxg4 Lxg4−+ Die Drohungen 13...Sd4 und 13...f5 sind entscheidend.

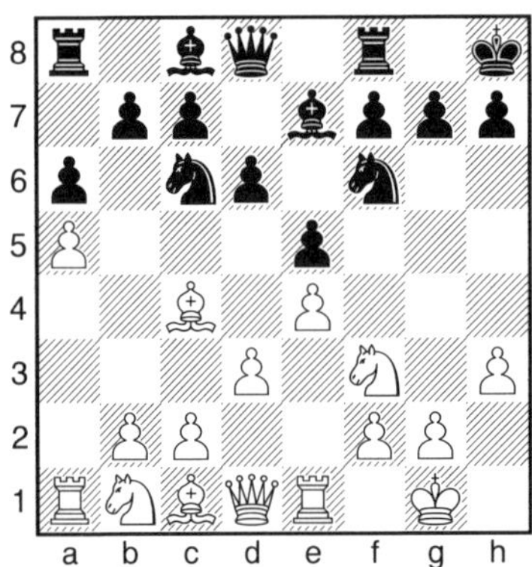

(9.h3! Ein schöner Abwartezug, der das Feld g4 kontrolliert. Weiß kann jetzt Sc3 spielen. 9...Sg8 (*9...Le6 10.Sbd2⩲* ist eine bessere Version gegenüber 7...Le6. 7...Kh8 macht jetzt wenig Sinn. Allerdings ist der Verlust eines Tempos in dieser Struktur kein großer Nachteil.) 10.Sc3 f5 11.Sd5

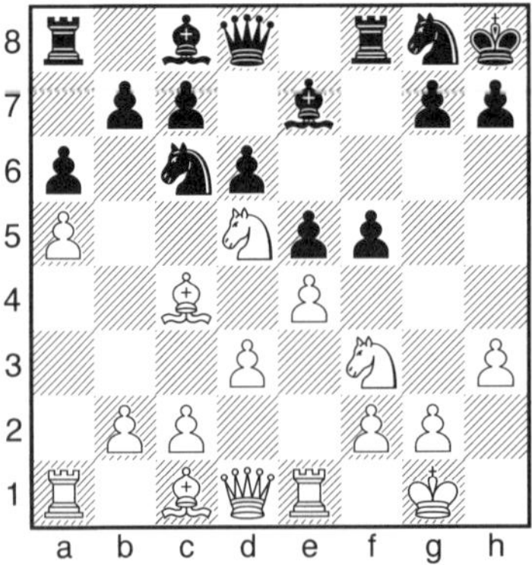

Das ist eine sehr wichtige Stellung, die man sich merken muss. Die folgenden Varianten sollte man sich genau anschauen. Weiß steht besser aus unserer Sicht, aber es gibt einige konkrete Varianten, die man sich merken muss. 11...Lf6

a) 11...fxe4 12.dxe4 Sf6 13.Ta3!?

a1) 13.Sg5 Das ist verführerisch, scheint aber nicht zu funktionieren. 13...Sxd5 14.Sxh7 Sf4? (14...Tf4! 15.Dxd5 A. Fedorov (2574) − B. Murtazin (2176), Kazan 2014 (*15.g3 De8 16.Dxd5* V. Sikula (2515) − C. Marzolo (2472), Nancy 2007 *16...Kxh7!N 17.gxf4 Sd4 18.f5 Le6! 19.Dxe6 Sxe6 20.Lxe6 Dc6∞*) 15...Sb4!N 16.Dd2 d5! 17.Lf1 Lc5 18.Te2 Dh4 19.c3 Lg4! 20.hxg4 Sd3 21.Dxd3 Lxf2+ 22.Txf2 Dxf2+ 23.Kh2 Dh4+=)

15.Sxf8 1-0 A. Rombaldoni (2453) − I. Timmermans (2209), Hoogeveen 2010;

a2) 13.c3 Das ist ein guter Zug mit der Idee langsam die Bauern am Damenflügel in Gang zu setzen. 13...Le6 14.La2 Lg8 15.b4 Sxd5 (*15...h6 16.Ld2⩲*) 16.exd5 Sb8 17.Le3 Lf7 18.Dd2 Sd7 19.Sg5 Lxg5 20.Lxg5 De8 21.Tac1 Lg6 22.c4⩲ G. Eife (1896) − E. Forsti, ICCF email 2012;

13...Sxd5?! (*13...Le6⩲*) 14.exd5 Sb8 15.Ld3 Sd7 16.c4 Sc5 17.Lc2 Lf5 D. Howell (2593) − A. Pavlidis (2322), Vung Tau City 2008 18.Lxf5!N Txf5 19.Le3 Sd7 20.Tb3±;

b) 11...h6 12.b4 fxe4 13.dxe4 Le6 14.Ld2 Lf7 15.Ta3 Lh5 16.Le2 Lg6 17.Te3 Sf6 18.Lc4 Lh5 D. Vocaturo (2540) − E. Espinosa Veloz (2467), Havana 2011 19.c3!N Sh7 20.Le2 Lf7 21.Dc1⩲;

c) 11...Sf6!? Es gibt nur zwei Partien mit diesem Zug, aber die Varianten sind trickreich, so dass man gut vorbereitet sein muss. 12.Sg5! Sg8

c1) 12...Sxd5? 13.Sxh7! Die Pointe. 13...Sf6 (*13...Kxh7?? 14.Dh5+ Kg8 15.Lxd5++–*) 14.Sxf6 g6 15.Sd5±;

c2) 12...fxe4 13.Sxf6 Txf6 14.Sf7+ Txf7 15.Lxf7 exd3 16.Dxd3⩲;

13.Dh5 (Wenn ihr Gegner Magnus Carlsen lautet, dürfen sie hier die Züge wiederholen mit *13.Sf3=*) 13...Sh6 14.c3 f4 15.Sxe7 Dxe7 D. Bojkov (2521) – J. Radulski (2539), Kallithea 2009 16.g3!N

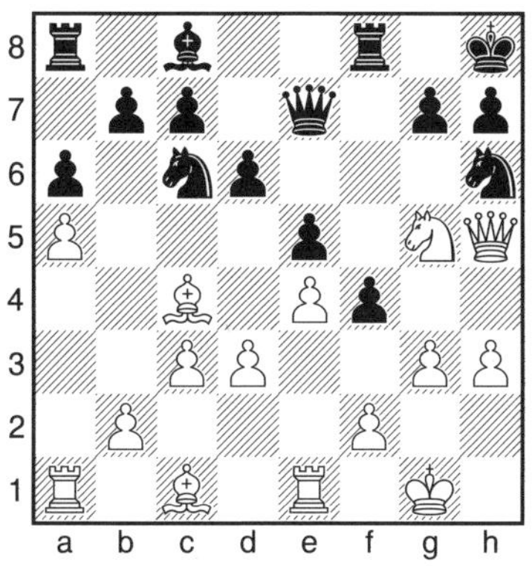

Das sieht gefährlich aus, ist aber ein sehr logischer Zug. Die folgenden Varianten sollte man auch selber überprüfen. 16...Tf6

c1) 16...Ld7 17.Ld2 Df6 (*17...Tf6 18.gxf4 exf4 19.d4⩲*) 18.gxf4 (18.Kh1 Le8 (*18...fxg3?! 19.fxg3 Df2 20.Te2 Dxg3 21.Tg2 Le8 22.Sf7+! Lxf7 23.Lxf7 Dxd3 24.Lxh6 gxh6 25.Te1! Se7 26.Tee2 Tg8 27.Lxg8 Txg8 28.Dxh6+–*) 19.Dh4 fxg3 20.Dxg3 Dxf2 21.Dxf2 Txf2 22.Tf1 Txf1+ 23.Txf1 Lg6 24.b4⩲) 18...exf4 19.d4 Le8 20.Dh4 Se7 21.Sf3 Dxh4 22.Sxh4 Lh5 23.Kg2±;

c2) 16...Sd8 17.Dh4 (*17.gxf4 exf4 18.Ld2 Le6 19.Sxe6 Sxe6∞*) 17...Df6 18.gxf4 exf4 19.d4 Le6 20.Lf1⩲;

17.Dh4 Tg6 (17...Ld7 18.gxf4 exf4 19.d4 Taf8 20.Kh1 Tf5 (*20...Sd8 21.Ld2 Le6 22.Sxe6 Sxe6 23.e5 dxe5 24.dxe5 T6f7 25.Dxe7 Txe7 26.Tad1⩲*) 21.Tg1 Txa5 (*21...Sxa5 22.exf5 Sxc4 23.b3 Sb6 24.c4⩲*) 22.Lxf4 Txa1 23.Txa1 Lxh3 24.Tg1⩲)

18.gxf4 exf4 19.Lxf4 Se5 20.Kh1 Lxh3 21.Dxh3 Tf8 22.Le3 Sxc4 23.dxc4 Txg5 24.Lxg5 Dxg5 25.Tg1 De7 26.f3⩲;

d) 11...f4?! Es gibt wenige Partien mit diesem Zug ohne den Einschub von a5/a6. Weiß erhält Vorteil mit der typischen Reaktion 12.d4! z.B. 12...Lf6 13.b4 Sxd4 (*13...exd4 14.Lxf4±; 13...Le6 14.c3±*) 14.Sxd4 exd4 15.Lxf4 Le5 16.Lxe5 (*16.Lg3* führt auch zu einer klar besseren Stellung für Weiß, ist aber komplizierter.) 16...dxe5 17.c3 Dh4 (*17...dxc3 18.Dc2±*) 18.Ta2 Le6 19.cxd4 Tad8 20.Td2 exd4 21.g3 Dxh3 22.Txd4±;

12.b4!

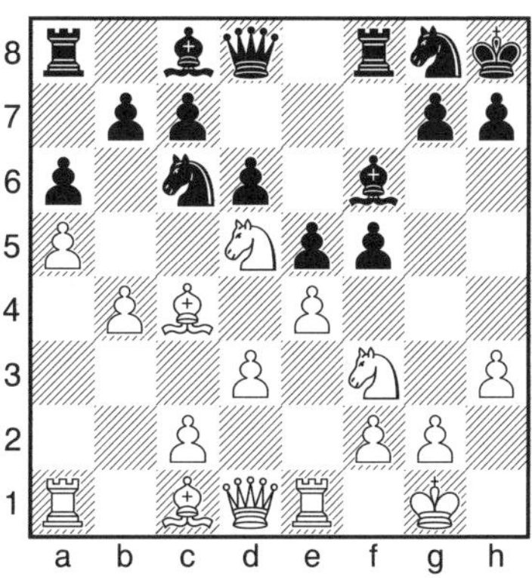

12...fxe4 (*12...h6 13.Lb3 Ld7 14.c3 Sge7 15.Sxf6 Txf6 16.exf5 Lxf5 17.d4⩲; 12...f4 13.d4! Le6 14.c3±*) 13.dxe4 Sce7 14.Ta3 (*14.Sxf6 Sxf6 15.Lf1* sieht noch besser aus. Weiß hat das Läuferpaar und kann die Bauern am Damenflügel vorschieben, z.B. *15...Le6 16.c4 De8 17.b5 Sd7 18.Le3 Sg6 19.bxa6 bxa6 20.c5 Sxc5 21.Lxc5 dxc5 22.Te3 c4 23.Dc2 Db5 24.Tc3 Sf4 25.Sd2⩲*) 14...Sxd5 15.exd5 Se7 16.Lf1 De8 17.c4⩲ U. Eliseev (2435) – A. Lastin (2538), Moskau 2012)

7...Sd4 Dieser Zug erlaubt Weiß die bessere Kontrolle über das Zentrum. 8.Sxd4 exd4 9.c3 dxc3 10.Sxc3

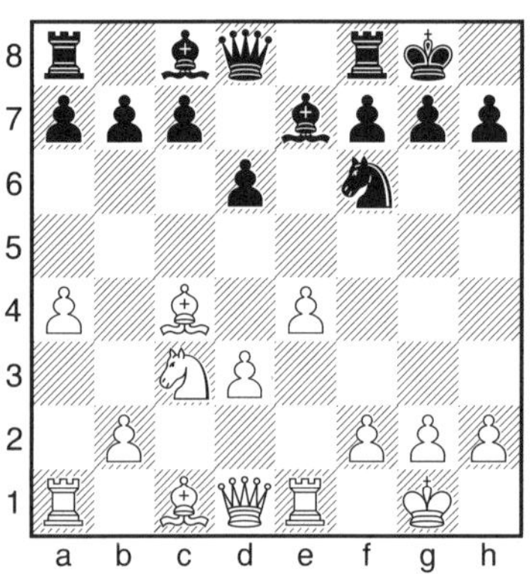

10...c6 (10...Le6 11.Db3 Dc8 (*11...Lxc4 12.dxc4 b6* I. Saric (2466) – M. Zelic (2286), Zadar 2007 *13.a5!⩲*) 12.d4 Lxc4 13.Dxc4 c6 14.Dd3 De6 B. Gelfand (2727) – E. Sutovsky (2628), Sotschi 2006 15.Ld2!⩲ Weiß hat einen kleinen Vorteil dank seines schönen Zentrums.) 11.Db3 Sd7?! (*11...Sg4!? 12.d4 Lh4 13.g3 Df6 14.Sd1!⩲; 11...c5 12.Lf4⩲*) 12.d4 Da5 13.Ld2 (*13.Le3±*) 13...Dh5 14.Se2 Sb6 15.Sf4 Dh4 16.Ld3 g5 O. Korneev (2565) – P. Mascaro March (2390), Balaguer 2007 17.a5!N gxf4 18.axb6 a6 19.Lc4±;

7...Le6

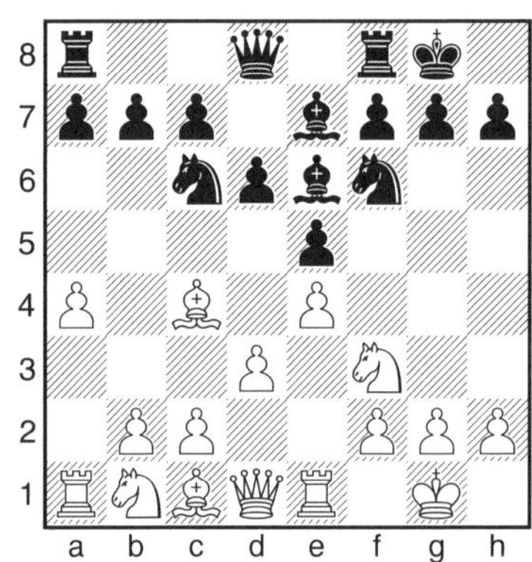

Das ist ein solider Zug, der zu ruhigen Stellungen führt. Schwarz möchte den Läufer auf c4 „töten“, aber er verliert auch sehr viel Potential auf Gegenspiel. Generell kann Weiß in vielen Varianten seinen b – Bauern vorstoßen und Raum am Damenflügel gewinnen. Manchmal ist es eine gute Idee auf e6 zu nehmen, um die schwarze Bauernstruktur zu schwächen. 8.Sbd2 (*8.Sc3* ist eine interessante Alternative mit der Idee das Feld d5 zu kontrollieren. Wir schauen uns diesen Zug in der Partie Z. Almasi (2691) – P. Harikrishna (2668) Reggio Emilia 2007, im Strategieteil näher an.) 8...Dd7

a) 8...Lxc4 macht nicht viel Sinn, da Weiß seinen Springer sofort auf c4 schön postieren kann. 9.Sxc4⩲ (*9.dxc4* ist auch möglich. Es gibt eine alte Partie, wo Michael Adams gegen Alexander Onischuk souverän gewann, doch Schwarz kann sein Spiel mehrmals verbessern. *9...Te8 10.Sf1* M. Adams (2680) – A. Onischuk

(2625), Tilburg 1997 und hier sieht *10...a5N* mit der Idee 11...Sd7 sehr gut spielbar aus für Schwarz.)*;*

b) 8...Sd7 9.a5 Dieser Zug wurde selten gespielt, macht aber sehr viel Sinn. Andererseits könnte Schwarz eine bessere Version der Variante mit 7...a5 erhalten, z.B. falls Weiß 9.c3 spielt. 9.a5 gewinnt darüber hinaus Raum für Weiß. 9...a6

b1) 9...Lf6 D. Barua (2561) – T. Nixon (2226), Edinburgh 2003 10.c3N (*10.a6N b6 11.c3*⩲) 10...a6 11.b4⩲;

b2) 9...Lg5 A. Gershon (2420) – B. Blodstein (2200), Givataim 1997 10.a6!N b6 11.Lb5 Lxd2 (11...Sd4!? 12.Sxd4 exd4 13.c3 c5 14.cxd4 cxd4 15.Sf3 Lf6 16.Ld2 (*16.b4?! Se5!*) 16...Sc5 17.Lf4 (*17.b4 Sb3*=) 17...Lg4 18.h3 Se6 19.Ld2 Lh5 20.g4 Lg6 21.Tc1 h5 22.Kg2⩲) 12.Lxd2 Se7 13.d4 c6 14.Lf1↑;

b3) 9...b6 10.a6 Lxc4 11.Sxc4 Sd4 12.Sxd4 (*12.b4 c6 13.c3 Sxf3+ 14.Dxf3 b5 15.Sa5 Db6*) 12...exd4 13.f4 d5; 10.c3 Lg5 A. Domont (2418) – H. Glauser (2242), Zürich 2004 11.Sxg5N (*11.b4N Lxd2 12.Sxd2 De7 13.Db3 Lxc4 14.Dxc4*⩲) 11...Dxg5 12.b4 Lxc4 13.Sxc4 Dg6 14.f3 f5 15.Le3⩲;

9.c3

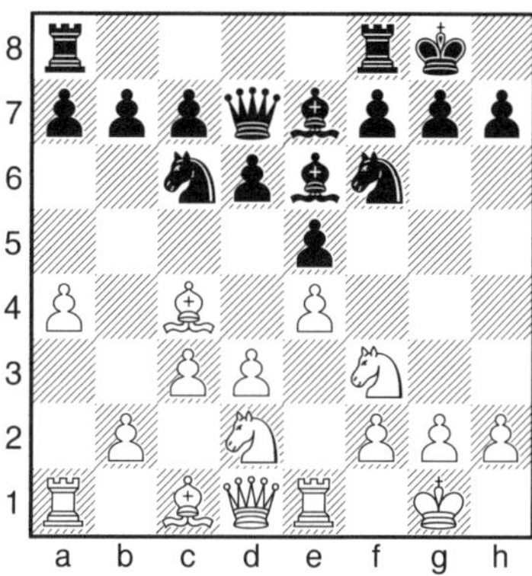

9...Tad8

a) 9...Tfe8 10.Db3!? (10.b4 a6 A. Delchev (2637) – I. Ivanisevic (2596), Vrsac 2006 11.Db3!?N Sd8 (11...d5 12.exd5 Sxd5 13.Se4 (*13.Sxe5 Sxe5 14.Txe5 Tad8*⩱) 13...Tad8 14.h3 f6 15.Ld2⩲) 12.a5 Lxc4 13.Sxc4 Se6 14.h3 ist etwas angenehmer für Weiß dank seines Raumvorteils, aber die schwarze Stellung ist sehr solide.) 10...d5! Leider ist dieser Zug nach 10.Db3 sehr stark. (10...Tab8 11.Lxe6 Dxe6 12.Dxe6 fxe6 13.b4 a6

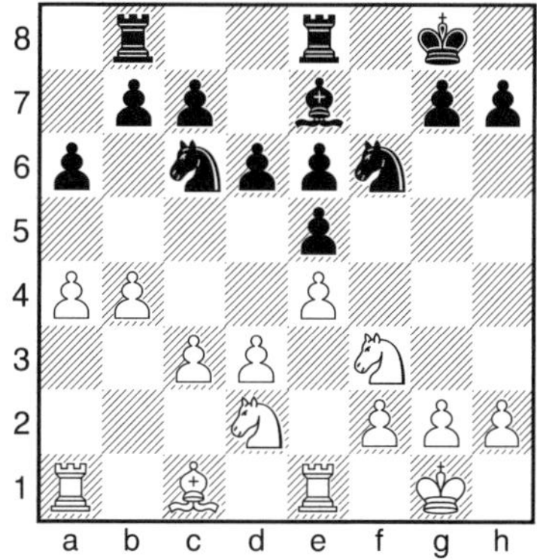

und hier hätte ich nicht voreilig 14.b5

spielen sollen, G. Souleidis (2409) – P. Zelbel (2428), 25. Erfurter Schachfestival 2015, was zu einer ausgeglichenen Stellung hätte führen können nach 14...Sd8! (*14.Sb3!* bewahrt alle Optionen für Weiß. Er bringt zuerst seinen Läufer ins Spiel und stößt seine Bauern am Damenflügel später vor. Schwarz hat überhaupt kein Gegenspiel hier, z.B. *14...Tf8 15.h3 Sd7 16.Le3 Ta8 17.b5 Sd8 18.c4±*) 11.exd5 Lxd5 12.Lxd5 Sxd5 13.Sc4 (*13.Sxe5 Sxe5 14.Txe5 Sf4* Schwarz hat sehr viel Gegenspiel, da Weiß unterentwickelt ist.) 13...Lf6!= und da Weiß kaum auf b7 schlagen kann, hat Schwarz ausgeglichen.

b) 9...Tae8 Das erlaubt den schnellen Vorstoß des b – Bauern. Mit einem Turm auf a8 kann Schwarz mit ...a6 den Vorstoß nach b5 verlangsamen. 10.b4!

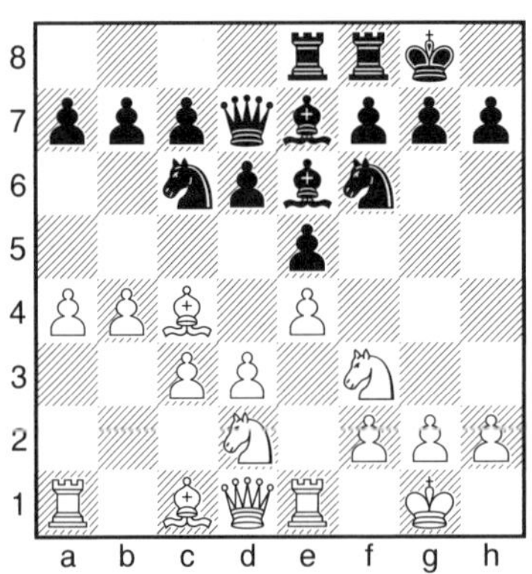

10...h6 A. Asgarizadeh (2371) – D. Ghosh (2516), Gyor 2014 (*10...Lxc4 11.Sxc4 Sd8 12.Db3 Se6* J. Stopa (2451) – C. Lehman, Concord 2011 *13.Se3!N c6 14.Sf5±; 10...Ld8 11.a5 Se7 12.a6 b5* A. Kovalev (2550) – J. Zeberski (2396), Dresden 2008 *13.Lxe6!N Dxe6 14.Sf1 c6 15.Le3 Sc8 16.Sg3 Lb6 17.d4±; 10...Sd8* Ein Computer – Vorschlag mit der Idee auf e6 mit dem Springer zurückzuschlagen, falls Weiß die Läufer tauscht. *11.h3 c6 12.a5±*) 11.Lxe6!N Dxe6 12.Sf1 a6 13.Sg3±;

c) 9...h6 10.a5 (*10.b4* ist mit einem Turm auf a8 weniger sinnvoll. Schwarz reagiert mit *10...a6* und droht in vielen Fällen ...d5 oder ...b5.) 10...a6 11.Db3 (*11.Lb3* wurde häufiger gespielt, aber *11...Lxb3 12.Dxb3* W. Hendriks (2447) – S. Haslinger (2544), Hilversum 2009 *12...Tab8!N* sieht einfach ausgeglichen aus. Hier hat Schwarz eine gesunde Struktur im Vergleich zu den Varianten, wo auf e6 die Läufer getauscht wurden.)

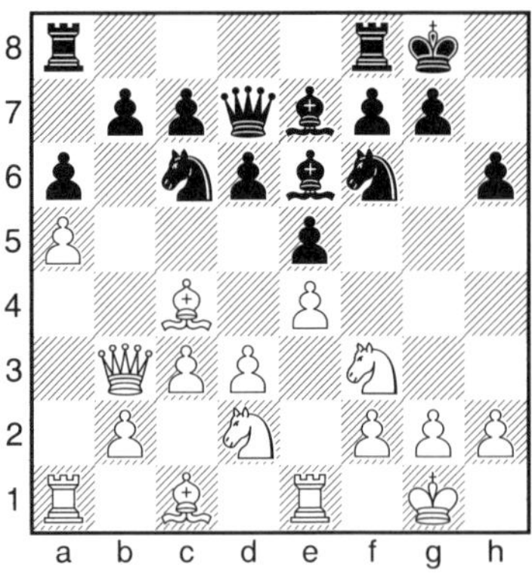

11...Tab8

c1) 11...Tfe8 12.Lxe6 fxe6 (*12...Dxe6 13.Dxb7±*) 13.Sc4 (*13.d4 exd4 14.Sxd4 Sxd4 15.cxd4 Lf8 16.Sf3±*) 13...Lf8 14.h3 Tab8 R. Rabiega (2499) – H. Machelett (2393), Deutschland 2001 15.Da4!?N Df7 16.b4±;

c2) 11...Sh5?! 12.d4 Darauf sollte man immer Ausschau halten, insbesondere wenn Schwarz die Kontrolle über d5 aufgegeben hat. 12...Lxc4 13.Sxc4 Lf6 L. Vogt (2505) – C. Boschetti (2205), Brocco 1990 14.Dd1!N Dg4 15.Ta4± mit der Idee d5.

12.Sf1 Tfe8 (*12...Lxc4 13.dxc4* ist möglich, aber diese Struktur ist etwas angenehmer für Weiß, da er das Zentrum gut kontrolliert und seinen Springer nach d5 oder f5 überführen kann.) 13.Se3 Lf8 V. Spasov (2575) – G. Kaidanov (2580), Yerevan 1996 14.Lxe6!N fxe6 15.Sc4⩲ verläuft ähnlich wie Rabiega – Machelett.

10.b4! Dc8 A. Delchev (2603) – A. Beliavsky (2667), Plovdiv 2003 (*10...Tfe8 11.b5 Sa5 12.Lxe6 fxe6 A.* Fedorov (2598) – M. Zelic (2272), Medulin 2002 *13.c4!N c6 14.Lb2 Dc7 15.Sg5 Lf8 16.Lc3 h6 17.Sgf3±*) 11.Lxe6!N Dxe6 12.Sc4⩲ nebst b5.

7...a5 Ein seltener Zug, der das Feld b4 kontrolliert. Die Hauptidee besteht darin den Springer von f6 nach c5 zu überführen. 8.h3!?

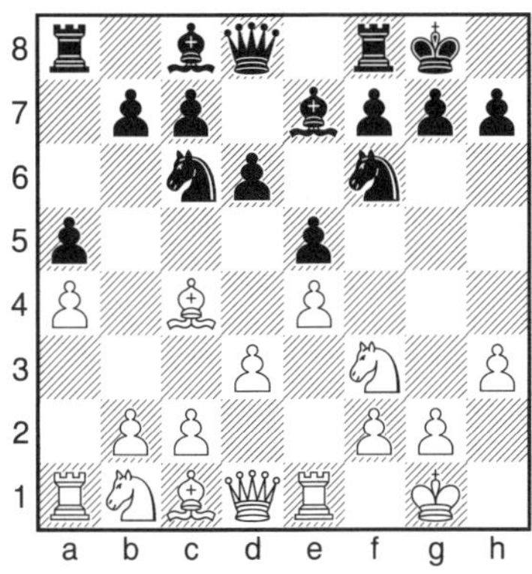

Ein guter Abwartezug, der das Feld g4 kontrolliert, was in einigen Varianten sehr wichtig ist.

8...Sd7 (8...Le6 S. Kindermann (2493) – A. Graf (2605) Deutschland 2013 9.Sa3!N Das Feld c4 lockt diesen Springer an. 9...Lxc4 (*9...Sd7 10.c3 Sb6 11.Lxe6 fxe6 12.Le3⩲; 9...d5 10.exd5 Lxd5 11.Lxd5 Dxd5 12.c4 De6 13.d4↑*) 10.Sxc4 Sd7 11.c3 Te8 (*11...Sc5?! 12.d4↑*) 12.Ld2 Der Vorstoß b4 liegt jetzt in der Luft. 12...Sf8 13.b4 (*13.Se3 Se6 14.Sd5⩲*) 13...axb4 14.cxb4 Se6 15.b5 Scd4 16.Sxd4 Sxd4 17.Le3 Se6 18.Dg4⩲)

9.c3 Kh8?! Das war ein seltsamer Mix von Plänen in C. Luciani (2257) – B. Borsos (2293), Verona 2007. Weiß könnte sich Vorteil sichern mit (*9...Sc5 10.d4 exd4 11.cxd4 Sd7 12.Sc3⩲; 9...Lf6 10.Le3 Sc5 11.Sbd2⩲*) 10.Le3N Sc5 (*10...f5?! 11.exf5 Txf5 12.Sa3⩲*) 11.Sbd2⩲

8.La2 c5

8...Le6?! erlaubt Weiß sich am Damenflügel Raum zu sichern, z.B. 9.b4 (*9.Lxe6N fxe6 10.b4 Sc6 11.c3⩲* sieht sogar besser aus.) 9...Lxa2 10.Txa2 Sc6 11.c3⩲ M. Godena (2495) – D. Marguerettaz (2223), Padova 2014

9.c3 Sc6

9...Le6 Das erlaubt ein schnelles b4. 10.Lxe6 fxe6 11.b4 cxb4 12.cxb4 Sc6 13.b5 Sd4 14.Sxd4 (*14.Sbd2⩲* könnte sogar besser sein.) 14...exd4 T. Hommeles (2384) – J. Boudre (2327), Port Barcares 2005 15.Sd2!N e5 16.Sc4 Tc8 17.La3⩲ mit einer besseren Stellung dank des Drucks auf d6 und der besseren Bauernstruktur.

10.Sa3

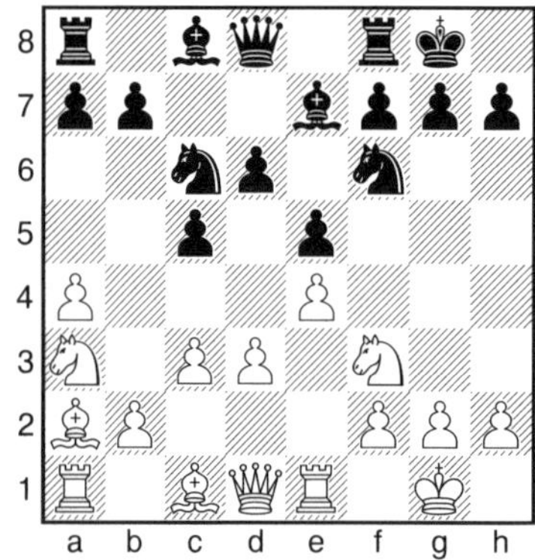

Das ist präziser und flexibler als 10.Sbd2, was häufiger gespielt wurde, da es das Feld d2 für den Läufer frei lässt.

10...Le6

10...h6!? Ein logischer Abwartezug. 11.Ld2 a6 Ein Versuch am Damenflügel zu spielen. (*11...Sh7* O. Kurmann (2437) – K. Petschar (2300), Graz 2015 *12.b4!N cxb4 13.cxb4 Sg5 14.Sxg5 Lxg5 15.Lc3 a6 16.Lc4*⩲ Weiß hat eine schöne Initiative am Damenflügel. *11...Le6?!* Das passt nicht zu 10...h6. *12.Lxe6 fxe6 13.b4 b6 14.Sc4 Dc7 15.Tc1 Sd7 16.b5 Sd8 17.d4 Sf7 18.dxe5 dxe5 19.Db3*± A. Demchenko (2615) – Y. Gruenfeld (2444), Jerusalem 2015; *11...Te8 12.Sc2!? Lf8 13.Se3 Le6 14.Lxe6 Txe6 15.c4 a5 16.Tf1 Te8 17.Se1 g6 18.f4*⩲ Olofsson – Busemann, Fernschachpartie. 2014.) 12.h3!N

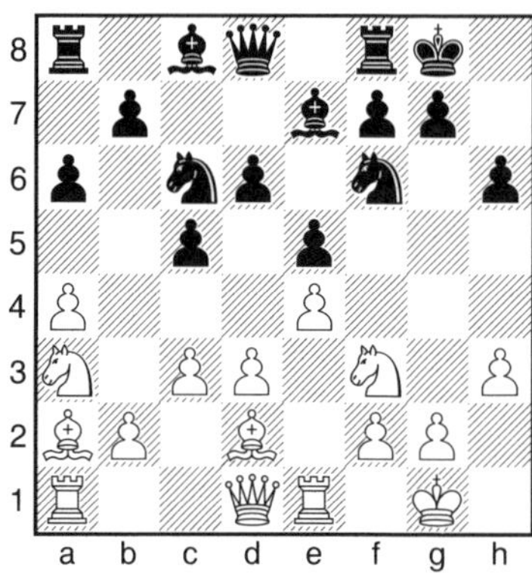

Ein schöner Abwartezug, der die Stellung am Königsflügel verbessert.

a) 12.Sc4 ist voreilig und erlaubt Schwarz seinen weißfeldrigen Läufer unbehelligt nach e6 zu entwickeln. 12...Le6! und jetzt 13.h3 (*13.b4 b5 14.Se3* P. Harikrishna (2678) – Yang Kaiqi (2360), Hangzhou 2012 *14...cxb4!N 15.Lxe6 fxe6 16.cxb4 Dd7*= Die weißen Springer haben hier kaum Aussichten.) 13...Te8 14.Db1!? Lf8 15.b4 b5! 16.Se3 Lxa2 17.Txa2 cxb4 18.cxb4 A. Udeshi (2403) – M. Panchanathan (2580), New Delhi 2013 18...bxa4!N und egal wie Weiß reagiert, Schwarz spielt in den nächsten Zügen ...d5 und gleicht bequem aus.

b) 12.b4 funktioniert nicht wegen 12...cxb4 13.cxb4 d5!=;

12...Tb8 13.Sc4 b5 (Nun könnte man fragen, warum nicht 13...Le6 jetzt? Es gibt einen kleinen Unterschied. Mit dem Turm auf b8 kann Weiß jetzt 14.b4! cxb4 15.cxb4 spielen. Wir betrachten die folgenden Varianten: 15...b5?! ist zweifelhaft wegen (*15...d5 16.exd5 Sxd5 17.b5 Scb4 18.Lb1!*⩲ und Schwarz verliert einen Bauern, da *18...f6?!* wegen *19.d4*± nicht funktioniert. *15...Sd7 16.b5 Sd4 17.Sxd4 exd4 18.Lb4±*) 16.axb5 axb5 17.Sa5!± Mit dem Turm auf a8 wäre dieser Springerzug nicht möglich.)

14.axb5 axb5 15.Se3 Te8 16.Sh2

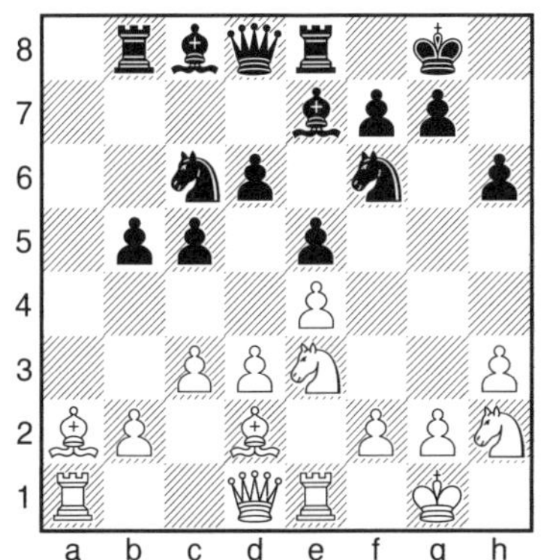

Weiß ändert seinen Plan und greift am Königsflügel an. 16...Le6 17.Ld5! Dd7 18.Ta6 Tec8 19.Df3 Db7 20.Taa1 Ta8 21.Shg4 mit einer gefährlichen Initiative für Weiß am Königsflügel. Schwarz kann nicht einfach die Türme jetzt tauschen, z.B. 21...Txa1 22.Txa1 Ta8?! 23.Txa8+ Dxa8 24.Sf5± und Weiß erhöht den Druck.

11.Lxe6!

Es ist sinnvoll die schwarze Bauernstruktur zu schwächen.

11.Sc4 wurde häufiger gespielt, doch wir vermuten eher aus psychologischen Gründen, da Weiß die Öffnung der f – Linie fürchtet. In unserem Strategieteil fassen wir einige Varianten in der Partie V. Iordachescu (2648) – I. Saric (2648), Porto Carras 2011, zusammen.

11...fxe6 12.Ld2

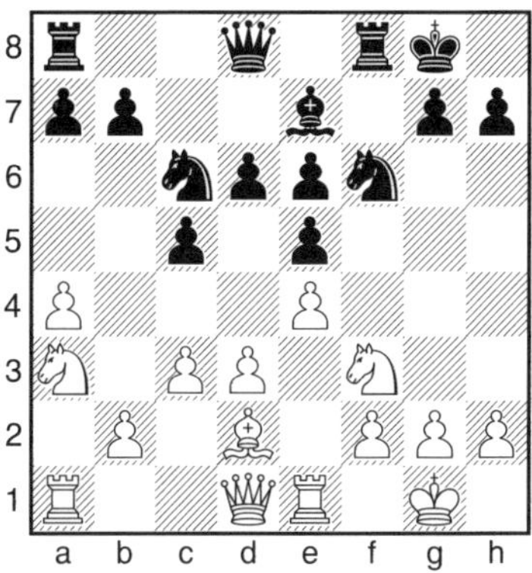

Ein aktueller Versuch von einem der stärksten Spieler, die regelmäßig Italienisch mit c3 und d3 spielen. Weiß plant b4-b5 mit Raumvorteil.

12.b4?! sofort funktioniert nicht wegen 12...cxb4 13.cxb4 V. Sikula (2490) – B. Borsos (2282), Hungary 2006 13...Sxb4!N 14.Db3 d5 15.Sxe5 Sc6 16.Sf3 Lb4=;

12.Sc4 Das führt in der Regel zu den gleichen Stellungen wie nach 12.Ld2. 12...Dd7

a) 12...Tc8 Hier hat Weiß die Wahl. 13.Tb1 (13.Ld2 b6 14.Tb1 Tb8?! (*14...Sh5 15.b4 cxb4 16.cxb4 Sf4 17.Lxf4 Txf4 18.b5 Sd4 19.Sxd4 exd4 20.a5!±; 14...Sd7 15.b4 cxb4 16.cxb4 De8 17.Lc3⩲*) 15.b4 cxb4 16.cxb4 Sd7 17.Lc3 b5 (*17...a5 18.b5 Sb4 19.Lxb4 axb4 20.Se3±*) 18.axb5 Txb5 19.Sa3 Tb7 D. Vocaturo (2564) – M. Geenen (2289), Aix les Bains 2011

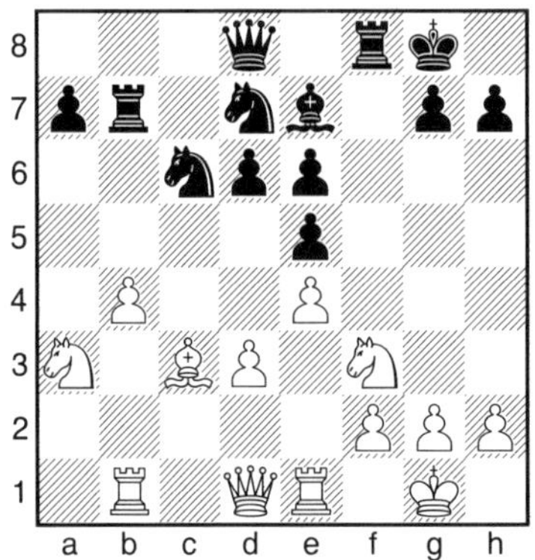

20.b5!N Scb8 21.Sc4±)

13...Sh5 14.b4 cxb4 15.cxb4 Sf4 16.b5 Sa5 17.Sxa5 Dxa5 S. Kapnisis (2412) – V. Petkov (2520), Kavala 2007 18.d4!N Dc7 (*18...exd4 19.Sxd4 Sd3 20.Ld2 Dc7 21.Sxe6 Dc2 22.Te2*±) 19.Le3±;

b) 12...De8 13.Ld2 Die zwei folgenden Fernpartie wurden offensichtlich mit der Hilfe von Computern mit starken Engines gespielt. Beide zeigen auf, dass Weiß besser steht. Man sollte sich die Partien genau anschauen, da es das Verständnis für diese Stellung stärkt. 13...Sd7 (13...Sh5?! 14.b4 cxb4 15.cxb4 Dg6 16.b5 Sd4 17.Sxd4 exd4 18.Tf1 Tf7 19.f4 Taf8 20.Dc1! Dg4

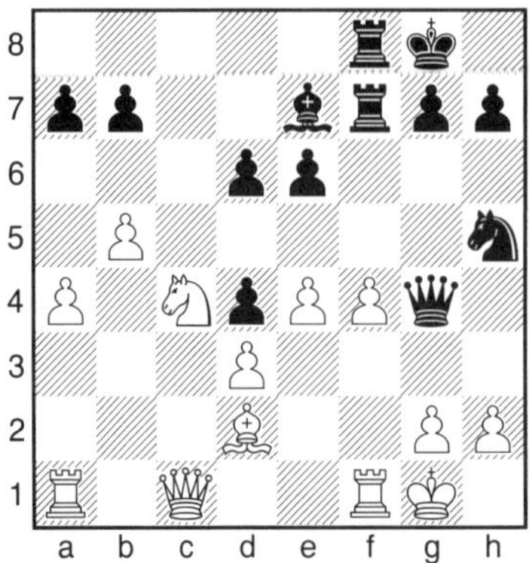

21.f5! exf5 22.e5! Dg6 (*22...d5? 23.e6 Tf6 24.Se5 De2 25.Te1*+–) 23.De1 Td8 24.Lb4 Lg5 25.exd6± H. Rada (2424) – N. Eremin (2212), ICCF email 2014)

14.b4 cxb4 15.cxb4 Tc8 16.Lc3 d5 17.exd5 exd5 18.Scxe5 Scxe5 19.Lxe5 Sxe5 20.Txe5 Df7 21.Tb1! Ld6 22.Te1 Dg6 23.Te3 Tf4 24.b5 Tcf8

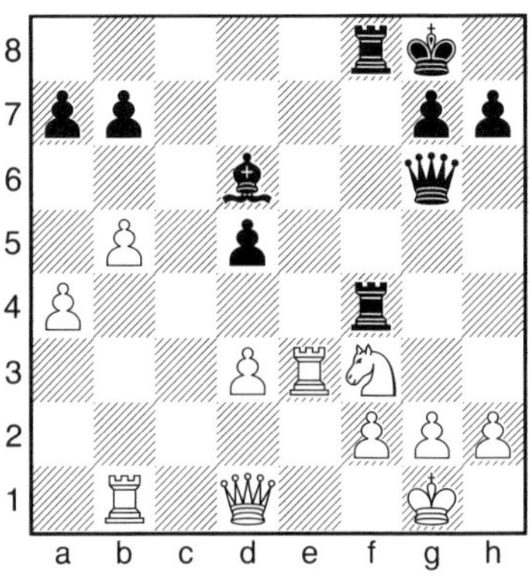

25.Ta1! Falls Weiß so einen langsamen Zug spielen kann, dann hat Schwarz sprichwörtlich nichts am Königsflügel. 25...Kh8 26.d4 Dh6 27.g3 Te4 28.Tc3 Df6 29.Ta2 g6 30.Kg2 Df5 31.b6 a6 32.h4 h6 33.Se5 Lxe5 34.dxe5 d4 35.Tc4 Dxe5 36.Tac2 Dd5 37.f3 Te3 38.Txd4 Dxf3+ 39.Dxf3 Texf3 40.Tc7 1-0 E. Achilles (2424) – V. Penkin (2267), ICCF email 2011;

13.Ld2 Tac8 14.b4 cxb4 15.cxb4 Sd4 (15...Sh5? 16.b5 Sd8 (*16...Sb8 17.Le3 Sf4 18.Lxa7*±) 17.Le3 Ta8 (*17...b6 18.Sfxe5 dxe5 19.Dxh5 Dxd3 20.Sxe5 Dxe4 21.Lxb6*+–) 18.Sfxe5 dxe5 19.Dxh5 Dxd3 20.Sxe5 Dxe4 21.Lc5 Dxe1+ 22.Txe1 Lxc5 23.Sd3+– M. Leon Hoyos (2286) – W. Arencibia (2505), Santa Clara 2004)

16.Sxd4 exd4

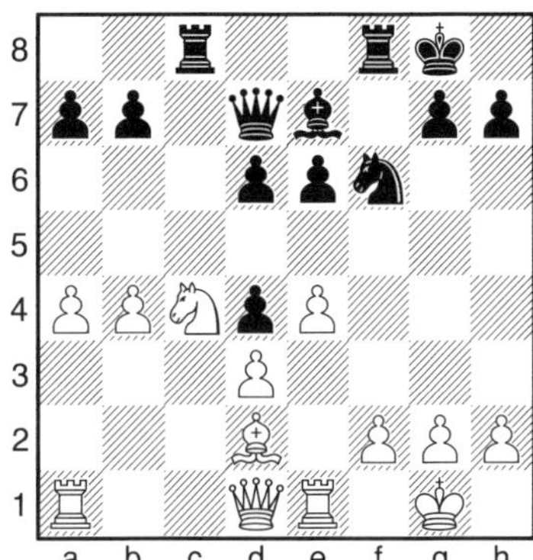

M. Muzychuk (2521) – A. Kashlinskaya (2441) Plovdiv 2014 17.b5!N e5 (*17...d5?! 18.exd5 Sxd5 19.Se5 De8 20.Dg4 Tf5 21.Sc4 Lc5 22.De4 Tf6 23.Lg5 Tf5 24.h4 h6 25.Ld2 Tf6 26.Se5*⩲ mit der Idee 27.Sg4.) 18.Lb4⩲ mit einer ähnlichen Stellung wie in Hommeles – Boudre.

12...d5?!

Schwarz opfert einen Bauern, erhält aber nicht genügend Kompensation.

12...De8 13.Sc4 ist Zugumstellung zu Rada – Eremin und Achilles – Penkin;

12...Tc8 13.Sc4 ist mit Zugumstellung Vocaturo – Geenen;

12...Dd7 13.Sc4 ist mit Zugumstellung Leon Hoyos – Arencibia und Muzychuk – Kashlinskaya.

13.exd5 exd5 14.Sxe5 Sxe5 15.Txe5 Ld6 16.Te1 Dd7 17.h3! a6 18.Sc2 Df5 19.De2

19.Te3⩲ könnte sogar besser sein.

19...Tae8 20.Df1 Td8

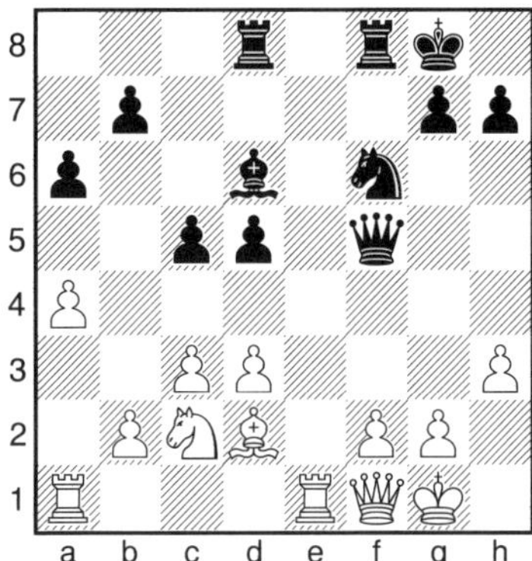

I. Saric (2650) – M. Bosiocic (2567), Porec 2016

21.b4!N Sh5

21...b6 22.a5!±

22.bxc5 Lxc5 23.Sd4!

23.Le3 Dc8! 24.d4 Ld6 25.Lg5 Lg3 26.Te2 Td7 27.Dd1 Tdf7 28.fxg3 Tf1+ 29.Dxf1 Txf1+ 30.Txf1 Sxg3 31.Tff2 Sxe2+ 32.Txe2 Dxc3 33.Kf2⩲ ist auch besser für Weiß, aber es ist nicht klar, ob es genug ist, um die Partie zu gewinnen.

23...Lxd4 24.cxd4 Sf4 25.Te3±

Weiß hat einen Mehrbauern und alles unter Kontrolle. Im nächsten Zug wird er seinen Turm auf a1 aktivieren.

In diesem Kapitel betrachteten wir die Hauptvariante nach 3...Sf6 4.d3 Le7 und einige seltene Fortsetzungen nach 4.d3. Neben 4...Le7 hat nur 4...h6 theoretische Bedeutung. Mit konkretem Spiel erobert Weiß das Zentrum und erfreut sich seines Raumvorteils. Es scheint keine Variante zu geben, in der Schwarz ausgleichen kann. In der Hauptvariante analysierten wir ausführlich 7.a4! Schwarz hat viele Optionen. 7...Kh8 startet einen gefährlichen Plan am Königsflügel anzugreifen, aber wir bieten einen überzeugenden Weg, um die schwarze Idee zu neutralisieren und eine vielversprechende Stellung zu erhalten. 7...Le6 ist ein sehr solider Zug für Schwarz, aber er hat überhaupt kein Gegenspiel und Weiß besitzt zumindest die angenehmere Stellung. 7...Sa5 ist der Hauptzug, aber Weiß hat einen simplen Plan, indem er den Läufer auf e6 tauscht und die schwarze Bauernstruktur schwächt. Die gezeigten Beispiele sind sehr überzeugend aus weißer Sicht. Die andere Hauptidee in vielen Varianten aus weißer Sicht ist, den b - Bauern vorzustoßen und seinen Raumvorteil zu vergrößern. Insgesamt sind wir überzeugt, dass Weiß mit den Varianten in diesem Kapitel gute Aussichten besitzt ohne ein großes Risiko in Kauf nehmen zu müssen.

Kapitel 4

Schwarz schlägt früh im Zentrum zu mit ...d7–d5

Dagegen bieten wir mehrere Optionen an. Unsere Hauptvariante führt zu einem leicht besseren Endspiel. Wir schauen uns aber auch den Trend 8.a4, das frühe Sbd2 und 4.0–0 im Zugfolgenkapitel 9 an, so dass ein frühes Te1 den Vorstoß ...d7-d5 länger unterbindet. Wir starten mit unserer Hauptempfehlung.

Kapitel 4.1

Das Endspiel

1.e4 e5 2.Sf3 Sc6 3.Lc4 Lc5 4.c3 Sf6 5.d3 0–0

Direkt 5...d5? ist schlecht wegen 6.exd5 Sxd5 7.Db3!

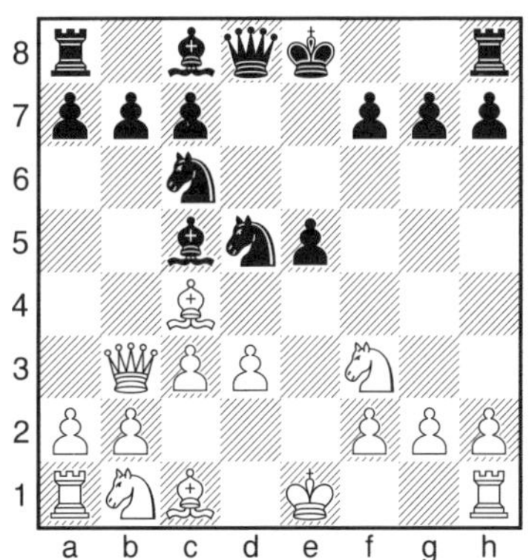

7...0–0 (*7...Sa5 8.Db5++–; 7...Le6 8.Dxb7 Sde7 9.Lxe6 fxe6 10.0–0 0–0 11.Da6+–*) 8.Lxd5 Sa5 9.Dd1 Dxd5 10.b4 e4 11.dxe4 Dxe4+ 12.De2 Dxe2+ 13.Kxe2 Te8+ 14.Kf1±

6.0–0 d5 7.exd5 Sxd5 8.Te1

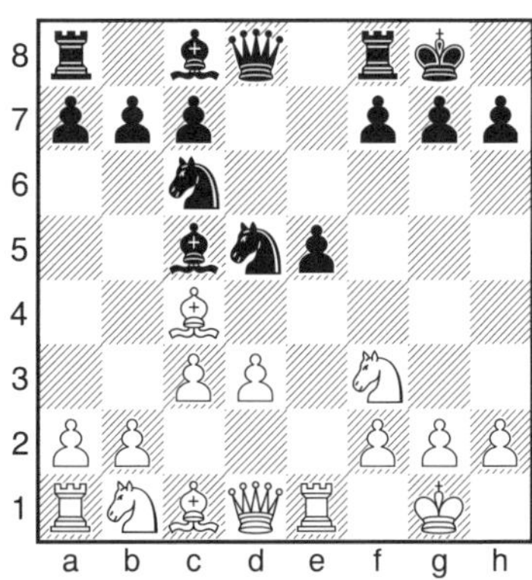

Das ist der kritische Zug, da er den Bauern e5 direkt angreift. Außerdem bieten wie mit 8.a4 eine interessante Alternative an.

8...Lg4!

Die prinzipiellste Fortsetzung. Die Alternativen sind schwächer:

8...Sb6 kann mit 9.Lg5! beantwortet werden. Dieser selten gespielte Zug führt zu weißem Vorteil. 9...Le7

a) 9...Dd6 10.Sbd2 (*10.b4 Sxc4 11.bxc5 Dg6 12.dxc4 e4!* ist nicht klar.) 10...Sxc4 (*10...Dg6 11.Se4 Sxc4 12.dxc4 Lb6 13.Sh4 De6 14.c5 h6 15.Le3 f5 16.cxb6 axb6 17.Sd2 f4 18.a3 fxe3 19.Txe3 Df7 20.Shf3⩲* mit einer besseren Bauernstruktur.)

11.Sxc4 Dg6 12.Scxe5 Sxe5 13.Txe5 Db6 14.Lh4 f6 15.Te2±;

b) 9...Dd7!? 10.Lb3 Te8 11.a4 a5 12.Lh4 Ld6 13.Sbd2 h6 14.Se4 Lf8 15.h3 Sd5 16.d4!±

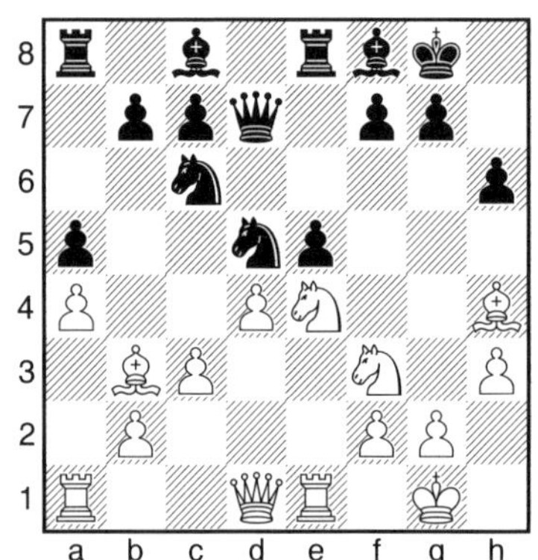

16...exd4? T. Rakowiecki (2315) – M. Gawronski (2205), Lodz 1997 17.Lxd5!N Dxd5 18.Sf6+ gxf6 19.Txe8 Dd7 20.Txf8+! Kxf8 21.Dd2 Kg7 22.Lxf6+!+–;

10.Lxe7 Dxe7 11.Lb5 f6 12.Lxc6 bxc6

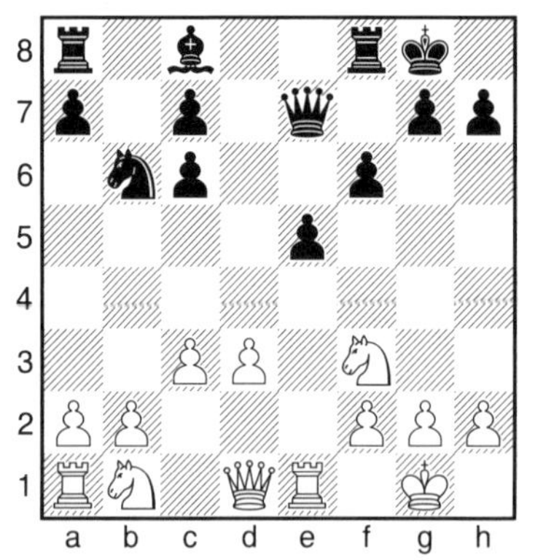

13.Sbd2 (*13.d4 e4 14.Sbd2 f5 15.Se5 c5 16.Sb3 cxd4 17.cxd4*± könnte sogar besser sein.)

13...Df7 14.Se4 Lg4 15.h3 Lh5 16.Sg3± V. Podinic (2300) – A. Danilovic (2378), Subotica 2000;

8...Te8?! 9.d4!

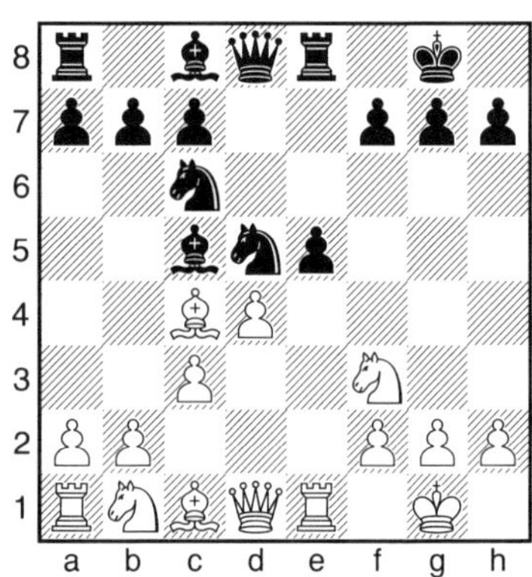

Weiß gewinnt einen Bauern mit diesem typischen Zug. 9...Lb6 (*9...exd4?? 10.Txe8+ Dxe8 11.Lxd5+–*) 10.dxe5 Le6 11.Sg5 Sf4 (11...Se3 12.Dxd8 Sxd8 13.Lxe3 Lxc4 14.Sd2 Ld5 15.c4 Lc6 16.f4 f6 17.Lxb6 fxg5 (*17...axb6 18.exf6 Txe1+ 19.Txe1 gxf6 20.Sge4*±) 18.Lxc7 Se6 19.Ld6 Sxf4 20.g3 Sh3+ 21.Kf1 Tad8 22.Sb3 g4 23.Sd4±)

12.Dxd8 Taxd8 13.Sxe6 Sxe6 14.Sa3±;

8...Le6 9.Sbd2 Ld6 10.Se4 h6 11.a4 Te8 12.b4± Weiß hat Raumvorteil und eine schöne Figurenstellung.

9.Sbd2 Sb6 10.h3 Lh5

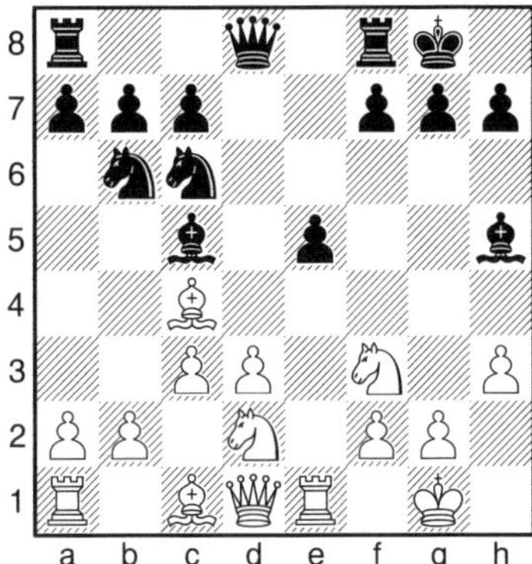

10...Sxc4 11.Sxc4 Lxf3 12.Dxf3 Ld6 13.b4 a6 14.a4 Dd7 15.Dd5 Tfe8 16.Ld2 De6 17.Dxe6 Txe6 18.b5⩲

11.b4!?

11.Lb5 ist der Hauptzug, aber Schwarz hat Gegenspiel nach 11...Ld6 12.Se4 f5 Deswegen empfehlen wir eine Nebenvariante, die zu einem Endspiel führt.

11...Le7

11...Ld6?! 12.Lb3 Kh8 (12...a5 13.b5 Sb8 (*13...Se7 14.a4 Kh8* R. Pruijssers (2549) – S. Ernst (2589), Amsterdam 2013 *15.d4!N exd4 16.Se4 dxc3 17.Sxd6 cxd6 18.g4 Lg6 19.La3* Weiß hat nur aktive Figuren und Schwarz verteidigt sich mit Mühe und Not, z.B. *19...Sec8 20.Dd4 c2 21.Tac1 Sd7 22.Lxc2 Lxc2 23.Txc2±*) 14.a4 S8d7 15.Se4 Le7 16.d4! exd4 17.Dxd4 Lxf3 18.gxf3 c5 19.bxc6 bxc6 20.Lf4 Sd5 21.Lxd5 cxd5 22.Dxd5⩲ U. Eliseev (2541) – E. Najer (2634), Moskau 2013)

13.Se4 f6 (*13...f5 14.Sg3 Lxf3 15.Dxf3 Df6 16.Ld2⩲*) 14.a4 a6 15.Sg3 Lf7 16.Lxf7 Txf7 17.Db3 Dg8 18.a5 Sd7⩲ D. Vocaturo (2500) – M. Godena (2537), Sarre 2009 19.Ld2!?N mit der Idee c4 und Lc3 folgen zu lassen sieht gut aus für Weiß.

12.b5

Nach 12.Lb3!? Dxd3 13.Sxe5 Lxd1 14.Sxd3 Lxb3 15.axb3

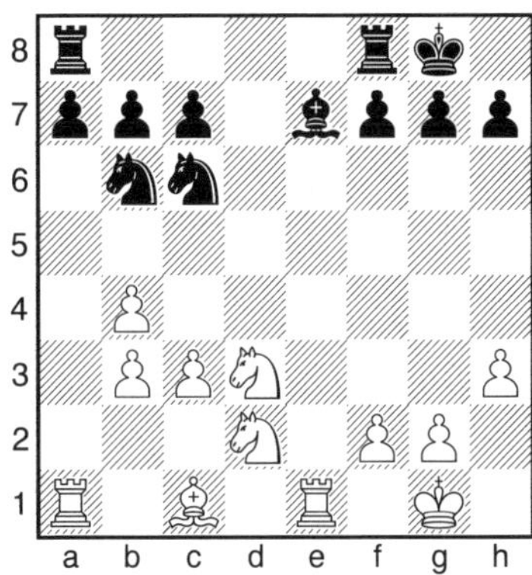

muss Schwarz 15...a6! finden, um auszugleichen: (*15...Tfd8? 16.b5+−*) 16.Se4 Sd5 17.Sf4 Tad8 18.Sxd5 Txd5 19.Lf4 Td7=;

Eine aktuelle Idee lautet 12.De2 Sxc4 13.Sxc4 f6 14.b5 Sb8 15.d4 a6 aus D. Vocaturo (2574) – J. Hammer (2689), Gjakova 2016, und nun ist es wert 16.b6!?N cxb6 17.dxe5 b5 18.Td1 Dc7 19.Se3 fxe5 20.Sd5 Dd6 21.a4⩲ weiter zu analysieren.

12...Sa5 13.g4

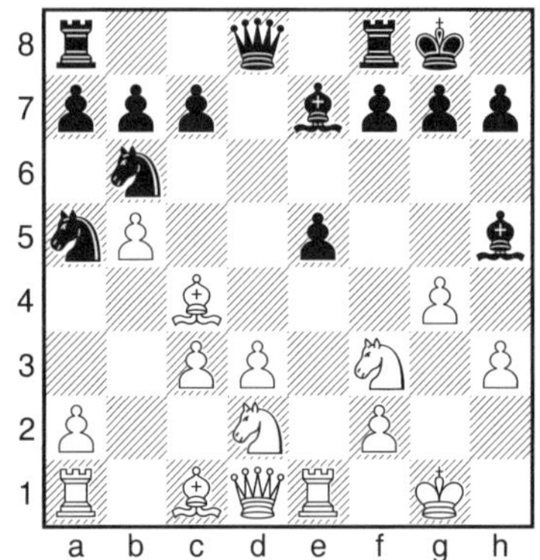

Wir möchten mit dem Springer auf e5 schlagen und nicht mit dem Turm.

13.Txe5 Lg6! gibt Schwarz Gegenspiel.

13...Sbxc4

13...Lg6!? ist wahrscheinlich präziser: 14.Sxe5 Lf6 (*14...Saxc4 15.Sdxc4 Sxc4 16.dxc4 Dxd1 17.Txd1 Lc2* führt zur Hauptvariante.) 15.Sxg6 hxg6 16.Se4 Saxc4 17.dxc4 Sxc4

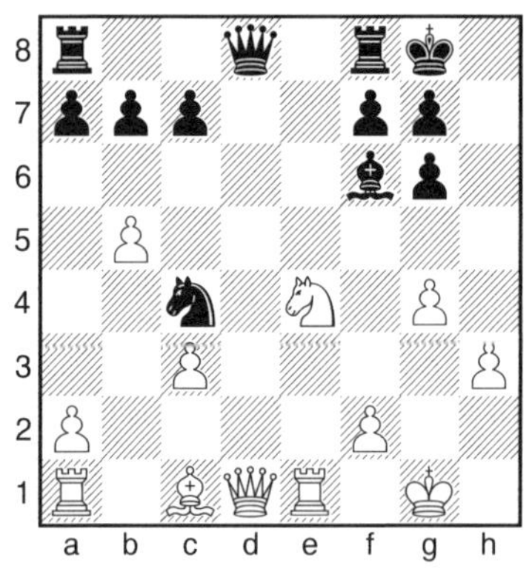

Jetzt ist das Endspiel mehr oder weniger ausgeglichen, aber Schwarz muss weiter sehr präzise agieren, wie die folgenden Varianten zeigen:

(17...Dxd1 18.Txd1 Sxc4 19.Lf4 Tac8 20.Sxf6+ gxf6 21.Td7 (*21.Tab1!?±*) 21...Sb6 22.Txc7 Sd5 23.Txc8 Txc8 24.Ld2 Sxc3 25.a4 b6 26.Kg2 Sd5 27.Ta3 Tc4 28.Td3 Sf4+ ½-½ C. Ponizil (2428) – S. Ernst (2566), Vlissingen 2014)

18.Dxd8

(18.Lf4!? könnte ein Versuch sein, z.B. 18...Le5 19.De2N (*19.Df3 f5 20.Tad1 fxe4 21.De2 Df6 22.Dxc4+ Kh7 23.Lxe5 Dxf2+* und bald trennte man sich mit Remis in J. Lanz Calavia (1823) – S. Romanov (2503), ICCF email 2013.) 19...Lxf4 20.Dxc4 c6 (*20...Dh4 21.Kg2 c6 22.Sc5=*) 21.Tad1 Dc7 22.bxc6 Tac8 23.Kg2 Dxc6 (*23...a6!? 24.Kf3 Lh2 25.Kg2 Lf4=* (Jonas Lampert)) 24.Dxc6 Txc6 25.Td7 Tb8 (*25...Lc7!?* (Jonas Lampert) *26.Te2 b5 27.Td5 Tb8 28.Te3 Te6 29.Kf3=*) 26.Kf3 Lc7 27.Te3 Td8 28.Sg5 Tf8 29.Ted3=)

18...Tfxd8

a) 18...Taxd8 19.Sxf6+ gxf6 20.Lf4 Td3 21.Tad1 Txc3 22.Tc1 Txc1 23.Txc1 Sb6 24.Lxc7 Tc8 25.Lf4 Txc1+ 26.Lxc1 Sd5 27.Lb2 f5 28.gxf5 gxf5 29.Kg2±;

b) 18...Lxd8 19.Sd2 (*19.Lf4!?*) 19...Sd6 (*19...Sxd2!? 20.Lxd2 a6 21.a4 Lf6 22.Tad1 axb5 23.axb5 g5=* (Jonas Lampert)) 20.La3 f5 21.Tad1 Lf6 22.c4 Lc3 23.Lxd6 cxd6 24.Te6±;

19.Sxf6+ gxf6 20.Lf4

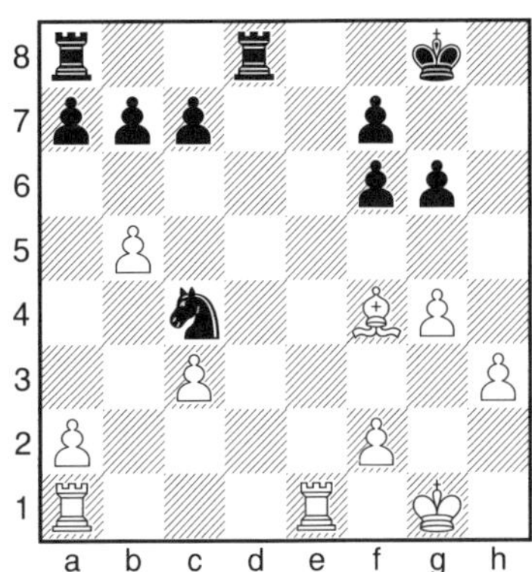

20...Td5

a) 20...Sa3 21.Te7 (*21.Lxc7 Td7 22.b6 Sb5*=) 21...Sxb5 22.Tb1 Sxc3 23.Txb7 Sd5 24.Lxc7 Sxe7 25.Lxd8 Txd8 26.Txe7=;

b) 20...Td3 21.Lxc7 Sa3 22.Lg3 b6 23.c4 Sxc4 24.Tad1 Txd1 25.Txd1 a6 26.a4 axb5 27.axb5 Ta5 28.Td5 Sa3 29.Lc7=;

21.a4 (*21.Tad1!?N Txb5 22.Te7 Tc5 23.Lxc7 b5 24.Tdd7*±) 21...Se5= Z. Jovanovic (2550) – M. Bosiocic (2555), Österreich 2014

14.Sxc4 Sxc4 15.dxc4 Dxd1 16.Txd1 Lg6

16...e4?! 17.gxh5 exf3 18.Lf4 Tfe8?! 19.Td3?! und Weiß gewann später die Partie, N. Zwirs (2358) – A. Heimann (2539), Amsterdam 2015 (*19.Td7!? Tac8 20.Lxc7*± ist sogar besser.)

17.Sxe5 Lc2 18.Td2 La4 19.Td7

19.Te2 a6 20.Sg6 hxg6 21.Txe7 axb5 22.Txc7 bxc4 23.Txc4 Lb3 24.Tb4 Lxa2 25.c4 Ta6 26.Txb7 Lxc4 27.Txa6 Lxa6 28.Tb6 Tc8 29.Lf4 Lc4 30.Tb8 Txb8 31.Lxb8 endete mit Remis in D. Forcen Esteban (2535) – C. Sandipan (2597), Benasque 2014

19...Ld6

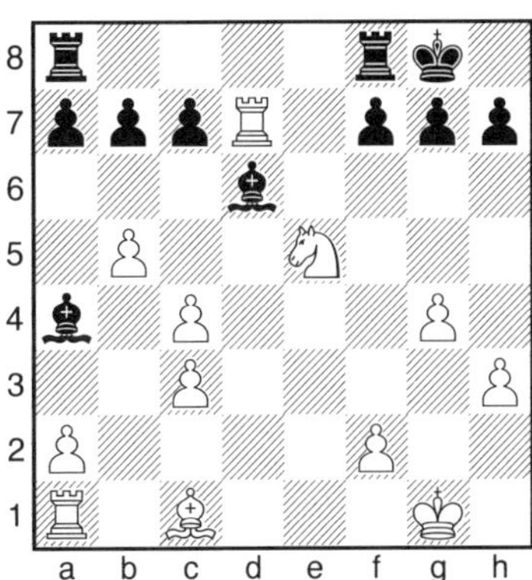

20.Sf3

Die Alternative 20.Sd3!?N gibt Weiß eine leichte Initiative, z.B. 20...Tad8

a) 20...a6 21.Sb2 Lc2 (*21...axb5 22.Sxa4 bxa4 23.Le3*±) 22.Le3 Tfd8 23.Txd8+ Txd8 24.c5 Le7 25.bxa6 bxa6 26.Ld4⩲;

b) 20...f5 21.Lf4 Lxf4 22.Sxf4 fxg4 23.Se6 Tf7 24.Txf7 Kxf7 25.Sc5 Lc2 26.hxg4⩲;

21.Txd8 Txd8 22.Le3 b6 23.Sb2 Lc2 24.Tc1 Le4 25.c5 bxc5 26.Td1 Lf3 27.Td2 Te8 28.Sc4 Lf8 29.Td7 Le2 30.Sa5 Lxb5 31.Txc7 Te7 32.Tc8 Te8 33.Txe8 Lxe8 34.Sb3 c4 35.Sd2⩲

20...f5 21.Sd4 fxg4 22.hxg4

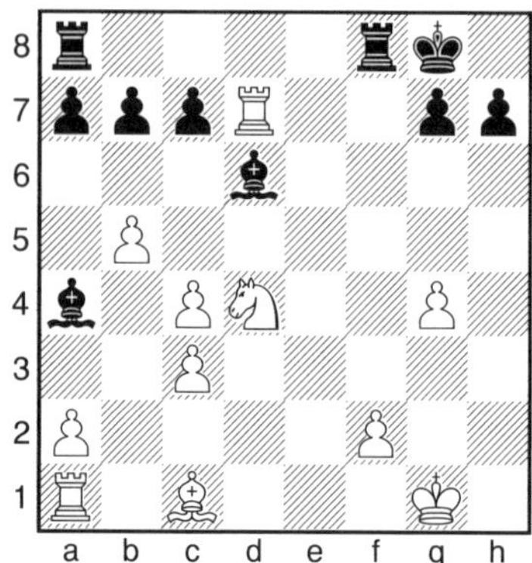

22...Ld1?

22...a6N ist angemessen und ziemlich ausgeglichen, z.B. 23.Le3 axb5 24.cxb5 Tf7 25.Txf7 Kxf7 26.Kg2 Le5 27.Tc1 Lxd4 28.cxd4 c6!=

23.Lh6! gxh6 24.Txd1 Tad8 25.Txd8 Txd8 26.Te1 Kf7 27.Kg2 Lf8?! 28.a4
28.Te5!?

28...Lg7 29.Te4 Lf6 30.Kf3 c5 31.bxc6 bxc6 32.Sxc6 Td7 33.Se5+ Lxe5 34.Txe5 Tc7 35.c5 Tc6 36.Ke4 Ta6 37.Kd5 Txa4 38.c6

1-0 F. Guido (2396) – G. Arnaudov (2473), Mantova 2012.

Das Endspiel nach 6...d5 mag objektiv zwar spielbar sein für Schwarz, aber es ist ein Tanz auf der Rasierklinge. Nach dem Tausch auf d5 kann Weiß sofort den Bauern auf e5 angreifen. Das führt in der Folge zu einem Endspiel, in dem Weiß die besseren Chancen besitzt, insbesondere in einer praktischen Partie. Falls Weiß das Endspiel nicht spielen möchte, dann steht ihm mit 8.a4 eine interessante Fortsetzung zur Verfügung. Damit gewinnt Weiß Raum am Damenflügel und kreiert in typischer Manier ein Rückzugsfeld für seinen Läufer auf c4.

Kapitel 4.2

Der Trend 8.a4

Unsere zweite Empfehlung ist der neue Trend 8.a4. Es scheint, dass dieser Zug Schwarz vor viele Problemen stellt. Der Nachziehende probierte viele Züge aus, aber keiner scheint komfortabel auszugleichen. Wir gehen die Möglichkeiten der Reihe nach durch.

1.e4 e5 2.Sf3 Sc6 3.Lc4 Lc5 4.c3 Sf6 5.d3 0–0 6.0–0 d5 7.exd5 Sxd5

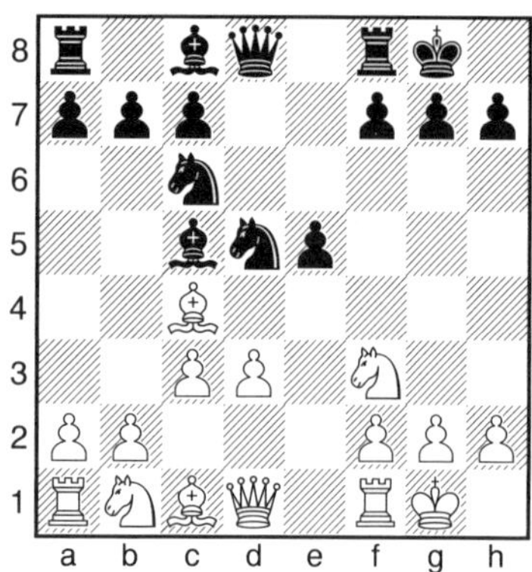

8.a4!?

Ein raumgreifender Zug, der ein Rückzugsfeld für den Läufer auf c4 schafft. Gleichzeitig muss man darauf hinweisen, dass der Läufer häufig nach b5 geht, um den Druck auf das schwarze Zentrum zu erhöhen. Im Vergleich zu 8.Te1 vermeidet Weiß in den meisten Fällen den Damentausch.

8...a6

Bislang der Hauptzug. Schwarz kontrolliert das Feld b5 und vermeidet, dass Weiß seinen a-Bauern bis nach a6 vorstößt.

8...a5 Das ist der wichtigste Zug neben 8...a6. Schwarz verhindert den weiteren Vormarsch des weißen a-Bauern, aber gibt Weiß weiterhin die Chance seinen Läufer auf b5 aufzustellen. 9.Sbd2

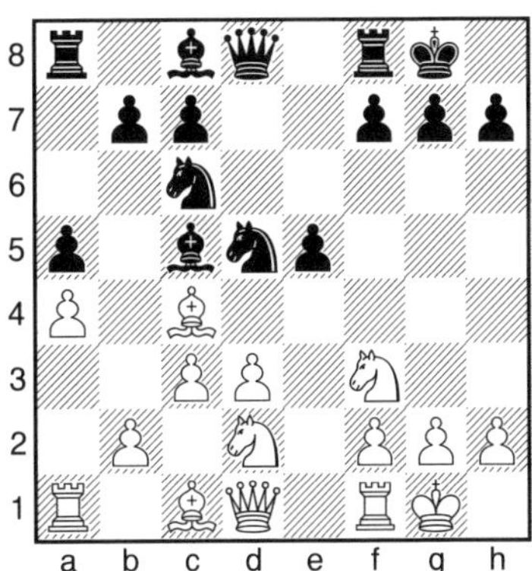

9...Sb6

a) 9...h6 10.Te1 Sf6 11.h3 Dd6 (*11...Te8 12.Db3 Te7 13.Se4 Sxe4 14.dxe4 Td7* Sonst spielt Weiß Sh4. *15.Le3±*) 12.Lb5! Lf5 13.Lxc6 (*13.Sb3!?N Tfe8 14.Sxc5 Dxc5 15.Le3 Dd5 16.d4 exd4 17.Sxd4 Sxd4 18.Dxd4 c6 19.Lc4 Dxd4 20.Lxd4±*) 13...bxc6 A. Heimann (2551) – J. Kociscak (2474), Zillertal 2015. Jetzt führt 14.Sxe5!N Lxd3 15.Sxd3 Dxd3 16.Se4 Dxd1 17.Sxf6+ gxf6 18.Txd1± offensichtlich zu einem besseren Endspiel für Weiß.

b) 9...Lg4 10.Se4 Lb6 S. Sanchez Liecano – R. Varesi, Uruguay 1997 11.Te1N Dd7 12.h3 Lxf3 (*12...Lh5? 13.Sxe5! Sxe5 14.Dxh5±*) 13.Dxf3 Tad8 14.Sg3±;

10.Lb5! Natürlich. Dieser Zug ist ein essentieller Bestandteil der weißen Strategie. 10...f6 (10...Ld6

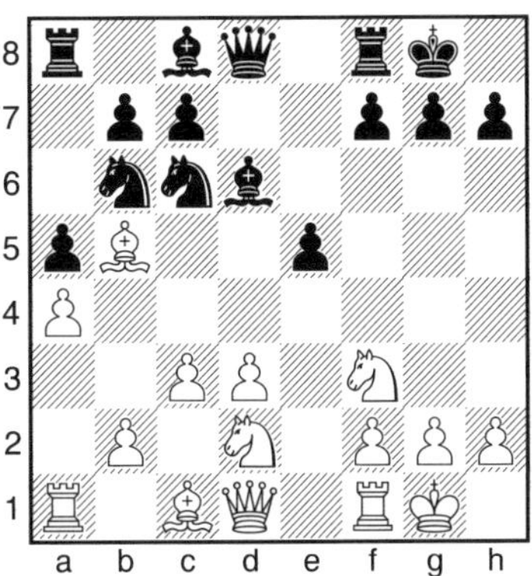

Das ist eine seltene Stellung in der Praxis. Weiß kann ein ungefähr ausgeglichenes Endspiel anstreben wie in Predojevic – Banusz, oder Komplikationen entfachen.

11.Se4 (11.Te1! Ein guter und logischer Entwicklungszug. Zu der Zeit, als wir diese Stellung analysierten, war das eine Neuerung. Einige Zeit später aber spielte Anish Giri diesen Zug gegen Levon Aronian in einer Blitzpartie während der zweiten Phase der Grand Chess Tour in Leuven. 11...Sa7 (*11...Lf5* sieht solider aus, z.B. *12.Sc4 Sxc4 13.Lxc4 Dd7 14.Db3 h6 15.Sd2 Tae8 16.Se4 Le7 17.Le3 b6 18.Tad1⩲;* Für *11...Lg4* sieht A. Giri (2782) – L. Aronian (2792), Leuven (blitz) 2016, in unserem Strategieteil.) 12.Lc4 Lf5 13.Lb3! Lxd3 14.Se4 Lxe4 15.Txe4

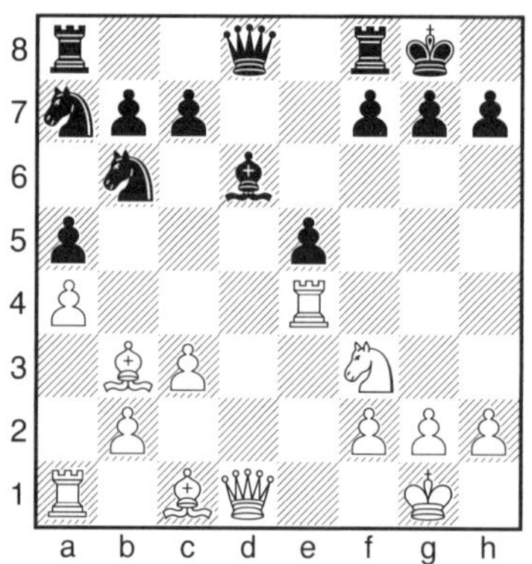

Weiß hat eine starke Initiative und gute Angriffschancen, wie die folgenden Varianten zeigen: 15...Sc6 (15...Sd7?! 16.Sg5 Le7

a) 16...Sf6? 17.Th4 h6 18.Df3! e4 (*18...hxg5? 19.Lxg5+−; 18...Lc5? 19.Sh3 Sh7 20.Dg4 Kh8 21.Lxh6 gxh6 22.Txh6 Tg8 23.Dh5 Tg7 24.Lc2+−*) 19.Sxe4 Sxe4 20.Txe4±;

b) 16...h6 17.Dh5 Df6 18.Th4 Sc5 19.Lc2±;

17.Se6 fxe6 18.Lxe6+ Kh8 19.Lxd7±) 16.Tg4 Se7 (*16...Le7 17.De2 Kh8 18.Sxe5 Sxe5 19.Dxe5 Lf6 20.Df5 g6 21.Dc2±*) 17.Sg5 Sf5 18.Lc2 e4 19.Sxe4 Le7 20.Df3±) 11...Sa7! 12.d4 Sxb5 13.axb5 exd4 14.Sxd6 Dxd6 15.Dxd4 Ld7 16.Lf4 Dxd4 17.Sxd4 Tfc8= B. Predojevic (2639) – T. Banusz (2611), Österreich 2015)

11.d4! exd4 12.Sb3 Ld6 13.Sbxd4 Sxd4 14.Sxd4 Le5 A. Demchenko (2589) – T. Georgescu (2475), Iasi 2015 15.Le3!?N Sd5 16.Lc4 Kh8 17.Sf3 Sxe3 18.Dxd8 Txd8 19.Sxe5 fxe5 20.fxe3⩲ Weiß lässt Tf7 mit einiger Initiative folgen.

8...Sb6 9.Lb5! (9.Lg5!?N ist eine interessante Neuerung, die FM Ufuk Tuncer vorschlägt. Nach 9...Le7 (*9...Dd6 10.b4 Sxc4 11.bxc5 Dg6 12.dxc4 e4 13.Lf4 exf3 14.Dxf3±*) 10.Lxe7 Dxe7 11.Lb5 Ld7 12.a5!? (*12.Te1 a6 13.Lxc6 Lxc6 14.Sxe5 Tae8 15.d4 f6 16.Sd3 Df7*⩲ Schwarz hat einen schönen Läufer und Entwicklungsvorsprung.) 12...Sd5 13.a6 hat Weiß Initiative. Diese Stellung verdient in der Praxis angewandt zu werden.)

9...Ld6 (9...Se7!? Ein Computerzug. Schwarz gibt einen Bauern und hofft mit dem Läuferpaar auf Gegenspiel. 10.a5 (Nach *10.Sxe5 c6 11.Lc4 Ld6 12.Lf4 Sxc4 13.dxc4 Sf5* scheint Schwarz genug für den Bauern zu haben.) 10...c6 11.axb6 cxb5 12.Txa7 Txa7 13.bxa7 Lxa7 14.Sxe5

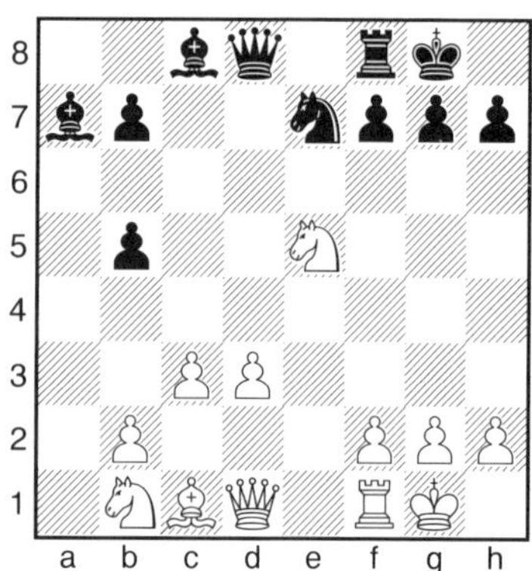

Schwarz hat dank des Läuferpaares Kompensation und konnte die Stellung in aktuellen Partien halten, z.B. 14...Lf5 (*14...Lb8 15.d4 Sd5 16.Sd2 f6* B. Bok (2613) – N. Georgiadis (2470), Biel 2016 *17.Sd3N Lf5 18.Df3 Dd6 19.g3 Lg6 20.Te1 Dc6 21.Sc5±*) 15.Le3 (*15.Te1 Lb8 16.Sa3 b4 17.cxb4 Dd5* und das schwarze Spiel auf den weißen Feldern kompensierte den materiellen Nachteil in V. Anand (2770) – W. So (2771), Saint Louis 2016) 15...Lb8 16.d4 Sg6 (*16...f6N 17.Sf3 Sd5* könnte ein besserer Versuch für Schwarz sein.) 17.Sxg6 hxg6 18.Sd2 Dd6 19.g3 (*19.Sf3N* ist eine klare Lösung mit der Idee *19...Lg4 20.Te1! Lxf3 21.Dxf3 Dxh2+ 22.Kf1±*) 19...Dd5 20.Te1 Te8 S. Milliet (2346) – J. Hammer (2689), Drancy 2016 21.f3N mit der Idee 22.Lf2 sollte auf lange Sicht besser sein für Weiß.)

10.a5 Sd5 11.a6 Sce7 12.Sbd2 (*12.Te1!⩲*) 12...Sg6 13.Se4 Sdf4 14.d4 exd4 A. Demchenko (2596) – D. Jakovenko (2745), Khanty – Mansiysk 2014 15.Sxd4!N bxa6 16.Lxa6 Le5 17.Lxc8 (*17.Lxf4 Sxf4 18.Sf3 Lxa6 19.Dxd8 Tfxd8 20.Txa6⩲*) 17...Dxc8 18.Sf3 Db7 19.Da4⩲ ΔSe2+ 20.Kh1 Sxc1 21.Tfxc1 Dxb2?? 22.Tab1 De2 23.Te1 Dd3 24.Tbd1+–;

8...Sf6

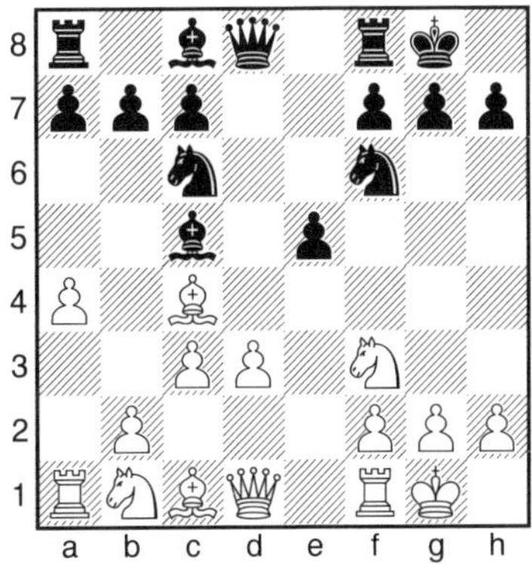

Hikaru Nakamura wählte ein Mal diesen freiwilligen Rückzug. 9.Sbd2 (9.b4!? Dieser sofortige Vorstoß verspricht Weiß Vorteil. 9...Ld6 10.Lg5!? (*10.Sbd2N* sieht stellungsgemäßer aus, z.B. *10...a6 11.Te1 h6 12.h3 Lf5 13.Se4⩲*) 10...h6 (*10...e4 11.dxe4 h6 12.Lh4 g5 13.Lg3 Sxe4 14.Ld5 Sf6 15.Lxc6 bxc6 16.Sbd2⩲*) 11.Lh4 Lg4 12.h3 (*12.Sbd2N* gibt Weiß auch Vorteil.) 12...Lf5 (*12...Lxf3 13.Dxf3 e4 14.Df5 exd3 15.Lxd3⩲*) 13.Sbd2 a5 14.b5 Sb8 I. Popov (2647) – A. Predke (2543), Kaliningrad 2015. Der überraschende Zug 15.Sh2! gibt Weiß ein klares Plus, z.B. 15...Sbd7 16.Df3 Lg6 17.Sg4 Le7 18.Lxf6 Lxf6 19.Dxb7±)

9...Lf5 10.De2 De7 11.Se4 Sxe4 12.dxe4 Le6 13.b4 Ld6 14.a5 f6 15.Le3 Sd8 16.Tfd1 Sf7 17.Sd2 Tfd8 S. Shankland (2656) – H. Nakamura (2814), FIDE World Cup Baku 2015 18.f3!N (Shankland reduzierte sein Potential mit *18.Lxe6 Dxe6 19.Dc4 Dxc4 20.Sxc4 a6=* und die Partie endete bald mit einem Unentschieden.) 18...a6 19.Sb3 und Weiß hat weiterhin eine unangenehme Initiative am Damenflügel.

8...Lf5 P. Ausserer – S. Csida, Österreich 2001 9.Sbd2N Sb6 10.Lb5 Lxd3 11.Te1 e4 (*11...f6? 12.Sb3+–*) 12.Sxe4 Lxe4 13.Dxd8 Taxd8 14.Txe4 Td1+ 15.Te1 Txe1+ 16.Sxe1⩲ Weiß hat das Läuferpaar, kann aber darüber nachdenken mit dem Schlagen auf c6 die schwarze Bauernstruktur zu schwächen.

8...Le6?!N Das wurde aus guten Gründen noch nie gespielt. Weiß sichert sich Vorteil mit 9.Sg5! z.B. 9...Df6 10.Sxe6 fxe6 11.De2 Dg6 12.Kh1 Tad8 13.g3 Tf7 14.Sd2 Lb6 15.Se4⩲

9.Sbd2

Zu 9.a5!? siehe S01.21 Karjakin – Giri.

9...Sb6

9...Lg4 Falls Schwarz seinen Läufer nach g4 entwickelt, hat Weiß die Chance einige Tempi zu gewinnen, indem er in typischer Manier diese Figur angreift. 10.h3 Lh5 11.Se4 Le7 12.Te1 (*12.a5!?± Dd7? 13.Sxe5 Sxe5 14.Dxh5±* A. Brkic (2588) – M. Schachinger (2444), Zadar 2015) 12...Sb6 (*12...f6 13.Sg3 Lf7 14.d4⩲*) 13.Lb3 Lg6 14.a5 Sd5 15.La4!? Ein wichtige Motiv, das man sich einprägen sollte. Weiß droht den Bauern auf e5 zu gewinnen. 15...f6 16.Sh4! Sxa5 (*16...f5!? 17.Sxg6 hxg6 18.Sg3⩲*) 17.Sxg6 hxg6 18.b4 b5 19.Lc2 Sb7

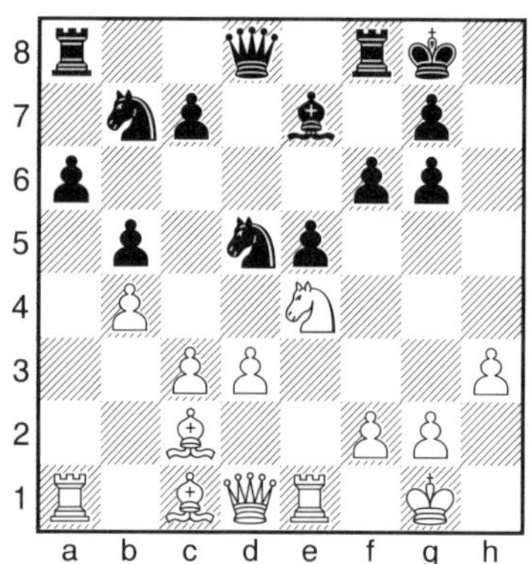

M. Antipov (2567) – S. Sevian (2578), Wijk aan Zee 2016 20.Dg4!!N f5 (*20...Kh7 21.Dh4+ Kg8 22.Lb3 c6 23.c4 bxc4 24.dxc4 Sxb4 25.Td1 De8 26.c5+ Sd5 27.Txd5 cxd5 28.Lxd5+ Tf7 29.Lxb7 f5 30.Lg5+–*) 21.Dxg6 fxe4 (*21...De8 22.Dg3 c6 23.Sg5±*) 22.Dxe4 c6 23.d4 Sf6 24.Dxc6 Dd7 25.Dxd7 Sxd7 26.dxe5± Weiß hat für den Springer das Läuferpaar und eine starke Bauernarmada am Königsflügel.

9...Lf5 10.Se4 Le7 11.Te1 Lg6 12.a5 Dd7 13.Db3 Sf6 (*13...Tfd8 14.Dxb7 Sdb4 15.cxb4 Tdb8 16.Dxa8 Txa8 17.b5 axb5 18.Lxb5⩲*) 14.Sh4 Sxe4 15.Sxg6 hxg6 16.dxe4 Lc5 17.h3 (*17.Lg5!? Tab8 18.Dd1 Dxd1 19.Texd1±*) 17...De7 18.Le3 Tab8 (*18...Lxe3 19.Txe3 Dc5 20.Tf3±*) 19.Ld5 Sd8 20.Da2 Te8 21.Tad1 b6 22.axb6 Txb6 23.b4 Lxe3 24.Txe3 Se6 25.Lxe6 Txe6

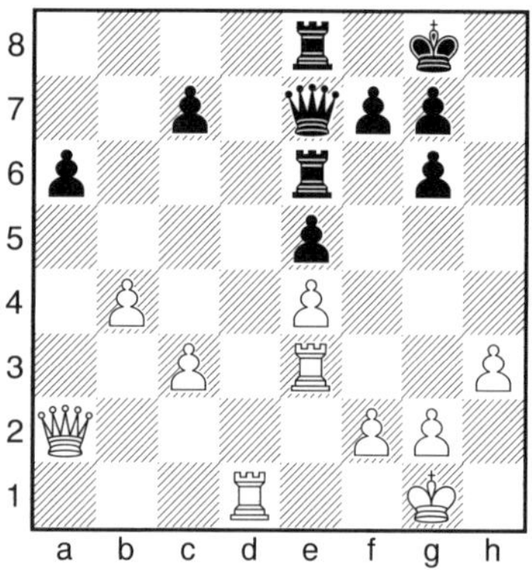

und jetzt folgt ein typisches Endspiel, das auch im Endspielkapitel Eingang finden könnte. 26.Td5 Td6 27.Ted3 Ted8 28.g3 Txd5?! 29.Txd5 Td6 30.Kg2 Kf8?! 31.Da5 Txd5 32.Dxd5 Df6 33.Dc5+ De7 34.Dc6 Dd8?! 35.Dxa6 Dd7 36.Da8+ Ke7 37.Dd5 Dd6 38.Dxd6+ Kxd6 39.c4 f6 40.Kf3 Ke6 41.Ke3 Kd6 42.Kd3 Kc6 43.Kc3 1-0 G. Souleidis (2412) – M. Davletbayeva (2235), Riga Open 2016.

9...Kh8!? wurde in Kramnik–Karjakin, Stavanger 2017 getestet. Wir empfehlen dagegen 10.Se4!?N La7 11.b4 f5

(11...f6 12.La3) 12.Lg5 Dd7 13.Sc5 Dd6 14.Db3 Sf6 (14...Sb6 15.Le6 Lxe6 16.Sxe6 Tfe8 17.Sc5) 15.Te1 Lxc5 16.bxc5 Dxc5 17.Lc1 jeweils mit Druckspiel.

10.La2

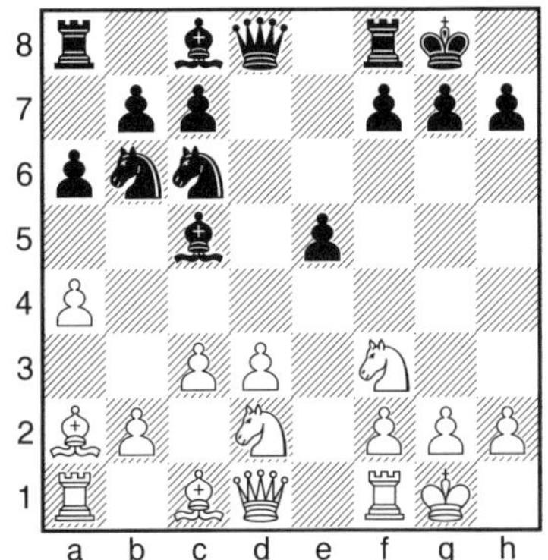

10...Lg4

Den Bauern auf d3 mit 10...Dxd3 zu schlagen, führt zu einem etwas besseren Endspiel für Weiß: 11.a5 Sd7 12.Lb1 Dd6 13.Sg5 (*13.b4!? La7 14.La3* sieht auch gut für Weiß aus.) 13...Sf6 (*13...h6 14.Dc2 g6 15.Sge4 De7 16.Sf3 Kg7 17.Sxc5 Sxc5 18.b4 Se6 19.Te1 Df6 20.Dd2* und hier muss Schwarz wahrscheinlich den Bauern zurückgeben mit *20...Sg5 21.Sxg5 hxg5 22.Dxg5 Dxg5 23.Lxg5±* und Weiß das etwas bessere Endspiel überlassen, da er über das Läuferpaar verfügt.) 14.Dc2 g6 (*14...Se7 15.Sge4 Lf5 16.Sxd6 Lxc2 17.Sxb7 Lxb1 18.Sxc5 Lf5 19.Sc4 Sc6* M. Cornette (2583) – D. Naroditsky (2634), Ajaccio 2016 und nun gibt *20.Td1N* Weiß eine leichte Initiative.) 15.Sge4 Lf5 16.Sxd6 Lxc2 17.Sxb7 Lxb1 18.Sxc5 Lc2 19.Sc4 Se4 20.Sxe4 Lxe4 21.Te1 f5 22.f3 Lc2 23.Sxe5 Tfe8 24.Lf4± J. Schroeder (2507) – A. Shirov (2674), Helsingor 2016;

10...Lf5 11.a5 Sc8 12.Se4 Le7 13.Te1 Lg6 N. Vitiugov (2724) – N. Zhukova (2488), Doha 2015 14.Le3N Kh8 15.h3 Lh5 16.g4 Lg6 17.Lc4 Sd6 18.Ld5 Sxe4 19.dxe4 Ld6 20.Dd3 f6 21.Sh4±

11.h3 Lh5

Mehrere Partien auf höchster Ebene wurden mit dieser Stellung gespielt und deuten darauf hin, dass Weiß besser steht.

12.a5

12.Se4 Le7 13.Te1 Lg6 14.a5 Sc8 H. Stevic (2604) – D. Blagojevic (2481), Reykjavik 2015 (*14...Sd7 15.Ld5±*) 15.Le3±

12...Sd7 13.Se4 Le7 14.b4 Kh8 15.Sg3 Lg6 16.Ld5

16.Te1 f5 17.Le6!? (*17.Ld5±*) 17...Tf6?! 18.Db3 f4 19.Se4 Tf8 H. Stevic (2600) – M. Bosiocic, (2555), Bol 2015 20.Ld5±

16...f5

A. Demchenko (2613) – E. Tomashevsky (2695), Vladivostok 2014

17.Te1N h6 18.Ld2 Ld6 19.Lxc6 bxc6 20.c4±

Diese 8.a4!? – Idee sieht wirklich vielversprechend aus für Weiß. Der freiwillige Rückzug des Springers nach f6 gibt Weiß Zeit den b – Bauern sofort nach vorne zu stoßen. Falls Schwarz mit 8...a5 oder anderen Zügen fortsetzt, sollte Weiß immer in Betracht ziehen den Läufer nach b5 zu stellen, um den Druck gegen das schwarze Zentrum zu erhöhen. Falls Schwarz mit

8...a6 fortsetzt, kann man den Läufer nach a2 oder b3 zurückziehen. In allen Varianten, in denen Schwarz seinen Läufer auf g4 aufstellt, scheint Weiß Vorteil zu erhalten, da er in typischer Italienisch - Manier den Läufer mit h3 und Se4-Sg3 angreifen kann. Generell sollte man immer darauf achten den a-Bauern bis nach a6 zu stoßen, um die schwarze Bauernstruktur zu schwächen, insbesondere wenn Schwarz seinen a-Bauern nicht bewegt hat.

Kapitel 4.3

Schwarz spielt ...d7–d5 später

Der direkte Vorstoß ist auch etwas später kritisch, da er gegenüber der Hauptvariante mit ...d7-d6 gefolgt von ...Le6 und ...d6-d5 ein volles Tempo einsparen würde. Das hat aber seinen Preis. Schwarz ist noch nicht bereit seinen Bauern auf e5 einfach mit ...Te8 zu verteidigen, da häufig d3-d4 oder Sfg5 folgt und die schwarze Verteidigung überlastet. Weiß kann dem Vorstoß auf zwei Wegen begegnen: Mit Te1, um den Bauern e5 anzugreifen, oder Se4, um den Läufer auf c5 anzugreifen. Häufig geschehen beide Züge zusammen. Falls Weiß den Bauern auf e5 schlägt, muss er aufpassen nicht den taktischen Schlag Lxf2+ zuzulassen.

1.e4 e5 2.Sf3 Sc6 3.Lc4 Lc5 4.c3 Sf6 5.d3 a6 6.0–0 0–0

6...La7 7.Sbd2 0–0 (*7...d6 8.Lb3* geht in die Hauptvariante über. *7...d5?!* wäre eine schlechte Neuerung wegen *8.exd5 Sxd5 9.Te1±* und Schwarz hat Probleme seinen Bauern auf e5 zu verteidigen.) 8.h3 d5 ist eine weitere Zugfolge und geht in die Textvariante über.

7.Sbd2 La7

Schwarz kann den Vorstoß auch sofort spielen: 7...d5 8.exd5 Sxd5 9.Te1

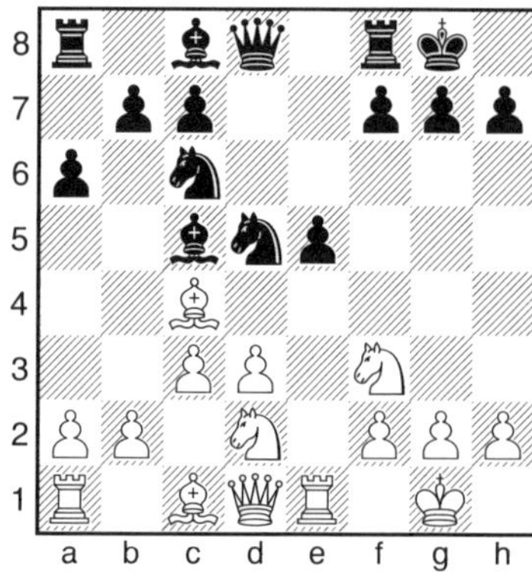

Schwarz kann auf die Drohung gegen e5 auf verschiedene Weise reagieren, aber Weiß behält eine leichte Initiative. 9...Lg4

a) 9...b5 10.Lb3 Sf6 11.a4 b4 (*11...Lf5 12.Se4 Lxe4 13.dxe4 Dxd1 14.Lxd1 b4 15.Le3 Lxe3 16.Txe3 Tab8 17.Tc1±; 11...Dxd3? 12.Lc2 Dd6 13.axb5 Se7 14.b4 Lb6 15.Sxe5+−*) 12.Sc4 Sg4 13.Te2 Le6 14.Lg5 Dd7 15.Lh4 bxc3 16.bxc3 Tab8 17.La2± D. Belov (2048) – A. Bartsch (2239), IECG email 1999;

b) 9...Te8?! 10.d4±;

c) 9...Sf6 10.a4 h6 11.b4 Ld6 12.Db3 (12.h3!?N b6 13.De2 Te8 (*13...Lb7 14.Se4 Sxe4 15.Dxe4 Sa5 16.Ld5±*) 14.Se4±)

12...b6 13.Se4 ½-½ T. Radjabov (2781) – E. Bacrot (2714), Porto Carras 2011 (*13.h3N* sollte stattdessen etwas sein für Weiß.)*;*

10.Se4 (Der Zug 10.h3!? punktet sehr gut: 10...Lh5 11.Se4 Le7 (*11...La7 12.Sg3* ist Zugumstellung.) 12.Sg3 Lxf3 13.Dxf3 Sb6 14.Lb3 Lg5 15.Se4 Lxc1 16.Taxc1

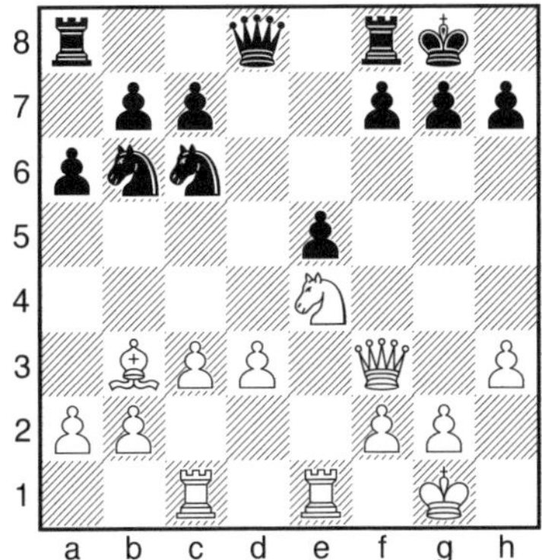

und Weiß steht klar besser, z.B. 16...De7 17.Dh5 h6 18.Te3 (*18.Sg3!?N*) 18...Tad8? (*18...Sa5* ist erforderlich.) 19.Tf3 Sa5 20.Sf6+ Kh8 21.Sg4 (*21.Te1!?N Sxb3 22.Txe5 Dd6 23.Se4 Dg6 24.Dxg6 fxg6 25.Txf8+ Txf8 26.axb3+–*) 21...f6 22.Lc2 De8 23.Dh4 h5?! 24.Sxf6 gxf6 K. Dragun (2595) – T. Banusz (2621), Katowice 2016 und nun ist 25.Tf5 sogar stärker als (*25.Txf6,* was Weiß auch den Sieg brachte.) 25...Kg7 26.d4+–)

10...La7 11.h3 Lh5 (*11...Lf5 12.a4 f6 13.Db3 Le6 14.a5 Tb8 15.Le3! Lxe3 16.fxe3 Lf7 17.Sc5 b6 18.axb6 cxb6 19.Sxa6 Ta8 20.Dd1 Sa5 21.Lxd5 Lxd5 22.Sb4⩲*) 12.Sg3 Lg6 13.Sxe5 Sxe5 14.Txe5

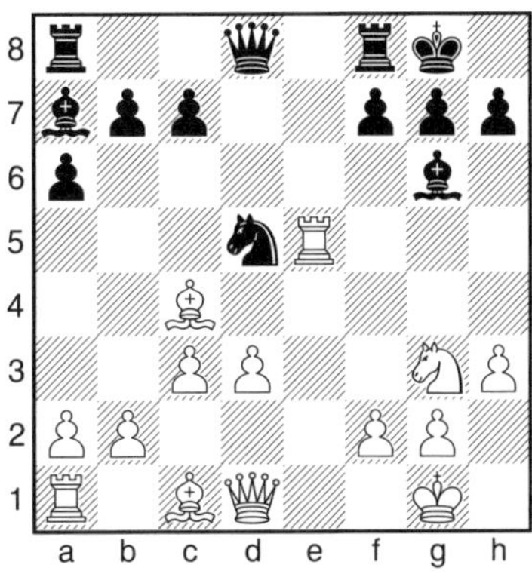

14...Sb6 (Es ist wichtig, dass *14...Lxf2+?* nicht funktioniert wegen *15.Kxf2 Df6+ 16.Df3 Dxe5 17.d4 De7 18.Lxd5+–*) 15.Lb3 Lxd3?! (*15...Dxd3 16.Lf4 Sd7 17.Dxd3 Lxd3 18.Te7±*) 16.Lg5 Dd6 17.Te3 Lc4?! T. Rydstrom (2266) – M. Goczo (2228), Budapest 2015 18.Dg4!N Dg6 (*18...Lxb3 19.Sf5 Dd7 20.Lf6+–*) 19.Sf5 Kh8 20.Se7 Dd6 21.Td1 Dc5 22.Sf5 Tg8 23.Sxg7 Txg7 24.Lf6+–

8.h3

Auf 8.Te1?! kann 8...d6 9.Lb3 (*9.Sf1 Sa5; 9.h3 Sa5*) 9...Sg4 10.Te2 Kh8 11.h3 Sh6 12.Sf1 f5 mit Gegenspiel folgen.

8...d5

8...d6 9.Lb3 ist Zugumstellung zur Hauptvariante.

9.exd5! Sxd5 10.Se4

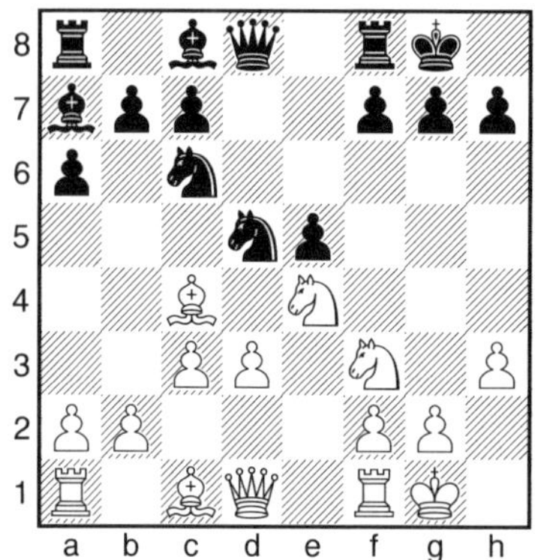

10...f6

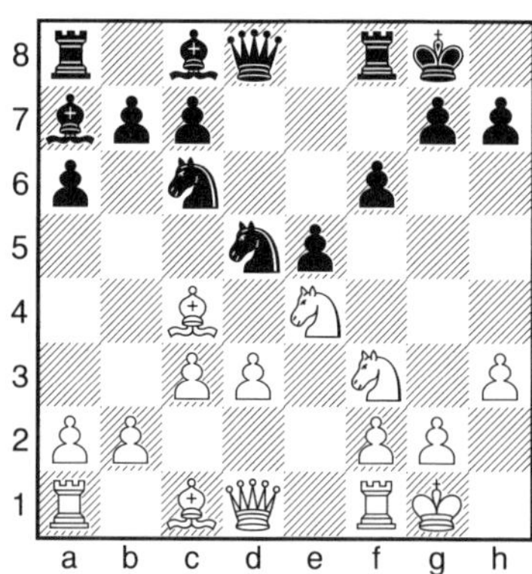

10...Lf5

10...Sf4? 11.Lxf4 exf4 12.d4 Lf5 13.Ld3 Te8 A. Volokitin (2639) – I. Ben Artzi (2419), Berlin Blitzpartie 2015 14.Te1N Dd5 15.Sfd2 Te7 16.Df3±;

10...h6? 11.Lxh6! Sxc3 12.bxc3 gxh6 B. Bok (2591) – P. Miroshnichenko (2255), St. Petersburg 2015 13.Ld5N Se7 14.Lb3 Sc6 15.Sxe5 Sxe5 16.Dh5+–;

10...Kh8!? 11.Te1 f6 12.a4 (*12.d4!?*) 12...Le6 A. Ivkovic (1939) – B. Abdusattorova (2120), Porto Carras 2015 13.b4!?N Dd7 14.b5 axb5 15.Lxb5 Tfd8 (*15...Lxh3 16.gxh3 Dxh3 17.Lxc6 bxc6 18.d4*±) 16.a5 Lf5 (*16...Df7 17.d4 Sde7 18.De2±; 16...Sde7 17.Le3 Ld5 18.Lxa7 Txa7 19.d4 Dc8 20.Dc2*±) 17.Ld2 Sde7 18.a6 bxa6 19.Txa6 Lb6 20.Txa8 Txa8 21.De2 Ta2 22.d4±;

10...f5? 11.Lg5 Dd7 12.Db3+–;

10...Te8? 11.Sfg5! f6? 12.Dh5 fxg5 13.Lxd5+ Le6 14.Lxe6+ Txe6 15.Sxg5+–;

wird von Bologan, über Zugumstellung, empfohlen und kann auf zwei Arten begegnet werden:

11.a4!?, um einen Bauernsturm am Damenflügel zu starten:

(11.d4, um mit einem isolierten Bauern zu spielen: 11...exd4 12.cxd4 (Mit *12.Sxd4 Sxd4 13.cxd4 Kh8 14.Te1* fortzusetzen ist weniger riskant aber auch weniger prinzipiell.) 12...Kh8 13.Te1 Lf5 14.a3 Te8 15.Sc5 und Weiß übt schönen Druck am Damenflügel aus.) 11...Le6 12.Te1 Lf7 J. Guedes – A. Gysi (2445), ICCF email 2001 13.b4N Dd7 14.Ld2±

11.Te1

11.a4!?N ist eine logische Alternative, um 11...b5 zu verhindern.

11...b5 12.Lb3 Lg6

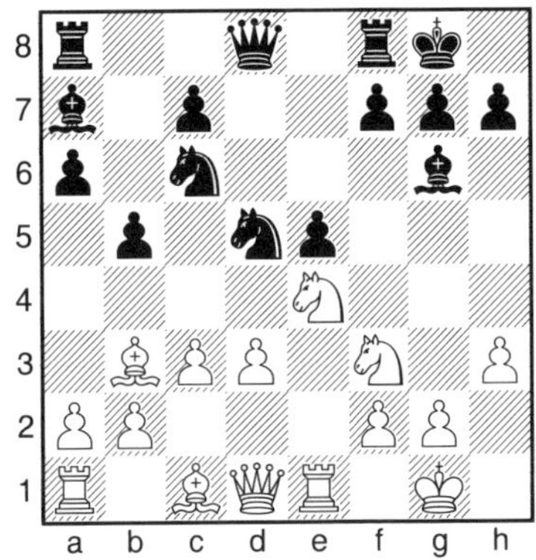

13.Lg5

Weiß provoziert ...f7-f6, wonach Schwarz Probleme auf den weißen Feldern bekommen kann.

Der typische Vorstoß 13.a4!? ist die Alternative, z.B. 13...b4 14.Ld2 bxc3 (*14...Kh8 15.a5 f6 16.Lc4 bxc3 17.bxc3 Lf7 18.Da4±*) 15.bxc3 f6 16.a5 Lf7 17.Lc4 Sde7 18.Lxf7+ Txf7 19.Le3 Lxe3 20.fxe3 h6 21.d4 f5 22.Sc5±

13...f6 14.Le3 Kh8?

14...Lxe3N 15.fxe3 Sa5 begranzt den Schaden, z.B. 16.Sc5 Sxb3 17.axb3 Dd6 18.d4 Lh5 19.De2 f5 20.Df2 Lxf3 21.Dxf3±

15.Lxa7 Txa7 16.d4± Sf4 17.dxe5 Sd3 18.exf6! Sxe1 19.fxg7+ Kxg7 20.Dxe1 De7

20...Te8 21.Sfg5!±

21.Sfg5 Tf5?

21...Sd8 22.Td1±

22.f4 Kh8 23.Dh4 Tf8 24.Te1 Sd8 25.Df2 Ta8 26.Sc5 Dd6 27.g3 h6 28.Sge6 Tf6 29.Td1 Dxd1+ 30.Lxd1 Sxe6 31.Sxe6 Te8 32.Sc5 Td6 33.Lc2 Ted8 34.f5 Td2 35.Df4 1-0 A. Muzychuk (2560) – Zhao Xue (2552), Khanty - Mansiysk 2014

Der direkte Vorstoß ...d7-d5 hat den Nachteil, dass Schwarz den Bauern auf e5 noch nicht einfach mit Te8 verteidigen kann. Sobald eine Aufstellung mit ...f7-f6 erreicht ist, kann Weiß den zentralen Vorstoß d3-d4 anstreben, oder am Damenflügel mit a4 und b4-b5 spielen. Die Variante wird nicht häufig gespielt und bislang hat Weiß sehr gut gepunktet.

Kapitel 4.4

Das frühe 6.Sbd2

Wenn man sowieso Sbd2 spielen möchte, kann man auch die folgende Zugfolge nutzen. Sie ist besonders gut gegen ein frühes ...d7-d5.

1.e4 e5 2.Sf3 Sc6 3.Lc4 Lc5 4.c3 Sf6 5.d3 0–0 6.Sbd2

Mit der Idee nach dem Tausch auf d5 direkt Se4 folgen zu lassen, so dass Schwarz keine Zeit hat für ...a6 nebst ...La7.

6...d5

Schwarz kann natürlich in die Hauptvariante überleiten nach 6...d6 oder

6...a6

7.exd5 Sxd5 8.Se4

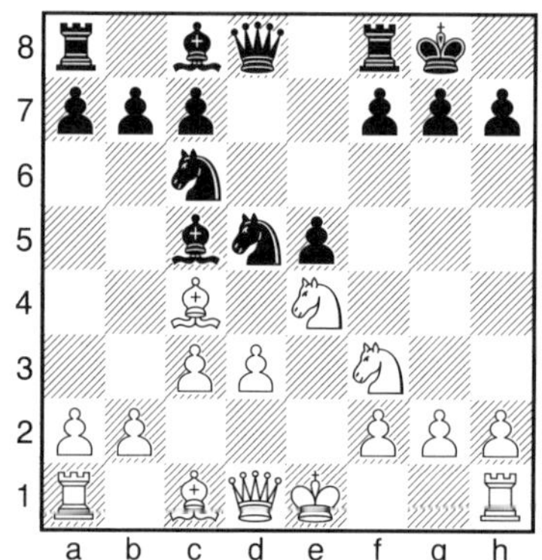

Das nutzt die frühe Entwicklung des Springers aus, damit der schwarze Läufer nicht nach a7 zurückziehen kann. Jetzt ist es für Schwarz gar nicht so einfach den Bauern e5 zuverlässig zu verteidigen.

8...Le7

Nach 8...Lb6 kann es folgendermaßen weitergehen: 9.0–0 f6 (9...Lg4 10.h3 (*10.a4!?N*) 10...Lh5 11.Sg3 Lg6 12.Te1 Te8 13.a4

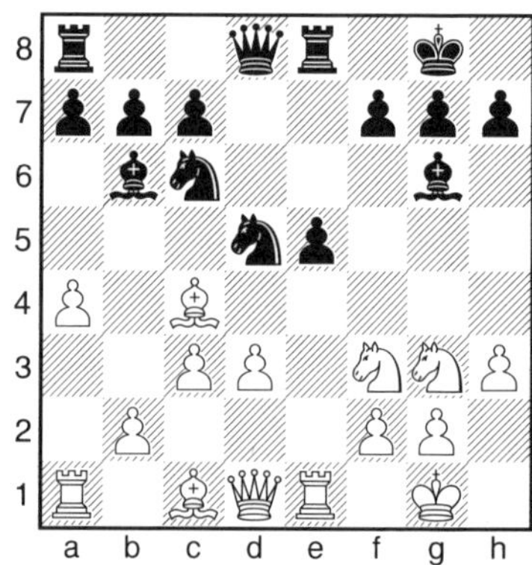

Ein wichtiger Zug. Weiß braucht die Option La2. 13...a6 14.d4 Der Durchbruch kann endlich erfolgen. 14...e4 15.Lg5 Dd6?! (15...f6 16.Sh4! fxg5 (*16...Sa5 17.Lxd5+ Dxd5 18.Lf4±*) 17.Sxg6 hxg6 18.Db3 Sce7 19.a5 La7 20.Dxb7 Kh7 21.Sxe4 Kh6 22.Db3± Weiß hat zwei Bauern, sehr viel Aktivität und die bessere Bauernstruktur für die Figur.)

16.Sh4 e3 B. Adhiban (2627) – S. Danailov (2466), Benasque 2015 17.f4!N e2 (*17...h6 18.Shf5 Lxf5 19.Sxf5 Dg6 20.Dg4±*) 18.Txe2 Txe2 19.Dxe2 Sxf4 20.Lxf4 Dxf4 21.Sxg6 hxg6 22.Se4±)

10.a4 Le6 11.b4 a6 12.a5 La7 13.Le3 Lxe3?! (*13...Kh8 14.Lxa7 Txa7 15.Db3±*) 14.fxe3 Lf7 15.De1 De7 16.Sc5 Sd8?! 17.Sh4 g6?! 18.Dg3 Kh8?! 19.Lxd5! Lxd5 20.Dxg6 Lxg2 21.Dh6! 1-0 L. Vajda (2569) – R. Mueller (2392), Pardubice 2014

9.0–0 Sb6

9...Lg4 10.h3 Lh5 11.Te1!? (11.Sg3 wird häufiger gespielt, z.B. 11...Lg6 12.Te1 Lf6 (*12...a6?! 13.Sxe5 Sxe5 14.Txe5 Sb6 15.Lb3 Lf6 16.Te3±* V. Iovcov (2178) – I. Radulov (2304), Golden Sands 2013, und Weiß hatte einfach einen Bauern mehr.) 13.Se4 Sb6 14.Lb5! Natürlich. Falls Weiß die schwarze Bauernstruktur zerstören kann, darf er auch seinen schönen weißfeldrigen Läufer tauschen. 14...Te8 15.a4 a6 16.Lxc6 bxc6 17.a5 Sd5 18.Da4 Dd7 19.Sc5 Dd6 20.Dc4 Se7 A. Areshchenko (2661) – P. Eljanov (2717), Schachbundesliga 2015 21.Lg5!?N Lxg5 22.Sxg5 Dd5 23.b3⩲) 11...Sb6 12.Sg3 Lg6 13.Lb5 Ld6 14.Lxc6 bxc6 15.Sxe5 Lxe5 16.Txe5 Dxd3 17.Dxd3 Lxd3 18.Tc5 Tae8 19.Le3 f5 20.Sh5 Sd5 21.Ld4 g6 E. Sutovsky (2679) – D. Popovic (2460), playchess.com 2004 22.c4N Te4 23.Lg7! Td8 24.Sf6+ Sxf6 25.Lxf6 Td7 26.b3±

10.Lb3 Lf5

10...Lg4 11.Sg3 Dd7 12.h3 Le6 13.Te1 (*13.Lxe6 Dxe6 14.Te1 Tad8 15.De2 Tfe8 16.a4 Sa5 17.b4 Sb3 18.Tb1 Sxc1 19.Tbxc1 Sxa4 20.Dc2 Sb6 21.Txe5 Dd7 22.Tce1⩲* L. Fressinet (2709) – J. Hammer (2647), Yerevan 2014) 13...Lxb3 14.axb3 Ld6 (*14...f6N 15.b4 a6 16.Le3 Sd5 17.Db3 Kh8 18.Tad1 Sxe3 19.Txe3 Tad8 20.d4 exd4 21.Sxd4 f5 22.Sge2 Lg5 23.f4 Lf6 24.Dc2 Se7 25.Ted3 Dc8 26.Sf3* und die weißen Figuren haben bessere Perspektiven.) 15.b4 a6 16.Db3 Tad8 17.Le3⩲ A. Pourramezanali (2449) – A. Ismagambetov (2508), Tabriz 2014

11.a4 a5

Schwarz sollte den weiteren Bauernvormarsch stoppen.

12.Le3 Sd5

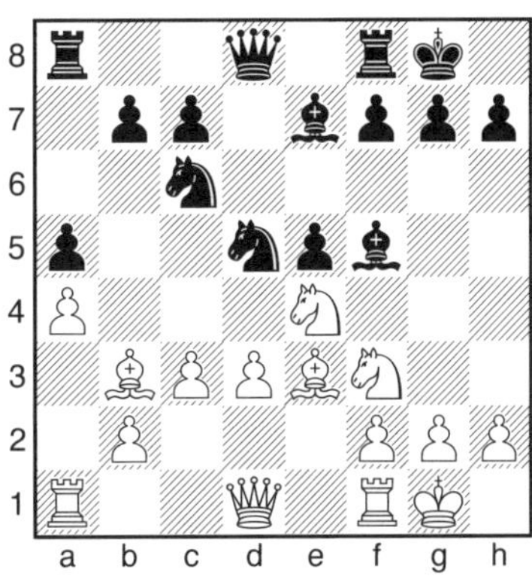

13.Te1

Sogar 13.Lc4 Sxe3 14.fxe3 Lxe4 15.dxe4 Lc5 16.De2 De7 17.h4

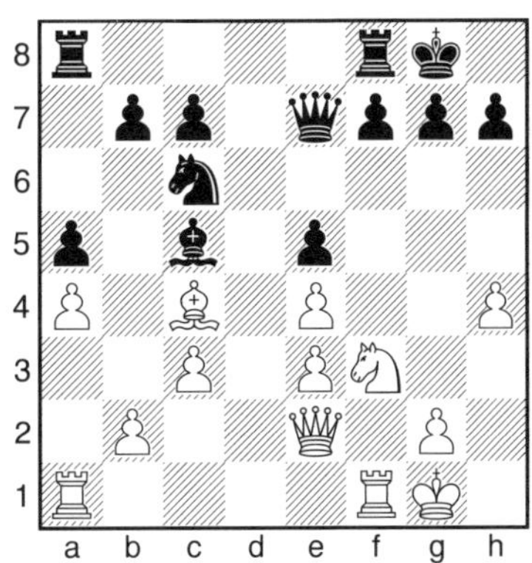

funktionierte sehr gut für Weiß in der folgenden Partie: 17...Sd8 (*17...Kh8 18.Sg5 Sd8* und Schwarz solte sich halten können.) 18.Tad1 Ld6? (*18...Kh8!*) 19.Sg5 h6 20.Dg4! hxg5 21.hxg5 Lc5 22.Tf3 Se6 23.g6+– R. Rapport (2701) – D. Blagojevic (2505),

Paracin 2014. Der junge ungarische Supergroßmeister Richard Rapport zeigte ein Mal mehr seine Kreativität und gewann die Partie.

13...Dd7

J. Degraeve (2576) – M. Ragger (2632), Saint – Quentin 2014

13...Sxe3 14.Txe3 Lg6 15.Lc4 Kh8 16.Db3 Tb8 17.Tae1 Der weiße Aufbau ist sehr harmonisch. 17...f5 18.Sed2 Ld6 19.Lb5 Df6 20.h3 Lh5 B. Adhiban (2590) – A. Stefanova (2486), Caleta 2014 21.Dc2!?N Lc5 (*21...Se7 22.Sxe5 Lxe5 23.Txe5 Sg6 24.T5e3⩲*) 22.d4 exd4 23.Te6 Dd8 24.cxd4 Lb4 25.Lxc6 bxc6 26.T1e3 Lf7 27.Txc6⩲

14.Sg3!?N Le6

14...Lg6 15.Lc4 Tad8 16.Db3 f6 17.d4 Lf7 18.Tad1⩲ Weiß hat eine schöne Initiative im Zentrum.

15.Lc1

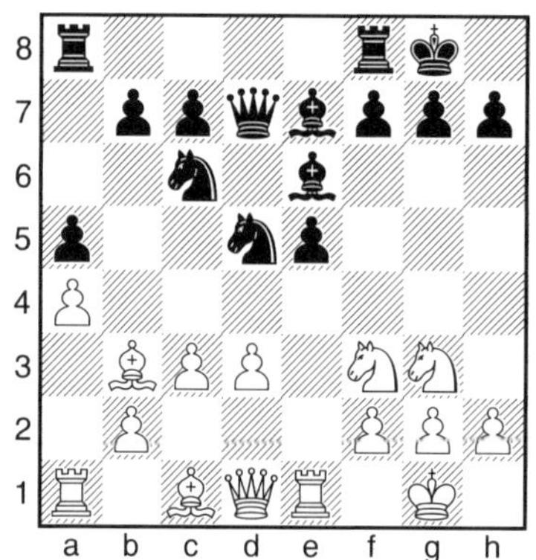

Dieser leicht paradoxe Rückzug ist giftig, da Schwarz Probleme hat den Bauern e5 zu verteidigen.

15...Dd6

15...f6? 16.d4 exd4 17.Sxd4 Sxd4 18.Dxd4 Tad8 19.c4 Sb6 20.Dxd7 Sxd7 21.Txe6 Sc5 22.Te3 Sxb3 23.Txb3 Td1+ 24.Sf1 Lc5 25.Te3 Lxe3 26.fxe3 Tfd8 27.Kf2 Kf7 28.Ke2 c5 29.b3±;

15...Tae8 16.Sxe5 Sxe5 17.Txe5 Ld6 18.Te4 f5 19.Te1 Lf7 20.Txe8 Txe8 21.Ld2± Schwarz hat nicht genügend Kompensation für den Bauern.

15...Ld6? 16.Sg5±;

15...Lf6 16.Lg5! Lxg5 17.Sxg5 Tfe8 18.d4 exd4 19.Dd3 Sf6 20.Sxe6 fxe6 21.Se4 Sxe4 22.Txe4 Tad8 23.Tae1 Kh8 24.Th4↑ Weiß hat eine starke Inititative für den Bauern, den er wahrscheinlich bald zurückgewinnen wird.

16.Lc4 Tad8

16...Tae8 17.Lb5 f5 18.Lxc6 bxc6 19.Txe5⩲;

16...f5 17.Dc2!? Tae8 18.b3 Sb6 19.La3 Dd7 20.Lxe7 Dxe7 21.Lb5⩲

17.Lb5 f6 18.d4 exd4 19.Lxc6 bxc6 20.Sxd4⩲

Es ist Geschmackssache welche Zugfolge man wählt und es hängt auch davon ab, wie man gegen ein frühes ...d7-d5 vorgehen möchte. Darüber hinaus leiten die Zugfolgen in der Regel ineinander über. Für Möglichkeiten ohne die frühe Rochade zu spielen, siehe Kapitel 9.2, was allerdings außerhalb unseres empfohlenen Repertoires liegt.

Kapitel 5

Seltene schwarze Alternativen

Schwarz kann natürlich viele seltene Aufbauten wählen und wir haben einige in diesem Kapitel aufgenommen. Der wichtigste Plan ist vielleicht der mit einem frühen ...f7-f5 – siehe Kapitel 5.2. Falls das gut funktionieren würde, hätte Weiß direkt Probleme, da Schwarz sofort über gutes Gegenspiel am Königsflügel verfügen würde. Zum Glück gibt es aber keinen guten Weg für Schwarz das gegen unsere empfohlene Spielweise anzuwenden.

Kapitel 5.1

Schwarz wartet mit der kurzen Rochade.

Schwarz kann versuchen den früh rochierten, weißen König direkt zu attackieren, aber solch ein verfrühter Angriff funktioniert nicht gut. Wir beginnen mit dem frühen ...Lg4, was nicht gefährlich ist, da der gefesselte Springer auf f3 nicht weiter angegriffen werden kann.

Kapitel 5.1.1

Schwarz spielt ...Lg4.

Normalerweise ist das harmlos, solange Weiß kein gefährliches Opfer auf h3 zulässt. Weiß kann den normalen Plan spielen, indem er den Springer von b1 nach f1 überführt. Außerdem kann er in Betracht ziehen am Damenflügel mit b4 und a4 zu spielen.

1.e4 e5 2.Sf3 Sc6 3.Lc4 Lc5 4.c3 Sf6 5.d3 a6

Nach 5...d6 6.0–0 Lg4 7.Sbd2 Dd7

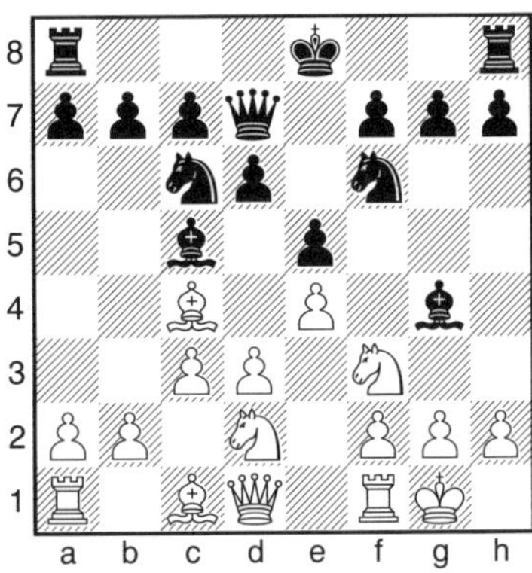

schlagen wir 8.b4 Lb6 9.Te1 0–0 10.h3 vor. Weiß kann jetzt h3 spielen, nachdem Schwarz rochiert hat. 10...Lxh3 Das sieht vielleicht gefährlich aus, insbesondere wenn man solche Opfer nicht gewohnt ist, aber objektiv funktioniert es einfach nicht. Schwarz muss so etwas wie ...Sg4/...Kh8/...f5 folgen lassen. Das ist hier nicht möglich.

(10...Le6N 11.Lxe6 Dxe6 (*11...fxe6 12.Sc4±*) 12.Sc4 a6 13.Sxb6 cxb6 14.d4±) 11.gxh3 Dxh3 12.Sf1 Dg4+ (*12...Sg4 13.Le3 Kh8 14.S3h2±*) 13.Kh1 Dh3+ (*13...Lxf2 14.S1h2 Dh5 15.Te2 Lb6 16.Tg2±*) 14.S3h2 Lxf2 15.Te2 Sg4 16.Tb2 h5 17.Df3± Z. Medvegy (2495) – T. Kabisch (2320),

Deutschland 2003. Das ist eine typische „Italienische“ Konstellation, in der die weiße Figur mehr wert ist als drei Bauern.

6.0–0 d6 7.Sbd2 La7

7...Lg4 Wir schlagen 8.b4!? vor, was Schwarz die lange Rochade etwas verleidet, z.B. (Eine Modellpartie mit dem Hauptzug 8.Lb3 ist S. Kindermann (2532) – M. Dietmayer Kraeutler (2262), Österreichische Liga 2007: 8...h6 (8...Dd7 9.Te1 h5 10.Sf1 h4 D. Siamidis (2139) – V. Vlahopoulos (2100) Athen 1999

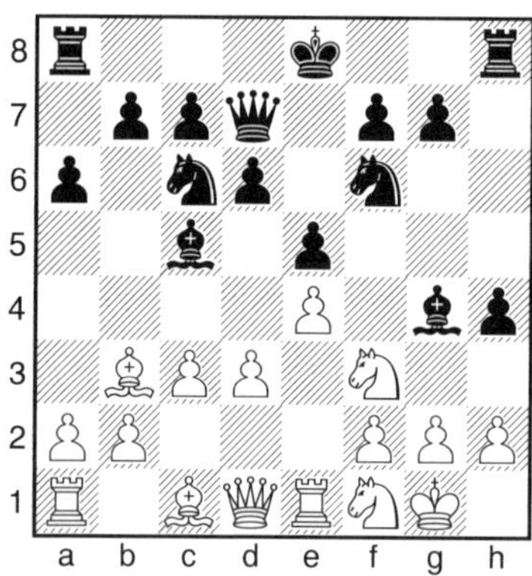

Weiß steht auch hier besser, muss aber Vorsicht walten lassen: 11.h3!N Weiß muss ...h4-h3 stoppen. 11...Lh5 (*11...Lxh3? 12.gxh3 Dxh3 13.Sg5 Dg4+ 14.Dxg4 Sxg4 15.Se3+–*) 12.Lg5 0–0–0 13.La4 Tdg8 14.b4 La7 15.b5 axb5 16.Lxb5 Sh7 17.Le3 Lxe3 18.Txe3 Sg5 19.Da4 Sxf3+ 20.Txf3! Kd8 21.Te3 g5 22.f3±) 9.Te1 0–0 10.h3 Das ist normalerweise möglich, sobald Schwarz rochiert hat. 10...Lh5 11.Sf1 Te8 12.Sg3 (*12.g4 Lg6 13.Sg3 Dd7 14.Sh4 Kh8 15.Kg2 Se7?! 16.g5 Sfg8 17.Dg4 Dxg4 18.hxg4 a5 19.Th1+–* T. Halmeenmaeki – G. Buchhauser (2049), ICCF email 2000 ist auch gut.) 12...Lg6 13.Sh4 Sxe4 14.Txe4! Lxe4 15.Dg4 Lxd3 16.Sh5 g5 17.Df3 Kh8 18.Dxd3 gxh4 19.Df5 Tg8 und jetzt hätte Kindermann 20.Lxf7!N spielen sollen (Emms) +–.)

8...La7 9.a4 0–0

a) 9...d5?! 10.exd5 Sxd5 11.Db3 Le6 12.Se4 0–0 13.Sfg5± B. Stadler (2075) – D. Quinn, Pula 1997;

b) 9...h6 J. Salimaki – P. Graeffe, Finland 1987 10.Te1!?N 0–0 (*10...Dd7 11.Sf1*⩲) 11.h3 Lh5

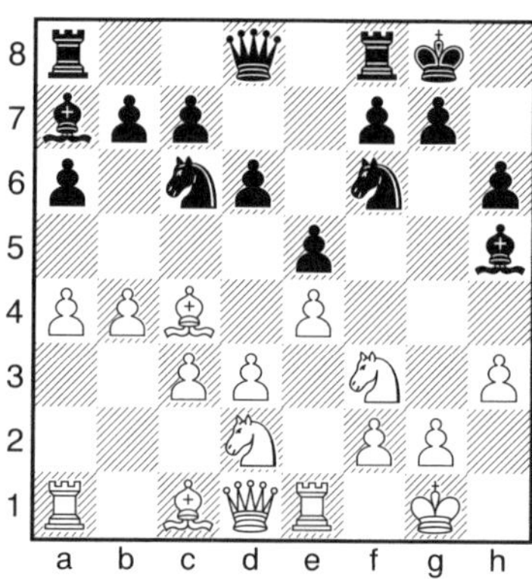

und jetzt 12.La2!?, um auf 12...d5 mit 13.g4! zu reagieren. Weiß steht besser, wie die folgenden Varianten zeigen:

13...dxe4

b1) 13...Lg6 14.b5 axb5 15.axb5 Se7 16.Sxe5 dxe4 17.Sxe4 Sxe4 18.dxe4 Dxd1 19.Txd1 Lxe4 20.Le3 Lxe3 21.Lxf7+! Kh7 22.Txa8 Txa8 23.fxe3±;

b2) 13...Sxg4? 14.hxg4 Lxg4 15.exd5 Se7 16.Te4±;

b3) Nach dem überraschenden Computerzug 13...Dc8 kann es folgendermaßen weitergehen: 14.Sh2! Lg6 (*14...d4 15.b5±*) 15.exd5 Se7 16.Df3 Dd8 17.Txe5 c6 18.d6 Sed5 (*18...Dxd6 19.Sc4 Dd7 20.Te1±*) 19.d4 Sxb4 20.Lb1 Sbd5 21.a5±;

14.gxh5! exf3 15.Dxf3 Dd7 16.Sc4 Tfe8 17.Lxh6! e4 (*17...gxh6? 18.Dxf6 Dxh3 19.Sd6 Dg3+ 20.Kf1 Dh3+ 21.Ke2+-*) 18.Dg2 Sxh5 19.d4 Df5 20.Se3 Dh7 21.Lg5±;

10.h3 Lh5 11.Te1 d5 12.exd5 Sxd5 13.Se4 Kh8 (13...f6N 14.La3 Te8 15.b5 Sa5 16.La2 Kh8 (*16...Lf7 17.bxa6 bxa6 18.d4±*) 17.Lb4 c6 18.Lxd5 cxd5 19.Sd6 Te6 20.Sxe5!±, e.g. 20...fxe5 (*20...Lxd1 21.Sdf7+ Kg8 22.Sxd8 Txd8 23.Lxa5 Tc8 24.Taxd1 fxe5 25.Tc1±*) 21.Dxh5 Txd6 22.Lxd6 Dxd6 23.Dxe5±)

14.b5 (*14.Ld2!?N* sieht vielversprechend aus, z.B. *14...f6 15.b5 axb5 16.axb5 Sce7 17.Lb3! Te8 18.Ta2 h6 19.Sg3 Lf7 20.d4 exd4 21.c4!±*) 14...axb5 15.axb5 Lxf2+ 16.Sxf2 Txa1 17.bxc6 bxc6? (*17...Lxf3!N 18.Dxf3 bxc6 19.d4⩲*) 18.g4 Lg6 19.Sxe5± N. Hoiberg (2280) – J. Christensen, Dänemark 1989

8.Lb3 Lg4

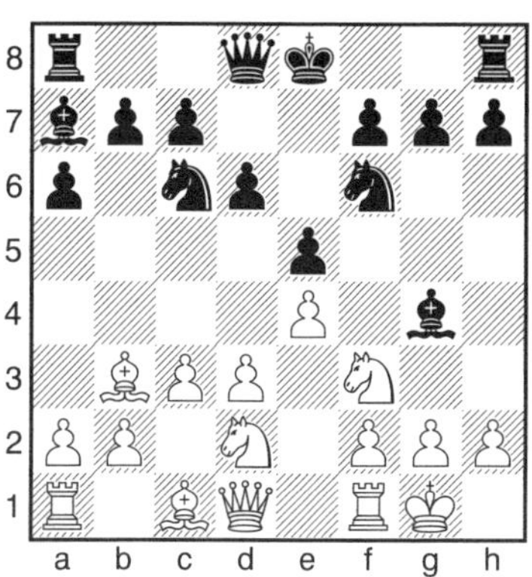

Schwarz hält sich die Optionen für seinen König offen.

9.Te1 Dd7 10.Sf1 0–0-0

10...0–0N 11.h3 Le6 Normalerweise ist Schwarz in dieser Stellung am Zug. (*11...Lh5 12.Lg5 Kh8 13.Sg3 Lg6 14.Lxf6 gxf6 15.Sh4±*) 12.Lg5 (*12.Lc2!?*) 12...Lxb3 13.Dxb3⩲; 10...h5N 11.h3±

11.Le3 Le6

11...Lxe3N 12.Sxe3 h5

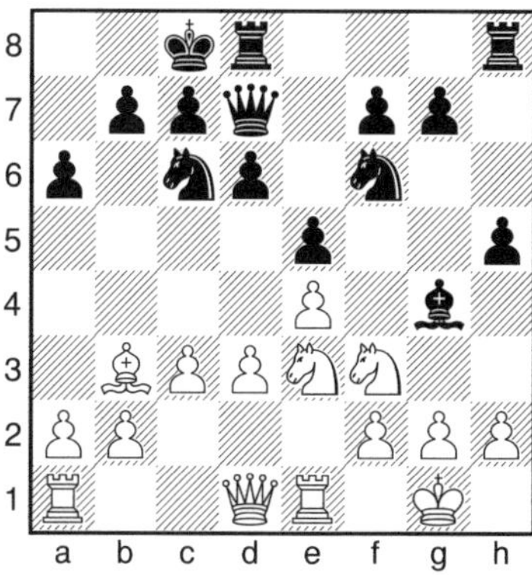

Jetzt kann Weiß 13.h3 spielen, da er schneller ist, z.B. 13...Lxf3 (*13...Le6 14.Lxe6 Dxe6 15.b4 d5 16.Sg5 Dd7 17.a4⩲; 13...Lxh3? 14.gxh3 Dxh3 15.Sg5 Dh4 16.Sxf7 Sg4 17.Df3+-*) 14.Dxf3 Se7 15.d4 Sg6 16.Sf5 Th7 17.Tad1⩲

12.Lxa7

12.Lxe6!?N fxe6 13.b4 Lxe3 14.Sxe3 g5 15.a4 g4 16.Sd2 h5 17.b5 Sb8 18.Tb1± Der weiße Angriff sieht viel schneller aus.

12...Sxa7 13.d4 Lxb3 14.Dxb3 exd4 15.cxd4

15.e5!?N

15...The8

A. Iwanesko (2062) – D. Jeanjean (2140), Pau 2008

16.Sg3N Db5 17.Dc3±

Weiß hat ein schönes Zentrum und viel bessere Angriffschancen gegen den gegnerischen König. Die frühe Fesselung mit ...Lg4 ist normalerweise nicht gefährlich für Weiß und sobald der schwarze König lang rochiert, ist das weiße Spiel im Zentrum und am Damenflügel viel schneller als das schwarze Spiel am Königsflügel. Falls Schwarz zuerst 7...Lg4 spielt, dann können wir den Läufer auf c5 sofort angreifen mit 8.b4 und 9.a4 folgen lassen. Falls Schwarz zuerst seinen Läufer nach a7 zurückzieht und 8...Lg4 folgen lässt, ist es wichtig mit h3 zu warten und andere nützliche Züge auszuführen, damit Schwarz nicht früh ein Angriffsziel am Königsflügel erhält.

Kapitel 5.1.2

Schwarz will früh ...g7–g5 oder ...h7–h5 spielen

Das ist in der Regel viel zu ehrgeizig. Weiß muss aufpassen mit einem frühen h2-h3:

1.e4 e5 2.Sf3 Sc6 3.Lc4 Lc5 4.c3 Sf6 5.d3 a6 6.0–0 La7 7.Sbd2 d6 8.Lb3 h6

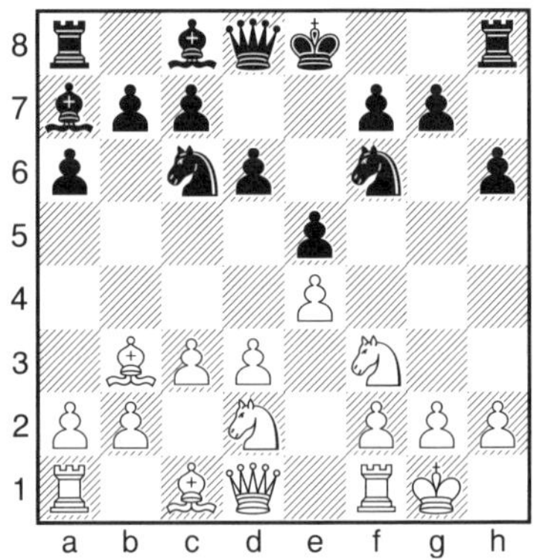

8...Sg4?! 9.h3 h5?!

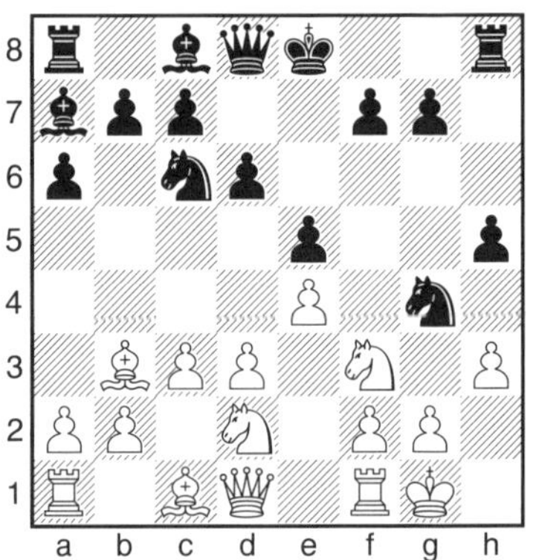

ist viel zu simpel, um wirklich zu funktionieren: 10.Sc4 (Allerdings sollte man jetzt nicht *10.hxg4? hxg4* spielen, da der schwarze Angriff auf der h

– Linie zu gefährlich ist.) 10...Df6 11.d4!? Weiß opfert einen Bauern, um seinen Entwicklungsvorsprung zu nutzen. 11...exd4 12.cxd4 Sxd4 13.Sxd4 Lxd4 14.Le3

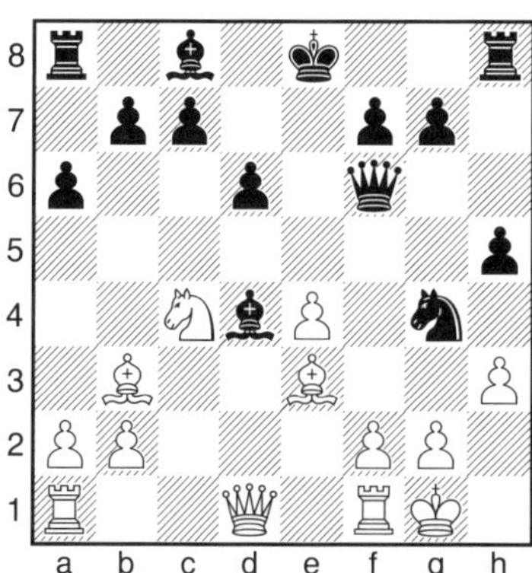

und Weiß hat mehr als genügend Kompensation, z.B. 14...Le5 (*14...Lxe3 15.fxe3 Dh6 16.hxg4 hxg4 17.Kf2±*) 15.Dd2 Lh2+ 16.Kh1 De7 17.Lg5 f6

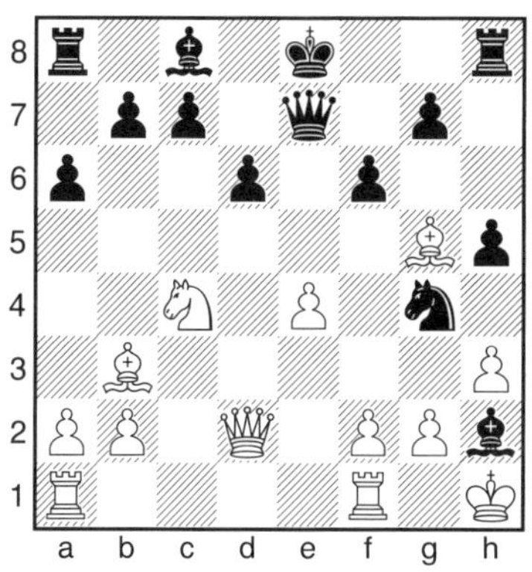

18.e5!! Ein fantastischer Zug basierend auf dem Entwicklungsvorsprung. 18...Lxe5 (*18...dxe5N 19.f3+–*) 19.f4! Le6 20.fxe5 Sxe5 21.La4+ Sd7 22.Lf4+– T. Slawinski (2384) – W. Krol (2395), ICCF email 2009 Δ22...Lxc4 23.Tfe1 Le6 24.Txe6 Dxe6 25.Te1+–

9.Te1

9.h3? g5 10.Sh2? ist schlecht wegen 10...g4 11.hxg4 Tg8! und starkem schwarzen Angriff, R. Pruijssers (2511) – J. Cuenca Jimenez (2476), Schachbundesliga 2014

9...g5 10.Sf1 g4 11.S3d2 h5

11...Sh5 12.Sc4 Sf4 13.d4 Df6 14.Lxf4! Dxf4 15.Sfe3 Se7 E. Zude – M. Zell, Deutschland 1989 16.g3N Df6 17.dxe5 dxe5 18.Tf1 h5 19.Sd5 Sxd5 20.Dxd5± Weiß gewinnt den Bauern e5.

11...Le6 12.Sc4 Dd7 13.Le3 Lxe3 14.Scxe3 Lxb3 15.axb3 h5 16.b4 Se7 17.Db3 (*17.c4±*) 17...0–0 V. Atlas (2444) – N. Georgiadis (2441), Schweiz 2014 18.Sg3N Sg6 19.Dc2 Sf4 20.d4±;

11...b5 12.Se3 h5 13.Sdf1 h4 14.Sd5 g3 L. Mkrtchian (2460) – I. Turova (2379), St Petersburg 2009 15.Le3N gxf2+ 16.Lxf2 Lxf2+ 17.Kxf2±

12.Sc4 h4 (Nach 12...b5 13.Sce3 Se7 E. Pähtz – N. Vitiugov, Gibraltar 2017, was Daniel King in CBM 177 empfiehlt, gibt 14.Sf5!?N Weiß starke Initiative.)

13.Le3 h3

Der gefährlichste Zug.

13...Lxe3 14.Scxe3 Ld7 A. Minasian (2480) – A. Aleksandrov (2340), Podolsk 1990 15.d4N h3 16.g3±;

13...De7 14.Lxa7 Sxa7 15.d4 Le6 16.dxe5 dxe5 M. Erdogdu (2428) – R. Skytte (2400), Plovdiv 2010 17.Sa5!?N b6 18.Sc4 Tg8 19.Sce3± Schwarz muss mit seinem König im Zentrum weiterspielen und ein Angriff ist nicht wirklich in Sicht.

14.g3 d5

R. Padmini (2427) – A. Muzychuk (2537), Caleta 2016

15.exd5!N

Das führt zu klarem Vorteil für Weiß.

Nach 15.Scd2? d4∓ stand Muzychuk besser und gewann die Partie.

15...Dxd5 16.f3 gxf3

16...Dxf3 17.Dxf3 gxf3 18.Lxa7 Txa7 19.Sxe5±

17.Dd2! Sg4

17...f2+ 18.Dxf2 Dg2+ (*18...Sg4 19.Sxe5!!+–* führt zur Hauptvariante.) 19.Dxg2 hxg2 20.Sfd2 Lxe3+ 21.Sxe3 Lh3 22.Sf3±

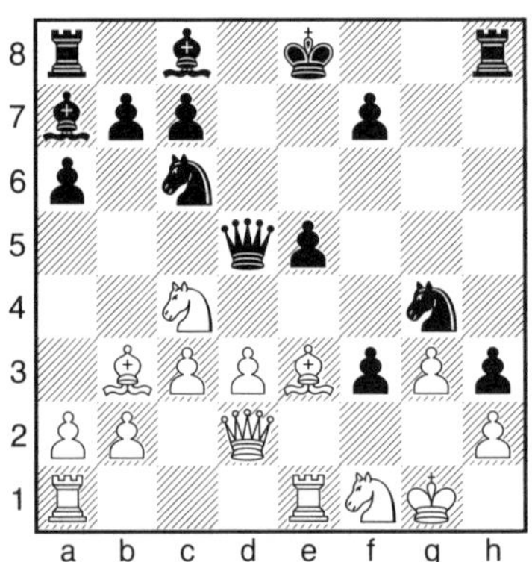

18.Sxe5!!

Der Gewinnzug, der allerdings schwierig zu finden ist im Vorfeld.

18...f2+

18...Lxe3+ 19.Txe3! Dxe5 20.d4!+–;

18...Sxe3 19.Lxd5 Sc4+ 20.d4 Sxd2 21.Sxc6++–

19.Dxf2! Sxf2

19...Dg2+ 20.Dxg2 hxg2 21.Sxg4 gxf1D+ 22.Kxf1 Lxg4 23.Lxa7+ Kd7 24.Lg1+–

20.Lxd5 Sxe5 21.Lxf2 Lxf2+ 22.Kxf2 Th5 23.d4 Le6 24.Lxb7 Tb8 25.Txe5 Txe5 26.Lc6+ Ke7 27.dxe5+–

Die schwarze Idee direkt am Königsflügel anzugreifen ist gefährlich aber zweifelhaft. Weiß sollte nicht h3 spielen, bevor Schwarz kurz rochiert hat, so wie in Pruijssers – Cuenca Jimenez. Generell sollte Weiß seine Figuren umgruppieren, im Zentrum spielen und die schwarzfeldrigen Läufer tauschen. Er sollte auch immer einen Blick auf die schwachen Felder d5 und f5 werfen, wo er seine Springer platzieren kann. In der Hauptpartie muss sich Weiß die starke Neuerung 15.exd5! und den folgenden Gewinnzug 18.Sxe5!! merken. Es ist allerdings unwahrscheinlich, dass jemand Muzychuks direkten Angriff wiederholen wird, da er fast zu einer Gewinnstellung für Weiß führt.

Kapitel 5.2

Schwarz plant ...f7–f5

Normalerweise ist dieser Plan zu ehrgeizig, aber einige Details sollte man kennen. Schwarz kann den Plan prinzipiell auf drei verschiedenen Wegen ausführen: indem er den weißen Läufer von der Diagonale a2-g8 vertreibt, mit ...Le6 oder indem er den f-Bauern mit ...Kh8 entfesselt. In der Regel kann Weiß diese Pläne mit einem gezielten d3-d4 beantworten:

1.e4 e5 2.Sf3 Sc6 3.Lc4 Lc5 4.c3 Sf6 5.d3 d6 6.0–0 0–0 7.Sbd2 a6

Direkt 7...Kh8 wird selten gespielt wegen 8.b4 und der schwarze Läufer hat Probleme, z.B. 8...Lb6 9.Lb3 Sg8 10.Sc4 f5 M. Saltaev (2476) - J. Cuenca Jimenez (2476), Schachbundesliga 2015 11.a4!?N a6 12.Sxb6 cxb6 13.Te1 f4 (*13...fxe4 14.Sg5 Dc7 15.Sxe4±*) 14.h3 g5 15.Sh2 Sf6 16.d4 Der typische Vorstoß im Zentrum. 16...Dc7 17.Lb2± Objektiv überwiegen die weißen Chancen im Zentrum die schwarzen Angriffschancen am Königsflügel.

8.Lb3 La7

8...Kh8 kann mit 9.Sc4!? beantwortet werden. (*9.h3* ist natürlich auch spielbar.) 9...La7 10.h3 Sg8 Ohne diesen Zug macht 8...Kh8 kaum Sinn. 11.d4 Wieder der typische Vorstoß im Zentrum. 11...f5 12.exf5 exd4 13.Lg5 Sf6 R. Lendwai (2412) - H. Kotz (2347), Österreich 2004 14.g4!?N b5 15.Scd2 dxc3 16.bxc3 Lb7 17.Se4 Sa5 18.Ld5 Lxd5 19.Lxf6 gxf6 20.Dxd5±

9.h3

Ein wichtiger Moment.

Nach 9.Te1?! kann Schwarz aktiv fortsetzen mit 9...Sg4 10.Te2 Kh8 11.h3 Sh6 (Sogar *11...f5!?* ist eine Option.) 12.Sf1 f5 mit starkem Gegenspiel, das in vielen Partien nachgewiesen wurde.

9...Kh8

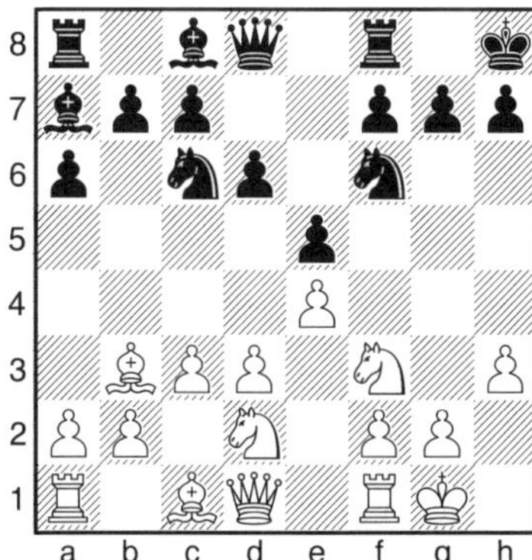

An dieser Stelle wird der Königszug, der ...f7-f5 vorbereitet, häufiger gespielt. Aber der Plan ist immer noch langsam.

Nach 9...Sd7 10.Te1 Sc5 11.Lc2 f5?N (*11...Se6* ist der Hauptzug - siehe Unterkapitel 5.3.) 12.d4!

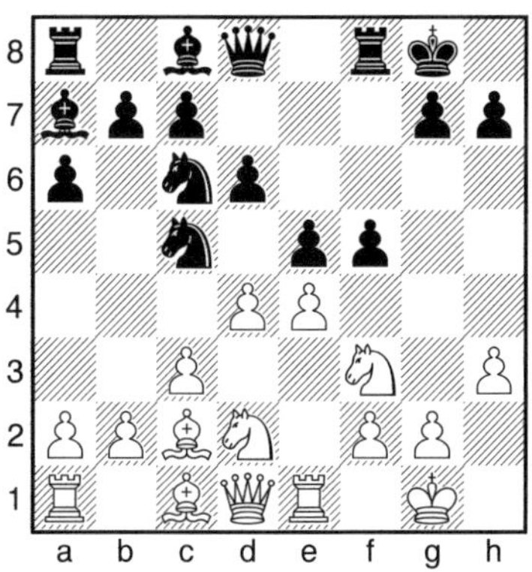

Durch den zentralen Vorstoß wird der weiße Vorteil durch den Entwicklungsvorsprung deutlicher: 12...exd4 13.cxd4 fxe4 14.Sxe4 Sxe4 15.Lxe4 d5 16.Db3 Kh8 17.Lxd5 Sxd4 18.Sxd4 c6 19.Lf3 Lxd4 20.Le3± ΔTxf3!? 21.Tad1! Lxh3 22.Dxb7!;

Für 9...Le6 10.Te1 Sd7, um ...f7-f5 zu ermöglichen siehe Kapitel 8.1.2.

10.Te1 Sg8

10...Sh5 11.Sf1

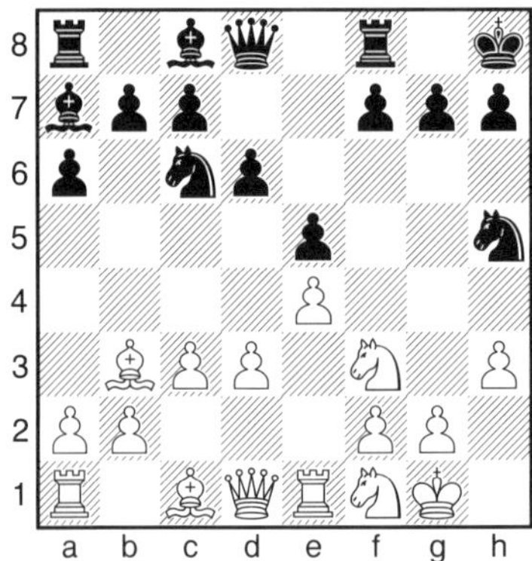

11...f5?

(11...Df6 12.Se3 Sf4? (*12...Dg6N 13.Sf5 Sf4 14.Lxf4 exf4 15.Dd2 Lxf5 16.exf5 Dxf5 17.d4* Das ist eine typische Situation, in der die Bauernkette b2/c3/d4 die schwarzen Leichtfiguren am Damenflügel aus dem Spiel nimmt. *17...Tae8 18.La4 und Weiß hat mehr als genug kompensation für den Bauern.*) 13.Sd5 Dg6 14.Lxf4 exf4 15.d4± S. Hegarty (2120) – F. Al Khulaifi (1583), Istanbul 2012)

12.Sg5 De8? (*12...g6N 13.Sf7+ Txf7 14.Lxf7 fxe4 15.Ld5 Df6 16.Te2±*) 13.Lf7! Txf7 14.Dxh5 g6 15.Sxf7+ Dxf7 Y. Hou (2578) – A. Kosteniuk (2525), Peking blitz 2008 16.Df3!N f4 17.Le3±;

Gegen 10...Sd7 schlagen wir 11.Lc2N

(Nach dem natürlichen Zug 11.Sf1 kann Schwarz seinen ...f7-f5-Plan in die Tat umsetzen: 11...Sc5 12.Lc2 f5 W. Sariego (2430) – R. Leyva (2370), Las Tunas 1996 13.Lg5N Se7 14.exf5 Lxf5 15.d4 (*15.Sg3 Se6*) 15...Lxc2 16.Dxc2 Txf3 17.gxf3 Se6 18.Dd2 De8 und die Stellung ist unklar. Uns gefällt nicht, dass Schwarz hier seinen Plan ausführen kann.)

11...f5?! (*11...Sc5 12.d4±; 11...Sf6 12.Sf1 d5 13.Lg5⩲*) 12.exf5 Txf5 13.d4 Tf8 14.Se4 Sf6 15.Sxf6 Dxf6 16.Lg5 Df7 17.Le3⩲ vor.

11.Sf1 f5 12.exf5 Lxf5

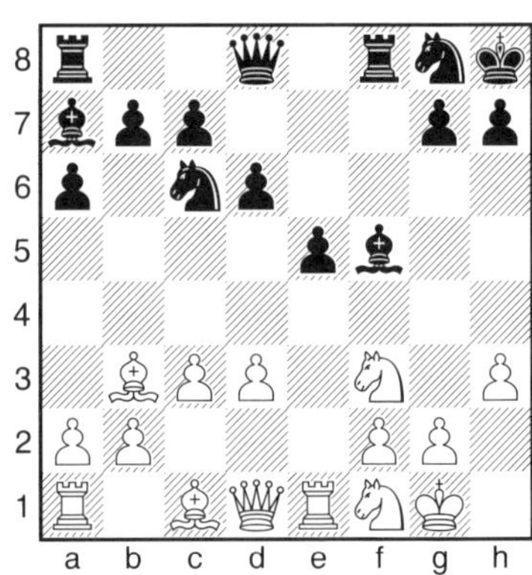

13.d4 Der zentrale Vorstoß ist hier wieder gut und zeigt auf, wie man einen verfrühten Angriff am Flügel beantworten sollte.

13.Sg3 ist spielbar, aber es gibt eine Variante, nach der Schwarz wahrscheinlich ausgleichen kann.

13...Lg6 (13...d5 J. Klinger (2475) – H. Jonkman (2340), Cappelle la Grande

1994 14.Le3N Lxe3 15.Txe3 Dd6 16.De2 Tae8 17.Sxf5 Txf5 18.Sd4 Tff8 19.Sxc6 Dxc6 (*19...bxc6 20.Te1 Tf7 21.f4! Txf4 22.Txe5±*) 20.Txe5 Txf2 21.Txe8 Txe2 22.Txe2± Weiß hat keine Schwäche, so dass die schwarze Dame nichts angreifen kann. Dagegen sollte Weiß langfristig in der Lage sein die schwarzen Bauern anzugreifen.)

14.d4 exd4 (*14...h6!N* Wegen dieser starken Neuerung bevorzugen wir 13.d4. *15.Le3 e4 16.Sh2 d5 17.a4 Dd6 18.Dd2 Sge7 19.Se2 Tf7 20.Lf4 Dd7 21.Lg3 Taf8 22.a5 Kh7 23.Sg4 Lh5!=*) 15.cxd4 Sf6 16.Le3 Dd7 17.d5 Se7 18.Lxa7 Txa7 V. Sikula (2528) – L. Vajda (2582), Slowakei 2009 19.Se2!?N Lf7 20.Sf4±

13...exd4 14.cxd4 Df6 15.Lg5 Dg6

S. Ursic – K. Mar (2026), Areh 2001

16.Sg3N Lxd4 17.Sxd4 Sxd4 18.Dxd4 Dxg5 19.Tac1 c6

19...Tac8? 20.h4 Dh6 21.Lxg8 Kxg8 22.Dd5+ Kh8 23.Sxf5+–;

19...Tae8 20.Lxg8 Txg8 21.Dd5 Te5 22.Dxb7±

20.Dxd6 Lg6 21.Tcd1⩲

Weiß hat perfekt platzierte Figuren und weiterhin etwas Aktivität mit seiner Artillerie im Zentrum. Der schwarze Plan mit ...Kh8 und ...f5 ist normalerweise zu ehrgeizig, insbesondere wenn er nicht mit ...Sg4 und ...f5 verbunden werden kann. Außerdem ist er etwas langsam und Weiß besitzt die Möglichkeit mit d3-d4 die Initiative im Zentrum zu ergreifen. Es ist wichtig die Zugfolge zu beachten und nicht zu 9.Te1?! statt 9.h3!? zu greifen.

Kapitel 5.3

Schwarz spielt ...Sf6–d7–c5–e6

Diese Umgruppierung ist langsam aber nicht ohne Idee. Schwarz möchte d3-d4 stoppen und Sf4 sowie Df6 möglich machen. Weiß muss präzise agieren, um einen Vorteil zu erzielen. Der Vorstoß d3-d4 kann in der Regel nur nach einiger Vorbereitung gespielt werden.

1.e4 e5 2.Sf3 Sc6 3.Lc4 Lc5 4.c3 Sf6 5.d3 d6 6.0–0 0–0 7.Sbd2 a6 8.Lb3 La7 9.h3 Sd7

Schwarz startet die Umgruppierung.

10.Te1 Sc5 11.Lc2 Se6 12.Sf1

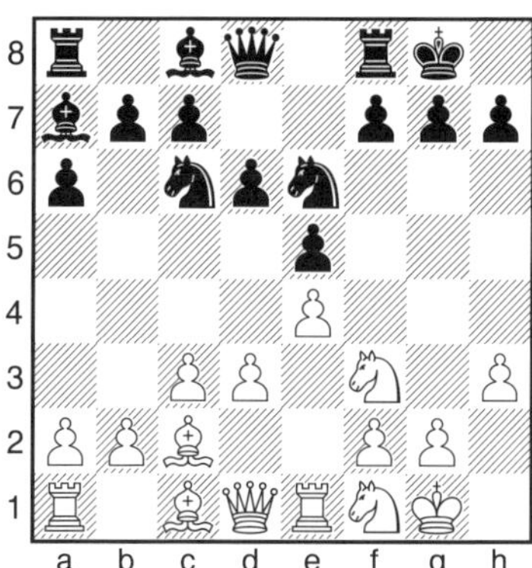

Hier hat Schwarz einige Züge getestet, aber der Aufbau ist so langsam, dass Weiß in allen Fällen einen Vorteil erzielen sollte:

12...Df6

12...b5 13.Sg3 Se7 R. Muniz (2241) – R. Ibanez (2166), Montevideo 2016 14.a4!?N c5 15.axb5 axb5 16.Le3 Lb7 17.Lb3 Sg6 18.Sf5⩲; 12...Ld7 M. Bosboom (2460) – M. Adams (2615), Ostend 1991 13.Le3N Lxe3 14.Sxe3 Sg5 15.Sd2 h6 16.Sdf1 Kh8 17.h4 Sh7 18.g3 Sf6 19.d4±

13.Se3 Lxe3

Das ist ein Zugeständnis, aber 14.Sd5 war eine unangenehme Drohung.

13...Se7?? 14.Sg4 Dg6 15.Sh4 Dh5 16.Sf6+ gewinnt die Dame.

14.Lxe3 Se7

R. Boewer (2188) – L. Winants (2514), Willingen 1999

14...Sf4 S. Vaibhav (2013) – S. Shyam (2307), Mumbai 2008 15.d4N Te8 16.Lxf4 Dxf4 17.Te3±

15.Kh2!?N Sg6 16.d4 h6 17.g3±

Der schwarze Plan ist sehr langsam und etwas unbeholfen, allerdings nicht unsolide. Weiß erhält eine leichte Initiative, aber auch nicht mehr. Weiß muss sich hier nicht wirklich viel merken. Er spielt natürliche Züge und bereitet d4 vor. Danach erfreut er sich seines Raumvorteils und in unserer Hauptvariante auch des Läuferpaares.

Kapitel 5.4

Schwarz belässt den Läufer auf c5

In diesem Kapitel schauen wir uns an, was passiert, wenn Schwarz seinen Läufer auf c5 belässt. In 5.4.1 macht er das sogar ohne den a-Bauern zu ziehen, wohingegen er in 5.4.2 zuerst ...a6 zieht. Das ist eine favorisierte Zugfolge von Kramnik.

5.4.1 Ohne ...a6

Das ist selten und zweifelhaft. Weiß kann am Damenflügel schnell mit b2-b4 fortsetzen. Das ist recht gefährlich, da häufig Sc4 mit Tempogewinn folgt.

1.e4 e5 2.Sf3 Sc6 3.Lc4 Lc5 4.c3 Sf6 5.d3 d6 6.0–0 0–0

6...Le6 7.Lxe6 fxe6 8.b4 Lb6 9.Sbd2 a6 10.Sc4 La7 11.a4 und Weiß hat im Vergleich zu den Varianten in 5.4.2. ein Tempo gewonnen. Für 6...a6 siehe 5.4.2.

7.Sbd2 Le6 8.b4 Lb6

8...Lxc4?! 9.Sxc4 Lb6 10.a4 a6 (*10...a5 11.b5 Se7 12.Lg5±*) 11.Lg5 h6 12.Lh4± Δg5? 13.Sxg5! hxg5 14.Lxg5+– Kg7 (*14...Te8 15.Df3 Te6 16.Se3 Sb8 17.Dg3+–*) 15.Sxb6 cxb6 16.f4+–

9.Lxe6 fxe6 10.Db3

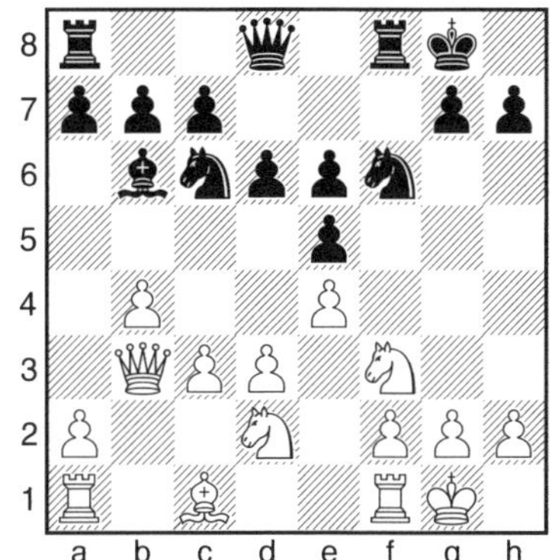

Das schnelle weiße Spiel am Damenflügel ist nicht einfach zu neutralisieren:

10...Dd7 10...d5N 11.a4 a6 12.La3⩲;

10...De7 11.a4 a5?! (*11...a6 12.Sc4⩲*) 12.b5 Sd8 13.d4 exd4 14.cxd4± J. Jacobsen (1640) – M. Silies (1792), Deutschland email 2009;

10...De8N 11.Sc4 Sd7 12.a4 a6 13.Sxb6 Sxb6 14.Le3 Sd7 15.Sg5 Tf6 16.Sh3 h6 17.f3 Sf8 18.d4 Sg6 19.Ta2⩲

11.Sc4 Kh8 11...a6N 12.Sxb6 cxb6 13.a4 b5 14.Le3 Sh5 15.axb5 axb5 16.c4 bxc4 17.dxc4 Sf6 18.b5 Txa1 19.Txa1 Sd8 20.Sd2⩲

12.a4 a6 13.Sxb6 cxb6 14.Le3 b5 15.h3 bxa4 16.Dxa4 Tae8

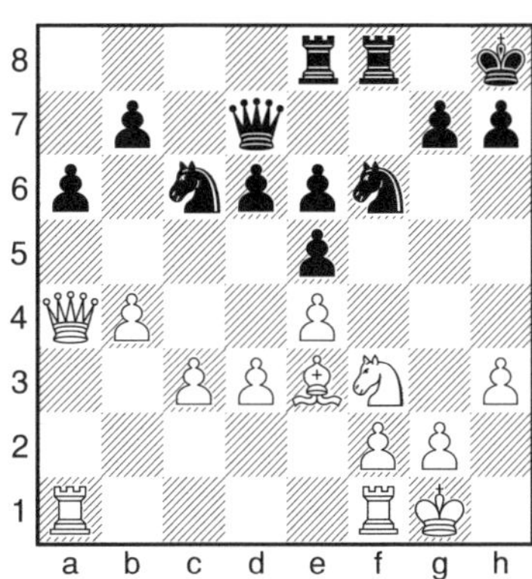

17.Tfb1!?N 17.b5 axb5 18.Dxb5 d5 19.Lc5 Tf7? (*19...Tg8N 20.Tfe1⩲*) 20.Sg5+- J. Hager – E. Miller, playchess.com 2007

17...h6 18.b5 axb5 19.Txb5 d5 20.Db3 Tf7 21.Db1± Weiß hat eine andauernde Initiative am Damenflügel. Falls Schwarz seinen Läufer auf c5 belässt und ohne ...a6 auskommen möchte, dann erhält Weiß einen Vorteil, indem er seine Bauern am Damenflügel vorstößt. Außerdem gewinnt er weitere Zeit für die Initiative durch Sc4. Weiß punktet sehr gut in dieser Variante.

Kapitel 5.4.2 mit ...a6

Das ist viel umsichtiger und von Kramnik mehrmals angewandt worden. Weiß kann die schwarze Idee ...Lc8-e6xb3 auf drei verschiedenen Wegen begegnen: indem er den Läufer nach c2 zurückzieht, indem er den Tausch auf b3 zulässt oder indem er auf e6 tauscht. Hier konzentrieren wir uns auf den Tausch. Für eine Strategie mit dem

Rückzug Lc2 siehe Giri – Anand im Strategieteil. Den Tausch auf b3 behandeln wir in Kapitel 8.

1.e4 e5 2.Sf3 Sc6 3.Lc4 Lc5 4.c3 Sf6 5.d3 d6 6.0–0 a6 7.Lb3

Für 7.a4 siehe Kapitel 9.4.2.

7...Le6

7...h6 8.Sbd2 0–0 9.Te1 (Weiß sollte *9.h3!?* spielen, falls der Läufer nach *9...Le6* nach c2 zurückziehen soll. *9.Sc4* ist die andere Hauptoption.) 9...Le6 ist eine weitere Zugfolge, die Kramnik anwandte.

8.Sbd2

8.Lc2!? La7 (*8...d5 9.exd5 Dxd5 10.Sbd2 0–0 11.h3 h6 12.Te1 Tad8 13.De2 Tfe8 14.b4 La7 15.a4±* H. Mergard (2051) – D. Hudak (2271), ICCF email 2008) 9.Sbd2 0–0 10.h3 leitet in Giri – Anand im Strategieteil über.

8...0–0 9.Te1

9.Lc2 ist wieder möglich.

Unsere Hauptempfehlung gegen diese Zugfolge ist 9.h3 – siehe Kapitel 8.1.3.2.2.

9...h6

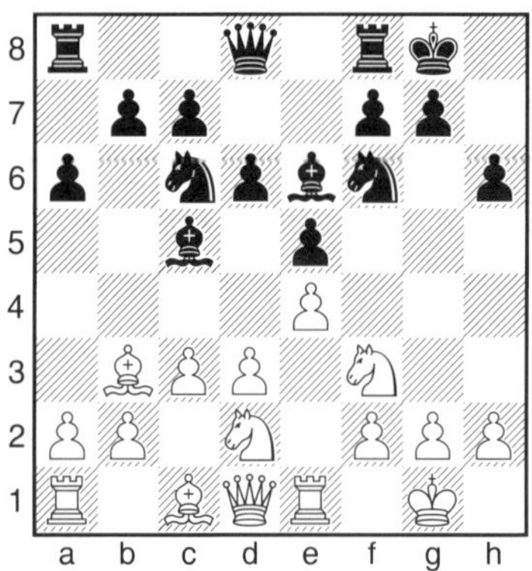

Kramnik spielte diese Stellung einige Male im Jahr 2015, manchmal über die Zugfolge 7...h6. Weiß hat mehrere Optionen, von denen wir die folgende empfehlen:

Auf 9...Sg4 folgt 10.Te2;

Aronians Antwort ist 9...Te8 und hier ist 10.Lxe6!? interessant. Es kann folgen: (Für den Hauptzug *10.Sf1 d5* – siehe Kapitel 8.1.3.2.1.) 10...fxe6 (*10...Txe6 11.b4 La7 12.a4 d5 13.Dc2 d4 14.Lb2±*) 11.Sf1 La7 12.Le3 Lxe3 13.Sxe3 Dd7 14.h3 Tf8 15.De2 b5 16.a4 Se7 17.axb5 axb5 18.b4± K. Maslak (2501) – A. Gavrilov (2464), Olomouc 2005

10.Lxe6!?

Es gibt wenige Partien mit diesem Zug, der Weiß einen strukturellen Vorteil verschafft. Er sollte die Öffnung der f-Linie nicht fürchten, wie die folgende Partie zeigt.

10.h3 (auch hier ist nach 10...Te8 11.Lxe6 die Hauptoption, z.B. 11...Txe6 12.b4 La7 13.a4 d5 14.Dc2 d4 15.Lb2 dxc3 16.Lxc3 Sd4 17.Lxd4 Lxd4 I. Salgado Lopez (2606) – M. Adams (2725), Caleta 2013 18.Tac1N c6 19.Sb3±);

und 10.Sf1 sind die Hauptzüge, aber sie sind etwas langsam, da Schwarz den Zug ...Lc5-a7 gespart hat – siehe Kapitel 8.2.2.1.

Hier ist 10.Lc2? ein Fehler wegen 10...Sg4 11.Te2 Lxf2+ 12.Txf2 Se3 13.De2 Sxc2 14.Tb1 Lxa2 15.b3 Lxb1 16.Sxb1 Sa1 17.Db2 Sxb3 18.Dxb3 mit schwarzem Vorteil.

10...fxe6 11.b4 La7 12.Sf1

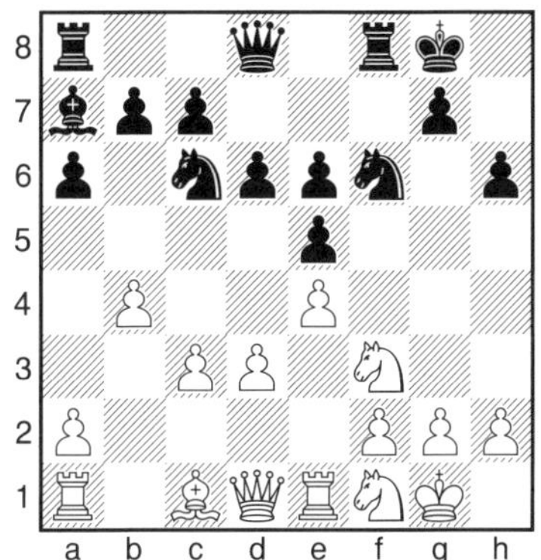

Weiß wird Le3 spielen, auf a7 oder mit dem Springer auf e3 zurücknehmen und danach am Damenflügel spielen. Am Königsflügel wird er prophylaktisch vorgehen müssen:

12...De8 13.a4 Se7 14.Le3

14.d4!?N Vielleicht kann Weiß auch ohne den sofortigen Tausch der Läufer auskommen.

14...Lxe3 15.Sxe3 Sg6 16.Ta2

16.g3!?N;

16.Sd2N Sf4 17.Sb3 Dg6 18.Ta2 d5 19.f3 ist auch möglich.

16...Td8 17.Td2 Df7 18.Kh1 b5

18...Sf4N sieht hier ausgeglichen aus.

19.Dc2 Sf4 20.axb5 axb5 21.Sg1 d5 22.f3 Dd7 23.Sf1 d4

23...Dc6N sieht besser aus.

24.g3 Sg6 25.Tc1 Ta8 26.cxd4 Dxd4 27.Dc5

27.Db3!?N

27...Dxc5 28.Txc5 Tfb8 29.Txc7 Ta4 30.Tb2±

D. Vocaturo (2597) – V. Kramnik (2796), Doha 2015. Im Verlauf dieser Partie gibt es für beide Seiten mehrere Möglichkeiten abzuweichen. Aber generell ist die weiße Struktur nach 10.Lxe6!? etwas besser und mit präzisem Spiel sollte sich Weiß etwas Vorteil sichern können. In der Vergangenheit schreckte Weiß vor dem Tausch auf e6 zurück, aber wie in anderen ähnlichen Stellungen muss er sich nicht zu viele Sorgen vor der offenen f – Linie machen – siehe z.B. die Hauptvariante in Kapitel 3.3. Es bedarf mehr praktischer Erfahrung, um zu erkennen, wie groß der weiße Vorteil ist.

Kapitel 5.5

Schwarz spielt ...a7–a5

Falls Schwarz seinen Läufer lange auf c5 halten möchte und nichts am Damenflügel unternimmt, können Ideen mit b2-b4 gefährlich werden. Deswegen griffen einige Großmeister wie Parligras oder Tomashevsky zu ...a7-a5. Genaugenommen ist das sogar eine Empfehlung der Engines. Wir schlagen den folgenden Weg vor:

1.e4 e5 2.Sf3 Sc6 3.Lc4 Lc5 4.c3 Sf6 5.d3 d6 6.0–0 0–0 7.Sbd2 a5!?

Wie oben erwähnt ist das eine Empfehlung der Engines. Das könnte daran liegen, dass sie gerne nach Raum greifen.

8.h3

8.a4 spielte Vishwanathan Anand in einer Schnellpartie gegen Anish Giri. Nach 8...Le6 9.Lxe6 fxe6 10.Sc4 De8 11.Le3 Lxe3 12.Sxe3 b6 13.Te1 Td8 14.De2 Df7 15.Sd2 d5 16.Sc2 Td7 17.Sf3 entstand eine ausgeglichene Stellung, bevor Schwarz mit 17...Te8? einen Bauern einstellte. Denn nach (*17...Sh5!N 18.Sg5 Dg6 19.Sh3 dxe4 20.dxe4 Sf4 21.Sxf4 exf4*=) 18.b4! konnte er den Bauern e5 nicht verteidigen. 18...Dh5 19.exd5 Sxd5 20.b5 Sd8 21.Dxe5± Anand,V (2770) – Giri,A (2782) Leuven (rapid) 2016

8...Le6

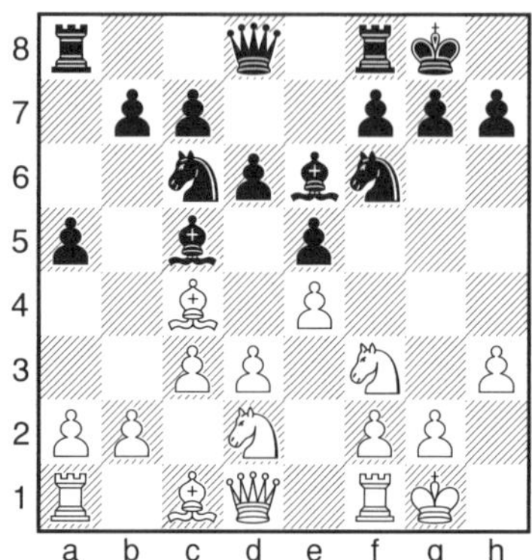

9.b3!?

Ein interessantes Konzept, um mit dem Problem umzugehen. Weiß möchte mit seinem b – Bauern auf c4 zurückschlagen.

Der Hauptzug lautet 9.Te1 aber Areschenkos Ansatz kontert die schwarze Idee auf prinzipiellere Weise. 9...h6 (Nach *9...Dd7 10.Lb5* kann Schwarz *10...Lxh3 11.gxh3 Dxh3* spiele, aber die Kompensation ist zweifelhaft, z.B. *12.Sf1 Dg4+ 13.Kh1 Dh3+ 14.S3h2 Lxf2 15.Te2 Sg4 16.Tc2 f5* V. Artemiev (2669) – E. Tomashevsky (2722), Sochi 2016 *17.exf5N Sxh2 18.Sxh2 Dxf5 19.Dg4*±) 10.Lb5 In einer hochkarätigen Partie überspielte Sergei Karjakin langsam aber sicher seinen Gegner. 10...La7 (*10...Db8!?N 11.Sf1 Da7 12.Le3 Db6 13.a4 Lxe3 14.Sxe3 Se7* nebst ...c6 wird von Bologan angegeben. Die Stellung nach *15.d4* müsste in der Praxis getestet werden.) 11.Sf1 Se7 12.Sg3 c6 13.La4 Sg6 14.Lc2 Dc7 15.d4 Tad8 16.Le3 Lb8 17.Ld3 Tfe8 18.Dc2 De7 19.Tad1 Lc7 20.c4 Lc8 21.a3 exd4?! 22.Sxd4 Df8 23.f4 Sd7 24.Df2

Sf6 25.Sf3 Te7 26.Kh1 Kh8 27.Lc2 Tee8 28.b4 axb4 29.axb4 d5?! 30.e5 Se4 31.Lxe4 dxe4 32.Txd8 Txd8 33.Lc5 De8 34.Txe4 Se7 35.Sd4 b6 36.Ld6 Lxd6 1-0 S. Karjakin (2769) – E. Tomashevsky (2728), Wijk aan Zee 2016;

9.Lb5 ist ein weiterer Hauptzug.

9.a4 wird von den Engines in der Let´s Check Datenbank von Chessbase favorisiert und ist die dritte Hauptwahl.

9...d5

9...Lxc4N 10.bxc4 a4 11.Te1 Db8 12.Sf1 Da7 13.Le3 Lxe3 14.Sxe3 Se7 15.Tb1 Sg6 16.g3± ist nicht, was Schwarz möchte.

9...Dd7N 10.Te1 Lxh3?! 11.gxh3 Dxh3 12.Sf1 Dg4+ (*12...Sg4 13.Le3 Lxe3 14.Sxe3±; 12...Lxf2+? 13.Kxf2 Sg4+ 14.Kg1+–*) 13.Kh1 Lxf2 14.S1h2 Dh5 15.Te2 Lg3 16.Tg2±;

9...Sh5N ist ein Favorit der Engines, aber auch hier sollte Weiß einen leichten Vorteil haben, z.B. 10.Te1 Df6 11.Sf1 a4 12.b4 Lb6 13.Se3 Lxe3 14.Lxe3

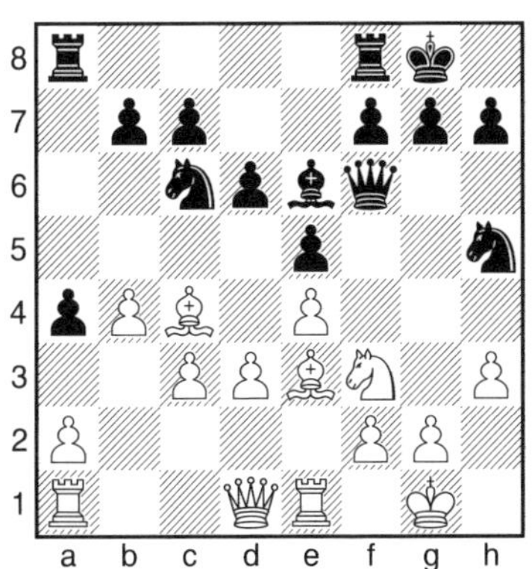

14...Lxc4 (*14...Sf4 15.Lxf4 Dxf4 16.Lxe6 fxe6 17.Te3±*) 15.dxc4 De6 (*15...Sf4 16.g3 Se6 17.Sh4±*) 16.Dd5 Sf6 17.Dxe6 fxe6 18.Sd2±;

9...h6N 10.Te1 Te8 11.Lb5 Ld7 12.Lb2 La7 13.d4±

10.exd5 Lxd5

10...Sxd5N 11.Se4 Le7 12.Sfg5 Dd7 13.Sxe6 Dxe6 14.Df3 Tad8 15.Te1 Td7 16.Le3 f5 17.Sc5 Lxc5 18.Lxc5 Te8 19.Te2±

11.Dc2 Te8 12.Te1 Dd6 13.Lb2 Tad8 14.Tad1

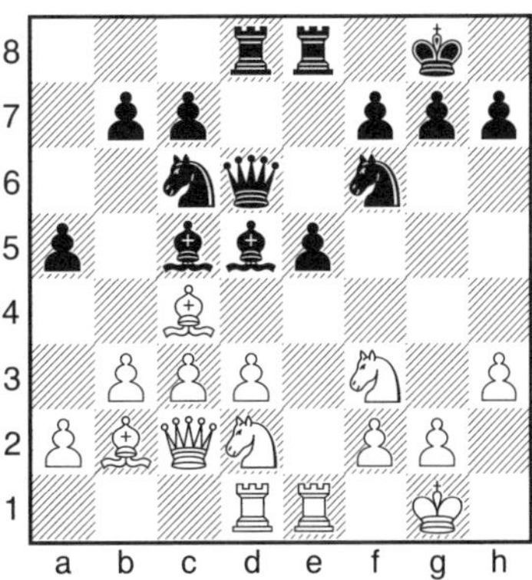

14...Lxc4?

Das läuft in einen starken Konter.

14...Df8N ist vonnöten, z.B. 15.a4 h6 (Jonas Lampert schlägt 15...Lxc4 16.bxc4 (*16.Sxc4 e4!=*) 16...b6 mit Ausgleich vor, aber die weiße Stellung mag einfacher zu spielen sein, z.B. 17.Lc1 h6 18.Sh4 Dd6 19.Sb3 und objektiv in den Augen der Computer mag die Stellung ausgeglichen sein, aber die Stellung ist im Geiste unseres empfohlenen Repertoires.)

16.Sh4 Te6 17.Sf5±

15.Sxc4 Dd5 16.Scxe5! Sxe5 17.Txe5 Txe5 18.c4 Dxf3

Ansonsten hat Weiß einfach einen Bauern mehr.

19.gxf3 Ld4 20.Lxd4 Txd4 21.Dc3 Tg5+ 22.Kf1 Th4 23.Te1 Txh3 24.Te5 Th1+ 25.Ke2 Tgg1 26.Dxa5 h5

und jetzt anstatt

27.Tg5?!

womit Weiß in A. Areshchenko (2677) – M. Parligras (2586), Al Ain 2015 auch gewann, ist 27.Dxc7N noch stärker, z.B. 27...h4 28.Tb5 Se8 29.Dxb7 h3 30.Th5 h2 31.Db8+-

Areshchenkos Ansatz, um die Probleme am Damenflügel anzugehen, ist originell und gibt Weiß eine angenehme Stellung. Falls Schwarz auf c4 schlägt, nimmt Weiß in der Regel mit dem b – Bauern zurück, so dass er mehr Einfluss auf das Zentrum und einen leichten Raumvorteil erhält. Diese 7...a5!? – Idee könnte einen neuen theoretischen Zweig entstehen lassen, da die Leute heutzutage dazu tendieren das zu spielen, was der Computer vorschlägt. Wahrscheinlich dürfen wir uns auf weitere Partien mit dieser Variante in der Zukunft einstellen.

Kapitel 5.6

Schwarz spielt ...Lb6

Schwarz kann das Problem seines schwarzfeldrigen Läufers auch mit dem Rückzug nach b6 lösen. Häufig folgt das typische Manöver ...Sc6-e7-g6. Ein Nachteil dieser Spielweise ist, dass Weiß mit Sc4 das schwarze Läuferpaar halbieren kann.

1.e4 e5 2.Sf3 Sc6 3.Lc4 Lc5 4.c3 Sf6 5.d3 Lb6

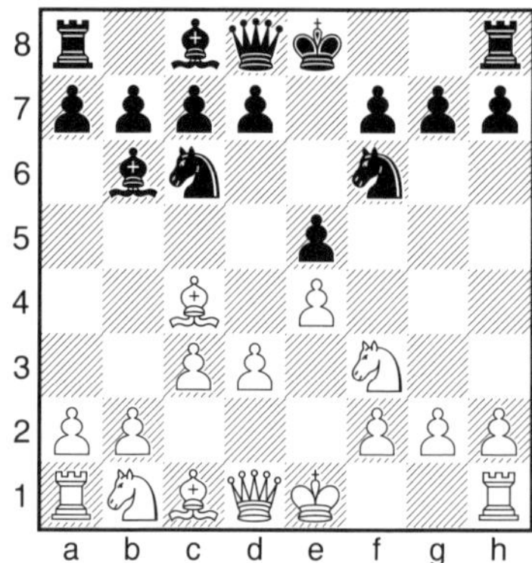

6.0–0

6.b4 führt mit Zugumstellung zum abgelehnten Evans – Gambit und kann natürlich auch gespielt werden.

Im Geiste des Kapitels 9.4 kann Weiß auch 6.a4 spielen.

6...d6

6...0–0 7.Sbd2 d6 8.Lb3 ist Zugumstellung.

7.Lb3

7.a4!? ist im Geiste des Kapitels 9.4. interessant.

7...0–0

7...Se7 8.Sbd2 Sg6

a) 8...c6 9.d4 Lc7 10.Te1 Sg6 11.Sf1 0–0 12.Sg3± S. Tiviakov (2585) – G. Giorgadze (2525), Podolsk 1992;

b) 8...0–0 9.Te1 führt zum Kapitel 6.2. (*9.Sc4* ist die prinzipielle Alternative.);

9.Sc4 0–0 10.a4 c6 11.Sxb6 axb6

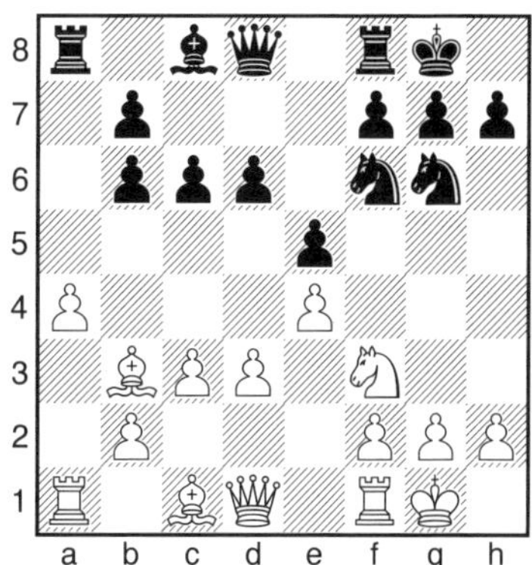

Das Läuferpaar sollte Weiß einen leichten Vorteil geben: 12.h3 b5 13.Le3 bxa4 14.Txa4 Txa4 15.Lxa4 h6 T. Sakelsek (2407) – Z. Tomazini (2188), Graz 2010 (*15...Le6 16.Lc2 De7 17.d4±*) 16.Lc2N Le6 17.d4±

8.Sbd2 Le6

8...Se7 führt zum Kapitel 6.2.

9.Sc4 h6 10.a4 Te8

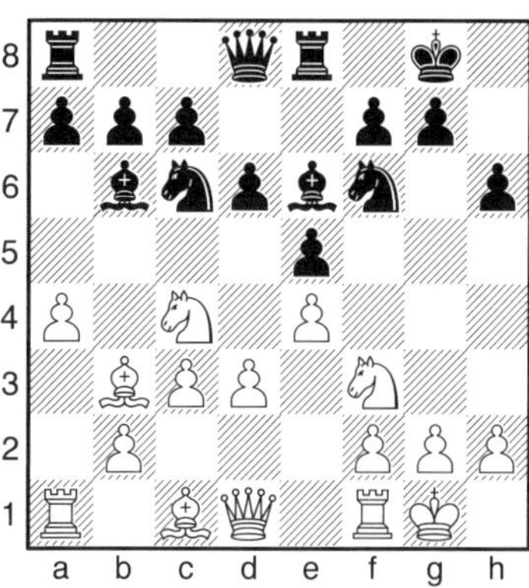

11.Te1

Emms bevorzugt David Bronsteins 11.Lc2!? aus D. Bronstein – B. Ivkov, Amsterdam 1968. Hier ist 11...Lxc4N 12.dxc4 kritisch und bedarf praktischer Tests.

11...Lc5

11...Sg4 12.Se3 Sxe3 13.Lxe3 Dd7 14.Lxe6 Dxe6 15.b4 Lxe3 16.Txe3±

12.a5 Sg4 13.Se3 Lxe3

In S. Movsesian (2695) – A. Morozevich (2774), Sarajevo 2008 einigte man sich hier auf Remis. Weiß dürfte minimal besser stehen hier, wie üblich in diesen Strukturen, z.B.

14.Lxe3 Lxb3 15.Dxb3 b6 16.axb6 axb6 17.h3 Sxe3 18.fxe3 Sa5 19.Da2 Sc6 20.Dd5 Sa5 21.b4 c6 22.Da2 Sb7 23.Db3±

Nach einem frühen ...Lb6 kommt der Plan mit a2-a4 im Geiste des Kapitels 9.4 stark in Betracht. Unser Hauptansatz ist natürlich auch spielbar, aber die weiße Initiative ist sehr gering in manchen Fällen.

Kapitel 6

Der Springer geht nach g6

Schwarz spiegelt die weiße Idee, indem er seinen Springer von c6 zum Königsflügel umgruppiert. Der schwarze Springer auf c6 ist etwas deplatziert, da c3 seine Optionen limitiert und von g6 kann er nach f4 gehen früher oder später. Schwarz kann die Umgruppierung sofort durchführen oder mit ...Lb6 bzw. ...a6 nebst ...La7 vorbereiten. Aber der Plan benötigt eine Menge Zeit, die Weiß nutzen kann, um seinen Springer nach g3 umzugruppieren und d3-d4 vorzubereiten.

Kapitel 6.1

Der direkte Springertransfer

Sergei Karjakin wandte diesen Plan einige Male an und sollte dementsprechend nicht unterschätzt werden. Wir schlagen die folgende Zugfolge vor, die sowieso unsere Hauptempfehlung ist:

1.e4 e5 2.Sf3 Sc6 3.Lc4 Lc5 4.c3 Sf6 5.d3 d6 6.0–0 0–0

Direkt auf 6...Se7 kann 7.d4 folgen: 7...Lb6?! (*7...exd4N 8.cxd4 Lb6 9.Sc3±*) 8.dxe5 Sxe4 9.Da4+ Kf8 J. Moller – S. Abersten, Gothenburg 1901 (*9...c6N 10.Lxf7+ Kxf7 11.Dxe4 Lf5 12.Df4±*) 10.Lxf7N Sc5 11.Df4 Sd3 12.Dc4±

7.Sbd2

7.h3 Se7 8.Te1 Sg6 9.Sbd2 c6 10.Sf1 d5 11.exd5 Sxd5 12.Sg3 h6 war V. Ivanchuk (2776) – S. Karjakin (2776), Medias 2011 und Viorel Iordacescus Vorschlag lautet jetzt 13.Sh5!?N

7...Se7

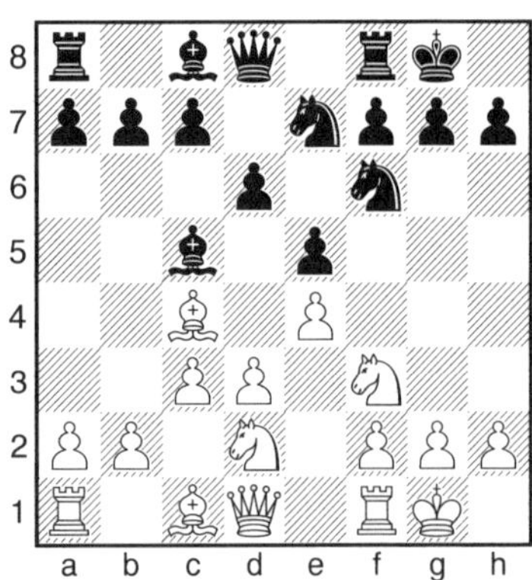

Weiß kann jetzt direkt im Zentrum mit **8.d4!?** fortsetzen. Schwarz muss auf d4 schlagen, was seine Pläne durchkreuzt.

Natürlich sind die normalen Züge 8.Te1; und 8.Lb3 ebenfalls spielbar.

8...exd4

8...Lb6?N verliert einen Bauern nach 9.dxe5 dxe5 10.Sxe5

9.cxd4 Lb6

9...Lb4?!N 10.e5 dxe5 11.dxe5 Sfd5 12.Se4 Lf5 13.De2 spielt in die weißen Hände.

10.e5 dxe5

10...Sfd5 11.Se4 Lg4 12.Lg5 Dd7 A. Katz (2265) – R. Francisco (2281), ICC 2014 13.h3N Lxf3 14.Dxf3 dxe5 15.dxe5 c6 16.Tad1 Sg6 17.Tfe1 Tae8 (*17...Sxe5 18.Sf6+ Sxf6 19.Txe5 Sd5 20.Lxd5 cxd5 21.Lf6 Dc6 22.Tg5 g6 23.Tgxd5±*) 18.Lxd5 cxd5 19.Sd6 Txe5 20.Txe5 Sxe5 21.Dxd5 Sc6 22.b3 De6 23.Dxe6 fxe6 24.Lh4 g5 25.Lg3 Td8 26.Te1 e5 27.Se4 h6 28.h4 gxh4 29.Lxh4 Td4 30.Lg3 Kf7 31.Kh2 La5 32.Te2 Kg6 33.f3⩲;

10...Se8 R. Weiss (2275) – A. Vajda (2345), Eger 1993 11.a4N a5 12.Le2 d5 13.Sb3 c6 14.Le3⩲

11.dxe5 Sfd5

11...Sd7? G. Avelar (1966) – I. Sanchez (2024), San Salvador 2008 12.e6N fxe6 13.Sg5 Sf6 14.Lxe6+ Kh8 15.Db3 Ld7 (*15...Sg4 16.Lxc8 Sxf2 17.Sf7+ Txf7 18.Dxf7+–*) 16.Sdf3 Sc6 17.Ld2+–

12.Se4 Lf5

12...Le6N 13.Sfg5!?↑

13.Sg3 Lg6 14.Sh4

14.Db3!?N

14...c6

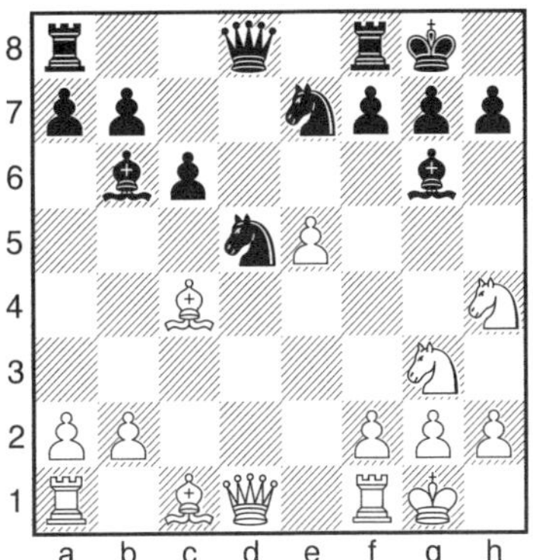

Hier schlagen wir **15.Kh1!?N** vor.

Auch 15.Lg5 ist interessant, z.B. 15...Dc7 16.De2 Tae8 17.Tae1 h6 18.Ld2 Ld4?! 19.Kh1 b5 20.Lb3 Lh7 21.f4 (*21.Lxh6!?N*) 21...f6 22.Sf3 fxe5 23.fxe5 Db6 24.La5 (*24.Sxd4N Txf1+ 25.Txf1 Dxd4 26.Lc3 Dh4 27.Df2 Kh8 28.Dxa7±*) 24...Dxa5 25.Sxd4 Kh8 26.Sxc6 Sxc6 27.Lxd5 Sd4 28.Dg4± Z. Hracek (2617) – D. Swiercz (2629), Polen 2015

15...Dd7

15...Sc7 16.Lg5 Dxd1 17.Taxd1 Sed5 18.Ld2⩲

16.f4 Sf5 17.Shxf5

17.Dg4!? sieht auch gut aus.

17...Lxf5 18.Db3 Tad8

18...f6 19.Sxf5 Dxf5 20.Ld2 fxe5 21.Lxd5+ cxd5 22.Dxd5+ Df7 23.Dxe5⩲

19.Ld2 Tfe8 20.a4⩲

Der direkte Transfer 7...Se7 hat den Nachteil, dass es 8.d4! erlaubt. Dementsprechend bereitet Schwarz in der Regel die Umgruppierung des Springers vor, wie wir in den nächsten Kapiteln sehen werden.

Kapitel 6.2

Schwarz spielt zuerst ...Lb6

Schwarz bereitet häufig den Transfer des Springers vor. Zuerst schauen wir auf ...Lb6 in der Regel gefolgt von ...c6 und im nächsten Kapitel 6.3 auf ...a6 in der Regel gefolgt von ...La7. Schwarz hat einige Zugfolgen, um die Stellung nach 13.d4 zu erreichen, aber Weiß kann generell den Standardplan anwenden. Falls Schwarz nicht ...h6 spielt, ist häufig Lg5 eine Option.

1.e4 e5 2.Sf3 Sc6 3.Lc4 Lc5 4.c3 Sf6 5.d3 d6 6.0–0 Lb6 7.Sbd2 0–0 8.Lb3 Se7 9.Te1

Wir folgen unserem Hauptaufbau.

9.Sc4!? Wird häufiger gespielt und könnte gegen diese Zugfolge besser sein. Wir schauen uns in der Partie A. Kovalev (2550) – A. Nosov (2372), Alushta 2008, im Strategieteil einige interessante Varianten an.

9...Sg6

9...c6 10.Sf1 Sg6 11.Sg3 führt mit Zugumstellung zu 10...c6.

10.Sf1

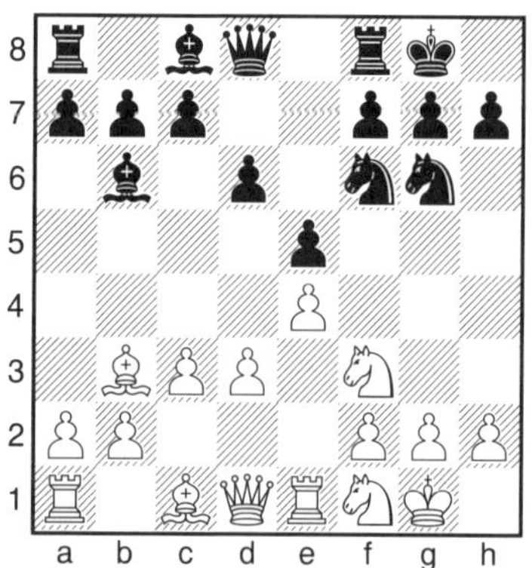

10...h6

10...c6 11.Sg3 Te8 (*11...d5N 12.Lg5±*) 12.h3 Le6 (*12...d5 13.Lg5 h6 14.Lxf6 Dxf6 15.exd5 cxd5 16.d4! Ld7* V. Bologan (2672) – A. Grischuk (2779), Khanty – Mansiysk 2013 *17.Sh5!N Dd6 18.dxe5 Sxe5 19.Lxd5⩲; 12...h6* führt zur Hauptvariante.) 13.d4 Lxb3 14.Dxb3

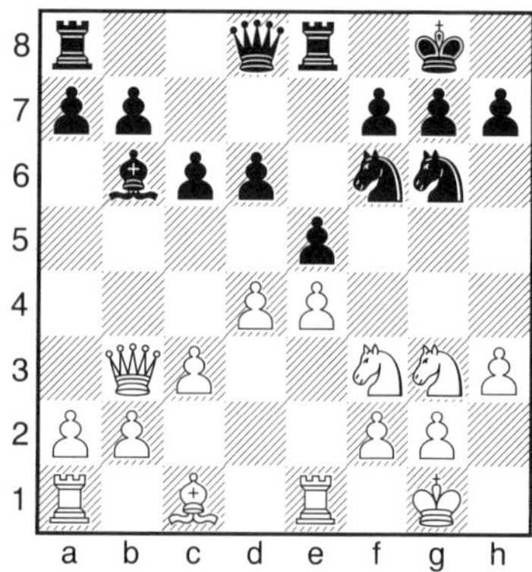

Weiß entwickelt im nächsten Zug seinen Läufer und steht etwas besser. 14...h6 (14...d5 15.Lg5 h6 16.Lxf6 Dxf6 17.exd5 exd4 18.cxd4 cxd5 (*18...Sf4N 19.dxc6 Dxc6 20.Txe8+ Txe8 21.Td1⩲*) 19.Dxd5 Sh4 20.Sxh4 Dxh4 21.Sf5 Df6 22.Db5 Te6 E. Sedina (2305) – S. Vajda (2324), Budapest 2015 23.a4!N a6 (*23...Lxd4 24.Sxd4 Dxd4 25.Dxb7±*) 24.Dd5±) 15.Le3 (*15.a4!?N*) 15...Dc7 Wang Chen (2381) – Li Wenliang (2452), Lishui 2009 (*15...exd4N 16.Lxd4 c5 17.Lxf6 Dxf6 18.Tad1 Sf4 19.c4 Tad8 20.Te3⩲*) 16.c4N La5 (*16...c5 17.d5⩲*) 17.dxe5 dxe5 18.Ted1±;

10...Le6 11.Sg3 Dd7

a) 11...Te8 12.h3 h6 führt mit Zugumstellung zu 12....Le6.

b) 11...d5N 12.exd5 Sxd5 13.d4 (*13.Sxe5?* lässt die bekannte Gegenattacke *13...Sxe5 14.Txe5 Lxf2+!* zu.) 13...exd4 14.Sxd4⩲;

12.Lg5 Sg4 13.d4 Lxb3 14.Dxb3 h6 15.Ld2 Sf6 16.a4 a5 17.h3 Tfe8 18.Le3 exd4 19.Lxd4 Lxd4 20.cxd4 c6 21.Tad1 (*21.Sd2!?N*) 21...Dc7 22.Dc2 Tac8 23.Te3⩲ B. Bok (2611) – C. Schoppen (2294), Leiden 2016

11.Sg3 Te8

Schwarz kann versuchen ohne diesen Zug auszukommen.

11...c6 12.h3 d5 13.exd5 Sxd5 14.d4 (*14.Sxe5?* lässt wieder die bekannte Gegenattacke *14...Sxe5 15.Txe5 Lxf2+!* zu.) 14...exd4 15.Sxd4

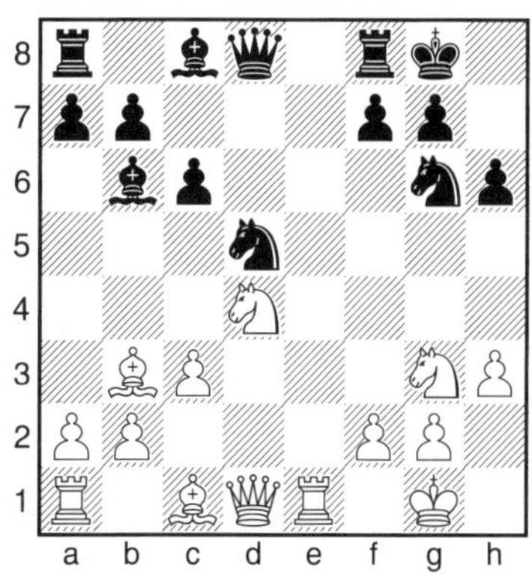

Die Stellung ist fast symmetrisch, so dass die leichte weiße Initiative etwas gelten sollte, zumal Schwarz schwierig Gegenspiel initiieren kann.

15...Sdf4 (*15...Le6 16.Lc2 Sdf4 17.Sxe6 Dxd1 18.Txd1 Sxe6* A. Brkic (2597) – D. Wagner (2485), Bad Gleichenberg 2014 *19.a4N a6 20.a5 Lc7 21.Se4 Tfd8 22.Txd8+ Txd8 23.g3⩲; 15...Kh8 16.Lc2 Te8 17.Txe8+ Dxe8 18.Ld2 Lxd4 19.cxd4 De7 20.Df3 Ld7 21.Te1 Df6 22.Dxf6 Sxf6 K.* Spraggett (2568) – E. Bacrot (2723), Linares 2013 *23.f3N Sd5 24.Se4⩲; 15...Lc7* V. Ivanov (2495) – V. Zvjaginsev (2677), Moscow 2008 *16.Df3N Se5 17.De4⩲*) 16.Df3 Lc7 17.Lxf4 Sxf4 18.Tad1 (*18.Sgf5!?N Df6 19.Se7+ Kh8 20.Sxc8 Taxc8 21.Tad1⩲*) 18...Dg5 19.Se4 Dg6 20.Kh1 a5 21.a4 h5 22.Sg3 Dg5 23.Lc2 g6 24.Se4 Dh4 25.Kg1⩲ Ma Qun (2609) – D. Li (2277), China 2015

12.h3 c6

Nach 12...Le6 geben wir zwei Möglichkeiten. 13.d4

(13.a4 a5 14.d4 Lxb3 15.Dxb3 d5 16.exd5 exd4 17.Txe8+ Dxe8 Hou Yifan (2683) – Lu Shanglei (2618) Doha 2015 (17...Sxe8N 18.c4 Sd6 (*18...Sf6 19.Sf5* führt zur vorgeschlagenen Neuerung nach 17...Dxe8.) 19.Dc2 Df6 20.Sh5 Df5 21.Dxf5 Sxf5 22.Kf1⩲ mit einem angenehmeren Endspiel für Weiß.)

18.c4!N Dd8 19.Sf5 c6 20.d6 (*20.Lxh6!? gxh6 21.Sxh6+ Kg7 22.Sxf7 Kxf7 23.Sg5+ Kg8 24.Se6 De7 25.Dxb6 cxd5 26.Sc7 Tf8 27.Sxd5*=) 20...Sd7 21.g4! Sc5 22.Dc2 Se6 23.h4 Lc5 24.h5 Sgf4 25.Lxf4 Sxf4 26.Se7+ Kh8 27.Se5 Sh3+ 28.Kg2 Sg5 29.Df5 Lxd6 30.Dxg5 Dxe7 (*30...De8 31.Df4 Lxe7 32.Dxf7⩲* macht keinen Unterschied, da Schwarz die Damen tauschen sollte.) 31.Dxe7 Lxe7 32.Sxf7+ Kh7 33.Se5⩲ mit einem besseren Endspiel für Weiß.)

13...Lxb3 V. Bologan (2607) – M. Godena (2513), Berlin rapid 2015. Hier schlagen wir das Schlagen mit dem

Bauern vor. 14.axb3!?N d5 (*14...Dd7 15.Le3 exd4 16.Lxd4 Lxd4 17.cxd4* mit einer leicht schlechteren Stellung ist wahrscheinlich die beste Option für Schwarz.) 15.exd5 exd4 16.Txe8+ Dxe8 17.c4 c6 18.dxc6 bxc6 (*18...Dxc6 19.Dd3 Td8 20.b4 a6 21.Sf5 De8 22.b3 Lc7 23.g3±*) 19.b4 Lc7 20.Sf5 a5 21.b3 axb4 22.Txa8 Dxa8 23.Dxd4±

13.d4

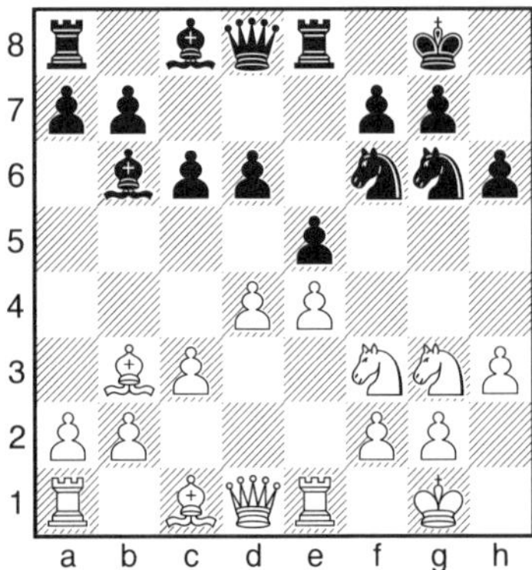

Mit dem Anzugsvorteil kann Weiß zuerst im Zentrum loslegen, was ihm eine gefährliche Initiative gibt.

13...Le6

13...Ld7 14.Le3!?N (*14.Lc2 c5 15.dxe5 dxe5 16.Sf5 Le6 17.De2 Dc7 18.Sh2 c4 19.Sg4 Sxg4 20.Dxg4 Dd8 21.Td1 Df6=* E. Alekseev (2700) – B. Gelfand (2741), Astrakhan 2010) 14...Dc7 (*14...exd4 15.Sxd4± Sxe4? 16.Sxe4 Txe4 17.Lxf7+ Kxf7 18.Df3+±*) 15.Dd2 exd4 (*15...c5? 16.Lxh6 gxh6 17.Dxh6 c4 18.La4 Lxa4 19.Sf5+–*) 16.Lxd4 Lxd4 (*16...Se5 17.Sh4 c5 18.Le3 c4 19.Lc2±*) 17.cxd4± Das ist eine typische Stellung, die man mit Italienisch erreichen möchte. Weiß erfreut sich eines starken Zentrums.

13...Lc7 14.Lc2 (*14.Le3!?N*) 14...d5 C. Bauer (2639) – A. Naumann (2535), St.Veit 2013 15.exd5N Dxd5 16.Lxg6 fxg6 17.dxe5 Dxd1 18.Txd1 Lxe5 19.Sxe5 Txe5 20.Le3 mit einem leichten Endspielvorteil.

14.Lc2 Dc7

Emms weist darauf hin, dass diese Stellung auch aus der Spanischen Partie erreicht werden kann, z.B. wie in der Partie N. Kosintseva (2533) – V. Zvjaginsev (2642). Wie üblich haben wir die Zugfolge geändert, um die Präsentation zu erleichtern.

14...Lc7 15.Le3 d5 (15...De7 16.b3 (*16.Dd2N Tad8 17.Tad1±*) 16...Df8 D. Sengupta (2594) – N. Shyam (2420), Nagpur 2015 17.c4N mit Raumvorteil sieht etwas besser aus für Weiß.)

16.Sxe5 Sxe5 17.dxe5 Sxe4 18.Sxe4 dxe4 19.Ld4 Ld5 20.Lxe4 c5 (20...Lxe4 21.Txe4 Dd5 C. Bauer (2624) – T. Sanikidze (2515), Montpellier 2015 22.Dc2!N Lxe5 (*22...c5 23.c4±*) 23.Tae1 f6 24.a3±) 21.Lxc5 Txe5 22.Lxd5 Txd5 23.Ld4 Dd6 24.Dg4 (*24.g3 Lb6 25.Te4±*) 24...Tg5 25.Df3 Dh2+ 26.Kf1 Dh1+ 27.Ke2 Dxg2 28.Dxg2 Txg2 29.Kf3 Th2? (*29...Tg6N 30.Te7 Lb6 31.Td1 Lxd4 32.Txd4 Tf6+ 33.Tf4 Txf4+ 34.Kxf4±*) 30.Te7+– Wei Yi (2706) – H. Melkumyan (2676), Tsaghkadzor 2015;

Auch das folgende Beispiel ist ein gutes Beispiel für die Stärke des weißen Aufbaues: 14...Dd7 15.Le3 Tad8 16.a4 Lc7 17.a5 a6 18.Dc1 d5 19.Lxh6! exd4? (*19...gxh6 20.Dxh6 De7 21.dxe5 Sh7 22.Sf5 Df8 23.Dh5 Sf4 24.Dg4+ Sg6 25.S3h4→*) 20.e5 Se4 Hou Yifan (2629) – A. Stefanova

(2486), Beijing 2013 21.Lxg7!N Kxg7 22.Sh5+ Kf8 23.cxd4 Schwarz steht auf Verlust, z.B. 23...Lf5 24.Lxe4 dxe4 25.Dh6+ Ke7 26.Dg5+ Kf8 27.Sf6 De6 28.g4 Lxg4 29.Dh6+ Ke7 30.Sg5+−

15.Le3 Tad8

15...d5 16.Sxe5 Sxe5 17.Lf4 Sfd7 18.dxe5 Sxe5 N. Kosintseva (2533) – V. Zvjaginsev (2642), Moscow 2010 19.exd5N Lxd5 20.Sf5 f6 21.Dh5 Te6 22.b3 g6 23.Dxh6 gxf5 24.Lxf5 Dg7 25.Lxe6+ Lxe6 26.Dxg7+ Kxg7 27.Lxe5 fxe5 28.Txe5±

16.Dc1

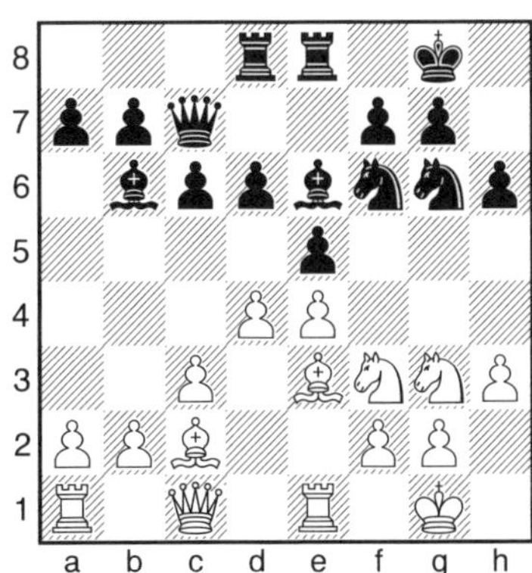

Die weiße Dame zielt auf h6 und geht Taktiken auf der d – Linie aus dem Wege.

16...Lc8

16...Kh7 17.a4 a5 T. Kosintseva (2496) – Zhao Xue (2552) Khanty – Mansiysk 2014

(17...c5?! 18.d5 Ld7 19.Sd2 (*19.Ld3N c4 20.Le2 Kg8 21.Sd2 Lxe3 22.fxe3 a6 23.Lxc4±*) 19...c4 20.Dd1 Lxe3 21.fxe3 a6?! 22.Tf1 Tc8? 23.Txf6 gxf6 24.Sh5 Dd8 25.Df3± Zhang Zhong (2619) – A. Morozevich (2711), Blitz – WM Berlin 2015)

18.Dd2N mit der Idee den anderen Turm auf die d – Linie zu bringen ist besser für Weiß. 18...d5? Das funktioniert nicht mit dem König auf h7: 19.exd5 Sxd5 (*19...exd4 20.Lf4! dxc3 21.bxc3 Dc8 22.d6±*) 20.Sxe5±;

16...De7 17.a4 Sd7 18.a5 Lc7 19.dxe5 dxe5 20.Sf5 Df8 21.b4 a6 22.g3± M. Prusikin (2507) – C. Gabriel (2572), Schweiz 2006

17.a4

17.Sf5!?N

17...a5

17...exd4N 18.cxd4 La5 19.Te2 Lb4 20.Ld3±

18.Sf5

18.Lxh6!? gxh6 19.Dxh6 De7 20.Lb3 d5 21.exd5 Df8 22.Dg5 Sh7 23.Dh5 Sf4 24.Dh4 Sg6 25.Dh5 Sf4 26.Dh4 und in R. Castellanos Rodriguez (2515) – A. Goganov (2530), Leon 2012, hätte Schwarz die Züge wiederholen können mit 26...Sg6=

18...exd4?

Das lässt den folgenden Schlag zu.

18...Sh5N minimiert den Schaden, z.B. 19.Kh1 d5 20.dxe5 dxe4 21.Lxe4 Lxe3 22.Dxe3 Sxe5 23.Sxh6+! Kf8 24.Dg5 Sf6 25.Sf5 Lxf5 26.Dxf5±

19.Lxh6!

Ein typisches Opfer.

19...d5?

19...Lxf5N 20.exf5 dxc3 21.bxc3 Txe1+ 22.Sxe1 Sd5 23.fxg6 gxh6 24.Dxh6 fxg6 25.Dxg6+ Dg7 26.De6+ Kf8 27.Lg6 Sf4 28.Df5+ Ke7 29.Dxf4 Dxg6 30.Sf3±

20.Sxg7?!

20.Lxg7!N ist sogar besser, z.B. 20...Sxe4 (*20...Lxf5 21.Lxf6+-; 20...dxe4 21.Dh6+-*) 21.Txe4 Txe4 22.Lxe4 dxe4 23.Dh6 f6 24.Lxf6 Lxf5 25.Lxd8 Dxd8 26.g4! Df8 27.Dg5 Ld8 28.Dxf5 Dxf5 29.gxf5 dxc3 30.bxc3 Sf4 31.Sd4+-

20...d3?

20...Txe4N 21.cxd4 Kh8 22.Dg5 Sh7 23.Dd2 Sf6 bietet mehr Widerstand.

21.Sxe8 Txe8 22.Lxd3 Lxh3 23.Le3 Lxg2 24.Lxb6 Dxb6 25.Kxg2 dxe4 26.Dg5 c5 27.Lb5 exf3+ 28.Kg1?

28.Kxf3N

28...Txe1+?

Mit 28...Se4N 29.Dg4 Te5 könnte Schwarz noch kämpfen.

29.Txe1 Kg7 30.Ld3 Dd6 31.Lxg6 fxg6 32.De3 Dd5 33.De7+ Df7 34.Dxc5 Sd5 35.Te5 Dd7 36.Dd4

1-0 R. Rabiega (2503) – S. Baumegger (2350), Österreich 2003

Weiß sollte in diesem Komplex etwas besser stehen, da Schwarz die weiße Strategie spiegelt und so der Anzugsvorteil zum Tragen kommt. Weiß erzielt d3-d4 häufig unter günstigen Umständen. Der Raumvorteil gibt ihm letztendlich die Möglichkeit auf einen furiosen Angriff am Königsflügel. Man sollte immer nach dem typischen Einschlag Lxh6 Aussicht halten.

Kapitel 6.3

Schwarz spielt ...a6 und ...La7

Das ist die klassische Hauptvariante. Sie ist aber etwas langsam und Weiß ist gewöhnlich schneller im Zentrum:

1.e4 e5 2.Sf3 Sc6 3.Lc4 Lc5 4.c3 Sf6 5.d3 d6 6.0–0 0–0 7.Sbd2 a6 8.Lb3 La7 9.h3 Se7 10.Te1 Sg6 11.Sf1

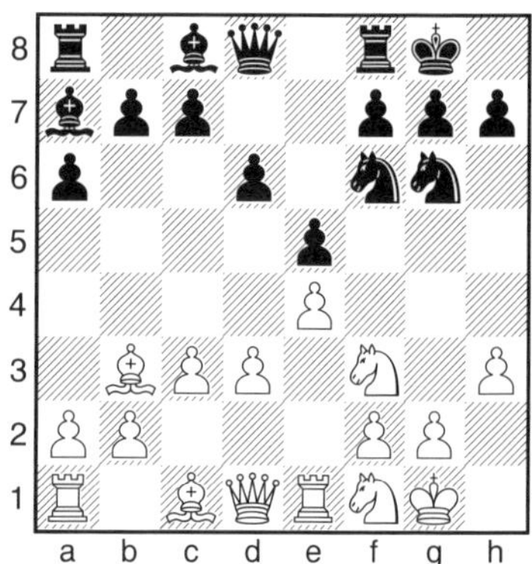

Schwarz hat jetzt zahlreiche Optionen, aber eine leichte weiße Initiative ist immer spürbar. Verschiedene Zugfolgen können ineinander übergehen, speziell jene, die ...Le6/...Te8 und ...c6 beinhalten. Weiß kann fast den Autopiloten einschalten und muss sich darum nicht besonders kümmern.

11...h6

A) 11...Sh5 12.d4 (Die Alternative ist 12.Lg5 De8 13.d4 (*13.Sxe5 Sxe5 14.d4 Sf6 15.Lxf6 gxf6 16.dxe5 fxe5 17.Sg3 Kh8* A. Grosar (2435) – S. Polgar (2450), Bled 1994 ist nicht schlecht für Schwarz dank seines starken schwarzfeldrigen Läufers.) 13...Shf4

14.Se3 Le6 15.Sf5 f6 16.Lxf4 Sxf4 17.h4 I. Saric (2628) – A. Zajogin (2392), Schachbundesliga 2014, und die weiße Stellung ist einfacher zu spielen.)

12...Shf4

(12...De8 13.Se3 Shf4 (*13...exd4?N 14.Sd5!±*) 14.Sf5 exd4 (*14...Se6?!* A. Areshchenko (2672) – B. Deac (2455), Mamaia 2015 *15.h4N exd4 16.cxd4 Se7 17.h5±*) 15.cxd4 (*15.S3xd4 Dd8 16.Df3⩲* Z. Efimenko (2637) – A. Shirov (2710), Deutschland 2006) 15...Dd8 16.Dc2 c6 17.g3 Se6 18.Le3± H. Arnold (2292) – C. Becker (2136), ICCF email 2012)

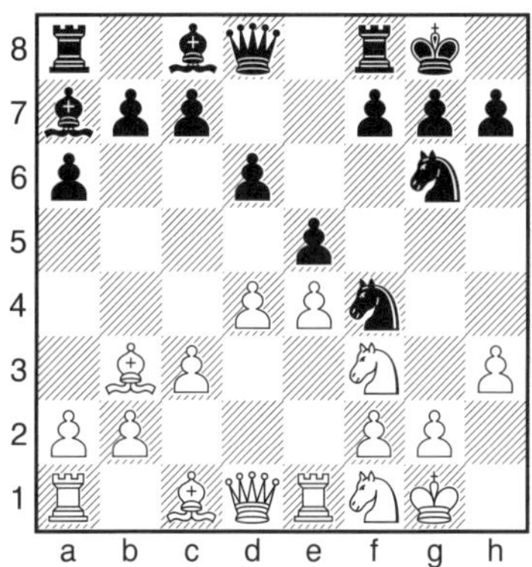

13.Sg3 Das ist gemäß unserer Repertoire-Empfehlung.

(Die Engines favorisieren die Alternative 13.Lxf4!?, z.B. 13...exf4 (13...Sxf4?! mit der Idee zu opfern, funktioniert nicht. 14.dxe5 Lxh3 15.gxh3 Sxh3+ 16.Kg2 Sxf2 (*16...Sf4+N 17.Kg3 Sh5+ 18.Kh2 Lxf2 19.Te2±*) 17.Dd2 Dd7 S. Bilguun (2376) – K. Alekseenko (2540), St Petersburg 2015 18.Se3!N Sg4 (*18...Sxe4 19.Dc2+–; 18...Lxe3 19.Txe3 Sg4 20.Td3+–*) 19.Sf5!+–)

14.Dd3 c5 15.S1d2 cxd4 16.cxd4 Le6 17.Tac1 Tc8 B. Socko (2587) – A. Khalifman (2624), Moskau 2016 18.Lxe6N fxe6 19.Txc8 Dxc8 20.Sc4 Dd7 21.e5⩲)

13...Df6?

(siehe Diagramm nächste Seite)

a) 13...Le6 S. Sivokho (2436) – Y. Sepman (2273), St Petersburg 2000 14.Sf5N exd4 15.S3xd4 Lxb3 16.axb3 Se6 17.Le3⩲;

b) 13...h6 14.Sf5 (*14.Le3* wird von Emms empfohlen und ist auch gut.) 14...Df6 15.Lc2 Te8 16.Le3 Le6 17.h4!? Nach diese schönen Zug tanzt Schwarz auf der Rasierklinge. 17...Kf8?

b1) 17...Lxf5?!N 18.exf5 Sxh4 19.Sxh4 Dxh4 20.g3 Dh3 (*20...Dg5 21.Kf1*) 21.gxf4 exd4 22.cxd4+–;

b2) 17...Tad8 18.d5 Lxe3 T. Slawinski (2363) – T. Gyger (2396), ICCF email 2008 19.fxe3N Sxd5 20.g4 Lxf5 21.g5 De7 22.exf5 Sxh4 23.Dxd5 c6 24.De4 Sxf3+ 25.Dxf3 Dxg5+ 26.Dg2±;

b3) 17...exd4N 18.S3xd4! Lxd4 19.cxd4⩲;

18.g3 Sd5 19.Lg5 (*19.dxe5!N* führt zu einem klaren Vorteil nach *19...Sxe5 20.Lxa7 Txa7 21.Sxe5 dxe5 22.Sxg7! Kxg7 23.exd5 Td8 24.Te3 Txd5 25.Dh5±* mit Ideen wie Tae1, Le4 oder Tf3, je nachdem wie Schwarz fortsetzt.) 19...hxg5 20.hxg5 Dd8 21.exd5 Lxd5 22.dxe5 dxe5 23.Le4⩲ A. Delchev (2632) – G. Hernandez (2360) Dresden 2008;

c) 13...exd4 14.cxd4 Le6

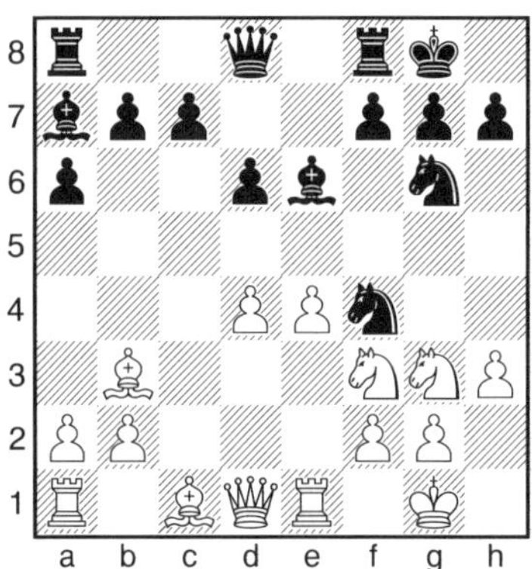

Jetzt hat Weiß mehrere Optionen: 15.Lc2!? Der sicherste Weg.

c1) 15.Le3!?N d5 (*15...Df6?! 16.Lc2±*) 16.Se5 dxe4 17.Sxg6 Lxb3 18.Dxb3 Sxg6 19.Sxe4⩲;

c2) 15.d5 Lxh3 16.Lxf4 Sxf4 17.gxh3 Df6 (*17...Sxh3+N 18.Kg2 Sxf2 19.Dd2⩲*) 18.h4 Dxb2?! (Schwarz hätte *18...Sh3+N* mit unklarer Stellung spielen sollen.) 19.Dc2 Df6 C. Balogh (2659) – J. Votava (2521), Erfurt 2016 20.Kh2!N Tae8 21.Tg1 Kh8 22.Taf1 Lc5 23.Dd2 c6 24.dxc6 bxc6 25.Sg5 h6 26.Sh3 Sg6 27.h5 Sh4 28.Ld1±;

15...Te8?! (*15...c6N 16.Lxf4 Sxf4 17.Dd2 Sg6 18.Tad1⩲; 15...Lxh3? 16.gxh3 Dd7 17.Sf5+–*) 16.Le3 Ld7?! 17.Dd2± D. Kadric (2546) – Yang Kaiqi (2380), Philadelphia 2016;

d) 13...Ld7 14.Lc2 c5 Z. Andriasian (2532) – A. Pashikian (2556), Yerevan 2008 (*14...Dc8N 15.Sf5⩲*) 15.dxe5N dxe5 16.Sf5 c4 17.Lxf4 exf4 18.De2 Db6 19.Tad1 Le6 20.S5d4 Dxb2 21.Sxe6 fxe6 22.Dxc4⩲;

e) 13...De7 14.Le3 Td8 15.Lc2 h6?! (*15...c5N 16.Sf5 Df6 17.d5⩲*) 16.Sf5 Df6 17.g3 Se6 18.Sh2± V. Kramnik – D. Campora (2500), Moskau 1989;

14.Sh5!

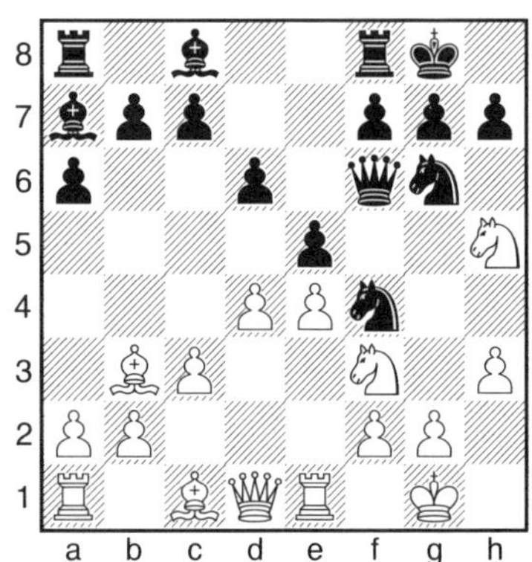

Schwarz verliert zumindest einen Bauern, z.B. 14...De7 (*14...Sxh5?N 15.Lg5+–* zeigt den Sinn des prophylaktischen Zuges 11...h6 auf.) 15.Lxf4 Sxf4 (*15...exf4N 16.Dd2±*) 16.Sxf4 exf4 17.Dd2 g5 (Nach 17...Df6 verlief eine klassische Partie 18.e5 dxe5 19.Txe5 c6 (*19...Ld7 20.Tae1 c5* P. Tishin (2513) – J. Geller (2406), Samara 2002 *21.T1e4!N Lb8 22.Txf4+–* (Emms)) 20.Tae1 h6 21.T1e4 Lb8 22.Txf4 Dg6 23.Txf7 Txf7 24.Te7 Db1+ 25.Se1 Lf4 26.De2 Lf5 27.Txf7 Kh8 28.g4 Ld3 29.Dxd3 Dxe1+ 30.Kg2 1-0 R. Felgaer (2509) – J. Hector (2562), Kopenhagen 2002) 18.e5 h6 19.exd6 Dxd6 20.h4 Lg4 (*20...gxh4N 21.Te4+–*) 21.Dd3 Lxf3 22.Dxf3 c5 23.hxg5 cxd4 V. Belikov – M. Novik (2390), Sochi 1990 24.Dxb7N dxc3 25.Lxf7++–;

B) 11...Le6 12.Sg3 (12.d4!? Lxb3 13.Dxb3 Dc8 14.Sg3 Te8? (*14...h6N* begrenzt den Schaden.) 15.Lg5 Sd7 16.Sf5 Sdf8

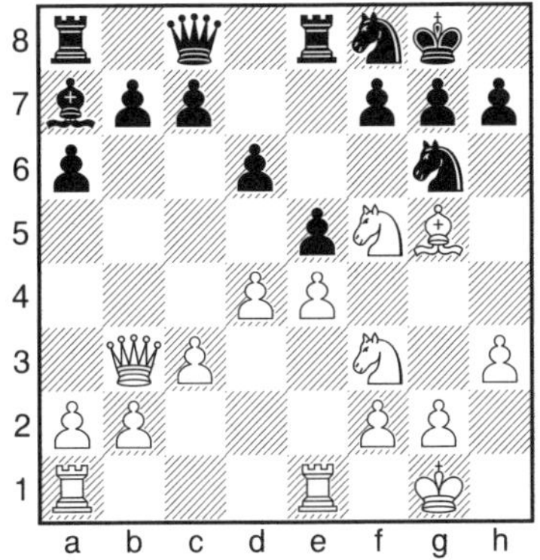

17.h4! Der Randbauer zeigt seine Stärke. 17...h6 18.h5 hxg5 19.hxg6 Sxg6 20.Sxg5 Dd7 P. Svidler (2727) – S. Karjakin (2762), Baku 2015 21.Te3!N exd4 (*21...d5 22.Dd1 dxe4 23.Dg4+–*) 22.Th3 Te5 23.Dxb7 Dc8 24.Db3 d5 25.Sxf7 Kxf7 26.cxd4+–)

12...h6

a) 12...Lxb3 13.Dxb3 Tb8 (*13...Dd7N 14.Lg5±*) 14.d4 Te8 15.Ld2 h6 16.Tad1 Dd7 P. Jaracz (2531) – J. Klovans (2455), Guben 2003 17.Dc2!?N De6 18.Le3 Lb6 19.a4⩲;

b) 12...Dd7 13.d4 (Erstaunlicherweise funktioniert auch *13.Lg5!?N*

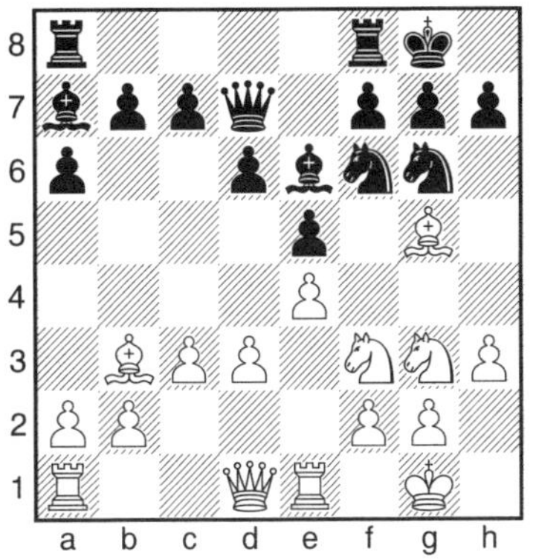

wegen *13...Lxh3?! 14.gxh3 Dxh3 15.d4 h6 16.Lxf6 Sf4 17.Sh4 gxf6 18.Df3 Dxh4 19.Sf5 Dh3 20.Dxh3 Sxh3+ 21.Kg2 Sf4+ 22.Kf3*

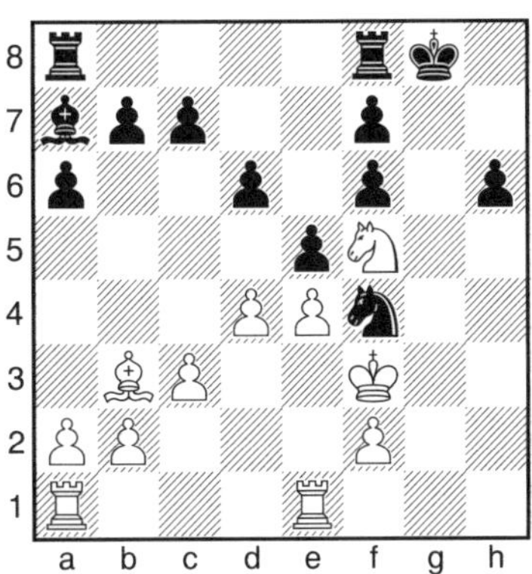

und der weiße Angriff ist stärker.) 13...Lxb3 14.Dxb3 h6 15.Le3 exd4 16.Lxd4 Lxd4 17.cxd4 c6 18.a4 a5 19.Sd2 Tfe8 20.Sc4± J. Geller (2487) – R. Faizrakhmanov (2422), Sochi 2016;

13.d4 Te8 14.Le3 leitet in die Hauptvariante über.

C) 11...c6 12.Sg3 (*12.d4!?* ist die Alternative.) 12...d5

a) 12...Le6 13.d4 Dc7 P. Wolff (2580) – I. Sokolov (2640), Wijk aan Zee (open) 1993 14.Lg5N Kh8 15.Dd2⩲;

b) 12...Te8 13.d4 Le6 14.Le3 Lxb3 (*14...d5N 15.Lg5 h6 16.Lxf6 Dxf6 17.Sh5 Dd8 18.exd5 Lxd5 19.dxe5±*) 15.Dxb3 Dc7 M. Larrea (2276) – C. Coppola (2092), Montevideo 2009 16.Lg5N Sf4 17.Lxf6 gxf6 18.Sf5 d5 19.Dc2 Kh8 20.g3 Sg6 21.Dd2±;

c) 12...h6 13.d4 Dc7 14.Le3⩲ ist Zugumstellung zu 13...c6.

13.Lg5! Weiß sollte immer Ausschau halten, ob er diese Fesselung ausnutzen kann. 13...h6 14.Lxf6 Dxf6 15.exd5 cxd5 (*15...Sh4N 16.dxc6 bxc6 17.Te4 Sxf3+ 18.Dxf3 Dxf3 19.gxf3 Lxh3 20.Txe5±*) 16.Lxd5 Td8 17.Le4 Sf4 18.Dc2 g6 19.Se2 Se6 20.d4± Hou Yifan (2557) – Z. Ilincic (2519), Budapest 2008; 11...b5 12.Sg3 Lb7

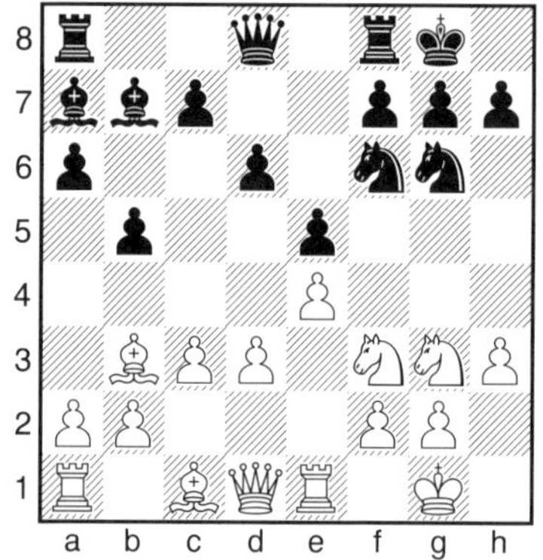

Weiß hat jetzt zwei Ansätze. 13.d4

(Emms möchte den Bauern auf d3 belassen und gibt das folgende schöne Beispiel: 13.a4 Te8 (Ein aktuelles Beispiel verlief *13...Lb6 14.Sf5 c5 15.Lg5 h6 16.Lxh6!? gxh6 17.Dd2 Sh7 18.Dxh6 Df6 19.Sh2 Sf4 20.Sg4 Dxh6 21.Sgxh6+ Kh8* D. Swiercz (2656) – B. Deac (2501), Gjakova 2016 *22.Sxf7+!?N Txf7 23.Lxf7 Sxd3 24.Te2±*) 14.Sh2 d5 15.Df3 Sh4 16.De2 Sg6 17.Sg4 Sf4 18.Df3 Sxg4 19.hxg4 dxe4 20.dxe4 Df6 21.Sf5± C. Bauer (2610) – T. Nyback (2644), Frankreich 2009)

Für 13...h6

a) 13...Te8 14.Lc2 d5 15.Sxe5 Sxe5 (*15...Sxe4 16.Sd3 Df6 17.Sh5 Dh4 18.Le3 Sd6* I. Khairullin (2575) – R. Zhumabaev (2442), Zvenigorod 2008 *19.Sg3!?N a5 20.Sc5 Lc6 21.a4±*) 16.dxe5 Sxe4 17.Sxe4 dxe4 18.Dxd8 Taxd8 19.Lf4 e3 20.Lxe3 Lxe3 21.Txe3 Td2 22.Tc1± S. Movsesian (2699) – J. Hammer (2605), Tromso 2013. Weiß behält den Mehrbauern, aber die schwarze Aktivität sollte ausreichen, um letztendlich das Remis zu sichern.

b) 13...c5 14.d5!? (*14.a4* ist ebenfalls interessant.) 14...c4 15.Lc2 Lc8 16.Sh2 Kh8 17.a4 Ld7 18.Lg5 h6 19.Ld2 Lc5 20.Df3 Sh4 21.De2 Db6 22.a5 Da7 23.Sg4 Lxg4 24.hxg4 Dd7 25.Ld1!± mit einer komplexen Stellung und etwas besseren Chancen für Weiß kam in P. Jaracz (2439) – J. Piket (2609), Belgrad 1999, vor.

14.Lc2 Te8 15.a4 siehe 12...b5.

11...Te8 12.Sg3 Le6 13.d4 h6 14.Le3 leitet in die Hauptvariante über.

12.Sg3

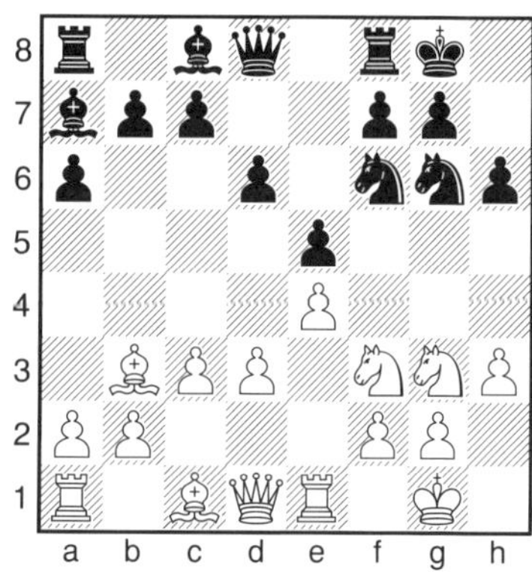

Die Position ist fast symmetrisch, aber Weiß hat nach unserer Meinung einige Extratrümpfe.

12...Te8

12...Sh7 Eine typische Idee, um Figuren am Königsflügel zu tauschen, doch hier funktioniert sie nicht so gut. 13.d4 Df6

a) 13...Sg5?! 14.Sxg5 hxg5 15.Sf5 Sf4?! 16.g3 g6 (*16...Sxh3+N 17.Kg2 g6 18.Th1 gxf5 19.Txh3 Df6 20.Dh5+-*) 17.gxf4 gxf4 18.dxe5 Dg5+ 19.Kh1 Lxf5 20.exf5 Lxf2 21.Tf1 Lg3 22.exd6 Dxf5 23.Dg4+- Wei Yi (2675) - E. L'Ami (2613), Wijk aan Zee 2015;

b) 13...De7?! 14.Le3 Sg5 15.Sh2 (15.Sxg5!?N ist sogar stärker: 15...hxg5 16.Sf5 Df6 (*16...Lxf5?! 17.exf5 Sf4 18.g3+-*) 17.Dg4±) 15...Sf4?! 16.h4 Sh7 17.Sf5 Lxf5 18.exf5 Df6 19.g3+- S. Kindermann (2532) - D. Sebastian (2384), Deutschland 2006, wird von Stefan Kindermann, einem Experten der Italiensichen Partie, auf seiner DVD ausführlich erläutert.

c) 13...Sh4 14.Le3 Sxf3+ 15.Dxf3 Df6 M. Kobalia (2614) - L. Kritz (2544), Port Erin 2005 16.De2!?N exd4 17.cxd4 Lxd4 18.Sh5 De5 19.Lxd4 Dxd4 20.Tad1 De5 (*20...Db4 21.Td3 Kh8 22.Tg3 Sg5 23.h4 Se6 24.Lxe6 Lxe6 25.Sxg7 Tg8 26.Sxe6 fxe6 27.Tb3±*) 21.Td5 De7 22.e5 Le6 23.exd6 cxd6 24.Td3 Sf6 25.Sxg7 Kxg7 26.Tg3+ Kh8 27.De3 Sh7 28.Lc2 Df6 29.De4 Lf5 30.Dxf5 Dxf5 31.Lxf5±;

14.Le3 Sg5 15.Sh2! Ein starker Zug von einem der größten Experten der weißen Spielweise. Weiß erlaubt keine Vereinfachungen. 15...Sf4 (*15...Te8N 16.Sg4⩲*) 16.h4 Sh7 V. Nevednichy (2550) - C. Cozianu (2420), Sovata 1998 17.Sf5!?N Lxf5 18.exf5 Dxf5 19.Lc2 Dh5 20.dxe5 Dxd1 21.Taxd1 Lxe3 22.fxe3 Sg6 23.exd6 cxd6 24.Lxg6 fxg6 25.Txd6±;

12...b5 13.d4 (Natürlich ist es wieder möglich mit einem Bauern auf d3 zu spielen. Eine hochklassige Fernschachpartie verlief wie folgt: *13.a4 c5 14.Le3 Dc7 15.axb5 axb5 16.c4 b4 17.Sf5 Kh8 18.S3h4⩲* A. Nickel (2648) - R. Moll (2622), ICCF email 2013, und Weiß hatte etwas Druck. Schwarz konnte sich letztendlich verteidigen, doch am Brett ist so eine Stellung sehr unangenehm.) 13...Lb7 14.Lc2 Te8 15.a4

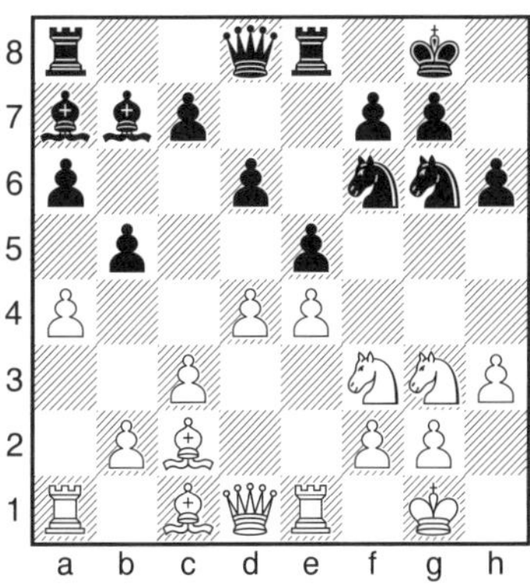

15...exd4 (*15...Lb6* A. Brkic (2558) - G. Kamsky (2729), Kallithea 2008 *16.a5N La7 17.Ld2 c5 18.dxe5 dxe5*

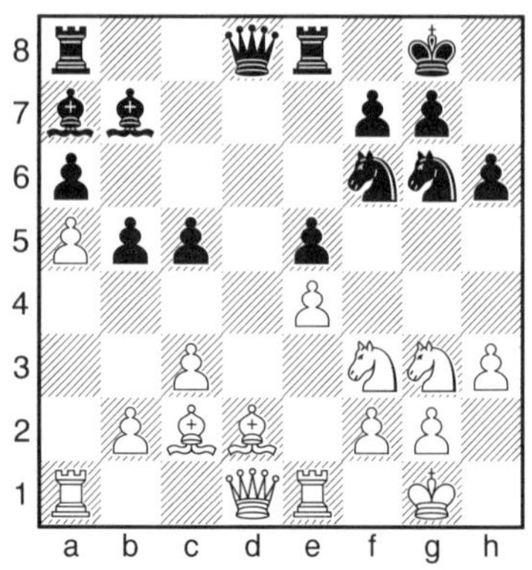

19.c4! b4 20.Le3 Dxd1 21.Taxd1 Ted8 22.Sd2 Sd7 23.Sb3 Sf4 24.Sf5 Se6 25.Sc1 Sd4 26.La4 f6 27.Sd6 Tab8 28.Sxb7 Txb7 29.Sd3 Tc8 30.Lxd4 cxd4 31.Lxd7 Txd7 32.b3⩲) 16.cxd4 c5 17.d5 c4

(*17...Lc8 18.axb5 axb5 19.b3 Ld7 20.Lb2 c4 21.bxc4 bxc4* M. Oratovsky (2493) – A. Bachmann (2609), Barcelona 2016 *22.La4!?N Se5 23.Sxe5 dxe5 24.Lxd7 Sxd7 25.De2 Db6 26.Sf5 Sc5 27.Lc1±*)

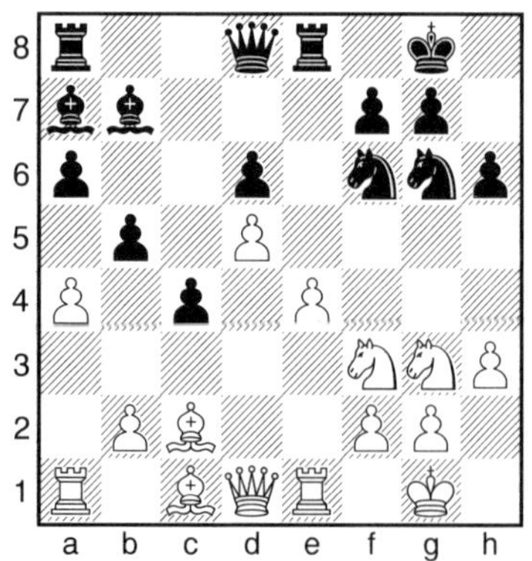

18.b4 (18.Le3!? Lb6 (*18...Lxe3 19.Txe3 b4 20.a5⩲*) 19.axb5 Lxe3 20.Txe3 axb5 21.Txa8 Dxa8 M. Dojcinovic (1792) – K. Glaser (2222), ICCF email 2011 22.Sf5!?N Dd8 23.S3d4±) 18...Sd7 19.Lb2 Sde5 20.axb5 axb5 21.Sf5 Df6 K. Landa (2608) – M. Kazhgaleyev (2603), Sochi 2007 22.Sxe5N dxe5 23.Ta5 Lb6 24.Txb5 Ta2 25.Db1 Taa8 26.Dc1±;

12...Le6 ist in der Regel Zugumstellung nach 13.d4 Te8

13.d4 Le6

13...Ld7 14.Lc2 (Sogar *14.Le3!?* ist spielbar, da *14...exd4* Ma Qun (2606) – D. Daulyte (2378), Auckland 2016 *15.cxd4N Sxe4?* nicht funktioniert wegen *16.Dc2 Sxg3 17.Dxg6 Sf5 18.Lxf7++–*) 14...Lc6 (*14...c5 15.Le3 cxd4 16.cxd4 b5 17.Dd2 a5?! 18.Tad1 Dc7 19.Tc1 Db7?! 20.Lxh6* 1-0 J. Martin Clemente (2561) – T. Andresen (2417), Fernschachpartie 2000.) 15.Le3 exd4 (*15...b5 16.Dd2 exd4 17.Lxd4 Se5* S. Kindermann (2493) – J. Timman (2578), Potsdam (Schnellschach) 2012 *18.De3N Db8 19.Sf5⩲*) 16.Lxd4 Ld7 O. Korneev (2638) – J. Lopez Martinez (2480), Evora 2006 17.Dd2N Se5 18.Sxe5 dxe5 19.Lxa7 Txa7 20.Tad1⩲ Weiß kontrolliert die d – Linie und hat besser platzierte Figuren.

13...b5 14.a4 Lb7 15.Lc2 ist Zugumstellung zu 12...b5. (15.axb5 ist auch interessant: 15...axb5 16.Dd3

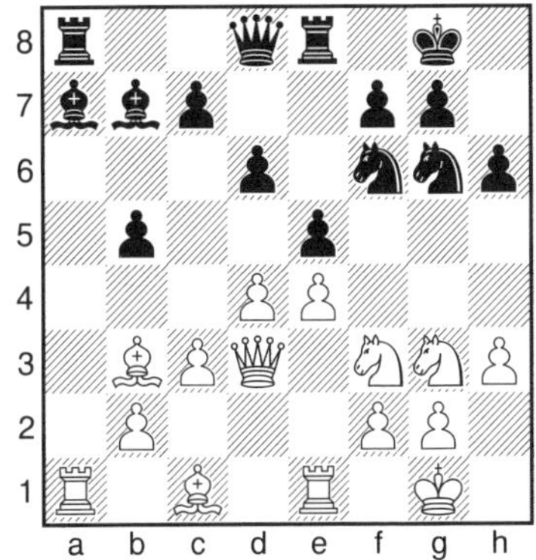

16...Dd7?

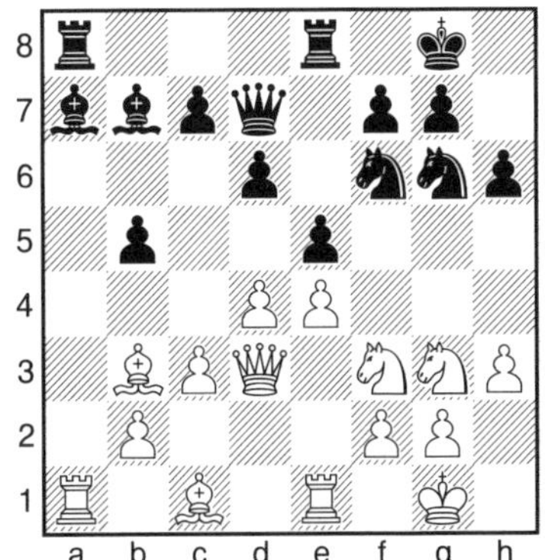

(16...Lb6N 17.Txa8 Dxa8 18.Dxb5 Lc6 (*18...exd4?! 19.Lxh6 gxh6?! 20.Df5±*) 19.Dc4 d5! 20.De2 exd4 21.Sxd4 La4 22.Lxa4 Dxa4 23.Dc2 Da8 mit Gegenspiel für Schwarz.) 17.Le3?! (*17.Lxh6!N gxh6 18.De3 Kh7 19.Txa7 Txa7 20.dxe5±*) 17...exd4 18.Txa7? Txa7 19.Lxd4 Ta6? (*19...Se5!N* widerlegt den weißen Ansatz.) 20.Lxf6 gxf6 21.Dd2 Lxe4 22.Sxe4 Kg7 23.Sc5 1-0 J. Dourerassou (2436) – A. Bachmann (2623), Barcelona 2015);

13...c6 14.Le3 Dc7 15.Dd2 exd4

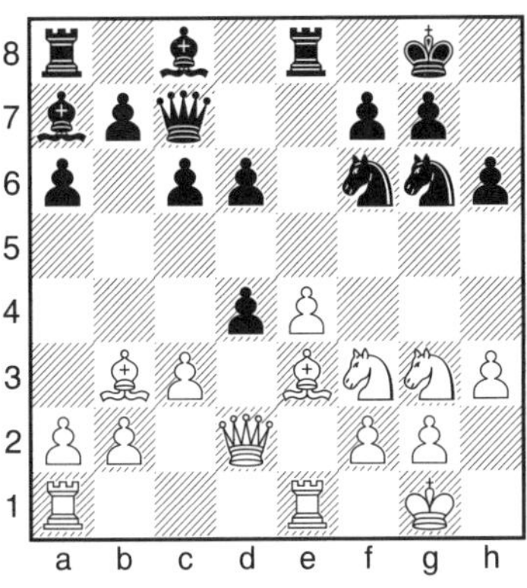

a) 15...Le6?

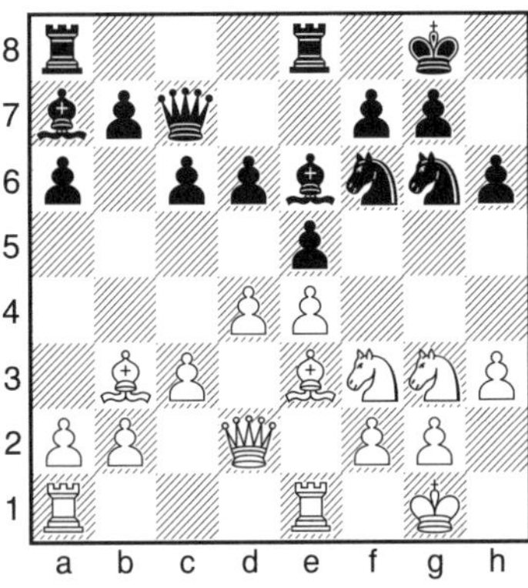

16.Lxh6 Lxb3 (*16...gxh6N 17.Dxh6 exd4 18.Sf5 Lxf5 19.exf5+–*) 17.Lxg7! Sh7 18.Dh6 Te6 V. Onischuk (2629) – A. Baryshpolets (2544), Lutsk 2015 19.Sg5!N Sgf8 20.Sxe6 Lxe6 21.Sh5 f5 22.dxe5 dxe5 23.exf5 Lxf5 24.Txe5 Lg6 25.Tae1+–;

b) 15...d5? 16.Sxe5 Sxe5 O. Boguslavskyy (2454) – J. Zwanzger (2277), Baden Baden 2015 17.Lf4!N Sxe4 18.Sxe4 dxe4 19.Lxe5 Dd8 20.Txe4±;

Der Computer schlägt sogar 16.Lxh6!?N mit den folgenden Varianten vor:

a) 16.cxd4N kann mit 16...Sxe4 17.Sxe4 Txe4 18.Lxh6 Lf5= beantwortet werden.

b) 16.Lxd4 Se5 (*16...Lxd4N 17.Sxd4 c5 18.Sdf5 Lxf5 19.Sxf5 Sxe4 20.Dc2 Sg5 21.Sxh6+ Kh7 22.Df5 gxh6 23.h4 Dc8 24.Dxc8 Taxc8 25.hxg5 Txe1+ 26.Txe1 c4 27.Lc2 hxg5 28.Te7 Kg7 29.Txb7±*) 17.Sh4± A. Poluljahov (2480) – O. Averkin (2455), Novorossijsk 1996;

16...d5 17.e5 Se4 18.Sxe4 dxe4 19.Txe4 dxc3 (19...Lf5 20.Txd4 Sxe5 (*20...Lxd4 21.cxd4 gxh6 22.Dxh6 Sf8 23.Te1 Te6 24.Dg5+ Lg6 25.h4 De7 26.Dg4⩲*) 21.Dg5 Sxf3+ 22.gxf3 De5 23.Tf4 g6 24.Dh4±) 20.bxc3 Lf5 21.e6 fxe6 22.Lf4 Df7 23.Sg5 Df6 24.Tae1 Sxf4 25.Dxf4 Lxe4 26.Txe4 Dxf4 27.Txf4 Lb8 28.Te4 Ld6 29.Sxe6± Praktische Tests sind hier vonnöten.

14.Le3!?

14.Lc2 wird am häufigsten gespielt, doch uns gefällt die Antwort 14...c5!?, die für Schwarz gut punktet, nicht.

14.Sf5? aus V. Bhat (2431) – S. Haslinger (2410), Dos Hermanas 2004, ist ein Fehler wegen des typischen Gegenstoßes 14...exd4N 15.cxd4 d5! (Emms). Dieser thematische Springerzug muss also vorbereitet werden.

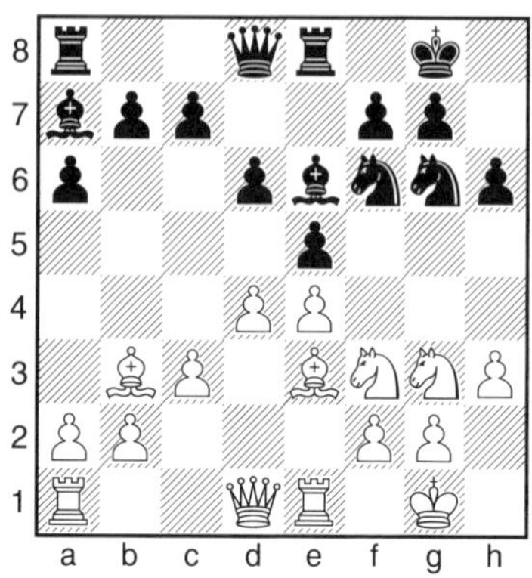

14...Dc8

14...c5N kann mit 15.Lxe6 fxe6 (*15...Txe6 16.d5 Te7 17.Sd2⩲*) 16.dxe5 dxe5 17.Dxd8 Texd8 18.a4 Tac8 19.Ted1 Txd1+ 20.Txd1 Kf7 21.Sf1 Lb8 22.S1d2 Ke7 23.g3± mit einem besseren Endspiel beantwortet werden.

14...Lxb3 15.Dxb3 Dd7 (*15...exd4 16.Lxd4 Lxd4 17.cxd4 b5 18.Tac1 Sd7?! 19.Sf5 Se7 20.S3h4 Sxf5 21.Sxf5 Te6 22.Dc3 Tc8* W. Hendriks (2378) – L. Henris (2262), Belgien 2000 *23.d5N Tf6 24.f4 Sb6 25.g4 Tg6 26.b3±*) 16.Tad1 Dc6 B. Margolin (2435) – M. Zaitsev (2485), Deutschland 2008 (*16...exd4* O. Heinrich (2378) – U. Dietrich (2429), Remote email 2013 *17.Lxd4N Lxd4 18.cxd4 c6 19.e5 dxe5 20.dxe5 Sd5 21.Dc2 Te6 22.Sf5⩲*) 17.Dc2 a5 (*17...exd4N 18.Sxd4 Dd7 19.a4 b5 20.a5 Tad8 21.c4 bxc4 22.Dxc4⩲*) 18.a4 exd4 19.Sxd4 Dd7 H. Mergard (2104) – M. Vecek (2164), ICCF email 2010 20.f3!?N d5 21.Sdf5⩲;

14...exd4 15.Lxd4

a) 15.Sxd4!?N Lxb3 16.Dxb3 Lb6 (*16...Sxe4? 17.Sxe4 Txe4 18.Dxb7±*) 17.Sdf5 Lxe3 18.Txe3±;

b) 15.cxd4!?N;

15...Lxd4 16.cxd4 Sf4?! 17.Dd2 S6h5?! I. Saric (2469) – T. Fodor (2406), Kutina 2007 18.d5N Lc8 19.e5 a5 20.Sxh5 Sxh5 21.g4 dxe5 22.gxh5±;

14...c6 15.Lc2 Dc7 (*15...Sh7 16.Sf5 Dc7 17.Dd2 f6 18.h4±* M. Lagarde (2514) – A. Demuth (2478), Rochefort 2014) 16.Dd2 Tad8?! (Nach 16...Kh7!? schlagen wir die folgende Variante vor: 17.Tad1 Tad8 18.Dc1 b5 19.Sf5 Sg8 L. Dominguez Perez (2719) – R. Buhmann (2541), Schacholympiade Dresden 2008 20.b4!?N (*20.a4!?N c5 21.d5 Ld7 22.Dd2⩲*) 20...Lxa2 (*20...exd4 21.S3xd4 Lc4 22.a4⩲*) 21.h4 f6 22.Db2 Le6 23.Ta1⩲)

17.Sf5

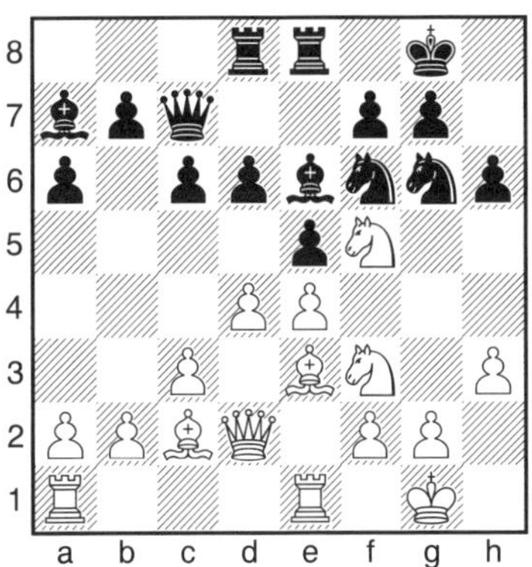

Jetzt ist der Sprigerzug möglich und stellt Schwarz vor Probleme: 17...Lxf5 (*17...exd4? 18.Lxh6!! dxc3 19.bxc3 Lxf5 20.exf5 gxh6 21.Dxh6 d5 22.fxg6 fxg6 23.Lxg6+–* C. Bartsch (1914) – B. Pott (1791), LSS email 2013; *17...d5?! 18.Sxg7 Kxg7 19.Lxh6+ Kg8 20.exd5 Lxd5 21.Sxe5±* A. Areshchenko (2644) – E. Sutovsky (2629), Gibraltar 2007) 18.exf5 Sf8? (*18...exd4? 19.Lxh6+–* S. Kapnisis (2511) – A. Mastrovasilis (2556), Vrahati 2010; *18...e4 19.fxg6 exf3* M. Erdogdu (2429) – A. Abdullayev (2088) Izmir 2015, limitiert den Schaden, ist aber immer noch klar besser für Weiß.) 19.Lxh6 gxh6 20.Dxh6 S8h7 (*20...De7N 21.Te3+–*) 21.Sg5 exd4 22.Sxh7 Sxh7 23.f6 Sxf6 24.Dg5+ Kf8 25.Dxf6 Kg8 26.Dg5+ 1-0 C. Lamoureux (2361) – F. Forgues (2168), Frankreich 2008

15.Lc2 c5

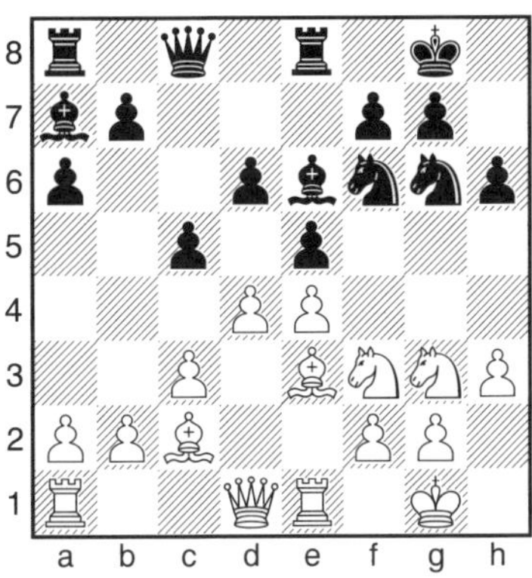

15...Ld7?! 16.Dd2 Kh7 17.Tad1 Lc6 18.c4 exd4

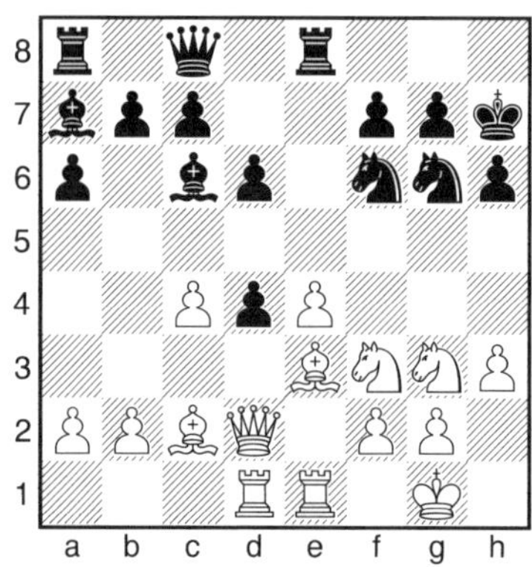

lässt den typischen Schlag 19.Lxh6!! zu. 19...gxh6 20.Sf5 Sg8 21.Sg5+ Kh8 22.Sxf7+ Kh7 und in E. Vorobiov (2542) – R. Cvek (2430), Pardubice 2002 ist jetzt 23.S7xh6N sogar stärker als die Partiefortsetzung 23.e5, z.B. 23...Te6 24.e5 dxe5 25.Sf7 Dd7 26.Sg5+ Kh8 27.Sxe6 Dxe6 28.Dg5 Df7 29.Sh4 Sf8 30.c5+–; In M. Roganovic (2497) – P. Varga (2411), Decs 2011, wählte Schwarz den prophylaktischen Zug 15...Kh7 Weiß kann wie in der Hauptvariante fortsetzen. 16.Dd2N (*16.Sf5!?* sollte auch funktionieren.) 16...c5 und jetzt 17.Tad1!?± mit der besseren Zentrumskontrolle. 17...Lxa2? funktioniert nicht wegen 18.Sf5+– und der Angriff ist entscheidend.

16.Dd2

16.Sf5!?N ist eine interessante Alternative, um ein Opfer auf h3 zu stoppen, z.B. 16...Lxf5 (*16...Dc7 17.Dd2±; 16...cxd4 17.cxd4 Lxf5 18.exf5 exd4 19.Lxh6 Se5 20.Sxe5 dxe5 21.Lg5 Dc6 22.Tc1 Db6 23.Lxf6 Dxf6 24.Df3±; 16...d5? 17.Sd6+–*) 17.exf5 Sf8 (*17...cxd4 18.Lxd4! Sh4 19.Lxa7 Sxf3+ 20.gxf3 Txa7 21.Dxd6±*) 18.dxe5 dxe5 19.Sh2±

16...cxd4

16...b5?! 17.Sf5 Lxf5 18.exf5 Se7? (*18...cxd4N 19.cxd4 Sf4 20.Tac1 Db7 21.Lxf4 exf4 22.Dxf4±*) 19.Lxh6! Sxf5 (*19...gxh6N 20.dxe5 dxe5 21.Dxh6 Sed5 22.Le4 Sxe4 23.Txe4+–*) 20.Lg5 (*20.dxe5!? dxe5 21.Lg5+–* aus H. Mergard (1943) – P. Roeckendorf (2072), email 2012, ist eine präzisere Zugfolge.) 20...Sh7?! 21.dxe5 dxe5 22.Sxe5 Sxg5 23.Dxg5 Sh6 24.Le4 Tb8 25.Ld5 Tb6?! 26.Sxf7! Sxf7 27.Te7 Txe7 28.Dxe7 Df5 29.Dxa7 Kh7 30.Da8 1-0 B. Macieja (2613) – A. Stefanova (2523), Drammen 2004

17.cxd4 exd4

17...Lxh3N 18.gxh3 Dxh3 19.Dd3 exd4 20.Ld2 Sg4 21.Df1 Sxf2 22.Kxf2 d3+ 23.Le3 Lxe3+ 24.Txe3 Dxf1+ 25.Txf1 dxc2 26.Tc1±

18.Sxd4

18.Lxd4!?N Lxd4 19.Sxd4 Lxh3 20.gxh3 Dxh3 21.Sdf5 Se5 22.Ld1±

18...Lxh3 19.gxh3 Dxh3 20.Sdf5 Se5 21.De2?!

21.Ld1!N Sc4 22.Dd3 Sxe3 23.Sxe3 d5 24.exd5±

21...Sfg4 22.Lxa7 Dh2+ 23.Kf1 Dh3+ 24.Kg1 Dh2+

½-½ S. Hansen (2564) – T. Petrosian (2604), Kemer 2007

Diese Variante mit dem Transfer des Springers nach g6 wurde in der Vergangenheit viel gespielt. 11...Sh5 und 11...b5 haben unabhängige Bedeutung. Nach 11...Sh5 12.d4 hat Schwarz Pro–

bleme seinen Ansatz zu rechtfertigen, da Weiß das Zentrum besser kontrolliert und sukzessive die schwarzen Figuren zurückdrängen kann. Nach 11...b5 ist es vielleicht besser, wie Emms vorschlägt, den Bauern auf d3 zu belassen und am Königsflügel anzugreifen. Züge wie ...Te8/...Le6/...c6 gehen häufig ineinander über. Generell kann Weiß häufig d3-d4 oder Sf5 mit gutem Spiel und fantastischen Angriffschancen durchsetzen. Für Schwarz ist es viel schwieriger diesen Plan zu spiegeln. Beide Seiten müssen Ausschau auf typische Opfermotive auf h6 bzw. h3 halten.

Kapitel 7

Schwarz spielt ...Sh5

Da ein Springer auf f4 für Weiß sehr lästig ist, ist dieser Plan gefolgt von ...Df6 sehr natürlich. Eine wichtige Frage ist, ob Schwarz den Plan mit oder ohne ...h6 spielen möchte.

Kapitel 7.1

Ohne ...h6

Das ist sehr schnell, so dass Weiß auch schnell reagieren sollte, um ...Sf4 mit Sd5 zu beantworten. Schwarz gleicht in dieser Variante fast aus, aber das abenteuerlustige 15.Lg5!? sieht sehr gefährlich aus und könnte der Grund sein, warum 9...h6 häufiger gespielt wird, um ...Sh5-f4 nebst ...Df6 vorzubereiten – siehe Kapitel 7.2. Der Zug 10.Sc4! ist sehr wichtig und sollte erinnert werden, weil Schwarz ansonsten komplett ausgleicht.

1.e4 e5 2.Sf3 Sc6 3.Lc4 Lc5 4.c3 Sf6 5.d3 d6 6.0–0 0–0 7.Sbd2

Das ist unsere empfohlene Zugfolge.

Emms weist darauf hin, dass nach 7.Lb3 a6 8.h3 La7 9.Te1 der Zug 9...Sh5?! stark mit 10.Lg5! beantwortet werden kann.

7...a6 8.Lb3 La7 9.h3 Sh5

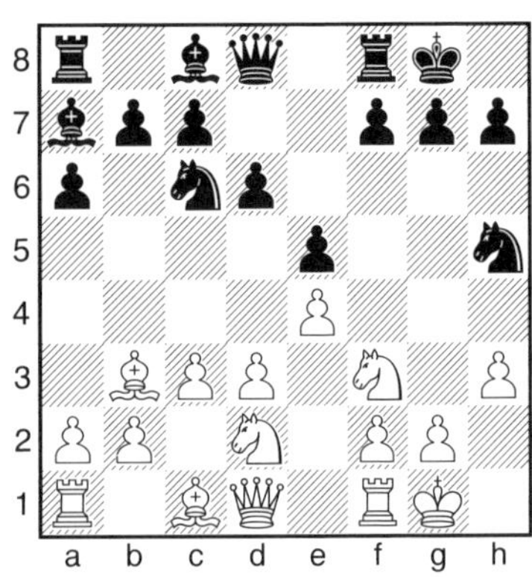

10.Sc4!

Ein wichtiger Zug, da 10.Te1?! mit 10...Df6 beantwortet werden kann. 11.Sf1 (11.d4?! exd4 12.e5 Sxe5 13.Sxd4?! (*13.cxd4!?N Sxf3+ 14.Sxf3 Sf4 15.Te4* limitiert den Schaden, auch wenn Weiß nicht genügend Kompensation hat.) 13...Sf4 14.Se4 Dh4∓ schlug fehl in L. Nisipeanu (2679) – A. Haast (2391), Wijk aan Zee 2016)

11...Dg6 12.Sh4 Df6 13.Sf3 ist eine gängige Zugwiederholung.

10...Df6

10...Sf4 11.Lxf4 exf4 12.d4 Weiß hat ein starkes Zentrum und der Bauer f4 ist eher eine Schwäche als Stärke. 12...Se7 (12...b5 13.Scd2 Tb8 14.Te1 b4 (*14...Se7* A. Asgarizadeh (2267) –

A. Girish (2413), Al – Ain 2013 *15.e5!?N d5 16.Lc2 Sg6 17.b4±; 14...a5N 15.a4 b4 16.De2±*) 15.Dc2 Se7 16.cxb4 Txb4 17.Sc4 c5 18.Dc3 a5 19.d5 a4 20.Lc2 La6 21.Sfd2 Sg6 22.a3 Tb8 23.Lxa4± M. Hobert (2032) – H. Koronowski (2015), Deutschland email 2011)

13.e5 d5 (*13...Sg6N 14.Te1 d5 15.Scd2 c5 16.dxc5 Lxc5 17.Lc2 Db6 18.Te2 Dxb2 19.Sb3 Da3 20.Dxd5 Le7 21.Sfd4±*) 14.Scd2 Sg6 15.Lc2 Le6 16.Sb3 Sh4 17.Sc1 c6 18.Sd3 Lf5 19.Sde1 Le4 20.Sxh4 Dxh4 21.Sf3 Lxc2 22.Dxc2 Dh5 23.a4 Tae8 24.Tfe1 Te6 25.b4 Dg6 26.Dd2± V. Sciallero (2110) – V. Gagliardi (2098), ICCF email 2009

11.Se3 Sf4

11...Lxe3 12.Lxe3 Sf4 13.Kh2 Le6 14.d4± N. Ferreira (2452) – R. Cerqueira Filho (2481), Brazil 2004

12.Sd5!

Es ist sehr wichtig den Springer auf f4 loszuwerden.

12...Sxd5 13.exd5

13.Lxd5 führt in K. Landa (2597) – R. Kasimdzhanov (2670), Schachbundesliga 2006, zum Ausgleich nach 13...h6 14.Le3 Se7 15.Lb3 Sg6 16.d4 Sf4 17.Te1 Te8 18.Kh2 exd4 19.Sxd4 Sg6= . Es gib kaum Spielraum hier eine Verbesserung zu finden.

13...Sb8

13...Sd8 14.d4 Dg6 S. Narayanan (2438) – A. Predke (2509), Maribor 2012 (*14...e4 15.Sh2 Dg6 16.Kh1 f5 17.f3 Sf7* M. Friedel (2134) – M. Petermann (2186), Deutschland 2011 *18.fxe4N fxe4 19.La4!? b5 20.Lb3 Ld7 21.De2 Tae8 22.Le3±* ist besser für Weiß, insbesondere weil der Läufer auf a7 außer Spiel ist.) 15.dxe5!N Eine starke Neuerung, die zu weißem Vorteil führt. 15...Lxh3 16.Sh4 Dg3 17.Df3 Dxh4 18.gxh3 dxe5 19.Te1 f5 (*19...Te8 20.Te4 De7 21.Lf4 Dd6 22.Dh5±*) 20.Txe5 Kh8 21.Ld2±

14.d4 exd4

14...h6 Z. Andriasian (2533) – B. Amin (2561), Martuni 2008 15.dxe5!N dxe5 16.Te1 Sd7 17.Le3 Lxe3 18.Txe3 b5 19.De2 Te8 20.Te1±

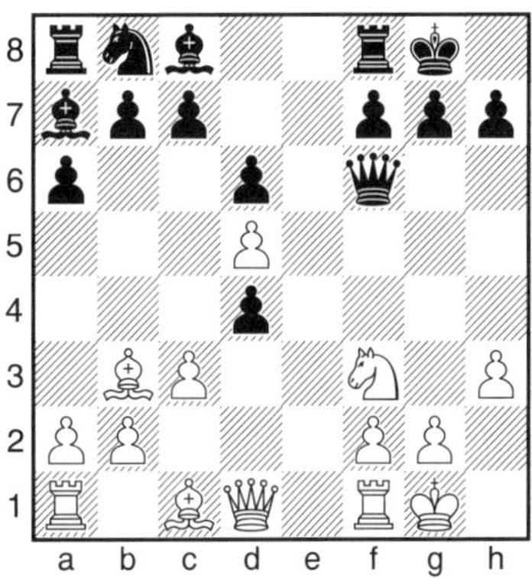

15.Sxd4!?N

Eine abenteuerlustige Alternative ist 15.Lg5!? Dg6 16.Le7

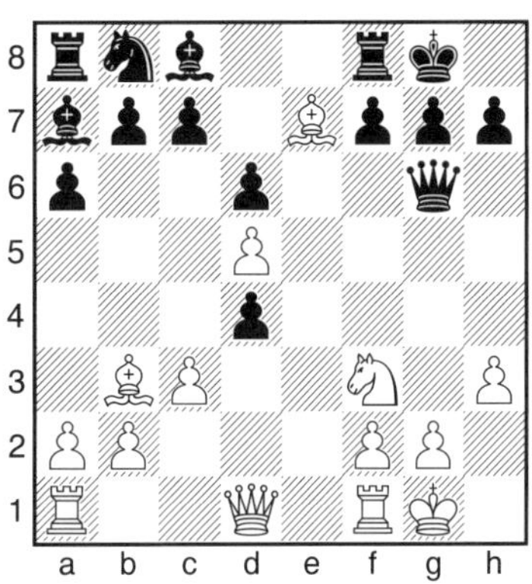

Der Computer kann das wahrscheinlich verteidigen, aber am Brett sieht es sehr gefährlich aus. Der schwarze Damenflügel ist nicht entwickelt und Weiß kann nach und nach alle Figuren in den Angriff einbeziehen, z.B. 16...Te8N (*16...dxc3 17.Lc2 Lf5 18.Lxf5 Dxf5 19.Lxf8 cxb2* R. Ankit (2397) – S. Iuldachev (2458), Nagpur 2012 *20.Lxg7N bxa1D 21.Lxa1 Sd7 22.Te1* mit etwas Kompensation für den Bauern, da Weiß den geschwächten schwarzen Königsflügel angreifen kann.) 17.Sh4 Dh6 18.Te1 Ld7 19.Df3 (Weiß kann auch die Züge wiederholen mit *19.Sf5 Dg6 20.Sh4*=) 19...dxc3 (*19...g6 20.Lf6 dxc3 21.g3*⯹) 20.bxc3 g6 21.Df6 Dg7 22.Df4

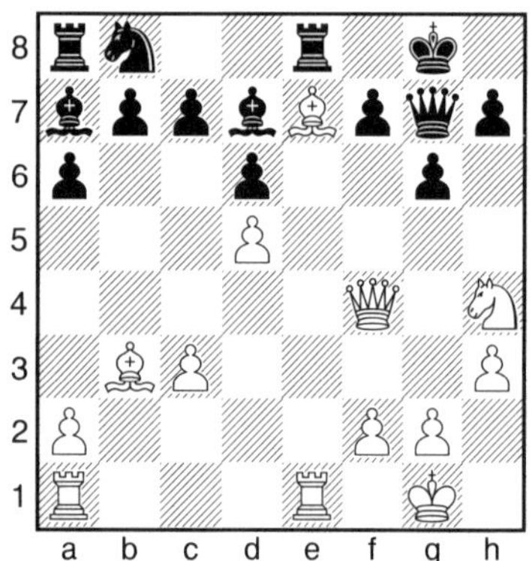

und Weiß hat Kompensation in allen Fällen, aber die Stellung ist nicht klar.

15...Lxd4

15...Te8 16.Te1 Txe1+ 17.Dxe1 Sd7 18.De8+ Sf8 19.Le3 Lxd4 20.Lxd4 Dg6 21.De3±;

15...Sd7 16.Le3 Te8 (*16...Se5 17.Dd2 h6 18.f4 Sg6 19.f5 Se5 20.Tf4* mit einer gefährlichen Initiative am Königsflügel. Eine Idee ist Lf2-h4 zu spielen.) 17.Dd2 h6 18.Tae1 Se5 19.f4 Sg6 20.f5 Se5 21.Kh2 b5 22.Tf4↑

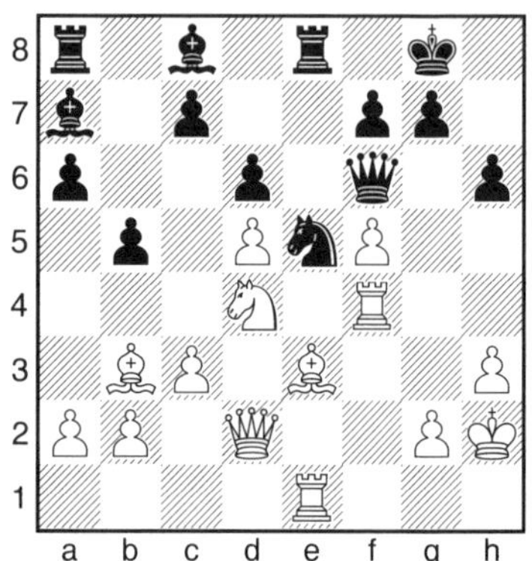

mit einer komplizierten Stellung, die Weiß leicht favorisiert.

16.cxd4

Die offene c-Linie und das Läuferpaar kompensieren den Doppelbauern.

16.Dxd4 Dg6 (*16...Dxd4 17.cxd4 Lf5 18.Te1 Sd7 19.Ld2 Sf6 20.Tac1 Tac8 21.Te7 Ld7 22.Lg5 Tfd8 23.Te3 h6 24.Lxf6 gxf6 25.Kh2*±) 17.Kh2 Lf5 18.Te1 Sd7 19.Lf4 Tfe8 20.Te3 Txe3 21.Dxe3 f6 22.Te1±

16...Lf5 17.Df3

17.Le3 Sd7 18.Tc1 Tac8 19.Te1 Tfe8 (*19...Sb6 20.a4*±) 20.Ld2 Txe1+ (*20...Dxd4 21.Txc7*±) 21.Lxe1 h6 (*21...Sb6 22.La5*±) 22.Tc3±

17...Sd7 18.g4

18.Ld2 Dg6 19.Tac1 Tac8 20.Tfe1±

18...Lg6 19.Dxf6 Sxf6 20.f3

20.Lg5!?

20...Tfe8 21.Ld2 Te2 22.Tf2 Tae8 23.Tc1⩲

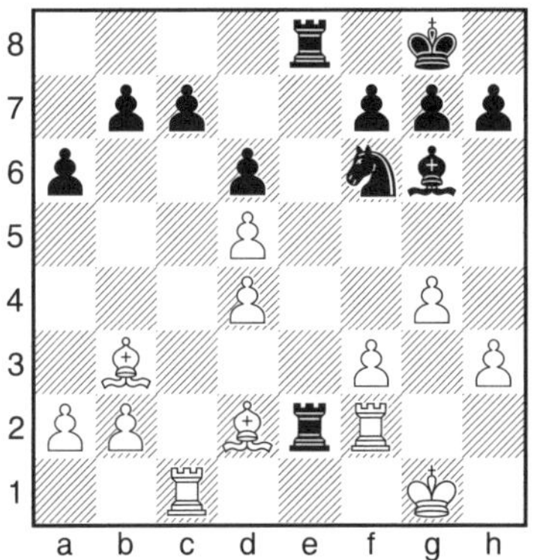

Die schwarzen Leichtifiguren entfalten kaum Wirkung. Weiß kann langsam auf beiden Flügeln spielen, indem er die Bauern, z.B. die Randbauern, vorstößt. In dieser Variante sind die Züge 10.Sc4! und 12.Sd5! sehr wichtig, da Schwarz ansonsten komplett ausgleicht. Im 15. Zug der Hauptvariante muss Weiß eine wichtige Entscheidung treffen. Der Computer kann die Stellung nach 15.Lg5!? verteidigen, aber am Brett ist Schwarz um seine Aufgabe nicht zu beneiden. Das resultierende Endspiel in der Hauptvariante könnte ebenfalls haltbar sein, aber die weißen Läufer geben Weiß die Möglichkeit lange Druck auszuüben.

Kapitel 7.2

Mit ...h6

Das nimmt Tricks mit Lg5 aus dem Spiel und erlaubt einen Aufbau mit ...Df6. Aber das ist relativ langsam, so dass Weiß rechtzeitig Le3 nebst d3-d4 spielen kann.

1.e4 e5 2.Sf3 Sc6 3.Lc4 Lc5 4.c3 Sf6 5.d3 d6 6.0–0 0–0 7.Sbd2 a6 8.Lb3 La7 9.h3 h6 10.Te1 Sh5 11.Sf1 Df6

11...Le6 kann auf zwei Arten beantwortet werden. Auf natürliche Weise mit 12.d4 (oder auf originelle Weise mit *12.Ld5 Df6 13.d4 Lb6 14.Lxc6 bxc6 15.Le3 Sf4 16.Sg3⩲* A. Gysi (2490) – P. Laurenc (2459), ICCF email 2004) 12...Lxb3 (*12...exd4N 13.Sxd4 Dh4 14.Le3⩲*) 13.axb3 Te8 14.d5 Sb8 15.Le3 Sd7 16.Lxa7 Txa7 17.b4 Sf4 18.Kh2 Die typische Vorbereitung, um den Springer auf f4 zurückzudrängen. 18...g6 19.g3 Sh5 20.Se3⩲ O. Korneev (2578) – F. Bolourchifard (2229), Hamedan 2015

12.Le3

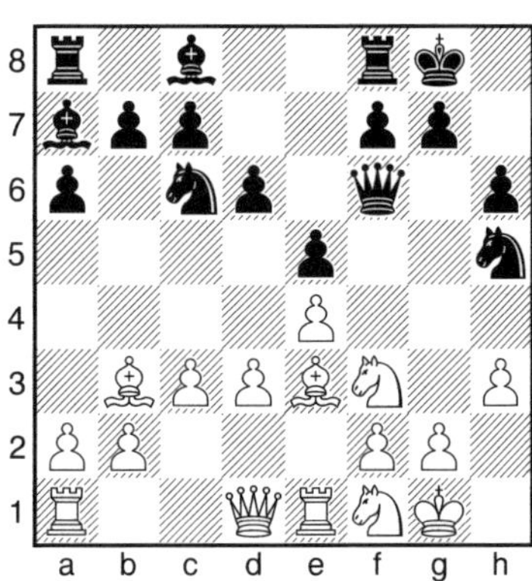

12...Sf4

Andere Züge werden selten gespielt.

Nach 12...Lxe3 schlagen wir in diesem besonderen Fall das Zurückschlagen mit dem Bauern vor, was auch besser punktet als das Schlagen mit dem Springer: 13.fxe3

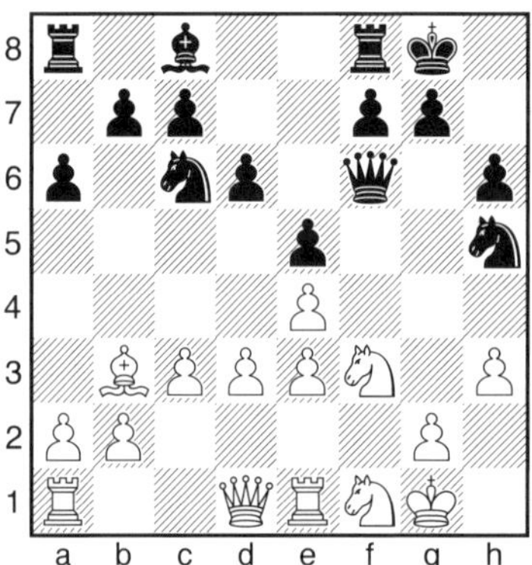

13...Dg6 (*13...De7 14.d4 Sf6 15.Lc2 Sa5 16.Sg3* und Weiß kann auf beiden Flügeln spielen, z.B. *16...Ld7 17.b4 Sc4 18.Lb3 Sb6 19.c4 Sc8 20.c5 g6 21.Tc1 Sa7 22.cxd6 cxd6 23.Tc7 Tab8 24.dxe5 dxe5 25.Tf1 Sb5 26.Tc5 Le6 27.Sxe5±* E. Achilles (2418) – W. Richter (2321), ICCF Fernschachpartie 2010) 14.Sh4 Dg5 15.Sf3 Dg6 16.Kh2 Kh8 17.g4 Sf6 18.Sg3 h5?! (*18...Sd8 19.Sf5 Se6 20.Tg1* sieht auch vielversprechend aus für Weiß.) 19.g5 Sh7 20.Tg1 Se7 21.De2⩲ J. Geller (2511) – A. Leniart (2368), Lvov 2008;

12...Le6 13.d4

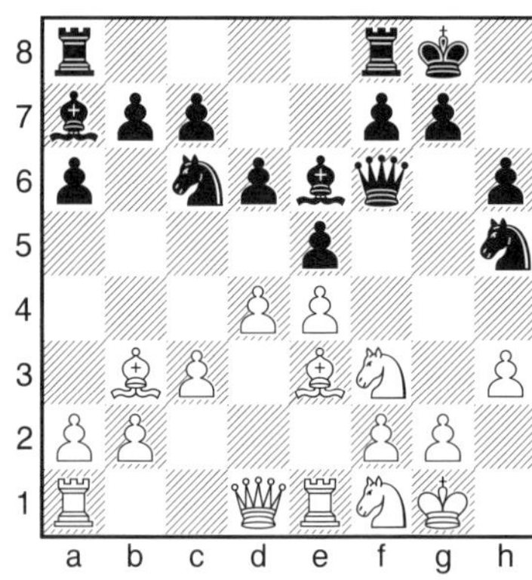

13...exd4

a) 13...Se7? 14.Lxe6 fxe6 (*14...Dxe6N 15.Sxe5±*) 15.dxe5 dxe5 16.Lxa7 Txa7 17.S1h2± V. Nevednichy (2495) – M. Marin (2515), Bukarest 1993;

b) 13...Lxb3 14.axb3 Tfe8 W. Kaufmann (2242) – K. Nuri (2235), Schweiz 2010

b1) 14...exd4N 15.Sxd4 Sxd4 16.cxd4 Dg6 17.g4 Tfe8 18.f3 Sf6 19.Sg3⩲;

b2) 14...Sf4 15.Sg3 Se7? (*15...g6N 16.Lxf4 exf4 17.Sf1⩲*) 16.Lxf4 exf4 17.Sh5+– V. Anikin – J. Pihlajamaeki (1776), ICCF email 2014;

15.d5N Sb8 16.Lxa7 Txa7 17.Se3 Sd7 18.b4⩲ Weiß hat Raumvorteil und kann auf beiden Flügeln spielen.

14.Sxd4 Sf4 15.Dd2 Lxb3 16.axb3 Sxd4 17.cxd4 Sg6 18.Sg3 Se7 19.Dc3 c6 20.Sh5 De6 21.Db4 Tfb8 22.g4⩲ H. Krüger (2199) – W. Vertongen (2204), LSS email 2010;

12...Se7 13.d4 Sf4 ist Zugumstellung.

13.d4

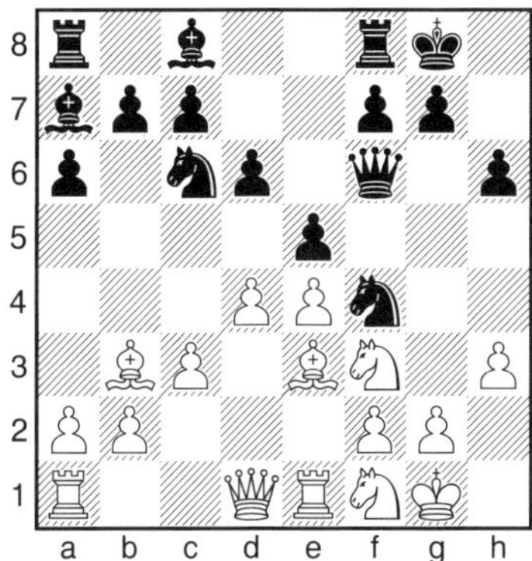

Der weiße Läufer auf e3 wirkt in beide Richtungen, das weiße Zentrum ist besser und die schwarzen Leichtfiguren auf a7 und c6 wirken weniger als die weißen Leichtfiguren.

13.Sg3!? ist die Alternative, die Emms favorisiert. Sie wird häufiger gespielt und führt auch zu weißem Vorteil. Ein Unterschied ist, dass 13...g5 mit 14.Sh2 Dg6 15.d4⩲ D. Svetushkin (2460) – K. Pilgaard (2370), Ubeda 1999, beantwortet werden sollte. In der Hauptvariante kann Weiß schneller auf e5 tauschen und das Zentrum öffnen gegen die schwarze Flügelattacke. Letztendlich ist es Geschmackssache, wie man fortsetzt.

13...Se7

13...Sa5 I. Saric (2482) – D. Rogic (2502), Kutina 2006 14.Lxf4!?N Dxf4 (*14...exf4 15.Lc2 Dg6 16.e5 Lf5 17.Lxf5 Dxf5 18.S1d2 d5 19.Sh4 De6 20.Dc2⩲; 14...Sxb3? 15.dxe5 Dxf4 16.g3+−*) 15.Se3 Df6 16.Lc2 Sc6 17.Sd5 Dd8 18.Dd3 Le6 19.Tad1 Te8 20.b4 b5 21.a4⩲;

13...Ld7 14.Sg3 g6 15.Lxf4! Dxf4 (*15...exf4 16.e5! dxe5 17.Se4 De7 18.dxe5⩲*) 16.Sf5! Ein typisches Motiv in Stellungen mit der Dame auf f6 und dem Springer auf f4. Die Dame ist gefangen. 16...Lxf5 17.g3 Dxe4 18.Txe4 Lxe4 19.De2 Lxf3 20.Dxf3 exd4? 21.Df6 Kh7 22.Te1+− G. Todorovic (2450) – M. Pavlovic (2533), Beograd 2009;

13...g5 14.dxe5 dxe5 (*14...Sxe5 15.Sxe5 dxe5 16.Lxa7 Txa7 17.Se3 c6 18.Dc2 h5 19.Tad1⩲*) 15.S3h2

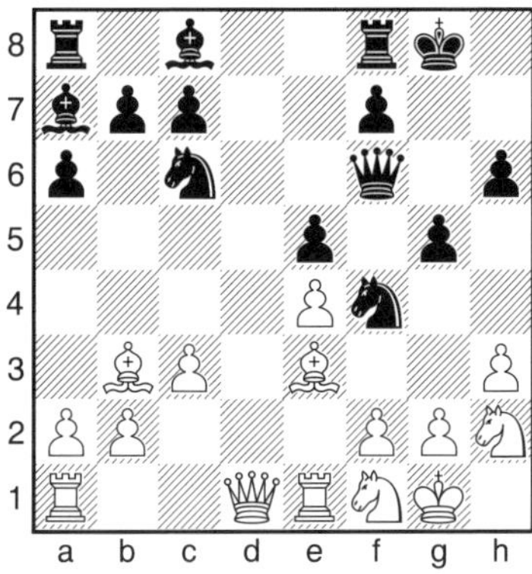

Weiß ist etwas schneller jetzt, z.B. 15...Td8 16.Df3 Sa5 (*16...h5N 17.Tad1 Le6 18.Lxe6 fxe6 19.Txd8+ Txd8 20.Td1⩲*) 17.Sg4 Dg7 18.Tad1 Te8 19.Lxa7 Sxb3 20.axb3 Txa7 21.Sge3 Df6 22.Kh2 h5 O. Korneev (2576) – R. La Bella (2138), Cento 2011 23.Td2N g4 24.hxg4 hxg4 25.Dd1 Ta8 26.Sg3⩲;

13...Te8 14.Sg3

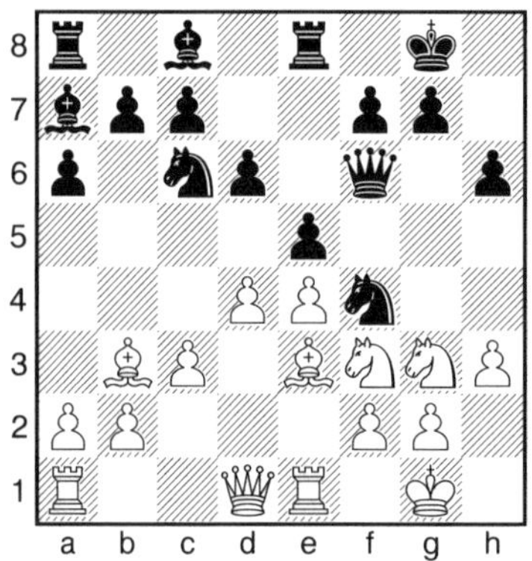

Nach 14...g5 wie in A. Pourramezanali (2458) – V. Kovalev (2574), Al – Ain 2013, schlagen wir (14...g6?! läuft in das trickreiche 15.Lxf4! exf4 (15...Dxf4 16.Sf5!! Lxf5 17.g3 Dxe4 18.Txe4 Lxe4 19.Sd2 Lf5? (*19...d5N 20.Sxe4 dxe4 21.d5 Sa5 22.De2±*) 20.g4 Ld7 21.Df3 Sd8 22.Se4 Te7 23.Df6 Te6 24.Lxe6 Sxe6 25.De7 1-0 S. Haslinger (2526) – R. Hamblok (2305), Dieren 2015) 16.e5! dxe5 17.Se4 De7 18.dxe5 Td8 19.Sf6+ Kg7 20.Dc1 Sxe5 21.Sh5+ gxh5 22.Txe5 Df6 23.Te4 Dd6 24.Sh4 f3 25.Tf4 Le6 26.Txf3 Dd2 27.Db1 Te8 28.Lxe6 Txe6 29.Df5± A. Wosch (2135) – J. Lubas (2059), LSS email 2013) 15.Ld5N und später den Abtausch auf e5 vor, um das Loch auf f5 auszunutzen auf lange Sicht. Die Stellung bedarf praktischer Tests, um besser evaluiert zu werden. (Eine Alternative ist *15.Lc2N Kh8 16.d5 Se7 17.Sh2* um mit einem geschlossenen Zentrum zu spielen. Das schwarze Spiel am Königsflügel sollte nicht unterschätzt werden.) 15...Se7 (*15...Kh8 16.Lxc6 bxc6 17.Sh2 Dg6 18.dxe5 dxe5 19.Lxa7 Txa7 20.Sg4⩲*) 16.dxe5 dxe5 17.Sh2 Sexd5 (*17...Lxe3 18.fxe3 Sfxd5 19.exd5 Dg6 20.e4⩲*) 18.exd5 Td8 (*18...Dg7 19.c4 f6 20.Dc2⩲*) 19.Lxf4 gxf4 (19...exf4 20.Sh5 Db6 (20...Dg6 21.Tc1 (*21.Sg4 Lxg4 22.hxg4 c6 23.c4 b5 24.b3* sieht auch besser aus für Weiß.) 21...c6 22.c4 b5 23.cxb5 axb5 24.Txc6 Dxc6 25.dxc6 Txd1 26.Txd1⩲ Mit einem Minusbauern kämpft Schwarz offensichtlich um das Remis.) 21.De2 mit gutem Spiel gegen den schwarzen König, z.B. 21...Dg6 22.Tad1 f5 23.De7 Tf8 24.d6±) 20.Sh5 Dg5 21.Sg4 Lxg4 22.Dxg4 Kh7 23.Tad1 mit Druck auf den weißen Feldern.

14.Sg3

14.S1h2 ist ebenfalls sehr interessant – siehe A. Areshchenko (2640) – L. Johannessen (2537) Deutschland 2007 im Strategieteil.

14...Seg6 15.Lc2 Sh4

15...c6?! 16.Sf5 Te8

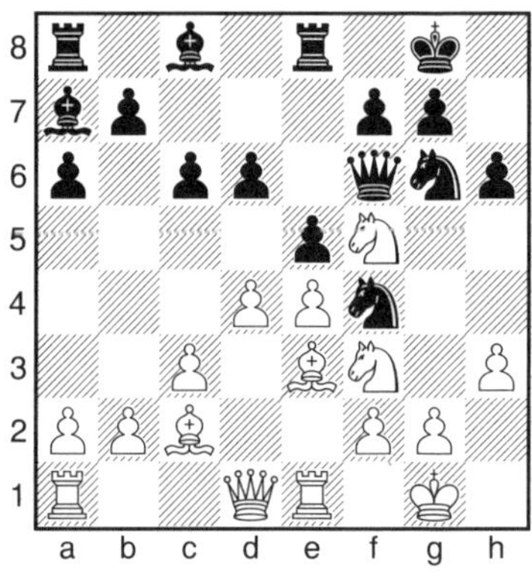

17.Sh2 (Direkt *17.dxe5!?N dxe5 18.Lxa7 Txa7 19.Dd6* kommt auch in

Betracht.) 17...h5 18.Sf3!N (Emms) Dieser Rückzug ist in der Tat stärker, z.B. (18.Kh1? ist nicht zu empfehlen wegen 18...d5! 19.dxe5 Dg5? (*19...Txe5N 20.Ld4=*) 20.Sg3 h4 21.Sf3 Dh6 22.Sf5 Dg5 23.Sxg5 1-0 Hou Yifan (2509) – W. Spoelman (2414), Wijk aan Zee 2007) 18...c5 19.dxe5 dxe5 20.Dd6

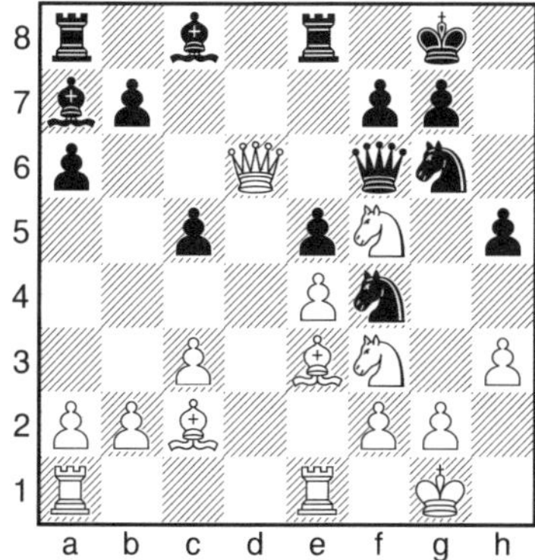

20...Le6 (20...Se6 21.Dd3 Sgf4 22.Df1 g6 (*22...Ld7 23.g3 g6 24.Tad1 Lb5 25.c4 Lc6 26.S5h4 g5 27.Sf5 g4 28.hxg4 hxg4 29.gxf4 gxf3 30.Dh3 Dg6+ 31.Kh2+–*) 23.Sd6 Td8 24.Sxc8 Taxc8 25.h4 g5 26.hxg5 Sxg5 27.Sxg5 Dxg5 28.Tad1 h4 29.Td5 Kh8 30.Lxf4 Dxf4 31.c4 Tg8 32.Te3±) 21.Tad1 c4 (*21...Tac8 22.Lxf4 Sxf4 23.Dxe5 Dxe5 24.Sxe5 Lb8 25.Sd7 La7 26.a4 Tcd8 27.Sd6 Te7 28.Se5 Lb8 29.Sec4±*) 22.Lxa7 Txa7 23.Db6 Taa8 24.Td6 Se7 25.Dxb7 Tab8 26.Sxe7+ Dxe7 27.Dxe7 Txe7 28.Sg5 Kf8 29.Sxe6+ Txe6 30.Txe6 Sxe6 31.Tb1 Td8 32.Td1 Tb8 33.b3 cxb3 34.Lxb3±;

15...Le6 16.Sf5 Tfe8

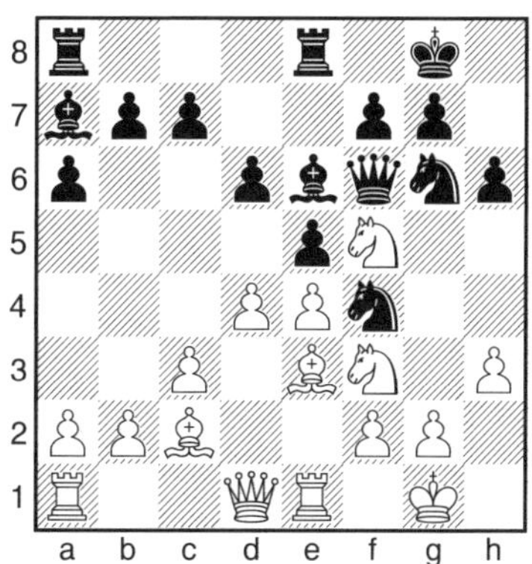

17.h4!? Das ist die gleiche Stellung wie in Kapitel 6.3 nach 11...Sh5 12.d4 etc. Dort erwähnen wir etwas mehr Varianten. (*17.Kh2* ist die Alternative; aber *17.g3?* ist voreilig wegen *17...Sxh3+ 18.Kg2 d5* und Schwarz hatte gutes Gegenspiel in V. Onischuk (2614) – S. Bogdanovich (2590), Lutsk 2016) 17...Tad8 (*17...Kf8? 18.g3 Sd5* A. Delchev (2632) – G. Hernandez (2360), Dresden 2008 *19.dxe5!N Sxe5 20.Lxa7 Txa7 21.Sxe5 dxe5 22.Sxg7 Kxg7 23.exd5 Td8 24.Te3 Txd5 25.Dh5±*) 18.d5 Lxe3 T. Slawinski (2363) – T. Gyger (2396), ICCF email 2008 19.fxe3N Sxd5 20.g4 Lxf5 21.g5 De7 22.exf5 Sxh4 23.Dxd5 c6 24.Dd1 Sxf3+ 25.Dxf3 Dxg5+ 26.Dg2⩲

16.Sxh4 Dxh4 17.Df3 g6 18.Tad1 Kg7

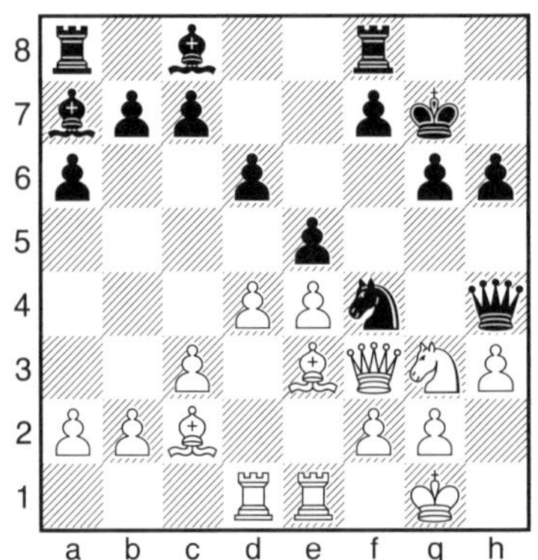

19.Lb3!?

Das empfiehlt Emms. Weiß hat verschiedene Optionen, aber der Vorteil ist gering.

19.Sf1 Se6 (*19...Dh5N 20.Sh2 Dxf3 21.Sxf3 Te8 22.c4 g5 23.dxe5 dxe5 24.c5*⩲) 20.dxe5?! (Wir schlagen *20.Sh2!?N Sg5 21.De2 Lb6 22.dxe5 dxe5 23.Lxb6 cxb6 24.Sf3 Sxf3+ 25.Dxf3 b5 26.Lb3 De7 27.Td2 Le6 28.Ted1 Lxb3 29.axb3 Tad8 30.Td5 Txd5 31.Txd5*⩲ mit leichter Initiative im Endspiel vor.) 20...dxe5 21.Lxa7 Txa7 22.Dg3 Dxg3 23.Sxg3 Ta8 24.Sf1 Sf4 25.Td2 Le6 26.Ted1 a5 27.a3 ½-½ A. Areshchenko (2650) – K. Sakaev (2649), Dagomys 2008;

19.a4!?N f6

a) 19...g5? 20.dxe5 (*20.Sf5+* gewinnt auch.) 20...dxe5 21.Lxa7 Txa7 22.Sf5+ Lxf5 23.exf5 Te8 24.Td7+-;

b) 19...Df6 20.Kh2⩲;

c) 19...Le6 20.a5 (Sogar *20.dxe5 dxe5 21.Lxa7 Txa7 22.Sf5+ gxf5 23.exf5 Ld5 24.Txd5 Sxd5 25.Dxd5* könnte interessant sein.) 20...Df6 21.Kh2 Tfe8 22.b4 Te7 23.Lxf4 Dxf4 24.Dxf4 exf4 25.Se2 g5 26.g3 f3 27.Sg1 g4 28.hxg4 Lxg4 29.Te3 c5 30.Sxf3⩲;

20.Lb3 Ld7 21.Se2 Se6 22.Lxe6 Lxe6 23.Sg3⩲;

19.Se2 Se6 B. Bok (2591) – V. Solovyov (2312), St Petersburg 2015 20.Lb3N Sg5 21.Dg3 Dxg3 22.Sxg3⩲

19...Df6 19...Le6N 20.Sf1⩲

20.Kh2 Te8 21.Td2 Le6 22.Lxe6 Txe6 23.dxe5 dxe5 24.Td7 Lb6 25.Ted1 h5

L. Dominguez Perez (2695) – Y. Quezada Perez (2567), Havana 2008

26.c4!?N Tc6 27.b3 Lc5 28.Lxc5 Txc5 29.Sf1 Tc8 30.Se3⩲

Der Raumvorteil im Zentrum sollte Weiß etwas Vorteil geben in dieser Variante. Wir folgen unserem Hauptaufbau mit Sg3 hier, aber die Alternative 14.S1h2 ist auch sehr interessant. Es ist wichtig auf e3 mit dem Bauern zurückzuschlagen, falls Schwarz mit 12...Lxe3 fortsetzt.

Kapitel 8

Schwarz spielt ...Le6

Da der weißfeldrige Läufer ein wichtiger Bestandteil der weißen Strategie ist, ist es natürlich ihn auf diesem Weg zu neutralisieren. Wir schlagen vor den Tausch auf b3 zuzulassen, da Weiß eine leichte Initiative behält und das Konzept sehr einfach anzuwenden und zu erinnern ist. Wir schauen aber auch auf den kritischen Ansatz mit 10.Lc2, der die weißfeldrigen Läufer auf dem Brett belässt. Schwarz kann mit oder ohne ...h6 spielen bzw. mit oder ohne Tausch auf b3. Dementsprechend gliedern wir das Material.

Kapitel 8.1

Ohne h6

Schwarz kann versuchen ohne diesen prophylaktischen Zug auszukommen, muss aber auf Sg5 oder Lg5 gefasst sein. Ein frühes ...h6 führt in der Regel zum relevanten Unterkapitel 8.2.

8.1.1 10...Lxb3

Das ist ein sehr solider aber etwas passiver Ansatz. Normalerweise spielt Weiß Sf1 gefolgt von Lg5.

1.e4 e5 2.Sf3 Sc6 3.Lc4 Lc5 4.c3 Sf6 5.d3 d6 6.0–0 a6 7.Lb3 La7 8.Sbd2 0–0 9.h3 Le6

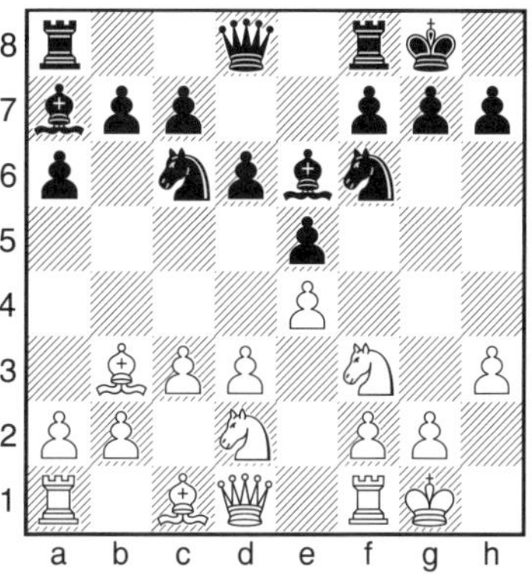

Schwarz möchte den Druck auf den weißen Feldern sofort reduzieren. Generell kann Weiß auf zwei Arten antworten. Der Läufer geht zurück nach c2 oder Weiß verfolgt einfach weiter seinen Plan und lässt den Tausch zu. Wir schlagen den zweiten Ansatz vor, da er einfacher zu behandeln ist, aber wir schauen auch auf Lc2 im Strategieteil. Alle weißen Figuren nehmen natürliche Felder ein und es gibt zwei klare Pläne: d3-d4 spielen oder den Springer nach f5 führen. Nach ...h6 stellen wir den Läufer auf e3 auf, ansonsten könnte er nach g5.

10.Te1

10.Lc2!? ist die Alternative, die Anish Giri zu schönen Siegen verholfen hat und die wir im Strategieteil erörtern.

10...Lxb3 11.Dxb3

11.axb3!? d5 12.De2 ist die Alternative, z.B. 12...Dd7 (*12...dxe4 13.dxe4 Sh5 14.Sc4 Df6* O. Dolzhikova (2145) – E. Horn (1981), Reykjavik 2015 *15.Sa5N Sxa5 16.Txa5 b5 17.c4±*) 13.Sf1 d4 14.b4 Tad8 15.Td1 (*15.c4!?N*) 15...Se8 16.Sg3= Hou Yifan (2673) – V. Ivanchuk (2715), Wijk aan Zee 2015

11...Tb8

11...Dd7 12.Sf1 Tfe8

a) Der Hauptzug 12...h6 führt zu Kapitel 8.2;

b) 12...Tab8 ist Zugumstellung zur Hauptvariante.

c) 12...Sh5

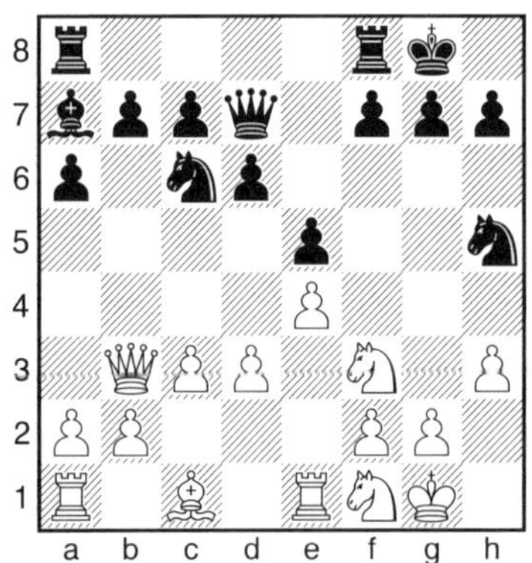

13.Le3 (13.d4!?N ist interessant, da es den Moment nutzt, in dem der Springer den Posten auf f6 verlassen hat, z.B. 13...Sf6

c1) 13...exd4?! 14.cxd4 Sxd4? funktioniert nicht wegen (*14...Sf6 15.Le3±*) 15.Sxd4 Lxd4 16.Dd1+–;

c2) 13...Lb6 14.Le3±;

14.Lg5 exd4 15.Lxf6 gxf6 16.Tad1 dxc3 17.Dxc3 De6 18.Td5 mit sehr guter Kompensation.) 13...Tfe8 14.Lxa7 Txa7 15.d4± A. Brkic (2599) – I. Sokolov (2642), Reykjavik 2015;

13.Lg5 (*13.Le3N Lxe3 14.Sxe3 Se7 15.d4 Sxe4 16.Sf1 d5 17.Sxe5 Db5 18.Dc2±*) 13...Sh5 14.Tad1 h6

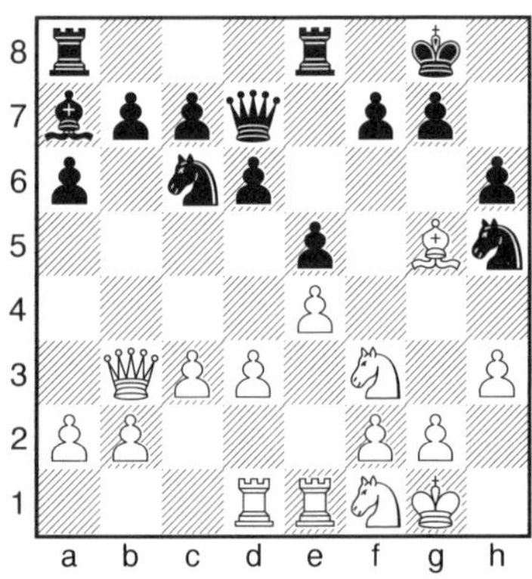

aus D. Vocaturo (2526) – R. Di Paolo (2350), Bratto 2010 ist Bologans Empfehlung aus seinem Buch „Bologans Black Weapons“. Wir schlagen hier 15.Lc1N in der Regel von d3-d4 gefolgt vor, z.B. 15...Lb6 16.d4 a5 17.a4±

12.Sf1 Dd7

12...Sh5 P. Roeckendorf (2126) – J. Krebs (2043), Deutschland email 2013 13.Dd1!?N Df6 (*13...Te8 14.Lg5 Dd7 15.d4 h6 16.Le3 exd4 17.Sxd4 Sxd4 18.cxd4 Sf6 19.f3±; 13...d5 14.exd5 Dxd5 15.Le3 Lxe3 16.Sxe3 Dd7 17.Sc4±*) 14.Se3 Lxe3 15.Lxe3 Sf4 16.d4 h6 17.Lxf4 Dxf4 18.Dd3±;

Der Hauptzug 12...h6 führt zu Kapitel 8.2.

13.Sg3

13.Dc2!?N, um am Damenflügel zu spielen mit 13...Tfe8 (*13...d5 14.Le3 Lxe3 15.Sxe3±*) 14.b4 Sh5 15.a4 ist auch interessant.

13.Le3 ist eine weitere Option, z.B. 13...Lxe3 14.Sxe3 (oder gar *14.fxe3N*) 14...Se7 15.Tad1 Sg6 16.Dc2 Sf4 17.d4± B. Tausnev (1582) – A. Thurrott (1492), LSS Fernschachpartie 2010

13...Tfe8 14.Lg5

14.Sh2 De6 15.Dd1 d5 16.Df3 ist zu langsam: 16...dxe4 17.dxe4 Se7?! (*17...h6!N 18.Sf5 Se7* gleicht aus.) 18.Lg5 Sd7 19.Tad1 f6 20.Lc1 Sf8 21.b3 Tbd8 22.Sg4 Kh8 23.h4 Der Randbauer betätigt sich als Rammbock. 23...Lc5 24.h5 h6 25.Se3

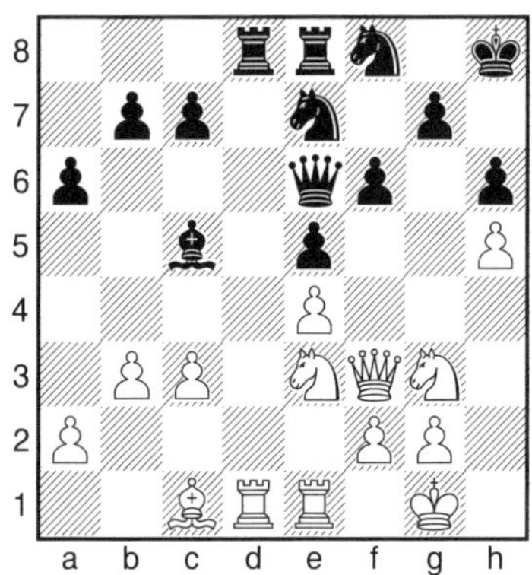

und in Z. Andriasian (2561) – B. Socko (2631), EU – Cup Kallithea 2008, einigte man sich auf Remis, obwohl Weiß eine langanhaltende strategische Initiative besitzt, z.B. 25...Df7 26.Sef5 b5 27.Sxe7 Dxe7 28.Sf5 Df7 29.De2 Se6 30.g3 Kh7 31.Kg2 Lf8 32.b4 Txd1 33.Txd1 Td8 34.Le3 Txd1 35.Dxd1 De8 36.Dd5 c6 37.Dd2 Dxh5 38.Dd7 Sf4+ 39.gxf4 Dg4+ 40.Kf1 exf4 41.Lc5±;

14.Le3!?N Lxe3 15.fxe3 ist ein Weg, um etwas Schärfe ins Spiel zu bringen.

14...De6

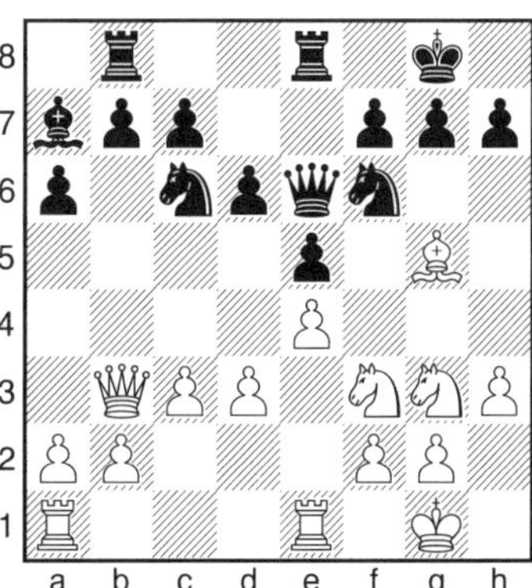

Wir schlagen vor die Damen auf dem Brett zu belassen mit

15.Dc2!?

um im Zentrum und am Königsflügel zu spielen. Danach empfehlen wird auf f6 zu tauschen, was allerdings ein strategisches Risiko beinhaltet.

15.Tad1 ist eine sichere Alternative, z.B. 15...Dxb3 16.axb3 Sd7 17.b4 f6 D. Brandenburg (2431) – E. van den Doel (2568), Dieren 2008 18.Ld2N Lb6 19.Ta1 a5 20.b5 Sd8 21.d4 und Weiß steht minimal angenehmer.

15...h6 16.Lxf6 Dxf6 17.Tad1 g6

17...De6N 18.d4 Dxa2? funktioniert nicht wegen 19.d5 Sa5 20.Sh4 Sc4 21.Te2 Kh7 22.Shf5 g6 23.Dc1+–; 17...Sd8N 18.d4 Se6 19.Sf5±

18.Dd2 Df4?!

18...Kg7N 19.d4 Sd8! gleicht aus, z.B. (*19...exd4 20.cxd4 Lb6 21.Te3 Te7 22.Se2 Tbe8 23.Dc2±*) 20.Sf1 (*20.d5 Df4=*) 20...Se6 21.Se3 Sg5 22.Sxg5 Dxg5 23.Dd3 exd4 24.cxd4 c6=

19.Dxf4 exf4 20.Se2 g5 21.g3 fxg3 22.Sxg3 Kh7 23.d4 f6

B. Pott (1898) - A. Ponting (1937), LSS email 2009

24.h4!?N Tg8 25.h5 Tbf8 26.Sh2 g4 27.Sf5 Tf7 28.Kg2 Se7 29.Sf1±

Der schwarze Aufbau ist sehr solide aber etwas passiv. Weiß kann langfristig d3-d4 anstreben und manchmal mit Le3 gefolgt von Sxe3 oder gar fxe3 Druck ausüben. Wem dieser Ansatz mit 10.Te1 etwas langsam erscheint, dem empfehlen wir einen Blick auf die Partie Giri - Anand im Strategieteil zu werfen.

Kapitel 8.1.2

10...Sd7 und 10...Sh5

Wenn Schwarz seinen Königsspringer früh nach c5 oder f4 überführen und f7-f5 möglich machen möchte, schlagen wir vor, auf b3 anders zurückzuschlagen und die Dame auf d1 zu belassen:

1.e4 e5 2.Sf3 Sc6 3.Lc4 Lc5 4.c3 Sf6 5.d3 d6 6.Sbd2 a6 7.Lb3 0-0 8.0-0 La7 9.h3 Le6 10.Te1

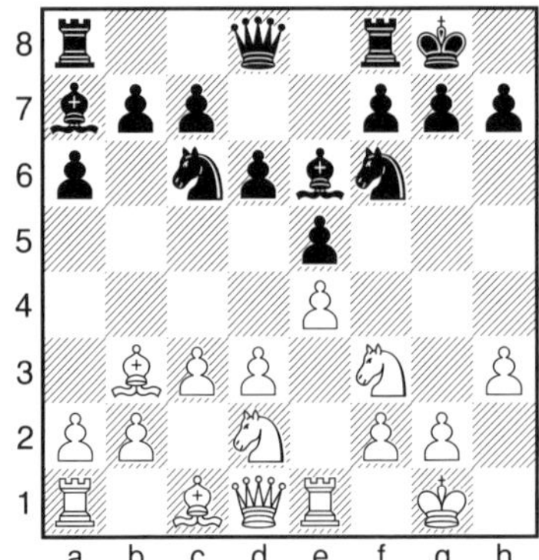

10...Sd7

Gegen 10...Sh5 schlagen wir vor Kramnik mit 11.d4! zu folgen. 11...Lxb3 12.Sxb3

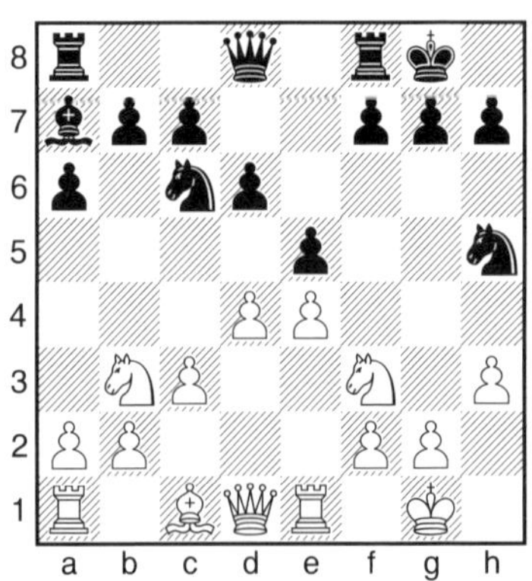

Das starke Zentrum gibt Weiß einen leichten Vorteil, z.B. 12...Df6 (*12...Sf6N 13.Lg5±*) 13.g3 Tfe8 14.Kg2 Dd8 15.Lg5 Sf6 16.dxe5 dxe5 17.Dxd8 Taxd8 18.Lxf6 gxf6 19.Sh4 Td7 20.Tad1 Ted8 21.Txd7 Txd7 22.Kf3 Lb6 23.Ke2 Kf8 24.Tf1 Se7 25.Sd2 c6 26.Sc4 La7 27.a4 b5 28.Sd2 Lb6 29.Shf3 Sc8 30.Ta1 Ta7 31.Se1 Sd6 32.Sd3 a5 33.g4 Sc4? 34.Sxc4 bxc4 35.Se1 Lc5 36.Sf3 Tb7 37.Ta2 Td7 38.Sd2 Td3 39.Sxc4 Txh3 40.Sxa5 Th2 41.Kd3 Txf2 42.Sxc6 Tg2 43.a5 Txg4 44.b4 1-0 V. Kramnik (2775) – Xie Jun (2530), Monte Carlo 1996;

Das direkte 10...d5? ist zu riskant wegen 11.exd5 Sxd5 J. Tenti – C. Goldwaser, Tandil 2003 12.Sxe5N Sxe5 13.Txe5 c6 14.Sf3±

11.Sf1 Lxb3 12.axb3

In diesem Fall schlagen wir vor mit dem Bauern zu nehmen.

12.Dxb3 Sc5 13.Dc2 d5 14.Td1 Se6 15.Db3 Sc5 ½-½ J. Waitzkin (2440) – A. Ivanov (2530), New York 1995

12...f5 13.exf5 Txf5 14.Le3

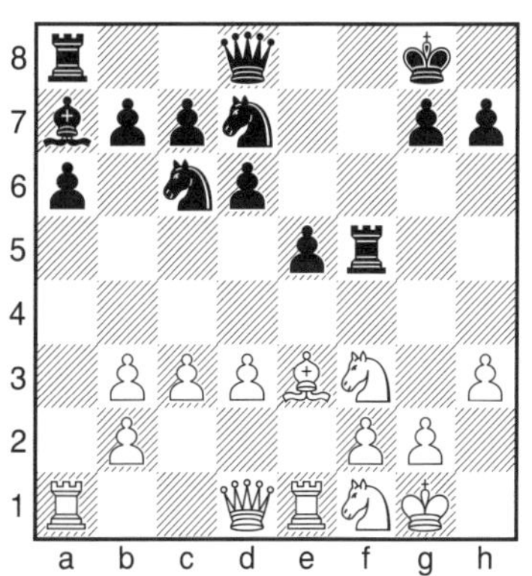

14...Tf8 D. King (2470) – T. Karolyi (2435), Frunze 1987

14...Lxe3 15.Sxe3 Tf8 16.b4 Kh8 17.Sd2± V. Malakhov (2679) – A. Riazantsev (2621), Sochi 2007 (*17.d4!?N exd4 18.Sxd4 Sxd4 19.Dxd4 Df6 20.Sd5 Dxd4 21.cxd4 c6 22.Te7±*)

15.b4!?N Df6 16.b5 axb5 17.Db3+ Kh8 18.Dxb5 Lb6 19.Txa8 Txa8 20.S1d2 Dg6 21.d4 exd4 22.cxd4 Ta5 23.Db3 d5 24.Sb1±

Weiß übt Druck gegen d5 aus und er kann darüber nachdenken seinen Springer nach c5 zu bringen. Gegen 10...Sh5 spielt Weiß d3-d4 und das starke Zentrum gibt ihm einen Vorteil. Gegen 10...Sd7 später gefolgt von ...f5 schlagen wir vor zuerst am Damenflügel zu spielen und später d3-d4 folgen zu lassen.

Kapitel 8.1.3

Schwarz spielt ...d5

Das ist ein sehr ehrgeiziger Plan, besonders mit dem Läufer noch auf c5, der häufig vom armenischen Supergroßmeister Levon Aronian in der Praxis angewandt wurde. Es ist nicht einfach auszunutzen, dass ...h6 noch nicht gespielt wurde. Wahrscheinlich ist 9.h3!? genauer, da dann ...d5 schwieriger zu erzielen ist. Aber wir fangen mit den anderen schwarzen Nebenvarianten an.

Kapitel 8.1.3.1

8...La7

Das führt in der Regel über Zugumstellung zur Hauptvariante, ein schnelles ...d5 schwierig zu erzielen ist.

1.e4 e5 2.Sf3 Sc6 3.Lc4 Lc5 4.c3 Sf6 5.d3 a6 6.0–0 0–0 7.Sbd2 d6

Für das direkte 7...d5 siehe das Unterkapitel 4.3.

8.Lb3 La7

8...d5 an dieser Stelle gilt als voreilig und wird dementsprechend selten gespielt: 9.exd5 Sxd5 10.Te1 Lg4 (*10...f6N 11.d4 exd4 12.Se4 La7 13.Sxd4 Sxd4 14.cxd4 Kh8 15.Sc5⩲; 10...Sf6N 11.Sc4 Sg4 12.Te2 Lf5 13.h3 Sxf2 14.Txf2 Lxf2+ 15.Kxf2 Te8 16.d4 exd4 17.cxd4 Le4 18.Sce5 Sxe5 19.dxe5 Dxd1 20.Lxd1 Tad8 21.Lf4±; 10...Te8?* N. Stojanovic (2052) – T. Curic, Belgrad 2006 *11.d4!N La7 12.Se4 Lf5 13.Sg3 Lg6 14.dxe5±; 10...Sf4?N 11.d4 exd4 12.Se4 Ld6 13.Sxd4 Sxd4 14.Dxd4⩲*) 11.h3 Lh5 12.Se4 Lb6 13.Sg3 Lg6 14.Sxe5 Sxe5 15.Txe5 c6 A. Shen (2339) – J. Colas (2241), Arlington 2015 (*15...Lxf2+?N 16.Kxf2 Df6+ 17.Df3 Dxe5 18.d4 De7 19.Lxd5+–*) 16.Lxd5N cxd5 17.Df3 d4 18.c4 Te8 19.Txe8+ Dxe8 20.Lf4±

9.h3 Le6 10.Te1 Te8 11.Sf1 d5

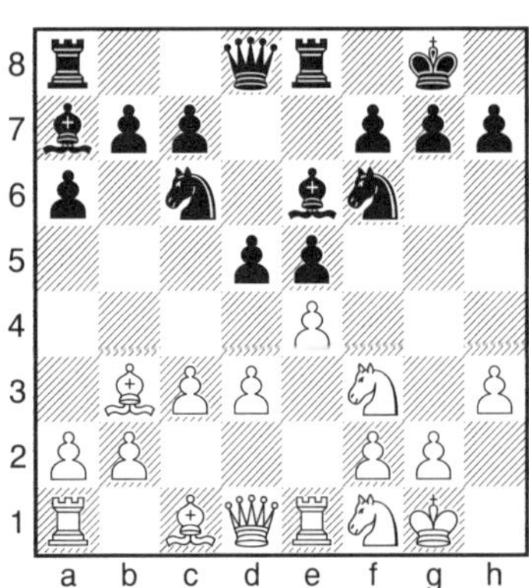

Hier schlagen wir vor das Fehlen von ...h6 auszunutzen:

11...h6 wird meistens gespielt und führt zu den Kapiteln 8.2.2 und 8.2.3.

12.Sg5 Sa5

E. Sedina (2323) – H. Klek (2287), Meissen 2013

12...Dd7N 13.Sg3 (*13.Sxe6 fxe6 14.Sh2⩲*) 13...d4 14.Sxe6 fxe6 15.c4 Lc5 16.a3 a5 17.La4⩲

13.La4N b5 14.Lc2 dxe4 15.Sxe6 Txe6 16.dxe4 Td6

16...Dxd1?! 17.Txd1 Sc4 18.a4±

17.De2 De8 18.Sd2 Tad8 19.b4 Sb7 20.a4 Lb6 21.Tb1

21.Sf3 c5 22.axb5 axb5 23.bxc5 Sxc5 24.La3⩲

21...Te6 22.c4 bxc4 23.Sxc4 Ld4 24.La3⩲

Mit dem Läuferpaar und der besseren Bauernstruktur sieht das viel besser aus für Weiß. Falls Schwarz wie in den oben gezeigten Varianten ...d6-d5 spielt, kann Weiß schnell und direkt kontern. Das ist ein Grund, warum Schwarz den Vorstoß entweder mit ...h6 vorbereitet oder nicht ...La7 spielt.

Kapitel 8.1.3.2

...d5 mit Lc5

Das ist sehr schnell und Weiß sollte mit der Zugfolge aufpassen.

8.1.3.2.1 – 9.Te1

Nach diesem Zug führt Aronians Konzept wahrscheinlich zu dynamischen Ausgleich. Außerdem punktet Weiß sehr schlecht in dieser Variante nach 10...d5. Im Kapitel 5.4.2 zeigen wir Optionen mit Lxe6 auf als Alternative gegen diesen schwarzen Aufbau.

1.e4 e5 2.Sf3 Sc6 3.Lc4 Lc5 4.c3 Sf6 5.d3 a6 6.0–0 0–0 7.Sbd2 d6 8.Lb3 Le6 9.Te1

Für 9.h3!?, was für Weiß deutlich besser punktet, siehe Kapitel 8.1.3.3.

9.Sc4 und;

9.Lc2 (siehe Giri – Anand im Strategieteil) sind die zwei anderen Hauptzüge in dieser Stellung. Aber nur 9.Te1 und 9.h3 passen sehr gut in unseren Hauptaufbau.

9...Te8

9...Sg4?! 10.Te2⩲ E. Ermenkov (2496) – M. Mitkov (2413), Durres 2001;

9...d5?N 10.exd5 Lxd5 11.Sxe5 Sxe5 12.Txe5 Lxb3 13.Sxb3 Ld6 14.Te1±;

Gegen Kramniks 9...h6 ist 10.Lxe6 (*10.h3* und; *10.Sf1* sind natürlich auch spielbar und werden im Kapitel 8.2.2.1. betrachtet.) 10...fxe6 11.b4 eine gute Option, siehe Kapitel 5.4.2.

10.Sf1

Vielleicht ist 10.Lxe6 eine gute Option hier – siehe Kapitel 5.4.2.

10...d5

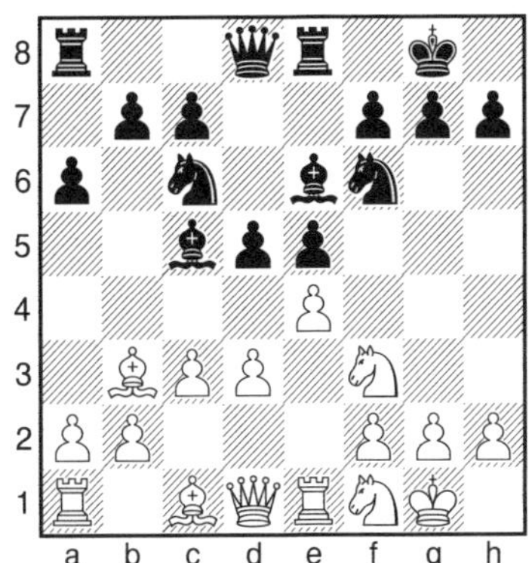

11.exd5

Das Endspiel nach 11.Lg5 dxe4 12.dxe4 Dxd1 13.Taxd1 Lxb3 14.axb3 ist auch ungefähr ausgeglichen, z.B. 14...Sg4 15.Te2 h6 16.Lh4 g5 17.Lg3 Sf6 18.b4 La7 19.h3 Sh5 20.Lh2= F. Caruana (2811) – L. Aronian (2777), Zürich (Schnellschach) 2015.

11.Sg5N ist nicht empfehlenswert wegen 11...Lg4!=

11...Lxd5 12.Lg5 Lxb3 13.Dxb3

13.axb3N h6 14.Lxf6 Dxf6 15.b4 Lb6 16.Dc2 Tad8 ändert nicht viel und sollte für Schwarz ebenfalls spielbar sein.

13...h6

13...Dxd3N 14.Lxf6 gxf6 15.Dxb7 Dd6 16.Db3 Tab8 17.Dc2 e4 18.Sh4 Df4 19.g3 De5 20.Tad1⩲

14.Lxf6

14.d4 Lb6 E. Janosi (2120) – R. Cossmann (2104), Lechenicher SchachServer Fernschachpartie 2012 15.Lh4N exd4 16.Txe8+ Dxe8 17.Lxf6 gxf6 18.cxd4 Sxd4 19.Sxd4 Lxd4 20.Dg3+ Kh8 21.Dxc7 De5 22.Dxb7 Lxf2+ 23.Kh1 Td8 24.Dxf7 Dxb2 25.Tb1 Dxb1 26.Dxf6+=

14...Dxf6

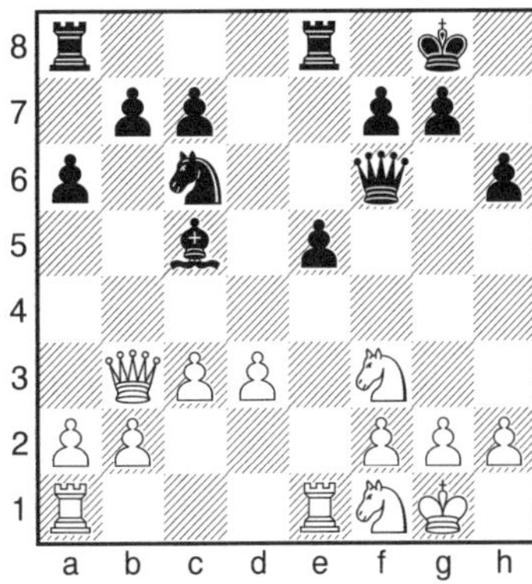

Es scheint, dass die weiße Initiative früher oder später versiegt, da der schwarze Läufer stark ist, z.B.

15.Te2

15.S1d2N Dg6 (*15...De6 16.Sc4 Df6 17.a4 Tad8 18.Tad1±*) 16.a4 La7 17.Sc4 Dxd3 18.Scxe5 Sxe5 19.Txe5 Tad8 20.Txe8+ Txe8 21.Dxb7 Lb6 22.Te1 Te2 23.Txe2 Dxe2 24.Dc8+ Kh7 25.Df5+=;

15.a4!?N;

15.Se3!?N Dg6 16.Tad1 Tad8 17.Dxb7 Sa5 18.De4 Dxe4 19.dxe4 Lxe3 20.fxe3 Sc4=

15...Lb6 16.Tae1 Te6!N

16...Te7?! 17.Se3 Lxe3 18.Txe3 b6 T. Igonin (2332) – A. Aleksandrov (2603), Tashkent 2015 19.h4!?N Td8 20.Da4 a5 21.h5 Ted7 22.De4±

17.Se3 Dg6 18.Sc4 Dxd3 19.Scxe5

19.Td2 Dg6 20.Sxb6 cxb6 21.Dxb6 e4 22.Sd4 Sxd4 23.Dxd4 Tae8=

19...Db5 20.Dxb5 axb5 21.Sxc6 Txe2 22.Txe2 bxc6 23.a3 c5=

Wir haben nach 9.Te1 keinen überzeugenden Weg gegen das schwarze Konzept gefunden. Die Engines mögen Weiß, aber das könnte ein Fall sein, in dem sie die langfristige Wirkung des schwarzfeldrigen Läufers des Nachziehenden unterschätzen.

Kapitel 8.1.3.2.2

9.h3

Das dürfte präziser sein. Schwarz kommt nicht so einfach zu frühem ...d5, da es mit Sg5 gekontert werden kann, weil ...Lg4 keine Option mehr ist.

1.e4 e5 2.Sf3 Sc6 3.Lc4 Lc5 4.c3 Sf6 5.d3 a6 6.0–0 0–0 7.Sbd2 d6 8.Lb3 Le6 9.h3!?

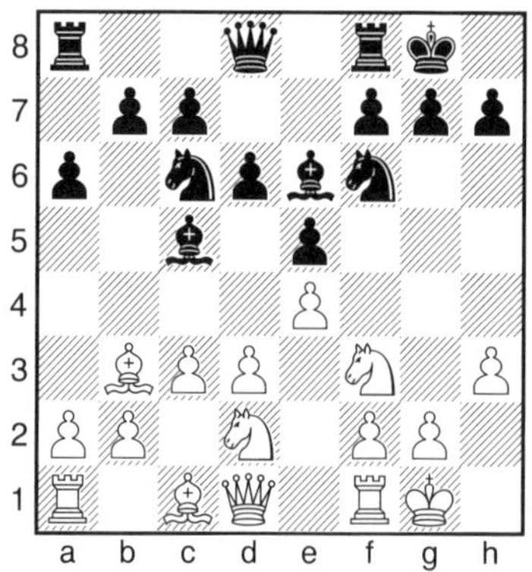

9...Lxb3

9...d5?! funktioniert nicht gut wegen 10.Sg5 h6 (*10...La7N 11.Sxe6 fxe6 12.exd5 exd5 13.Se4 Se7 14.Le3 Lxe3 15.fxe3 Kh8 16.Sxf6 gxf6 17.e4 c6 18.d4±*) 11.Sxe6 fxe6 A. Razumov – Y. Kalugin (1986), Samara 2008 12.exd5N exd5 13.Se4 Lb6 14.Le3±;

9...h6 10.Te1 Te8 11.Lc2 führt mit Zugumstellung zu Kapitel 8.2.2.1.

9...La7 10.Te1 führt mit Zugumstellung zu Kapitel 8.2.2.2.

9...Te8 10.Te1 h6 (*10...Lxb3* is met by *11.Dxb3 d5 12.Sf1±;*

und *10...d5* nach *11.Sg5N Dd7 12.Sxe6 Txe6 13.exd5 Sxd5 14.Se4±*) 11.Lc2 führt mit Zugumstellung zu Kapitel 8.2.2.1.

9...Dd7 kann mit 10.Te1 beantwortet werden und die aggressivste schwarze Entgegnung 10...Lxh3?!N funktioniert nicht: (*10...d5?N 11.exd5 Lxd5 12.Sxe5 Sxe5 13.Txe5 Lxb3 14.Dxb3 b6 15.Dc2 Ld6 16.Te2 Tae8 17.Sc4 Txe2 18.Dxe2 Te8 19.Le3±*) 11.gxh3 Dxh3 12.Sf1 Sg4 (*12...Dg4+ 13.Kh1 Lxf2 14.S1h2 Dh3 15.Te2 Sg4 16.Ld2±*) 13.Le3 Lxe3 14.fxe3 Sa5 15.S3h2 Sxb3 16.Dxb3 Tae8 17.Te2 Te6 18.Sxg4 Tg6 19.Tg2 Txg4 20.Dc2±

10.Dxb3 Dd7

10...Sh5 wird beantwortet mit 11.Sc4 b5 12.Se3 Sf4 13.Dd1 (*13.Sd5!?N* mit der Idee *13...Sxd3 14.Lg5 Dd7 15.Tad1 Sf4 16.Lxf4 exf4 17.Sxf4⩲* ist auch interessant.) 13...Lb6 14.g3 Sxh3+? (*14...Se6N 15.Sd5⩲*) 15.Kg2 Sg5 16.Sxg5 Dxg5 17.Sf5 Df6 S. Hoolt (2331) – A. Stefanova (2486), Caleta 2014 18.Th1!N d5 (*18...Se7? 19.Dh5+–*) 19.Dh5 Dg6 20.Df3 dxe4 21.dxe4 Tae8 22.Th4 Se7 23.Tg4+–

11.Sc4 h6 12.a4 Tab8 13.a5 Tfe8 14.Le3 Lxe3 15.Sxe3 Se7

D. Jakovenko (2736) – L. Aronian (2786), Moskau (blitz) 2009

16.Kh2!?N Sg6 17.g3⩲

Diese Variante führt in der Regel durch Zugumstellung zu Stellungen, in denen Schwarz ...h6 spielt. 9.h3 ist dementsprechend 9.Te1 vorzuziehen und punktet in der Praxis auch besser. Darüber hinaus haben Spieler wie Kramnik, Adams und Bologan die Stellung nach 9.h3 mit Weiß gespielt, was über verschiedene Zugfolgen erreicht werden kann.

Kapitel 8.2

Schwarz spielt früh ...h6

Das ist sicher, aber auch langsam

Kapitel 8.2.1

Schwarz lässt ...d5 nicht früh folgen

Weiß gruppiert in der Regel seinen Springer nach g3 um und spielt d3-d4 früher oder später. Wie üblich schlagen wir vor den Läufer so lange wie möglich auf b3 zu belassen und ihn erst im 13. Zug nach c2 zurückzuziehen. Es ist aber auch möglich ihn direkt nach ...Le6 – siehe Giri – Anand im Strategieteil – nach c2 zurückzuziehen.

Kapitel 8.2.1.1

Schwarz tauscht nicht früh auf b3 ab

Weiß hat zwei Strategien. Er spielt Sg3 und später 13.Lc2, was im Geiste unseres Aufbaus und unsere Empfehlung ist, damit das Repertoire stimmig bleibt. Ein frühes Le3 ist aber auch interessant, um mit dem Springer auf e3 zurückzuschlagen.

1.e4 e5 2.Sf3 Sc6 3.Lc4 Lc5 4.c3 Sf6 5.d3 d6 6.Sbd2 a6 7.Lb3 0–0 8.0–0 La7 9.h3 h6 10.Te1 Le6 11.Sf1

11.Lc2!? ist die Alternative.

11...Te8

11...Se7 12.Sg3 Dd7 (*12...Sg6 13.d4⩲* führt zum Kapitel 6.3.) 13.d4 Lxb3 (Nach 13...Sg6 gibt es die folgende hochklassige Partie, in der Weiß den Nachziehenden auseinandernahm. 14.Lc2 (*14.d5? Lxh3!→*) 14...c6 15.Le3 Tfd8 16.Dd2 De8 17.Tad1 Lb6 18.c4! Lxc4 19.Dc3 exd4 20.Sxd4 d5 21.exd5 Lxd5 22.Lxh6+- Df8 23.Sdf5 Dc5 24.Dxc5 Lxc5 25.Lxg7 Se8 26.Lc3 Sf4 27.Se4 Lxe4 28.Txe4 Txd1+ 29.Lxd1 Sd5 30.Tg4+ Kh7 31.Le5 1-0 Y. Kryvoruchko (2697) – J. Granda Zuniga (2663), Linares 2015.) 14.Dxb3 Sg6 15.Le3 Tfe8 16.Tad1 exd4

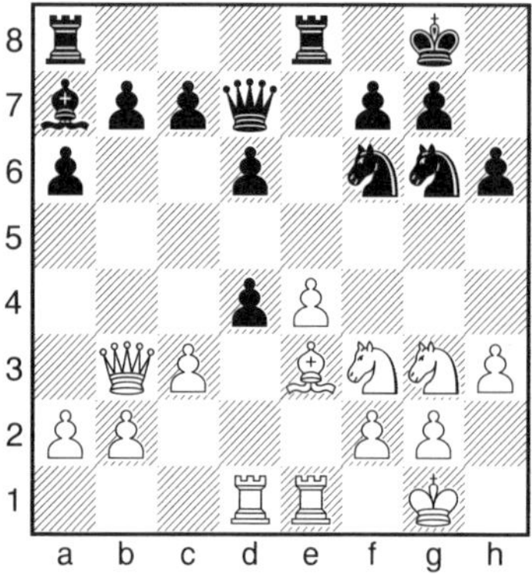

17.Lxd4!?N (*17.Sxd4 Sxe4 18.Sxe4 Txe4 19.Dxb7 Tee8* M. Muzychuk (2529) – N. Zhukova (2470), Lviv 2014 *20.b3±*) 17...Lxd4 18.cxd4 c6 19.e5 dxe5 20.dxe5 Sd5 21.Dc2 Te6 22.Sf5±;

11...d5 führt zu Kapitel 8.2.2.2.1. Nach 11...Dd7 ist 12.La4!? eine originelle Idee.

a) ist 12.Sg3 unsere Hauptempfehlung und führt zur Hauptvariante nach 12...Tfe8. Für 12...Lxb3 13.Dxb3 siehe das nächste Kapitel nach 13.Sg3. (*13.axb3* ist auch interessant, z.B. *13...d5 14.b4 dxe4 15.dxe4 Dxd1 16.Txd1 Tfd8 17.Txd8+ Txd8 18.Kf1* V. Bologan (2666) – E. Tomashevsky (2595), Sochi 2006. Dieses typische Endspiel ist ungefähr ausgeglichen, aber Bologan gewann später.)*;*

b) 12.Le3 Tfe8 13.Lxa7 Txa7 14.Se3 Taa8 ist Zugumstelung zu 12.Le3 nach 13...Dd7, aber mit einem mehr gespielten Zug.

12...b5 13.Lc2 Tfe8 14.Sg3 (*14.d4!?N*) 14...d5 15.exd5 Lxd5 16.Le3 Lxe3 17.Txe3 Te7 18.Sh4 Le6 19.Df3 (*19.Sh5!?N*) 19...Sd5 20.Tee1 g6 21.Se4 Kg7 22.Dg3 De8 23.Sc5± F. Vallejo Pons (2700) – N. Getz (2431), Gjakova 2016

12.Sg3

Das ist unser Standardaufbau.

12.Le3!? ist eine Hauptalternative: 12...Lxe3 (*12...d5 13.Lxa7 Txa7 14.exd5 Lxd5 15.La4 b5 16.Lc2 Ta8* L. Yudasin (2549) – M. Adams (2716), Belgrad 1999 *17.S3d2N Dd6 18.Se3±; 12...Lxb3 13.Dxb3 Dd7* leitet in die Hauptvariante des nächsten Kapitels über.) 13.Sxe3 Nach 13...Dd7

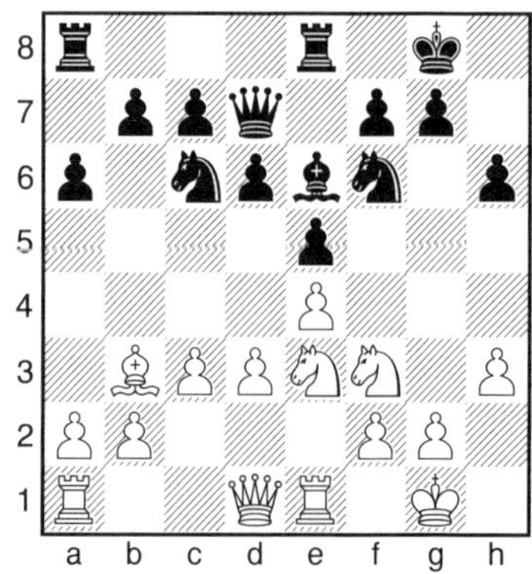

hat Weiß viele Züge ausprobiert und wir schlagen

a) 13...d5 14.exd5 Sxd5 15.Sxd5 Lxd5 16.d4 e4 17.Sd2 f5 18.f3 e3 19.f4 Sa5 20.Lxd5+ Dxd5 21.Sf1 (21.Df3!?N ist vermutlich noch besser. Dieser schwarze Aufbau wird von Sam Collins auf seiner neuen ChessBase DVD *Open Games with ...Bc5* empfohlen und das ist unser Gegenvorschlag) 21...Sc4 (*21...Db5 22.Sxe3 Te4 23.Dd2 Tae8 24.b3 b6 25.c4 Dd7 26.Sc2 Sb7 27.Txe4 Txe4 28.Te1 Sd6* M. Adams (2715) – V. Anand (2769), Wijk aan Zee 2000 *29.Kh2N b5 30.c5 Txe1 31.Sxe1 Se4 32.De3±*) 22.b3 Sd6 23.Sxe3 Df7 24.Df3 Te4 25.Sf1 Tae8 26.Te3± V. Tausnev (1697) – C. Moreira (1736), LSServer email 2010;

b) 13...Lxb3 14.Dxb3 Dd7 leitet in die Hauptvariante des nächsten Kapitels über.

14.Sh2 vor: (*14.Lxe6 Dxe6 15.c4* ist eine Hauptalternative und *14.Sh4* war bislang die häufigste Wahl.) 14...d5 (14...Se7 15.Shg4 Sxg4 16.hxg4 d5 17.d4 exd4 18.cxd4 Tad8 (*18...f6 19.Tc1 c6 20.e5±* J. Rogos (2318) – P. Janous (2347), ICCF email 2009) 19.e5 c5 20.dxc5 V. Spasov (2554) – S. Nikolov (2353), Varna 2015 20...Sc6N 21.f4±) 15.Shg4 Sxg4 16.exd5 Sxe3 17.dxe6 Sxd1 18.exd7 Te7 19.Taxd1!?N (*19.Lxd1 Txd7 20.Lf3 Txd3 21.Lxc6 bxc6 22.Txe5 Td2=* A. Markgraf (2463) – D. Baramidze (2548), Saarbruecken 2009) 19...Txd7 20.La4 b5 21.Lc2 Tad8 22.Te4 f6 23.Tde1 Kf7 24.f4±;

12.Lc2 ist die übliche Wahl, um den Läufer nicht abzutauschen.

12...Dd7

Für 12...Lxb3 13.Dxb3 (*13.axb3* ist auch interessant.) 13...Dd7 siehe nächstes Kapitel.

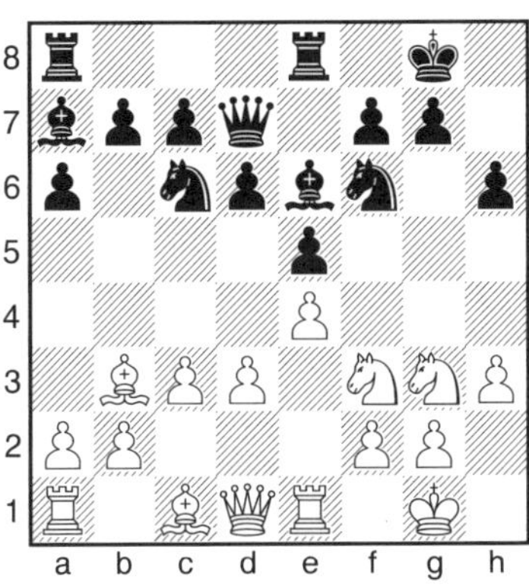

Hier hat Weiß viele Alternativen:

13.Lc2

Für 13.Sh4 siehe Socko – Brunello im Strategieteil. 13.Lxe6 Dxe6 14.Sf5

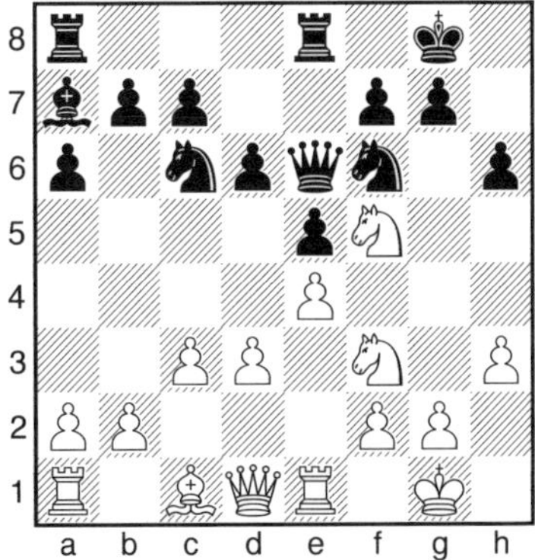

und Schwarz kann ausgleichen mit (*14.d4* wie in K. Asrian (2634) – A. Pashikian (2532), Yerevan 2007,führt zum Ausgleich nach der starken Antwort *14...d5!N 15.exd5 Dxd5 16.dxe5 Dxd1 17.Txd1 Sxe5=*) 14...Se7!N (*14...d5?* R. Cossmann (2104) – I. Nowak (2142), LSS email 2011 ist nicht gut wegen *15.Lxh6N gxh6 16.Sxh6+ Kg7 17.Sf5+ Kg8 18.Sg5 Dd7 19.Df3 Se7 20.Sxe7+ Dxe7 21.exd5 Dd6 22.Te4* mit einem starken Angriff für Weiß.) 15.Sxe7+ Txe7 16.Le3=

13...Tad8

Der Hauptzug 13...d5 wird im Kapitel 8.2.2.2 behandelt.

13...Lxh3?N 14.gxh3 Dxh3 15.Le3 Lxe3 16.Txe3 Sg4 17.Te2 Te6 18.Df1+–;

13...Se7?! verhält sich wie Varianten im Kapitel 6, z.B. 14.d4 Sg6 15.Le3 c6 16.Dd2 Dc7 17.Tad1 (Das direkte 17.Sf5!?N, um 17...d5? mit 18.Sxg7 Kxg7 19.Lxh6+ Kh7 (*19...Kh8 20.exd5 Lxd5 21.Sxe5 Txe5 22.dxe5 Sh7 23.Le3+–*) 20.exd5 cxd5 21.Txe5 zu beantworten, ist auch stark.) 17...Tad8 18.Sf5 d5

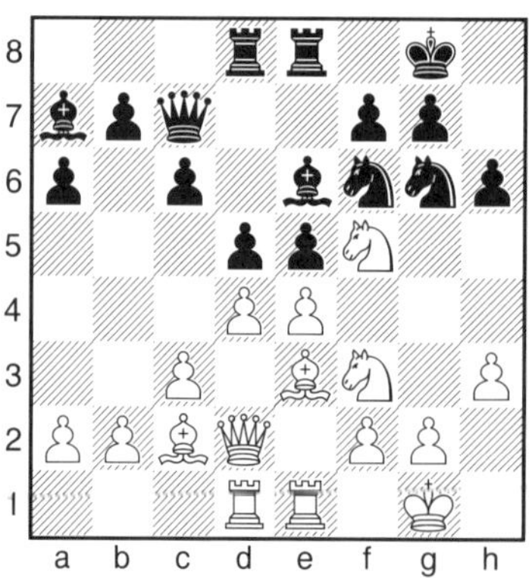

19.Sxg7! Kxg7 20.Lxh6+ Kh8 21.Lg5 Sh7 22.Lxd8 Dxd8 23.exd5 Lxd5 24.Lxg6 fxg6 25.Sxe5+– B. Predojevic (2645) – Z. Gyimesi (2610), Sibenik 2007

14.d4

Die Alternative 14.De2!? führt zur Partie Areshchenko – Alexandrov, die wir im Strategieteil analysieren.

14...exd4

14...d5?N 15.dxe5 Sxe4 16.Sxe4 dxe4 17.Dxd7 Txd7 18.Lxe4±

15.cxd4 d5 16.e5 Se4

V. Gazikova (2287) – N. Grgic (2011), Zillertal 2015

17.Le3N Sxg3 18.fxg3 Lf5 19.Lxf5 Dxf5 20.g4 Dd7 21.Dd2 Lb6 22.b4

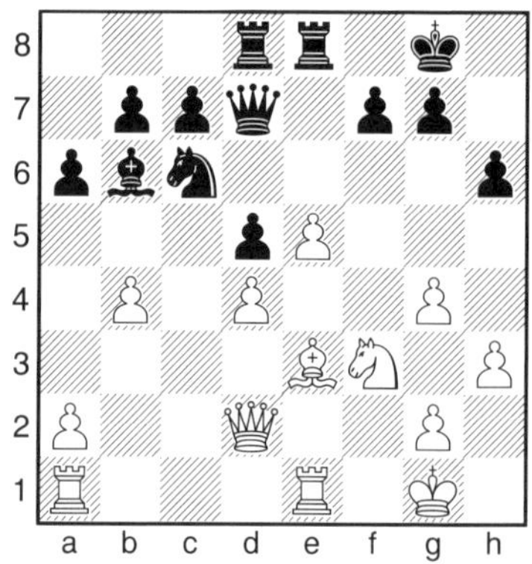

und Weiß verfügt dank des Raumvorteils auf beiden Flügeln zumindest über die angenehmere Stellung, z.B.

22...Te6 23.Kh1 f6 24.exf6 Txf6 25.Lg1 Te8 26.a4 Tfe6 27.Txe6 Dxe6 28.Dc3

28.g5!?±

28...Dd7 29.Tf1 Sd8 30.b5 axb5 31.Se5 Dd6 32.axb5 Se6 33.Sf3⩲

Eine Idee ist mit 34.Lh2 fortzusetzen.

Dieser Aufbau gibt Weiß freies Spiel im Zentrum mit d3-d4 häufig gefolgt von Sf5. Dementsprechend spielt Schwarz meistens ...d5, bevor Weiß zu viele Figuren in den Königsangriff einbeziehen kann.

Kapitel 8.2.1.2

Schwarz tauscht auf b3

Das ist möglich, wenn Weiß unserer Hauptempfehlung folgt und den Läufer nicht nach c2 zurückzieht. Der Tausch reduziert das weiße Potential und die darauf entstehenden Stellungen sind remislastig, da die weiße Initiative gering ist. Weiß hat wieder zwei Strategien. Er kann den Springer gemäß unserer Hauptempfehlung nach g3 transferieren, aber auch ein frühes Le3 ist interessant, um mit dem Springer auf e3 zurückzuschlagen.

1.e4 e5 2.Sf3 Sc6 3.Lc4 Lc5 4.c3 Sf6 5.d3 d6 6.0–0 a6 7.Lb3 La7 8.Sbd2 0–0 9.h3 h6 10.Te1 Le6 11.Sf1

11.Lc2 ist die Alternative.

11...Lxb3 12.Dxb3

12.axb3!?

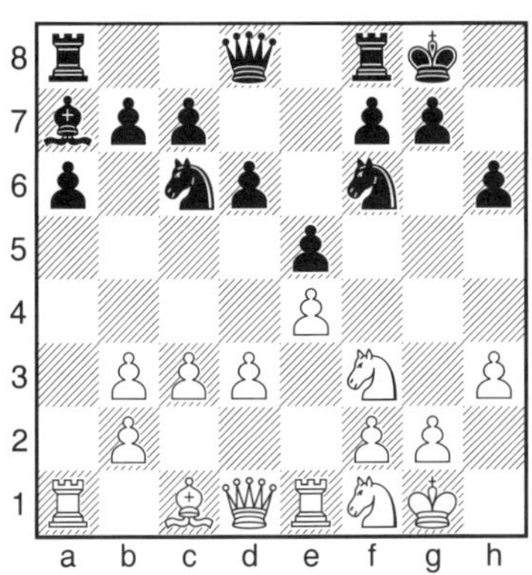

kommt stark in Betracht, da Sf1 nützlicher als ...h6 ist. 12...Te8

a) 12...Sh5?! 13.g4 Sf4?! 14.Lxf4 exf4 15.d4 Se7 16.b4 Sg6 17.Dd3 (*17.e5!?N*) 17...c6 M. Klinova (2295) – D. Harika (2520), Cappelle la Grande 2011 18.S1d2N Te8 19.Sc4⩲;

b) Nach 12...d5 aus D. Aaron (2177) – A. Betaneli (2274), Arlington 2010, ist 13.Dc2!?N

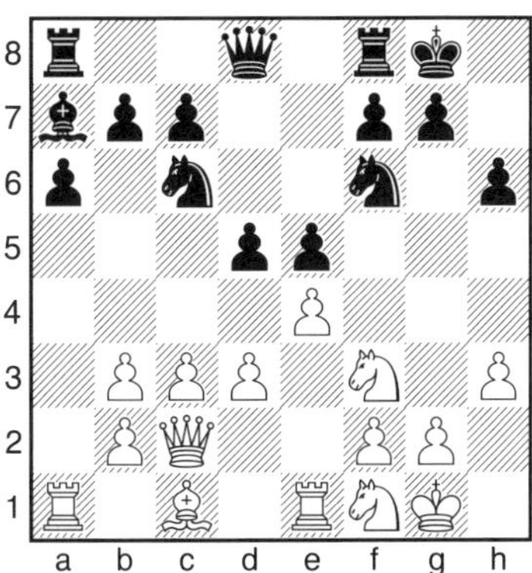

interessant, da der Bauer auf e4 geschützt wäre, z.B. 13...dxe4 (*13...Te8 14.Le3 Lxe3 15.Sxe3⩲*) 14.dxe4 Dd7 15.Le3 Lxe3 16.Sxe3 Tad8 17.Tad1 De6 18.b4 Se7 19.c4⩲;

13.S3h2 (13.Sh4!? Ein Favorit der Engines. 13...d5 H. Thorsteinsdottir (2011) – K. Maack (2157), Reykjavik 2011 (*13...Sh7 14.Sf5 Se7 15.S1g3 Sxf5 16.Sxf5* mit Remis in J. Magem Badals (2535) – Zhu Chen (2490), Beijing 1998, obwohl Weiß etwas besser steht.) 14.Df3N Te6 15.Sf5±) 13...Dd7 14.Df3 De6 15.b4 (Die Zugfolge bei Leko – Kramnik war 15.Sg3 Se7 (auf *15...Dxb3?* folgt *16.Sf5±* (Emms)) 16.b4) 15...Se7 16.Sg3 c6 17.Sg4 Sxg4 (*17...Sh7?! 18.Le3 Lxe3 19.Dxe3 Tad8 20.d4⩲* P. Leko (2694) – M. Adams (2716), Sarajevo 1999) 18.hxg4 d5 19.Sf5 Tad8 20.g3 f6 21.Kg2 dxe4 22.dxe4 Sxf5 23.gxf5 Dc4 24.Le3 Lxe3 ½-½ P. Leko (2751) – V. Kramnik (2769), Mexico City 2007

12...Dd7

Das wird meistens gespielt, da Weiß nicht auf b7 schlagen kann.

12...Tb8 13.Sg3 (13.Le3!? wird am häufigsten gespielt: 13...Lxe3 14.Sxe3 Dd7 (*14...Se7 15.Dc2 c6 16.d4 Dc7 17.a4 b5* V. Sikula (2554) – S. Jeric (2304), Latschach 2007 *18.dxe5!?N dxe5 19.c4 Sg6 20.cxb5 axb5 21.g3±*) 15.Tad1 Tfe8

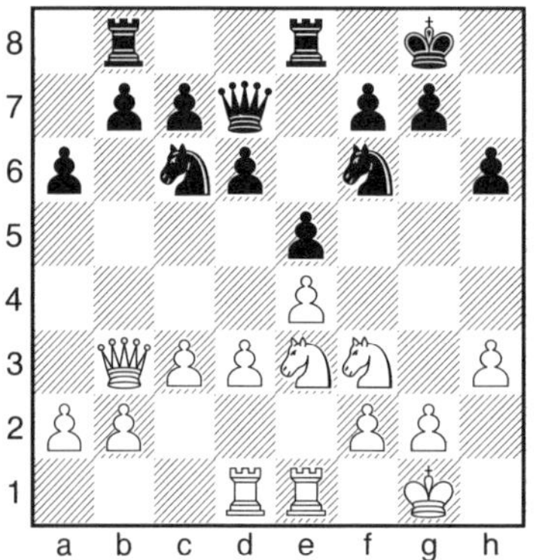

Weiß testete viele Züge hier. Der Vorteil ist gering, aber es gibt einen, z.B. 16.Dc2 De6 17.b4 b5 18.a3 a5 19.Tc1 ½-½ M. Noble (2513) – M. Michalek (2446), ICCF email 2009 19...axb4N 20.cxb4 Tb6 21.Db2 Dd7 22.Sf5 Se7 23.Sg3 Sg6 24.d4 exd4 25.Sxd4 Se5 26.De2 c6 27.Sgf5 Ta6 28.De3 Sg6 29.Dd3±) 13...Te8 14.Le3 Lxe3

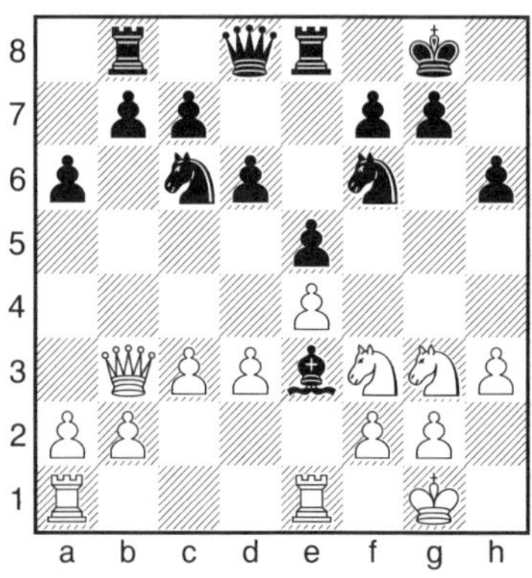

15.Txe3 (*15.fxe3!?* ist etwas schärfer, z.B. *15...Se7 16.Kh2 Dd7 17.Te2 Sg6 18.Tf1 c6 19.Tef2 d5 20.exd5 cxd5 21.Sd2 Te6 22.Sf5* E. Vorobiov (2534) – A. Grischuk (2705), Moskau (blitz) 2004 mit Angriffschancen am Königsflügel.) 15...Dd7 gibt Jan Gustafsson auf seiner ChessBase – DVD an. Hier schlagen wir (*15...d5 16.Td1 Dd6 17.Tee1 Sa5* M. Vecek (2126) – M. Aymard (2066), ICCF email 2011 *18.Dc2!?N Sc6 19.Sf5 De6 20.a4 dxe4 21.dxe4 Tbd8 22.Se3 Txd1 23.Txd1 Sa5 24.c4 c5 25.Sd5 Tc8 26.Sh4±*) 16.d4!?N mit einem leichten Raumvorteil vor.

13.Le3

Hier schlagen wir vor von unserem Standardaufbau abzuweichen und den Springer über e3 ins Zentrum zu führen oder mit dem Bauern auf e3 zu schlagen nach 13.Sg3.

Die Alternative ist das originelle 13.Sg3 Tfe8 14.Le3 Lxe3

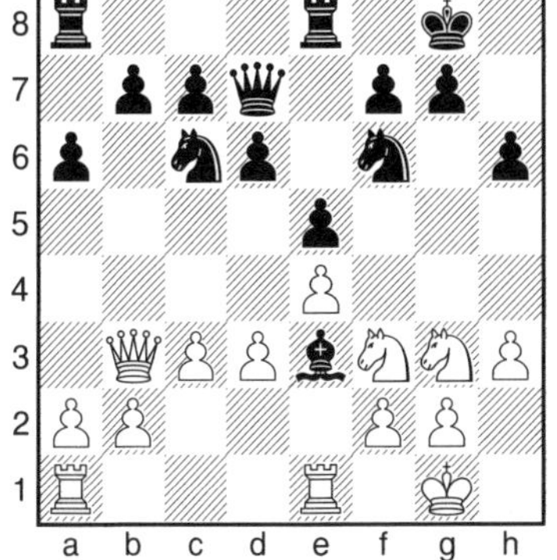

Normalerweise schlagen wir das Schlagen mit einer Figur auf e3 vor, doch da das fast ausgeglichen ist, bringt das Schlagen mit dem Bauern etwas Schärfe ins Spiel:

15.fxe3 (15.Txe3 d5 16.Te2 dxe4 17.dxe4 Sa5 (*17...De6!?N*) 18.Dc2 Tad8 19.Td2 De6 20.b3 Txd2 21.Dxd2 Sc6 22.Td1 Td8 23.De2 Td6 24.Sh4 Se7 25.Df3 g6 26.De2 Kg7= P. Harikrishna (2737) – R. Stern (2538), Berlin (Blitz – WM) 2015)

15...d5 16.exd5 Dxd5 17.Dxd5 (*17.Se4N De6 18.Dxe6 Txe6 19.Sxf6+ Txf6 20.d4* ist eine leichte Verbesserung hier.) 17...Sxd5 18.Tad1 Tad8

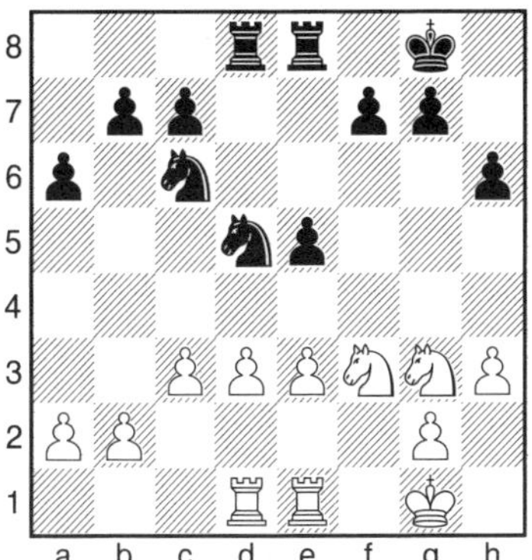

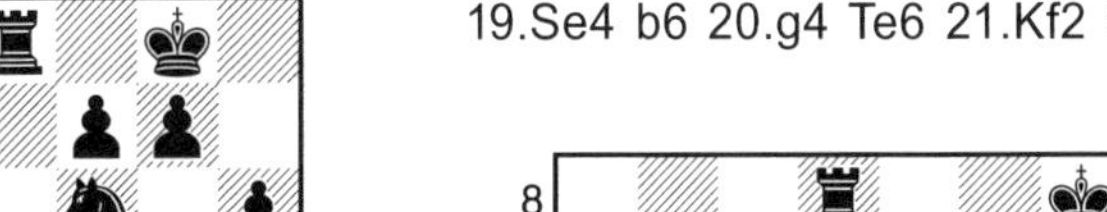

19.Se4 b6 20.g4 Te6 21.Kf2 Sce7

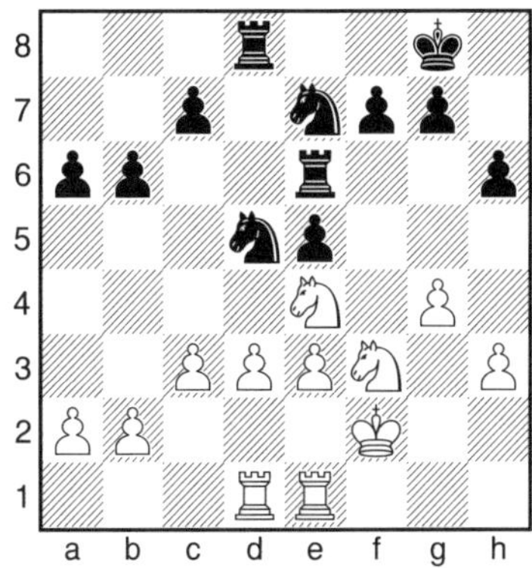

V. Durarbayli (2618) – F. Caruana (2796), Las Vegas 2015. Hier schlagen wir 22.c4N vor und geben die folgende Analyse an: 22...Sb4 (*22...Sf6 23.Sc3 b5 24.b3 b4 25.Se4 Sxe4+ 26.dxe4±*) 23.d4 exd4 (*23...f5 24.gxf5 Sxf5 25.dxe5±*) 24.exd4 f5 25.Sc3 Txe1 26.Sxe1 Tf8 27.Kg3 fxg4 28.hxg4 Tf1 29.d5 a5 30.a3 Sa6 31.Sd3± Bei guter Verteidigung hält Schwarz diese Stellung, doch mit der Mehrheit am Damenflügel hat Weiß noch eine Idee, wie er fortsetzen kann. Außerdem verfügt er über die besser platzierten Springer und einen aktiveren König.

13...Tfe8

13...Lxe3 14.Sxe3 Tfe8 (14...Se7 15.d4 Sg6 (*15...exd4 16.cxd4 d5 17.e5 Sh5 18.Tac1±* A. Wosch (2288) – J. Vaassen (2133), LSS email 2010) 16.Tad1 Db5 17.Dc2 Tfe8 V. Ciornas (2280) – J. Romero Sanchez (2011), ICCF email 2007 18.Sf5N Dc6 19.Kh2 exd4 20.S3xd4 Db6 21.Te3±) 15.Tad1 (*15.a4* ist die Alternative.) 15...Se7 16.Kh2

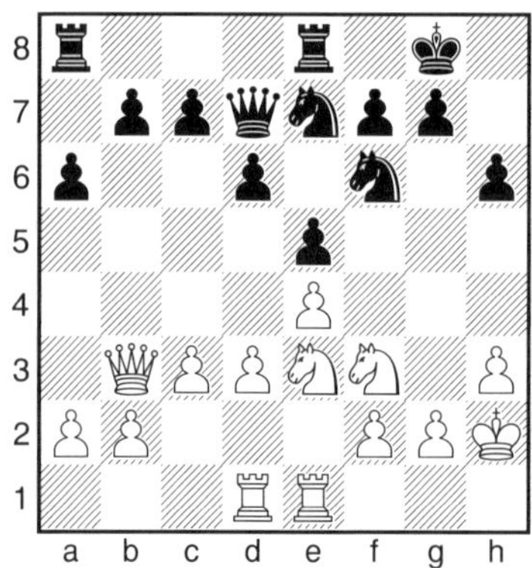

Das ist eine typische Prophylaxe, um ...Sg6 mit g3 zu beantworten. Die weißen Springer sind etwas effektiver als ihre Gegenüber. 16...a5 17.a4 Dc6 18.Dc2 Sg6 19.g3± V. Tausnev (1891) – S. Nicolenco (2075), LSS email 2011

14.Lxa7 Txa7 15.Sg3 De6 16.Da4 b5 17.Dc2 Sb8

17...Sd8 18.d4 Sb7 19.a4 Taa8 20.De2 c6 21.Sf5 Sd7 22.axb5 axb5 23.S3h4± V. Hammerschmidt (1854) – C. Goyeneche (1600), LSS email 2012

18.a4 Tb7 19.axb5 axb5 20.d4

20.Sf5N d5 21.b4±

20...g6 21.Dd2 Kh7 22.Sh2

und statt 22.Sh2 b4, wonach die Partie S. Movsesian (2677) – N. Short (2645), Wijk aan Zee 2008, sofort remis endete, schlagen wir 22.d5N De7 23.b4± oder; 22.b4N vor. In beiden Fällen behält Weiß eine leichte Initiative.

Generell haben Varianten mit dem Tausch des Läufers auf b3 eine hohe Remistendenz, so dass man den Rückzug nach c2 in Betracht ziehen sollte, um mehr Potential auf dem Brett zu halten. Falls Schwarz schon ...h6 gespielt hat, dann kommt das Schlagen mit axb3 stark in Betracht. Darüber hinaus hat man zwei Optionen: den Standardaufbau mit Sg3 und vielleicht später sogar Le3, um Lxe3 mit fxe3 zu beantworten oder ein frühes Le3, um mit dem Springer auf e3 zurückzuschlagen.

Kapitel 8.2.2

Schwarz spielt früh ...d6–d5

Leider kann der Vorstoß ...d7-d5 nicht immer auf die gleiche Weise beantwortet werden. Die Besonderheiten jeder Stellung müssen beachtet werden. Prinzipiell hat Weiß zwei Optionen: die Stellung im Zentrum halten mit De2 und Sd2-f1-g3 durchführen, um langsam aber sicher einen Angriff am Königsflügel zu starten (siehe Areshchenko – Aleksandrov im Strategieteil) oder direkt auf d5 nehmen. Normalerweise empfehlen wir die zweite Option mit der Idee danach auf beiden Flügeln zu spielen mit Zügen wie b4, a4 am Damenflügel und einem Springer auf f5 am Königsflügel.

8.2.2.1 Schwarz belässt den Läufer auf c5

Gegen ein frühes ...h6 mit dem Läufer auf c5 kann Weiß versuchen ohne h3 auszukommen, aber in unserer Hauptvariante folgen wir unserem Hauptaufbau und schlagen auf d5. Eine wichtige Möglichkeit ist der Rückzug 11.Lc2, was sich von unserer Richtlinie unterscheidet, so lange wie möglich den Läufer auf b3 zu belassen. Der Grund ist, dass der Springer in dieser Variante direkt nach c4 oder e4 gehen kann, anstatt über f1 überführt zu werden.

1.e4 e5 2.Sf3 Sc6 3.Lc4 Lc5 4.c3 Sf6 5.d3 d6 6.0–0 a6 7.Lb3 0–0 8.Sbd2 h6

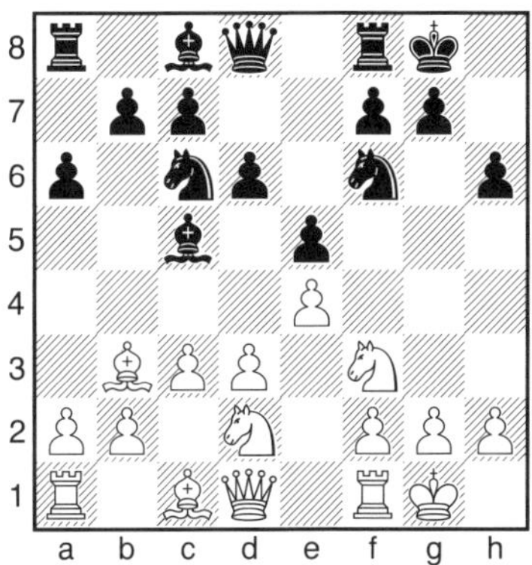

9.Te1

Das ist hier wahrscheinlich etwas präziser als 9.h3, was natürlich auch spielbar ist. Der Grund ist, dass ...Sg4 hier nicht so gefährlich ist, weil Schwarz schon ...h6 gespielt hat. Da Weiß sowieso Te1 spielen möchte, um ...d5 entgegenzuwirken, sollte man diesen Zug zuerst ausführen. Außerdem gibt es Varianten, in denen Weiß auch ohne h3 auskommt. Falls Weiß den weißfeldrigen Läufer behalten möchte, dann sollte er zuerst 9.h3 spielen.

9...Te8

9...d5? 10.exd5 Sxd5 11.Sxe5 Sxe5 12.Txe5 c6 13.d4 Ld6 14.Te1±;

9...Le6!? Kramniks Zugfolge, um die Läufer zu tauschen. 10.Sf1 (Für die Alternative *10.Lxe6!?,* was zu komplett anderen Bildern führt und hier unsere Hauptempfehlung ist, siehe Kapitel 5.4.2.) 10...d5 (10...Lxb3 11.Dxb3 Dd7 12.Le3 (*12.Sg3 Tab8* W. Glaser – U. Borner, Deutschland 1988 *13.Dc2!?N La7 14.Le3 Lxe3 15.fxe3* ist ein anderer Weg, um etwas schärfer zu spielen.) 12...Lxe3 13.Sxe3 Tfe8 14.Tad1 b5 S. Zhigalko (2656) – V. Kramnik (2777), Blitz – WM Berlin 2015 15.Dc2N De6 (*15...Se7 16.d4±*) 16.a4 b4 (*16...d5 17.h3 Tad8 18.axb5 axb5 19.Ta1±*) 17.d4 b3 18.Dc1 exd4 19.cxd4± Dxe4? 20.Sd2+–)

11.exd5 Sxd5 12.Sg3 Te8 (*12...Ld6 13.d4 exd4 14.Sxd4 Sxd4 15.Dxd4 c5 16.Dd3 Lxg3 17.Dxg3 Df6 18.Ld2 Tac8* A. Skripchenko (2438) – N. Huschenbeth (2318), Deutschland 2007 *19.Tad1N Tfd8 20.h3 c4 21.Lc2 Se7 22.Le3±*) 13.h3 La7 ist Zugumstellung zu 13...Sxd5.

9...Sg4?! 10.Te2 Kh8 (*10...Sf6 11.Sf1 Sh5 12.d4 Lb6 13.Te1 exd4 14.Sxd4±* S. Cretu (2117) – B. Bolz (2110), ICCF email 2011) 11.h3 f5?!N (*11...Sf6 12.Sf1 Sh5 13.d4±* M. Tolonen (2235) – J. Heino (2132), Finland 2000) 12.De1 La7 13.exf5 Sxf2 14.Txf2 Lxf5 15.Lc2 (*15.Se4!?*) 15...d5 16.Sf1 e4 17.dxe4 Lxf2+ 18.Dxf2 Lxe4 19.Le3 Se5 20.S1h2±

10.h3

Gegen diese Zugfolge ist auch das direkte 10.Sf1!? sehr interessant, um ohne h3 auszukommen, z.B. 10...Le6 (*10...La7 11.h3 Le6 12.Sg3* ist Zugumstellung zum Kapitel 8.2.2.2.) 11.Lxe6 (Wie üblich ist 11.Lc2!? ebenfalls interessant, z.B. 11...La7 (*11...d5 12.exd5 Sxd5 13.Sg3 La7 14.h3* ist Zugumstellung zum Kapitel 8.2.2.2.2.)

12.Sg3 d5 13.exd5 Lxd5 14.h3 ist Zugumstellung zum Kapitel 8.2.2.2.3.) 11...fxe6 12.b4 La7 S. Cretu (2106) – J. Helmer (2013), ICCF email 2011 13.Sg3N Se7 14.d4 Sc6 15.a3 Tf8 16.h3 De8 17.Le3 Sh5 18.Kh2 Sxg3 19.fxg3 Dg6 20.Dd3±

10...Le6

10...d5? 11.exd5 Sxd5 12.d4 (*12.Sc4!?N Ld6 13.Sxd6 Dxd6 14.d4 e4 15.Se5±*) 12...La7 13.Sxe5 Sxe5 14.Txe5 Txe5 15.dxe5 Sf4?! 16.Df3± F. Yaver (1936) – B. Celik (1789), Manavgat 2015

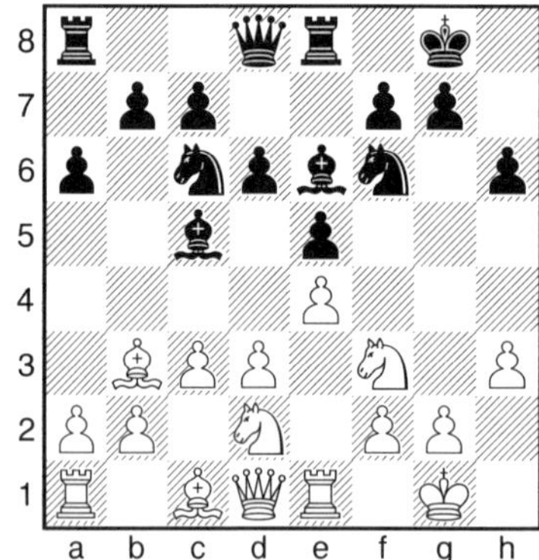

11.Lc2!?

Wir bevorzugen hier diesen Rückzug, da nach 11.Sf1 d5 Weiß einen Aufbau ohne exd5 wählen sollte, was nicht unserer Hauptempfehlung entspricht.

(Nach 11...Dd7 12.Lxe6 fxe6 13.d4 exd4 14.cxd4 La7 15.Sg3 Tad8 16.Le3 d5

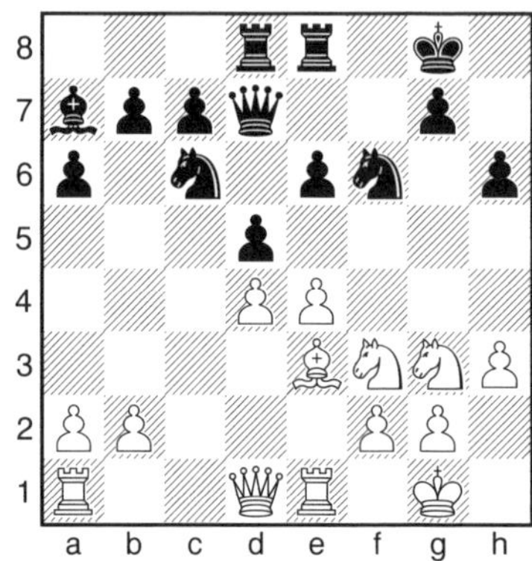

ist es wichtig nicht 17.Se5?! zu spielen wegen (*17.e5N Se4 18.Dd3±*) 17...Sxe5 18.dxe5 Sxe4 19.Lxa7 Sxg3 20.fxg3 b6= E. Vorobiov (2572) – S. Mihajlov (2343), Stockholm 2016)

12.De2 (Auf *12.exd5 Lxd5 13.Lc2* kann hier *13...e4!?N* sehr stark folgen.) 12...Dd7 13.Sg3 Tad8 14.Lc2 b5 Wei Yi (2634) – Zhao Jun (2603), Danzhou 2014 (Für *14...La7* siehe Areshchenko – Aleksandrov im Strategieteil.) 15.Td1N und die Stellung ist ausgeglichen.

Eine gute Alternative ist 11.Lxe6!? Txe6 12.b4 La7 13.a4 d5 14.Dc2 d4 15.Lb2 dxc3 16.Lxc3 Sd4 17.Lxd4 Lxd4 I. Salgado Lopez (2606) – M. Adams (2725), Caleta 2013 18.Tac1N c6 19.Sb3± Siehe Kapitel 5.4.2 für mehr Ideen nach dem Abtausch auf e6. 11.Sc4 ist eine weitere Hauptvariante.

11...d5

11...La7 12.Sf1 d5 ist Zugumstellung zum Kapitel 8.2.2.2.

12.exd5 Lxd5

12...Dxd5 13.Sf1 (13.b4!? La7 14.Lb2 (*14.Sf1N* sieht nach einer besseren

Version der nächsten Anmerkung aus und sollte bevorzugt werden.) 14...Lf5?! V. Nevednichy (2580) – V. Sanal (2409), Golden Sands 2013 (*14...Dd7!∞ Δ15.Sxe5? Sxe5 16.Txe5 Lxh3 17.Txe8+ Txe8 18.gxh3 Lxf2+! 19.Kg2 Sd5 20.Df3 La7–+*) 15.c4!N Dd8 (*15...Dd7 16.La4±*) 16.La4 Sd7 17.Lxc6 bxc6 18.c5 Tb8 19.Lc3 Lxd3 20.Te3 Lg6 21.Sb3 f6 22.Sh4 Sf8 23.Sxg6 Sxg6 24.Sa5±)

13...Tad8 14.Sg3 Lf8 (*14...Dd7N 15.Ld2± Lxh3? 16.gxh3 Dxh3 17.d4 exd4 18.Lf5±*) 15.Le3 Dd7 H. Asis Gargatagli (2483) – C. Balogh (2645), Barcelona 2015 16.Ld2N Ld6 (*16...g6 17.Dc1 Kh7 18.Sxe5 Sxe5 19.Txe5±*) 17.b4±

13.b4

Es ist wichtig Raum am Damenflügel zu gewinnen und Schwarz zu einer Entscheidung zu zwingen, wo er seinen Läufer aufstellen möchte.

13...La7

13...Lf8 14.Lb2 Dd6 A. Velikic (2363) – S. Ivanova (2121), Porto Carras 2015 15.a3!?N mit der Idee 16.c4 ist besser für Weiß, z.B. 15...Sh5 16.Se4 Lxe4 17.Txe4 Tad8 18.Df1 Sf6 19.Tee1±

14.a4 b5

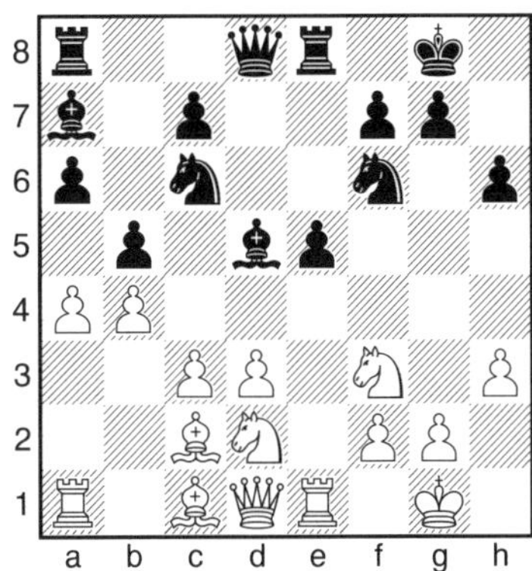

15.Lb2

Das direkte 15.Se4 ist auch möglich, aber Schwarz sollte in der Lage sein die weiße Initiative zu neutralisieren: 15...Sxe4 16.dxe4 Lc4 17.Le3

a) 17.Dxd8N Texd8 18.Sd2 Le6 19.Sf1 Lb6=;

b) 17.Lb3N ist interessant, aber die weiße Initiative ist sehr leicht, z.B. 17...Dxd1 18.Lxd1 Ted8 (*18...a5 19.axb5 Lxb5 20.bxa5 Sxa5 21.Txa5 Lxf2+ 22.Kxf2 Txa5 23.Lb3 La4 24.La2 Lb5 25.Ld5 c6 26.Lb3 La4 27.Lxa4 Txa4 28.Te2±; 18...Tad8 19.Sd2 Ld3 20.Lb3±*) 19.Sd2 Le6 20.Le2 Se7 21.Sf1 Sg6 22.Td1 Tdb8 23.axb5 axb5 24.Ta3 c6 25.Td6 Se7 26.Lg4 Lxg4 27.hxg4 Lb6 28.Txa8 Txa8 29.Le3 Lxe3 30.Sxe3=;

17...Lxe3 18.Txe3 Dxd1+ 19.Txd1 Ted8 (*19...Tad8 20.Tee1 f6 21.Sd2 Ld3 22.Lb3+ Kf8* V. Nevednichy (2580) – H. Melkumyan (2635), Albena 2013 *23.axb5!?N axb5 24.Ta1 Td6 25.Ld1 Ted8 26.Sb3±*) 20.Tee1 Kf8 21.Sd2 Le6 22.Sb3 Txd1 23.Txd1 Lxb3 24.Lxb3 Td8 25.Td5 Txd5 26.exd5

Sb8= A. Brkic (2607) – V. Erdos (2610), Biel 2015

15...Dd6

15...Db8!? 16.Sf1 Db6 17.Se3 Tad8 Hou Yifan (2673) – P. Eljanov (2760), Wijk aan Zee 2016 18.Sd2!?N Le6 19.Df3⩲;

15...Lb6!? Wahrscheinlich der beste Zug. 16.Tc1 (*16.Sf1N* erlaubt Schwarz die Stellung mit *16...e4=* zu klären. *16.Dc1N Tb8 17.axb5 axb5 18.c4 Lxf3 19.Sxf3 Sxb4 20.Txe5 Txe5 21.Lxe5 Se8=; 16.Se4N Sxe4 17.dxe4 Lc4=*) 16...Tb8 17.Lb1 Dd7 18.Se4 (*18.axb5!?N axb5 19.c4 Lxf3 20.Sxf3 Ld4 21.cxb5 Lxb2 22.Txc6 Txb5 23.Dc2 Txb4 24.Txc7±*) 18...Sxe4?! (18...De6!?N 19.a5 La7 20.Sg3 Dd7 (*20...Tbd8 21.c4 bxc4 22.Sxe5⩲*) 21.Sh4 Le6 22.Df3 Dd5 23.De2 Tbd8 24.Shf5 Kh8 25.Lc2=) 19.dxe4 Le6 20.Dxd7 Lxd7 21.a5 La7 22.La2 Tbd8 D. Kadric (2546) – S. Sevian (2580), Dallas 2016 23.Ld5!?N Kf8 24.c4±

16.Se4 De6

B. Bok (2607) – N. Abasov (2556), Wijk aan Zee 2016

17.Sg3!?N Dd7

17...Tad8? 18.d4⩲

18.Sh4

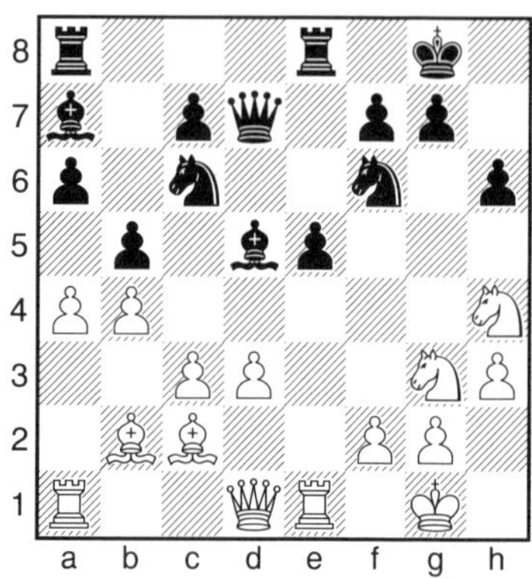

Das weiße Spiel am Königsflügel ist nicht leicht zu neutralisieren, da Schwarz Schwierigkeiten hat dynamisches Gegenspiel zu generieren. Wir haben einige Varianten analysiert, aber mehr praktische Tests sind vonnöten, um die Stellung besser zu bewerten:

18...Le6

18...Tad8 19.Shf5 Lb6 20.Dd2 Se7 21.Txe5 Sxf5 22.Txf5 Lb7 23.Txf6 gxf6 24.d4 Dd5 25.f3 Dg5 26.Df2 Dh4 27.Ld3⩲

19.Df3 Dd5

19...Ld5 20.Se4 Sh7 21.Lc1 De6 22.Le3 Lxe3 23.Dxe3 f5 24.Sc5⩲

20.Se4

Sogar 20.De2 Dd7 21.Sh5 Sxh5 22.Dxh5 Tad8

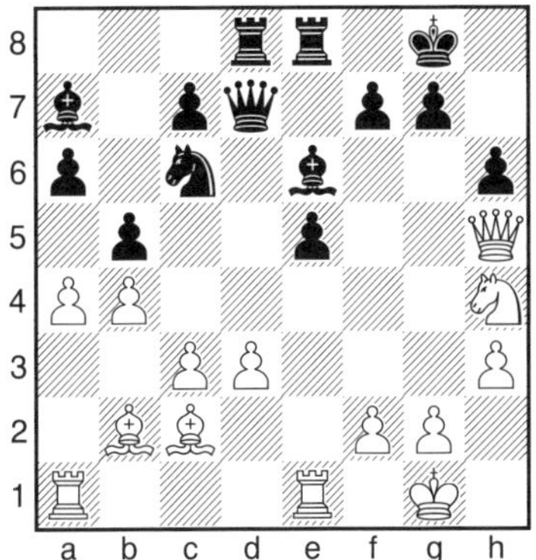

ist spielbar, aber wahrscheinlich herrscht dynamisches Gleichgewicht, z.B. 23.Lc1 (*23.axb5 axb5 24.Txa7 Sxa7 25.Te3* ist auch möglich wegen *25...f5 26.Tg3 f4 27.Tg6 Lf7 28.Dxh6 Lxg6 29.Dxg6 De6 30.Lb3 Dxb3 31.Sf5 Te7 32.Sxe7+ Kf8 33.Dg5=*) 23...Lb6 (*23...f6 24.axb5 axb5 25.Lxh6 gxh6 26.d4 exd4 27.Le4 dxc3 28.Dg6+ Dg7 29.Dxg7+ Kxg7 30.Lxc6 Ld7 31.Txe8 Lxe8 32.Txa7 Td1+ 33.Kh2 Lxc6 34.Txc7+ Ld7 35.Txc3±; 23...f5? 24.axb5 axb5 25.d4 exd4 26.Lxh6 d3 27.Lxd3 Dxd3 28.Lxg7 Dg3 29.Txa7 Dxg7 30.Sxf5 Lf7 31.Txe8+ Lxe8 32.Sxg7 Lxh5 33.Txc7 Lf7 34.Sf5±*) 24.Le3 (*24.Lxh6 gxh6 25.d4 Sxd4 26.Tad1 Dc6 27.Dxh6 Sxc2 28.Dg5+=*) 24...Lxe3 25.Txe3 f5 26.axb5 axb5 27.Tae1 f4 28.Te4 Ld5 29.De2 De7 30.Sf3 Lxe4 31.Dxe4 Dd6 32.d4 exd4 33.Dh7+ Kf7 34.Sg5+ hxg5 35.Dh5+=

20...Sxe4 21.Txe4 Tad8

21...Dd8 22.d4

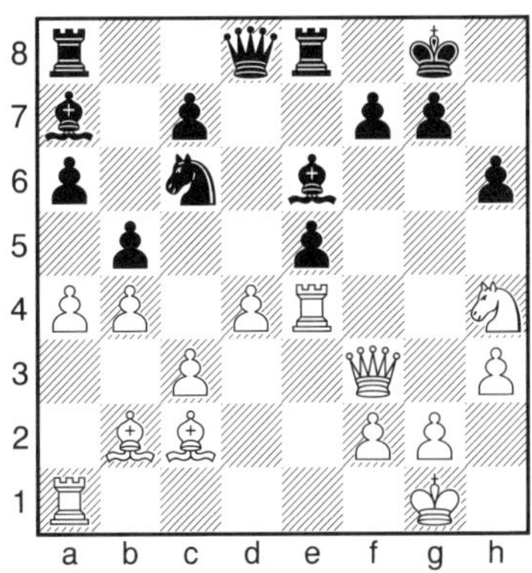

Weiß hat gefährliches Potential in dieser Stellung, z.B. 22...Ld5 (*22...exd4 23.axb5 axb5 24.cxd4 Sxb4 25.d5 Sxc2 26.dxe6 Txe6 27.Txe6 fxe6 28.Td1 Sd4 29.De4±*) 23.Sf5 Df6 24.Lc1 Kf8 25.Se3 Dxf3 26.gxf3 Le6 27.d5 Lxe3 28.dxe6 Lxc1 29.exf7 Kxf7 30.Txc1±

22.Lc1 Dd7

22...f5 23.Te1 Dxf3 (*23...Dd7 24.Le3* ist Zugumstellung) 24.Sxf3 Lf7 25.Le3 Lxe3 26.Txe3 Ld5 27.Sd2±

23.Te1 f5 24.Le3 Lxe3 25.Dxe3±

Gegen diesen Aufbau kann man versuchen ohne h3 auszukommen. Wir folgen ansonsten unserer Hauptempfehlung mit der Ausnahme: 11.Lc2!? ist zu empfehlen, da der Springer auf d2 direkt über e4 aktiviert werden kann nach dem Vorstoß ...d5. 15...Lb6 sieht kritischer als 15...Dd6 aus und Schwarz sollte sich auf diesen Zug konzentrieren.

Kapitel 8.2.2.2

Schwarz spielt ...La7

Diese prophylaktische Maßnahme stoppt d4 oder b4 und wird am häufigsten gespielt.

Kapitel 8.2.2.2.1

11...d5

Gegen diesen direkten Ansatz hat Weiß die gefährliche Option 13.S1h2, die wir auch vorschlagen. Es spricht aber auch nichts gegen die normale Fortsetzung 13.Sg3. Bei dieser Zugfolge ist sogar 13.Sxe5 eine Option. Außerdem kann Weiß 11.Lc2 spielen, was 11...d5 entkräften sollte.

1.e4 e5 2.Sf3 Sc6 3.Lc4 Lc5 4.c3 Sf6 5.d3 a6 6.0–0 d6 7.Lb3 La7 8.Sbd2 0–0 9.h3 Le6 10.Te1 h6 11.Sf1

Damit folgen wir unserem Standard-Ansatz.

11.Lc2!? ist eine Alternative, um 11...d5 (alles Andere ist Zugumstellung) mit 12.exd5 zu beantworten, z.B. 12...Dxd5 (*12...Lxd5?!N 13.Sxe5 Sxe5 14.Txe5 Dd6 15.Te2 Dg3 16.Df1 Tae8 17.d4 Dd6 18.Ld3 Txe2 19.Dxe2 Te8 20.Dd1⩲; 12...Sxd5?N 13.Sxe5 Sxe5 14.Txe5±*) 13.Sf1 Tad8 14.Sg3 Tfe8 15.De2 Dd7 16.Le3 Lxe3 17.fxe3! Sd5 18.d4 exd4 19.exd4⩲ Lf5? 20.Se5± T. Radjabov (2788) – A. Naiditsch (2712), Istanbul 2012

11...d5

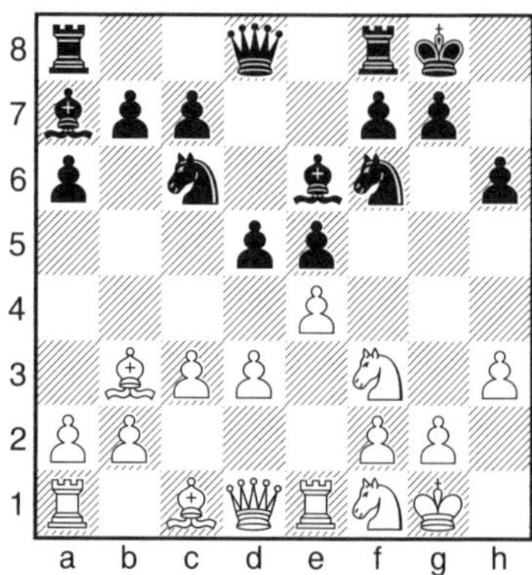

Hier schlagen wir das Schlagen auf d5 nebst aktivem Spiel auf den weißen Feldern mit S1h2 vor.

12.exd5

Wie üblich ist 12.De2 die prinzipielle Alternative, z.B. 12...dxe4 (Für *12...Te8 13.Sg3 Dd7 14.Lc2* siehe Areshchenko – Aleksandrov im Strategiekapitel.) 13.dxe4 Lxb3 14.axb3 Dd6 15.Le3 Lxe3 16.Sxe3 De6 17.Dc4 Dxc4 18.Sxc4 Sd7 19.b4 Tfe8 20.Sfd2 Sf8 21.Sb3 Se6 22.g3 f6 23.Kg2 Kf8 24.h4⩲ L. Vajda (2558) – P. Lombaers (2347), Hilversum 2015

12...Sxd5

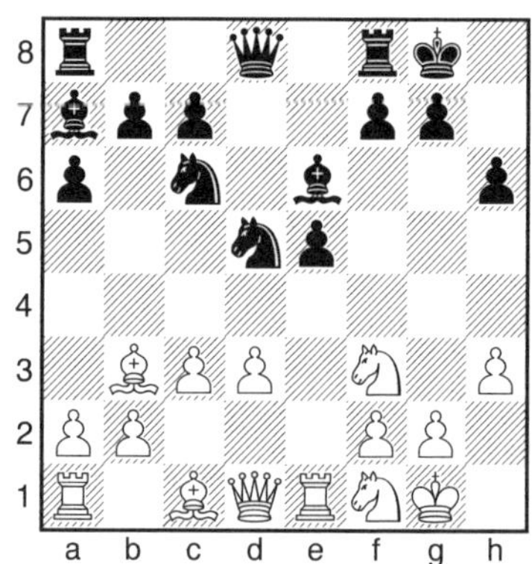

13.S1h2

Ein sehr konkreter Zug. Jetzt hängt der Bauer auf e5.

Die Alternative lautet 13.Sg3 mit den folgenden Möglichkeiten: 13...Te8 leitet in Kapitel 8.2.2.2.2 über.

a) 13...Df6?N 14.d4 exd4 15.Sh5 Dd8 16.Lxh6 (*16.Dd3!?*) 16...gxh6 17.Dd2 Se3 18.cxd4 Lxb3 19.Txe3 Sxd4 20.Sxd4 Lxd4 21.Txb3 Dd6 22.Sg3 f5 23.Td1 Tad8 24.Td3 c5 25.Se2±;

b) 13...Dd6 14.De2 Tae8

(14...Tfe8N 15.La4 (*15.Sh4 Sf4 16.Lxf4 exf4 17.Se4 Dd8 18.Dh5 Lxb3 19.axb3 Dxd3 20.Sf6+ gxf6 21.Sf5 Se5 22.Sxh6+ Kg7 23.Sf5+=*) 15...b5 16.Lc2 Tad8 17.De4 (*17.Ld2 Dd7 18.d4 exd4 19.De4 Sf6 20.Dh4 d3 21.Lxh6=*) 17...Sf6 18.Dh4 Ld7 19.Ld2⩲)

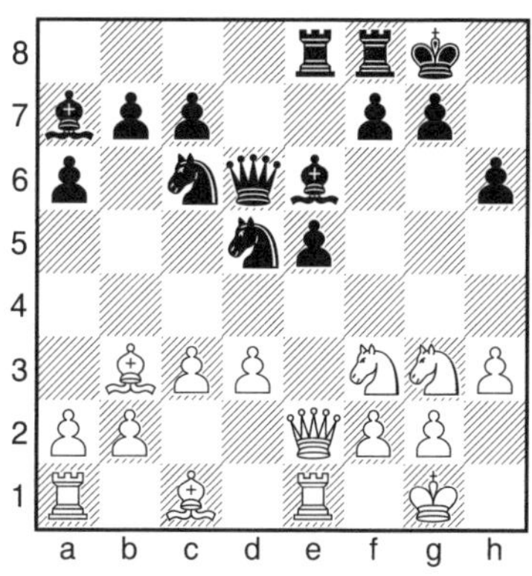

ist trickreich wegen der Option ...Sf4 und sollte mit 15.Ld2N beantwortet werden, z.B. (*15.Sh4? Sf4* J. Furhoff (2397) – B. Lindberg (2389), Stockholm 2007 und*; 15.Se4?! Dd8 16.Sg3? Sf4* H. Moehn (2015) – K. Ulanowski (1802), Novy Bor 2010 sollten vermieden werden.) 15...Sf4 16.Lxf4 exf4 17.Se4 Dd8 18.d4 Lf5 19.Sfd2 Sa5 20.Lc2⩲;

In diesem Fall ist auch 13.Sxe5 möglich wegen 13...Sxe5 (*13...Lxf2+N 14.Kxf2 Sxe5 15.Kg1⩲*) 14.Txe5 Lxf2+ 15.Kh1 Lh4 16.Df3 c6 17.d4

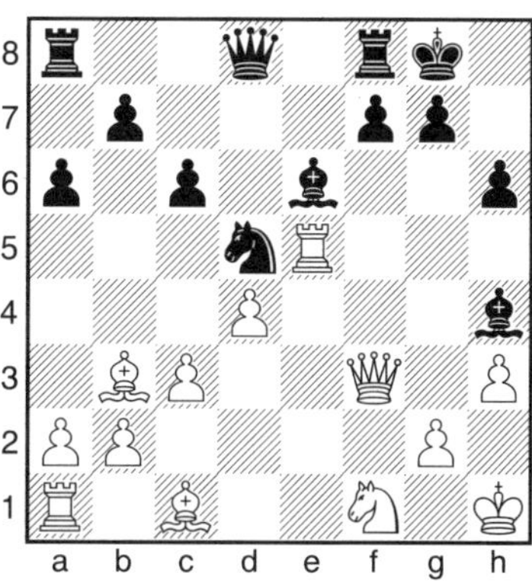

und das schöne Zentrum gab Weiß in M. Lagarde (2501) – L. Mons (2332), Maribor 2012 einen leichten Vorteil. Es gibt auch einige unterklassige Fernpartien, in denen Weiß guten Angriff am Königsflügel erhielt. Dementsprechend kommt 13.Sxe5 stark in Betracht.

13...Dd6

13...Df6? J. Jackova (2360) – N. Sammalvuo (2245), Dresden 2008 14.Sg4N Lxg4 15.hxg4 Sf4 16.Lxf4 Dxf4 17.Te4 Df6 18.De2 Lc5 19.Te1 Ld6 20.g5 hxg5 21.Tg4±

14.Sg4 Lxg4

14...f6 15.d4! Tad8 16.De2 Lxg4 17.hxg4 Kh8 18.g5 fxg5 19.Sxe5 Sxe5 20.Dxe5⩲ T. Sigurdarson – V. Mamonovas (2206), ICCF email 2013

15.hxg4 Sf6

15...Tad8 16.g5 h5 17.De2± siehe Z. Almasi (2628) – V. Kortschnoj (2619), Paks 2005 im Strategieteil.

16.Sh4 Tad8

16...Tfd8 E. Rasmussen (2304) – A. Istomin (2297), ICCF email 2009 17.Lc2!?N Dd7 18.g5 Dg4 19.Dxg4 Sxg4 20.Te2 hxg5 21.Lxg5 f6 (*21...Td5 22.Sf5*⩲) 22.Ld2⩲

17.d4

Dieser Vorstoß scheint das Remis zu forcieren, wie einige Fernpartien gezeigt haben.

Auch hier könnte 17.Lc2!?N

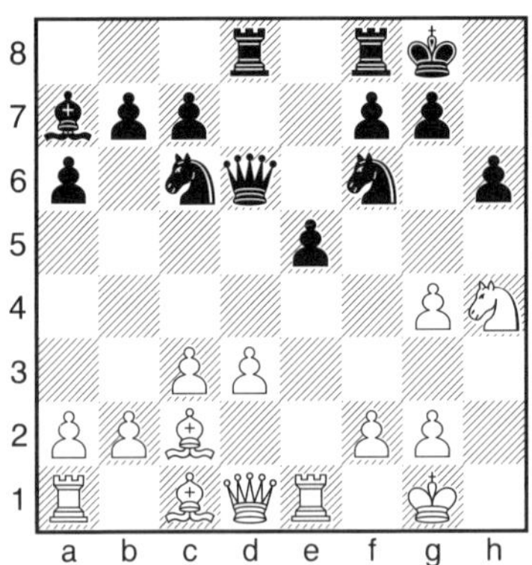

einen Versuch wert sein, aber praktische Tests sind vonnöten, z.B. 17...Tfe8

a) 17...De6 18.Sf5 h5 19.d4 Sxg4 20.Lg5 g6 21.Sh6+ (*21.Df3!?*) 21...Sxh6 22.Lxh6 Df6 (*22...Tfe8 23.Df3 Td6 24.Lf4 Df6 25.Te4*⩲) 23.Lxf8 Kxf8 24.Le4 exd4 25.Df3 Dxf3 (*25...Td6 26.Dxf6 Txf6 27.Te2*⩲) 26.Lxf3 dxc3 27.bxc3 Td2 28.Te2⩲;

b) 17...Dd7 18.g5 Sg4 19.Tf1 h5 (*19...hxg5 20.Lxg5 f6 21.Lb3+ Kh7 22.d4*⩲) 20.De2 g6 21.De4 (*21.Kh1!?*) 21...Dd6 (*21...Dd5 22.Dxd5 Txd5 23.Ld2 Sd8 24.Sf3 Se6 25.Tae1 Tfd8 26.Lc1 Kg7 27.g3 Sc5 28.d4 exd4 29.Sxd4*⩲) 22.Ld2 Dc5 23.Sxg6 Sxf2 24.Df5 e4 25.Dxc5 Lxc5 26.d4 Sxd4 27.cxd4 fxg6 28.Lb3+ Kh7 29.Le3 Sg4 30.dxc5 Sxe3 31.Txf8 Txf8 32.Te1 Sf5 33.Txe4 a5 34.c6 bxc6 35.Te6 Tb8 36.Txc6 Tb7 37.Tc5⩲;

18.g5 hxg5 19.Lxg5 e4 20.d4 Sxd4 21.cxd4 Lxd4 22.De2 (*22.Le3!?*) 22...De5 23.Lxf6 Dxf6 24.g3 e3 25.f4 Lxb2 26.Tab1 Lc3 27.Ted1⩲

17...Sh7 17...exd4N 18.Sf5 Dc5 (18...Dd7 19.Lxh6 dxc3 (*19...gxh6 20.Dc1 Sxg4 21.Df4*⩲) 20.Dxd7 Txd7 21.Lxg7 cxb2 22.Tab1 Sxg4 23.Te4 Sce5 (*23...Sxf2? 24.Th4*+–) 24.Lxe5 Sxe5 25.Txe5⩲) 19.Df3 dxc3 20.Le3 Sd4 21.Lxd4 Txd4 22.Sxd4 cxb2 23.Tad1 b1D 24.Txb1 Dxd4 25.Tbd1⩲

18.Sf5 Df6 19.d5 Se7 20.Sxe7+ Dxe7 21.Df3 Tfe8 22.Lf4 e4

22...Sg5 I. Janos (2417) – B. Birkbeck (2299), ICCF email 2011 23.De2N Df6 24.Le3⩲

23.Dg3 Td7

23...Sf6N 24.Lxc7 e3 25.fxe3 Td7 26.d6 De4 27.Df3 Sxg4 (*27...De5 28.g3*⩲) 28.Dxe4 Txe4 29.Ld5 Txe3 30.Txe3 Sxe3 31.Lxb7 Sf5+ 32.Kf1 Sxd6 33.Lxd6 Txb7 34.b4⩲

24.c4 c6 25.Tad1 Sf6 26.Ld2 Lb8 27.Dh4 La7 28.Dg3 Lb8 29.Dh3 La7 30.Dg3 Lb8

½-½ E. Achilles (2412) – S. Nordal (2301), ICCF email 2013

Die Variante mit 13.S1h2 ist interessant, aber Weiß müsste etwas Neues probieren wie 17.Lc2!?, da es sonst ein direkter Weg zum Remis zu sein scheint. Sehr interessant ist 13.Sxe5 gegen diese Zugfolge. Weiß scheint hier die besseren Karten zu besitzen. Natürlich kann man sein Repertoire limitieren und 13.Sg3 wählen, was zum nächsten Kapitel führen sollte.

Kapitel 8.2.2.2.2

12...d5 13.exd5 Sxd5

Der Vorstoß 12...d5 wird als Hauptvariante der Italienischen Partie mit c3 und d3 angesehen. Weiß kann generell auf zwei Arten reagieren und wir schlagen vor auf d5 zu tauschen. Danach hängt unsere Spielweise davon ab, wie Schwarz auf d5 zurückschlägt. Dementsprechend haben wir auch die Kapitel angeordnet.

1.e4 e5 2.Sf3 Sc6 3.Lc4 Lc5 4.c3 Sf6 5.d3 a6 6.0-0 d6 7.Lb3 La7 8.Sbd2 h6 9.Te1 0-0 10.Sf1 Le6 11.Sg3 Te8

11...d5 12.exd5 Sxd5 13.h3 ist Zugumstellung.

12.h3 12.Lxe6!? ist eine Alternative, die sogar Magnus Carlsen in einer Schnellschachpartie anwandte und gar nicht so schlecht punktet, z.B. 12...Txe6 13.h3 (13.d4 d5 14.Sxe5 Sxe5 15.dxe5 Sxe4 (15...Txe5?! 16.Lf4 Te6 17.e5 Sh7 18.Sf5 Sf8 S. Kudrin (2547) - J. Gustafsson (2634), New York 2011 19.Df3!?N c6 (*19...Dd7 20.Tad1 c6 21.c4 d4 22.Te4 c5 23.h4 Sg6 24.Dg4*±) 20.h4 Sg6 21.Lg3±) 16.Sxe4 dxe4 17.Lf4 Dd3= T. Radjabov (2713) - S. Karjakin (2772), Shamkir 2014) 13...d5 14.De2 Dd7 15.Sh4 Td8 16.Shf5 dxe4 17.dxe4 Dd3 18.Kf1 Tee8 19.Dxd3 Txd3 20.Ke2 Ted8 21.f3 a5 22.a4 T3d7 23.Se3 Se8 24.Sgf5 Sd6 25.Sxd6 Txd6 26.Sc4 Td3 27.Ld2± V. Anand (2800) - J. Hammer (2636), Kristiansund 2010. Ein typisches Szenario an dieser Stelle ist die Türme abzutauschen und mit den minimal besseren Leichtfiguren zu spielen.

12.Lc2 ist genauso möglich wie 12...Sg4?!N 13.d4

12...d5

Der Vorstoß des d-Bauern ist der Hauptzug in dieser Stellung. Wir schlagen **13.exd5** vor.

13.De2 Dd7 14.Lc2 (14.Ld2 Tad8 15.Tad1 ist eine weitere Option: 15...dxe4 (*15...Lxh3?* B. Socko (2600) - S. Azarov (2584), Katowice (Schnellschach) 2016 *16.gxh3 Dxh3 17.Le3 Lxe3 18.Dxe3*±) 16.dxe4 Lxb3 17.axb3 Dd3 18.Dxd3 Txd3 19.Lc1 Ted8 20.Txd3 Txd3 21.b4 Se8 22.Kf1= M. Spooner (2041) - J. Leisner (1981), ICCF email 2010) 14...Tad8 15.Kh2, was am häufigsten gespielt wird, siehe A. Areshchenko (2644) - A. Aleksandrov (2601), Moskau 2007 im Strategieteil.

13...Sxd5!?

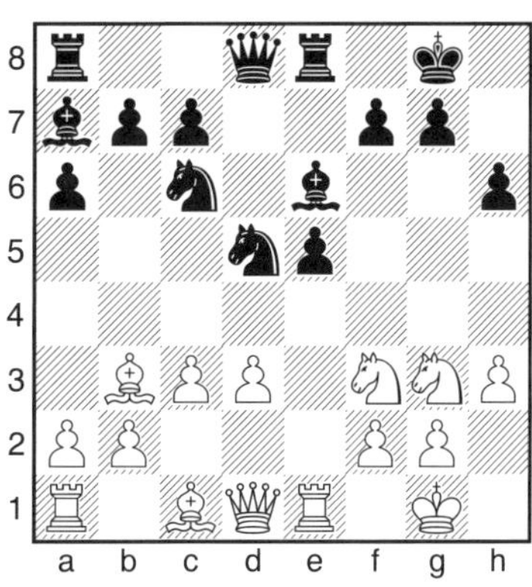

Dieses Zurückschlagen wird seltener gespielt, aber es ist nicht einfach damit umzugehen.

14.Lc2

Diese Stellung entsteht häufig über Zugumstellung, wenn Weiß früher Lc2 spielt. Wir möchten zwei Alternativen erwähnen:

14.Sh5 wurde häufig im Fernschach gespielt und scheint direkt zum Remis zu führen. 14...Dd6! scheint komplett auszugleichen, z.B.

a) 14...Sf6?! 15.Sxf6+ Dxf6 16.Le3 Lxe3 17.Txe3 Tad8 18.Dc2 Dg6 (*18...Ld5 19.Tae1 Te6 20.Lxd5 Txd5 21.b4 Df5 22.De2 b5 23.Sd2*± S. Cretu (1987) – I. Bucsa (2121), ICCF email 2008) 19.Tae1 b6 J. Lopez (2000) – M. Soszynski (2080), FICGS email 2011 (19...Lxb3N 20.Dxb3 b5 21.d4 Sa5 (*21...e4? 22.Sd2 Sa5 23.Da3 Sc4 24.Sxc4 bxc4 25.Dc5*±) 22.Db4 Sc4 23.Te4⩲) 20.De2N Lxb3 21.axb3 Te6 22.b4 Ted6 23.Sh4 Df6 24.g3⩲;

b) 14...g6? 15.Sg3 Kg7 16.Dd2 Sf4 17.Sxe5+– B. Krause (2320) – T. Rogozenco (2104), Bargteheide 2016;

15.Lxd5 (*15.Dd2 Sf4 16.Sxf4 Lxb3 17.Sxe5 Sxe5 18.axb3* mit Remis in L. Wedel (2110) – P. Haller (2165), ICCF email 2014.) 15...Lxd5 16.Sh4 Le6 17.Df3 Kh7 18.De4+ Kh8 19.Lxh6 gxh6 20.Sf6 Kg7 mit Remis in J. Roos (2388) – M. Rybak (2445), ICCF email 2007, aufgrund von 21.Sh5+ Kg8 22.Sf6+ Kg7 23.Sh5+ Kg8 24.Sf6+ Kg7=;

14.Ld2!? könnte interessant sein.

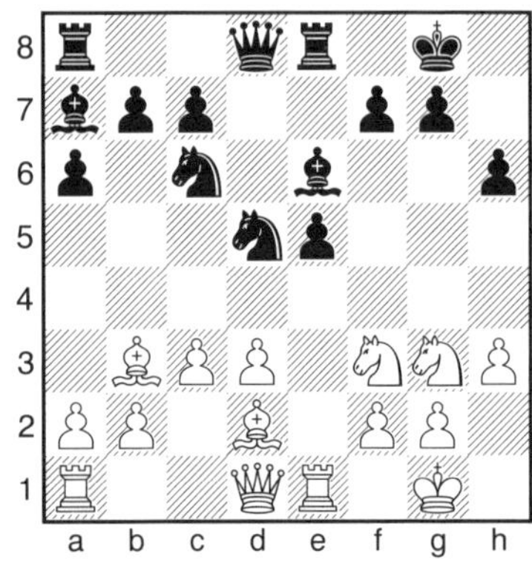

Die Stellung ist heikel. Schwarz kann sich wohl halten, doch er ist nicht um seine Aufgabe zu beneiden: 14...Dd6 S. Martinovic (2465) – M. Scekic (2265), Nis 1994 (*14...Sf6* J. Lannoy (1826) – K. Herzog (1828), LSS email 2013 *15.Lc2N Dd5 16.De2±; 14...Df6?* V. Nevednichy (2593) – A. Kosten (2514), Montpellier 2003 *15.d4!N exd4 16.Sh5 Dg6 17.Sh4 Dh7 18.Txe6 fxe6 19.Dg4 Se5 20.Dg3*+–) 15.Sh4N Sf6

a) 15...Sde7 16.Lc2 Tf8 (*16...f5? 17.d4 e4 18.Dc1 Kf7 19.Ld1 Th8 20.Lh5+ Kg8 21.Lf4±; 16...Tad8? 17.Lxh6*±) 17.Se4 Dd7 18.Lxh6 f5 19.Lxg7 Kxg7 20.Dh5 fxe4 21.Dg5+ Kf7 22.Dh5+=;

b) 15...Tad8 16.Df3 Sf6 17.Lc2 Ld5 18.Shf5 Lxf3 19.Sxd6 Txd6 20.gxf3=;

16.Lc2 (*16.Df3!?*) 16...Tad8 (*16...Se7 17.De2*±) 17.Df3 Ld5 18.Shf5 Lxf3 19.Sxd6 Txd6 20.gxf3=

14...Dd6

14...De7 kam in J. Nun (2379) – P. Linster (2205), Pardubice 2012 vor. Es verhindert den Springerzug nach h4, doch es macht wenig Sinn die Dame gegenüber dem weißen Turm aufzustellen. 15.Ld2N Tad8 16.b4± ist ein guter Weg, um mit Weiß fortzusetzen.

15.Sh4

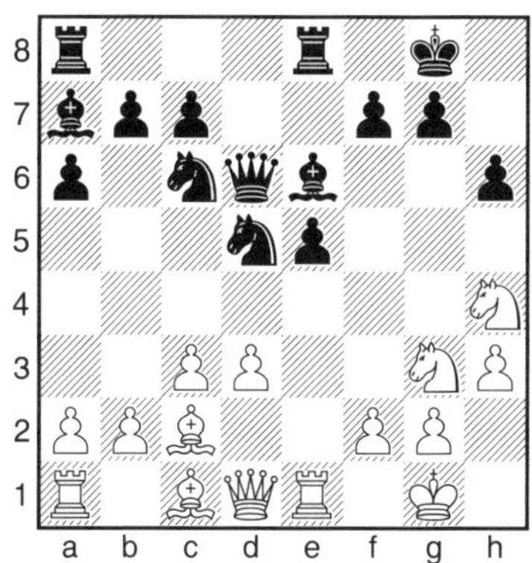

15...Tad8

15...Dd8 P. Harikrishna (2737) – S. Sethuraman (2640), Baku 2015 16.Dh5!?N Lc5 17.Shf5 Lf8 18.Df3±;

15...Dd7 16.Df3 De7? 17.Shf5 Df8

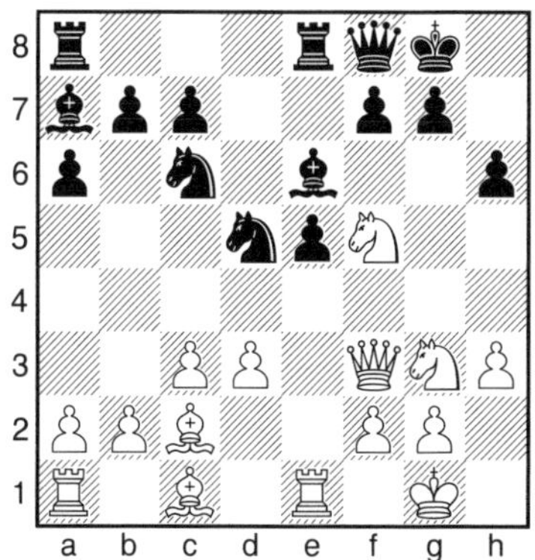

A.Giri (2778) – W. So (2767), Bilbao (Blitzschach) 2015 und jetzt startet der typische Hebel 18.d4!N einen gefährlichen Angriff, z.B. 18...exd4 19.Lxh6 gxh6 20.Dh5 Lxf5 21.Sxf5 Sce7 22.Sxh6+ Kg7 23.Te4 Sg6 24.Sf5+ Kg8 25.Tg4 d3 26.Lxd3 Te6 27.Sh6+ Kg7 28.Lxg6 Txg6 29.Sf5+ Kf6 30.Sh4 Txg4 31.Df5+ Ke7 32.De5+ Kd7 33.Dxd5+ Kc8 34.hxg4+–;

15...De7 macht jetzt mehr Sinn, da es mit Tempo geschieht. 16.Dh5 Sf6

a) 16...Sf4?! 17.Lxf4 exf4 18.Se4 Tad8 19.Sf5! Lxf5 20.Dxf5 De5 21.Dg4! Kf8 (*21...f5? 22.Dg6+–; 21...Se7N 22.d4 Df5 23.Dxf5 Sxf5 24.Sf6+ gxf6 25.Txe8+ Txe8 26.Lxf5±*) 22.Df3 g5 23.d4 Dg7 24.Sd2± V. Onischuk (2593) – Z. Efimenko (2641), Baku 2014;

b) 16...Tad8!N 17.d4 Sf4 18.Lxf4 exf4 19.Sf1 (*19.Sgf5 Df6 20.Sf3 g6 21.Dxh6 Lxf5 22.Lxf5 Dxf5 23.Sg5 Df6 24.Dh7+ Kf8 25.Dh4 Kg7 26.Dh7+ Kf8 27.Dh4=*) 19...Td5 20.Dxd5 Lxd5 21.Txe7 Txe7 22.Sd2 mit der Idee den Läufer abzutauschen sollte zu einem etwas besseren Endspiel führen.

17.Df3 Ld5 18.Se4 Sxe4 19.dxe4 Le6 20.Sf5± B. Bok (2587) – O. Krivonosov (2442), Riga 2014

16.Df3!?

16.Shf5 Lxf5 17.Sxf5 Df6 Z. Andriasian (2612) – E. Inarkiev (2675), Jerusalem 2015 18.Dg4!?N Sce7 19.Sxe7+ (*19.Sxh6+* ist ein tückischer Versuch, aber vermutlich nicht genug, um auf Gewinn zu spielen, z.B. *19...Kf8 20.Lg5 Dxf2+ 21.Kh1 Dxc2 22.Tf1 Lf2 23.Tad1 Sf6 24.Lxf6 gxf6 25.Dh5 Kg7 26.Sxf7 Txd3 27.Sxe5 fxe5 28.Dxe5+ Kg8 29.De6+ Kg7 30.De5+=*) 19...Txe7 20.Te2 Tde8 21.Lb3 c6 22.Ld2 Sf4 23.Lxf4 Dxf4 24.Dxf4 exf4 25.Txe7 Txe7 26.Kf1 und der weiße Vorteil ist nur symbolisch.

16...Df8

B. Predojevic (2626) – R. Hess (2572), Moskau 2011

16...Sce7N 17.Ld2 Kh8 18.Tad1±

17.Shf5!?N Sde7 18.Dh5 f6 19.d4±

Mit guten Angriffschancen für Weiß.

Falls Schwarz mit dem Springer auf d5 zurückschlägt, entsteht eine kuriose Situation. Ist der weiße Bauer auf d3 schwächer als der schwarze Bauer auf e5 oder umgekehrt? Die Stellung ist schwierig zu spielen und Wissen sowie Erfahrung gelten hier mehr, so dass wir glauben, dass das Weiß entgegenkommen sollte, da er mit der Zeit mehr Erfahrung mit dieser Struktur haben sollte.

Kapitel 8.2.2.2.3

12...d5 13.exd5 Lxd5

Nach der Analyse von 13...Sxd5 schauen wir uns kurz an, was nach 13...Lxd5 passiert.

1.e4 e5 2.Sf3 Sc6 3.Lc4 Lc5 4.c3 Sf6 5.d3 a6 6.0–0 d6 7.Lb3 La7 8.Sbd2 0–0 9.h3 h6 10.Te1 Te8 11.Sf1 Le6 12.Sg3 d5 13.exd5 Lxd5 14.Lc2 Wir schauen uns zuerst einige Nebenvarianten an, bevor wir im nächsten Kapitel 14...Dd7 betrachten.

14...Lc5

Der typische Transfer des Läufers zum Königsflügel.

14...Sd7 15.b4 Sf8 16.a4 b5 Dieser Zug schwächt das Feld c5. Nach dem Tausch der schwarzfeldrigen Läuer kann Weiß seinen Springer auf diesem Feld platzieren. 17.Le3 Lxe3 18.Txe3 (*18.fxe3N Sg6 19.Tf1±*) 18...Sg6 19.De1 Sf4 20.Se2 Sg6 21.Sg3 Sf4 22.Kh2 Te6 S. Ganguly (2652) – E. Inarkiev (2660), Berlin (Schnellschach) 2015 23.Se4N Te8 24.Sc5±;

Der Hauptzug 14...Dd7 wird im Kapitel 8.2.2.2.4 betrachtet.

14...b5 15.Le3 (*15.Sh4!?N*) 15...Db8 16.Sh4 Le6?! R. Mainka (2423) – N. Chkhaidze (2212), Bad Woerishofen 2015 17.Lxh6!N gxh6 18.d4! gibt Weiß einen vernichtenden Angriff, z.B. 18...Ld5 19.Shf5 Te6 20.Sxh6+ Kf8 21.Dc1 Db6 22.Sgf5 exd4 23.Txe6 d3 24.Te3 dxc2 25.Dxc2±;

14...Lxf3?! 15.Dxf3 Dd5 16.Se4 Sxe4 17.Txe4 De6? A. Tate (2234) – M. Ricci (1746), Arvier 2010 18.Lb3N De7 19.d4±;

14...Dd6!? V. Bologan (2688) – Z. Efimenko (2654), Kragujevac 2009 15.Ld2N (*15.b4?!N e4! 16.dxe4 Dxg3!*) 15...Tad8 16.b4 Weiß hat typisches Spiel am Damenflügel und behält sich vor seine Springer am Königsflügel umzugruppieren.

15.b4

Für 15.Le3 siehe I. Saric (2661) – D. Raznikov (2494) Jerusalem 2015 im Strategieteil.

15...Lf8 16.a4 g6

Das war Viswanathan Anands Wahl gegen Vladimir Kramnik beim Tal – Memorial 2016. Es ist eine Art Abwartezug, aber auch einer, der den Königsflügel schwächt. In Vorgängerpartien spielte Schwarz sofort

16...b5, z.B. 17.Le3 Dc8!? B. Predojevic (2645) – G. Sargissian (2673), Berlin 2007 (*17...Tb8* T. Petrosian (2636) – H. Melkumyan (2600), Martuni 2011 *18.Se4N* mit einem leichten Vorteil für Weiß verhält sich wie Kramnik – Anand.) 18.Sd2!?N Le6 (*18...Db7 19.Sge4 Sxe4 20.Sxe4 Tad8 21.Dg4↑*)

19.Sde4 Sd5 20.Lb3 Sxe3 21.fxe3 Lxb3 22.Dxb3 Tb8 23.Tf1 mit einer leichten Initiative für Weiß.

17.Lb2!

18.b5 ist jetzt eine positionelle Drohung.

17...b5 18.Se4 Tb8 19.Lc1!

Der Läufer hat seine Pflicht erledigt und kehrt auf eine bessere Diagonale zurück.

19...Sd7 20.Lb3!

Ein typisches Manöver, um den starken Läufer auf d5 abzutauschen.

20...Lxb3 21.Dxb3 Te6!

Prophylaktisches Denken made by Anand.

21...Sf6 sofort führt zu 22.axb5 axb5 23.Ta6 Sxe4 24.Txc6 Sf6 25.d4↑

22.axb5 axb5 23.Le3

Ein gutes Feld für diesen Läufer, der in beide Richtungen schaut.

23...Sf6

Schwarz versucht den Druck durch Abtausch abzuschütteln.

24.Tad1 Sxe4 25.dxe4 De8 26.Td5 Sd8 27.Ta1 Sb7 28.Ta7±

V. Kramnik (2808) – V. Anand (2776), Moskau 2016. Weiß übt unangenehmen Druck aus und seine Figuren stehen aktiver. Kramnik gewann diese Partie in schöner positioneller Manier nebst taktischem Schlag. Der Läufertransfer von a7 nach f8 ist etwas langsam und gibt Weiß die Gelegenheit die Initiative am Damenflügel an sich zu reißen. Die resultierenden Stellungen favorisieren den Anziehenden und sind darüber hinaus einfacher für ihn zu spielen.

Kapitel 8.2.2.2.4

Schwarz spielt 13...d5

Wenn Schwarz alle übrigen sinnvollen Züge gespielt hat, ist das die Hauptwahl. Wir schlagen wieder das Schlagen auf d5, ein Spiel auf beiden Flügeln und gegen den Bauern e5 vor. Der leichte schwarze Raumvorteil im Zentrum wird dadurch kompensiert, dass Weiß Möglichkeiten auf beiden Flügeln besitzt. Außerdem ist seine Stellung einfacher zu spielen und dadurch flexibler. Sehr häufig wird die Stellung in diesem Kapitel über die Zugfolge 12...d5 13.exd5 Lxd5 14.Lc2 Dd7 erreicht.

1.e4 e5 2.Sf3 Sc6 3.Lc4 Lc5 4.c3 Sf6 5.d3 d6 6.Sbd2 a6 7.Lb3 0–0 8.0–0 La7 9.h3 h6 10.Te1 Te8 11.Sf1 Le6 12.Sg3 Dd7 13.Lc2 d5

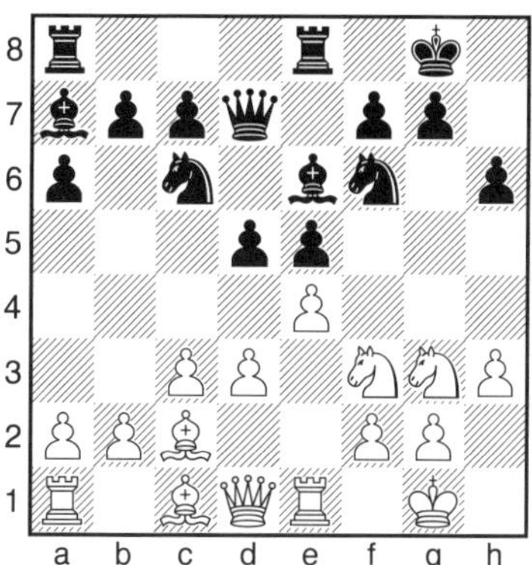

14.exd5!?

Wir schlagen wie in den Kapiteln zuvor das Schlagen auf d5 vor, um die Angelegenheit direkt zu klären.

Der Standardzug 14.De2 ist natürlich auch spielbar, z.B. 14...dxe4 (Für *14...Tad8* siehe A. Areshchenko (2644)

– A. Aleksandrov (2601) Moskau 2007 im Strategieteil.) 15.dxe4 Tad8 16.Kh2 (*16.b4N* kommt stark in Betracht, da *16...b5* mit *17.Td1 Dc8 18.Txd8 Txd8 19.a4 Lc4 20.De1⩲* beantwortet werden kann.) 16...b5 17.Sh4 Se7 18.a4 Lb6 19.Td1 Dc6 20.axb5 axb5 21.Df3 Txd1 22.Lxd1= D. Brandenburg (2514) – M. Bottema (2076), Vlissingen 2010

14...Lxd5

und zurückzugehen, z.B. 14...Sxd5?N 15.Sxe5 Sxe5 16.Txe5 c5 17.Df3 Tad8 18.Ld2 Lb8 19.Te2 gibt Schwarz nicht genügend Kompensation. 14...Dxd5N Dieser Zug macht wenig Sinn, da Schwarz mit der Dame in einem Zug zurückschlagen sollte und nicht zuerst Dd7. 15.b4 und die Engines deuten an mit der Dame jetzt zurück zu gehen, e.g. 15...Dd7 (*15...b5 16.a4*↑) 16.a4 Ld5 17.Ld2 b5 18.Sh4 Te6?! 19.Le3 Lxe3 20.fxe3 Se7 21.e4 Lc6 22.a5 Td8 23.Lb3 Td6 24.d4±

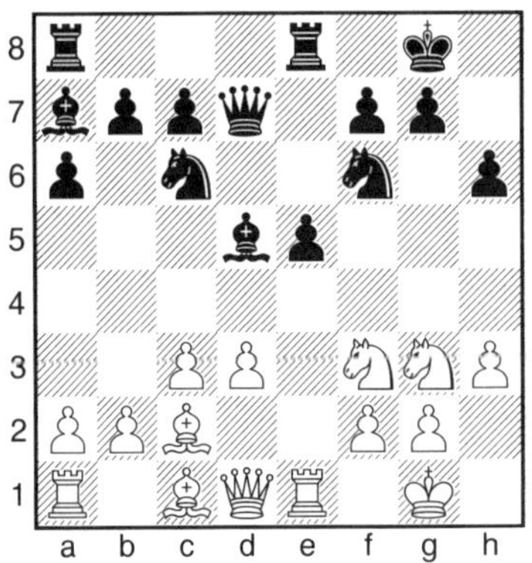

Der Hauptzug ist

15.Le3

15.Ld2 Tad8 16.b4 Dc8?!

a) 16...Te6!?N;

b) 16...b5 17.Sh4?! (*17.a4!?N*) 17...Lc4! 18.Lxh6 Lxd3 19.Lg5 Lxc2 20.Dxc2 Dd3 21.Dxd3 Txd3 22.Lxf6 Txg3 23.Sf5 Tg6 24.Lh4 Tge6= I. Bulmaga (2393) – N. Maiorov (2573), Avoine 2015;

17.a4 b5 18.De2 Db7 19.Sh4 Te6 20.Shf5 Se7?! V. Bologan (2607) – T. Krnan (2440) Berlin (Blitzschach) 2015 21.Sxe7+N Txe7 22.axb5 Lxg2 23.bxa6 Da8 24.Kh2 Lf3 25.Df1 e4 26.d4 Dc8 27.Ta5±;

15.b4!? ist eine interessante Alternative. 15...Tad8

a) 15...b5N 16.a4 Tad8 17.Le3 Lb6 18.Se4 Sh5 19.Sh4 Lxe3 20.Dxh5 Lf4 (*20...Lb6? 21.Sf6+ gxf6 22.d4 e4 23.Dxh6 Dd6 24.Sf5 Df8 25.Dh4 Se7 26.Sxe7+ Dxe7 27.Te3 Dd6 28.Dh6+–*) 21.Sc5 Dc8 22.Tad1⩲;

b) 15...Te6 16.a4 (*16.Sh4!?N b5 17.a4 Se7 18.Le3 Lxe3 19.fxe3⩲*) 16...De8 17.Le3 (*17.Sd2!?N Se7 18.c4 Lc6 19.Lb2 Sg6 20.b5 Ld7 21.Sb3⩲*) 17...Lxe3 18.Txe3⩲ Y. Kryvoruchko (2692) – A. Goganov (2605), Jerusalem 2015;

16.a4 (*16.Ld2* ist Zugumstellung zu 15.Ld2) 16...b5

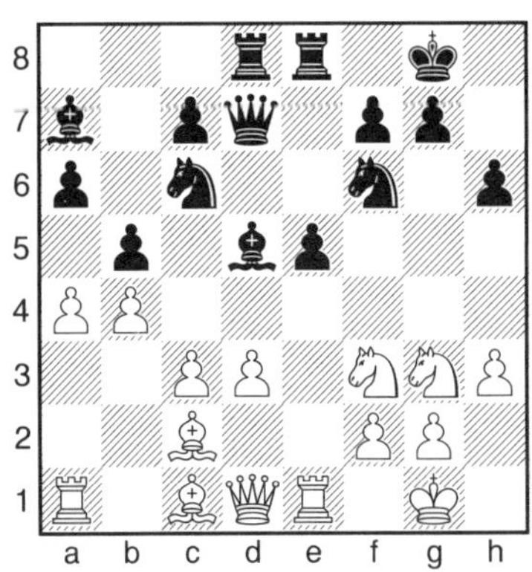

17.Le3N

a) 17.axb5 axb5 kam in L. Nisipeanu (2683) – S. Mamedyarov (2743), Reykjavik 2015 vor und jetzt schlagen wir anstatt 18.Sh4 18.Txa7N vor.

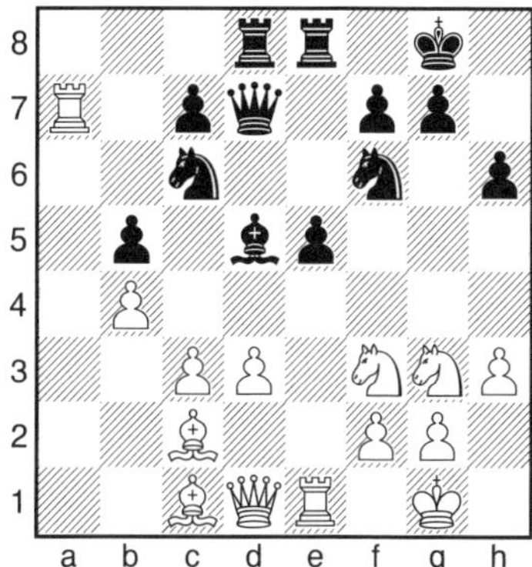

aber objektiv sollte sich die Stellung im Gleichgewicht befinden, z.B. 18...Lxf3 (18...Sxa7 19.Sxe5 De6 (*19...Dc8 20.Lxh6 gxh6 21.d4 Sc6 22.Dc1⩱*) 20.Ld2 Sd7 21.d4 Sxe5 22.Txe5 Dc6 23.Txe8+ Txe8 24.Dg4 Lxg2 25.Sf5 g6 26.Sxh6+ Kf8 27.Sxf7 Kxf7 28.Dxg2 Dxg2+ 29.Kxg2=) 19.Dxf3 Sxa7 20.Le3 Sc6 21.Sf5 Se7 (*21...Kh7? 22.Sxg7 Kxg7 23.Lxh6+ Kg6 24.Lc1 Kg7 25.Dg3+ Kf8 26.Lh6+ Ke7 27.d4* ist gefährlich für Schwarz.) 22.Sxh6+ gxh6 23.Dxf6 Dd6 24.Df3 Sd5 25.Lb3 c6 26.Lc5 Dg6 27.c4 Sf4 28.d4 Df5 29.cxb5 cxb5 30.Txe5 Txe5 31.dxe5 Dxe5 32.h4=;

b) 17.Ld2!?N kommt stark in Betracht mit einer möglichen Zugumstellung zu 15.Ld2.

17...Lxe3 18.Txe3 Lxf3 19.Txf3 Se7 20.Se4 Sxe4 21.dxe4 Dxd1+ 22.Lxd1±; Für 15.Sh4 siehe Giri – Anand im Strategieteil.

15...Lxe3

15...Lb6N 16.La4!? (*16.Lxb6N* sollte für Weiß ebenfalls besser sein.) 16...Lxe3 17.Txe3 b5 18.Lc2 Dd6 19.Se4 Lxe4 20.dxe4 Dxd1+ 21.Txd1 Sa5 22.b3±

16.Txe3

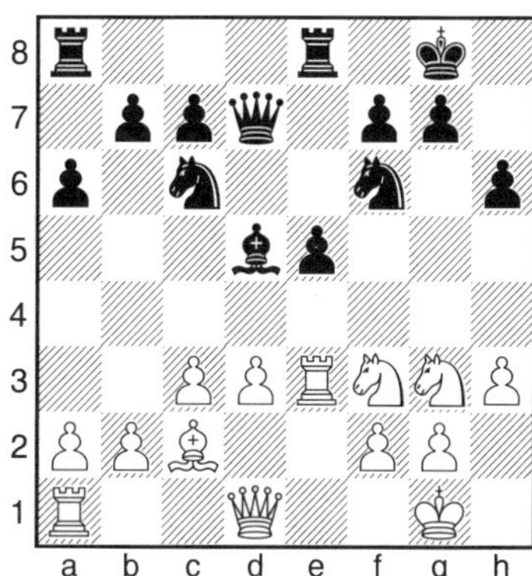

16...Tad8

16...Te7 17.Sh4 Weiß hat eine gefährliche Initiative am Königsflügel, wie die folgenden Beispiele zeigen. 17...g6 (17...Le6 18.Sh5 (*18.Tf3N* sieht sogar stärker aus.) 18...Sxh5 19.Dxh5 Dd6 20.Tg3 Kf8? (*20...Kh8N 21.Te1±* ist das kleinere Übel.) 21.Te1 Ld7 22.Tee3 e4 23.dxe4 Dd2 24.Lb3 Dxb2 25.Tef3 Se5 26.Sg6+ Sxg6 27.Dxg6 1-0 H. Hamdouchi (2593) – P. van Hoolandt (2173), Nizza 2002) 18.c4 Le6 19.La4!

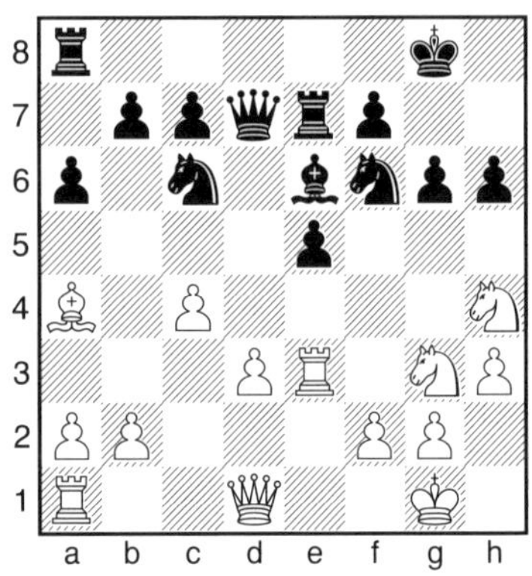

19...b5

a) 19...Dd6?! 20.Lxc6 bxc6 21.Sf3 Ld7 22.De2 (*22.Dc2!?N c5 23.Tae1 Tae8 24.Dc3±* und Weiß gewinnt den Bauern e5.) 22...Tae8 23.Te1± J. Degraeve (2574) – P. van Dongen (2318), Saint Affrique 2013;

b) 19...Tb8?! 20.Lxc6 bxc6 21.b3 (*Δ21.Sf3!N Txb2?! 22.Sxe5 Dd6 23.Dc1 Tb8 24.c5 Dd5 25.Dc3+–*) 21...Dd6 22.Sf3 Sd7 (*22...Ld7N 23.Dd2 c5 24.Tae1 Tbe8 25.Dc3±*) 23.d4! exd4 R. Felgaer (2636) – E. Matsuura (2453), Sao Paulo 2005 24.Se4!N Df4 25.g3 Df5 26.Sxd4 Dxh3 27.Sxc6+–;

20.Df3 Sg4? (*20...Kg7N* ist das kleinere Übel, aber der weiße Vorteil steht außer Zweifel nach *21.cxb5 axb5 22.Lxb5 Ld5 23.De2*) 21.hxg4 Lxg4 22.Dd5 bxa4 23.Sxg6 Tee8 und jetzt anstatt 24.Tae1?!, wonach Weiß in J. Degraeve (2580) – G. Arnaudov (2486), La Fere 2012 noch gewann, (führt *24.Sh5!N* zum Sieg wegen *24...Dxd5 25.Sf6+ Kg7 26.Sxe8+ Txe8 27.cxd5+–*); Für 16...Sh7?! siehe Wei Yi (2675) – D. Klein (2517), Wijk aan Zee 2015 im Strategieteil.

16...g6 17.De2 (*17.Dd2N* mit Blick nach h6 und*; 17.b4N* machen an dieser Stelle auch Sinn.) 17...Dd6 G. Kaidanov (2593) – M. Khachiyan (2518), Saint Louis 2013 (*17...Lxf3 18.Dxf3 Kg7 19.a4 Tad8 20.Tee1 Te6 21.a5 Td6 22.b4⩲* N. Nestorovic (2409) – B. Abramovic (2469), Pozarevac 2013) 18.b4N Kg7 19.a4⩲

17.De2 Lxf3

17...De6 E. Berg (2581) – E. Zude (2399), Kopenhagen 2007 18.d4N Lc4 19.Dd2 Lxa2 20.Ld3 Lb3 (*20...Dd5 21.Sxe5 Sxe5 22.dxe5 Sd7 23.De2 Sxe5 24.f4 Dxd3 25.Txd3 Sxd3 26.Df3 Lc4 27.Dxb7±*) 21.Sxe5 Sxe5 22.Txe5 Dd7 23.Tae1⩲

18.Dxf3 Sd5

J. Bryant (2377) – N. Korba (1981), Woodland Hills 2012

19.Tee1!? Te6

19...Sf4 D. Kadric (2470) – M. Blazeka (2312), Budva 2013 20.Se4 b6 (*20...Sxd3? 21.Ted1+–*) 21.Tad1⩲

20.Tad1

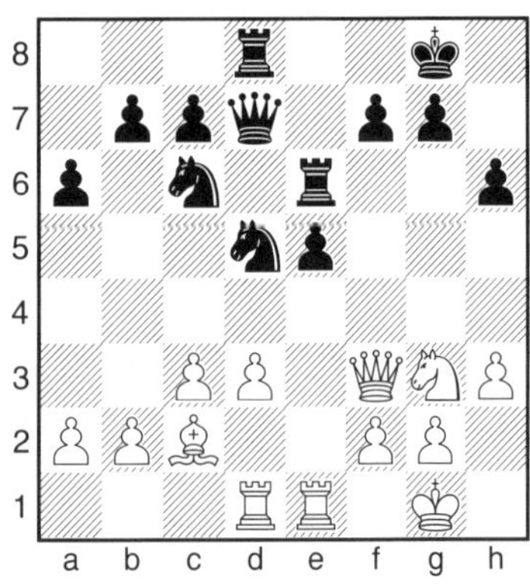

Emms endet hier „mit einer ungefähr ausgeglichenen Stellung“, doch wir bevorzugen Weiß, da der Läufer langfristig Potential besitzt, z.B.

20...Tf6

20...Sdb4 21.Lb3 Tf6 22.Dh5 Sd5 23.Dg4 Dxg4 24.hxg4 Tg6 25.f3±;

20...b6 J. M. Degraeve – J. Votava, Schachbundesliga 2009 21.Sf5N b5 (*21...Tf6?! 22.d4 g6? 23.dxe5+-*) 22.a4±

21.De4 Te6 22.Lb3±

Weiß hat wieder zwei Optionen. Hauptsächlich empfehlen wir das Schlagen auf d5 und dann ein Spiel auf beiden Flügeln. Schwarz hat etwas mehr Raum, aber seine Stellung ist weitaus schwieriger zu spielen. Außerdem hat Weiß mehr dynamische Optionen.

Kapitel 9

Weiße Alternativen

In diesem Kapitel möchten wir auf alternative Spielweisen aus weißer Sicht im Vergleich zu unserer Arbeit hinweisen. Vermutlich sind Sergei Tiviakov und Ivan Saric die stärksten Großmeister, die die Italienische Partie regelmäßig spielen oder gespielt haben. Tiviakov veröffentlichte 2015 die DVD „The Bishop´s Opening & The Italian Game" für Chessbase. In dieser DVD gibt er einen ausführlichen Einblick in sein Repertoire gegen 1...e5. Ivan Saric hingegen veröffentlichte im gleichen Jahr eine Videoserie mit dem Titel „A new look at the Italian (Giuoco Piano)" für die Webseite www.chess24.com basierend auf seinem eigenen Repertoire. Wir empfehlen diese Arbeiten anzuschauen, da diese starken Großmeister die Italienische Partie Schritt für Schritt erklären. Es gibt allerdings einen Nachteil. In einer DVD und insbesondere in einer Videoserie ist es fast unmöglich sehr tief in die Geheimnisse einer Eröffnung einzudringen. Dementsprechend fällt der theoretische Teil in ihren Arbeiten teilweise etwas kurz aus.

Kapitel 9.1

Frühe weiße Zugfolge

Kapitel 9.1.1

Weiße Zugfolge 2.Sf3 oder 2.Lc4

Weiß kann 2.Sf3 oder 2.Lc4 spielen, um unsere Startstellung zu erreichen. Wir empfehlen 2.Sf3 aber es hängt auch davon ab, welche Verteidigung man für Schwarz erlauben möchte.

1.e4 e5 2.Lc4

Das Läuferspiel wird häufig von Tiviakov gespielt und wird genutzt, um die Russische Verteidigung zu umgehen. Jetzt kann Schwarz aber andere Systeme anwenden, insbesondere in Verbindung mit ...c7-c6. Eine Quelle ist neben Tiviakovs DVD das Buch „Beating 1.e4 e5" von John Emms, Everyman 2010.

2.Sf3 Sc6 Mit Abstand der Hauptzug. (*2...Sf6* und *2...d6* sind die anderen seriösen Züge in dieser Stellung, aber wir stellen in diesem Buch kein Repertoire dagegen zur Verfügung. Falls sich die Leser beschweren, können wir über ein weiteres Buch nachdenken – 3.Lc4 und unsere Startstellung im Buch ist erreicht.

2...Sf6

2...Lc5 3.Sf3 Sc6 und wir haben unser Repertoire erreicht.

2...Sc6 3.Sf3 erreicht unser Repertoire auch.

3.d3 Sc6

Der Zug 3...c6 ist der andere Hauptzug in dieser Stellung und führt aus unserem Repertoire heraus.

4.Sf3

und wir haben wieder unser Repertoire erreicht.

Kapitel 9.1.2

Alternativen gegen 4...Le7

Tiviakov und Saric unterscheiden sich hier und wir folgen Saric:

1.e4 e5 2.Sf3 Sc6 3.Lc4 Sf6 4.d3 Le7 5.Lb3 ist Tiviakovs Hauptvariante und Empfehlung. Er zeigt u.a. die Variante (Unsere Empfehlung 5.0–0 0–0 6.Te1 d6 7.a4 ist auch Sarics Favorit. Tiviakov weist darauf hin, dass es auch Geschmackssache ist, welche Variante man wählt.) **5...0–0 6.c3 d6 7.0–0 Sa5 8.Lc2 c5 9.d4,** die den Stellungen aus der Spanischen Partie ähnelt.

Kapitel 9.2

Weiß verzögert die kurze Rochade

Das ist ein weiterer Weg die Italienische Partie anzuwenden und führt außerhalb unseres empfohlenen Repertoires, da wir 0–0 und Sbd2 früh spielen. Nach 5...d6 kann auch zuerst 6.Lb3 gespielt werden. In anderen Fällen macht es einen großen Unterschied und ist letztendlich Geschmackssache. Unsere Empfehlung ist sehr systematisch und einfach, aber wenn man nach neuen und frischen Ansatz sucht, dann ist die Verzögerung der kurzen Rochade auf jeden Fall eine Option.

1.e4 e5 2.Sf3 Sc6 3.Lc4 Lc5 4.c3 Sf6 5.d3

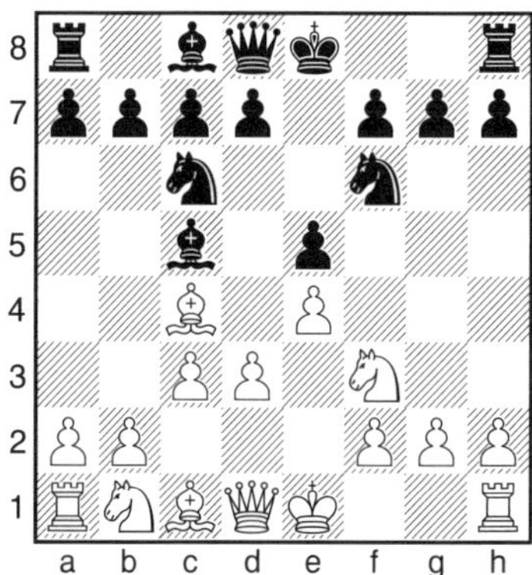

Tiviakov regt an, auf die kurze Rochade zu verzichten, um direkt am Königsflügel angreifen zu können. Er zeigt auf seiner DVD viele interessante Ideen. Daniel King shlägt auf seiner ChessBase Power Play 17 DVD das ebenfalls vor und John Emms geht im 1. Teil seines Buches *Beating 1.e4 e5*

ins Detail. Wir geben hier nur einige Beispielvarianten an.

5...0–0

Nach 5...d6 kommt 6.Lb3

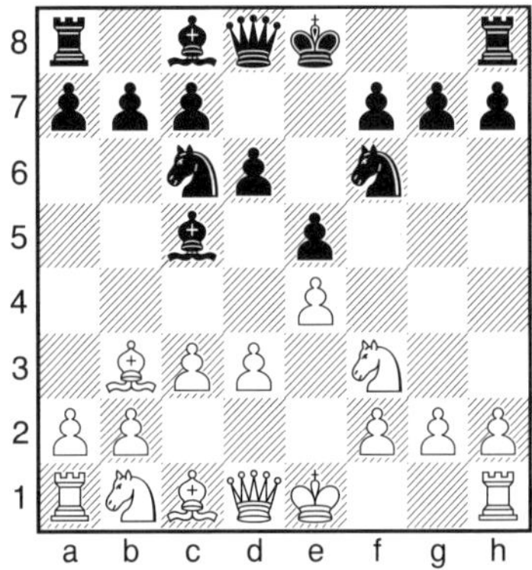

stark in Betracht, um gemäß unserem Repertoire zu spielen, da ein schnelles ...d5 jetzt unwahrscheinlich ist. 6...h6!? (*6...0–0?! 7.Lg5!* ist gefährlich, wie Partien von Kasparow und Tiviakow gezeigt haben. Emms geht detailliert darauf ein.) 7.Sbd2 und Weiß kann in unsere Empfehlung übergehen oder mit dem König im Zentrum spielen, zumindest für den Moment. Schwarz hat schon ...h6 gespielt, wonach unser empfohlenes Repertoire etwas besser greift. (Eine weitere interessante Interpretation lautet *7.0–0 a6 8.Le3*, was aber deutlich sinnvoller ist, wenn Schwarz schon ...La7 gespielt hat.);

5...a6 6.Lb3 d6

a) 6...0–0?! 7.Lg5!;

b) 6...La7 7.h3 (*7.0–0 d6 8.Le3!?* Dieser Läuferzug ist eine Spezialität von Tiviakow und Emms geht sehr ausführlich darauf ein.) 7...d6 (*7...0–0?! 8.Lg5!; 7...d5 8.De2*) 8.Sbd2 (*8.Le3!?*) 8...0–0 9.Sf1 d5 10.De2;

7.De2!? Dieser Damenzug ist eine von Tiviakovs Empfehlungen.

6.Lb3

mit der Idee am Königsflügel anzugreifen, insbesondere wenn Schwarz nicht vorsichtig ist.

Für 6.0–0 d5 siehe Kapitel 4. 6.Sbd2 d6 (für *6...d5 7.exd5 Sxd5 8.Se4* siehe Kapitel 4.4.) 7.Lb3 a6 8.h3 La7 9.Sf1 Ist eine weitere häufig genutzte Zugfolge, die die kurze Rochade verzögert. Das frühe Sbd2 macht allerdings Lg5 unmöglich. Emms geht in seinem Buch ausführlich darauf ein.

6...d5!

6...a6 7.Lg5!; 6...h6?! gibt Weiß einen Angriffspunkt. 6...d6?! 7.Lg5!

7.De2

immer noch mit der Idee Lg5 zu spielen oder 7.Sbd2

Eine Möglichkeit, um einen ersten Eindruck von dieser Stellung zu erhalten, ist Tiviakovs Partien zu studieren. Weiß möchte zuerst ein Spiel am Königsflügel aufziehen und später über die Stellung seines Königs entscheiden. Wir präferieren dagegen die Klarheit und Natürlichkeit der frühen Rochade.

Kapitel 9.3

Weiß spielt 4.0-0

Hier geben wir kein komplettes Repertoire, da z.B. 4...d6 eine weitere Hauptvariante ist. Die frühe Rochade hat den Vorteil, dass der Königsturm früher ins Spiel gebracht werden kann.

Kapitel 9.3.1

6.h3

Das empfiehlt Saric in seiner Videoserie. Weiß möchte schnell Te1 folgen lassen, um Schwarz vor dem schnellen ...d7-d5 abzuschrecken, da der Bauer auf e5 nach 8.Te1 zur Schwäche neigt.

1.e4 e5 2.Sf3 Sc6 3.Lc4 Lc5 4.0-0

4.c3 ist unsere Zugfolge.

4...Sf6

4...d6 ist die andere Hauptvariante, die nach 5.c3 Sf6 6.d3 zurück zu unseren Stellung führt. Das war u.a. die Zugfolge in Carlsen – Adams, Wijk aan Zee 2016, aber beide Seiten haben natürlich verschiedene Alternativen.

5.d3 0-0 6.h3

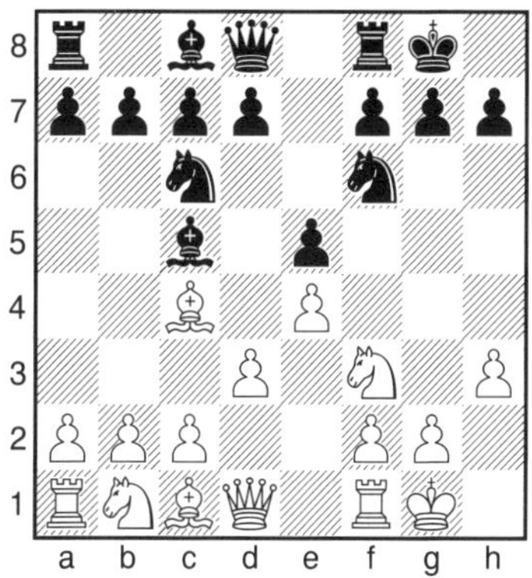

Diese Zugfolge empfiehlt Ivan Sariv in seiner Videoserie. Die Idee ist Schwarz nicht den Übergang ins Endspiel, das wir in Kapitel 4 analysieren, zu erlauben.

Für 6.c3 d5 siehe Kapitel 4.

6...d5!?

Trotzdem! Das ist unüblich in dieser Stellung, aber erstaunlicherweise scheint das spielbar zu sein. Saric gibt die folgenden Varianten:

6...d6 führt in der Regel zu unserem Repertoire, z.B. 7.c3 a6 8.Lb3 La7 9.Te1 h6 10.Sbd2

7.exd5 Sxd5 8.Te1 Le6

Der beste Zug. Jetzt kann Weiß nicht auf e5 schlagen.

Saric analysiert auch den Zug 8...Te8 in seiner Videoserie.

9.Sbd2

9.Sxe5? Sxe5 10.Txe5 Lxf2+ 11.Kxf2 Df6+ 12.Df3 Dxe5–+ (Saric).

9...f6 10.c3 Lf7 11.Se4 Lb6 12.b4 a6

12...f5? 13.Seg5 Sxc3 14.Sxf7 Lxf2+ 15.Kh1 Txf7 16.Db3 Lxe1 17.Lxf7+ Kh8 18.Lb2+– (Saric).

13.a4 Dd7 14.Db3

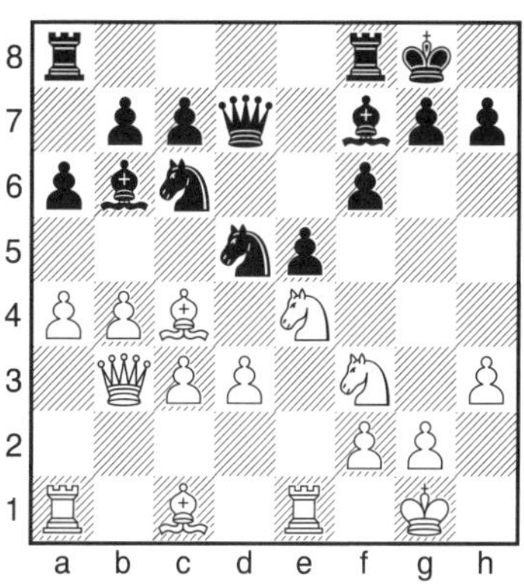

Mit einer typischen „Giuco Piano" – Stellung sagt Saric in dem Video „Move – order tricks and transpositions". Weiß steht vielleicht minimal besser hier, aber es ist nicht viel. Dementsprechend spricht nichts dagegen das Endspiel oder das moderne 8.a4 zu spielen, was wir beides in Kapitel 4 analysieren.

Kapitel 9.3.2

6.Te1

Die Idee dieser Zugfolge ist früh Te1 zu spielen und die Entwicklung des Springers auf b1 flexibel zu gestalten. Es ist wichtig zu wissen, wie man jetzt dem Zug ...Sg4 begegnet. In den meisten Fällen geht diese Zugfolge in unsere Repertoire über, aber Weiß hat einige Extra – Ideen wie d3-d4 oder Sa3-c2 sowie Sa3-c4-e3.

1.e4 e5 2.Sf3 Sc6 3.Lc4 Lc5 4.0–0 Sf6 5.d3 0–0 6.Te1

Anish Giri und Wesley So testeten diesen Zug mit beiden Farben in ihren Partien beim Masters Finale in Bilbao 2016.

6...d6

6...d5?! führt durch Zugumstellung zu einer Position, die wir im Kapitel 3 nach 4...d5?! analysiert haben.

6...Sg4 Dieser direkte Angriff ist selten. 7.Te2 Kh8 Giri gefällt diese aggressive Idee und hat sie mit verschiedenen Variationen getestet. Ein weiteres Beispiel ist seine Partie gegen Sergei Karjakin im Strategieteil. (*7...Sd4!? 8.Sxd4 Lxd4 9.h3 Sf6 10.Sd2 d6 11.Sf3 Lb6 12.Le3 Le6*= A. Brkic (2606) – A. Filippov (2606), Sibenik 2011.) 8.h3 f5 9.Sc3 (*9.hxg4? fxg4→* führt zu einem gefährlichen Angriff für Schwarz, den der junge holländische Spieler mit Sicherheit „bis zum Ende" analysiert hat.) 9...Sf6 10.Le3 (*10.Lg5N* ist ebenfalls eine logische Alternative.) 10...Lxe3 11.fxe3 fxe4 12.dxe4 d6 Die Stellung ist ausgeglichen. Wir geben noch einige Züge an. 13.a3 De8 14.Dd3 Sd8 15.Tf2 Le6 16.Taf1 a6 17.Sd2 b5 18.Lxe6 Sxe6 19.Sd5 Sd7 20.Txf8+ Sdxf8= W. So (2770) – A. Giri (2785), Bilbao 2016.

7.c3

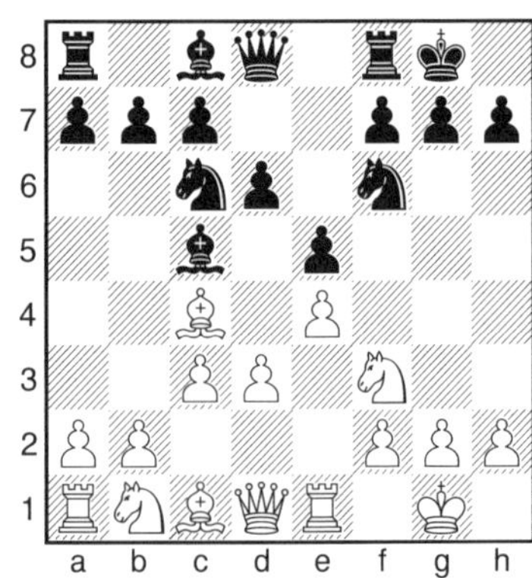

7...a6

Es ist wichtig 7...Sg4 mit 8.Te2! zu beantworten, weil 8.d4? wegen 8...exd4 9.cxd4 Sxd4 10.Sxd4 Dh4 11.Le3 Dxh2+ 12.Kf1 B. Atanasov – S. Sergiev, Bulgaria Fernschachpartie 1988 12...Dh1+ 13.Ke2 Dxg2 14.Db3 d5 15.Lxd5 c6 16.Sd2 Sxe3 17.Tg1 Sf5–+ nicht funktioniert 8...h6 9.Sbd2 Sf6 10.Sf1 Lg4 11.Te1±;

Nach 7...a5 ging es in einer hochklassigen Partie weiter mit 8.Lg5 (*8.Sbd2* wird am häufigsten gespielt.) 8...h6

9.Lh4 g5 10.Lg3 La7 11.Sa3 Lg4 12.h3 Lh5 13.Sc2 Lg6 14.Lh2 Sh5 A. Giri – P. Eljanov, Norwegen 2016 15.Se3!?N (*15.a4!?N*) 15...Sf4 (*15...Lxe3 16.Txe3 Sf4 17.d4 Te8 18.Dd2*⩲) 16.Sd5 Sxd5 17.Lxd5 Lb6 18.a4 Df6 19.De2 h5 20.Sd2⩲;

Nach 7...Sa5 folgt 8.Lb5 a6 9.La4 b5 10.Lc2±;

Nach 7...Le6 kann 8.Lxe6 fxe6 9.b4 Lb6 10.Sbd2± folgen.

7...Se7 8.d4 Lb6 9.h3 Sg6 10.Ld3 h6 11.Le3 c6 12.Sbd2± mit einem schönen weißen Zentrum in S. Sethuraman (2658) – S. Sevian (2589), Stockholm 2016

8.Lb3

8.a4 ist Zugumstellung zu Kapitel 9.4.2.

8...La7

8...Le6 kann wie üblich mit 9.Sbd2 beantwortet werden oder mit 9.Lc2, wenn 9...Sg4 mit 10.Tf1 beantwortet werden sollte, da *10.d4?* schlecht ist wegen *10...exd4 11.cxd4 Sxd4 12.Sxd4 Dh4*–+

9.h3 h6

9...Le6 10.Sbd2 führt in die Richtung unseres Repertoires und *10.Lc2 d5 11.exd5 Dxd5 12.Lg5* ist eine Alternative, die sehr gut gepunktet hat und von Emms empfohlen wird.

10.Sbd2

und wir sind in unserem Repertoire gelandet.

Kapitel 9.4

Weiß spielt früh a2–a4

Das ist ein moderner Trend, der Weiß neue Möglichkeiten am Damenflügel und neue Routen für den Damenspringer eröffnet, da er jetzt über die Route a3-c2-e3 entwickelt werden kann. Außerdem steht das Feld e3 für den Läufer zur Verfügung. Dieser Plan ist einfach zu memorieren und auch der Weltmeister Magnus Carlsen nutzte ihn schon.

9.4.1 Schwarz spielt ...a7-a5

In diesem Fall nutzt Weiß für seinen Springer häufig die Route via c4. Außerdem steht Weiß in manchen Fällen Lb5 zur Verfügung:

1.e4 e5 2.Sf3 Sc6 3.Lc4 Lc5 4.0–0 d6 5.c3 Sf6 6.d3 h6

Für 6...0–0 7.a4 a6 siehe das nächste Kapitel.

Gegen 6...Lb6 kann Weiß auch mit 7.a4 spielen, z.B. 7...a5 8.Sa3 Se7 9.Lb3 c6 10.Sc4 Lc7 11.Te1 0–0 12.Lg5 Sg6

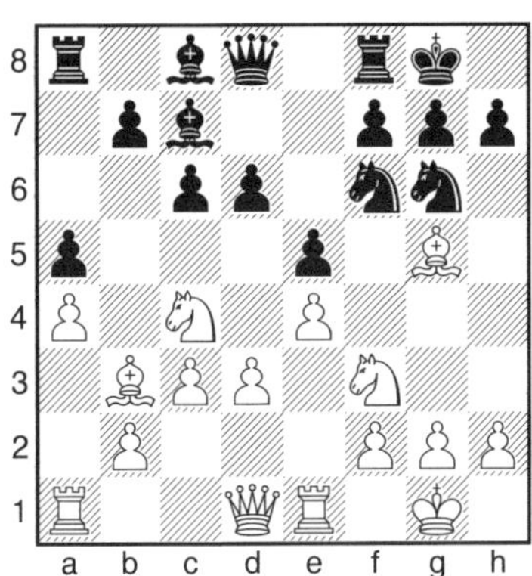

13.Sh4! Ein wichtiges Motiv, um die Fesselung aufrecht zu erhalten. 13...Sxh4 14.Lxh4 h6 (*14...Le6* R. van Kampen (2615) – D. Dvirnyy (2543), Schachbundesliga 2016 *15.Se3!?*±) 15.d4 g5 16.Lg3 De7 A. Neiksans (2607) – E. Romanov (2635), Fagernes 2016 17.Lc2!?N Lg4 18.f3 Le6 19.Se3 Sh5 20.Lf2 Sf4 21.Sf5 Lxf5 22.exf5±

7.a4 a5

7...a6 kann wieder mit 8.Sa3 beantwortet werden, was wir im nächsten Kapitel betrachten.

8.Sa3 0–0

8...Lxa3 Magnus Carlsen spielte das in einer Blitzpartie während der ersten Etappe der Grand Chess Tour 2016 in Paris gegen Fabiano Caruana, aber in einer Partie mit klassischer Bedenkzeit würde Schwarz seinen schönen Läufer wahrscheinlich nicht so leicht hergeben. 9.Txa3 Dieser Turm ist vorübergehend außer Spiel, doch das ist nicht besonders relevant. 9...0–0 10.Te1 Te8 F. Caruana (2804) – M. Carlsen (2855), Paris 2016. Hier ist 11.Db3N unangenehm für Schwarz, da er den Punkt f7 mit einer Schwerfigur decken muss. 11...Le6?! 12.Lxe6 Txe6 13.Dxb7 d5 14.exd5 Sxd5 15.Db3±

9.Sc2 Te8 10.Te1

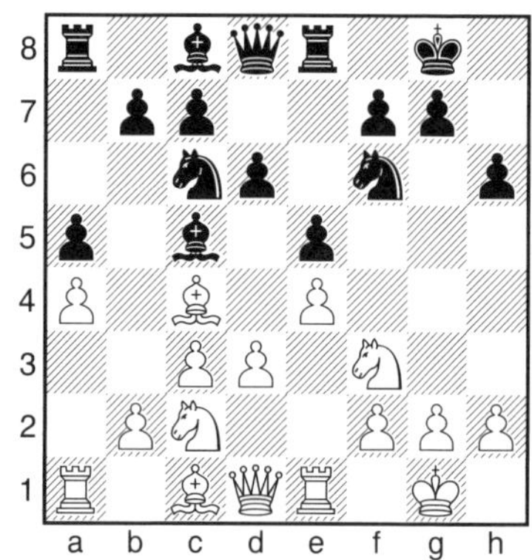

Ein nützlicher Zug, bevor man Le3 spielt.

10...La7

10...Se7 11.Le3 Lxe3 12.Sxe3 Sg6 13.Db3 Le6 14.Lxe6 Txe6 15.Sf5 Te8 16.Tad1 Se7 17.S3h4 Sxf5 18.Sxf5 Dd7 19.f3 b6 20.d4±;

10...Le6 11.Lb5!? (11.Lxe6 Txe6 12.Le3 (*12.d4!?*) 12...Lxe3 13.Sxe3 d5 14.Dc2 ist natürlich auch spielbar.)

11...d5 (*11...Lb3 12.Le3 Lxe3 13.Txe3 Te7 14.Sd2 Le6 15.Tg3*±) 12.exd5 Dxd5 13.Lxc6 Dxc6 14.Sxe5 Db6 15.d4 Ld6 16.Sa3 Db3 17.Sb5 Dxd1 18.Txd1 Lb3 19.Tf1 Tac8 20.Sxd6 cxd6 21.Sf3 g5 22.Le3 Sd5 23.Tfe1±

11.Le3 Le6 12.Lb5 Ld7 13.Lxa7 Sxa7 14.Lc4 Le6

14...Sc8 15.Se3 Sb6 16.Lb3 c6 17.h3 Le6 F. Caruana (2794) – V. Topalov (2780), Moskau 2016 18.Lxe6N Txe6 19.Sf5±

15.Lxe6 Txe6 16.Se3 Sc8 17.Sf5

„Die weißen Figuren sind etwas besser platziert, aber mit so einer symmetrischen Struktur würde mein leichter Vorteil auf natürliche Weise schwinden. Deswegen forcierte ich hier die Ereignisse etwas." (Carlsen in CBM 171)

17...Se7 18.d4 exd4 19.S3xd4

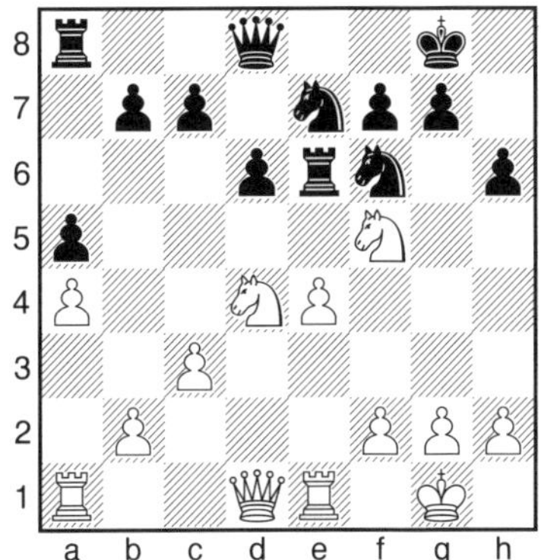

19...Te5?

19...Txe4! 20.Txe4 Sxe4 21.Dg4 Sg5! 22.h4 (Nach *22.Te1 Sg6! 23.h4 Sh7* gibt es nichts Konkretes und Weiß hat einen Bauern weniger.) 22...Sxf5 23.Sxf5 Se6 24.Sxh6+ Kf8 25.Sf5 Df6= (Carlsen).

20.Sg3 Sg6 21.Dc2 c6?! 22.Tad1

Diese Stellung ist für Schwarz unangenehmer als sie auf den ersten Blick aussieht. Schwarz hat keinen guten Plan, weil ...d6-d5 nicht einfach zu erzielen ist: „Jetzt war ich sehr überrascht und glücklich, als ich merkte, dass ich besser stehe! Es ist schwierig ...d5 unter günstigen Umständen zu spielen und mein Plan in der Partie ist erstaunlich stark." (Carlsen)

22...Dc7 23.Sdf5

23.c4!?

23...Td8

23...d5 24.exd5 cxd5 25.Txe5 Sxe5 26.Se3 Dc6 27.Sgf5 Te8 28.h3 Sc4 29.Sxc4 Dxc4 30.Se3 Dc6 31.Td4 ist auch sehr angenehm für Weiß.

24.Dd2

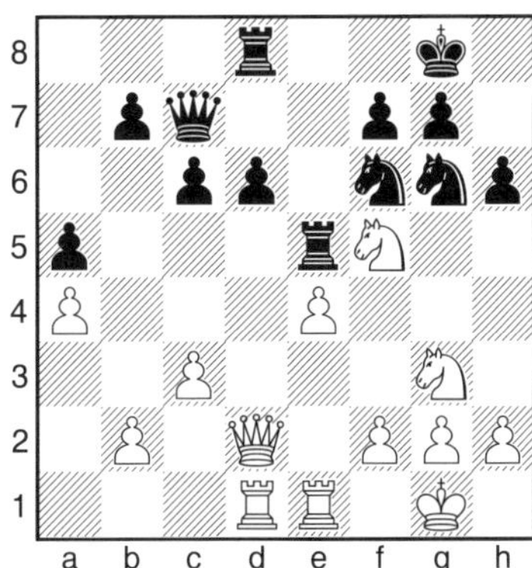

24...Kh7?!

Das ist zu schwerfällig.

24...Td7!? bietet mehr Widerstand, z.B. 25.f4 Db6+ 26.Kh1 Te8 27.Sxd6 Sg4 28.Tf1 Txd6 29.Dxd6 Sf2+ 30.Txf2 Dxf2 31.f5 Se5 32.f6 Dxf6 33.Dxf6 gxf6 mit Remischancen.

25.f4! Db6+

25...Tee8 26.Sxd6 Db6+ 27.Df2±

26.Kh1 Tee8 27.h3 Td7

Magnus berechnete 27...h5 28.De2! tief und stellte korrekt fest, dass Weiß nach 28...Sxf4? besser steht, weil er diesen Zug mit 29.Df3± beantworten kann.

28.Sxd6 Txd6 29.Dxd6

Weiß steht auf Gewinn und verwertete seinen Vorteil nach einigen Komplikationen im Endspiel. Wir zeigen den Rest dieser faszinierenden Partie ohne Kommentare.

29...Df2 30.Dd3 Sxf4 31.Df3 Sxh3 32.Te2 Dxf3 33.gxf3 Sg5 34.Kg2 Se6 35.Ted2 g6 36.Sf1 h5 37.Se3 h4 38.Sc4 g5 39.Sxa5 g4 40.Sxb7 g3 41.Sd6 Tg8 42.Sf5 Sf4+ 43.Kh1 h3 44.a5 S6h5 45.a6 Se6 46.a7 Ta8 47.Ta1 Sg5 48.Sh4 Sf4 49.b4 g2+ 50.Sxg2 hxg2+ 51.Txg2 Sxg2 52.Kxg2 Se6 53.c4 Sc7 54.Kg3 Kg6 55.Kf4 Kf6 56.e5+ Ke7 57.Ke4 f6 58.f4 fxe5 59.Kxe5 Se8 60.f5 Sd6 61.f6+ Kd7 62.Td1 Te8+ 63.Kd4 Kc7 64.Te1 Sf5+ 65.Kc3 Ta8 66.f7

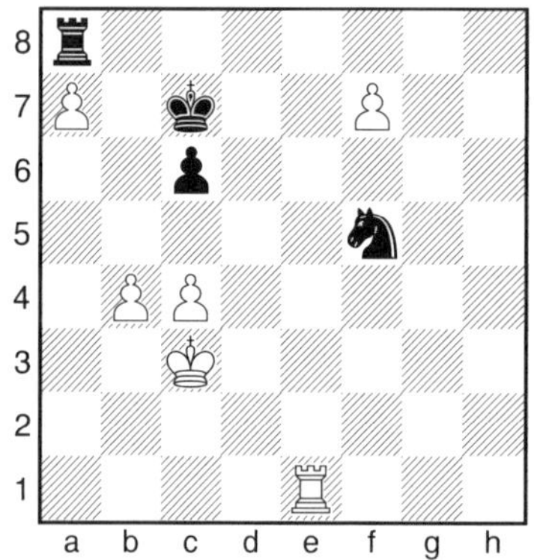

1-0

M. Carlsen (2844) – M. Adams (2744), Wijk aan Zee 2016

Da ...a7-a5 sehr verpflichtend ist, spielt Schwarz häufiger ...a7-a6, was auch besser punktet. Die gesamte a4-Idee ist relativ frisch und die Theorie befindet sich noch im Aufbau.

Kapitel 9.4.2

Schwarz spielt a2–a4 - mit ...a6

Das wird nach a2-a4 am häufigsten gespielt, da es flexibler als ...a7-a5 ist. Weiß folgt gewöhnlich den Hauptplänen und konkretes Wissen exakter Theorie ist nicht besonders vonnöten, um diesen Plan anzuwenden:

1.e4 e5 2.Sf3 Sc6 3.Lc4 Lc5 4.0–0

Wie in der Hauptvariante kann Weiß die kurze Rochade verzögern, z.B. 4.c3 Sf6 5.d3 Lb6 Ein seltener Zug in dieser Stellung. 6.a4!? (Weiß spielt üblicherweise *6.b4,* was zum abgelehnten Evans – Gambit führt. Man kann das mit der Partie Short – Portisch in unserem Strategieteil vergleichen. Eine weiter Option ist *6.0–0* im Geiste unserer Hauptempfehlung – siehe Kapitel 6.6.) 6...d6 7.Lg5!? Der schwarz König findet nicht einfach eine sichere Zuflucht. 7...h6 8.Lh4 a6 9.Sbd2 Le6 10.b4 Se7 A. Muzychuk (2555) – Zhao Xue (2504), Batumi 2016 11.Lxf6N gxf6 12.d4 exd4 13.Lxe6 fxe6 14.Sxd4 Kd7 15.0–0±

4...Sf6 5.d3 0–0

5...d6 6.c3 a6 7.Te1 In unserem Repertoire spielen wir diesen Zug später, aber natürlich kann man ihn auch früher spielen, falls ...Sg4 nicht gefährlich ist.

(Für 7.a4 La7 8.Sa3 siehe V. Anand (2762) – L. Aronian (2786), FIDE – Kandidatenturnier Moskau 2016 im Strategieteil. (8.Te1 Se7 9.d4 spielte Kramnik. 9...0–0 10.h3 (*10.Lg5N Sg6 11.Sh4 Lg4 12.f3 Ld7 13.Sxg6 hxg6 14.Le3 Te8 15.Sa3 exd4 16.cxd4 d5=;*

10.dxe5N Sg4=) 10...Sg6 11.Ld3 Te8 12.Dc2 Ld7 13.Le3 d5 14.Sbd2 exd4 15.cxd4 dxe4 16.Sxe4 Lc6 17.Lg5 Lxe4 18.Lxe4 c6 V. Kramnik (2801) – L. Aronian (2784), Stavanger 2016, und hier kann Weiß anstatt 19.Db3 (seine Spielweise verbessern mit *19.Te3!N,* z.B. *19...Sf8 20.Tae1 Te6 21.Lf5 Txe3 22.fxe3±* und das Läuferpaar sollte Weiß Vorteil bringen.) 19...Db6 20.Dxb6 Lxb6 21.Lxf6 gxf6=))

7...La7 8.a4 Le6 (*8...0–0 9.Sa3* ist Zugumstellung zur Hauptvariante.) 9.Lxe6 fxe6 10.Db3 Dc8 11.Le3 Lxe3 12.Txe3 0–0 13.Sbd2 Sa5 14.Da2 c5 15.d4 c4 16.b4 (*16.Te2!?*) 16...cxb3 17.Sxb3 Sc4 18.Tee1 Dc6?! 19.Sc5! dxc5 20.Dxc4 exd4 21.cxd4 Sd7 W. So (2773) – F. Caruana (2787), Wijk aan Zee 2016 22.Sg5N Tae8 23.d5 exd5 24.exd5 Txe1+ 25.Txe1 Dd6 26.Se4 Df4 27.a5±

6.Te1 d6 7.c3 a6 8.a4 La7

8...h6 9.h3 (9.Sbd2 Te8 (9...Se7 10.Sf1 Sg6 11.Lb3 c6 12.h3 d5 13.exd5 Sxd5 14.Sxe5 Lxf2+ (*14...Sxe5N 15.d4!±*) 15.Kxf2 Sxe5 16.d4 Weiß erhält ein schönes Zentrum und das Läuferpaar. (Natürlich nicht *16.Txe5?!N Df6+ 17.Df3 Dxe5∓*) 16...Sg6 17.Kg1 Dh4 18.Ld2 Ld7 19.Df3± Giri,A (2785) – Wei Yi (2696) Bilbao 2016) 10.Sf1 La7 11.Le3 (*11.Sg3 Le6 12.Lxe6 Txe6 13.b4 d5 14.Dc2* gab Weiß ebenfalls etwas Vorteil in Anand,V (2770) – Wei,Y (2694) Leon (Schnellschach) 2016) 11...Le6 12.Lxe6 Txe6 13.Lxa7 Txa7 14.Sg3 d5 V. Kramnik (2801) – P. Svidler (2762), Sochi 2016 und jetzt 15.Db3N dxe4 (*15...a5 16.Tad1±*) 16.Sxe4 Sxe4 17.dxe4 Td6 18.Tad1±)

9...Le6 (9...Te8 10.Sa3 Lxa3 11.Txa3 Le6 12.Lxe6 Txe6 13.b4 d5 14.b5 Se7 15.Db3 axb5 16.axb5 Txa3 17.Lxa3 Sg6 18.g3 Te8 19.exd5 Sxd5 (*19...Dxd5 20.Dxd5 Sxd5 21.c4 Sb6 22.Lb4 f6 23.Ta1±*) 20.c4 Sf6 21.Kg2 Dd7 22.Lb2 Df5 R. Ponomariov (2712) – Ding Liren (2766), Huai'an 2016 23.Te3!?N e4 24.dxe4 Txe4 25.Dc2 De6 26.Sd4±) 10.Lxe6 fxe6 11.Le3 Lxe3 12.Txe3 Dd7 13.Sbd2 Df7 14.g3 Sd7 15.Kg2 (*15.b4!?N* (Pavlovic in CBM 171) ist jetzt wahrscheinlich erforderlich.) 15...a5= A. Giri (2798) – V. Anand (2784), Zürich 2016

9.Sa3

Weiß kann auch die übliche Route für seinen Springer wählen. 9.h3 h6

a) 9...Le6 10.Lxe6 fxe6 11.Db3 Dd7 12.Le3 Lxe3 13.Txe3 Sh5 14.g3 Kh8 15.Sbd2 Sf6 16.d4 exd4 17.cxd4± F. Caruana (2795) – H. Nakamura (2787), Saint Louis blitz 2016;

b) Gegen 9...Se7 10.Sbd2 Sg6 ging es in einer aktuellen Partie weiter mit 11.Lb3 Te8 12.d4 h6 13.Lc2 c6 14.Sf1 d5 15.Sxe5 Sxe5 16.dxe5 Sxe4 17.Lxe4 dxe4 18.Dxd8 Txd8 19.Sg3 (*19.Le3!?N Lb8 20.Ld4* könnte etwas präziser sein, z.B. *20...a5 21.Sg3 e3 22.Lxe3 Lc7 23.Se4 b6 24.Sd6 Le6 25.b4±*) 19...Lb8 20.Le3 Lxe5 21.Sxe4 Lc7 22.a5 Lf5 23.Sc5 Tab8 24.g4 Lc2 25.Tac1 Lg6 26.b4 Ld6 27.Sa4 f6 28.La7 Ta8 29.Lc5 Le5 30.Sb6 Tab8 31.Sc4 Lf4 32.Le3 Lxe3 33.Txe3 b5 34.axb6 Lf7 ½-½ V. Anand (2770) – L. Aronian (2792), Saint Louis 2016

11.Sf1 11...c6 12.Lb3 d5 13.exd5 Sxd5 14.Sg3N könnte ein Versuch sein, z.B. (*14.d4* trifft auf die starke Entgegnung

14...exd4 15.Sxd4 Le6!= F. Caruana (2795) – W. So (2773), Saint Louis blitz 2016) 14...Dc7 15.a5 Le6 16.Sg5⩲;

10.Sbd2 Se7

a) 10...Te8 11.Sf1 (Man kann auch sofort am Damenflügel spielen, z.B. 11.b4 Le6 12.Lxe6 Txe6 13.Sf1 (*13.Dc2 Dd7 14.Sf1 Tee8 15.Le3 Lxe3 16.Sxe3 Sd8* J. van Foreest (2551) – V. Tkachiev (2660), Stockholm 2016 *17.Sf5N Se6 18.d4⩲*) 13...d5 14.Dc2 dxe4 (*14...d4 15.b5 Se7 16.cxd4 Lxd4 17.Sxd4 Dxd4 18.Le3 Dd7 19.Sg3 Td8 20.Ted1 axb5 21.axb5 Se8 22.Tab1 b6 23.d4⩲* Giri,A (2782) – Caruana,F (2804) Leuven (Schnellschach) 2016) 15.dxe4 Dd7 16.Le3 Lxe3 17.Sxe3 Se7 18.c4 Dc6 J. van Foreest (2557) – R. Swinkels (2485), Maastricht 2016 19.Tac1N Sg6 20.Sd5⩲)

11...Le6 12.Lxe6 Txe6 13.Le3 Lxe3 14.Sxe3 d5 15.Dc2 Dd7

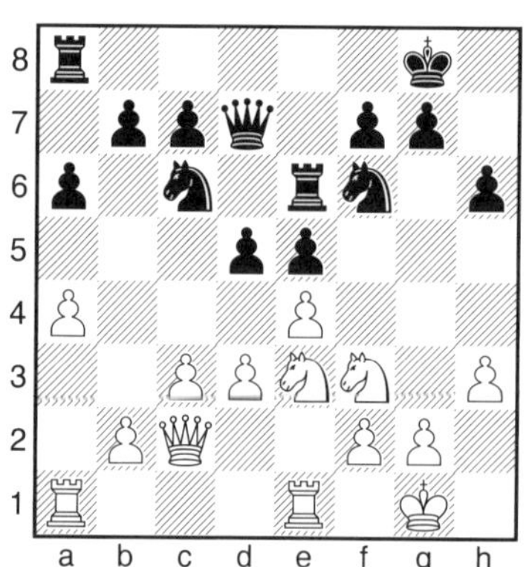

16.Tad1 (In der Partie holt Weiß nichts aus der Stellung heraus. Es war besser den Damenturm flexibel zu halten mit 16.b4!?N Se7 17.Tab1 Te8 (*17...b5 18.exd5 Sfxd5 19.Sxd5 Dxd5 20.c4⩲; 17...Sg6 18.c4 d4 19.Sf5±*) 18.b5 axb5 19.axb5 Sg6 20.c4 dxe4 21.dxe4 Sf4 22.Ted1 Td6 23.Kh2⩲) 16...Td8 17.Sf5 De8 18.b4 b5 19.axb5 axb5 20.Sd2 Se7 21.Sxe7+ Dxe7 22.Sb3 dxe4 23.dxe4 Ted6 24.Sc5 Txd1 25.Txd1 Txd1+ 26.Dxd1 Dd6 27.De2 c6 28.g3 Sd7 29.Sxd7 Dxd7 30.Kg2 Dd6 31.De3 ½-½ M. Muzychuk (2554) – Hou Yifan (2673), Frauen – Weltmeisterschaft Lviv 2016;

b) 10...Sh5!? Das ist ähnlich wie die Stellung in Kapitel 7.2. Dort ist der Läufer auf b3 und der Bauer auf a2 platziert. Das ändert kaum etwas. 11.Sf1 Df6 12.Se3 (*12.Le3N* mit der Idee d2-d4 ist unsere Empfehlung in Kapitel 7.2.) 12...Sf4 13.Sg4 Dg6 14.Lxf4 exf4 15.d4 Lxg4 16.hxg4 Dxg4 17.Dd3 Weiß erhält Kompensation dank seines starken Zentrums. Diese Idee ist gut bekannt, funktioniert aber besser mit einem Läufer auf b3, da ein mögliches ...d7-d5 hier mit Tempo erfolgt. 17...Se7 18.Te2 Tad8 19.b4 Lb8 20.b5 axb5 21.axb5 c6 22.Tb1 (*22.bxc6N bxc6 23.Lb3*⩱ *Δd5?! 24.e5*) 22...d5 23.La2 dxe4 24.Txe4 Ld6= A. Giri (2785) – W. So (2770), Bilbao 2016;

11.Sf1 Sg6 12.Sg3 c6 13.La2 (*13.Lb3 Le6 14.d4* ist eine Alternative.) 13...Le6 14.Lxe6 fxe6 15.d4 exd4 16.cxd4 d5?! 17.exd5 exd5?! 18.Dd3 Se7 19.Ld2 Lb8 20.Lb4 Ld6 A. Giri (2793) – H. Nakamura (2790), FIDE – Kandidatenturnier Moskau 2016. 21.Da3!N Sc8 22.Lc5 Lxc5 23.dxc5 Se7 24.Dd3 Sd7 25.Sd4 Tf7 26.Se6±

9...h6 10.Sc2 Te8 11.Le3 Le6 12.Lxe6 Txe6 13.Lxa7 Txa7

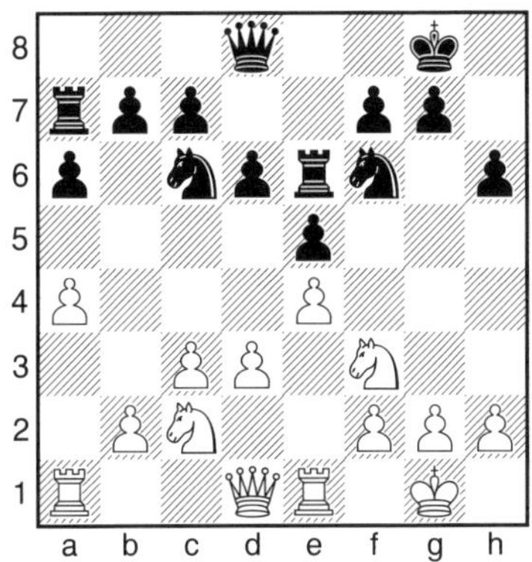

14.d4!?

Dieser Vorstoß ist prinzipieller als die Alternative

14.Se3, die natürlich auch spielbar ist.

14...exd4 15.Sfxd4 Sxd4

15...Txe4? ist schlecht wegen 16.Txe4 Sxe4 17.Sxc6 bxc6 18.Dd4 Sc5 19.b4 Sb3 20.Dxa7 Sxa1 21.Sxa1+–

16.Dxd4 Ta8 17.f3 a5 18.Se3 Dd7 19.Ted1 b6 20.Dc4

20.Sf5!?

20...Tae8 21.Db5 Dc8 22.b4 Da8 23.Dd3 c6 24.bxa5 bxa5 25.c4 g6

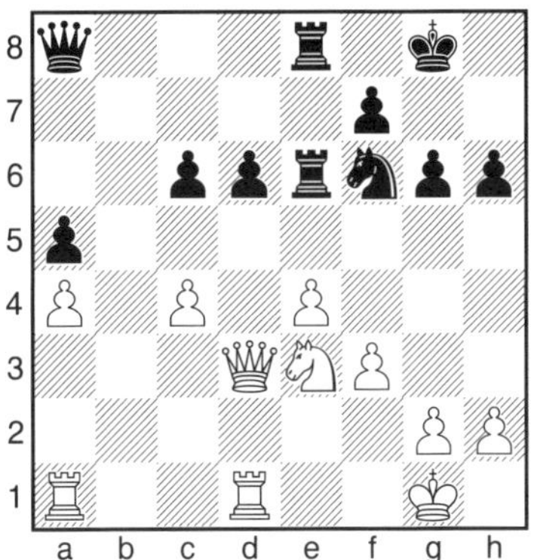

26.Dc3

26.Dd2!? übt mehr Druck aus und die schwarze Aufgabe ist nicht einfach, z.B. 26...Sd7 27.Sc2 Kh7 28.Sd4 Te5 29.Sb3 T8e6 30.Tab1±

26...Sd7 27.Sc2 Sc5 28.Sd4 T6e7 29.Td2 h5 30.De3 Da6 31.Sf5

So forciert das Remis.

31...gxf5 32.Dg5+ Kf8 33.Dh6+ Kg8 34.Dg5+ Kf8 35.exf5 Dxc4 36.Dh6+ Kg8 37.Dg5+ Kf8 38.Dh6+

½-½ W. So (2773) – S. Mamedyarov (2747), Wijk aan Zee 2016

Diese Variante illustriert die Strategie der Italienischen Partie sehr gut. Weiß verfolgt grundlegende Ziele und Manöver, aber hat nicht mehr als eine leichte Initiative. Falls der Anziehende diese Art der Eröffnungsbehandlung mag, ist das ein guter Weg um ohne ausuferndes Theoriestudium zu Werke zu gehen.

Kapitel 9.5

Weiß spielt 0-0 und Lg5

Dieser Ansatz fügt mehr Schärfe zum Aufbau, aber er ist natürlich auch riskanter. Weiß opfert häufig den Springer f3 nach g7-g5-g4. Die Theorie entwickelt sich hier und wir können einen kurzen Überblick liefern. Eine aktuelle Quelle ist Ufuk Tuncers Artikel „The Bishop's Good History" im New In Chess - Jahrbuch 120, Seite 116-125. Einer der Hauptvertreter dieser Spielweise ist Anton Demchenko. Falls Weiß exklusiv einen Aufbau mit frühem Lg5 spielen möchte, dann kann es Sinn machen ohne frühes c2-c3 zu spielen lautTuncer. Wir folgen auch hier unserer Hauptzugfolge und wie üblich haben wir die Zugfolge der Partien verändert, damit es in unsere Präsentation passt.

1.e4 e5 2.Sf3 Sc6 3.Lc4 Lc5 4.c3 Sf6 5.d3 a6

5...0–0 6.0–0 d6 7.a4 (7.Lg5 h6 8.Lh4 Lb6 9.a4 a6 10.Sbd2 Kh8 11.b4 g5 12.Lg3 Sh7 13.a5 La7 14.b5 axb5 15.Lxb5 Se7 16.d4 exd4 (*16...g4N 17.Sh4 exd4 18.Dc2 Sg5 19.Sb3 dxc3 20.Dxc3+⩲*) 17.Sxd4 f5 18.f3 f4 19.Lf2 Sg6 20.a6⩲ C. Bauer (2620) - S. Feller (2602), Agen 2016)

7...a6 8.Lg5 h6 9.Lh4 g5 10.Lg3 g4 11.Lh4 gxf3 12.Dxf3 Kg7 13.Sd2

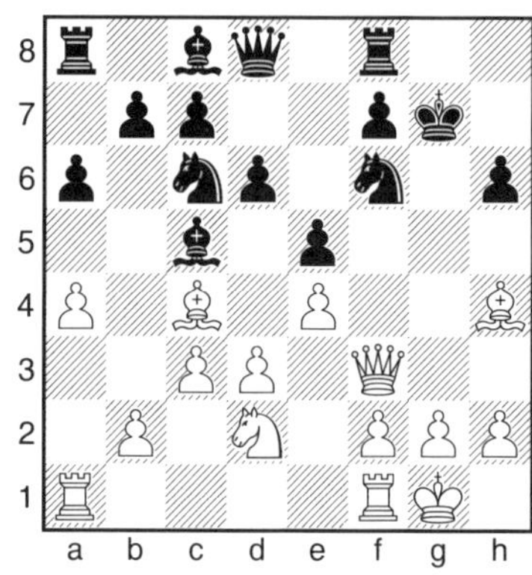

13...Tg8?! (13...La7 könnte besser sein, aber Weiß setzt einfach fort, als ob er nichts geopfert hätte, z.B. 14.Tfe1 (*14.Kh1* leitet in die Hauptvariante über. Ufuk Tuncer favorisiert *14.Tfd1,* was auch sehr gefährlich ist.) 14...Th8 15.Sf1 h5 16.h3 Th6 17.Sg3 De7 18.b4 Le6 19.Tad1 mit gefährlicher Kompensation.)

14.Tfe1 (*14.Tfd1!?N* ist ebenfalls interessant, z.B. *14...De7 15.Sf1 h5 16.h3* mit gefährlicher Kompensation.) 14...Kg6?! 15.h3 Le6 J. Schroeder (2507) - L. Fressinet (2677), Helsingor 2016 16.Sf1±

6.0–0 La7 7.Lg5 h6

In den folgenden Partien transferierte Weiß zuerst den anderen Springer zum Königsflügel, was nach einer vernünftigen Idee aussieht. 7...d6 8.a4 (*8.Sbd2* sieht präziser aus und kann zur Hauptvariante im Text führen.) 8...h6 9.Lh4 g5 10.Lg3 Se7 (*10...Sh7!?N* sollte mit *11.b4* beantwortet werden (Tuncer).) 11.Sbd2 (11.d4 Sxe4 12.Sxe5 0–0 (Es ist auch möglich die Figur zu schlagen mit *12...dxe5N* Nach *13.Lxe5 Tf8 14.Te1 Lf5* ist nicht klar, wie Weiß fortsetzen soll.) 13.Sxf7?! (*13.Sg4N d5 14.Ld3 Lxg4 15.Dxg4 f5∞*) 13...Txf7 14.Lxf7+ Kxf7 15.f4 g4 16.f5 Sxg3 17.hxg3 Sg8 18.Dxg4 Dg5 19.Dxg5 (*△19.De2N c5∞*) 19...hxg5 20.Sd2 R. Mamedov (2655) – F. Caruana (2804), Shamkir 2016 20...c5!N 21.Se4 cxd4 22.cxd4 Lxd4+ 23.Kh2 Sf6∓)

11...Sg6 12.d4 De7 13.Te1 Hier ist es nicht einfach einen guten Plan für Weiß zu finden. 13...Sh7! Schwarz greift einfach am Königsflügel an. 14.h3 h5 15.Sf1 g4 16.hxg4 Lxg4 (*16...hxg4N 17.S3h2 Dg5* sieht gut aus für Schwarz.) 17.Se3 0–0-0 18.Sxg4? (*18.Sd5N Dd7 19.Le2∞*) 18...hxg4 19.Sh2 Sf6 20.Dd3?! Sh5–+ Weiß steht schon auf Verlust. 21.Lxa6 Sxg3 22.fxg3 c6 23.Sxg4 exd4 24.cxd4 Se5 25.Dd1 Sxg4 26.Dxg4+ Kb8 27.Tad1 Df6 0-1 S. Yudin (2530) – T. Harutyunian (2452), Kazan 2016

8.Lh4 d6 9.Sbd2 g5

9...De7 10.b4 (*10.Te1 g5 11.Lg3 h5 12.h4 g4 13.Sh2 Le6* S. Yudin (2530) – R. Praggnanandhaa (2368), Voronezh 2016 *14.a4N 0–0-0 15.b4±*) 10...g5 11.Lg3 Lg4 12.h3 Lh5 13.Te1 Lg6 14.a4 Sh5 15.Lh2 Sf4 16.a5 Lh5 17.Da4 0–0 18.b5 axb5 19.Dxb5 Sd8 20.Lxf4 gxf4 21.d4± A. Demchenko (2596) – D. Jakovenko (2745), Khanty – Mansiysk 2014.

9...Sa5 A. Demchenko (2589) – V. Malakhov (2702), St. Petersburg 2015 10.Lxf6!?N Dxf6 11.Lxa6 Ld7 12.Sc4 bxa6 13.Sxa5±

10.Lg3 0–0

10...Sa5 11.Ld5 0–0 12.b4 c6 13.Lxf7+ Txf7 14.bxa5 Dxa5 15.d4 Dxc3 A. Demchenko (2596) – M. Venkatesh (2443), Chennai 2016 16.Tc1N ist ein bißchen besser für Weiß.

11.a4 g4

11...Kg7 12.Te1 Le6 13.b4 g4 14.Sh4 Se7? V. Topalov (2761) – W. So (2770), Leuven (Blitzschach) 2016 (Nach *14...Sh5N* (Tuncer) könnte es interessant sein mit *15.Ta2!? Dg5 16.Sf1* auf den weißen Feldern am Königsflügel zu spielen.) 15.d4± mit klarem Vorteil für Weiß dank der Kontrolle des Zentrums und dem geschwächten schwarzen Königsflügel.

11...Le6 12.Te1 Dd7 13.b4 Se7 14.d4 Sg6 15.h3 Lxc4 16.Sxc4 g4 17.Sh4± M. Cornette (2581) – A. Demuth (2545), Agen 2016;

Tuncer erwähnt 11...Sh7!?N, um am Königsflügel zu spielen, z.B. 12.h3 h5 13.Kh1 Kh8 14.De2 Df6= (Tuncer)

12.Lh4 Kg7

12...gxf3N 13.Dxf3 Kg7 14.Kh1 ist Zugumstellung, aber Weiß könnte hier bessere Züge in petto haben.

13.Kh1

Eine sehr mutige und typische Idee.

13.Se1N Se7 14.g3 Sg6 15.Sg2 ist die Alternative.

13...gxf3 14.Dxf3

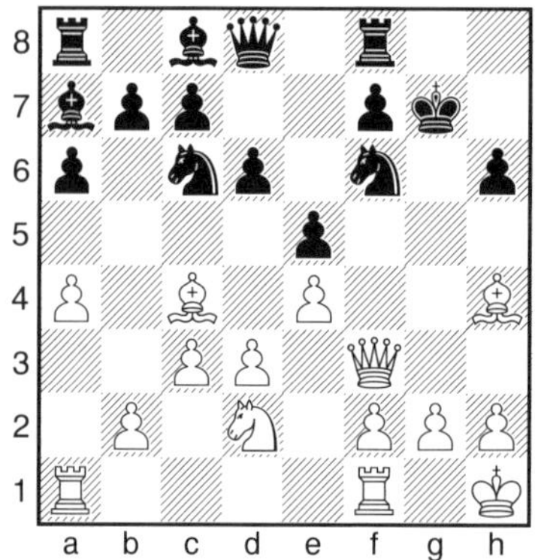

14...Sb8?

Dieser Rückzug ist zu passiv. Weiß hat auf jeden Fall Kompensation, aber die Stellung ist unklar, z.B.

14...Tg8N 15.Tae1

a) 15.g4 Lxg4 16.Lxf6+ Dxf6 17.Dxg4+ Kh8 18.Df3=;

b) 15.Tg1 h5 16.h3 De7 17.Sf1 Le6 18.Se3 (*18.Sg3 Th8=* (Tadic im Schachinformator 128)) 18...Lxe3 19.fxe3 Sb8 20.g4 gibt Tuncer mit Initiative an, aber Remis scheint das wahrscheinlichste Resultat nach 20...Sbd7 21.gxh5+ Kh7 22.Taf1 Txg1+ 23.Kxg1 Lxc4 24.dxc4 Kg7 25.Lxf6+ Sxf6 26.h6+ Kxh6 27.Dxf6+ Dxf6 28.Txf6+ Kg7;

c) 15.Ld5 De7 erwähnt Tuncer und ist sehr interessant, z.B. (15...Sb8?! 16.De2 Kh7 17.h3 c6 (*17...Sbd7 18.f4→*) 18.Lxf7 Tf8 19.Lb3 De8 20.f4 Sh5 21.f5± (Tuncer)) 16.g4 (*16.Sc4 Sb8 17.Se3 c6 18.Lb3 Le6 19.Sf5+ Lxf5 20.Dxf5 Sbd7 21.f4 Le3 22.fxe5 dxe5 23.Lxf6+ Sxf6 24.Tf3 Lg5=*) 16...Sxd5 17.Lxe7 Sdxe7 18.Tg1 mit unklaren Konsequenzen.

15...Kg6 16.Dd1 Df8 17.f4 mit unklaren Konsequenzen.

15.g4 Sbd7

15...Lxg4?N 16.Tg1+-

16.Tg1 Th8 17.Sf1 De8?!

17...Kf8N 18.Sg3±

18.g5 Sg8 19.gxh6+ Kf8 20.Dg3 Sgf6 21.Dg7+ Ke7 22.Tg6 Tg8 23.Lxf6+ Sxf6 24.Dxf6+ Kd7 25.Lxf7

1-0 A. Demchenko(2589) – D. Howell(2671), Europameisterschaft Gjakova 2016.

Kapitel 10

Rezepte gegen Schwarz Repertoires

Es gibt viele Repertoires – Bücher und DVDs aus schwarzer Sicht zu 1.e4 e5. Wir gehen auf einige dieser Werke ein und vergleichen ihre Empfehlungen mit unserem Repertoire. Wir starten mit Mihail Marins „Beating the Open Games", Quality Chess 2007:

1.e4 e5 2.Lc4 Sf6 3.d3 Sc6 4.Sf3 Lc5 5.c3 d6 6.Lb3 h6 7.Sbd2 a6 8.Sf1

Unsere Zugfolge unterscheidet sich, aber die Partie geht in unser Repertoire über und Marin musste sich auch mit Zugumstellungen befassen.

8...La7 9.Sg3 0–0 10.0–0 Te8 11.h3 Le6 12.Te1 Lxb3 13.Dxb3 Tb8

Nach 13...Dd7 erwähnt Marin nicht unseren Vorschlag 14.Le3 Die schwarze Stellung ist solide aber auch etwas passiv. Nach 14...Lxe3 ist 15.fxe3!? ein interessanter Versuch, siehe Kapitel 8.1.1.

14.Sf5

Ein Vorschlag ist 14.Le3 Lxe3 15.fxe3, um die Stellung aus dem Gleichgewicht zu bringen, z.B. 15...Se7 (*15...g6 16.Tf1 De7 17.Tf2±; 15...d5 16.exd5 Dxd5 17.Dxd5 Sxd5 18.Se4 b6 19.g4±*) 16.Kh2 Dd7 17.Te2 Sg6 18.Tf1 c6 19.Tef2 d5 20.exd5 cxd5 21.Sd2 Te6 22.Sf5 Kh7 23.Dd1 Tbe8 24.Df3 e4 25.dxe4 dxe4 26.De2 Se5 27.Sd4 Tb6 28.Sc4 (*28.Txf6!?*) 28...Dc7 29.Sxe5 Txe5 30.Kg1 Tg5 31.Tf5 Txf5 32.Txf5 Dg3?! 33.b3 Td6 34.Df2 Dg6?! 35.c4 Td7 36.Df4 Sh5 37.Dxe4? (*37.De5±*) 37...Sg3 38.De8 Txd4 0-1 E. Vorobiov (2534) – A. Grischuk (2705), Moskau 2004

14...d5 15.Dc2 Dd7

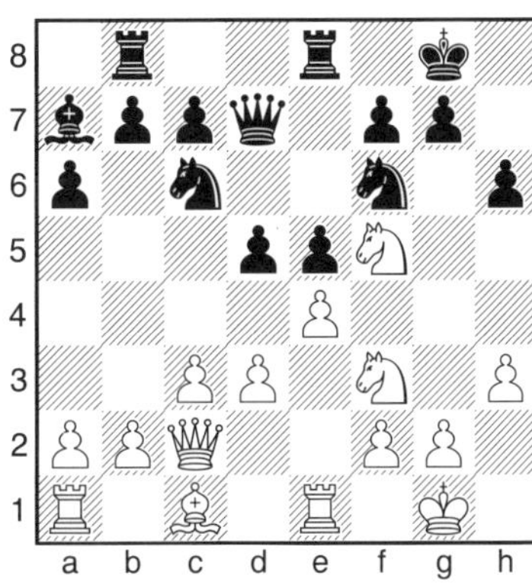

16.S3h4 Relativ harmlos.

16.Le3!? übt etwas mehr Druck aus: 16...Lxe3 17.Sxe3 De6 18.b4 Tbd8 19.a4 dxe4 20.dxe4 Se7 21.Tad1 ½-½ A. Kovalev (2473) – V. Yandemirov (2422), Alushta 2013 (*21.c4!? Sg6 22.Sd5 Td7 23.Tad1 Sh5 24.Se3 Ted8 25.Txd7 Txd7 26.Td1 Sf6 27.Txd7 Dxd7 28.b5±* Die weißen Springer sind etwas besser postiert und der Anziehende hat mehr Raum am Damenflügel.);

16.Lxh6!? kann als Überraschungswaffe dienen: 16...gxh6 (*16...dxe4 17.dxe4 gxh6 18.Dc1 Te6 19.Td1 De8 20.Dxh6 Lxf2+ 21.Kf1 Df8 22.Dxf8+ Txf8 23.Kxf2 Sxe4+ 24.Ke2±*) 17.Dd2

Te6 (*17...dxe4 18.S3h4 Se7 19.Sxh6+ Kf8 20.Dg5 Sh7 21.Dh5 De6 22.Sg4→*) 18.Dxh6 Se8 19.Dh5 Tg6 20.exd5 (*20.Sh6+ Kg7 21.Sf5+=*) 20...Dxd5 21.S3h4 De6 22.Sxg6 fxg6 23.Sh6+ Kg7 24.Dg5 Df6 25.Dxf6+ Sxf6 26.Sg4 Sxg4 27.hxg4 Tf8 28.Te2 Tf4 29.Kf1 Txg4 30.Te4 Tg5 31.g4=

16...Te6 17.De2 dxe4 18.dxe4 Td8 19.Df3 Dd3 20.Le3 Lxe3 21.Txe3 Dc2 22.Te2 Dd3 23.Te3

½-½ H. Hamdouchi (2593) – V. Tkachiev (2632), Cap d'Agde 2002

½-½

Kapitel 10.1

Schwarz Repertoire Bologan 1 – Gustafsson

Als nächste an der Reihe sind Jan Gustafssons „Black repertoire against 1.e4, 2nd volume: Open Games", ChessBase DVD, Hamburg 2010 und Bologan´s Black Weapons, New in Chess 2014, 1. Option, S. 425, und 2. Option, S. 433:

1.e4 e5 2.Sf3 Sc6 3.Lc4 Lc5 4.c3 Sf6 5.d3 a6

5...d6 6.0–0 0–0 7.Sbd2 ist eine weitere Zugfolge. Bologan empfiehlt hier die seltene aber interessante Fortsetzung 7...a5 und gibt 8.h3 Le6 9.Te1 (*9.b3!?* ist unsere Hauptempfehlung. Für weitere Details siehe Kapitel 5.5.) 9...h6 10.Lb3 Lxb3 11.Dxb3 a4!? mit gleichen Chancen an. Das Belästigen der weißen Dame ist eine Idee des Randbauernzuges, da das Schlagen auf b7 jetzt sehr riskant wäre.

6.Sbd2 La7 7.Lb3 d6 8.0–0 0–0 9.h3 h6

Bologan erwähnt auch 9...Le6 10.Te1 (für *10.Lc2* siehe Giri – Anand im Strategieteil.) 10...Lxb3 11.Dxb3 Dd7!? 12.Sf1 Tfe8 13.Lg5

a) 13.Le3 Lxe3 14.Sxe3 a5!? 15.a4 Se7 gefolgt von ...Sg6 und ...b6;

b) 13.Sg3 h6 14.Ld2 (*14.a4 d5*) 14...a5!? 15.a4 De6!? 16.Dc2 (*16.Dxb7 Se7* ist riskant für Weiß.) 16...d5;

13...Sh5 14.Tad1 h6

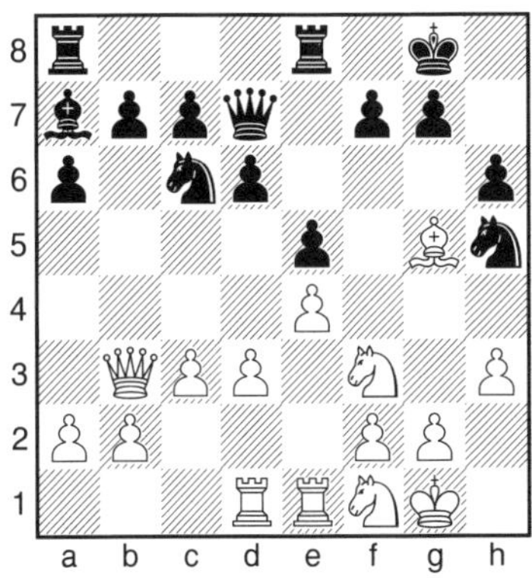

und hier schlagen wir 15.Lc1 (statt Bologans *15.Lh4 a5!? 16.a4 Sf4 17.Lg3 Se6 18.Se3 Lxe3* gefolgt von ...Sc5 und ...Se7 mit Druck gegen e4.) 15...b5 (*15...Sf6 16.Sg3 Lb6 17.d4⩲; 15...Lb6 16.d4 a5 17.a4⩲*) 16.d4⩲ vor

10.Te1 Te8 11.Sf1 Le6 12.Sg3

Für 12.Lc2!? siehe Giri – Anand im Strategieteil. 12...d5 13.exd5 Sxd5 14.Sg3 Dd6 und hier erwähnt Jan unsere Empfehlung 15.Sh4!? nicht. Bologan geht auch nicht ins Detail, wenn Weiß Lc2 spielt.

12...Lxb3

Gegen 12...d5 erwähnt Jan 13.exd5!? und endet hier. Nach 13...Lxd5 14.Lc2 erreichen wir Kapitel 8 unseres Repertoires.

13.Dxb3 Tb8

13...Dd7 Jan erwähnt zusätzlich diesen Zug und endet hier. Wir machen weiter mit 14.Le3 Lxe3 15.fxe3

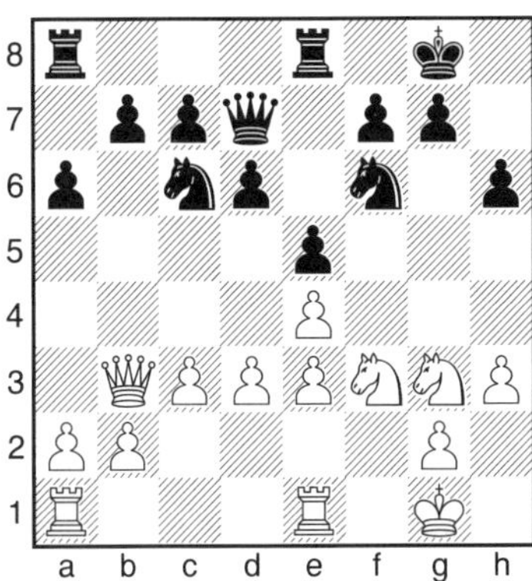

mit asymmetrischer Struktur, z.B. 15...d5 16.exd5 Dxd5 17.Dxd5 Sxd5 18.Tad1 Tad8 19.Se4 b6 20.g4 Te6 21.Kf2 Sce7 V. Durarbayli (2618) – F. Caruana (2796), Las Vegas 2015 und hier schlagen wir 22.c4N vor – siehe Kapitel 8.1.1.

14.Le3 Lxe3 15.Txe3

15.fxe3!? ist auch interessant – siehe Kapitel 8.

15...Dd7

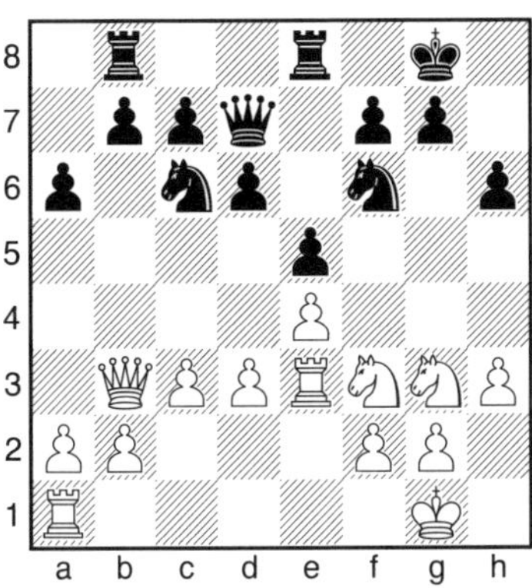

und jetzt bevorzugen wir anstatt

16.Sh4?!

16.d4!?N mit leichter Initiative für Weiß, z.B. 16...g6 17.Td1 b5 18.Dc2

Kg7? 19.dxe5 Sxe5 20.Sxe5 Txe5 21.f4 Tee8 22.e5 Sh7 23.f5 Dc6 24.e6±

16...De6 17.Dxe6 Txe6 18.Shf5 Td8=

Kapitel 10.2

Schwarz Repertoire Emms – Lokander – Bologan

Viele Repertoires basieren auf dem Zweispringerspiel. Wir gehen auf die Varianten aus folgenden Werken ein: Emms „Play the Open Games as Black", GAMBIT 2000, Bologan's Black Weapons, New in Chess 2014, 2. repertoire option auf S. 444ff und The Open Games with Black by Martin Lokander, Everyman 2015.

1.e4 e5 2.Sf3 Sc6 3.Lc4 Sf6 4.d3 Le7 5.0–0 d6

5...0–0 6.Te1 d6 7.a4 ist Zugumstellung

6.a4 0–0 7.Te1

Bei dieser Zugfolge ist 7.a5 interessant, was von Emms und Lokander nicht erwähnt wird, z.B. 7...a6 8.c3 Kh8 9.Sbd2 Sh5 (9...Sg8 10.Db3 De8 (10...f5 11.exf5 Txf5 (*11...Lxf5 12.Dxb7 Ld7 13.Ld5±*) 12.Se4±) 11.Te1 f5 12.exf5 Lxf5 13.Se4 Sf6 14.Sxf6 Lxf6 15.Sg5 Lxg5 16.Lxg5 Tb8 (*16...Dg6 17.Dxb7±*) 17.Lh4 Dg6 18.Te3±) 10.d4 Sf4 11.Sb3 (*11.d5!?*) 11...g5 (11...Lg4 12.Lxf4 exf4 13.Te1 Lh5 14.h3 g5 15.Sbd2 Tb8 (*15...g4? 16.Sh2+–; 15...Tg8?! 16.d5 Se5? 17.Sxe5+–*) 16.b4±) 12.dxe5 dxe5 13.Dxd8 Lxd8 14.g3 Le6 15.Sfd2 Lxc4 16.Sxc4 Se6 17.Se3±

7...Kh8

Emms erwähnt auch 7...h6 8.a5 a6 aber nicht 9.c3 Sh7 10.Sbd2±;

Bologan empfiehlt 7...Le6 8.Sbd2 Dd7 9.c3 Tfe8 10.b4 a6

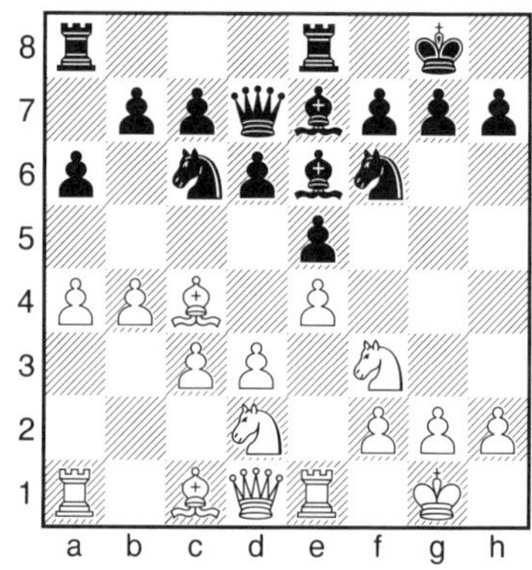

und hier empfehlen wir 11.Db3!?N Für weitere Details siehe Kapitel 3.

8.a5

8.c3 Das ist eine zusätzliche Option, die wir in Kapitel 3 nicht erwähnen. Falls der Leser diese Fortsetzung anwenden möchte, dann nur auf eigene Gefahr. 8...Sg8 (8...Lg4 9.h3 Lh5 10.a5 Tb8 11.Sbd2 d5

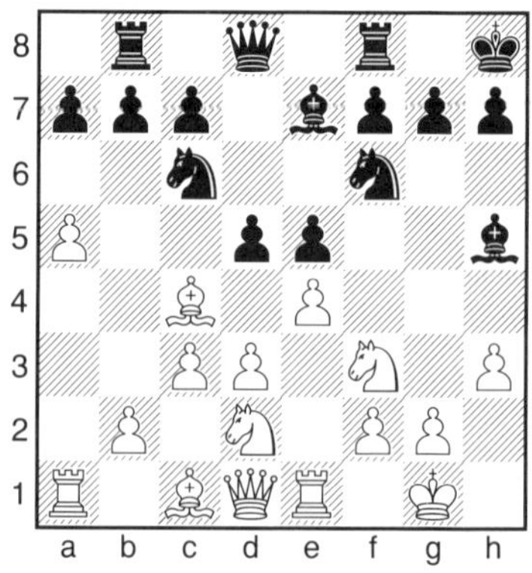

und hier erwähnt Emms nicht 12.Lb5!? dxe4 13.dxe4 a6 14.Lxc6 bxc6 und Weiß hat die Wahl zwischen einem soliden Endspiel nach 15.Sc4 (oder dem riskanten *15.g4 Sxg4 16.hxg4 Lxg4 17.De2*) 15...Dxd1 16.Txd1 Lxf3 17.gxf3 Tb5 18.Lg5 Kg8 19.Lh4 Te8 20.Lg3 Lf8 21.Td2 Tc5 22.Sxe5 Tcxe5 23.Lxe5 Txe5 24.Td8 Te8 25.Tad1 Le7 26.Txe8+ Sxe8 27.Td7 Kf8 28.e5 und in beiden Fällen hat Schwarz nicht komplett ausgeglichen.) 9.d4 f5 10.dxe5 fxe4 11.Txe4 Txf3 12.gxf3 Sxe5

(*12...Lf5 13.Te1 Sxe5 14.Le2 De8 15.Lf4 Dg6+ 16.Lg3 Tf8 17.Sa3*±)

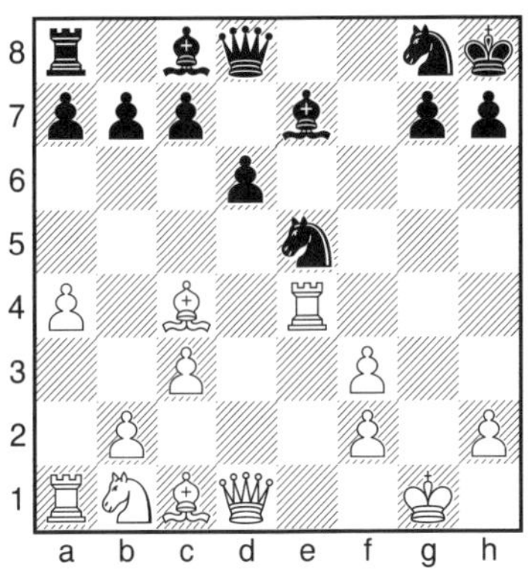

13.Sa3!?N (*13.Txe5 dxe5 14.Dxd8 Lxd8 15.Sd2 Sf6 16.Se4 Sxe4 17.fxe4 Lg4 18.Kg2 Lh4 19.f3 Lh5 20.Le3 Td8 21.b4 h6* ½-½ S. Fedorchuk (2635) – A. Giri (2722), Remagen 2012) 13...Sxc4 14.Sxc4 De8 15.Lf4

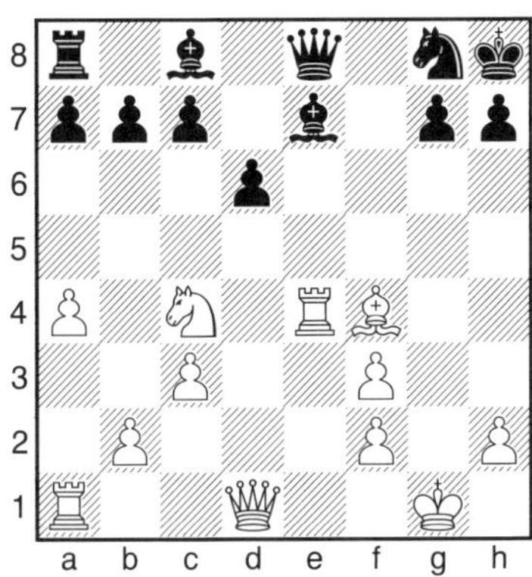

Lokander endet hier mit schwarzer Kompensation. Wir sind uns nicht sicher darüber. Falls der Leser diese Variante spielen möchte, dann sollte er sich das genauer anschauen.

8...a6 9.h3!

9.Sc3?! Lg4! ist unangenehm.

9...Sg8 10.Sc3 f5 11.Sd5 Lf6 12.b4!

12.c3 punktete sehr gut, aber nach 12...fxe4 13.dxe4 Sce7 14.Sxf6 Sxf6 15.Sg5 De8 16.f4 h6 17.Sf3 Dh5 „ hat Schwarz gutes Gegenspiel am Königsflügel" (Lokander). Wir stimmen dem zu.

12...fxe4 13.dxe4 Sce7 14.Sxf6N

14.Ta3 Sxd5 15.exd5 Se7 16.Lf1 De8 17.c4± U. Eliseev (2435) – A. Lastin (2538), Moskau 2012

14...Sxf6

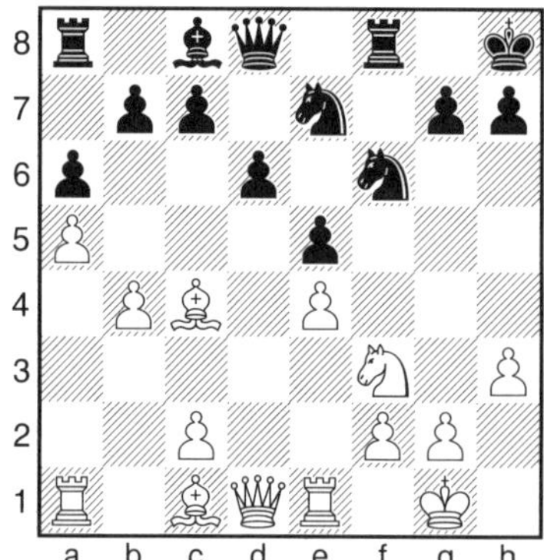

15.Sg5

15.Lf1± ist ein viel besserer Versuch. Weiß hat einen einfachen Plan, indem er die Bauern am Damenflügel vorschiebt. Außerdem besitzt er ein schönes Läuferpaar.

15...De8 16.f4 Sc6!

„Schwarz scheint gutes Gegenspiel entwickeln zu können" (Lokander). Es handelt sich weniger um Gegenspiel als eher eine spielbare Stellung, da Weiß gute Kompensation erhält nach

17.f5 Sxb4 18.c3 Sc6 19.g4⩲

Jedenfalls empfehlen wir 14.Ta3 wie in Eliseev – Lastin oder 14.Sxf6N Sxf6 15.Lf1. Für weitere Details siehe Kapitel 3.

Kapitel 10.3

Schwarz Repertoire – Mikhalchishin

Das nächste Werk ist Adrian Mikhalchishin, 1.e4 e5 – An active repertoire for Black, ChessBase DVD 2012:

1.e4 e5 2.Sf3 Sc6 3.Lc4 Sf6 4.d3 Le7

4...h6 wird auch erwähnt: 5.c3 d6 6.0–0 g6 7.d4 De7 8.Te1 Lg7 9.h3 0–0 Mikhalchishin endet hier. Das ist eine Hauptvariante, die wir detailliert in Kapitel 3 betrachten.

5.0–0 0–0 6.Te1 d6 7.a4 Sa5 8.La2 c5 9.c3 Sc6

und unsere Empfehlung **10.Sa3** wird nicht erwähnt.

Kapitel 10.4

Schwarz Repertoire – Ris

Das nächste Werk ist Robert Ris, A Black repertoire against the two knights, ChessBase DVD 2014:

1.e4 e5 2.Sf3 Sc6 3.Lc4 Sf6 4.d3 Le7 5.0–0 0–0 6.Te1 d6 7.a4 Kh8 8.a5 a6

und hier erwähnt Ris nicht unsere Empfehlung **9.h3!?⩲** – siehe Kapitel 3.

Kapitel 10.5

Schwarz Repertoire – Ntirlis

Das letzte Werk ist Playing 1.e4 e5, A Classical Repertoire, Nikolaos Ntirlis, Quality Chess 2016:

1.e4 e5 2.Sf3 Sc6 3.Lc4 Sf6 4.d3 Le7 5.0-0 0-0 6.Te1 d6 7.a4 Sa5 8.La2 c5 9.c3 Sc6 10.Sa3 h6 11.Ld2 (Saric auf chess 24)

11...a6 (! Ntirlis)

12.h3 Tb8 13.Sc4 b5 14.axb5 axb5 15.Se3 Te8 (! Ntirlis).

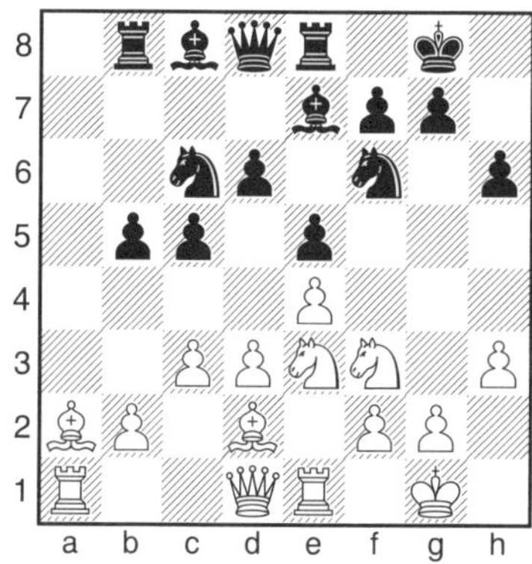

Wir empfehlen hier **16.Sh2 Le6 17.Ld5 Dd7 18.Ta6 Tec8 19.Df3 Db7 20.Taa1 Ta8 21.Shg4 Txa1 22.Txa1 Ta8 23.Txa8+ Dxa8 24.Sf5** mit einer gefährlichen Initiative.

Kapitel 11

Strategie

Normalerweise ist die Strategie einfach. Aber es geht natürlich nicht nur darum den Damenspringer nach e3 oder g3 zu transferieren und d3-d4 durchzusetzen. Dementsprechend schauen wir uns einige Themen detaillierter an. In diesem Kapitel haben wir die Zugfolgen nicht wie im Theorieteil vereinheitlicht, sondern so belassen, wie sie im Original gespielt wurden.

1) Der schwarze Alptraum – der Monsterspringer auf f5

Ein prinzipieller Plan ist den Springer von b1 via d2-f1-g3 nach f5 zu transferieren, wo er starken Druck gegen den schwarzen Königsflügel ausübt.

1.1) Der g-Bauer als Rammbock

Falls Schwarz kein direktes Gegenspiel im Zentrum besitzt und die Öffnung des weißen Königsflügels nicht ausnutzen kann, dann kann der g-Bauer dem Königsangriff dienen, um mehr Linien zu öffnen:

S01.01

Bartosz Socko (2623) – Sabino Brunello (2540)

Civitanova Marche 2015

1.e4 e5 2.Sf3 Sc6 3.Lc4 Lc5 4.c3 Sf6 5.d3 d6 6.Sbd2 a6 7.Lb3 0-0 8.0-0 La7 9.h3 h6 10.Te1 Te8 11.Sf1 Le6 12.Sg3 Dd7 13.Sh4

Unsere Hauptempfehlung ist 13.Lc2 – siehe Kapitel 8.

13...Lxb3

13...Lxh3? wird widerlegt durch 14.gxh3 Dxh3 15.Shf5 Sg4 16.Df3 Lxf2+ 17.Dxf2 Sxf2 18.Kxf2+-

14.axb3

Hier ist es logischer mit dem Bauern zu nehmen, da die Dame schnell am Königsflügel gebraucht wird.

14...d5 15.Df3 Te6

15...Tad8? 16.Sgf5 (*16.Lxh6+-*) 16...dxe4 17.Dg3 Sh5 18.Dg4 g6 19.Sxg6 fxg6 20.Dxg6+ Sg7 21.Sxh6+ Kh8 22.Sf7+ Kg8 23.Sxd8 Txd8 24.dxe4+-

16.Sgf5 Kh7!

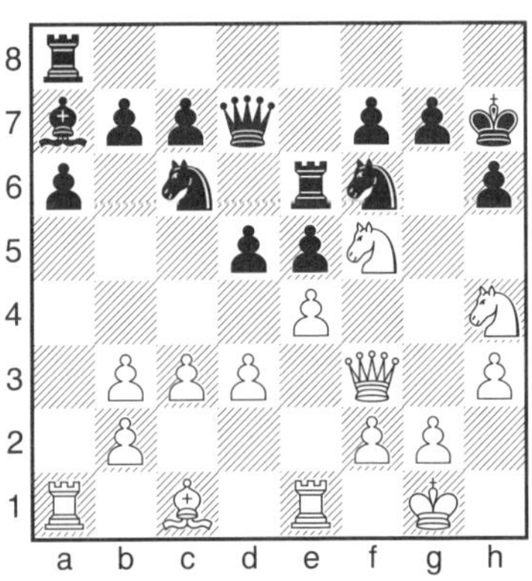

17.g4!?

Der g-Bauer startet seine Attacke. Das funktioniert in der Regel sehr gut, wenn Schwarz kein schnelles Gegenspiel im Zentrum initiieren kann.

17...dxe4 18.dxe4

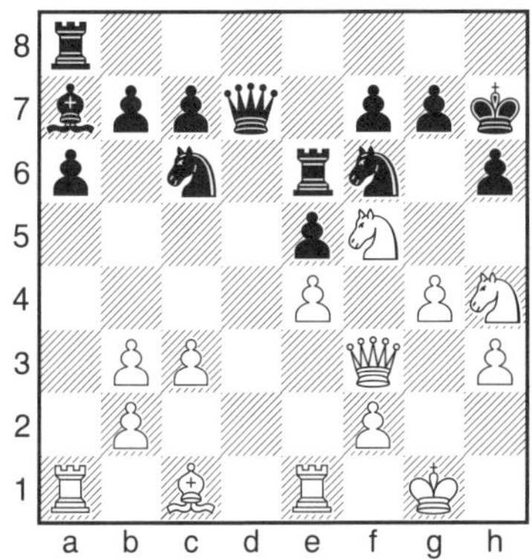

18...Sg8?

18...Td8!N ist mehr oder weniger forciert und Schwarz kann sich danach verteidigen, z.B. 19.Dg2 Se7 20.Sxe7 (*20.g5 hxg5 21.Lxg5 g6 22.Sxe7 Dxe7 23.Sf5 Df8 24.Lxf6 Txf6 25.Dg5 Te6 26.Dh4+ Kg8 27.Dg5 Kh8 28.Dh4+=*) 20...Dxe7 21.Sf5 Df8 22.Df3 Sg8 23.b4 g6 24.Le3 Lxe3 25.Sxe3 Sf6 26.Tad1 Kg7=; 18...Se7? 19.g5 hxg5 20.Lxg5 g6 21.Tad1 De8 22.Sh6 Seg8 (*22...Kg7 23.Dg3 Sh5 24.Dg4 Sg8 25.S4f5+ Kh8 26.Sxg8 Kxg8 27.Kh2 Kh7 28.Df3 Sg7 29.Tg1 Lc5 30.b4 Lf8 31.Dg4± gxf5? 32.exf5 Td6 33.Txd6 cxd6 34.Lf6+−*) 23.Sxg8 Sxg8 24.Td5 Td6 25.Txd6 cxd6 26.Td1±

19.g5

Der Rammbock klopft an der Tür.

19...Td8?

19...g6! war die letzte Chance, z.B. 20.Td1 Ein wichtiger Zwischenzug. 20...De8 21.Sxh6 Sxh6 22.gxh6 De7 23.Dg3 Tg8 24.Kg2 Td6 25.Txd6 cxd6 26.b4 f5 27.Sf3 f4 28.Dg5 Lb8 29.b5 axb5 30.Dxe7+ Sxe7 31.Ta5±

20.gxh6 g6 21.Dg2 Lc5 22.Kh2 Lf8 23.Tg1

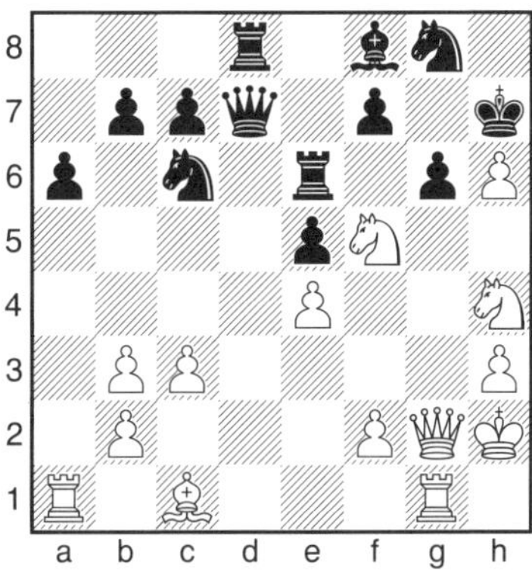

23...De8? Schwarz wird jetzt überrannt.

23...Sf6! war erforderlich, aber Weiß hat Vorteil nach 24.Ta4 weil 24...gxf5? nicht funktioniert wegen 25.exf5 Td6 26.Sf3 e4 27.Txe4 Te8 28.Sg5+ Kh8 29.Th4 Se5 30.Se4+−; 23...Sxh6?! 24.Lxh6 Lxh6 25.Sxh6 Kxh6 26.Sf5+ Kh7 27.Dg5 Dd2 28.Dh4+ Kg8 29.Tg4 Td3 30.Kg2 Td7 31.Se3 Dd6 (*31...Dxb2? 32.Dh6+−*) 32.Td1 De7 33.Txd7 Dxd7 34.Dh6 Dd8 35.Th4 Df6 36.Dh7+ Kf8 37.Sd5 Dg7 38.Sxc7±; 23...Sce7?! 24.Sf3 f6 25.Sxe7 Sxe7 26.Sh4 De8 27.Le3 Tc6 28.Df3±

24.Sf3 f6 25.Dg4 Df7 26.S3h4 Sce7

26...gxf5? 27.Dxf5+ Kh8 28.Sg6+ Kh7 29.Sxe5++−

27.Sxe7 Sxe7 28.Le3 Lxh6?

28...Tc6 29.Df3 Td3 30.Tg3 Lxh6

31.Sxg6 Sxg6 32.Dh5 Txe3 33.fxe3 f5 34.exf5 Sh8 35.Dg4 Td6 36.Tag1±

29.Lxh6 Kxh6

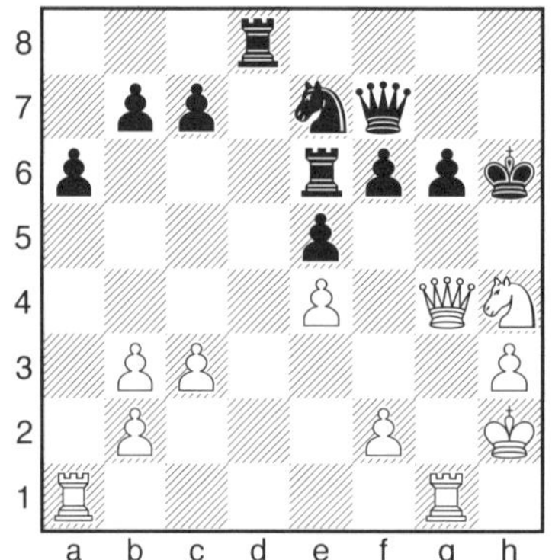

30.Sf5+

Der Monsterspringer ist zurück.

30...gxf5 31.exf5 Tc6 32.Ta4

Der zweite Turm wohnt dem Angriff mit entscheidendem Effekt bei.

32...Td2 33.Dg7+

1-0

1.2) Der Springer f5 wird geopfert und Weiß schlägt mit gxf5 zurück

Manchmal kann man den Springer f5 opfern und nicht nur mit Sxg7 (wie bei Giri – Anand) oder Sxh6+, aber auch indem man ihn einfach auf f5 stehen lässt nach einem Angriff. In diesem Fall braucht Weiß in der Regel gute Kontrolle über die zentralen Linien.

S01.02

Alexander Areshchenko (2644) – Aleksej Aleksandrov (2601)

Moskau Aeroflot Open 2007

1.e4 e5 2.Sf3 Sc6 3.Lc4 Lc5 4.c3 Sf6 5.d3 a6 6.Lb3 La7 7.0–0 d6 8.Sbd2 0–0 9.h3 Le6 10.Te1 Te8 11.Sf1 h6 12.Sg3 Dd7 13.Lc2 d5 14.De2

Unsere Hauptempfehlung lautet 14.exd5

14...Tad8

14...dxe4 15.dxe4 Ted8 (*15...Lxh3? 16.gxh3 Dxh3 17.Le3±*) 16.Kh2 Se8 17.Sh4 Se7= ist ein weiterer solider Verteidigungsaufbau.

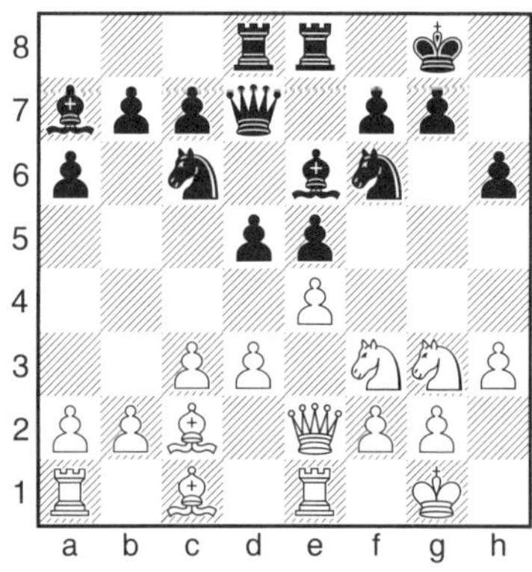

15.Kh2!?

Dieser Königszug wird am häufigsten gespielt und Schwarz sollte eine gute Reaktion parat haben. Die Alternativen lauten:

15.Sh4 erlaubt 15...Lxh3 16.gxh3 Dxh3 17.Shf5 Sg4 18.Le3 Dh2+ 19.Kf1 Dh3+ 20.Kg1 ½-½ N. Sedlak (2590) - B. Predojevic (2628), Zlatibor 2007; 15.Ld2 Lc5 16.b4 (*16.Tad1 d4=* B. Gelfand (2720) - V. Kramnik (2788), Moscow (Blitzschach) 2008) 16...Lf8 17.a4 b5 18.Ted1 d4 19.De1 Dc8 20.cxd4 exd4 21.Tdb1± D. Jonsson (1955) - P. Bujdak (1821), LSS email 2010; 15.a4 a5 (*15...d4 16.a5 Dd6 17.Ld2 Sd7* R. Pruijssers (2558) - J. van Foreest (2227), Limburg 2013 *18.Sh4!?N Se7 19.c4 Sf6 20.b4⩲*) 16.Ld2 Lc5= P. Laurenc (2349) - H. van Hengel, ICCF email 2010

15...Kh8?!

Der folgende Aufbau ist passiv.

15...d4 ist ebenfalls sehr riskant. 16.Tf1 b5 17.a3 Dd6 18.Sh4 Se7 19.f4 dxc3 20.bxc3 c5 21.Le3 Sh7? Das läuft in eine heftige Attacke hinein, auch wenn die schwarze Stellung schon problematisch war, z.B. (*21...exf4 22.Lxf4 Db6 23.Lxh6 Lb8 24.Lf4 Lxf4 25.Txf4 Dc7 26.Dd2⩲*) 22.f5 Ld7 23.Sh5 Sf6 24.Sxf6+ Dxf6 25.Dh5 Ta8 26.g4 c4 27.Ld2 g5 28.fxg6 fxg6 29.Dxh6+- J. Martin Clemente (2561) - F. Piccoli (2454), Fernschachpartie 2000;

Der solide Ansatz lautet 15...b5 16.Sh4 dxe4 17.dxe4 Se7=;

und 15...De7!? (Emms) ist auch gut, da es 16.Sh4? wegen (16.Ld2!?N ist interessant, z.B. 16...b5 17.exd5 Sxd5 18.b4 Dd7 (*18...Sf4 19.Lxf4 exf4 20.Se4 Ld5 21.Df1=*) 19.a4 f6 20.Se4 mit unklarer Stellung.) 16...Sg4+-+ verhindert.

16.Sh4 Sg8?!

16...Se7 17.Df3 dxe4 18.dxe4 Sg6= (Emms)

17.Df3 Lc5 18.Sgf5 Lf8 19.g4 g6

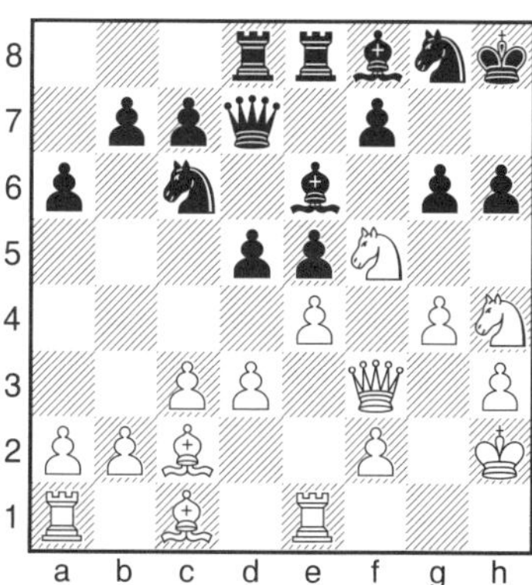

20.Tg1! Die Pointe von Areshchenkos Konzept. Er belässt seinen mächtigen Springer einfach auf f5. Es ist wichtig, dass alle Einbruchsfelder auf der d - Linie unter Kontrolle sind.

20...dxe4 21.dxe4 gxf5?

Das öffnet die Schleusen. Aber die Verteidigung war schon schwierig, z.B. 21...Sce7 22.Dg3 f6 23.Sxh6 Lxh6 24.Lxh6 Sxh6 25.g5 mit Angriff.

22.gxf5 Lc4 23.f6 Te6?!

Das lässt einen taktischen Schlag zu.

23...De6 limitiert den Schaden, z.B. 24.b3 Lf1 25.Txf1 Dxf6 26.Dxf6+ Sxf6 27.Le3±

24.Txg8+! Kxg8 25.Le3 Se7

25...Kh7 26.Tg1 Td6?! 27.Dg3+-

26.fxe7 Lxe7 27.Tg1+ Lg5 28.Dh5 Tf6 29.b3 Lb5 30.a4 Lc6 31.Txg5+ hxg5 32.Dxg5+ Tg6 33.Sxg6 fxg6 34.b4 Te8 35.Lb3+ Kh8 36.Dh4+ Dh7 37.Lh6 Tf8 38.Dg5 Txf2+ 39.Kg3 Tf7 40.Dxe5+ Tg7 41.Dg5 Le8 42.Lxg7+ Dxg7 43.Dh4+ Dh7 44.Df6+ Dg7 45.e5 g5 46.a5 Dxf6 47.exf6 Ld7 48.Ld5 Lc8 49.Lf3 b6 50.Lg4 Lb7 51.Lf5

1-0

2) Power Play auf den weißen Feldern

Das ist generell der Kern der weißen Strategie. Der Läufer auf c4 und der Springer auf g3 kontrollieren vitale weiße Felder, die man nutzen kann, um den Druck zu erhöhen. Das funktioniert natürlich besonders gut, wenn der weißfeldrige Läufer von Schwarz getauscht werden kann.

S01.03

Zoltan Almasi (2628) – Viktor Kortschnoj (2619) C54

3. George Marx Memorial 2005

1.e4 e5 2.Sf3 Sc6 3.Lc4 Lc5 4.c3 Sf6 5.d3 a6 6.Lb3 d6 7.Sbd2 0-0 8.0-0 La7 9.h3 Le6 10.Te1 h6 11.Sf1 d5 12.exd5 Sxd5 13.S1h2

Eine unübliche Route für diesen Springer, die hier aber genommen werden kann und gefährlich für Schwarz ist.

Der übliche Zug 13.Sg3 ist die Hauptalternative und 13.Sxe5 ist die dritte Option, die wir in Kapitel 8 betrachten.

13...Dd6 14.Sg4 Lxg4 15.hxg4

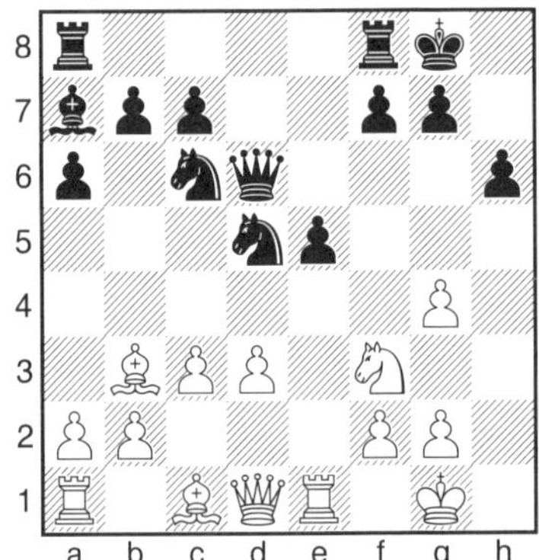

Weiß hat die bessere Kontrolle über die weißen Felder und kann darauf basierend eine schöne Initiative am Königsflügel entwickeln.

15...Tad8?!

Für 15...Sf6 16.Sh4 Tad8 17.Lc2N siehe Kapitel 8.

16.g5 h5

Die weiße Initiative auf den weißen Feldern geht weiter nach 16...hxg5 17.Lxg5 Sf6 18.Lh4 Dxd3 19.Dxd3 Txd3 20.Sxe5 Sxe5 21.Txe5 Td2 22.Tae1 Txb2 23.Tf5 Kh7 24.Lxf6 gxf6 25.Te4 Kg6 26.Tef4 und die schwarzen f-Bauern werden fallen. Ungleichfarbige Läufer bevorzugen im Endspiel den Angreifer, genau wie im Mittelspiel.

17.De2 Td7 18.Ld2

18.De4!?

18...Sde7 19.Lc2 Sg6

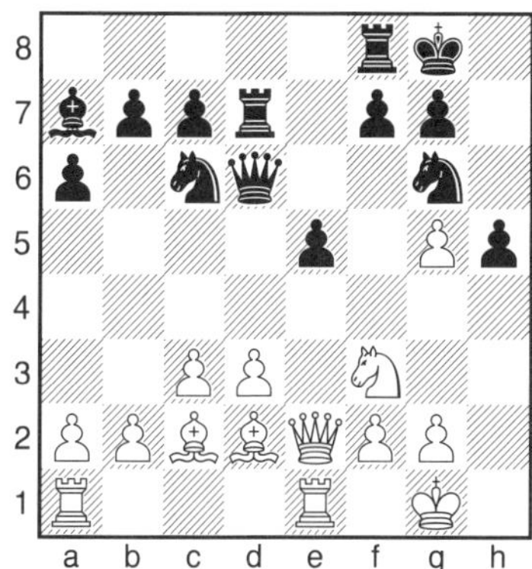

20.Tad1?!

Almasi bringt seine letzte Einheit ins Spiel.

Es war sogar stärker im Zentrum und am Damenflügel zu spielen. 20.De4 De6 21.b4 Dg4 22.a4±

20...Dd5 21.a3 Te7 22.Lc1 Tfe8 23.De4 Dd7 24.Lb3 Kf8 25.Le3 Lxe3 26.fxe3 Dd6?!

26...Dg4 27.Dxg4 hxg4 28.Sd2 Sa5 29.Lc2 b5 hält den Schaden in Grenzen.

27.Kf2?

Almasi verpasst 27.Sh4 Sxh4 28.Dxh4 g6 29.g4+-

27...Sd8 28.La2 Se6 29.b4 c5 30.Th1 cxb4 31.cxb4 Tc7 32.Td2 Tc3?

Kortschnoi überstürzt das Gegenspiel.

32...Tec8 ist besser und ungefähr ausgeglichen, z.B. 33.Lb3 Td7 34.Txh5 Tc3 35.Lxe6 Dxe6 36.Sh4 Dd5

33.Txh5 Td8 34.Sh4

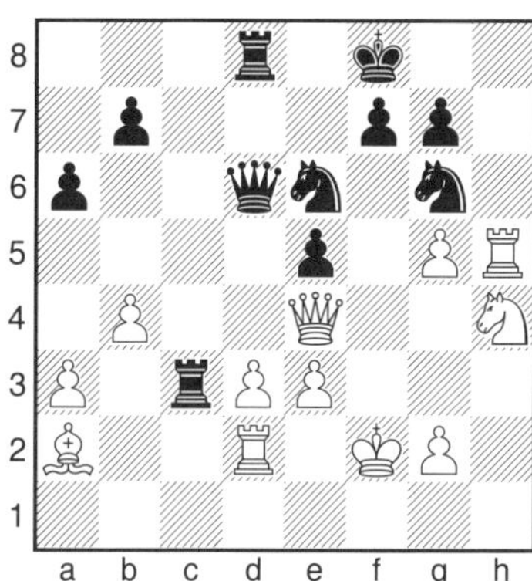

34...Txd3?

34...Sxh4 35.Lxe6 Dxe6 36.Txh4 Txa3 37.Kg1±

35.Sxg6+?

Almasi verpasst den Figurengewinn mit 35.Txd3 Dxd3 36.Dxd3 Txd3 37.Lxe6 Sxh4 38.Lc4 Td2+ 39.Ke1 Txg2 40.Txh4+-

35...fxg6 36.Th8+ Ke7 37.Txd3?

37.Te8+ Kxe8 38.Dxg6+ Kf8 39.Df5+ Ke7 40.Txd3 Tf8 41.Dxf8+ Sxf8 42.Txd6 Kxd6 43.Kf3 war die letzte Chance um den vollen Punkt zu kämpfen.

37...Dxd3 38.Dxd3 Txd3 39.Lxe6 Kxe6 40.Tb8 Txa3 41.Txb7 Kf5 42.Txg7 Ta4

½-½

In der folgenden Partie gewinnt Weiß mit einem typischen Angriff auf den weißen Feldern.

S01.04

Wei Yi (2675) – David Klein (2517)
C54

77. Tata Steel GpB Wijk aan Zee

2015

1.e4 e5 2.Sf3 Sc6 3.Lc4 Lc5 4.0–0 d6 5.c3 Sf6 6.d3 a6 7.Sbd2 La7 8.Lb3 0–0 9.h3 h6 10.Te1 Te8 11.Sf1 Le6 12.Lc2 d5 13.exd5 Lxd5 14.Sg3 Dd7 15.Le3 Lxe3 16.Txe3

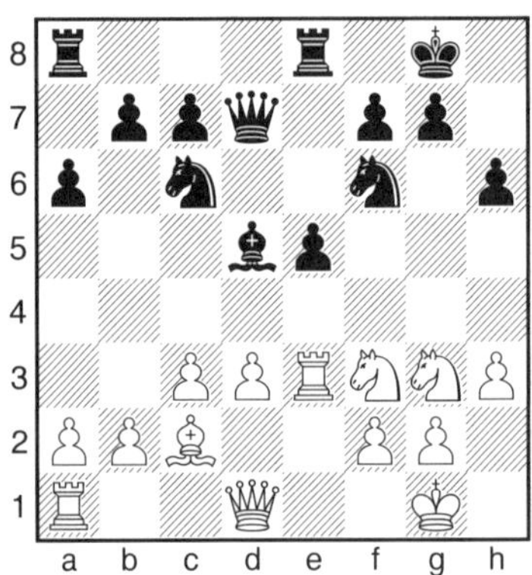

16...Sh7?!

Dieser Rückzug ist gekünstelt.

17.De2 f6 18.Td1 Df7

18...Lxa2? 19.b3 Df7 20.Sd2±

19.Sf5 Dh5?

Hier steht die schwarze Dame exponiert. Schwarz sollte eine der folgenden Alternativen wählen.

19...Lxa2 20.d4 (*20.c4 Sg5 21.La4 b5 22.cxb5 Se7 23.Sxg5 hxg5 24.Sxe7+ Txe7 25.bxa6 Txa6 26.Lb5*⩲) 20...Lc4 21.Dd2 Tad8 22.Dc1 exd4 23.S3xd4 Txe3 24.Dxe3⩲; 19...Tad8 20.h4⩲; 19...Sg5 20.Sxg5 fxg5 21.d4⩲

20.d4

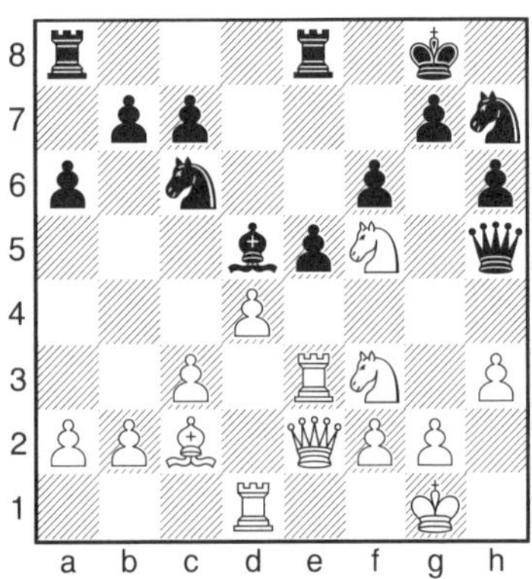

20...e4?

Das geht zu weit.

20...Sg5 limitiert den Schaden, aber die weiße Initiative auf den weißen Feldern ist auch im Endspiel sehr stark, z.B. 21.Sg3 Lxf3 22.Lb3+ Kf8 (*22...Kh7 23.Sxh5 Lxe2 24.Txe2 exd4 25.Txe8 Txe8 26.cxd4*± as *26...Te2?* runs into *27.Sg3 Txb2 28.h4+–*) 23.Sxh5 Lxe2 24.Txe2 exd4 25.Txe8+ Txe8 26.Sf4 Te4 27.Sg6+ Ke8 28.f3 Te2 29.cxd4 Sa5 30.Ld5 Kd7 31.b4 Sc6 32.h4 Sxb4 33.Lc4 Sxf3+ 34.gxf3 Tc2 35.Lb3±

21.Sg3! exf3?!

21...Df7 22.Lxe4 Lxe4 23.Txe4± ist forciert.

22.Dd3! Dg5 23.Dxh7+ Kf8 24.Tde1 Txe3 25.Txe3 Td8 26.gxf3 Lxa2 27.b3 Dd5

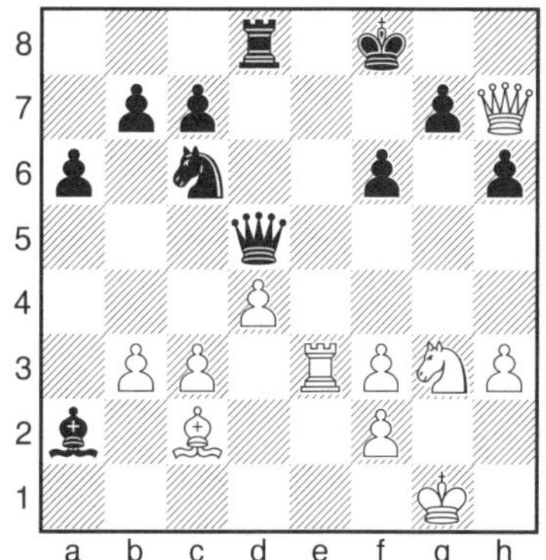

Jetzt nutzt der weiße Springer die Schwächen auf den weißen Feldern aus:

28.Se2 Lxb3 29.Lxb3 Dxb3 30.Sf4 Dg8 31.Df5 Te8

31...Df7 32.Se6++-

32.Dc5+ Kf7 33.Dd5+ Kf8 34.Sg6#

1-0

S01.05

Vassily Ivanchuk (2726) – Yuriy Kryvoruchko (2706) C54

Lvov 2014

Im folgenden Beispiel helfen Weiß die ungleichfarbigen Läufer:

1.e4 e5 2.Sf3 Sc6 3.Lc4 Lc5 4.0–0 Sf6 5.d3 d6 6.c3 a6 7.Lb3 La7 8.Te1 h6 9.Sbd2 0–0 10.Sf1 Le6 11.Le3

Unsere Hauptempfehlung ist 11.Sg3; und eine weitere Option ist 11.Lc2

11...Dd7

11...Lxe3 12.Sxe3 Te8 13.Lxe6 Txe6 wird am häufigsten gespielt und führt häufig zum Remis, aber auch hier steht Weiß minimal besser.

12.La4!?

Ivanchuk provoziert Schwächen der weißen Felder am Damenflügel.

12...b5 13.Lc2 Se7 14.d4 Sg6 15.h3 c6 16.Sg3 Dc7 17.Dd2 Tfe8

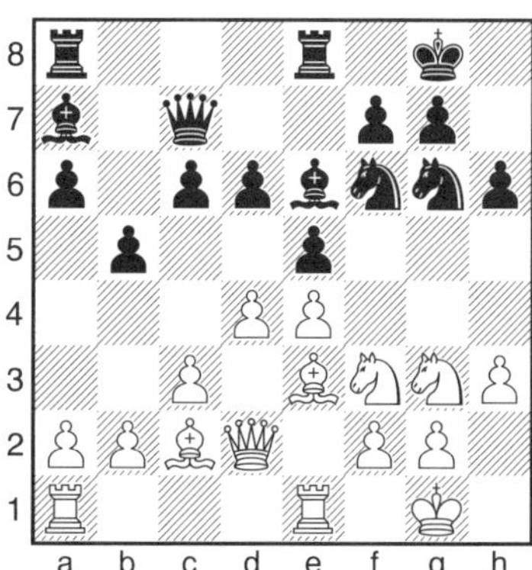

18.Sf5

18.a4!? c5 19.Sf5 ist die Alternative.

18...Lxf5?!

Das gibt Weiß aktives Spiel auf den weißen Feldern für lau.

18...d5!? ist kritisch, z.B. 19.exd5 (*19.Sxg7?! Kxg7 20.exd5 Lxd5 21.Lxh6+ Kh8 22.Lxg6 fxg6 23.Sxe5 Se4 24.Txe4 Lxe4 25.Te1 Ld5 26.Dg5 Te6 27.Sxg6+ Txg6 28.Dxg6 Df7* und Schwarz hat Rettungschancen.) 19...Lxf5 20.Lxf5 exd4 21.Lxd4 Lxd4 22.Sxd4 Sxd5 23.Lxg6 fxg6 24.a4±

19.exf5 Sf4 20.Lxf4 exf4 21.Dxf4 Txe1+?

Das spielt Weiß in die Hände.

21...c5 bietet mehr Chancen auf Gegenspiel auf den schwarzen Feldern.

22.Txe1 Te8 23.Txe8+ Sxe8 24.g4 Kf8 25.h4 f6

25...d5? und läuft in 26.Dxc7 Sxc7 27.Se5+-

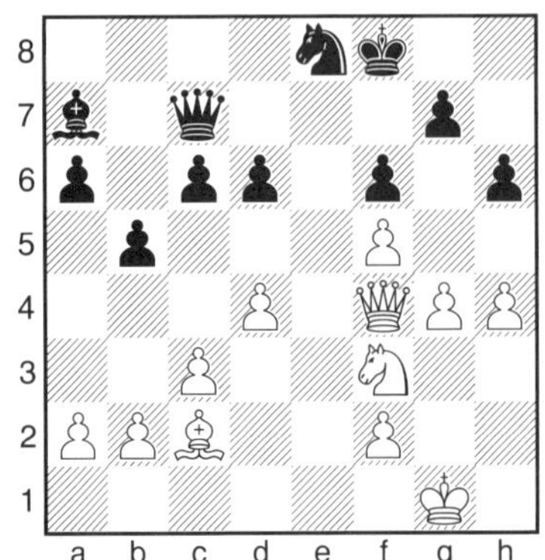

26.d5!?

Ivanchuk öffnet Zugänge auf den weißen Feldern.

26...cxd5

26...c5 27.h5 c4 28.Sh4 Kg8 29.De4 Dd8 30.Sg6+-

27.Lb3 Df7

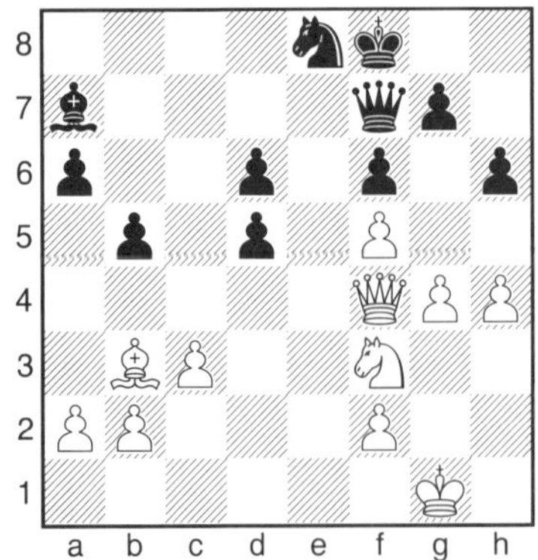

28.g5?

Ivanchuk handelt überstürzt.

28.Sd4 Lxd4 29.Dxd4 Sc7 30.Db6 ist strategisch gewonnen, z.B. 30...De7 (*30...h5 31.gxh5 Dxh5 32.Dxc7 Dg4+ 33.Kf1 Dh3+ 34.Ke1 Dh1+ 35.Kd2+-*) 31.Kf1 Ke8 32.a4 Dd7 33.Db8+ Dd8 34.Db7 Dd7 35.Lxd5+-

28...hxg5 29.hxg5 De7 30.Kf1?!

30.Dd2 war die letzte Chance, um den vollen Punkt zu kämpfen.

30...De4! 31.Dxe4 dxe4 32.Sd2 e3 33.Se4 fxg5 34.f3 Ke7 35.Ke2 g4 36.fxg4 Sf6 37.Sxf6 gxf6 38.Ld5 Kd7 39.b4 Lb6 40.Lb7 a5 41.a3 axb4 42.axb4 Kc7 43.Le4 Kd7 44.Kf3 Kc7 45.Ld5 Kd7 46.Lf7 Ke7 47.Le6 Kd8 48.Ke2 Kc7 49.Kd3 Kd8 50.c4 bxc4+ 51.Lxc4 Kd7 52.Lb5+ Kc7 53.Ke4 d5+ 54.Kxd5 e2 55.Lxe2 ½-½

S01.06

Anish Giri – Viswanathan Anand

Stavanger (blitz) 2015

Da die weißen Felder so wichtig sind, zieht Weiß seinen Läufer nach ...Le6 häufig nach c2 zurück, um das Potential dieser Figur aufrechtzuerhalten. Diesbezüglich ist diese Idee kritischer als unsere Hauptempfehlung – den Läufer auf b3 zu belassen. Giri spielt in der folgenden Partie entsprechend dieser Strategie:

1.e4 e5 2.Sf3 Sc6 3.Lc4 Lc5 4.c3 Sf6 5.d3 d6

5...a6 kann auch mit 6.0–0 La7 7.Lb3 d6 8.Sbd2 0–0 9.h3 Le6 10.Lc2 und Übergang zur Partie beantwortet werden.

Eine Variante nach 5...0–0 ist 6.0–0 d6 7.Sbd2 a6 8.Lb3 La7 mit Zugumstellung.

6.0–0 a6

Für 6...Le6 7.Lxe6 (*7.Lb5 a6 8.La4 b5 9.Lc2* ist eine Alternative, um den Läufer auf dem Brett zu halten.) 7...fxe6 8.b4 Lb6 9.Sbd2 0–0 10.Db3 siehe Kapitel 5.4.

Für 6...0–0 7.Sbd2 a5 8.h3 Le6 9.b3 siehe Kapitel 5.5.

7.Lb3 La7

7...Le6 8.Lc2 La7 (*8...0–0?? 9.d4+–*) 9.Sbd2 0–0 10.h3 ist Zugumstellung zur Partie.

7...0–0 8.Sbd2 Le6 9.Lc2 La7 10.h3 ist Zugumstellung. Gegen die Kramnik – Zugfolge 7...h6 8.Sbd2 0–0 ist es wichtig mit 9.h3 Le6 10.Lc2 fortzusetzen, um den Läufer zu bewahren.

8.Sbd2 0–0 9.h3 Le6 10.Lc2!?

Das ist eine sehr interessante Alternative, die schärfer und kritischer ist für beide Seiten.

10.Te1 ist unsere Hauptempfehlung.

10...Te8

10...d5

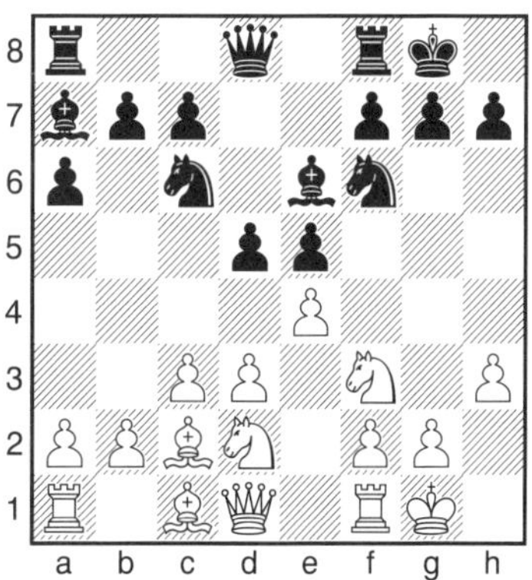

11.exd5 Anish Giris Wahl. (*11.Te1?!* ist schlecht wegen *11...dxe4 12.dxe4 Sh5 13.Sf1* A. Karpov (2700) – V. Kortschnoj (2695), Merano 1981 *13...Df6!N* (Emms). *11.Sg5* ist eine Alternative.) 11...Sxd5

a) 11...Lxd5 12.Te1 Te8 R. Strohhaeker (2416) – T. Hirneise (2481), Prievidza 2008 13.b4 Sh5 14.a4 Sf4 15.Se4 Sg6 16.Ld2 Dd7 (*16...b5 17.Le3 Lxe3 18.fxe3⩲*) 17.b5 Sce7 18.c4 Lxe4 19.dxe4 Tad8 20.De2 De6 21.Kh2 Sf4 22.Lxf4 exf4 23.e5 h6 24.De4 Sg6 25.Kg1⩲;

b) 11...Dxd5

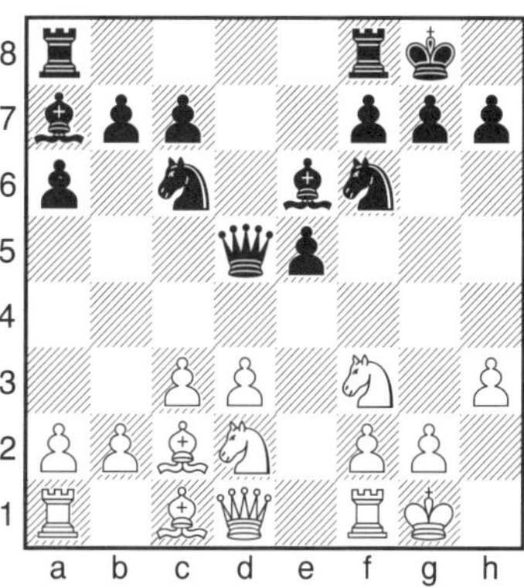

Dieses Schlagen ist nur möglich, weil der Läufer nicht auf b3 steht. Gegen unsere Hauptempfehlung kann diese Stellung nur in Kapitel 8.2.2.1 erreicht werden. 12.Te1 (*12.Sg5!?*) 12...h6 13.De2 (Nach 13.Sf1 ging eine aktuelle Partie folgendermaßen weiter: 13...Tfe8 14.Sg3 Tad8 15.b4 Dd6 16.Ld2 Sd5?! 17.De2?! (*17.a4!?N*) 17...Dd7 18.De4 f5 19.Dh4 f4?! 20.Se4 De7? 21.Dxe7 Txe7 22.a4± 1-0 A. Vovk (2632) – R. Loos (2316), Wunsiedel 2016) 13...Tfe8 14.Sf1 Tad8 15.Sg3 Dd7 (*15...b5 16.Le3*

Lxe3 17.Dxe3 Lc8 18.Sh4⩲ S. Golubov (2469) – E. Ovod (2324), Moscow 2016; *15...Lc5* T. Radjabov (2751) – L. Aronian (2757), Schacholympiade Dresden 2008 *16.b4N Lf8 17.a4±*) 16.Le3 Lxe3 17.fxe3 Sd5 (*17...Dd6 18.Df2 Ld5* B. Bok (2591) – A. Heimann (2546), Berlin (Blitzpartie) 2015 *19.e4N Le6 20.d4⩲*) 18.d4 exd4 19.exd4⩲ T. Radjabov (2724) – V. Anand (2785), Dubai 2014;

12.Te1

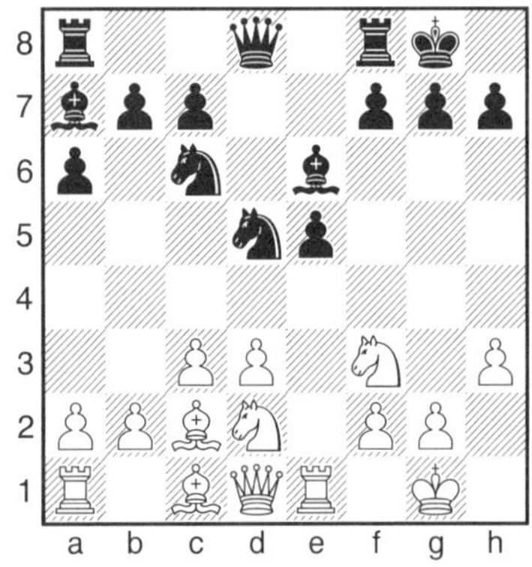

12...Sf4 (12...f6 13.d4 Dd7 14.dxe5 Sxe5 (*14...fxe5 15.Sc4±*) 15.Sxe5 fxe5 16.Sf3 Dd6 17.Lg5±) 13.Sc4 Lxc4?! (13...Sg6! 14.Lg5 (*14.Sg5!?*) 14...f6 15.Le3 Dd7 16.Lxa7 Txa7 17.Se3 Taa8 18.Te2 Tad8 19.Td2 Df7 20.d4 exd4 21.Sxd4 Sxd4 22.Txd4±) 14.dxc4 Dxd1 15.Txd1 Se2+ 16.Kf1 Sxc1 17.Taxc1 Tae8 18.Td7 Lb6 19.Sg5 Sb8 20.Td2 g6 21.Te1 c6 22.Se4 Td8 23.Ted1 Txd2 24.Txd2 Td8 25.Txd8+ Lxd8 26.c5 Kf8 27.Sd6 b6 28.Sc4 bxc5 29.Sxe5 und Weiß stand besser in A. Giri (2778) – A. Beliavsky (2622) Reykjavik 2015.

10...h6 11.Te1 Te8 12.Sf1 d5 geht in die Partie über.

11.Sg5 Ld7 12.Sgf3 Le6 13.Te1 h6 14.Sf1 d5 15.exd5 Lxd5

15...Dxd5 führt zur Variante 10...d5 nebst 11...Dxd5.

15...Sxd5 16.Sg3 führt zu Kapitel 8.2.2.2.2.

16.Sg3 Dd7

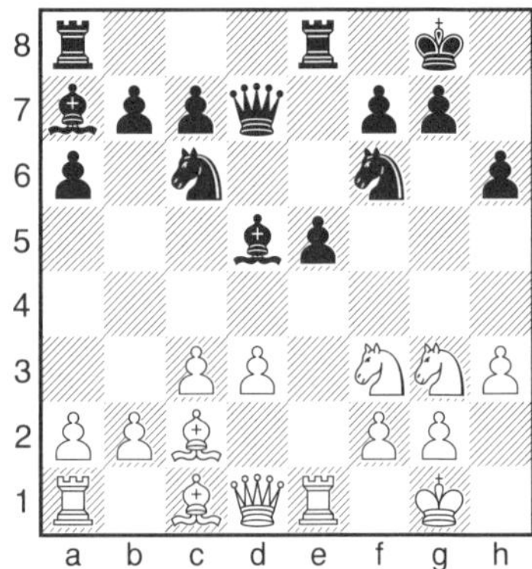

17.Sh4

17.Le3 ist unsere Hauptempfehlung.

17...Tad8 18.Shf5 Kh8

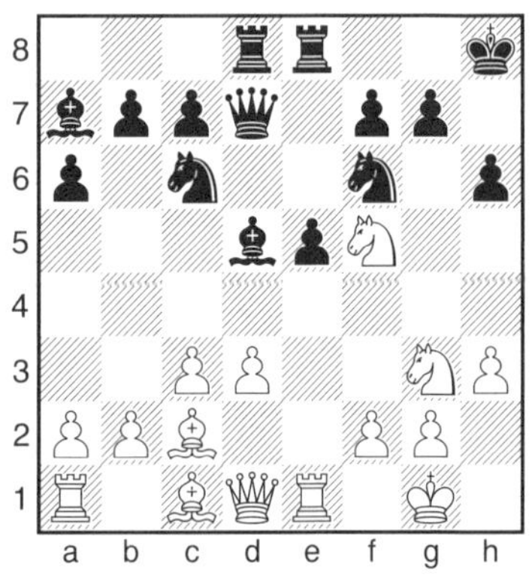

Anish Giri startet einen heftigen Angriff, der objektiv allerdings nur zum Remis führen sollte.

19.d4 19.Le3!?

19...exd4 20.Sxg7! Txe1+

Nach 20...Kxg7? folgt der typische Schlag 21.Lxh6+

Nach 18...Lc5 ist auch 19.Lxh6! sehr interessant: 19...gxh6 20.Dc1 Sh7?! (*20...Lf8!? 21.Sxh6+ Kh7 22.d4+ e4 23.Shf5* gibt Weiß ebenfalls gute Kompensation.) 21.d4 Lf8 22.Sxh6+ Lxh6 23.Dxh6 e4 B. Krause (2381) – D. Baramidze (2594), Kiel 2016 24.Sxe4 Te6 25.Df4 De7 26.Te3 mit mehr als genug Kompensation für die Figur.

18...Se7 19.Txe5 Sxf5 20.Txf5 De7 (*20...Dc6 21.d4*⩲ *Lxg2? 22.Txf6+–* I. Smirin (2658) – Y. Pelletier (2593), Aix – les – Bains 2011*; 20...De6 21.Lf4 Dc6 22.Df1*⩲ Z. Andriasian (2621) – I. Dorfanis (2121), Kavala 2016) 21.Lf4 Le6 22.Te5 Sd5 23.Df3 Sxf4 24.Dxf4 c6 25.Te2⩲ D. Kadric (2562) – M. Lazic (2476), Bihac 2016

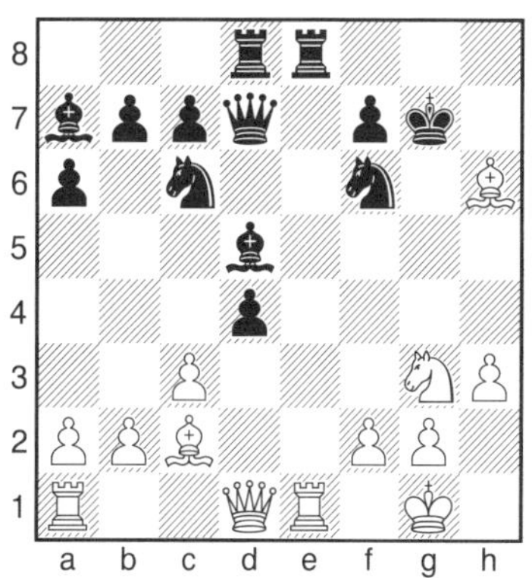

21...Kh8 (*21...Kxh6 22.Dd2+ Te3 23.Sf5+ Dxf5 24.Lxf5 dxc3 25.bxc3 Le4 26.Dc1 Lxf5 27.Txe3 Lxe3 28.Dxe3+ Kg7 29.Dg3+ Lg6 30.Dxc7*±) 22.Dd2 Txe1+?! (22...Sh7 23.Lxh7 dxc3 (*23...Kxh7 24.Dg5 f6 25.Dh4 Th8 26.c4 Lxc4 27.Se4 Df5 28.g4 Tdg8 29.Sxf6++–*) 24.Df4 Kxh7 25.Dh4 f5 26.Ld2+ Kg8 27.Lxc3 Dh7 28.Dg5+ Kf8 29.Sxf5±) 23.Txe1 Tg8 (*23...Sh7 24.Lxh7 Kxh7 25.Dg5 Tg8 26.Dh4+–*) 24.Df4 Sh7 25.Lxh7 Kxh7 26.Dh4 Tg6 27.Lg5+ Kg8 28.Lf6 Txf6 29.Dxf6 Lc5 30.Sh5 Lf8 31.Dg5+ 1-0 S. Ganguly (2660) – D. Kollars (2436), Gibraltar 2016

21.Dxe1 Kxg7

Der Computer gibt die folgende Variante an: 21...Lxg2 22.Kxg2 d3=, z.B. 23.Lxd3 Dxd3 24.S7f5 Kh7 25.Lf4 Sd5 26.Lxh6 Tg8 27.Db1 Txg3+ 28.fxg3 De2+ 29.Kh1 Df3+ 30.Kh2 De2+=

22.Lxh6+ Kh8

22...Kxh6? 23.Dd2+ Kg7 24.Sf5+±

23.Dd2

23.Lg5 Se8 24.Lf5 Le6 25.Lxe6 Dxe6 26.Dxe6 fxe6 27.Lxd8 Sxd8=

23...Tg8 24.Df4

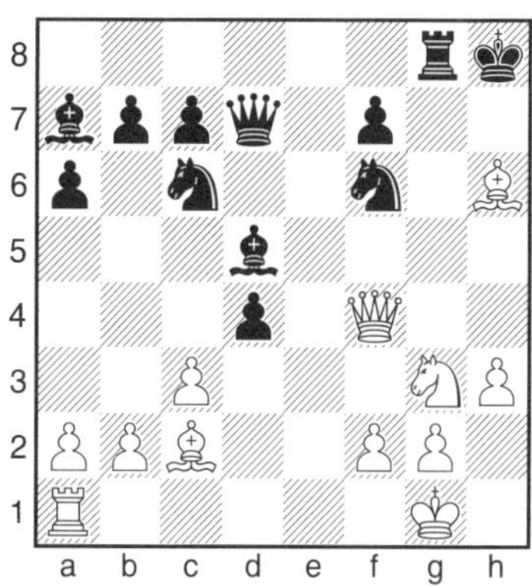

24...Dd6?

24...Sh5 25.Lg7+ Kxg7 26.Sxh5+ Kf8 27.Dh6+ Ke7 28.Te1+ Kd8 29.Sf6 Txg2+ 30.Kf1 Txf2+ 31.Kxf2 d3+

32.Te3 Lxe3+ 33.Kxe3 De6+ 34.Kxd3 Lc4+ 35.Kd2=

25.Dh4 Dxg3 26.fxg3

1-0 A. Giri (2773) – V. Anand (2804), Stavanger (Blitzschach) 2015

1-0

3) Raumvorteil

Das ist ein typisches Szenario für Italienisch mit c3 und d3. Weiß hat keinen speziellen Vorteil, aber einen leichten Raumvorteil. Jetzt können beide Flügel genutzt werden, um den Druck nach und nach zu erhöhen:

S01.07

Ivan Saric (2661) –
Danny Raznikov (2494) C54

Jerusalem 2015

1.e4 e5 2.Sf3 Sc6 3.Lc4 Lc5 4.0–0 Sf6 5.d3 d6 6.c3 0–0 7.Te1 h6 8.Sbd2 a6 9.Sf1 La7 10.Lb3 Te8 11.h3 Le6 12.Sg3 d5 13.exd5 Lxd5 14.Lc2 Lc5 15.Le3 Lf8 16.De2 Dd7 17.Se4 Sxe4 18.dxe4 Le6

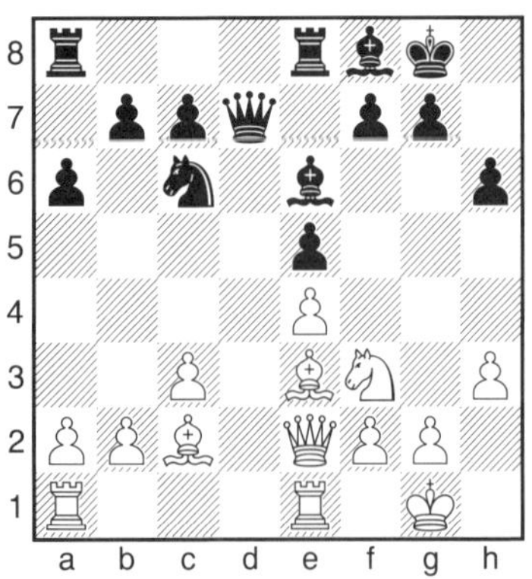

Eine typische Konstellation hat sich ergeben. Weiß kann auf beiden Flügeln mit seinen Bauern spielen, um seinen Raumvorteil und seine leichte Initiative zu nutzen. Es sollte natürlich möglich sein, sich mit Schwarz zu verteidigen, aber das macht weder Spaß noch ist es einfach.

19.b4 De7 20.a4 Df6 21.Sd2 Se7 22.Df3 Dh4

22...Dxf3 23.Sxf3 f6 24.Sd2 Sg6 25.Sb3 b6 26.Tad1 Sf4 27.h4±

23.Ld3 Sg6

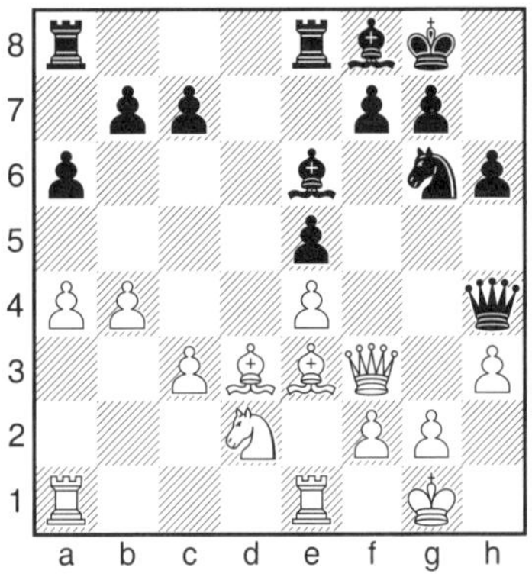

24.Lf1

Der Beginn einer typischen Umgruppierung und dem Spiel auf dem Königsflügel.

24...Tad8 25.Sc4 Lc8 26.g3 De7 27.Tad1 Txd1 28.Txd1 Td8 29.h4 f6 30.Sa5 Sh8 31.Lc4+ Sf7 32.Txd8 Dxd8 33.Dh5 De8 34.Ld5

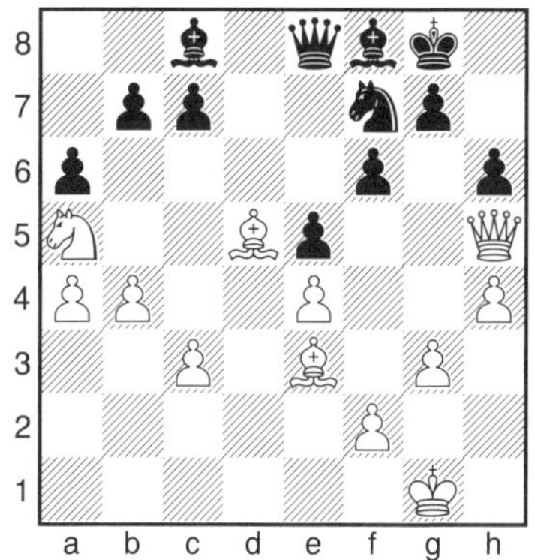

Weiß hat großen Fortschritt auf beiden Flügeln gemacht und Schwarz steht schon am Abgrund.

34...c6?

34...b5 35.axb5 (*35.De2 Ld7 36.Da2 g5*) 35...axb5 36.Sc6 Le6 war forciert. Weiß steht besser und kann weiterhin Druck ausüben, aber vielleicht kann sich Schwarz verteidigen.

35.Lb3 Le6?

35...Ld6 bietet mehr Widerstand, z.B. 36.Dg6 Kf8 37.Lb6 Sh8 38.Dh7 Sf7 39.Le3 b5 40.Lxh6 Sxh6 41.Dh8+ Ke7 42.Dxg7+ Sf7 43.Sxc6+ Dxc6 44.Dxf7+ Kd8 45.Dxf6+ Kc7 46.Ld5 De8 47.a5±

36.Lxe6 Dxe6 37.Sxb7 Db3 38.Dg4 Dxc3 39.Dc8 Dxb4?! 40.Lc5 Db1+ 41.Kh2 Kh7 42.Lxf8 Dxe4 43.Dd7 Df3 44.Lc5

1-0

S01.08

H. Stevic (2604) – T. Sammalvuo (2422) C54

20. European Teams Reykjavik 2015

1.e4 e5 2.Sf3 Sc6 3.Lc4 Lc5 4.c3 Sf6 5.d3 a6 6.0–0 d6 7.Lb3 La7 8.Te1 0–0 9.h3 Le6 10.Sbd2 h6 11.Sf1 Te8 12.Lxe6 Unsere Hauptempfehlung lautet 12.Sg3, aber Weiß hat hier viele Fortsetzungen und auch der Zug in dieser Partie ist interessant.

12...Txe6 13.Le3 Lxe3 14.Sxe3 d5 15.Da4 Ein weiterer Ansatz lautet 15.Dc2 Dd7 16.b4 Td8 17.Tad1

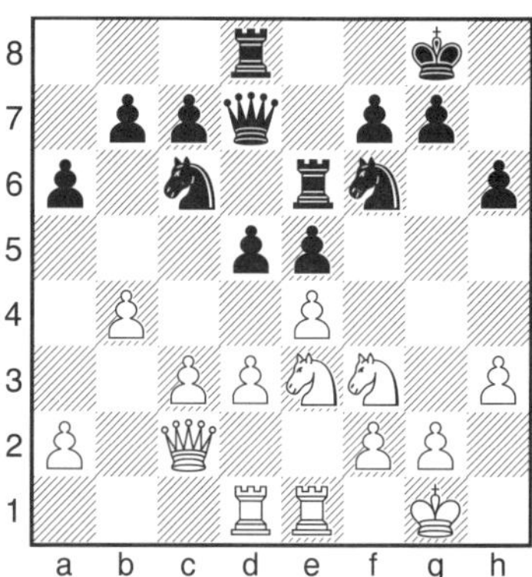

und Weiß besitzt eine leichte Initiative aufgrund des Raumvorteils am Damenflügel, z.B. 17...dxe4 (*17...d4 18.cxd4 exd4 19.Sf5 Sxb4 20.Db3 c5 21.S3xd4±*) 18.dxe4 Td6 19.a4 De6 20.Txd6 Txd6 21.b5 axb5 22.axb5 Sa5 23.c4 Td8 24.Ta1 b6 25.Sd5±

15...Dd7 16.Tad1 Td8 17.Db3 b5 18.a3 dxe4 19.dxe4 Td6 20.a4 b4

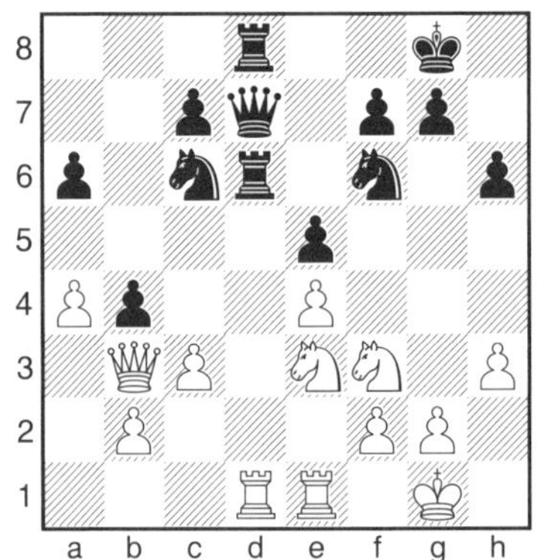

21.Dc4?! Die Alternative 21.Txd6!? cxd6 22.cxb4 Tb8 23.Dc4 Txb4 24.Dxa6± übt mehr Druck aus.

21...bxc3 22.bxc3 Sa5 23.Dc5 Sb7?

Schwarz sollte die Dame weiterjagen mit 23...Sc6 24.Txd6 Dxd6 25.Dc4 Sa5=

24.Db4 c5 25.Dc4 Dc7 26.Sd5 Sxd5 27.Txd5 Txd5 28.exd5

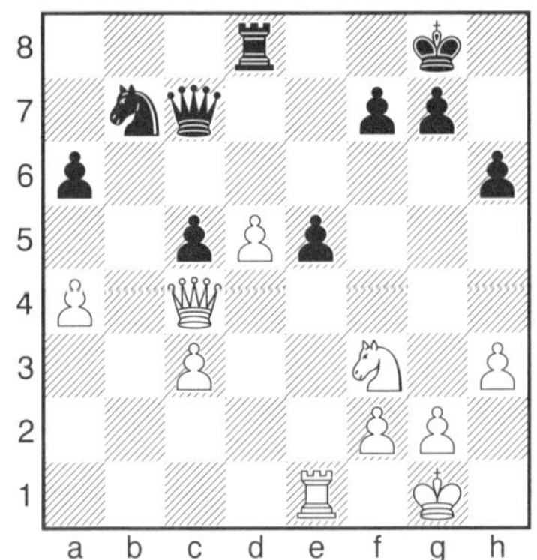

28...f6?

28...Sa5 ist erforderlich, doch danach kann Weiß seine Aufmerksamkeit dem Königsflügel widmen. 29.De4 f6 (*29...Db7 30.c4 Te8 31.Sh4*) 30.Sh4 Sb7 31.Sf5 Sd6 32.Sxd6 Dxd6 33.c4 Tb8 34.a5 Tb4?! 35.f4 mit einer gefährlichen Initiative in beiden Fällen.

29.Tb1!

Jetzt kann Schwarz seinen schwachen Damenflügel nicht verteidigen. Eine offene Linie ist wie eine offene Wunde.

29...Sd6

29...Td6 30.Sh4 Kh7 31.f4+–; 29...Df7 30.Dxa6+–

30.Dxa6 e4 31.Sd2 e3 32.fxe3 De7 33.Dd3

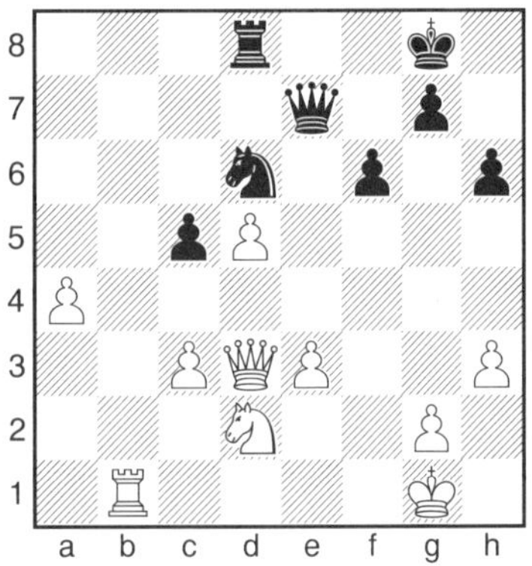

33...c4?!

Verzweiflung, aber Schwarz kann sich auch nach

33...Da7 34.Ta1 Da5 35.e4+– nicht halten.

34.Sxc4 Sxc4 35.Dxc4 Dxe3+ 36.Kh1 Dd2 37.a5 Dxd5 38.Dxd5+ Txd5 39.Ta1

39.a6 Ta5 40.Tb8+ Kf7 41.Ta8 ist einfacher.

39...Kf7 40.a6 Td8 41.a7 Ta8 42.Kh2

Ke6 43.Kg3 Kd5 44.Kf4 g6 45.g4 Kc4 46.Ta3 Kd3 47.h4 g5+ 48.hxg5 fxg5+ 49.Kf5 1-0

S01.09

Viswanathan Anand (2762) – Levon Aronian (2786) C54

FIDE Kandidatenturnier Moskau 2016

1.e4 e5 2.Sf3 Sc6 3.Lc4

In seinen Anmerkungen zu Carlsen – Anand, Leuven rapid 2016 merkte Carlsens Sekundant, Peter Heine Nielsen, im ChessBase – Magazin 173 an: „All dieses Getöse. Die Italienische Partie wurde als langweilig und remislich betrachtet, aber in Zeiten, in denen die Berliner Mauer genau das ist, müssen alte Bewertungen neu geprüft werden. Und Vishy hatte diese Stellung nicht weniger als acht Mal (!) in Leuven auf dem Brett."

3...Lc5 4.0–0 d6 5.d3 Sf6 6.c3 a6 7.a4 La7 8.Sa3

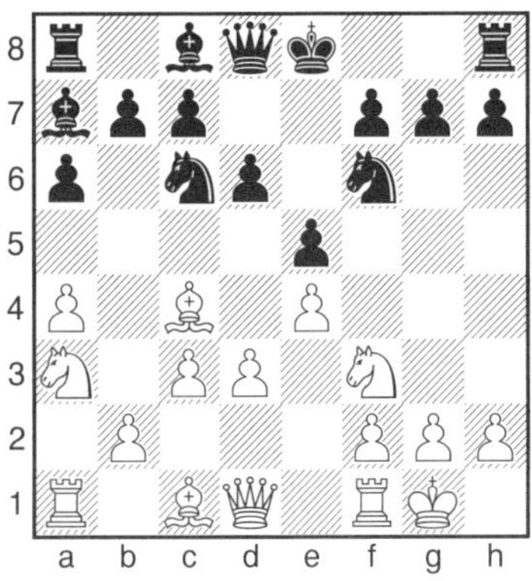

8...Se7

Zwei aktuelle, typische Partien verliefen wie folgt: 8...h6 9.Sc2 0–0 10.Le3

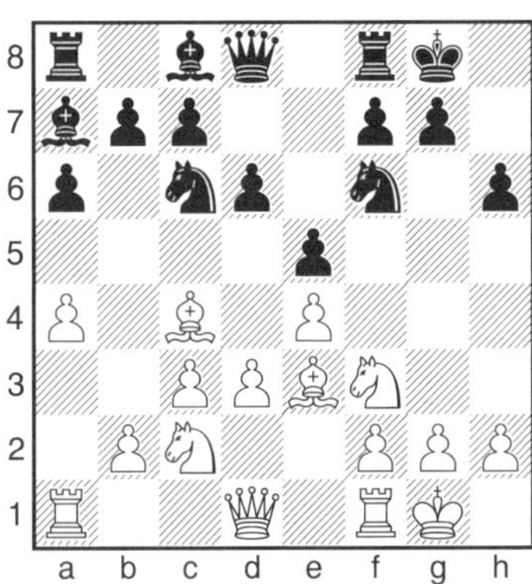

10...Se7 (*10...Lxe3 11.Sxe3 Te8* R. Kasimdzhanov (2703) – B. Lalith (2579), Tashkent 2016 *12.Db3N De7 13.a5 Tb8 14.Dc2 Le6 15.b4±*) 11.Lxa7 Txa7 12.Se3 Sg6 13.a5 c6 14.Db3 Sf4 15.g3 Jetzt spielte Schwarz zu früh im Zentrum, aber Weiß stand in jedem Fall etwas besser: 15...d5? 16.exd5 cxd5 17.gxf4 dxc4 18.Db6! exf4 19.Dxa7 fxe3 20.Dxe3 cxd3 21.Dd4± Gao Rui (2552) – Xu Jun (2527), Xinghua 2016; 8...0–0 9.Lg5 h6 10.Lh4 g5

a) 10...Lg4 11.h3 Lh5 M. Brunello (2336) – P. Guichard (2386), Mulhouse 2016 12.g4 Lg6 13.Sc2±;

b) 10...Le6 11.b4 De7 12.Te1 Lxc4 13.Sxc4 De6 14.b5 Se7 D. Daulyte (2392) – A. Haast (2309), Mulhouse 2016 15.Lxf6N Dxf6 16.Tb1 De6 (*16...axb5 17.Txb5 Tab8 18.De2 Sg6 19.g3±;*

16...Sg6 17.b6 cxb6 18.Sxb6 Lxb6 19.Txb6 Tab8 20.Sd2±) 17.b6 cxb6

18.Sxb6 Tab8 19.d4 (*19.a5±*) 19...Sc8 20.d5 De8 21.a5±;

11.Lg3 Lg4 12.Sc2 d5 13.exd5 Sxd5 14.d4 exd4 K. Dragun (2594) – G. Gajewski (2633), Poznan 2016 15.Dd3!?N Te8 16.Tfe1 Le6 17.Sfxd4±

9.Sc2

Später spielte Anand 9.Lg5 c6 10.Sc2 0–0 und hier ist anstatt 11.Sh4 (*11.Lxf6!?N gxf6 12.d4* prinzipieller: *12...d5 13.exd5 cxd5 14.Lb3 e4 15.Sh4 Kh8 16.f3 Db6 17.Se3±*) 11...d5 12.exd5 Sexd5 13.Sf3 Dd6 14.Te1 Lg4= V. Anand (2762) – A. Giri (2793), Kandidatenturnier Moskau 2016

9...Sg6

9...0–0 10.Le3 Lxe3 11.Sxe3 Sg6 (Später beim Blitzen hatten die Kontrahenten die gleiche Stellung mit umgekehrten Farben auf dem Brett und Magnus wählte 11...a5, um Weiß den Raumgewinn am Damenflügel nicht zu erlauben. *11...a5 12.Te1 Sg6 13.Lb3 c6 14.Lc2 Te8 15.d4 Dc7*= V. Anand (2770) – M. Carlsen (2855), Leuven (blitz) 2016) 12.a5 Sg4 13.h3 Sxe3 14.fxe3 De7 15.Db3 c6 16.d4 Le6 17.Lxe6 fxe6 18.Tad1 Tae8 19.Db4 exd4 20.cxd4 e5?! (*20...Tf7N 21.Sd2* Weiß behält etwas Druck. Dieser ist zwar nicht groß aber immer noch unangenehm, so dass Schwarz laut Peter Heine Nielsen nicht leicht ausgleichen kann.) 21.dxe5 dxe5 22.Dxe7 Txe7 23.Td6± M. Carlsen (2855) – V. Anand (2770), Leuven (rapid) 2016 mit einem leicht besseren Endspiel, dass auf instruktive Weise zum Geiwnn geführt wurde: 23...Sh8 24.Sd2?! Sf7?! 25.Td3 Sg5 26.Tf5 h6 27.h4 Sh7 28.Sb3 Sf6 29.Sc5 Tff7 30.h5 Kh7? (*30...Te8* ist erforderlich.) 31.Td8 g6 32.hxg6+ Kxg6 33.Td6 Kg7 34.Se6+ Kg6 35.Sd8 Tf8 36.g4 c5 37.b3 Tee8 38.Sxb7 1-0

10.Le3 0–0 11.Lxa7 Txa7 12.Se3 Sg4 13.Dd2 a5 14.d4 Ta8 15.dxe5 S4xe5 16.Sxe5 Sxe5 17.Lb3 Sd7

17...Le6!? könnte besser sein, um den Druck zu reduzieren.

18.Lc2 Te8 19.f3 b6 20.Tfd1 Sc5

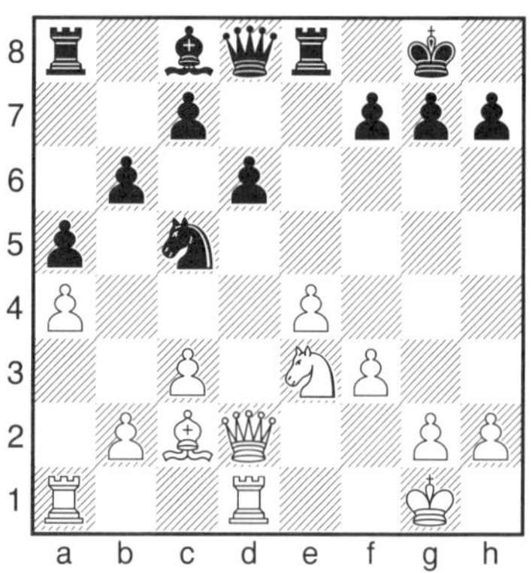

21.b4

Anand greift nach mehr Raum am Damenflügel.

21...Sd7 22.Lb3 Sf6 23.Dd4 De7 24.Sd5 Sxd5 25.Lxd5 Ta7 26.b5 Lb7 27.c4 De5 28.Tac1 Dxd4+ 29.Txd4 Kf8 30.Kf2 Ke7 31.f4 f6 32.Tc3 Kd7 33.Th3 h6 34.Tg3 Te7 35.Tg6 Lxd5 36.cxd5 Ta8 37.Kf3 Tae8

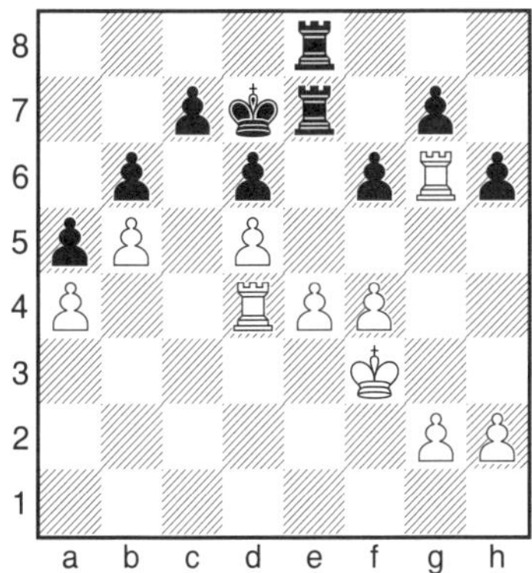

38.Kg4!?

Anand nutzt seinen Raumvorteil, um seinen König zu aktiveren. Ein Vorteil der weiter vorgeschobenen Bauern ist, dass sie in den resultierenden Bauernrennen schneller sind.

38...Txe4?

Letztendlich profitiert Weiß von der Öffnung dieser Linie.

38...Th8 war erforderlich.

39.Txg7+ Kc8

39...Kd8 40.Txe4 Txe4 41.Kf5 Txa4 42.g3 Ta2 43.Kxf6 Txh2 44.Tg8+ Kd7 45.f5±

40.Td2 Kb8 41.Tc2?!

Der Computer präferiert 41.Kf5 Txa4 42.g3±

41...Tc8?!

41...Txa4 42.Tcxc7 Tg8 ist etwas aktiver wegen des entfernten Freibauern.

42.Ta2 Td4 43.Kf5 Txd5+?

43...Tf8 war zäher, aber es ist nicht wahrscheinlich, dass Schwarz überlebt nach 44.g3, weil er so passiv steht.

44.Kxf6 Tf8+ 45.Tf7 Txf7+ 46.Kxf7 Tf5+ 47.Kg6 Txf4 48.g3 Tc4 49.Kxh6

Die verbundenen weißen Freibauern entscheiden den Tag.

49...d5 50.Kh5 d4 51.g4 d3 52.h4 Td4 53.Td2 Kc8 54.g5 Kd7 55.Kg6 Txh4 56.Txd3+ Ke8 57.Ta3 Tc4

57...Tf4 58.Kg7 Tf7+ 59.Kh6+-

58.Kg7 Kd7 59.g6 c6 60.Kf6 cxb5 61.g7 Tg4 62.axb5 Tg1

62...Kd6 63.Te3 Txg7 64.Kxg7 Kc5 65.Tb3 a4 66.Tb1 Kc4 67.Kf6 a3 68.Ke5 a2 69.Ta1+-

63.Td3+ Ke8 64.Te3+ Kd7 65.Te5 Txg7 66.Td5+!?

Eine nette Pointe zum Schluss, aber auch der normale Zug

66.Kxg7 gewinnt.

1-0

4) Initiative

Weiß hat häufig eine Initiative aufgrund des etwas schnelleren Spiels im Zentrum:

S01.10

N. Vitiugov (2724) – K. Sasikiran (2638) C54

Qatar Masters Open 2015

1.e4 e5 2.Sf3 Sc6 3.Lc4 Lc5 4.d3 Sf6 5.c3 d6 6.Lb3 a6 7.0–0 h6 8.Te1 0–0 9.Sbd2 Le6 10.Sf1 Lxb3 11.Dxb3 Te8 12.Le3 Lxe3 13.Sxe3 Dd7 14.h3 Se7

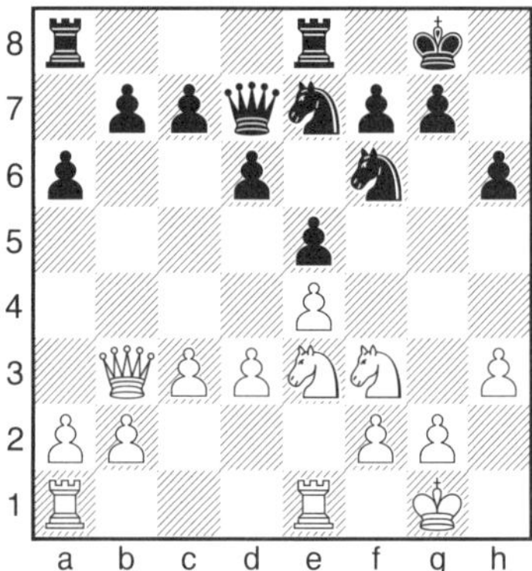

Das weiße Spiel im Zentrum ist etwas schneller, da der Springer auf e3 sehr gut platziert ist, aber es ist nicht einfach weiter fortzusetzen. Vitiugov wählt einen typischen Plan:

15.Sh2!? c6 16.Shg4 Sxg4 17.hxg4 d5 18.Tad1 Tad8

18...d4 19.cxd4 exd4 20.Sf5 c5 21.Tc1 Tac8 22.Dd1 Tc6 23.b3 Dc7 24.g3 b5 25.Te2±

19.d4!?

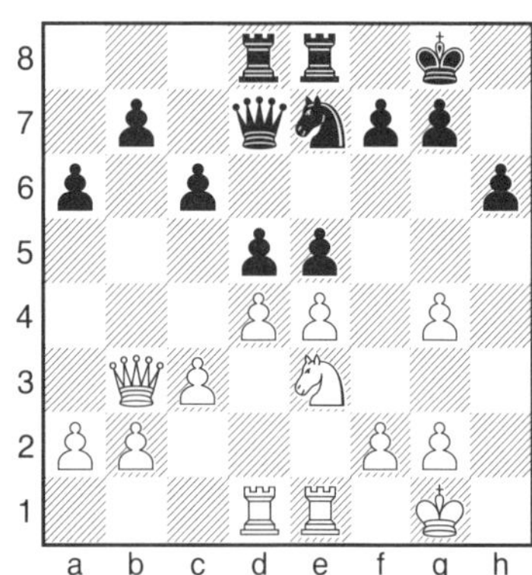

Auch nach diesem Vorstoß entwickelt sich die weiße Initiative, da die weißen Figuren etwas aktiver stehen.

19...exd4 20.Txd4 c5 21.Td2 d4 22.cxd4 cxd4 23.Ted1 Sc6 24.f3

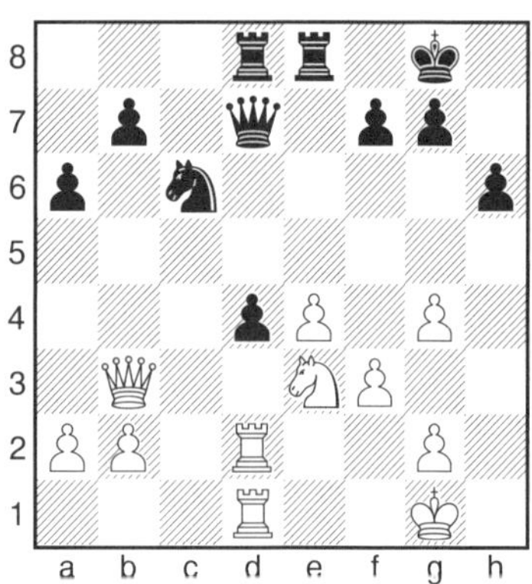

24...g6?

Das Heilmittel ist schlimmer als das Übel.

24...Te5 25.Sf5 Dc7 26.Dc4 ist nur marginal besser für Weiß.

25.Sd5 Kg7?! 26.Db6 Te6?!

Nicht der beste Zug, aber guter Ratschlag war schon teuer, z.B.

26...Dc8 27.Txd4 Sxd4 28.Dxd4+ Kh7 29.g5±

27.Txd4 Sxd4 28.Dxd4+ f6 29.Sc7! Te7

29...Dxc7 30.Dxd8±

30.Se8+ Dxe8 31.Dxd8 Df7 32.Td6 g5 33.b3 Te8 34.Db6 Te7 35.Dd4 Te6 36.Td7 Te7 37.Td5

Natürlich tauscht Weiß nicht sein Angriffspotential ab.

37...De8 38.a4 Dc6 39.Td6 Dc1+ 40.Kf2 Tf7 41.e5 Dc2+ 42.Kg3

1-0

S01.11

Daniel Naroditsky (2633) – Dmitrij Jakovenko (2744) C54

Tsaghkadzor 2015

In der nächsten Partie spielt Weiß zuerst auf den Flügeln, bevor er später den typischen Vorstoß d3-d4 durchsetzt:

1.e4 e5 2.Sf3 Sc6 3.Lc4 Lc5 4.d3 Sf6 5.0–0 0–0 6.Te1

„Eine trickreiche Zugfolge. Weiß möchte nicht den frühen Gegenstoß d7-d5 erlauben." (Roiz in CBM 166)

6...d6 7.c3 a6 8.Lb3 La7 9.h3 h6 10.Sbd2 Te8 11.Sf1 Le6 12.Lc2

Unsere Hauptempfehlung lautet 12.Sg3 aber Naroditskys Ansatz ist auch interessant.

12...d5 13.De2 b5 14.Td1!N

„Ein interessanter Ansatz – jetzt ist die potentielle Idee d3-d4 unangenehm, so dass Schwarz früher oder später die Spannung im Zentrum reduzieren sollte. Diese wichtige Neuerung stellt Schwarz definitiv vor praktischen Problemen." (Roiz)

14...d4 15.Sg3 a5 16.Lb3!?

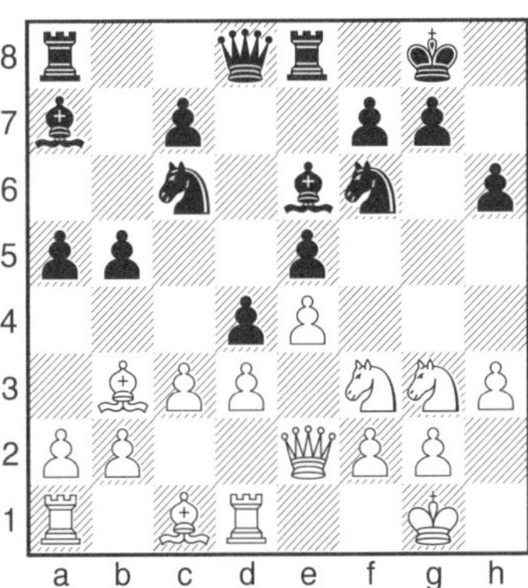

Weiß tauscht die weißfeldrigen Läufer ab, um die weißfeldrigen Schwächen im schwarzen Lager auszunutzen.

16...a4 17.Lxe6 Txe6

17...fxe6 18.Ld2 Dd6 19.Tac1⩲ (Roiz)

18.Sf5

„Das Auftauchen des weißen Springers auf f5 ist immer ein Grund zur Sorge für den Nachziehenden" (Roiz)

18...a3 19.Dc2 axb2 20.Lxb2 dxc3 21.Lxc3 De8

21...b4!? 22.Ld2 Lb6 23.Tab1 Df8 24.Tb2⩲

22.Db2 Tb8 23.Tac1 Kh7 24.a3 g6 25.Se3 Lxe3 26.fxe3 Sd7?!

26...Tb6 27.Tf1 De7 macht es schwieriger Fortschritte zu erzielen.

27.Le1 Tb6 28.Lg3 b4

28...Te7 29.Tf1 f6 30.d4±

29.a4 Ta6 30.Db3 Tb6 31.d4

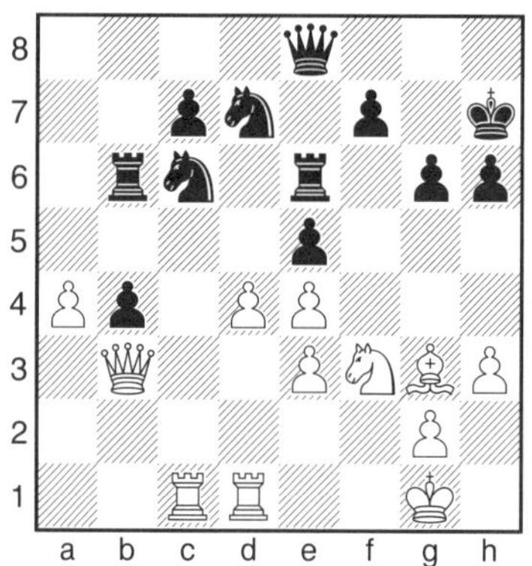

Endlich kommt dieser zentrale Vorstoß.

31...exd4?

31...Te7! 32.Tf1 f6± (Roiz)

32.exd4 Sa5

32...Txe4 33.Lxc7 Te3 34.Td3 Txd3 35.Dxd3 Ta6 36.Dxa6 De3+ 37.Kh2 Dxc1 38.Db7+− (Roiz)

33.Dd5

33.Dd3!?+−

33...c5 34.dxc5 Sf6 35.Dd8 Ta6 36.Dxe8 Txe8 37.Td6 Tc6

37...Tea8 38.Sd2 Se8 39.Tb6 Sc6 40.Sc4+− (Roiz)

38.Se5 Txd6 39.cxd6 Sxe4 40.d7 Td8 41.Le1!? f6 42.Tc8 Sb7 43.Txd8 Sxd8 44.Lxb4 fxe5 45.a5 Sf6 46.a6 Sxd7 47.a7 Sb6 48.La5 Sa8 49.Lxd8 Kg7 50.Kf2 Kf7 51.Ke3

1-0

S01.12

D. Tratatovici (2206) – Ilay Kremer (1622) C54

Kiryat Ono 2015

Die Initiative kann natürlich auch zu einem direkten Königsangriff genutzt werden:

1.e4 e5 2.Sf3 Sc6 3.Lc4 Lc5 4.c3 Sf6 5.d3 0–0 6.Sbd2 d5 7.exd5 Sxd5 8.0–0

Für unsere Empfehlung 8.Se4 siehe Kapitel 4.4.

8...a6?!

8...Sb6 ist angesagt.

9.Te1 b5?! 10.Lb3 Sf4?!

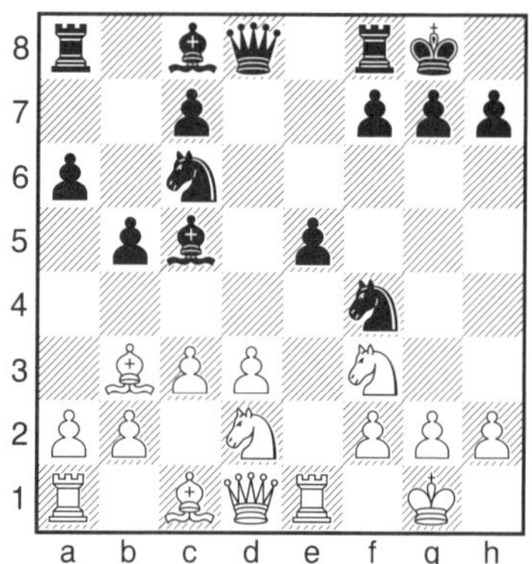

11.d4!

Der typische Schlag im Zentrum.

11...exd4 12.Se4 Ld6 13.Sfg5 Le6?

Das verliert forciert.

13...Se6 reduziert den Schaden, z.B. 14.Dd3 g6 15.Sxd6 Dxd6 16.Se4 Sc5 17.Sxc5 Dxc5 18.Lh6 Td8 19.Dg3±

14.Lxf4 Lxb3

14...Lxf4 15.Dh5 h6 16.Sxe6 fxe6

17.Sc5 Dg5 18.Dxg5 Lxg5 19.Lxe6+ Kh7 20.Ld5+-

15.Dd3!

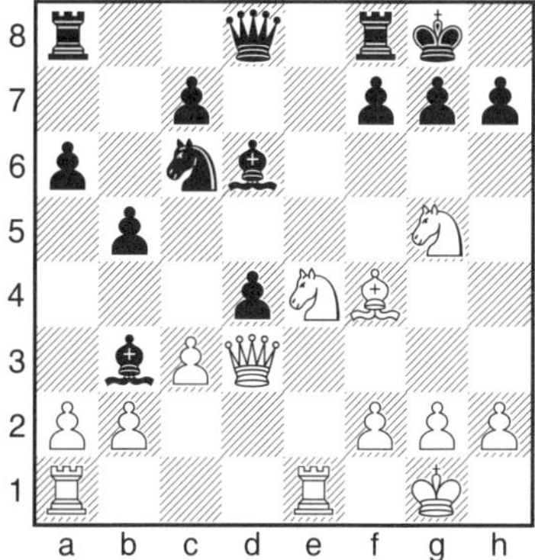

Die weiße Pointe, die Schwarz wahrscheinlich übersehen hat.

15...f6 16.Sxf6+ Txf6 17.Dxh7+ Kf8 18.axb3 Th6 19.Df5+ Df6 20.Lxd6+ cxd6 21.Sh7+

1-0

S01.13

Sergei Movsesian (2677) – Erwin L'Ami (2581) C54

Corus – B Wijk aan Zee

2008

Schwarz muss sehr vorsichtig sein mit dem direkten Vorstoß ...d7-d5, da die weiße Initiative in einer sich öffnenden Stellung sehr gefährlich sein kann:

1.e4 e5 2.Lc4 Sf6 3.d3 Sc6 4.Sf3 Lc5 5.c3 0–0 6.0–0 a6 7.Lb3 La7 8.Te1 h6

8...Sg4 kann mit 9.d4 beantwortet werden.

9.h3 Te8 10.Sbd2

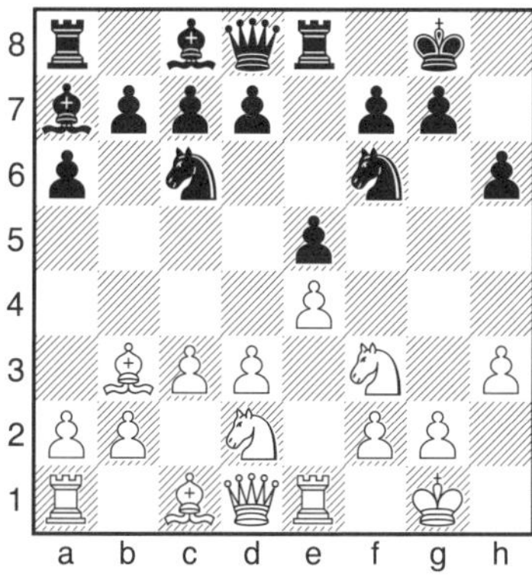

10...d5?

10...d6 ist erforderlich.

11.exd5 Sxd5 12.d4!

Der typische Vorstoß gewinnt einen saftigen Bauern.

12...Lf5

12...exd4? 13.Txe8+ Dxe8 14.Lxd5+-

13.Sxe5 Sxe5 14.Txe5

Der Computer bevorzugt 14.dxe5 Dh4

15.Df3 Sf4 16.Kh2 Lg6 17.Se4 Se6 18.g3 De7 19.Le3±

14...Txe5 15.dxe5 Dh4 16.Df3 Le6 17.Se4 Td8 18.Lc2 b5 19.Ld2 a5 20.a3 Lb6 21.Te1 Se7 22.Lf4 Sg6 23.Lg3 De7

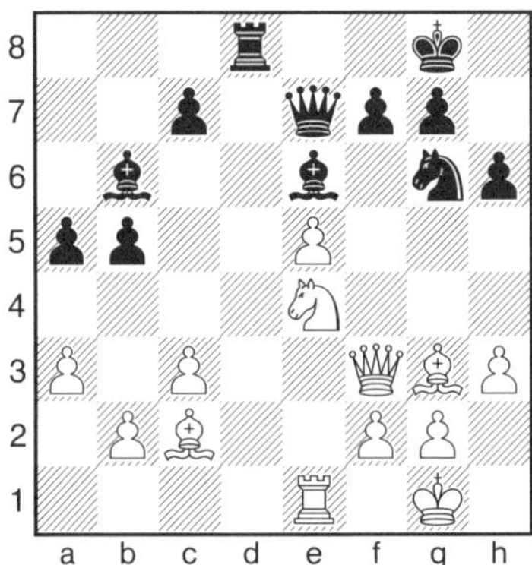

24.Sf6+!!

Der Springer öffnet die Schleusen zum gegnerischen König.

24...gxf6

24...Kh8 25.Dh5+-

25.exf6 De8 26.Dh5 c6 27.Lf4 Lxf2+

27...Sxf4 28.Dxh6 Lxf2+ 29.Kh1+-

28.Kxf2 Sxf4 29.Dxh6 Td2+ 30.Ke3

Der König kann sich sogar auf offenes Feld begeben. Schwarz gab auf.

1-0

S01.14

Michael Oratovsky (2491) – Ronen Lev (2448) C54

ISR – Meisterschaft Ramat Aviv 2000

Häufig führt nur ein einziger Fehler zu einem schwarzen Desaster:

1.e4 e5 2.Sf3 Sc6 3.Lc4 Lc5 4.c3 Sf6 5.d3 d6 6.Sbd2 a6 7.Lb3 0–0 8.h3 d5

Das ist selten, da Schwarz im Vergleich zu Varianten mit sofortigem d7-d5 ein Tempo verliert. Aber da h2-h3 nicht so aggressiv ist, ist es interessant.

8...La7 und 8...Le6 sind die Hauptzüge.

9.exd5

9.0–0 ist die Alternative.

9...Sxd5 10.0–0 La7

10...Sf4?! 11.Se4 Sxd3? ist schlecht wegen 12.Sfg5 Sxc1 (*12...h6? 13.Dh5+–*) 13.Dh5 Lf5 14.Lxf7+ Kh8 15.Taxc1±

11.Se4

Die übliche Route für den Springer, die wir häufig im Theorieteil empfohlen haben.

Die Alternative 11.Sc4 wird in dieser Stellung häufiger gespielt, z.B. 11...f6 12.Se3 Le6 13.Sxd5 Lxd5 14.Le3 Kh8 15.Lxa7 Txa7 P. Velicka (2410) – L. Sarkozy (2310), Prag 1992 16.d4!?N Lxf3 17.Dxf3 exd4 18.Tad1±

11...Kh8

11...Le6 12.Sfg5 Dd7 13.Sxe6 Dxe6 Z. Andriasian (2620) – T. Anton (2438), Kazan 2013 14.Df3N Sce7 (*14...Tad8*

15.Le3 Lxe3 16.fxe3±) 15.Ld2 c6 16.Tae1⩲

12.Te1

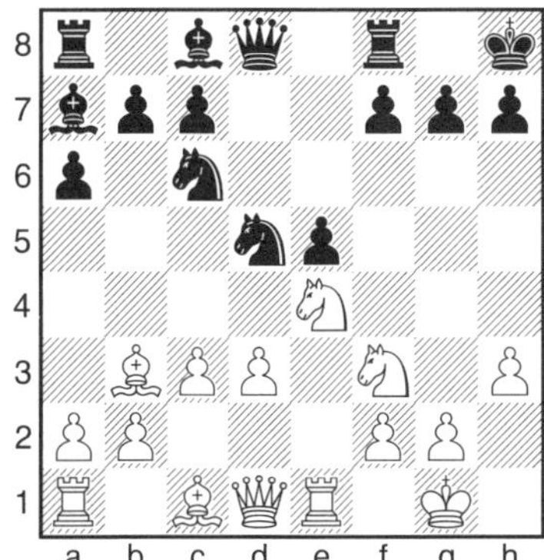

12...f5?

Ein typischer Fehler, nach dem Schwarz die Zugänge nicht mehr schließen kann.

12...f6 war erforderlich, z.B. 13.d4 exd4 14.cxd4 Te8 (Lukacs in CBM 77) 15.Sc3 Txe1+ 16.Dxe1 Sce7 17.Ld2 Dg8 18.De4 mit einer sehr leichten weißen Initiative.

13.Seg5! f4

13...Dd6 14.d4! e4 (*14...exd4 15.Te8!+−*) 15.Se5 Kg8 16.Dh5 h6 17.Sgf7 De6 18.Sxh6+! gxh6 19.Lxh6+− (Lukacs);

13...h6 14.Sxe5 Sxe5 (*14...hxg5? 15.Dh5+ Kg8 16.Sg6 Tf6 17.Lxd5+ Dxd5 18.Dh8+ Kf7 19.De8#*) 15.Txe5 c6 16.Sf3+−

14.Sxe5 Sxe5 15.Txe5 c6

15...Lf5 16.Dh5 Lg6 17.Df3+− (Lukacs)

16.Dh5 h6 17.Sf7+ Txf7 18.Dxf7 Lxf2+ 19.Kxf2 Dh4+ 20.Kg1 Lxh3 21.Lxd5

1-0

S01.15

E. Kalegin (2431) –
S. Miednikova (2180) C54

16. Europäische Seniorenmeister-schaft Yerevan
2016

Die weiße Initiative kann man auch hauptsächlich nur am Damenflügel anwenden:

1.e4 e5 2.Lc4 Sc6 3.Sf3 Lc5 4.c3 Sf6 5.d3 a6 6.0−0 La7 7.a4 0−0 8.Sa3 d6 9.h3 Le6 10.Lg5 De7 11.Te1 h6 12.Le3

12.Lh4!? ist kritischer.

12...Lxe3 13.Txe3

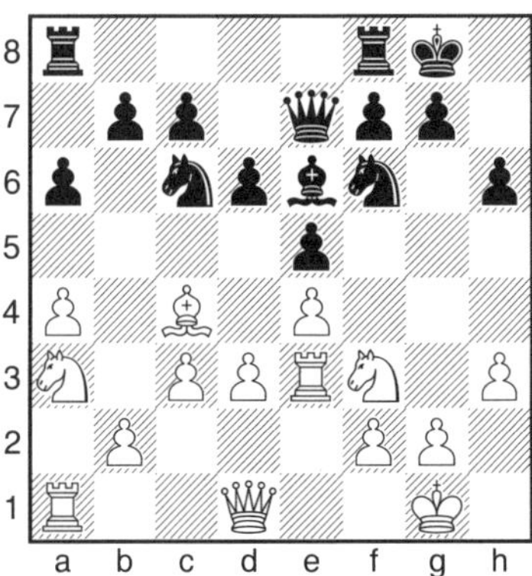

13...Sd7?

Das gibt Weiß freie Hand im Zentrum. Besser ist

13...Tfe8 14.Dc2 d5 15.exd5 Sxd5 16.Lxd5 Lxd5 17.Tae1 f6 18.d4 Lxf3 19.Txf3 Df7 20.dxe5 Txe5 21.Tfe3=;

und 13...Lxc4 14.Sxc4 d5 15.exd5 Sxd5 16.Te1 f6 17.d4 Sf4=

14.d4! Lxc4 15.Sxc4 b5 16.Scd2 Tab8 17.axb5 axb5

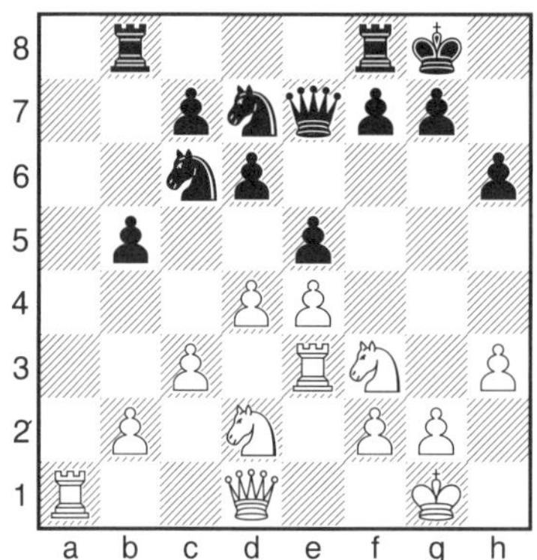

18.Df1?

18.d5 Sd8 19.Ta5 gibt Weiß das bessere Spiel am Damenflügel.

18...f5?

Das schwächt nur den schwarzen Königsflügel und ein richtiges Spiel erhält Schwarz dadurch nicht.

18...exd4 19.cxd4 Sb4! 20.Tb3 c5 21.Ta5 d5 gibt Schwarz genug Gegenspiel.

19.exf5 Txf5 20.dxe5 dxe5 21.Ta6 Sd8

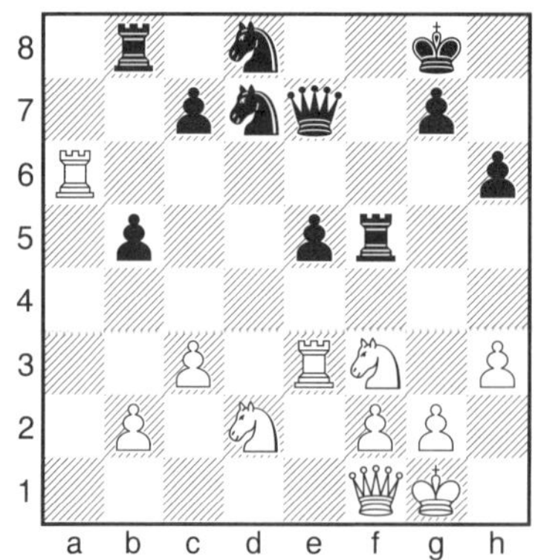

22.b4!?

Ein typischer Weg den Damenflügel zu blockieren und das schwarze Spiel dort zu reduzieren.

22...c5?!

Das schwächt Schwarz zusätzlich.

22...Tf6 23.Ta5 Tfb6 24.De2 Df7 25.Se4 Se6 26.g3±

23.Dd3 Tf7 24.Td6 cxb4 25.cxb4 Sb7?! 26.Td5 Sf6 27.Txb5 Td8 28.Txb7

28.Db3+− ist sogar stärker.

28...Txd3 29.Txe7 Txd2 30.Txf7 Td1+ 31.Kh2 Kxf7 32.Sxe5+ Ke6 33.Sg4+ Kf7 34.Sxf6 gxf6 35.Tb3 Td6 36.b5 Tb6 37.Kg3 Ke6 38.Kf4 f5 39.Te3+ Kd7 40.Te5 Tg6 41.g3

1-0

S01.16

Z. Almasi (2691) –
P. Harikrishna (2668) C55

50. Reggio Emilia
2007

Manchmal kann Weiß auch einfach nur die Damenflügelbauern nach vorne schieben:

1.e4 e5 2.Sf3 Sc6 3.Lc4 Sf6 4.d3 Le7 5.0–0 0–0 6.Te1 d6 7.a4 Le6 8.Sc3!?

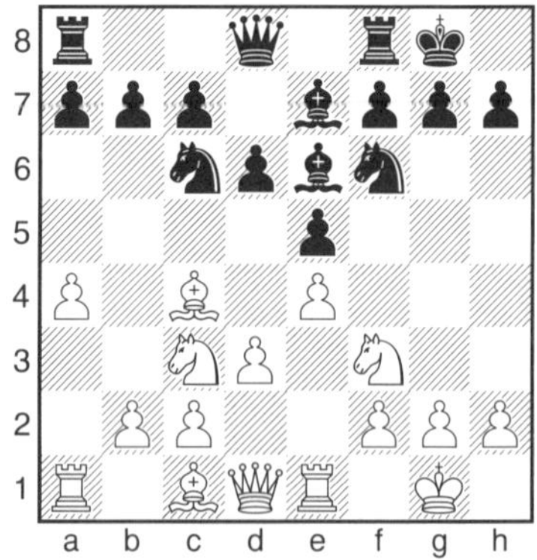

Diese Alternative gegenüber 8.Sbd2 kommt stark in Betracht. Weiß kontrolliert das Feld d5. Ein wichtiger Plan ist jetzt die Expansion am Damenflügel.

8...Dd7

8...Lxc4!? 9.dxc4

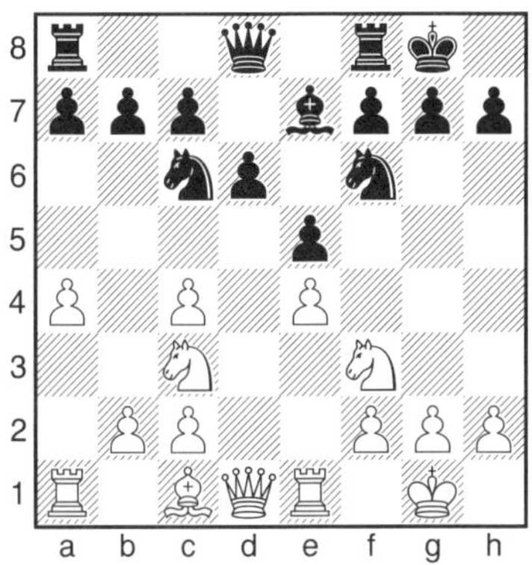

Diese Struktur ist allgemein betrachtet etwas komfortabler für Weiß. 9...a5! (9...h6 10.h3 (*10.a5N a6 11.b3*±) 10...Sh7?! (*10...a5N* ist besser.) 11.Sd5 f5?! Diese Aktivität ist positionell nicht begründet. 12.exf5 Txf5 13.Le3 Kh8 14.a5 Dd7 15.b4± S. Yudin (2508) – A. Gorbatov (2385) Moskau 2007) 10.Lg5 (*10.Sd5N Sd7 11.Le3* ist etwas angenehmer für Weiß.) 10...Sd7! 11.Le3 A. Brkic (2598) – S. Ivanov (2231) Skopje 2016 11...Sb4!N 12.b3 Sa6 13.Dd2 Sac5=;

8...Te8 9.a5 a6 10.Sg5 Lxc4 11.dxc4 Sd4 12.Sf3 c5 (*12...Se6N 13.h3 c6 14.Le3*±) 13.Lg5! Sd7 D. Howell (2528) – L. Webb (2304) Wokefield Park 2008 14.Lxe7N Txe7 15.Sd5 Te8 16.c3±;

8...Sa5?! A. Brkic (2530) – J. Klovans (2428) Pardubice 2008 9.Lxe6N fxe6 10.b4↑;

8...Sd7 9.a5 a6 (*9...Sc5 10.Sd5 Kh8?!* A. Shimanov (2519) – D. Chan Yi Ren (2375) Kirishi 2009 *11.c3N a6 12.d4*±) 10.Sd5 Lg4?! (*10...Sd4N 11.c3 Sxf3+ 12.Dxf3 c6 13.b4!?*±) 11.c3 Kh8 O. Badmatsyrenov (2464) – B. Tuvshintugs (2324) Ulaanbaatar 2011 12.h3!N Lh5 13.b4± Δf5? 14.exf5 Txf5 15.g4+–;

8...Lg4 9.h3 Lh5 10.Sd5 (10.a5N a6 (*10...Sd4?! 11.g4*±) 11.Le3 sieht etwas besser aus für Weiß. (*11.Sb1!?* ist eine lustige Computer-Empfehlung, um den Springer wieder umzugruppieren.)) 10...Sxd5 11.Lxd5 Lxf3 12.Dxf3 Sd4 13.Dd1 c6 14.La2 Lg5 15.c3 Lxc1 16.Txc1 Se6 D. Marciano (2514) – A. Ermeni (2259) Schweiz 2012, und jetzt 17.d4N ist etwas besser für Weiß, da der Läufer die etwas bessere Leichtfigur ist.

8...h6 9.a5 a6 10.Sd5 (10.h3!? Sxe4!? (*10...Dd7* ist Zugumstellung zur Hauptpartie.) 11.Txe4 d5 12.Sxe5 dxe4 13.Sxc6 bxc6 14.Lxe6 fxe6 15.Sxe4 Dd5 Saric,I (2516) – Gajewski, G (2577) Warschau 2008 16.b3!N De5 17.Ta4 mit sehr schöner Kompensation für Weiß.) 10...Te8 (*10...Lxd5N 11.exd5 Sb4 12.c3 Sbxd5 13.Db3 c6 14.Dxb7 De8 15.Db3*±) 11.c3 Lf8 12.Db3 Tb8 H. Mestre Bellido (2292) – Y. Bacallao (2467) Barbera 2009 13.Le3N und Weiß hat eine gute Kontrolle über die Stellung.

8...Sd4 Schwarz muss diesen Ausfall vorbereiten. 9.Sxd4 exd4 Wei Yi (2649) – Bu Xiangzhi (2707) Shenzhen (Schnellschach) 2014 10.Lxe6!N fxe6 11.Se2 c5 12.c3 dxc3 13.bxc3±

9.a5

9.Sd5 ist vielleicht etwas präziser, da Schwarz Probleme hat auszugleichen. 9...Lxd5 (*9...Sd4* O. Zambrana (2492) – F. Trois (2352) Santa Cruz 2008 *10.Sxd4!N exd4 11.Sf4 Lxc4 12.dxc4 c5 13.b3*±) 10.exd5 Sb4 11.d4 e4 (*11...exd4N 12.Sxd4 Sbxd5 13.Df3 c6 14.Sf5 Tfe8 15.b3 Lf8 16.Lb2* mit schöner Kompensation für den Bauern ist eine Stellung, die es wert ist getestet zu werden.) 12.Sd2 Df5 N. Malushko – V. Globa ICCF email 2011 13.Sf1!N Sbxd5 14.Sg3 Dd7 15.Sxe4±

9...a6

9...Sd4!? funktioniert jetzt besser. 10.h3 (*10.Sxd4N exd4 11.Se2 c5 12.Sf4 Lxc4 13.dxc4* verhält sich anders im Vergleich zur gleichen Variante nach 9.Sd5, da Schwarz jetzt *13...b5!=* spielen kann.) 10...Sxf3+ 11.Dxf3 c6 12.Lg5 (*12.De3!?N* mit der Idee 12...b5 zu verhindern, ist hier eine frische Idee.) 12...b5! 13.axb6 axb6= I. Saric (2573) – E. Postny (2651) Sibenik 2009

10.h3 h6

Das ist wahrscheinlich zu zurückhaltend.

10...Tae8 scheint präziser zu sein, da es für Schwarz sinnvoll ist in einigen Varianten diesen Turm auf e8 stehen zu haben. 11.Sd5 (*11.Ld2N* ist besser, um das Feld b4 zu kontrollieren, bevor man Sd5 spielt.) 11...Lxd5 12.Lxd5 (*12.exd5?!N Sb4!* und Schwarz ist okay, da *13.d4 exd4 14.Sxd4 Sbxd5 15.Df3* nicht funktioniert wegen *15...Ld8!* und Schwarz hat zumindest ausgeglichen.) 12...Sxd5 13.exd5 Sd4 14.Sxd4 exd4= M. Codenotti (2362) – A. Beliavsky (2643) Yerevan 2014;

10...Sd4 11.Sg5!? (*11.Sxd4N exd4 12.Lxe6!? fxe6 13.Se2 e5 14.c3 c5 15.Ld2*± sieht etwas besser aus für Weiß.) 11...Lxc4 Es ist unklar, ob Schwarz wirklich auf c4 nehmen muss. 12.dxc4 h6 13.Sf3 Sxf3+ 14.Dxf3 c6 15.Td1 De6 16.b3± V. Malakhov (2690) – E. Tomashevsky (2594) Tomsk 2006. Mit einer typischen etwas angenehmeren Struktur dank des Raumvorteils.

11.Ld2

11.Sd5 sieht auch sehr stark aus. 11...Sd4 (11...Lxd5 12.exd5 Sb4N (*12...Sb8?! 13.d4 e4 14.Sd2*± S. Narayanan (2226) – Y. Ayrapetyan ICC INT 2009) 13.d4! exd4 14.Sxd4 Tfe8 (*14...Sbxd5?!* verliert sogar in dieser konkreten Situation wegen *15.Df3! c6 16.Lxh6!+– Δgxh6 17.Sf5 Kh8 18.Sxe7+–*) 15.Df3±) 12.Sxd4 exd4 A. Velikic (2363) – T. Vidic (2096) Porto Carras 2015 13.Sf4!N Lxc4 14.dxc4 c5 15.Dd3 Tae8 16.Ld2± ist eine sehr gute Version des schon besprochenen Themas.

11...Tae8 12.Sd5 Ld8

12...Lxd5N 13.exd5 Sd4 14.Sxd4 exd4 15.c3 dxc3 16.bxc3±

13.Lb3!±

Die Umgruppierung dieses Läufers nach a4 ist sehr stark und sichert Weiß einen kleinen Vorteil.

13...Sh7 14.La4 Dc8 15.b4

15.Sb4!?N Ld7 16.Sxc6 bxc6 17.b4± ist ein weiterer logischer Weg fortzusetzen.

15...f5

15...Ld7 16.c4 Se7 17.Lxd7 Dxd7 A. David (2579) – R. Buhmann (2579) Saint – Quentin 2014 18.Db3!N Sxd5 19.cxd5 Sg5 20.Lxg5 Lxg5 21.Tab1±

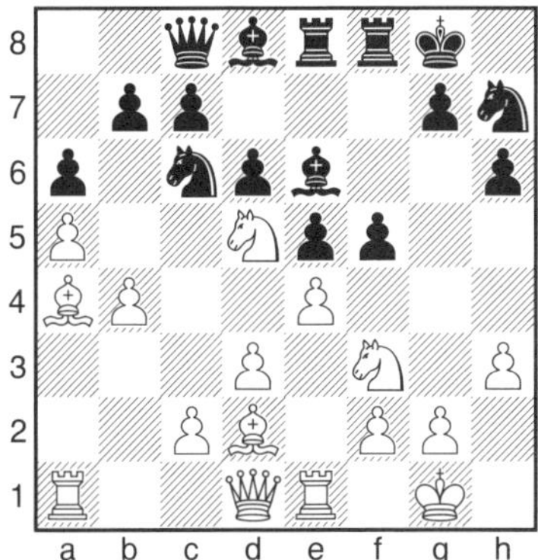

16.c4

16.b5!± direkt ist besser und die Kulmination der weißen Strategie: 16...axb5 17.Lxb5 18.a6 ist jetzt eine unangenehme Drohung. 17...fxe4 18.dxe4 Txf3?! (18...Lxh3!N ist ein besserer Versuch. Weiß muss sehr genau spielen. Der Leser sollte die folgenden Varianten selbst überprüfen. Weiß scheint klar besser zu stehen indes. 19.Te3!

(19.gxh3 Dxh3 führt zum Remis nach 20.Ta3 (*20.Sh2? Txf2! 21.Kxf2 Dxh2+–+*) 20...Dg4+ 21.Kf1 Dh3+ 22.Kg1 (*22.Ke2?? Txf3!–+*))

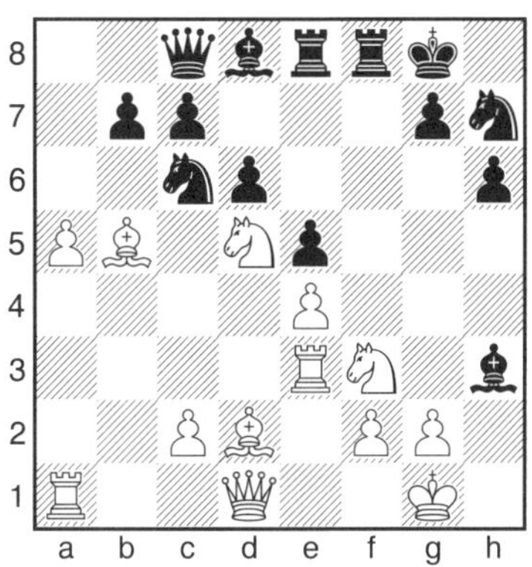

19...Lg4 (*19...Le6 20.a6 Sa7 21.Lxe8 Txe8 22.axb7 Dxb7 23.Tb3+–; 19...Txf3 20.Txf3 Lg4 21.a6 Lxf3 22.Dxf3 Sd4 23.Dh5 Tf8 24.a7+–*) 20.a6! Sg5 21.Tb3 Sd4

a) 21...Txf3 22.gxf3 Sxf3+ 23.Txf3 Sd4 24.Sb6!! cxb6 25.Tc3 Dxc3 26.Lxc3 Lxd1 27.Lxd4+–;

b) 21...Lxf3 22.gxf3 Sd4 23.Lxg5 Sxb5 (*23...Lxg5 24.Lxe8 Sxb3 25.cxb3 Txe8 26.a7+–*) 24.a7! Sxa7 25.Lxd8+–;

22.Lxg5 Sxb3 23.cxb3 c6 24.axb7 Dxb7 25.Lxc6! Dxc6 26.Lxd8±) 19.Dxf3 Sd4 20.Dd3 Sxb5 21.Dxb5 c6 22.Da4 Tf8 23.Sb6 Dc7± M. Yilmaz (2482) – N. Khoroshev (2206) Porto Carras 2010. Schwarz hat einfach nicht genügend Kompensation für die Qualität. Es gibt jetzt einige Wege, um mit Weiß fortzusetzen.

16...Ld7?!

16...fxe4!N 17.Txe4 ist nur etwas besser für Weiß, aber es ist kompliziert, z.B. (*17.dxe4?!* ist schlecht wegen *17...Lxh3! 18.gxh3 Dxh3* und Schwarz hat genug Spiel für ein Remis, z.B. *19.Te3 Te6 20.Sg5 Dh4 21.Sxe6 Dxf2+ 22.Kh1 Dh4+ 23.Kg1 Df2+=*) 17...Lf5 18.b5 Lxe4 19.dxe4 Sb8

20.bxa6 Sxa6 21.Lxe8 Txe8 22.Le3 c6 23.Sb6⩲

17.b5± Se7

17...fxe4N 18.bxc6 bxc6 19.dxe4 cxd5 20.Lxd7 Dxd7 21.cxd5±

18.Db3 axb5

18...fxe4N 19.dxe4 Kh8 20.Sh4±

19.Sxe7+ Txe7 20.cxb5+ Tef7?!

20...Le6N 21.Da3±

21.a6+−

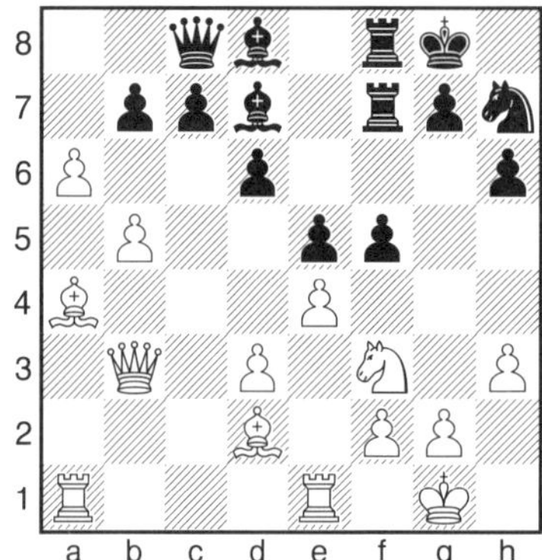

Weiß hat entscheidenden Vorteil mit seinen vorgepreschten Bauern am Damenflügel, auch weil Schwarz nicht genügend Drohungen auf der anderen Seite des Brettes besitzt. Der Rest ist Sache der Technik.

21...fxe4 22.dxe4 Kh8 23.a7! Da8 24.b6! c6

24...cxb6N 25.Lxd7 Txd7 26.Tec1+−

25.Te3 Sf6 26.Td1 Le8 27.La5 Td7 28.Da3 Le7 29.Lb4 c5 30.La5 Td8 31.Lxe8 Tfxe8 32.Sh4 Kh7 33.Db3 Lf8 34.Df7

Es ist interessant, dass Weiß die Partie letztendlich am Königsflügel entscheidet.

34...Dc8 35.Tf3 Td7 36.Dg6+ Kh8 37.Ld2 d5

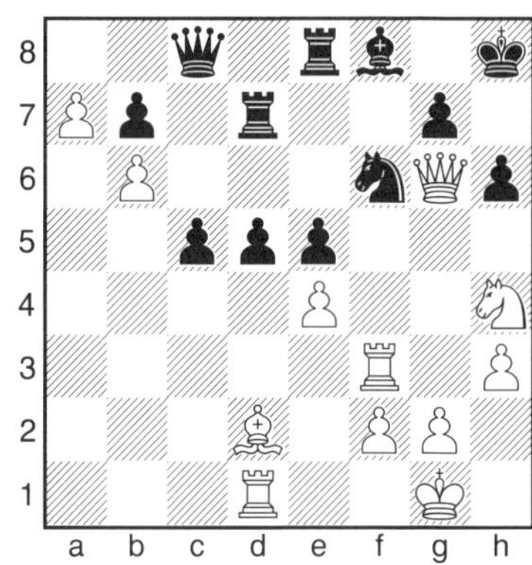

38.Txf6! gxf6 39.Ta1 dxe4 40.a8D 1-0

S01.17

Viorel Iordachescu (2648) – Ivan Saric (2648) C55

18. European Teams Porto Carras 2011

Häufig dreht sich der Kampf um die weißen Felder im Zentrum:

1.e4 e5 2.Sf3 Sc6 3.Lc4 Sf6 4.d3 Le7 5.0−0 0−0 6.Te1 d6 7.a4 Sa5 8.La2 c5 9.c3 Sc6 10.Sbd2

10.Sa3 ist unsere Empfehlung. Nach 10...Le6 11.Sc4 geht es in die Partie über. (Bezüglich unserer Empfehlung *11.Lxe6* siehe Kapitel 3.)

10...Le6 11.Sc4 h6

Das sieht notwendig aus, um 12.Sg5 zu verhindern.

11...Te8?! erlaubt 12.Sg5, z.B. 12...Dd7 13.Sxe6 fxe6 14.f4!? Kh8?! (*14...exf4 15.Lxf4⩲*) 15.fxe5 dxe5 16.De2 Tad8

17.Td1 Tf8 18.Le3± B. Adhiban (2561) – E. Paehtz (2454) Wijk aan Zee 2012

12.Ld2

12.Se3 Te8 (*12...Lxa2!?N*) 13.Sd5 (*13.Lxe6N* und*; 13.Ld5N* kommen in Betracht.) 13...Dd7 14.Ld2 Ld8 15.Lc4 a6 16.Db3 Lg4 17.Sxf6+ Lxf6 18.Dd1= I. Saric (2394) – L. Lenic (2500) Sibenik 2006; 12.h3 Vermutlich der beste Versuch. Weiß kontrolliert das Feld g4 und bereitet bei Bedarf Sh2 vor. 12...Te8 13.Ld2 a6 (13...Lf8 14.Db1 Dc7 (*14...a6 15.Se3 Dd7 16.Lxe6 fxe6 17.Sc4 Df7* A. Demchenko (2596) – J. Sriram (2416) New Delhi 2016 *18.b4N cxb4 19.cxb4 b5 20.axb5 axb5 21.Sa5±*) 15.Se3 Tad8 16.Lxe6 fxe6 17.b4 cxb4 18.cxb4 Df7 V. Atlas (2427) – D. Pavasovic (2590) Baden 2010 19.Db2N Se7 20.Sc4 Sg6 21.b5±) 14.Lb1?! Ein seltsamer Zug. (*14.Db1 Lf8* führt zu Udeshi – Panchanathan, was wir in Kapitel 3 erwähnen. Schwarz gleicht aus nach *15.b4 b5 16.Se3 Lxa2 17.Txa2 cxb4 18.cxb4 bxa4!=*) 14...Lf8 15.Se3 g6 16.c4 a5 17.Sd5 Lg7 18.Kh2 Tf8 19.Dc1 Kh7 20.Sxf6+?! Dxf6∓ O. Zambrana (2472) – L. Bruzon (2602) Santa Clara 2004

12...a5

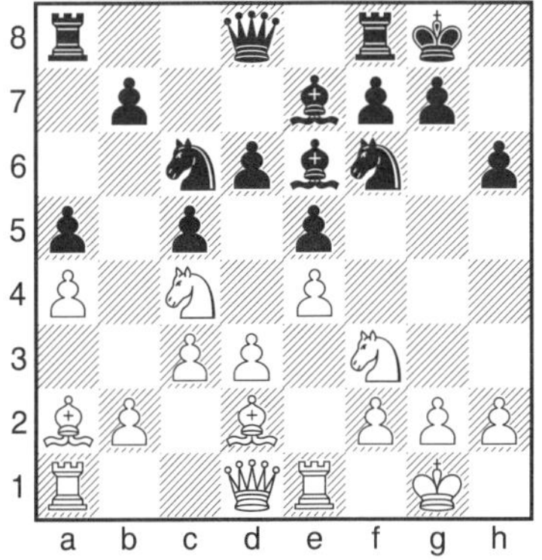

Es ist interessant zu sehen, wie einer der Hauptvertreter der weißen Spielweise die Stellung aus schwarzer Sicht behandelt. 12...a5 kontrolliert das Feld b4 aber auf der anderen Seite kann Weiß die weißen Felder besser kontrollieren.

12...Te8 13.b4

a) 13.Db1 Dd7 T. Krnan (2423) – S. Mazur (2400) Slowakei 2015 (Nach 13...Lg4!?N hat Weiß wahrscheinlich nichts Besseres als die Züge zu wiederholen mit 14.Dd1 oder (*14.Sh4 Le6 15.Sf3* . Dementsprechend hat 13.Db1 nicht wirklich unabhängige Bedeutung.)) 14.b4N cxb4 15.cxb4⩲;

b) 13.h3 ist Zugumstellung zu 12.h3.

13...cxb4 (*13...Lf8?! 14.b5 Se7* S. Fedorchuk (2618) – A. Das (2471) Pamplona 2011 *15.Se3N Lxa2 16.Txa2 Sg6 17.c4±*) 14.cxb4 d5! 15.exd5 D. Ledger (2287) – M. Hebden (2537) Ascot 2013 15...Lxd5!?N 16.b5 Sd4 17.Sfxe5 (*17.Scxe5 Sxf3+ 18.Sxf3 Lxa2 19.Txa2 Dxd3=*) 17...Lc5⩱;

12...a6 Ein guter Zug, der ...b5 vorbereitet. 13.Db1 (*13.b4 b5 14.Se3* P. Harikrishna (2678) – Yang Kaiqi (2360) Hangzhou 2012, wird in Kapitel 3 erwähnt. Schwarz gleicht aus mit *14...cxb4!N 15.Lxe6 fxe6 16.cxb4 Dd7=;*

13.h3N b5 14.Se3 Dd7 15.Ld5 sieht hier sinnvoll aus.) 13...b5 (*13...Lg4!?N*) 14.Se3 Te8 (*14...Dd7N* sieht einfach ausgeglichen aus.) 15.b4 cxb4 16.cxb4 Lf8 P. Piscopo (2429) – V. Malaniuk (2575) Mailand 2009 17.Lb3!?N Dd7 18.Da2 Tad8=

13.Se3 Dd7 14.Sd5

14.Ld5!?N sieht besser aus für Weiß, der die weißen Felder gut im Griff hat.

14...Ld8 15.Sxf6+

Das reduziert den Druck.

15.Lc4!?N Lxd5 16.exd5 Se7 17.Db3 mit guter Kontrolle über die weißen Felder sieht ein bißchen besser aus für Weiß. (*17.Lb5 Df5 18.Sh4 Dh5 19.Dxh5 Sxh5 20.d4* sieht interessant aus, da Weiß etwas Kompensation erhält, falls Schwarz den Bauern schlägt.)

15...Lxf6 16.Le3 Tab8 17.Lc4 b6 18.Db3 Se7 19.Db5 Dc8 20.Tac1 Td8 21.Lxe6

21.d4N Lxc4 22.Dxc4 exd4 23.cxd4 d5! ist ausgeglichen aber etwas unangenehm für Weiß.

21...Dxe6 22.Tcd1 d5

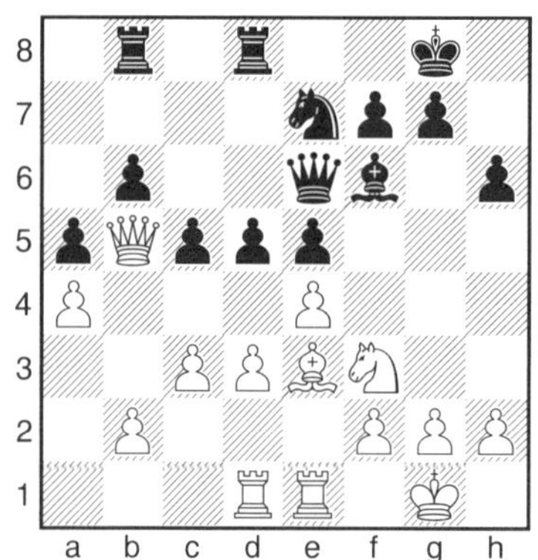

Jetzt hätte Schwarz eigentlich die Initiative übernehmen sollen.

23.Lc1 Td6

23...Sg6N 24.Db3 Dc6∓

24.d4 cxd4 25.cxd4 Tbd8?!

25...dxe4N 26.Txe4 Sc6 27.Tde1 Td5 28.Db3 b5 29.dxe5 Txe5 30.Dxe6 Txe6 31.Txe6 fxe6 32.axb5 Sd8=

26.dxe5 Lxe5 27.Sxe5

27.exd5!N Txd5 28.Txd5 Txd5 29.De8+ Kh7 30.Lf4 f6 31.h4⩲

27...Dxe5 28.g3 Sg6?

28...De6!N 29.Lf4 Tc6 30.exd5 Txd5! 31.Txe6 Txd1+ 32.Kg2 fxe6∞

29.f4 De8 30.e5?

30.Dxe8+!N Txe8 31.e5 Td7 32.Te3±

30...Dxb5 31.axb5 T6d7 32.f5

32.e6N Tb7 33.exf7+ Kxf7 34.Le3⩲

32...Se7 33.g4

33.e6N Tb7 34.g4=

33...d4 34.b3?!

34.e6N Td5 35.Te4 d3 36.b3 Sc8 37.Le3 fxe6 38.fxe6 Txb5 39.e7 Te8 40.Txd3 Txe7∓

34...d3

34...Td5N 35.La3 Sc8 36.e6 fxe6 37.fxe6 Te8 38.e7 Sd6 39.Lxd6 Txd6 40.Te4 d3 41.Te3 d2 42.Te2 Td4!∓

35.La3 Sc8

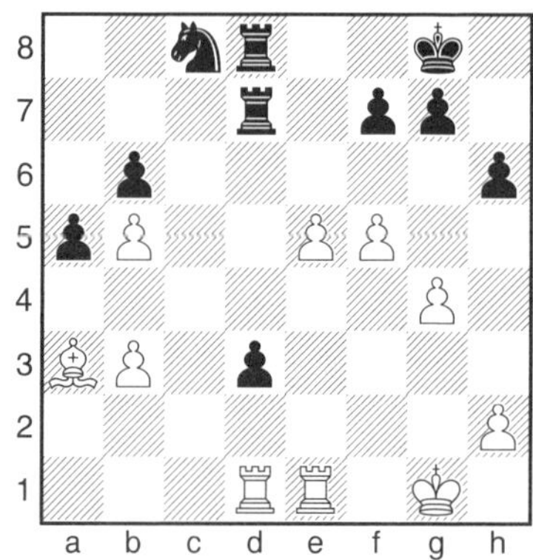

36.Kf2

36.e6!N fxe6 37.fxe6 Td5 38.Te3 d2

39.Te2 Td3 40.Tf2! Txb3 41.e7 Sxe7 42.Lxe7 Td4 43.Tfxd2 Txg4+ 44.Tg2 Txg2+ 45.Kxg2 Txb5=

36...Sa7 37.e6 fxe6 38.fxe6 Td5 39.Te3 Sxb5 40.Lb2 Tf8+

40...d2N 41.Te2 Sd6 42.Kf3 Td3+ 43.Te3 Se8∓

41.Ke1 Sc7 42.Tdxd3?!

42.La3N Te8 43.e7 Sb5 44.Lb2 Sa7!? 45.Tdxd3 Txd3 46.Txd3 Txe7+∓

42...Txd3 43.Txd3 Sxe6 44.Td6 Sc5 45.La3 Te8+ 46.Kf1?

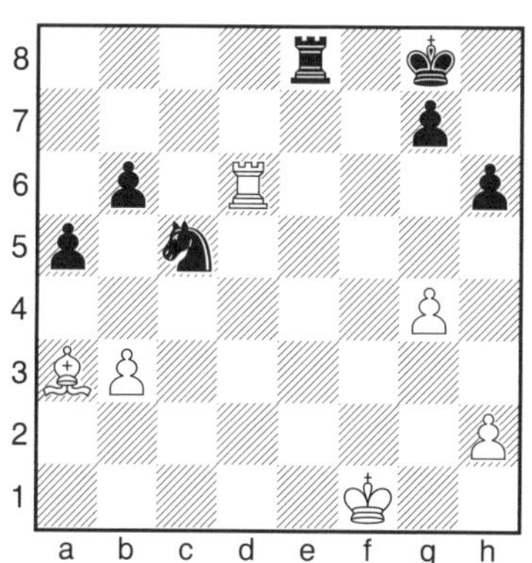

Ein Übersehen, denn jetzt kann Schwarz in ein gewonnenes Turmendspiel überleiten.

46.Kd1N Sxb3 47.Txb6∓

46...Sxb3 47.Txb6 Sd2+ 48.Kf2 Sc4 49.Tb3 a4 50.Tc3 Sxa3 51.Txa3 Ta8–+ 52.Ke3 Kf7 53.Kd4 Kg6 54.Kc3 Kg5 55.Kb4 Kxg4 56.Tg3+ Kh4 57.Txg7 a3

0-1

S01.18

Rustam Kasimdzhanov (2640) – Surya Shekhar Ganguly (2574) C54

Pune 2004

Die weiße Initiative ist in den folgenden Beispielen meistens am Damenflügel und im Zentrum, kann aber manchmal auch am Königsflügel ausgeübt werden:

1.e4 e5 2.Sf3 Sc6 3.Lc4 Sf6 4.d3 Lc5 5.0–0 d6 6.c3 a6 7.Lb3 La7 8.Le3 0–0 9.Sbd2 Te8 10.Lxa7 Txa7 11.Sc4 Sh5 12.Se3 Le6 13.Lxe6 Txe6

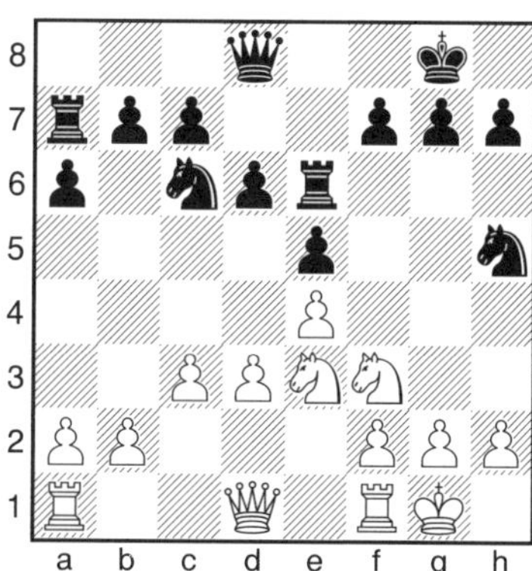

14.d4

Der typische Vorstoß im Zentrum.

Die Alternative ist am Damenflügel zu spielen mit 14.b4 Sf6 15.a4; 14.Sxe5?! ist nicht gut wegen 14...Sxe5 15.Dxh5 Sxd3=

14...exd4 15.Sxd4 Sxd4 16.cxd4 Sf6 17.f3

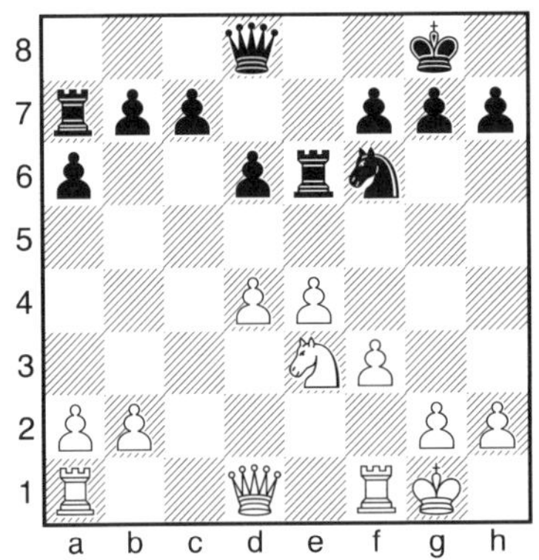

Das stabilisiert das weiße Zentrum.

17...c6 18.Dd2 Db6?! 19.Tac1 a5 20.Tfd1 a4 21.Kh1

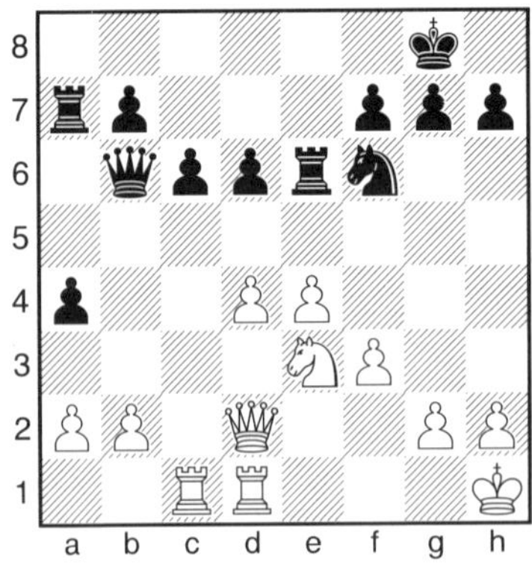

21...g6?

Das wird nett widerlegt.

Nach 21...Ta8 kann Weiß am Königs-flügel spielen mit 22.g4 h6 23.Sf5±

22.d5! Te7

22...cxd5 23.Tc8+ Kg7? 24.Sf5+ gxf5 25.Dg5#

23.Sc4 Dd8 24.Dd4

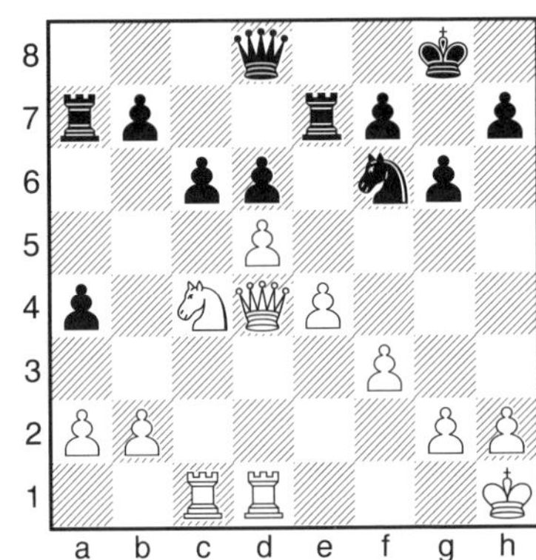

Ein tödlicher Doppelangriff.

1-0

S01.19

V. Nevednichy (2546) – S. HalkiasS (2541) C55

Romanian Open Alba Iulia 2016

Im folgenden Beispiel spielt Weiß zuerst am Damenflügel und im Zentrum, bevor er sich dem Königsflügel widmet:

1.e4 e5 2.Sf3 Sc6 3.Lc4 Sf6 4.d3 Le7 5.0–0 d6

Schwarz verzögert die kurze Rochade, aber wie in Kapitel 3 erwähnt ist es nicht klar, warum er das tun sollte, weil es hauptsächlich Weiß zusätzliche Optionen gibt.

6.a4

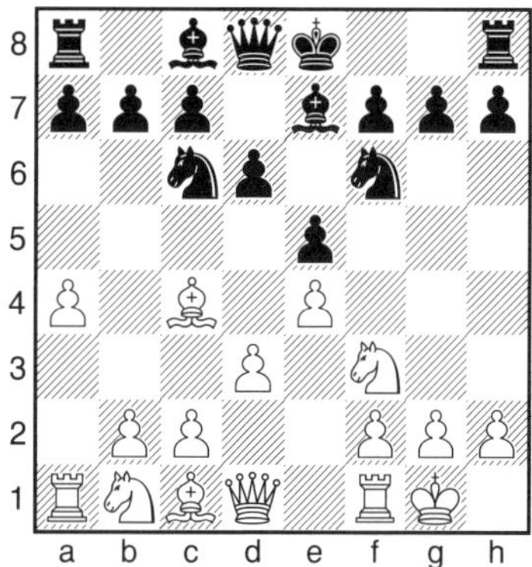

Natürlich muss die Drohung 7...Sa5 abgewehrt werden, aber a4 ist sowieso ein Zug, den wir ziehen wollen mit Weiß.

6...Sa5

Das scheint nur unabhängige Bedeutung zu haben, falls Weiß von der Hauptvariante abweicht. Wie nach 6...Le6 oder 6...Lg4 gibt es kaum Spielraum für beide Seiten abzuweichen.

6...0–0 7.Te1 führt zur Hauptvariante in Kapitel 3. (*7.a5!?* ist eine wichtige zusätzliche Option für Weiß (!), die wir in der nächsten Partie, Howell – Sowray, betrachten.);

6...Le6 7.Sbd2 0–0 8.Te1 führt zu 7...Le6 in Kapitel 3. 6...Lg4 7.c3 0–0 8.h3 Lh5 9.Te1 führt zu 7...Lg4 in Kapitel 3.

7.La2 c5

Nach 7...Le6?! in A. Muzychuk (2560) – T. Batchimeg (2340) Khanty – Mansiysk 2014, hätte Weiß die Initiative ergreifen können mit 8.Lxe6!N fxe6 9.b4 Sc6 10.b5 Sb8 (*10...Sd4? 11.Se1* nebst c2-c3 gewinnt den Springer.) 11.Sg5 Dd7 12.Df3 h6 13.Dh3±

8.Ld2

8.c3 Sc6 9.Te1 0–0 10.Sa3 geht über Zugumstellung in die Hauptvariante des Kapitels 3 und wir sehen keinen Grund, warum Weiß abweichen sollte.

8.Sg5?! war ein misslungener Versuch Schwarz für seine ungewöhnliche Zugfolge zu bestrafen: 8...0–0 9.f4 exf4 10.Lxf4 Sc6 11.Sc3 h6 12.Sf3 Le6= D. Daulyte (2402) – B. Yildiz (2315) Chakvi 2015;

8.Sc3 ist eine Idee den Springer schnell nach d5 zu bringen. Das ist auch in der Hauptvariante in Kapitel 3 möglich, führt aber außerhalb unseres Repertoires.

8...Sc6 9.Sc3

9.Sa3N könnte in die Hauptvariante übergehen.

9...0–0 10.h3 Le6 11.Sd5 Lxd5 12.exd5 Sb4

12...Sd4N 13.Sh2!? mit der Idee 14.c3 oder 14.b4 gibt Weiß ein leichtes Plus.

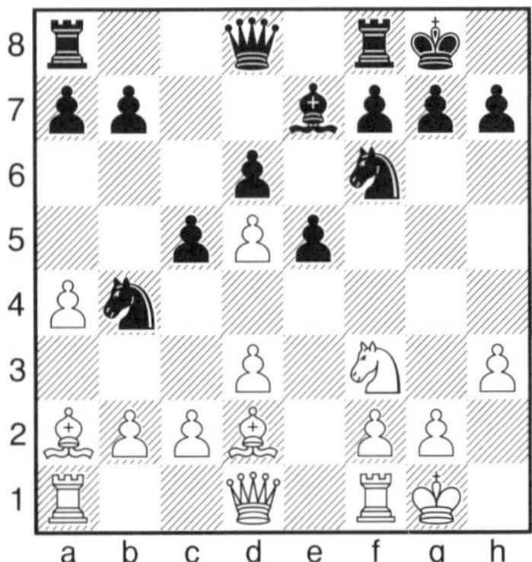

Die Stellung ist jetzt ausgeglichen.

13.Lxb4 cxb4 14.Lc4

14.d4 Sd7! 15.De1 a5 16.dxe5 Sxe5 17.Sxe5 dxe5 18.Dxe5 S. Movsesian (2723) – E. Postny (2595) Plovdiv 2010 18...Lf6N 19.Df4 Lxb2=

14...a5 15.c3 bxc3 16.bxc3 e4 17.dxe4 Sxe4 18.Dc2 Sc5 19.Tfe1 Lf6 20.Lb5 Tc8 21.Te3 Sd7 22.Tae1 Se5 23.Sxe5 Lxe5 24.c4 Tc7 25.Dd3

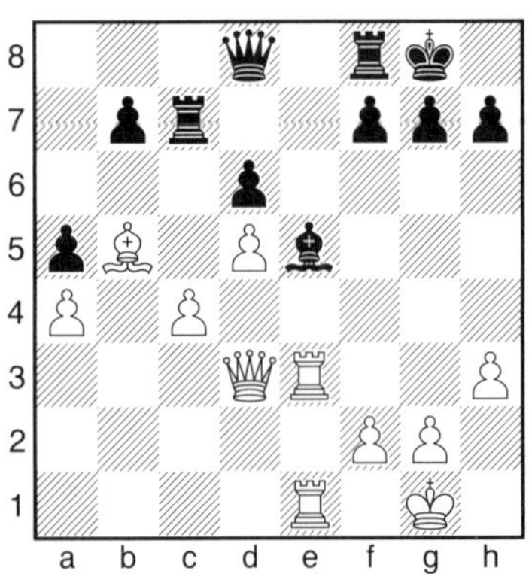

Weiß übt ohne Risiko etwas Druck aus, doch objektiv sollte die Stellung auch ob der ungleichfarbigen Läufer remis sein.

25...Tc5?

Das ist ein Fehler.

25...f5!N mit Ausgleich.

26.g3?!

Aber Weiß nutzt es nicht aus.

26.f4! Txb5 (*26...Lxf4?? 27.Te8+–*) 27.cxb5 Lxf4 28.Te4± hätte die Qualität gewonnen.

26...g6 27.Kg2 h5 28.f4 Lg7 29.f5

Das ist etwas besser für Weiß, aber es ist sehr schwierig Fortschritte zu erzielen.

29...Df6 30.Tf1 g5 31.De2 Tc7

31...Db2 32.Dxb2 Lxb2 33.Te7 Kg7 34.Txb7 Tcc8⩲

32.Dxh5

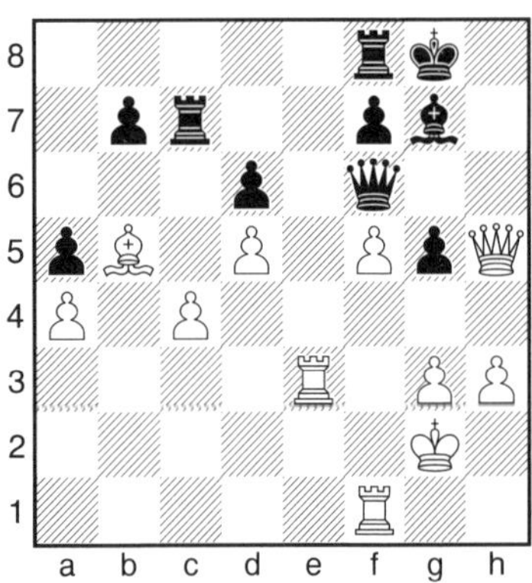

Sogar mit einem Mehrbauern ist es schwierig die Partie zu gewinnen, aber zumindest muss Schwarz leiden.

32...Te7 33.De2 Txe3 34.Dxe3 Tc8 35.Db6

35.Tf2± könnte ein besserer Versuch sein.

35...De7 36.Tf3

Weiß sollte den Damentausch wahrscheinlich nicht zulassen.

36...De2+ 37.Df2

37.Tf2? De4+ 38.Kh2 Ld4 39.Dxb7 Tf8 40.Tg2 Kg7∓ und Schwarz erhält zu viel Gegenspiel.

37...Dxf2+ 38.Txf2

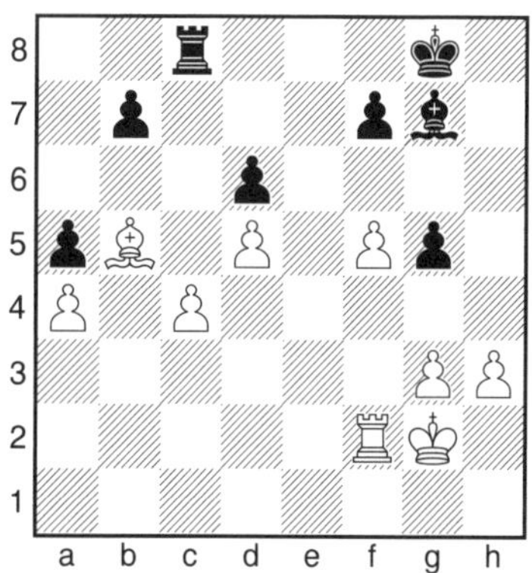

Weiß versuchte noch 30 Züge sein Glück, doch das Remis ist unvermeidbar.

38...Ld4 39.Te2 Tc7 40.Te8+ Kg7 41.Kf3 Kf6 42.Kg4 b6 43.Th8 Le3 44.Td8 Lc5 45.Te8 Lf2 46.Te2 Ld4 47.Lc6 Tc8 48.Te4 Le5 49.Te1 Tg8 50.Lb5 Th8 51.Tb1 Ld4 52.Lc6 Tg8 53.Tf1 Le5 54.Lb5 Tc8 55.Kf3 Th8 56.Kg2 Tg8 57.g4 Tc8 58.Lc6 Td8 59.Kf3 Th8 60.Th1 Ld4 61.Ke4 Lc5 62.Lb5 Th7 63.Kf3 Ld4 64.Kg2 Th8 65.Lc6 Le5 66.Lb5 Lc3 67.Tb1 Ld4 68.Th1

½-½

S01.20

David Howell (2693) – Paul Sowray (2349) C55

4NCL 2015-16 Birmingham 2016

1.e4 e5 2.Sf3 Sc6 3.Lc4 Sf6 4.d3 Le7 5.0–0 0–0

5...d6 6.a4 0–0 7.a5!? ist die Zugfolge, die zur Stellung nach 6...d6 in dieser Partie führt. Wie in Kapitel 6 erwähnt, kann Weiß diese Stellung nur forcieren, wenn Schwarz 5...d6 6.a4 0–0 wählt. (Natürlich kann Weiß auch *7.Te1* mit Zugumstellung zu Kapitel 3 wählen.)

6.a4!?

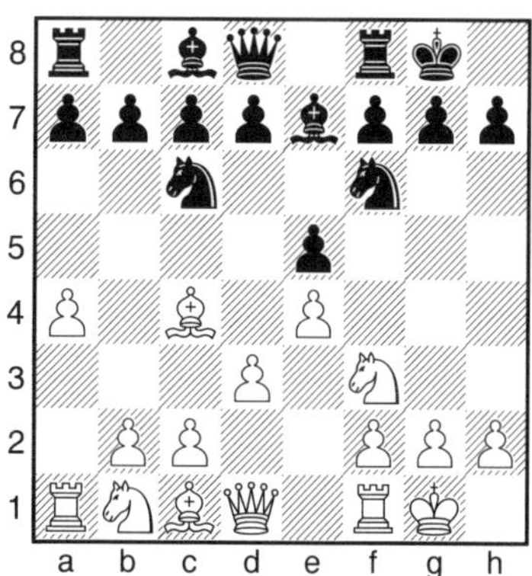

Das ist ein interessanter Versuch, um Schwarz zu verwirren und eine bessere Version der Hauptvariante mit 6.Te1 zu erhalten.

6...d5!

Das muss die kritische Antwort sein.

Nach 6...d6 kann Weiß mit 7.a5!? fortsetzen und erst (*7.Te1* führt zur Hauptvariante in Kapitel 3.) 7...a6 mit 8.Te1

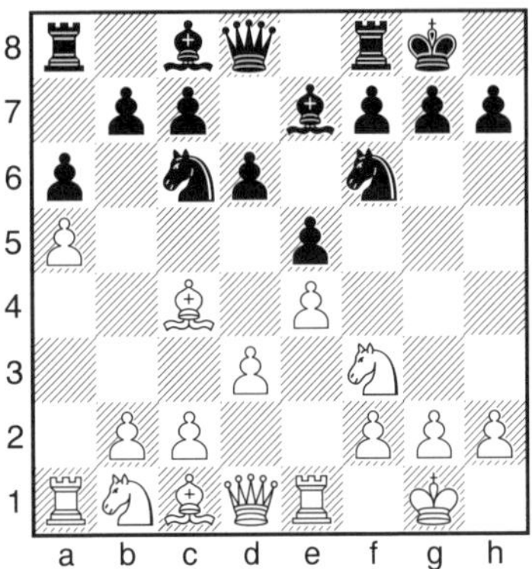

Das sieht nach einer besseren Version der Hauptvariante aus, da es 7...Sa5 und 7...a5 verhindert. Die Inklusion von a5 und a6 sollte Weiß favorisieren in den meisten Fällen. Darüber hinaus sollten Stellungen erreicht werden, die wir in Kapitel 3 analysiert haben. 8...Le6

a) 8...h6 9.c3 Sh7 10.Sbd2 führt zu einer Stellung, die wir in Kapitel 3 nach dem Zug 7...h6 analysiert haben.

b) 8...Lg4 9.h3 führt zu einer Stellung, die wir in Kapitel 3 nach dem Zug 7...Lg4 analysiert haben mit dem Unterschied, dass a5 und a6 eingefügt wurden, was Weiß bevorteilen sollte!;

c) 8...b5?! ist von unabhängiger Bedeutung aber offensichtlich ein fragwürdiger Zug, da er die schwarze Struktur schwächt. 9.axb6 cxb6 10.Sc3 Sb4 R. Perez Garcia (2449) – L. Galego (2488) Sanxenxo 2003 11.Lb3N (*11.d4!?N Lg4 12.Lb3!? Sc6 13.dxe5 Sxe5 14.Lf4 Sxf3+ 15.gxf3 Le6 16.Sd5±*) 11...Le6 12.Lxe6 fxe6 13.d4 exd4 14.Sxd4 Dd7 15.f3±;

d) 8...Kh8 9.h3! führt zu einer Stellung, die wir in Kapitel 3 nach dem Zug 7...Kh8 analysiert haben.

9.Sbd2 Führt zu einer Stellung, die wir in Kapitel 3 nach dem Zug 7...Le6 analysiert haben wieder mit der Inklusioin von a5 und a6. Das ist der einzige Fall, wo diese Inklusion Weiß nicht bevorteilt, weil Weiß nicht mehr die Möglichkeit hat b4-b5 mit Tempo zu spielen. Dementsprechend könnte 8...Le6 der beste Versuch an dieser Stelle sein. Das muss man beachten, wenn man diese Variante mit Weiß spielen möchte.

7.exd5 Sxd5 8.a5!?

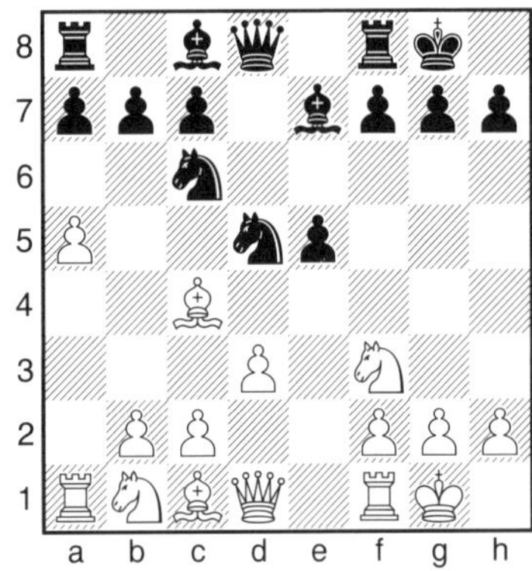

Eine sehr schöne Idee von David Howell – die zwei weiteren Partien, die später erwähnt werden, entstanden über eine andere Zugfolge. Bevor Weiß den Bauern auf e5 angreift, sichert er sich mehr Raum am Damenflügel, stellt die positionelle Drohung 9.a6 auf und kontrolliert darüber hinaus das Feld b6, so dass ...Sb6, ein wichtiger Gegenangriff in vielen Varianten, nicht möglich ist. Aber es gibt einen versteckten Unterschied im Vergleich zu 8.Te1. Der Bauer auf a5 dient Schwarz in manchen Varianten als Angriffspunkt.

8.Te1 Lf6?! (8...Lg4! 9.h3

a) 9.c3 reichte in der folgenden Fernpartie nicht zum Vorteil. 9...a5!? (*9...Lxf3?!* funktioniert hier nicht, da Weiß seinen Läufer auf c4 bewahren kann *10.Dxf3 Sb6 11.Lb3±*) 10.Sbd2 Sb6 11.Lb5 f6 12.Sc4 (*12.h3N Lh5 13.Sf1 Sa7!=*) 12...Sxc4 13.Lxc4+ Kh8= R. Semmler (2300) – G. Schulz (2375) ICCF email 2014. Nach dem Tausch des Springers ist die Fesselung sehr nervig.

b) 9.Sbd2N könnte eine Verbesserung sein. 9...Lxf3! (*9...Lh5 10.g4 Lg6 11.Sxe5 Sxe5 12.Txe5 c6 13.Df3±* R. Antoniewski (2607) – J. Sriram (2507) Marrakesh 2010.

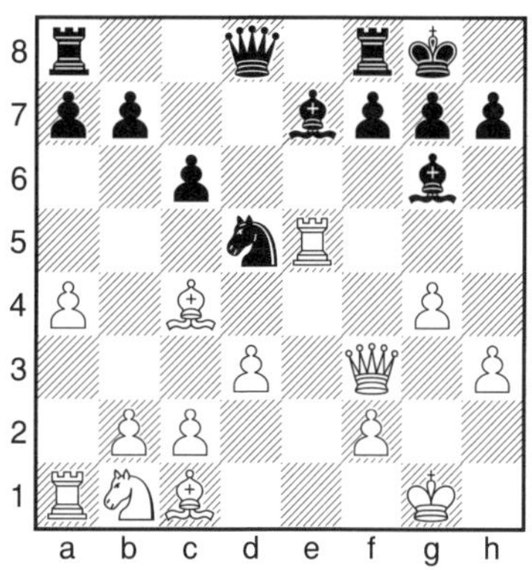

Als Faustregel kann Weiß den Bauern auf schlagen, solange er noch nicht c2-c3 gespielt hat, weil die Möglichkeit Sc3 zu spielen sehr wichtig ist in dieser Struktur. Mit dem Bauern auf c3 hat Weiß Probleme seine Figuren zu koordinieren und sich reibungslos zu entwickeln.)

10.Dxf3 Sb6! Das ist ein Grund 8.a5!? zu spielen wie Howell. Jetzt kann Weiß nicht den Abtausch seines weißfeldrigen Läufers verhindern. 11.Sd2 Sxc4 12.Sxc4 f6 (12...Te8 wurde häufiger gespielt und ist auch gut, aber 12...f6 gleicht sofort aus.) 13.Le3 Dd7 14.Tad1 a6 15.c3 K. Kuderinov (2469) – A. Beliavsky (2634) Moskau 2011. In dieser Stellung könnte Schwarz sogar versuchen die Initiative an sich zu reißen mit 15...b5!?N) 9.Sbd2 Sf4 10.Se4 Lg4 11.h3 Lh5 G. Souleidis (2391) – G. Pitselis Aghia Pelagia 2004, führt zur gleichen Stellung wie in der Hauptpartie nur mit den Bauern auf a4 und a7. Weiß steht klar besser nach 12.c3N

8...a6

Die natürlichste Reaktion aber vielleicht kann Schwarz ohne diesen Zug auskommen.

8...Dd6N 9.a6 (*9.Te1* ist eine weitere logische Fortsetzung.) 9...bxa6 (*9...Sb6 10.axb7 Lxb7 11.La6 Lxa6 12.Txa6∞*) 10.Te1 ist eine Stellung, die getestet werden muss. (*10.Sc3!?*); 8...Lg4 9.Te1

a) 9.a6?!N funktioniert nicht wegen 9...b5! Δ10.Lxb5? Sd4∓;

b) 9.h3N Lh5 10.c3 sollte Weiß versuchen, z.B. 10...a6 11.Te1 Kh8!? 12.Sbd2 (*12.g4?! Lg6 13.Sxe5 Sxe5 14.Txe5 c6* sieht gefährlich aus, da Schwarz mit ...Ld6 und ...f5 fortsetzt.) 12...f5 13.Sf1 Dd6 14.Sg3 Lxf3 15.Dxf3 Tad8 16.Ld2 führt zu einer typischen Struktur, die wir in diesem Buch häufig besprochen haben. Das Bauernpaar e5/f5 scheint eher eine Bürde als eine Stärke zu sein.

9...Lf6?! Diese Figurenaufstellung favorisiert Weiß, wie wir auch in der

Partie sehen werden. (*9...Lb4!N* Dieser Gegenangriff ist möglich mit dem Bauern auf a5. *10.Ld2 Lxd2 11.Sbxd2 Sf4=*) 10.c3 a6 11.Sbd2 Sf4 12.Se4± M. Lagarde (2534) – M. Mancini (2209) Nimes 2014

9.Te1 Lf6?!

Weiß steht besser nach diesem Zug. Er kann den Läufer auf f6 mit Tempo angreifen.

9...Lg4N 10.c3 verhält sich ähnlich wie nach 8...Lg4 9.h3N und ist wahrscheinlich Zugumstellung. (10.h3 Lxf3 11.Dxf3 Sdb4! Mit dem Bauern auf a4 könnte Weiß mit Sa3 und Vorteil fortsetzen, aber mit dem Bauern auf a5 gibt es einen Unterschied. 12.Dd1= (*12.Sa3 Sxa5 13.Txe5 Sxc4 14.dxc4 Lf6=*))

10.Sbd2 Sf4

10...Lf5 11.Se4 Lxe4 12.dxe4 Sf4 13.Lxf4 exf4 14.e5 Le7 V. Inkiov (2505) – I. Donev (2400) Kranevo 1996, und jetzt erhält Weiß nach 15.Dc1!N eine dominante Stellung, z.B. 15...Sd4 16.Dxf4 Sxc2 17.Ted1 De8 18.Tac1 Sb4 19.e6 fxe6 20.Dxc7±

11.Se4 Lg4 12.h3 Lh5 13.c3 Kh8?!

13...Se6N 14.b4±

14.Sg3

14.d4N ist ebenfalls klar besser für Weiß.

14...Lg6

14...Lxf3N 15.Dxf3 Sg6 16.b4±

15.d4 Sh5

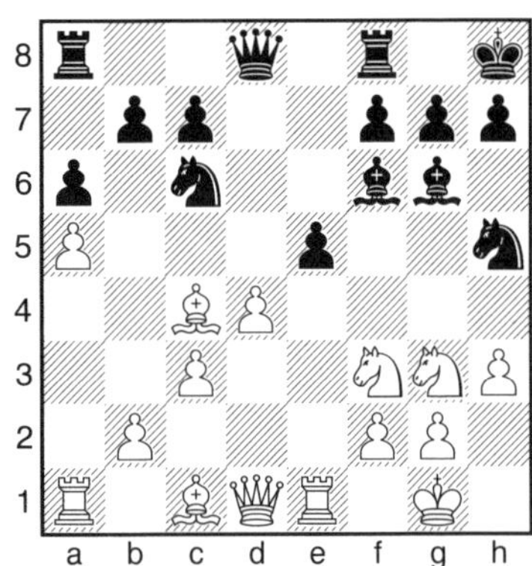

16.d5

16.Sxe5!N Lxe5

a) 16...Sxe5 17.dxe5 Dxd1 18.Txd1 Sxg3 (*18...Lxe5? 19.Sxh5 Lxh5 20.g4 Lg6 21.f4+–*) 19.exf6 Se4 20.fxg7+±;

b) 16...Sxg3 17.Sxc6 Dd6 18.Se5±;

17.Sxh5± Weiß hat einfach einen Bauern mehr.

16...Sxg3?!

16...Sb8 17.Sxe5±

17.dxc6!+–

Weiß steht auf Gewinn.

17...De7

17...Dxd1 18.Txd1 Sf5 19.cxb7+–

18.cxb7 Tad8 19.Db3 Se4 20.Le3 Lh4 21.Tad1 Sd6 22.Lxa6 Le4 23.Sxh4 Dxh4 24.La7

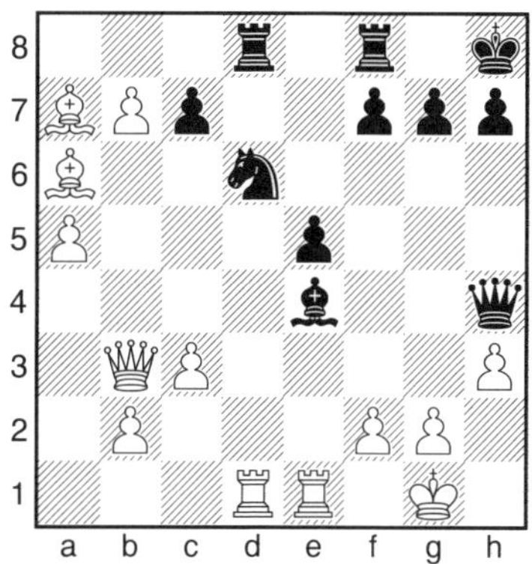

24...Lxg2?!

Schwarz fischt im Trüben, aber es ist schon lange vorbei.

25.Kxg2 f5 26.Txe5 f4 27.Lf1 f3+ 28.Kh1 Sxb7 29.Txd8 Sxd8 30.Dd5 1-0

S01.21

Sergei Karjakin (2773) – Anish Giri (2785) C54

9. Masters Final Bilbao 2016

Manchmal startet Weiß mit a4-a5 und geht dann zum Angriff am Königsflügel über.

1.e4 e5 2.Sf3 Sc6 3.Lc4 Lc5 4.0–0 Sf6 5.d3 0–0 6.c3 d5 7.exd5 Sxd5 8.a4 a6 9.a5

Weiß sichert sich sofort noch mehr Raum am Damenflügel.

9.Sbd2 ist unsere Hauptempfehlung in Kapitel 4.2

9...b5

9...Sf6 10.Sbd2 h6 11.De2 Te8 12.Se4 Lf8 13.Lb3 Le6 14.La4 Sd7 15.b4 f5 16.Sed2 (*16.Sg3N* sieht besser aus, aber die Chancen sollten sich die Waage halten nach *16...Df6 17.Te1 Tad8* da der Bauer auf d3 auch schwach ist.) 16...g5 17.Lb2 Lg7 18.Sc4 Lxc4 19.dxc4 g4 20.Tad1? (⌓20.Se1N e4 21.Td1 De7 22.Sc2 (*22.f3 exf3 23.Dxe7 Txe7 24.gxf3 Sde5*=) 22...Sde5 23.Sd4∞) 20...gxf3 21.Dxf3 Tf8∓ V. Ivanchuk (2753) – F. Vallejo Pons (2700), Havana 2014;

9...Lg4 10.Sbd2 Sf6 11.Te1 Ld6 12.Db3 Tb8 13.Sg5 Lh5 R. Ponomariov (2706) – A. Ismagambetov (2542), Eurasian Blitz Chess Cup Almaty 2016 14.Sde4N Sxe4 15.Sxe4±;

9...Lf5 sieht vernünftig aus und in der folgenden Partie glich Schwarz problemlos aus: 10.Sbd2 b5 11.axb6 Sxb6 12.b4 (*12.Te1N Lxd3 13.Lxd3 Dxd3 14.Sxe5 Sxe5 15.Txe5 Ld6 16.Te3 Db5 17.Se4*=) 12...Sxc4 13.dxc4 La7 14.Da4 Df6 15.Te1 Tfe8 16.c5 e4 17.Sg5 e3 18.fxe3 Ld3 19.Sdf3 Dxc3 20.Ld2 Df6= H. Arppi (2324) – J. De Pinho (2280), ICCF email 2008

10.axb6 Sxb6 11.Lb3

11.Lg5 Le7 12.Lxe7 Dxe7 13.Sbd2 Td8 14.Te1 Sxc4 15.Sxc4 f6 16.De2 Dc5 17.b4 Dd5 war gleich in M. Karpus (2303) – K. Sirp (1856), Porec 2015.

11...Lg4

Mit 11...Lf5 den Bauern anzugreifen sieht logischer aus, aber Weiß erhielt eine starke Angriffsstellung in der folgenden Partie: 12.Lc2 Dd7 13.De2 Tfe8 14.Sbd2 a5 15.Se4 Lf8?! (⌓*15...Le7N* kontrolliert das Feld h4 und erlaubt ...Lg6, falls dieser Läufer mit Sg3 angegriffen wird.) 16.Sg3 Le6 (*16...Lg6?!N 17.Sh4*↑) 17.Sg5 Ld5

18.Dh5 h6 19.S5e4 Le6?! (△*19...Te6N 20.Sf5 Tg6 21.h3 Te8 22.Le3±*) 20.Lxh6! f5 21.Lxg7! fxe4?

a) 21...Lxg7 22.Sg5 Sd5 23.Lb3 Tab8 (*23...Sf6 24.Sxe6 Sxh5 25.Sc5+ Df7 26.Lxf7+ Kxf7 27.Sxh5±*) 24.Dh7+ Kf8 25.Lxd5 Lxd5 26.Sxf5 Lg8 27.Dg6 Tb6 28.f4! Sd4 29.Dxg7+ Dxg7 30.Sxg7 Se2+ 31.Kf2 Kxg7 32.Kxe2±;

b) 21...Dxg7? 22.Sxf5 Lxf5 (*22...Df7 23.Dg5+ Kh8 24.Sf6 Lxf5 25.Dxf5+–*) 23.Dxf5 Se7 24.Sf6+ Kh8 25.Dh5+ Dh6 26.Dxh6+ Lxh6 27.Sxe8+–;

22.Dh8+ Kf7 23.Ld1± K. Piorun (2591) – J. Lampert (2469), Dresden 2016 (*23.Lf6!!N* gewinnt. Die Idee lautet 24.Dh7+ Kxf6 25.Se4#. Schwarz hat keine Verteidigung, z.B. *23...Te7 24.d4! Ke8 25.Lxe4 Ld5 26.Lg6+ Lf7 27.Lxe7 Sxe7 28.Lxf7+ Kxf7 29.f4 exd4 30.f5 Sed5 31.f6+–*)

12.De2 Kh8!?

Eine interessante Entscheidung aktiv mit f7-f5 zu spielen, aber es beinhaltet einiges Risiko den Königsflügel zu öffnen.

13.Le3 Ld6 14.h3 Lh5

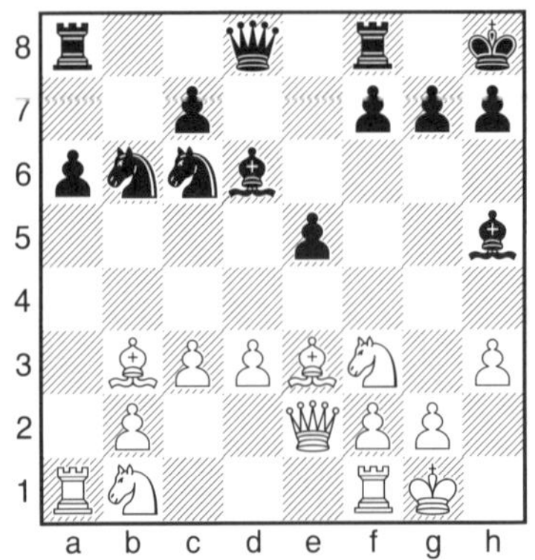

15.g4!?

Weiß kämpft um die weißen Felder und insbesondere um das Feld g4.

15.Sbd2N f5 16.g4 (*16.Lxb6 cxb6 17.Ld5 Tc8 18.Txa6 Se7 19.Le6 Tc6 20.Tfa1 Lb8* und Schwarz erhält Gegenspiel dank der Idee den Springer nach f4 zu transferieren.) 16...Lg6 17.Sg5 De8 18.h4 fxg4 19.Dxg4 Lxd3 20.Tfe1 Lf5 21.Dg2 Tb8 22.Txa6 ist eine unklare Alternative.

15...Lg6 16.Sbd2 Le7 17.Se4 f5 18.gxf5 Lxf5 19.Kh2 De8 20.Sfd2 Dd7 21.Tg1

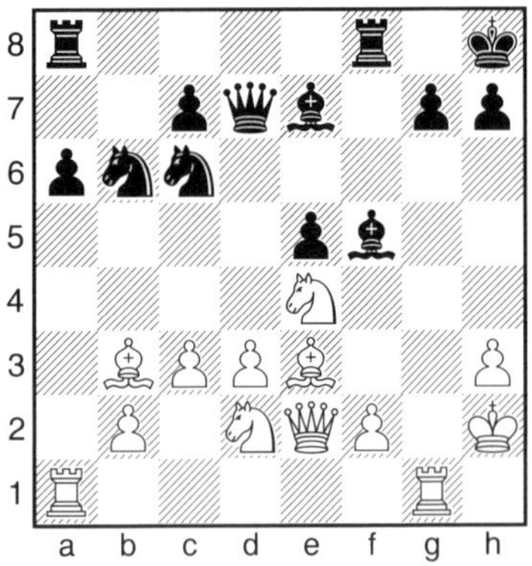

21...Lxh3?!

Das führt zu einem gefährlichen Angriff für Weiß, da er ein wichtiges Tempo gewinnt.

△21...a5N 22.Dh5 a4 23.Lh6!? g6 (*23...gxh6 24.Dxh6 Ld6 25.La2→*) 24.La2 Dxd3 25.Tae1 Sd5 26.Lxf8 gxh5 27.Lg7+ Kg8 28.Tg3 Dxg3+ 29.Sxg3 Le6 30.Lxe5=

22.Dh5 Lf5 23.Txg7

Ein schöner Schlag. Die Engines brauchen viel Zeit – auf einem normalen

Computer, um den Wert dieses Zuges zu berechnen.

23.Lh6N ist ein weiterer Zug, der zu weißem Vorteil führt, z.B. 23...Tg8 (*23...gxh6 24.Dxh6 Lg4 25.f3 Tf4 26.fxg4 Lf8 27.Dh5+−*) 24.Txa6! g6 (*24...Txa6? 25.Df7+−;*

24...gxh6 25.Txa8 Txa8 26.Dxh6 Lg4 27.f3 Lf8 28.Dh5+−) 25.Txa8 Txa8 26.Sg5! Lf6 27.Df3 Sd8 28.Sc4 Dxd3 29.Se3 e4 30.Df4 Dd6 31.Dxd6 cxd6 32.Sxf5 gxf5 33.Sxe4±

23...Kxg7 24.Tg1+ Kh8 25.Dh6 Ld6

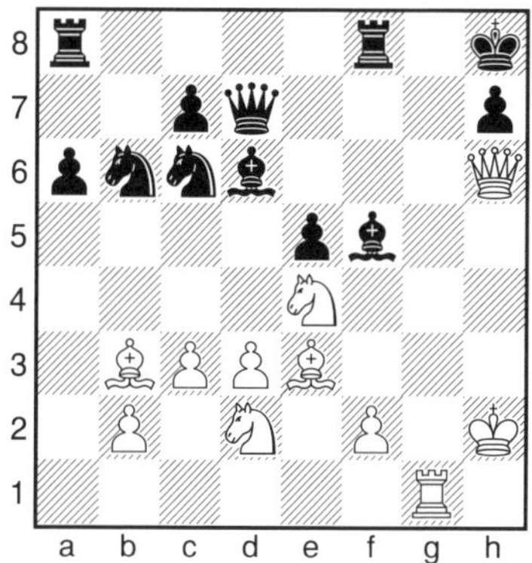

26.Lxb6?

Das hätte den Spieß umdrehen können.

26.Tg3!N gewinnt wahrscheinlich, aber die Varianten sind sehr komplex, z.B. 26...Tab8 27.La2 a5 28.Kg1! Weiß muss den König von der Diagonale h2-b8 entfernen, um mit dem Springer auf e4 angreifen zu können. 28...a4 29.Sf6 De7 30.Sh5 Tg8 31.Lxg8 Txg8 32.Lg5 Tg6 33.Lf6+ Txf6 34.Sxf6 Df7 35.Tg8+ Dxg8+ 36.Sxg8 Kxg8 37.Dg5+ Lg6 38.f4! exf4 39.Se4+−

26...Lxe4 27.Sxe4 cxb6 28.Tg6 Sa5?

Schwarz erwidert das Kompliment.

28...Lc5!N 29.Txc6 Tf4 30.Tf6 (*30.Dg5 Dxc6 31.Dxe5+ Tf6 32.Dxf6+ Dxf6 33.Sxf6 Lxf2−+*) 30...Txf6 31.Dxf6+ Dg7−+ Objektiv hat Weiß einfach eine Qualität weniger.

29.Txd6 Dg7 30.Dxg7+ Kxg7 31.Td7+ Kh8 32.Le6 h6

32...Tad8N 33.Ta7 Ta8 (*33...Txd3? 34.Sg5 Txf2+ 35.Kg1 Tg3+ 36.Kxf2 Txg5 37.b4+−*) 34.Tc7 Tab8= Δ35.b4? Tb7!

33.b4 Sc6 34.Ld5 Tac8 35.Tb7

35.Sd6N Tcd8 (*35...Sb8 36.Sf7+ Kg7 37.Tb7±*) 36.Lxc6 Txf2+ 37.Kg3 Txd7 38.Lxd7 Tc2 39.Se4 a5 40.bxa5 bxa5

35...b5

Jetzt entsteht ein ausgeglichenes Endspiel.

36.Kh3 Tf4 37.Kg2 Tg4+ 38.Kf1 Tg7 39.Tb6 Se7 40.Txh6+ Th7 41.Td6 Sxd5 42.Txd5 Te7 43.Td6 Ta8 44.Kg2 Tf7 45.Kf1 Te7 46.Ke2 a5 47.bxa5 Txa5 48.Tb6 Tc7 49.Ke3 Kg8 50.Te6 b4 51.cxb4 Tb5 52.Sc5 Ta7 53.Txe5 Txb4 54.Se4 Kf7 55.f4 Ta1 56.f5 Te1+ 57.Kd2 Tf1 58.Sd6+ Kf8 59.Te8+ Kg7 60.Te6 Tbf4 61.f6+ Kg6 62.f7+ Kg7 63.Te8 Tf6 64.Tg8+ Kh7 65.Td8 Kg7 66.Ke2 T6f2+ 67.Ke3 Txf7 68.Sxf7 Kxf7 69.Td4 Ke6 70.Tf4 Txf4 71.Kxf4 Kd5 72.Ke3 Ke5 73.d4+ Kd5 74.Kd3 Kd6 75.Kc4 Kc6 76.d5+ Kd6 77.Kd4 Kd7 78.Ke5 Ke7 79.d6+ Kd7 80.Kd5 Kd8 81.Ke6 Ke8 82.d7+ Kd8 83.Kd6

½-½

S01.22

Anish Giri (2782) – Levon Aronian (2792) C54

GCT Blitz YourNextMove Leuven 2016

In der folgenden Struktur spielt Weiß häufig im Zentrum und am Damenflügel. Wir weisen darauf hin, dass die folgende und einige weitere in dieser Partie erwähnten Auseinandersetzungen Blitzpartien sind, so dass man sie nicht auf die Goldwaage legen sollte. Aber auch in Blitzpartien ist es erstaunlich, wie gut diese Weltklassegroßmeister spielen.

1.e4 e5 2.Sf3 Sc6 3.Lc4 Lc5 4.0–0 Sf6 5.d3 0–0 6.c3 d5 7.exd5 Sxd5 8.a4 a5

8...a6 ist der Hauptzug. Die gesamte Variante wird in Kapitel 4.2 besprochen.

9.Sbd2 Sb6 10.Lb5 Ld6 11.Te1!

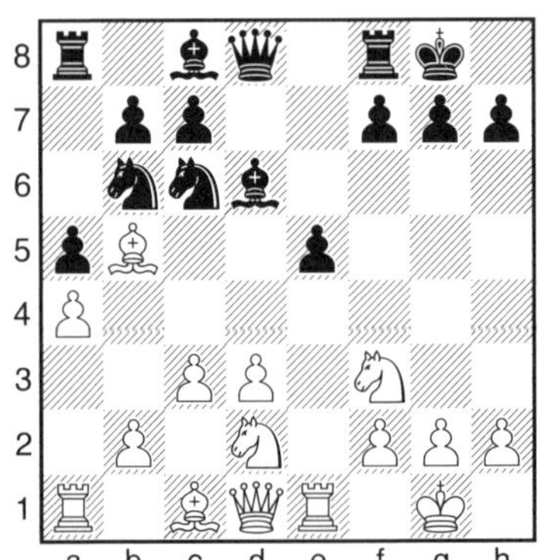

Der sofortige Angriff auf den Bauern e5 scheint der beste Versuch zu sein. Vishy Anand testete im selben Turnier 11.Se4 zuerst. 11...Lg4 (*11...Sa7!?N*) 12.h3 Lh5 13.Te1

a) 13.Le3!?N Sa7 (13...Sd5 14.Db3 (*14.Ld2!?*) 14...Sxe3 15.fxe3±) 14.Lxb6 Sxb5 15.axb5 cxb6 16.d4 exd4 17.g4 Lg6 18.Sxd6 Dxd6 19.Dxd4

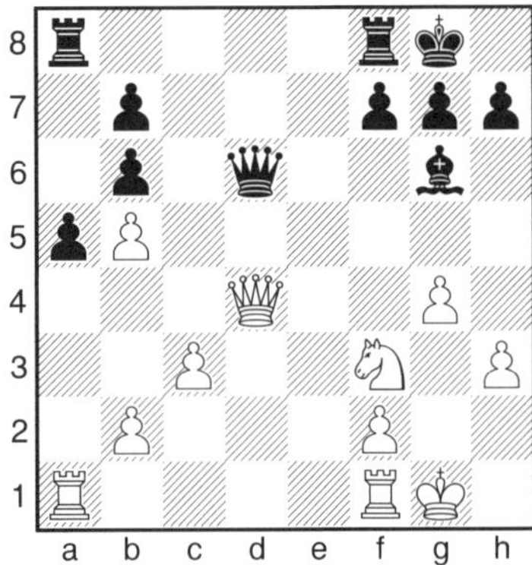

Weiß steht hier etwas besser, da d4 ein sehr starker Vorposten ist für den Springer. Das Material ist allerdings so stark reduziert, dass Schwarz sich verteidigen können sollte.

b) 13.Lg5!?N ist interessant mit der Idee den Plan mit Sa7 zu stoppen, z.B. 13...f6 (*13...Le7 14.Lxc6 bxc6 15.Lxe7 Dxe7 16.Sg3 Lxf3 17.Dxf3 De6 18.Se4±*) 14.Le3

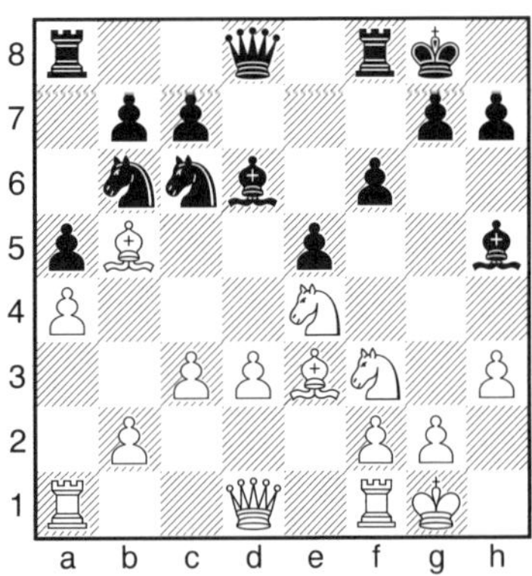

14...f5 (*14...Sa7 15.Lxb6 Sxb5 16.Le3 Sa7 17.Db3+ Kh8 18.Dxb7±; 14...Kh8 15.Lxb6 cxb6 16.De2 Lc5 17.Tad1±*) 15.Sg3 Lg6 16.Lxb6!? cxb6 17.Te1 mit einer interessanten Stellung, in der die weißen Chancen vorzuziehen sein dürften.

13...Se7?! (*13...Sa7* ist Zugumstellung zu Giri – Aronian.) 14.d4 exd4 V. Anand (2770) – W. So (2770) Leuven (blitz) 2016 15.Sxd6!N Dxd6 16.Dxd4 Sed5 (*16...Lxf3 17.Dxd6 cxd6 18.gxf3 Sf5 19.Kh2 Sh4 20.Td1 Sxf3+ 21.Kg3 Se5 22.Txd6 Sc8 23.Td5 f6 24.Le2⩲*) 17.Sh4⩲ mit der Idee 18.Sf5 könnte Weiß einige Initiative geben.

11...Lg4! 11...Sa7 12.Lc4 Lf5 13.Lb3! Lxd3 14.Se4 Lxe4 15.Txe4

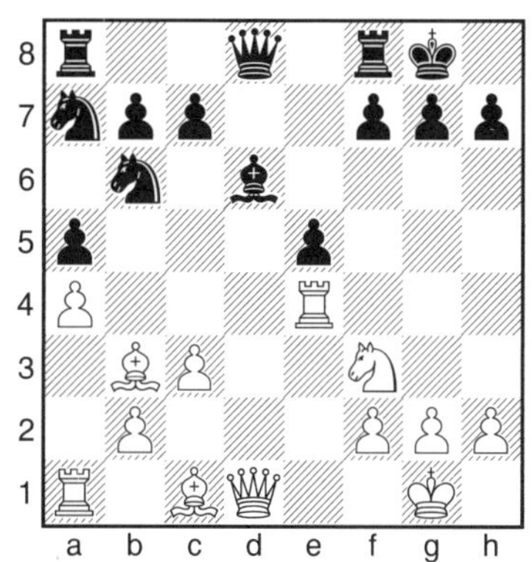

Weiß hat eine starke Initiative und gute Angriffschancen, wie die folgenden Varianten zeigen: 15...Sd7?! (15...Sc6 16.Tg4 Se7 (*16...Le7 17.De2 Kh8 18.Sxe5 Sxe5 19.Dxe5 Lf6 20.Df5 g6 21.Dc2±*) 17.Sg5 Sf5 18.Lc2 e4 19.Sxe4 Le7 20.Df3±) 16.Sg5 h6

a) 16...Sf6? 17.Th4 h6 18.Df3! e4 (*18...hxg5? 19.Lxg5+−;*

18...Lc5? 19.Sh3 Sh7 20.Dg4 Kh8 21.Lxh6 gxh6 22.Txh6 Tg8 23.Dh5 Tg7 24.Lc2+−) 19.Sxe4 Sxe4 20.Txe4±;

b) 16...Le7 17.Se6! fxe6 18.Lxe6+ Kh8 19.Lxd7±;

17.Dh5 Df6 18.Th4 Sc5 19.Lc2±;

11...Lf5 ist eine solide Alternative, z.B. 12.Sc4 Sxc4 13.Lxc4 Dd7 14.Db3 h6 15.Sd2 Tae8 16.Se4 Le7 17.Le3 b6 18.Tad1⩲

12.Se4

12.h3 Lh5 13.Se4 ist Zugumstellung nach 13...Sa7!

12...Sa7! 13.h3 Lh5 14.d4 Sxb5

14...exd4N könnte eine Verbesserung sein. Nach 15.Sxd6 Dxd6 16.Dxd4 Lxf3 17.Dxd6 cxd6 18.gxf3 Sxb5 19.axb5 a4 20.Te7 übt Weiß immer noch Druck aus, auch wenn Schwazr sich halten können sollte.

15.axb5 exd4 16.Sxd6 Lxf3

16...Dxd6N 17.Dxd4 (*17.g4 Lg6 18.Dxd4 Dxd4 19.Sxd4 a4 20.Lf4* ist ebenfalls etwas besser für Weiß.) 17...Lxf3 18.Dxd6 cxd6 19.gxf3 ist Zugumstellung zu 14...exd4

17.Dxf3 Dxd6 18.Td1!

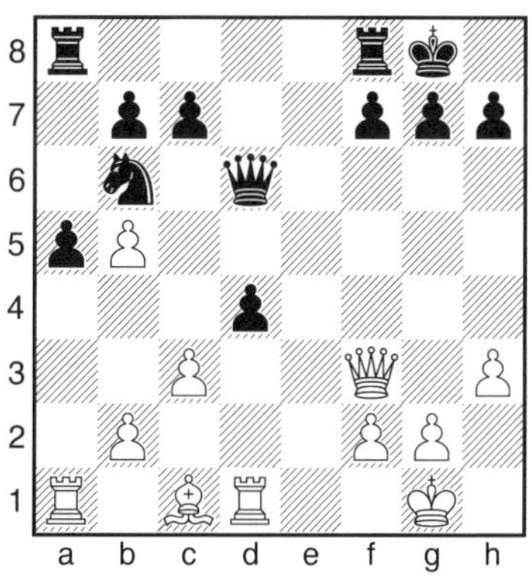

Einige Tage vor dieser Partie diskutierten Vladimir Kramnik und Levon Aronian die gleiche Stellung. Sie erreichten sie über einer leicht veränderten Zugfolge während der ersten Etappe der Grand Chess Tour in Paris. Der Russe setzte fort mit

18.Lf4 und nach 18...Df6 19.Lxc7 (*19.cxd4N c6 20.bxc6 bxc6 21.Dg3 Sd5 22.Le5 Dg6*=) 19...Dxf3 20.gxf3 Sd5 21.Lxa5 dxc3 22.bxc3 Tfc8 23.Ted1 Sf4 24.Kh2 h6 25.Lb4 Txa1 26.Txa1 Sd5 27.Td1 Sxb4 28.cxb4= V. Kramnik (2812) – L. Aronian (2792) Paris (blitz) 2016, erreichten die Spieler ein ausgeglichenes Turmendspiel.

18...Tfe8?!

18...De5!N ist besser, aber Weiß sollte nach 19.Txd4 (*19.Lf4 Dxb5 20.Dxb7 dxc3 21.bxc3 Da6*=) 19...Dxb5 20.Dxb7 Tac8 21.c4!? Db4 22.Df3⩲ einen kleinen Vorteil besitzen.

19.Lf4 Dc5 20.Dxb7!

20.Txd4N sieht natürlicher aus, aber nach dem Textzug steht Weiß definitiv besser.

20...dxc3 21.bxc3

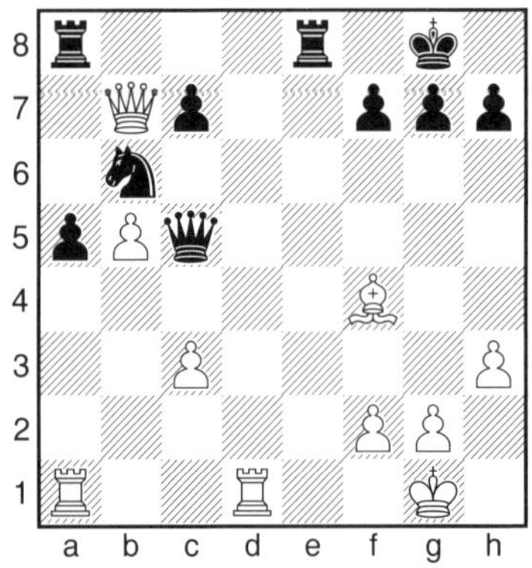

21...Tac8?!

21...Tec8N ist zäher, aber nach 22.c4! scheint Weiß zu gewinnen: 22...a4 Trotz dieses gefährlichen Freibauern scheint Weiß besser zu stehen wegen seiner aktiven Figuren. Ohne Computerhilfe sind die folgenden Varianten kaum zu finden, z.B. (22...Dxc4?! 23.Txa5! Tab8 (*23...Txa5?? 24.Dxc8+ Sxc8 25.Td8#*) 24.Df3±) 23.Tac1! a3 24.Le3 Db4 25.c5 Sa4 26.Td7 Sc3 27.Df3 Tf8 28.b6 cxb6 (28...a2 29.Ld4! Ein fantastischer Zug. 29...Db5 (*29...a1D 30.Txa1 Txa1+ 31.Kh2*+−) 30.Te7 a1D 31.Txa1 Txa1+ 32.Kh2 Dc4 33.Dxc3 Dxc3 34.Lxc3+−) 29.Ld4! Sb5 (29...Se4 30.Dxe4 bxc5 31.De7!+− (*31.Txc5? a2 32.De5 a1D+ 33.Lxa1 Txa1+ 34.Dxa1 Dxc5*=)) 30.Lxg7! Kxg7 31.Dg3+ Kf6 32.De3! Kg6 33.cxb6! Tae8 34.Tc6+ Kg7 35.Dg5+ Kh8 36.Df6+ Kg8 37.Td5+−

22.Dc6?! 22.Txa5!N Dxc3 Nach jedem anderen Zug hat Schwarz einen Bauern weniger. 23.Ta7± und Weiß gewinnt den Bauern c7.

22...Dxc6 23.bxc6 Te6 24.Lxc7 Txc6 25.Lxb6 Txb6 26.Txa5=

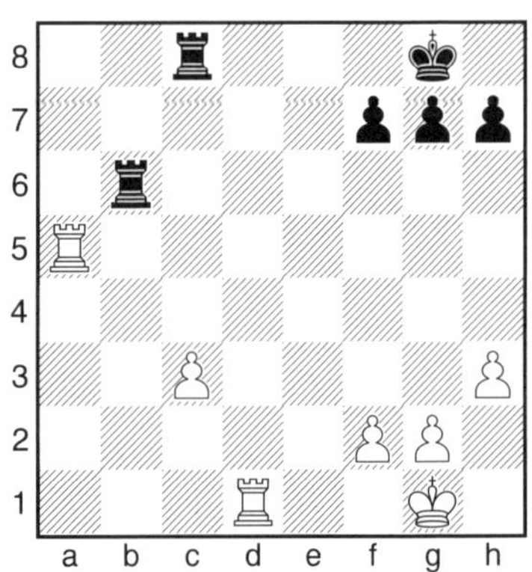

Es entstand ein ausgeglichenes Doppelturmendspiel, dessen Ausgang nie wirklich in Frage stand.

26...h6 27.Ta7 Txc3 28.Td8+ Kh7 29.Txf7 Tcc6 30.Tff8 Tf6 31.Th8+ Kg6 32.f3 Tfd6 33.Kh2 Txd8 34.Txd8 Kf6 35.Td4 Tb2 36.h4 h5 37.Kg3 g6 38.Ta4 Kg7 39.Ta6 Kf7 40.Ta1 Kf6 41.Tf1 Kf5 42.Tf2 Tb3 43.Ta2 Tb4 44.Te2 Kf6 45.Kh3 Ta4 46.g3 Ta3 47.Kg2 Ta4 48.Kf2 Ta3 49.Td2 Kf5 50.Ke2 Kf6 51.Td3 Ta1 52.Ke3 Ta4 53.Td4 Ta5 54.Tc4 Kf7 55.Ke4 Kf6 56.Tb4 Te5+ 57.Kf4 Tf5+ 58.Ke3 Te5+ 59.Te4 Ta5 60.Tc4 Te5+ 61.Kd3 Te1 62.Tf4+ Kg7 63.Te4 Tg1 64.g4 hxg4 65.fxg4 Th1 66.g5 Kf7 67.Kd4 Ta1 68.Ke5 Ta5+ 69.Kf4 Tb5 70.Ta4 Tf5+ 71.Kg4 Tb5 72.Ta7+ Kg8 73.Ta4 Kf7 74.Te4 Ta5 75.Tf4+ Kg7 76.Td4 Kf7 77.Kf4 Tf5+ 78.Ke4 Ta5 79.Tc4 Tb5 80.Kd4 Ta5 81.Ke4 Tb5 82.Tc7+ Kg8 83.Td7 Tb4+ 84.Ke5 Txh4 85.Kf6 Ta4 86.Td8+ Kh7 87.Td7+ Kg8 88.Kxg6 Ta6+

½-½

S01.23

Evgeni Vasiukov (2560) – Florin Gheorghiu (2540) C55

Manila 1974

Die weiße Initiative setzt sich häufig im Endspiel fort:

1.e4 e5 2.Sf3 Sc6 3.Lc4 Le7 4.d4 d6 5.dxe5 dxe5

5...Sxe5? ist ein häufiger Fehler auf Amateurniveau. Es ist erstaunlich wie viele Partien man in der Datenbank mit diesem Zug findet. 6.Sxe5 dxe5 7.Dh5!+– Weiß gewinnt einen Bauern dank dieses Doppelangriffs auf f7 und e5. Die folgende Partie ist eine schöne Miniatur. 7...g6 8.Dxe5 Sf6 9.Lh6 Tg8 10.Sc3 Sg4 11.Df4 Sxh6 12.Td1 Ld6 13.Dxh6 Df6 14.Sd5 Dxb2 15.Dxh7 Tf8 16.Dh4 Le6? Erlaubt in Verluststellung ein Matt in zwei. 17.De7+! Lxe7 18.Sxc7# 1-0 Lu Shanglei (2615) – R. Bitoon (2417), Olongapo City 2015

6.Dxd8+ Lxd8 7.Sc3

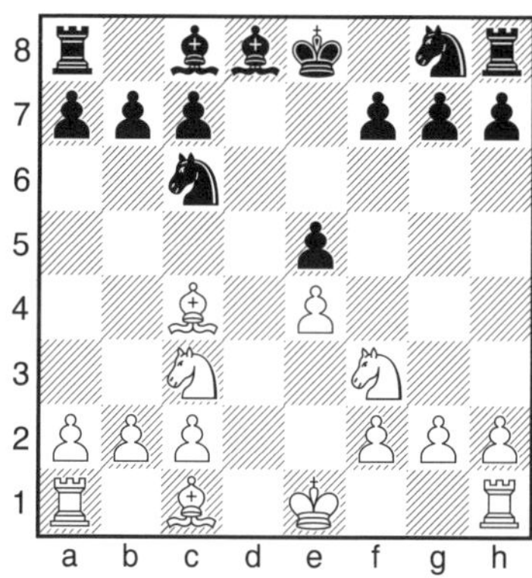

Aus dieser Stellung heraus punktet Weiß überdurchschnittlich in der Praxis.

7...Sf6

Schwarz testete verschiedene andere Züge, aber am Charakter der Stellung ändert das nichts.

8.Le3 0–0?!

Das ist bekanntermaßen schlecht seit dieser Partie aus dem Jahr 1974, aber andere Züge können auch nicht überzeugen.

8...a6 9.0–0-0 Lg4?! (*9...Le7 10.Sd5±*) 10.h3 Lh5 (*10...Lxf3 11.gxf3 0–0 12.Sd5⩲*) 11.g4 Lg6 12.Ld5! Sd7 E. Vasiukov (2500) – M. Usachyi (2315), Biel 1994 13.h4!N h5 14.g5 Le7 15.Lxc6 bxc6 16.Txd7 Kxd7 17.Sxe5+ Kc8 18.Sxc6 Ld6 19.Ld4±;

8...Sg4 9.Ld2 (*9.Lc5⩲*) 9...0–0 10.h3 Sf6 11.0–0-0 Sd7 12.Sd5 Sb6 13.Lb3 Sd7 14.Lg5!± Y. Yakovich (2530) – A. Kovalev (2450), Gistrup 1996;

8...Ld7 9.0–0-0 Sg4? (*9...Le7 10.The1⩲*) 10.Lxf7+! Kxf7 11.Txd7+ Kg6 12.Sd5+- E. Vasiukov (2530) – M. Usachyi (2223), Arco 2001;

8...h6 9.h3 0–0 10.0–0-0 Le7 11.Sd5 Sxd5 (*11...Ld8 12.Sxf6+ Lxf6 13.a3!?⩲*) 12.exd5 Sa5 (*12...e4 13.dxc6 exf3 14.cxb7 Lxb7 15.g3±*) 13.Sxe5 Sxc4 14.Sxc4± Ninov, N (2493) – Vepkhvishvili, V (2401) Agneaux 2005;

8...Le7 9.Sb5 Ld6 10.0–0-0 Ke7 11.Sc3 Le6 12.Sd5+ Lxd5?! (*12...Kf8 13.Sg5⩲*) 13.exd5 Sa5 14.Le2± M. Antipov (2412) – V. Sanal (2271) Albena 2011;

8...Lg4 9.0–0-0 Le7 10.h3 Le6?! (*10...Lxf3 11.gxf3 0–0 12.Sd5⩲*) 11.Lxe6 fxe6 12.Sg5! Sd8 13.Sb5 Tc8 14.Sxa7 Ta8 15.Sb5± W. Goh (2426) – Y. Faraj (2256) Zaozhuang 2012

9.Lc5 Te8 10.Sg5! Le6 11.Sxe6 fxe6 12.Lb5!±

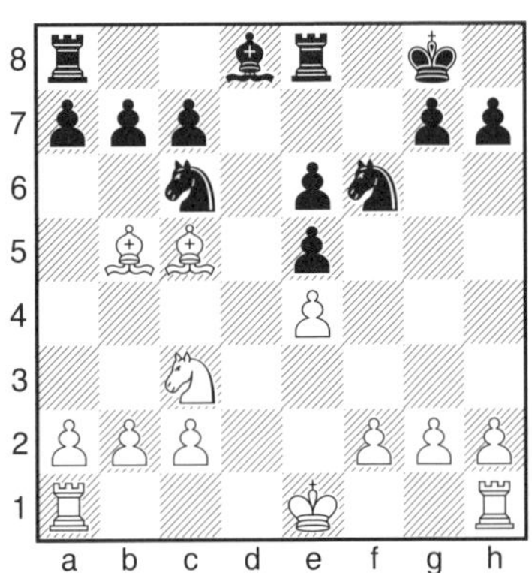

Weiß steht klar besser, da die schwarze Bauernstruktur zerstört ist.

12...Sd7

12...Le7 13.Lxe7 Txe7 14.Lxc6 bxc6 15.0–0-0± Y. Solodovnichenko (2535) – P. Bergen (2221) Feffernitz 2005

13.Lxc6 bxc6 14.La3 Sb6 15.b3 Le7

15...a5 16.Ke2 a4 17.Lc5 Sd7 18.Le3 axb3 19.cxb3± R. Bitoon (2504) – M. Wong (2355) Kuala Lumpur 2011. Weiß hat praktisch einen entfernten Freibauern mehr.

16.Lxe7 Txe7 17.0–0-0 Kf8 18.Td3 Td7 19.Txd7 Sxd7 20.Sd1

20.f3±

20...a5 21.a4! c5 22.Sb2 Sb6 23.Td1 c4

Ein guter praktischer Versuch.

24.bxc4 Ke7 25.c5 Sd7 26.Sd3

26.Sc4 Sxc5 27.Sxe5± ΔSxa4?! 28.Td7++-

26...Ta6 27.Kb2 Tc6 28.Ka3! Kf6

28...Sxc5 29.Sxe5±

29.Kb3 Sxc5+ 30.Sxc5 Txc5 31.Td7

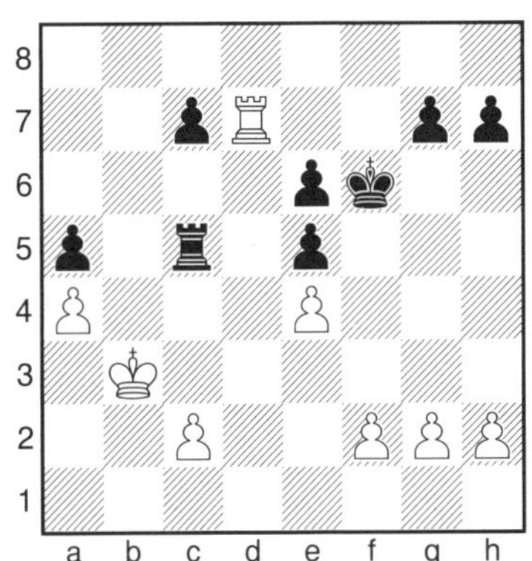

Weiß steht immer noch besser, da er die bessere Bauernstruktur und die aktiveren Figuren besitzt.

31...Tc6 32.c3! h6 33.f3 g5 34.g3

34.Th7 Kg6 35.Th8± mit der Idee 36.Ta8.

34...Kg6 35.h3?

35.Td8± sieht stellungsgemäßer aus.

35...Tb6+ 36.Kc2 Tc6?

36...Tb8! 37.Txc7 Tf8 mit Gegenspiel macht die weiße Aufgabe viel schwieriger.

37.Td8!+-

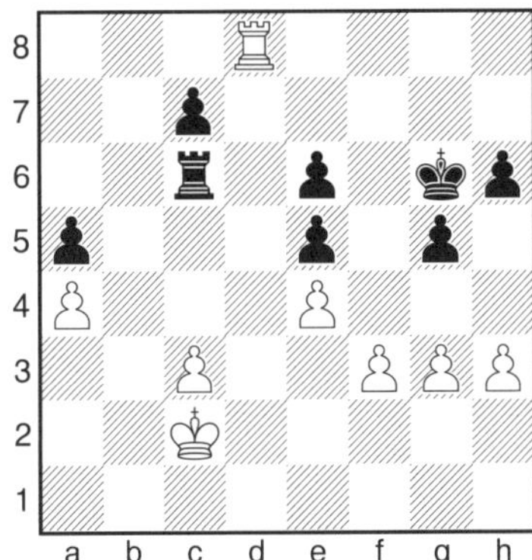

Weiß ist wieder auf dem richtigen Weg, indem er den schwarzen a-Bauern angreift.

37...Tc4?!

37...Ta6 38.Tc8 Ta7 39.Kd3+-

38.Kb3 Tc6 39.Ta8 Tc5 40.Tb8! Tc6 41.Tb5

Weiß gewinnt einen Bauern.

41...Ta6 42.Txe5 Kf6 43.Tc5 c6 44.f4 Tb6+ 45.Kc2 Ta6 46.Kd3

1-0

5) Alternative Strategien für Weiß

5.1) Ein frühes Le3

Eine weitere Strategie Italienisch mit c3 und d3 zu behandeln ist die frühe Entwicklung des Läufers nach e3, um die schwarzfeldrigen Läufer zu tauschen. Das ist nicht unsere Empfehlung, doch wir schauen uns diese Idee in der folgenden Partie an.

S01.24

Willy Hendriks (2447) – David Ledger (2254) C54

Hastings Masters Open

2008

1.e4 e5 2.Lc4 Sf6 3.d3 Lc5 4.Sf3 Sc6 5.c3 a6 6.0–0

Eine weitere strategische Meisterleistung mit Le3 verlief wie folgt: 6.Lb3 d6 7.Sbd2 0–0 8.Sf1 Weiß verzögert die kurze Rochade. 8...d5 9.exd5 Sxd5 10.Sg3 Sf6 11.0–0 h6 12.Le3!

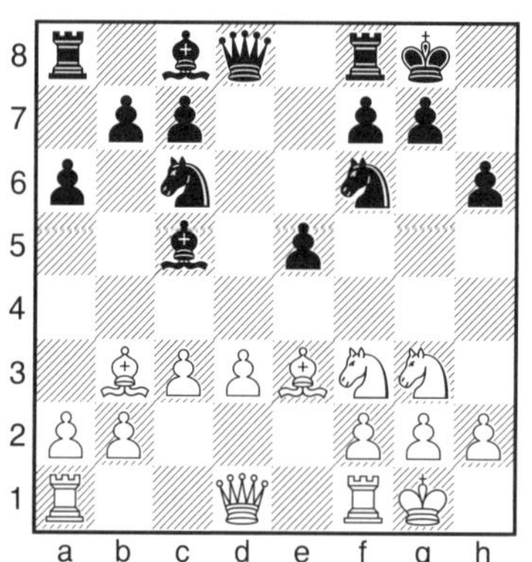

Hier ist dieser Zug die typische Wahl. 12...Lxe3 13.fxe3 Te8 14.Sh4 Le6 15.Shf5 Lxb3?! 16.Dxb3 Te6 (*16...Dxd3? 17.Sxh6++–*) 17.Dxb7?!

(*17.Tad1* gibt Weiß sehr gutes Spiel.)

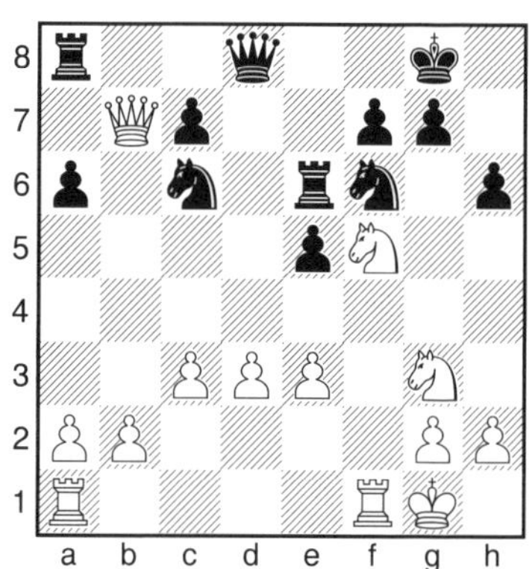

17...Ta7? (*17...Kh7* war erforderlich, z.B. *18.e4 Se7=*) 18.Db3 Dxd3 19.Tad1 Db5 20.Dc2 Tb7? (*20...e4* hält den Schaden in Grenzen.) 21.Se4 Se8 22.Df2 Kh7 23.Sxh6 1-0 J. Degraeve (2520) – J. Dorfman (2584), Aix – les – Bains 2007

6...d6 7.Lb3

Unser Hauptzug 7.Sbd2 passt offensichtlich nicht gut zusammen mit einem frühen Le3.

7...La7

7...0–0 8.Lg5 ist eine weitere Strategie, häufig von Tiviakov angewandt, die ohne ein frühes Sbd2 gespielt werden kann.

8.Le3!?

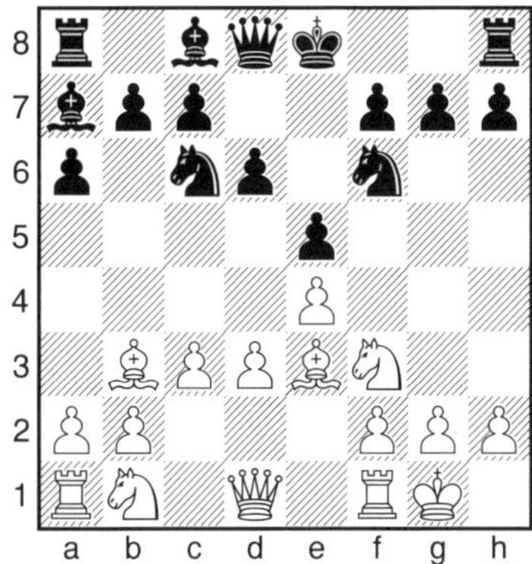

Ein interessanter Versuch nach ...La7, die auch von Tiviakov angewandt wurde. Weiß möchte häufig Sh4 früher oder später folgen lassen.

8...0–0

8...Lxe3 9.fxe3 0–0 10.Sbd2

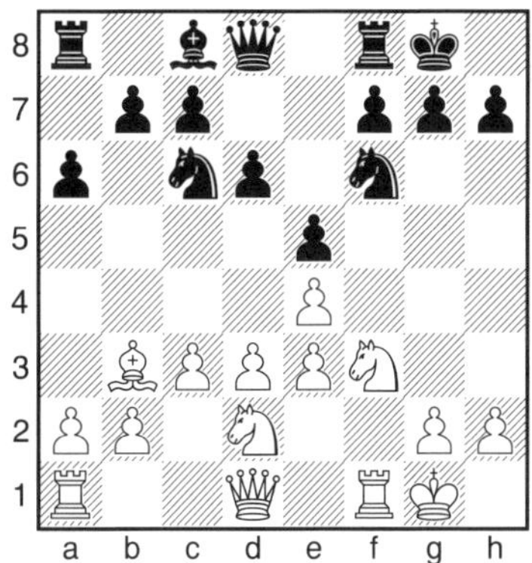

Das ist eine große Verzweigung. Weiß wird am Königsflügel spielen. Falls das nicht funktioniert, dann konzentriert er sich auf den Vorstoß d3-d4 oder gar ein Spiel am Damenflügel, insbesondere wenn Schwarz seine Kräfte am Königsflügel versammelt. 10...Sa5

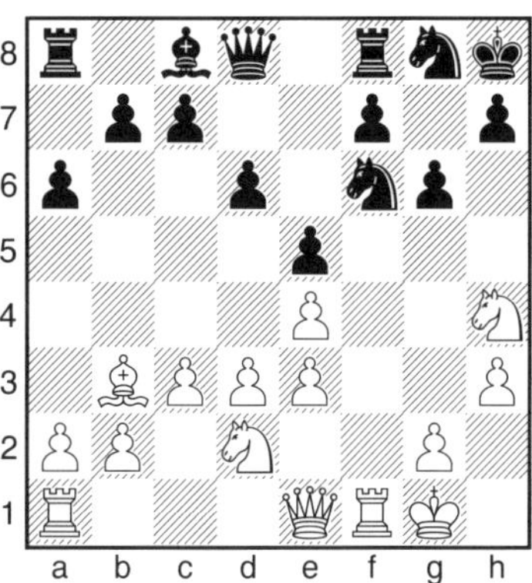

(10...Se7 11.Sh4 Kh8 12.h3 Seg8 13.De1 g6 und in I. Khamrakulov (2515) – A. Rizouk (2492), Lorca 2005, sollte Weiß umgruppieren, da Schwarz Sf5 verhinderte: 14.Shf3N De7 15.Lc2 Le6 16.a4 a5 17.d4 Tfe8 18.Dg3 mit einer leichten Initiative.

10...Le6 11.De2 De7 12.h3 Sb8 13.Lc2 c5 14.d4 Ld7 V. Malakhov (2707) – F. Caruana (2796), Tromso 2013 15.a3N Sc6 16.dxc5 dxc5 17.Sc4 Tad8 18.Sb6 Le6 19.c4±;

10...d5 11.exd5 Sxd5 12.De2 Lg4 13.Df2 Lh5 14.d4 Te8 S. Leshin – O. Rause, ICCF Fernschachpartie 1990 15.Tae1N Sf6 16.Dh4 Lg6 17.Sc4±) 11.Lc2 c5 12.De1 Sc6

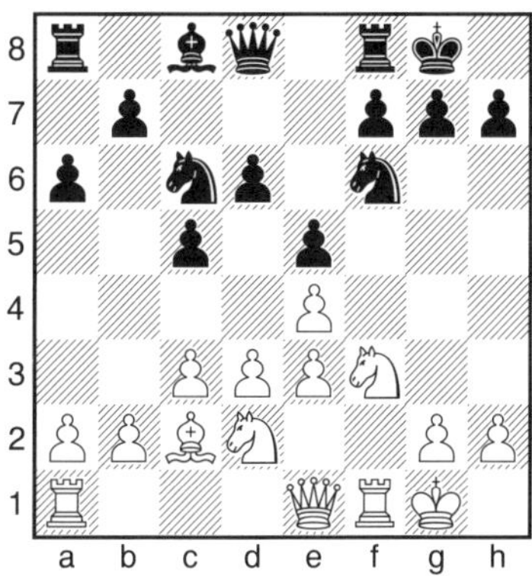

Und hier empfehlen wir 13.h3 Se7 (13...b5 14.Sh4 Le6 15.Df2 b4 16.La4 Se7 17.c4 h6 18.Kh2 Tc8 19.g4 Kh8 (*19...Lxg4? 20.Tg1±*) 20.Dg3 mit Druck am Königsflügel in J. Lopez Martinez (2548) – A. Vidarte Morales (2320), Katalonien 2014.) 14.Sh4 Sg6 15.Sxg6 fxg6 16.Lb3+ Kh8 17.a4 b6 18.Ld5 Tb8 19.c4 Ld7 20.b3 De7 21.g4 mit einem leichten Raumvorteil in Wang Hao (2624) – G. Gopal (2480), Cebu City 2007.

9.Sbd2 Se7

9...h6!? 10.h3 Te8

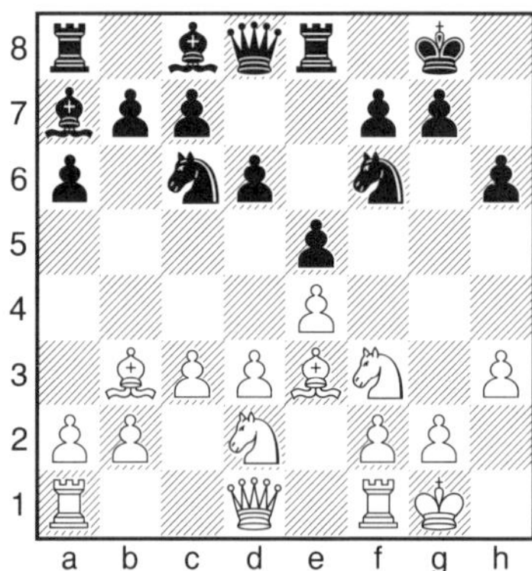

11.Te1 Tiviakovs Wahl. (11.Lxa7!? könnte eine Idee sein, da der weiße Turm auf e1 nach fxe3 in Tiviakovs Variante nicht optimal platziert ist und die resultierenden Stellungen unseren Hauptempfehlungen ähneln. 11...Txa7 12.Sc4 Le6 13.Te1 Ta8 (13...Lxc4 14.Lxc4 Sa5 D. Sadvakasov (2624) – J. Becerra Rivero (2573), Ledyard 2008 15.Ld5N Dd7 (*15...c6?! 16.Lxf7+ Kxf7 17.b4⩲*) 16.b4 Sc6 17.Lb3⩲) 14.Se3 Lxb3 15.Dxb3 Tb8 16.Tad1 Dd7 17.Sh4 Sa5 18.Dc2 d5 19.Shf5⩲ I. Saric (2394) – A. Toth (2280), Balatonlelle 2006)

11...Lxe3 12.fxe3 Le6 13.Lc2

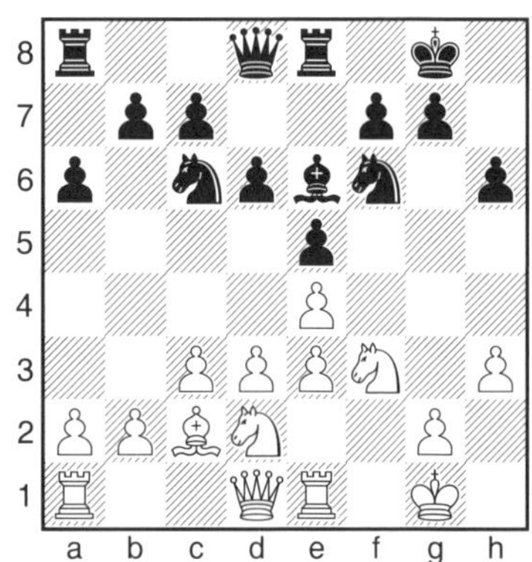

Falls Schwarz ...d6-d5 spielt, schlägt Weiß in der Regel und folgt mit d3-d4. Falls Schwarz die Stellung hält, dann hat Weiß objektiv keinen Vorteil, aber die Stellung ist etwas einfacher für ihn zu spielen dank der halboffenen f – Linie und der Option d3-d4. 13...Se7 (13...d5 14.exd5 Sxd5 (*14...Dxd5 15.d4 exd4 16.exd4 Lf5 17.Lb3 Dd6 18.Sc4 Dg3* D. Barua (2490) – A. Thakur (2281), New Delhi 2009 *19.Sce5N Sxe5 20.Sxe5 Le6 21.Dd2 Lxb3 22.axb3 Te6 23.Te3⩲*) 15.d4 exd4 16.exd4 Sf6 S. Tiviakov (2617) – S. Gravel (2255), Yucatan 2004 17.Se4N Sxe4 18.Lxe4 Ld5 19.Sd2⩲) 14.Sf1 c6 (*14...c5N 15.Sg3=; 14...Sg6 15.Sg3 d5 16.d4 dxe4* S. Vega Gutierrez (2395) – S. Trigo Urquijo (2274), Linares 2014 *17.Sxe4N Lf5 18.Sg3 Lxc2 19.Dxc2=*) 15.Sg3 Dc7 (*15...Db6 16.b3 Tad8 17.De2 Sg6 18.d4=* S. Kayumov (2434) – H. Kallio (2493), Budapest 2003) 16.d4 Tad8 17.a4 Sg6 18.Dd2 a5 19.Df2 Lc8 20.Tac1 Db6 21.b3 Dc7 22.Tf1 b6 ½-½ H. Mergard (2032) – Z. Kostanjsek (2192), ICCF email 2011

10.Sh4

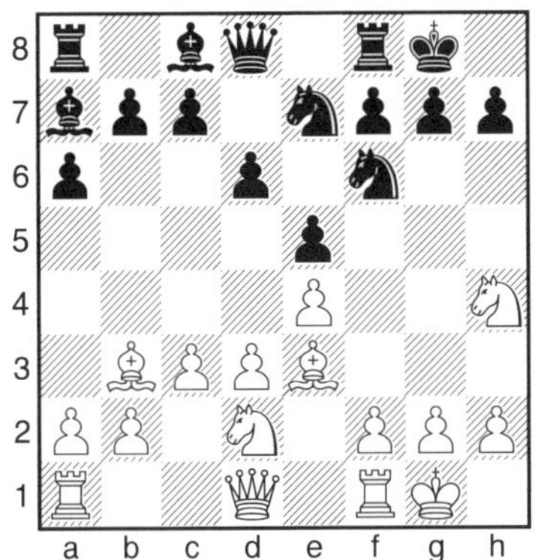

10...Sg6

10...Kh8 11.Lxa7 Txa7 12.f4 (*12.d4!?N* kommt hier auch in Betracht.) 12...exf4 (*12...c5 13.fxe5 dxe5 14.Sc4 Dc7 15.d4 exd4 16.e5 Sfd5 17.Sd6 Le6 18.cxd4 Taa8 19.Dd2 f6* H. Singeisen (2153) – F. Tosi (2308), ICCF email 2011 *20.Tae1N cxd4 21.exf6 Dxd6 22.fxe7 Txf1+ 23.Kxf1 Te8 24.Dxd4 Txe7 25.Sf3±;*

12...Sg6 13.Sxg6+ fxg6 14.fxe5 dxe5 15.Sc4± O. Kurmann (2331) – A. Vuilleumier (2402), Lausanne 2006) 13.Txf4 Sg6 (*13...d5? 14.Df3 Seg8 15.e5±* S. Tiviakov (2635) – V. Golod (2532), Saint Vincent 2003) 14.Sxg6+ fxg6 15.d4± V. Vehi Bach (2405) – C. Cruz Lopez Claret (2307), La Massana 2010;

10...Lg4 11.De1 Sh5 12.h3 Le6 B. Michiels (2376) – P. Vandevoort (2353), Pays de Charleroi 2003 13.Lxe6 (Emms) 13...fxe6 14.Shf3 Sc6 (*14...Sf4?! 15.Lxa7 Txa7 16.g3 Sfg6 17.d4±*) 15.Lxa7 Txa7 16.g3±

11.Sxg6 hxg6 12.Lxa7 Txa7 13.f4

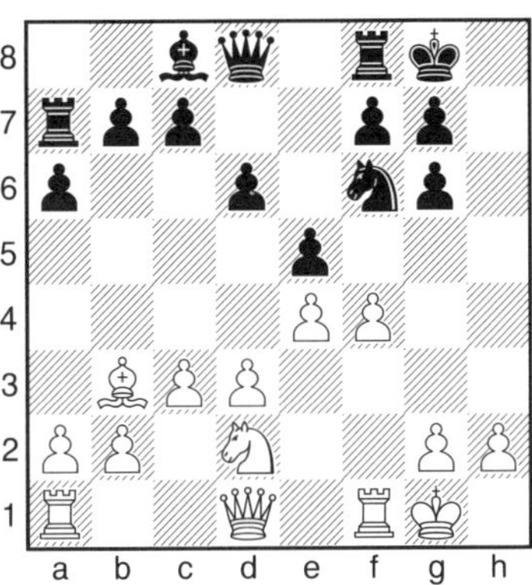

Die Pointe des weißen Plans und jetzt sieht die Stellung mehr nach einem verspäteten Königsgambit aus als einer Italienischen Partie.

13...c6 14.Df3 Db6+?

Simon Williams Vorschlag 14...b5 ist erforderlich, wonach Weiß eine Art abgelehntes Königsgambit und Angriff am Königsflügel vor sich hat, z.B. 15.f5 gxf5 16.exf5 d5 17.Tae1 Te8 18.g4→

15.Kh1 Lg4?

Der Läufer steht nicht sicher am Königsflügel.

15...a5 limitiert den Schaden, z.B. 16.fxe5 dxe5 17.a4±

16.Dg3

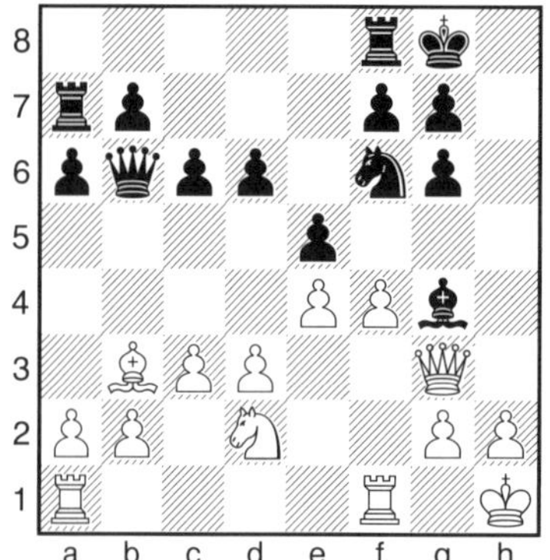

16...Le2?

Das läuft in die Falle hinein, aber Weiß steht auch klar besser nach

16...exf4 17.Dxf4 Dd8 (*17...Le2? 18.Tfe1 Lxd3 19.Dg3+−*) 18.Dg3±

17.fxe5 Lxf1 18.exf6 Le2 19.Dxg6 Dxb3 20.Dxg7#

1-0

5.2) Weiß verzögert die kurze Rochade

Das ist eine Hauptalternative und ein Favorit von Tiviakov. Emms geht im ersten Kapitel von „Beating 1.e4 e5" detailliert darauf ein.

S01.25

David Howell (2593) – Adam Ashton (2325) C54

BCF – Meisterschaft rapidplay
Halifax 2008

1.e4 e5 2.Sf3 Sc6 3.Lc4 Sf6 4.d3 Lc5 5.c3 a6 6.Lb3

Das ist der Hauptzug, den wir in unserem Repertoire etwas aufschieben.

6...La7 7.h3

Weiß wartet und möchte das Tempo für 0−0 aufsparen und es lieber in einen Königsangriff verwenden.

7...d6 8.Sbd2 0−0 9.Sf1!?

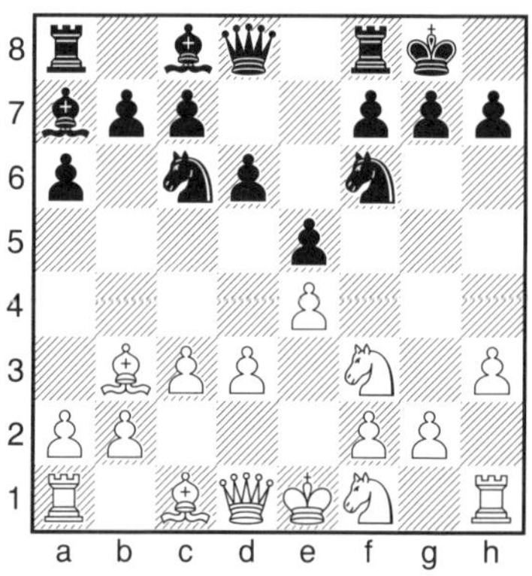

Die Pointe der weißen Strategie.

9...d5

Mit Abstand der meistgespielte Zug.

Schwarz kontert den weißen Plan am Königsflügel mit direkter Aktion im Zentrum.

10.De2 dxe4 11.dxe4 De7

11...Sh5 12.g3 Sf6 13.g4 Sd7 V. Komliakov (2500) – S. Safin (2510), Ashkhabad 1996 wird häufiger gespielt und hier schlagen wir 14.Le3N Sc5 15.Ld5⩲ vor.

12.Sg3

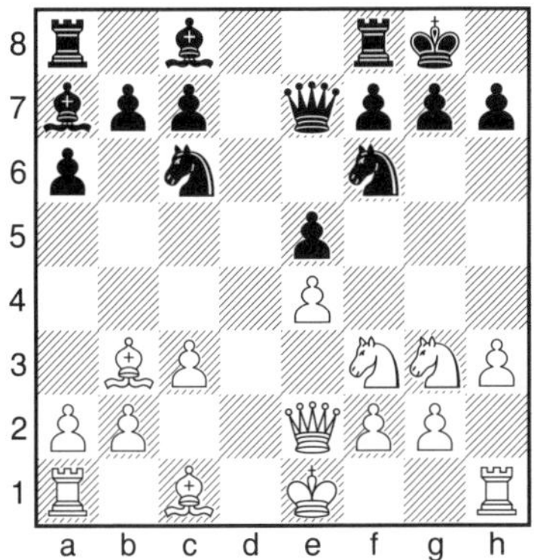

12...h6?!

Das gibt Weiß einen Angriffspunkt und macht Sf5 noch stärker.

12...Le6 13.Lc2 Se8!? ist eine kritische Fortsetzung, z.B. (*13...Tfe8?! 14.Sh4 Df8 15.Shf5⩲* S. Tiviakov (2593) – G. Sargissian (2614), Tripoli 2004) 14.Sf5 Lxf5 15.exf5 Sd6 16.Le3 e4 17.Sd2 Lxe3 18.Dxe3 Sxf5 19.Dxe4 Sd6 20.Dxe7 Sxe7 21.0–0-0 und Weiß stand minimal besser in G. Legemaat (2337) – V. Filipchenko (2365), ICCF email 2009

13.Sh4 Kh7?

13...Td8 14.Shf5 Lxf5 15.Sxf5 Dd7 16.0–0 Se7 ist erforderlich.

14.Shf5 De8?

14...Dd8 15.Df3 Sa5 war zäher.

15.Df3 Sg8?

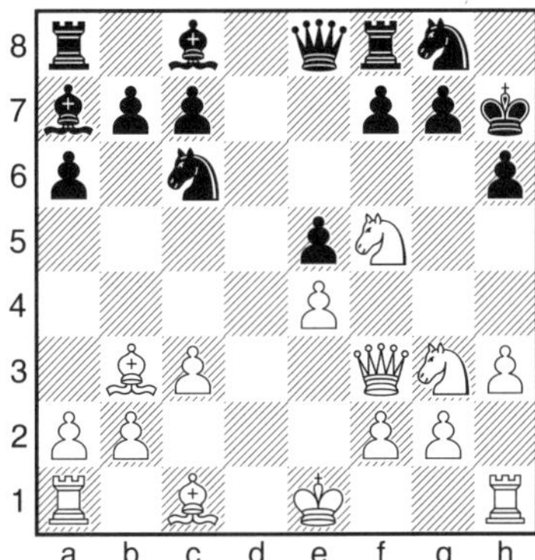

Nach diesem Rückzug folgt ein typischer Schlag, aber guter Rat war schon unbezahlbar.

16.Sxg7!! Kxg7 17.Sh5+

1-0

S01.26

L. Carmaciu (2423) – M. Lacrosse (2183) C54

Cappelle – la – Grande Open

2014

Manchmal kann Weiß sogar mit g2-g4 angreifen:

1.e4 e5 2.Sf3 Sc6 3.Lc4 Lc5 4.c3 Sf6 5.d3 a6 6.Lb3 La7 7.Sbd2 0–0 8.h3 d5

8...d6 9.Sf1 Le6 10.Lg5

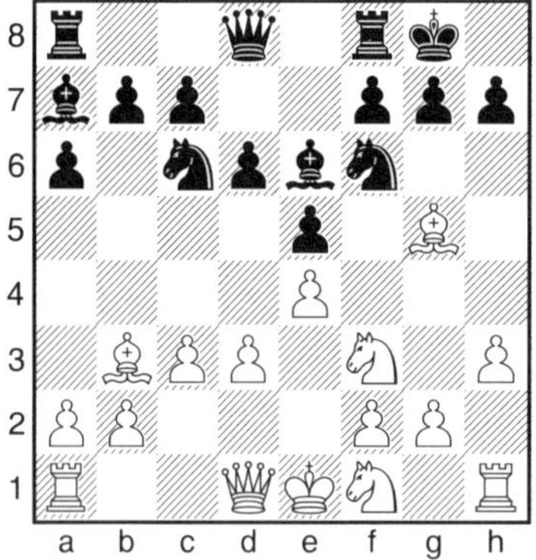

Das ist eine weitere Strategie für Weiß, die besonders gefährlich ist, wenn Weiß noch nicht rochiert hat. 10...h6 11.Lh4 Sb8 12.g4 Sbd7 13.g5 hxg5 14.Lxg5 De8 15.Tg1 Lxb3 16.axb3 De6 17.Sg3 d5 18.Dd2 dxe4 19.dxe4 g6 (*19...Tfd8!?* ist kritisch.) 20.b4 (Die Engines bevorzugen *20.Le3±*) 20...c5? (*20...Tfd8* ist wieder der bessere Zug.)

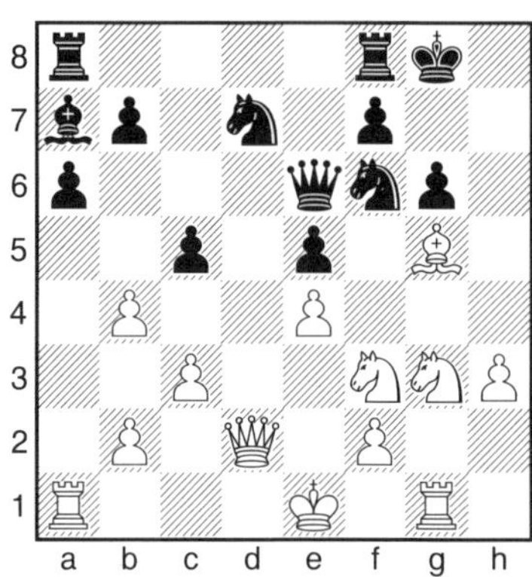

21.Lh4! Der Läufer öffnet der Dame die Route nach h6. 21...Tfc8?! 22.Dh6 De8 23.Sf5 Df8 24.Txg6+ 1-0 E. Can (2555) – A. Asgarizadeh (2412), Moskau 2015

9.De2 Te8 10.Sf1 h6?!

Das schafft für Weiß einen Angriffspunkt.

10...Sa5 ist der Hauptzug.

11.g4 dxe4

Eine hochklassige Partie nach 11...Sa5 ging weiter mit 12.Sg3 (*12.Lc2* ist die Alternative.) 12...Sxb3 13.axb3 dxe4 14.dxe4 Le6?! (*14...Sh7* ist wahrscheinlich kritischer.) 15.g5 hxg5 16.Lxg5 Lxb3?! 17.Tg1 b5? Die Stellung war schon mehr als schwierig für Schwarz.

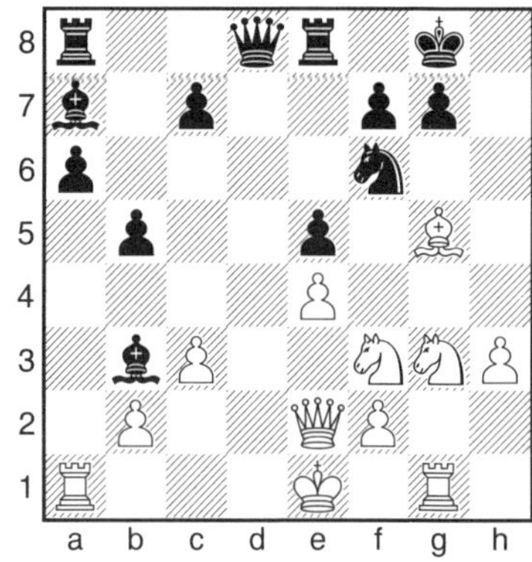

18.Lxf6?! (*18.Sd2!?* ist sogar stärker, z.B. *18...Lc2 19.Sh5 Te6 20.Df3+−*) 18...Dxf6 19.Sh5 Dh6 20.Sxg7 Kh8?! 21.Sf5 Df6 22.Sd2 1-0 R. Mamedov (2660) – F. Caruana (2709), Moskau 2010

12.dxe4 Le6 13.Sg3

Ein weiteres Beispiel lautet 13.g5 hxg5 14.Lxg5 Lxb3 15.axb3 Dd6 16.Sg3 Se7 17.Tg1 g6 18.Td1 De6 19.Dc4 Sc6 20.Ke2 Lb6 21.Td3 Sh7 22.h4 f6 23.Lc1± R. Ramesh (2473) – A. Delorme (2366), Nancy 2008

13...Dd7?

13...Lxb3 14.axb3 Sh7 ist vorsichtiger, aber Weiß übt weiter Druck aus nach 15.h4

14.g5

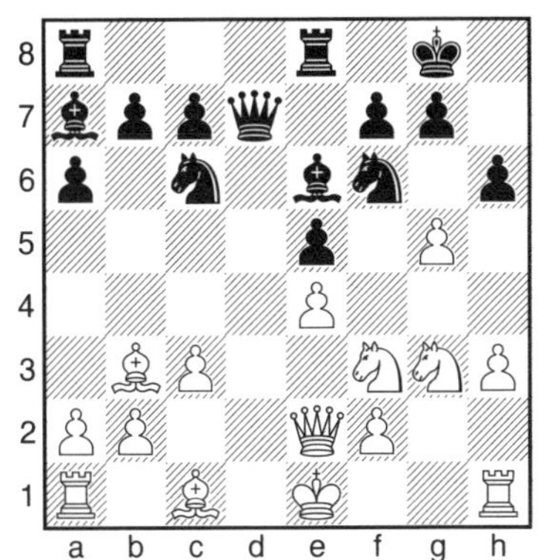

Der typische Dosenöffner mit dem Bauern auf h6.

14...hxg5 15.Lxg5 Lxb3?

15...Sh7 ist erforderlich, aber der starke weiße Angriff geht weiter nach 16.Td1 Dc8 17.Tg1

16.Lxf6 De6

16...gxf6 17.axb3 Ted8 18.Sh5 De6 19.Sh4+−

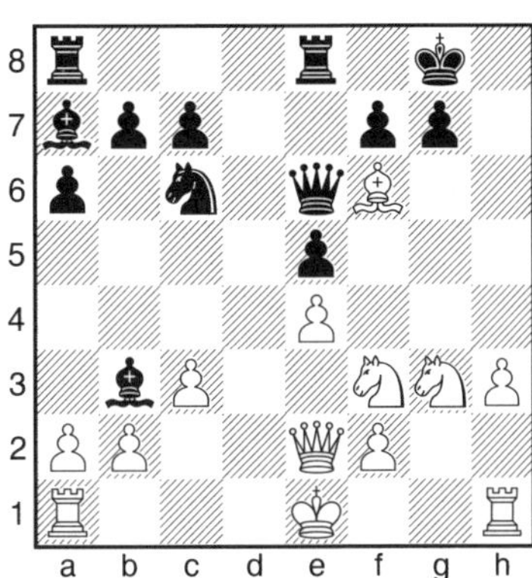

Auf den ersten Blick scheint die Stellung nicht so klar, da die weißen Kräfte nicht besonders gut organsiert aussehen. Aber sein Angriff schlägt früher oder später durch:

17.Sh5! gxf6 18.axb3 Kf8

18...Kh8 19.Sh4 Tg8 20.0−0-0+−

19.Sh4 Se7

19...Dxb3 20.0−0 Se7 21.Dg4+−

20.Dd2 Sg6 21.Sf5 Sf4 22.0−0-0

1-0

Strategische Aufgaben

(Lösung ab Seite 258)

ST01.01

Dibyendu Barua (2491) – DP Singh (2326) C54

3. Kalkutta Open

2008

1.e4 e5 2.Lc4 Sf6 3.d3 Lc5 4.Sf3 Sc6 5.0–0 d6 6.c3 a6 7.Lb3 La7 8.Le3 0–0 9.Sbd2 Le6 10.Lc2 d5 11.Lg5 Dd6?

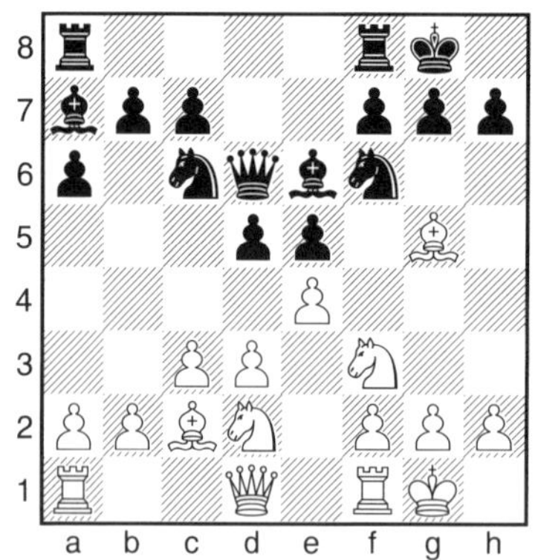

Wie soll Weiß fortsetzen?

(Lösung Seite 258)

ST01.02

Christian Bauer (2614) – Cyril Marzolo (2474) C54

Nancy

2008

1.e4 e5 2.Lc4 Sf6 3.d3 Sc6 4.Sf3 Lc5 5.c3 a6 6.Lb3 La7 7.Sbd2 0–0 8.h3 d6 9.Sf1 Se7 10.Sg3 Sg6 11.0–0 Le6 12.d4 Lxb3 13.Dxb3 b5 14.a4 Lb6 15.Te1 Tb8 16.Le3 h6?

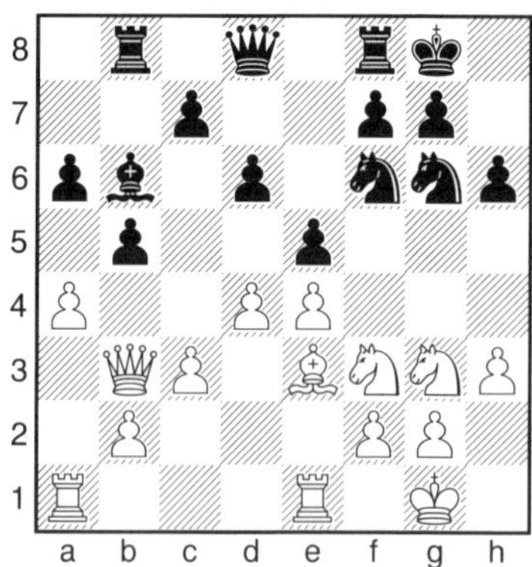

Wie kann Weiß seine Initiative ausnutzen?

(Lösung Seite 258)

ST01.03

Alexis Cabrera (2440) – Daniel Campora Perez (2132) C54

27. Seville Open

2002

1.e4 e5 2.Sf3 Sc6 3.Lc4 Lc5 4.c3 Sf6 5.d3 d6 6.0–0 0–0 7.Sbd2 h6 8.Te1 Ld7?! 9.Lb3 Lb6 10.Sc4 Te8 11.Lc2 Lg4 12.h3 Lh5 13.Sxb6 axb6 14.g4 Lg6 15.Sh4 Lh7?!

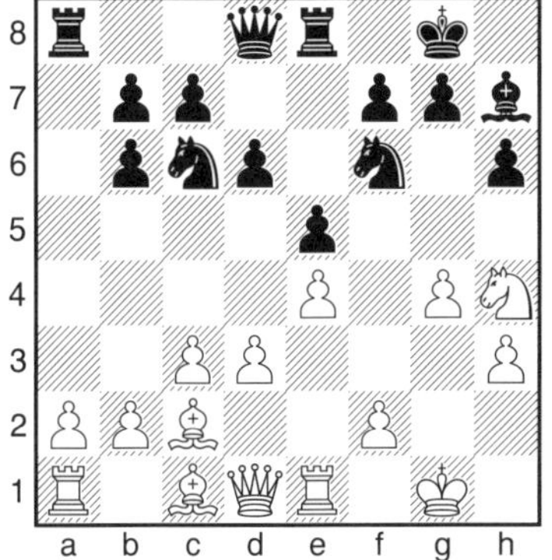

Soll Weiß statisch oder dynamisch fortsetzen?

(Lösung Seite 258)

ST01.04

Evgenie Janev (2460) – Metodi Stoinev (2285) C54

4. Kesarovski Georgiev Memorial Sunny Beach

2005

1.e4 e5 2.Sf3 Sc6 3.Lc4 Lc5 4.c3 Sf6 5.d3 d6 6.Lb3 h6 7.Sbd2 0–0 8.Sc4 a6 9.h3 b5 10.Se3 Le6 11.0–0 Lb6 12.Te1 d5 13.exd5 Sxd5

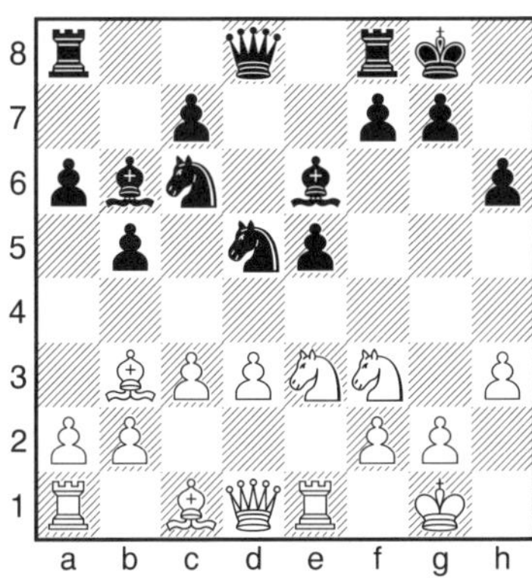

Wie setzt Weiß seine Initiative fort?

(Lösung Seite 258)

ST01.05

Regina Pokorna (2347) – Mario Castiglione (2219) C54

Slowakische Mannschafts-meisterschaft

2003

1.e4 e5 2.Sf3 Sc6 3.Lc4 Sf6 4.d3 Lc5 5.0–0 d6 6.c3 Lg4 7.h3 Lh5 8.Sbd2 0–0 9.Te1 Lb6 10.Sf1 Sa5 11.Lb5 d5?

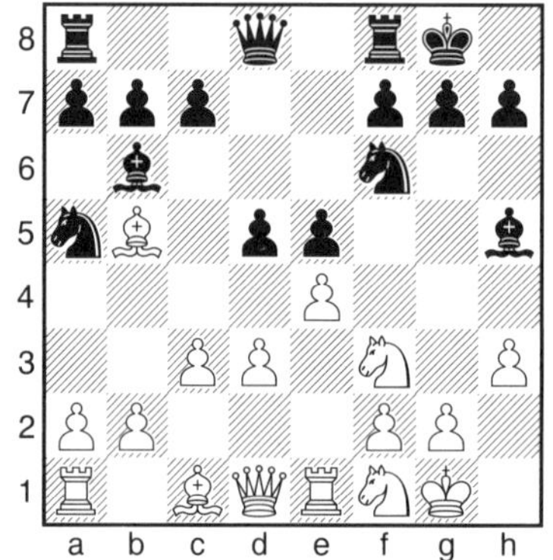

Wie soll man mit der Fesselung umgehen?

(Lösung Seite 259)

ST01.06

Sergei Smagin (2583) – Aleksej Aleksandrov (2619) C54

2. Bundesliga-West

1999

1.e4 e5 2.Sf3 Sc6 3.Lc4 Lc5 4.c3 Sf6 5.d3 a6 6.0–0 d6 7.Lb3 La7 8.Sbd2 0–0 9.h3 Se7 10.Te1 Sg6 11.Sf1 Sh5 12.d4 Shf4 13.Sg3 Ld7 14.Sf5 Te8?

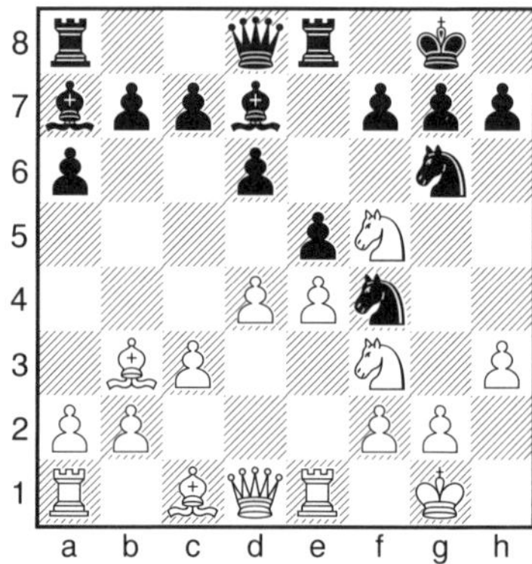

Wie soll man mit den schwarzen Springern umgehen?

(Lösung Seite 259)

ST01.07

Michael Oratovsky (2536) –
Diego Gustavo Adla (2503) C54

Spanische Mannschafts-
meisterschaft
2004

1.e4 e5 2.Sf3 Sc6 3.Lc4 Lc5 4.c3 Sf6 5.d3 a6 6.Sbd2 La7 7.h3 0–0 8.Lb3 d6 9.Sf1 Le6 10.Sg3 Dd7 11.La4 b5 12.Lc2 d5 13.exd5 Lxd5 14.0–0 h6 15.Le3 Tfe8 16.Lxa7 Txa7 17.Te1 Taa8 18.Te3 Sh7 19.De2 f6 20.Td1 Sf8

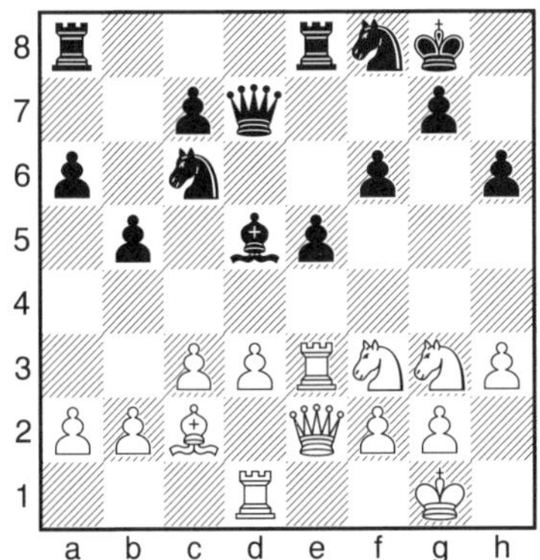

Wie setzt Weiß strategisch fort?
(Lösung Seite 259)

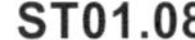

ST01.08

Peter Korzubov (2455) –
Alexander Zajogin (2380) C54

Weißrussische Meisterschaft Minsk
1994

1.e4 e5 2.Sf3 Sc6 3.Lc4 Lc5 4.c3 Sf6 5.d3 a6 6.0–0 La7 7.Te1 d6 8.Lb3 0–0 9.Sbd2 Kh8 10.Sf1 Sg4 11.d4 exd4 12.cxd4 f5?! 13.Lg5 Sf6 14.Sg3 fxe4?!

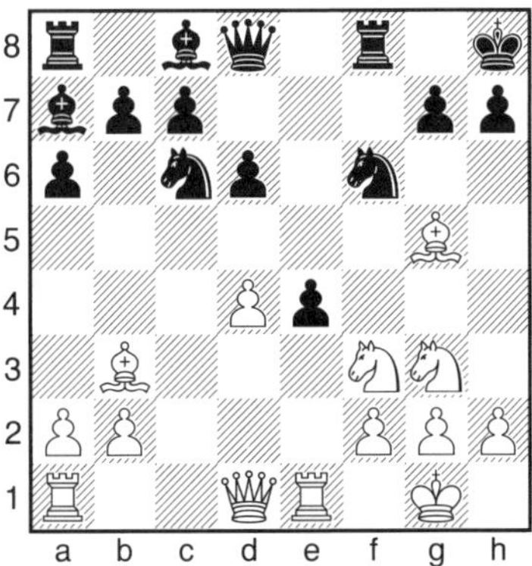

Wie soll man auf e4 zurückschlagen?
(Lösung Seite 259)

ST01.09

Bo. Vujacic (2261) – A. Vrbljanac (2281)

SRB Meisterschaft Halbfinale Belgrad

2016

1.e4 e5 2.Sf3 Sc6 3.Lc4 Lc5 4.c3 Sf6 5.d3 0–0 6.0–0 d5 7.exd5 Sxd5 8.Te1

Am häufigsten gespielt.

Der moderne Zug 8.a4!? wird in Kapitel 4.2 betrachtet.

8...Lg4 9.h3 Lh5 10.Sbd2 Te8

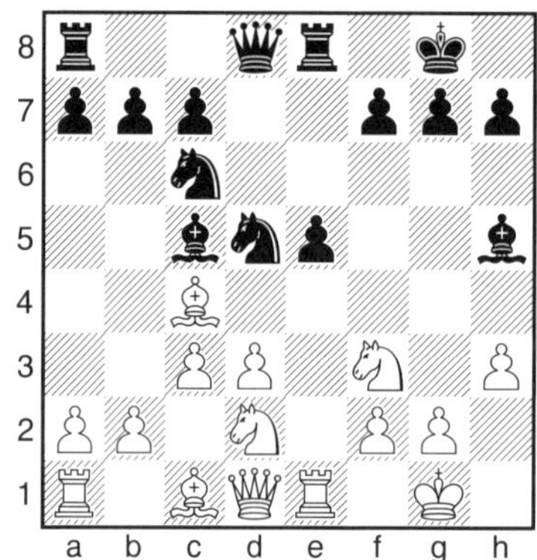

Soll man hier mit 11.Se4 oder 11.d4 fortsetzen?

(Lösung Seite 260)

ST01.10

A. Udeshi (2403) – M. Panchanathan (2580)

11. Parsvnath Open New Delhi

2013

1.e4 e5 2.Sf3 Sc6 3.Lc4 Sf6 4.d3 Le7 5.0–0 0–0 6.Te1 d6 7.a4 Sa5 8.La2 c5 9.c3 Sc6 10.Sa3 h6 11.Ld2 a6

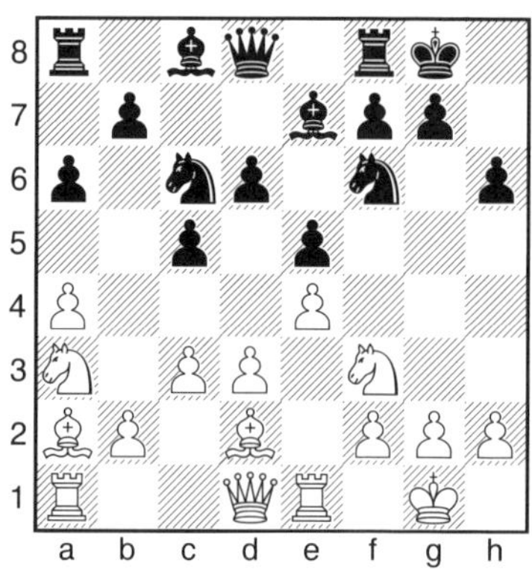

In dieser wichtigen Stellung aus Kapitel 3 schlagen wir einen neuen Zug vor. Wie sollte Weiß reagieren nach den letzten schwarzen Abwartezügen 10...h6 und 11...a6?

(Lösung Seite 260)

Typische Endspiele

Normalerweise macht es nicht viel Sinn Endspiele in einem Eröffnungsbuch zu besprechen, doch mit der Italienischen Partie verhält es sich anders, da es eine typische Strategie ist, die leichte Initiative häufig ins Endspiel zu überführen.

E01.01

Alexander Delchev (2597) – Jan Gustafsson (2616)

Französische Mannschaftsmeisterschaft Cannes

2005

1.e4 e5 2.Lc4 Sf6 3.d3 Sc6 4.Sf3 Lc5 5.c3 a6 6.0–0 d6 7.Lb3 La7 8.Te1 0–0 9.h3 h6 10.Sbd2 Sh5 11.Sf1 Df6 12.Le3 Sf4 13.Kh2

Unsere Hauptempfehlung ist 13.d4 siehe Kapitel 7.2.

13...Le6 14.d4 Se7 15.dxe5 dxe5 16.Lxa7 Txa7 17.Se3 Lxb3 18.axb3 De6

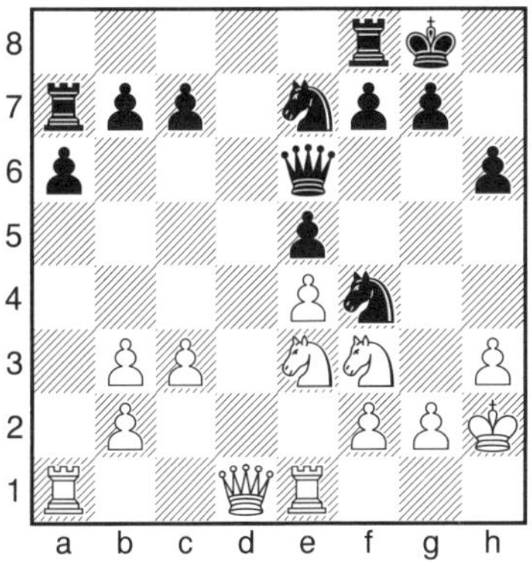

Jetzt dringt Weiß auf typische Weise auf der offenen d – Linie ein – eine offene Linie ist wie eine offene Wunde.

19.Dd2! Taa8 20.Tad1 f6 21.Dd7 Tac8 22.b4 Tf7 23.g3 Dxd7 24.Txd7 Se6 25.Ted1 Sc6

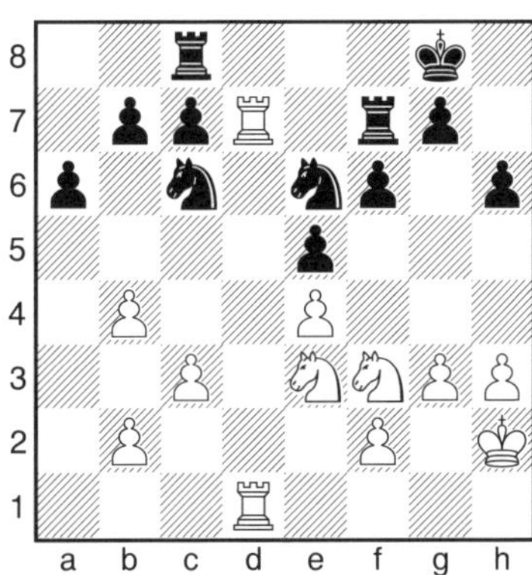

26.T7d5!

Weiß behält sein Potential.

26...Se7 27.T5d3 Tff8 28.Td7 Tf7 29.Sc4 Sc6 30.T7d5 Sg5 31.Sfd2 Se6 32.Sb3 Se7 33.T5d3 Sc6

33...Sg5? 34.Sc5±

34.Kg2 Kf8 35.h4 h5 36.Se3 Ke8 37.Kf1 Td8 38.Txd8+ Scxd8 39.Ke2 Td7

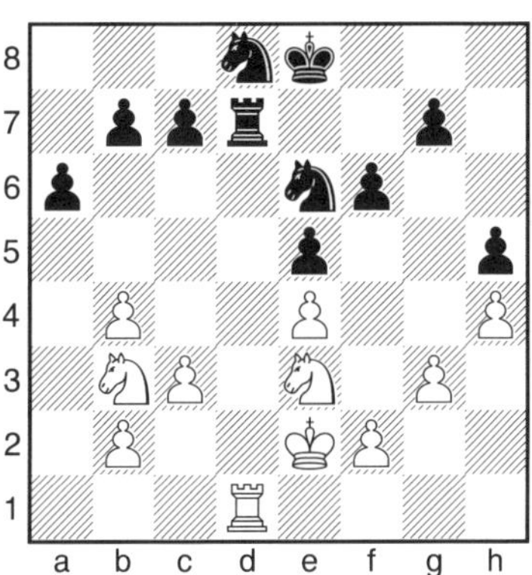

Schwarz hat es geschafft den Druck auf der d – Linie zu neutralisieren, doch die weiße Initiative geht weiter dank der aktiveren Springer.

40.Tf1

Der Turm soll weiter im Spiel bleiben.

40...Sf7 41.f4 Sd6 42.Sd2

Nach 42.f5 Sf8 43.Sc5 Td8 44.Sd5 c6 45.Sb6 Ke7 steht Weiß besser, aber Schwarz ist sehr solide aufgestellt, so dass es nicht einfach ist durchzubrechen. Deswegen manövriert Weiß weiter.

42...Sd8 43.fxe5 fxe5 44.Sf5 Tf7 45.Sxd6+ cxd6 46.Td1

Wieder behält Delchev seinen Turm für zukünftige Aktionen.

46...Tf6 47.Sc4 Sf7 48.Se3 Sh6 49.c4 Tg6 50.Td5 Txg3 51.Txd6 Sg4 52.Sf5 Tg2+ 53.Kf3 Txb2 54.Sxg7+

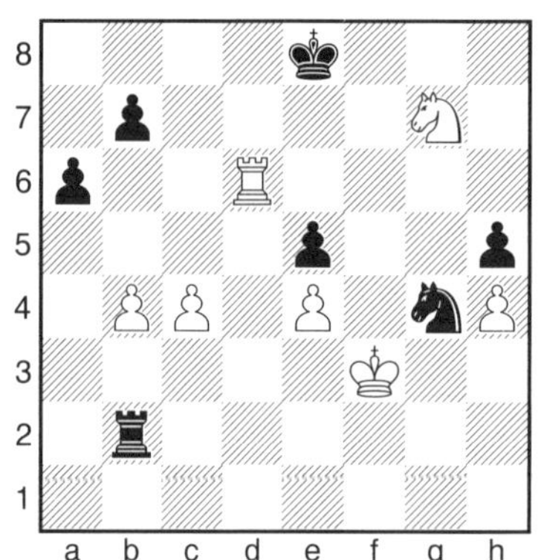

54...Kf8?

54...Ke7 55.Tb6 Sh2+ 56.Ke3 Sg4+ 57.Kd3 Sf2+ 58.Kc3 Sd1+=

55.Sxh5 Sh2+ 56.Kg3 Sf1+ 57.Kg4 Se3+ 58.Kg5 Ke7?

58...Sxc4 hält wahrscheinlich immer noch die Stellung, doch am Brett ist das kaum zu verteidigen, z.B. 59.Td7 Td2 60.Txb7 Sd6 61.Tb6 Sxe4+ 62.Kf5 Th2! 63.Ke6 Kg8 64.Kxe5 Txh4 65.Sf4 Sd2±

59.Tb6 Sxc4 60.Txb7+ Kd6 61.Ta7 Txb4?!

61...Tg2+ war die letzte Chance, z.B. 62.Kf5 Se3+ 63.Kf6 Sg4+ 64.Kg6 Sh2+ 65.Kf7 Tg4 66.Sg7±

62.Txa6+ Kc5

62...Ke7 63.Sg3 Sd2 64.h5+-

63.Sf6 Tb1 64.h5 Tg1+ 65.Kf5 Tf1+ 66.Kg6 Tg1+ 67.Kf7 Th1 68.Ta8 Kd4 69.Td8+ Ke3 70.h6 Txh6

70...Sd2 71.h7 Sxe4 72.h8D+-

71.Sg4+ Kxe4 72.Sxh6 Kf4 73.Ke6 e4 74.Kd5 Sd2 75.Tf8+ Ke3 76.Sg4+ Kd3 77.Sf2+

1-0

E01.02

Ivan Saric (2637) – Xue Zhao (2567)

76. Tata Steel – B Wijk aan Zee 2014

1.e4 e5 2.Sf3 Sc6 3.Lc4 Sf6 4.d3 Le7 5.0–0 d6 6.a4 0–0 7.Te1 Sa5 8.La2 c5 9.c3 a6 10.d4 Dc7 11.Sa3 Lg4 12.h3 Lh5

12...Lxf3 13.Dxf3 cxd4 14.b4 Sc6 15.b5 axb5 16.axb5 Sd8 17.cxd4 exd4 18.Lb2 Se6 19.Lxe6 fxe6 20.Db3 Dd7 21.Sc2±

13.dxe5 dxe5 14.Sc4 Sxc4 15.Lxc4 Tad8 16.De2 Lg6?! 17.Sd2 Td7?!

17...a5 18.g3 Se8 ist ein besserer Aufbau.

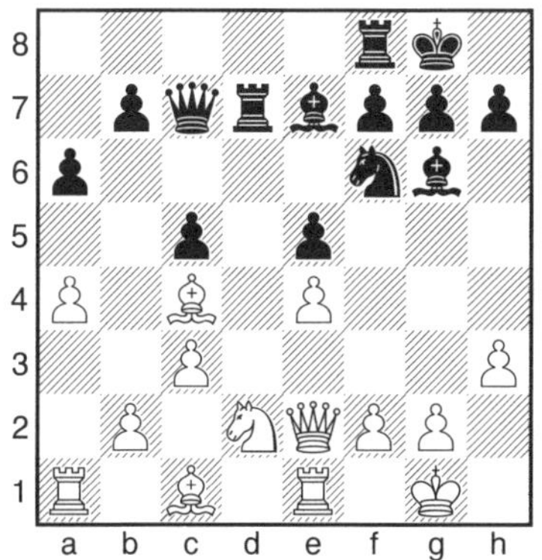

18.a5!

Es ist wichtig die Schwächen am Damenflügel zu fixieren und die Option Lb3-a4 für später zu schaffen.

18...Sh5

18...Tfd8 19.Lb3 h6 20.Lc2 Dd6 21.Sc4 De6 22.Sb6 Td6 23.Ta3±

19.Sf1 Dd8

19...Sf4 20.Lxf4 exf4 21.Dg4 Kh8 22.e5 f6 23.Dxf4±

20.Le3 h6 21.Ted1

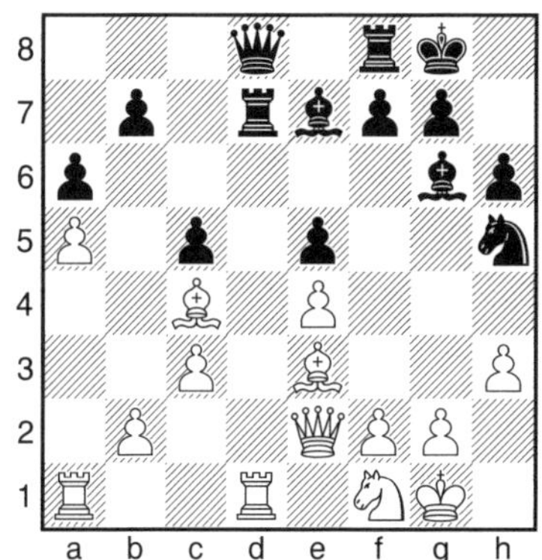

21...Txd1?

Das spielt Weiß in die Hände.

Mit 21...Kh7 zu warten ist zäher.

22.Txd1 Dc8

22...Dxa5 23.Td7 Lg5 24.Txb7±

23.Dg4 Dxg4 24.hxg4 Sf6 25.f3 Tc8

25...Td8 26.Txd8+ Lxd8 27.Lxc5 Lxa5 28.b4 Ld8 (*28...Sd7 29.Ld6 Lb6+ 30.Kh2 a5 31.Ld5±*) 29.Ld6 b5 30.Le2 Sd7 31.c4 bxc4 32.Lxc4 a5 33.Lb5 Sf8 34.bxa5 Lxa5 35.Lxe5±

26.Sd2 Kf8?

26...Td8 ist zäher, z.B. 27.Lb3 (*27.Kf2!?*) 27...Se8 28.Ta1 Kf8 29.Ld5 Sc7 30.Lxb7 Tb8 31.Lc6 f6 32.Sc4±

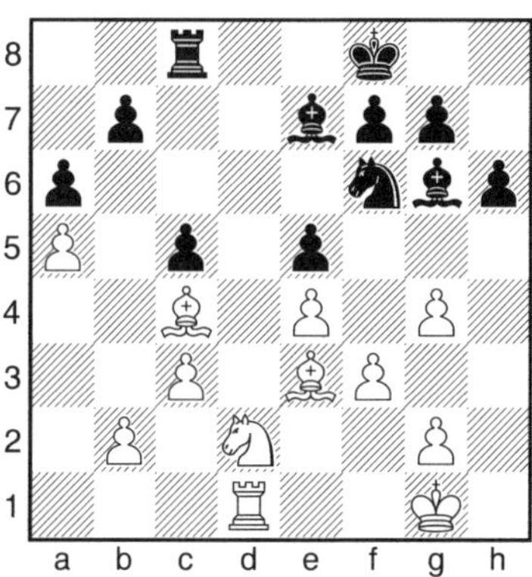

27.Lb3!

Der Beginn einer sehr starken Umgruppierung.

27...Sh7

27...Td8 28.Sc4 Txd1+ 29.Lxd1 Sd7 30.La4+-

28.Sc4 f6 29.Td7 Tb8 30.Sb6 Le8 31.Ld5 Sg5 32.Txb7 Txb7 33.Lxb7 Se6

33...Lb5 34.c4+-

34.Lxa6 Sc7 35.Lb7 Lb5 36.Sd5

1-0

E01.03

Nigel Short (2615) – Lajos Portisch (2605)

Brüssel 1986

1.e4 e5 2.Sf3 Sc6 3.Lc4 Lc5 4.c3 Sf6 5.b4

Pläne mit b2-b4 können auch interessant sein. Wir erwähnen sie nur als Alternative. In der Partie entsteht eine typische Struktur mit offener d – Linie, wie sie auch nach unserer empfohlenen Zugfolge entstehen kann.

5...Lb6 6.d3 a6 7.0–0 d6 8.Sbd2 0–0 9.Lb3

9.a4 Se7 10.a5 La7 11.Lb3 ist eine weitere Interpretation im Sinne unserer Variante, z.B. 11...Sg6 12.Sc4 h6 13.Le3 Le6 14.Lxa7 Txa7 15.Te1 Ta8 16.d4 Sxe4 17.Txe4 d5 18.Txe5 dxc4 19.Txe6! fxe6 20.Lxc4 Df6 21.Dc2 Kh8? 22.Te1 Sf4 23.Se5 Df5 24.Te4 Tf6 25.f3 Td8 26.Dd2 Td6? 27.Dxf4 Dxf4 28.Txf4 Txf4 29.Sg6+ Kh7 30.Sxf4 Tc6 31.Ld3+ Kg8 32.Le4 1-0 N. Short (2701) – Zhang Zhong (2658), Beijing 2003

9...Se7 10.Te1 Sg6 11.h3 Le6 12.Sc4 La7 13.Le3 Lxe3 14.Txe3 h6 15.d4 De7 16.De1 Sh7 17.Td1 Tad8 18.Sa5 Lc8 19.Kh2 Sf4 20.dxe5 dxe5 21.Sc4 Txd1 22.Dxd1 Td8 23.Dc2 Sg6 24.Td3 Txd3 25.Dxd3 Sf6 26.g3 Ld7 27.Se3 Lb5 28.Lc4

28.Dc2!?

28...Lc6?!

28...Lxc4 29.Sxc4 c5 ist mehr oder weniger ausgeglichen.

29.Sd2 Se8?!

Nicht präzise, aber die schwarze Stellung ist schwierig zu verteidigen, da kein Gegenspiel vorhanden ist.

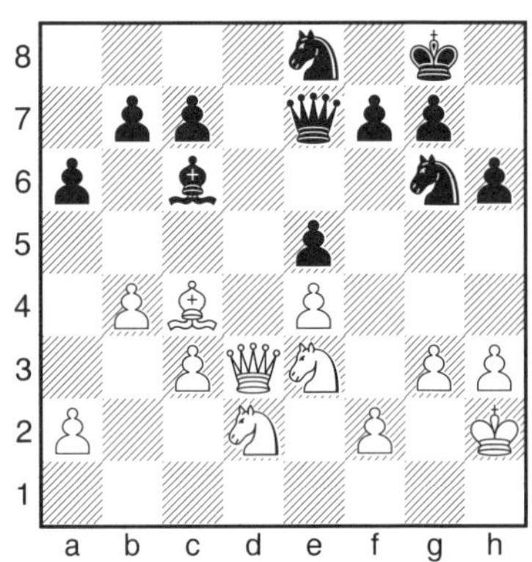

30.Ld5!

Short beginnt die Stellung aus dem Gleichgewicht zu bringen.

30...Lxd5 31.exd5!

Short kreiert eine gefährliche Mehrheit am Damenflügel.

31...Sf6 32.Se4 Sxe4 33.Dxe4 Sf8 34.Sf5 Df6 35.c4 h5 36.Kg2 g6 37.Se3 Sh7 38.h4 De7 39.c5 Sf6 40.Dc4 e4?

Das öffnet Weiß die Zugänge. Es war erforderlich mit

40...Dd7 zu warten.

41.Dd4 Dd8 42.De5 b6 43.c6

43.Dg5!? bxc5 44.bxc5 De7 45.d6 cxd6 46.c6 Dc7 47.Dxf6 Dxc6 48.Dd4+-

43...Se8 44.Dxe4 Sd6 45.De5 b5

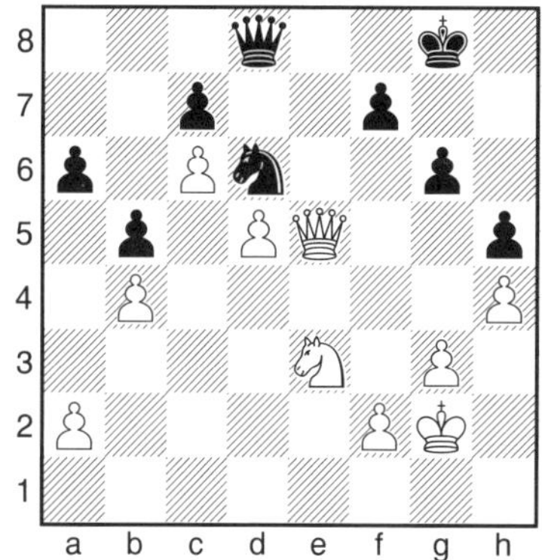

46.g4?!

Es war besser den f-Bauer als Rammbock zu nutzen.

46.f4 Kh7 47.f5±

46...hxg4 47.h5 Kh7?

47...gxh5 48.Dxh5 Df6 49.Dxg4+ Kf8 war die letzte Chance zu kämpfen.

48.Sxg4 Dh4

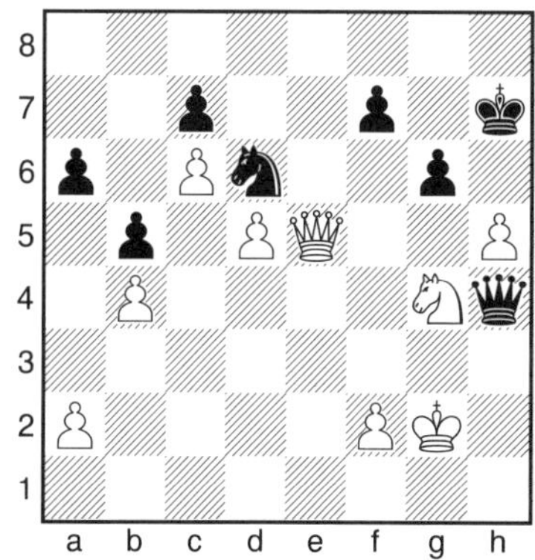

49.Df4!

Der entscheidende Schlag.

49...g5

49...Dxh5? 50.Sf6++−; 49...gxh5? 50.Sf6++−

50.Sf6+ Kg7 51.Dxh4 gxh4 52.Sd7 Sf5 53.Sb8 Se7 54.Sxa6 Sxd5 55.Kh3 Kf6 56.Kxh4 Kf5 57.a3 f6 58.f3 Ke6 59.Kg4 Se3+ 60.Kf4 Sd5+ 61.Ke4 f5+ 62.Kd4 Kd6 63.h6 Sf6 64.Sxc7

1-0

E01.04

Spyros Kofidis(2592) – Kjell Erik Krantz (2522)

Marcussi memorial Fernschachpartie Argentinien

1996

1.e4 e5 2.Sf3 Sc6 3.Lc4 Lc5 4.c3 Sf6 5.d3 a6 6.Lb3 d6 7.Sbd2 0−0 8.h3 La7 9.Sf1

Wir empfehlen 9.0−0

9...d5 10.De2 Te8 11.Sg3 h6 12.Sh2 dxe4 13.dxe4 Le6 14.Sg4 Lxb3 15.axb3 Te6 16.Le3 Lxe3 17.Sxe3 Se7 18.0−0 Sg6 19.Tfd1 De8 20.Dc2 Td8 21.Sgf5 Txd1+ 22.Txd1 Dc6

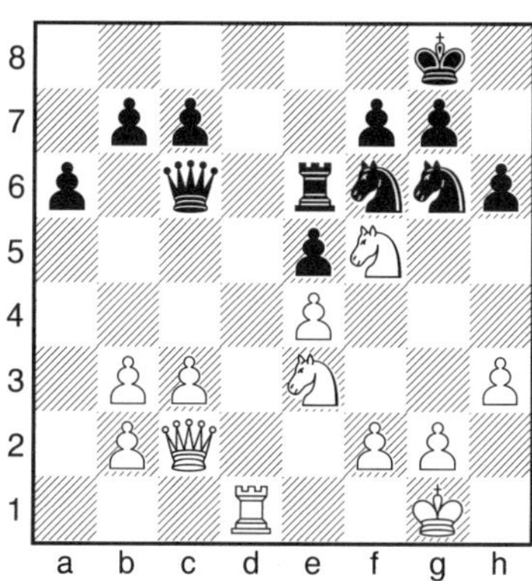

Die leichte weiße Initiative ist unangenehm und jetzt beginnt der Anziehende mit Umgruppierungen, um den Druck zu erhöhen.

23.Sd5 Te8 24.g3 Sxd5 25.exd5!? Dd7 26.De4 Se7 27.Se3 Sc8

27...Dxh3 28.Dxe5 Dd7 29.c4 ist ebenfalls etwas besser für Weiß, z.B. 29...Sg6 30.Df5 Dxf5 31.Sxf5 Te2 32.c5 Se5 33.d6 cxd6 34.cxd6 Sd7 35.Tc1 Td2 36.Tc7±

28.Dg4 Dxg4 29.hxg4 Kf8 30.c4 Sd6 31.Kf1 Ke7?!

31...a5 ist annähernd ausgeglichen.

32.Ke2

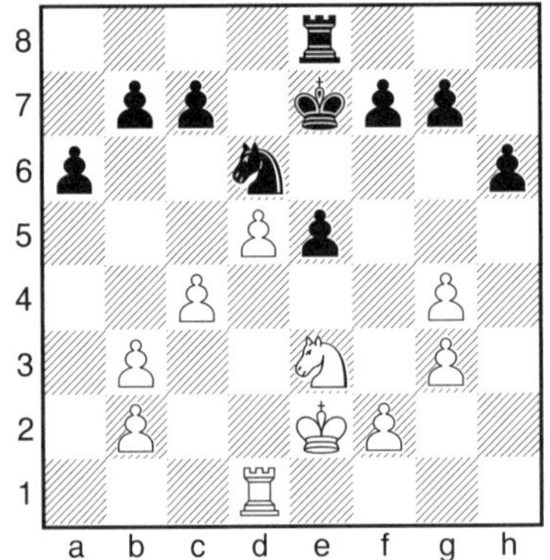

32...Td8?

Jetzt setzt sich die weiße Bauernmajorität in Gang.

32...c5 ist erforderlich und nach 33.dxc6 bxc6 34.Ta1 Ta8 35.b4 steht Weiß besser, aber Schwarz kann noch kämpfen.

33.b4 Kf6 34.Kd3 e4+

34...Ke7 35.c5 Sb5 36.Ke4 f6 37.Sc4±

35.Kd4 Te8 36.Th1 Kg6

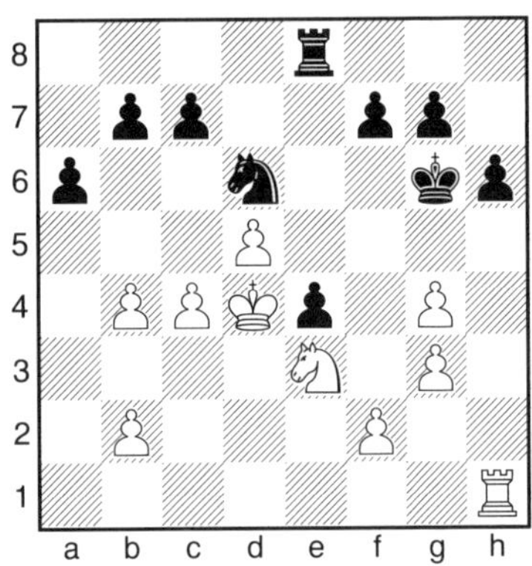

37.b5!! axb5 38.c5 Sc4?

Schwarz hofft sich in ein Turmendspiel zu retten, aber die zentralen weißen Bauern sind zu stark.

38...Sc8 ist forciert, z.B. 39.Ta1 b6 40.b4±

39.Sxc4 bxc4 40.Te1 f5 41.gxf5+ Kxf5 42.Te3 c6?! 43.d6 Te5 44.Kxc4 Td5 45.Tb3 Ke5 46.Txb7 Td4+ 47.Kc3 Kd5 48.Te7

48.d7!? Td3+ 49.Kb4 Ke6 50.Ka5 Txd7 51.Txd7 Kxd7 52.Kb6 g5 53.b4+−

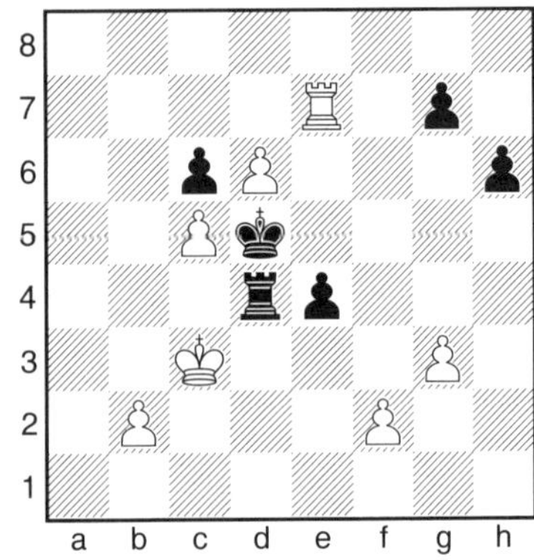

48...Td3+?!

Nicht die beste Verteidigung, aber das

spielt kaum eine Rolle in einer Fernpartie, wenn eine Seite schon klar besser steht:

48...Kxc5?! 49.Te5+ Td5 50.Txd5+ cxd5 51.d7+−; 48...Tc4+ 49.Kd2 Td4+ 50.Ke2 Kxc5 51.d7 Kb6 52.Ke3 c5 53.b4 Td3+ 54.Kxe4 c4 55.Txg7 Td2 56.Tf7 Kc7 57.f4 c3 58.Tf5 Kxd7 59.Tc5 Te2+ 60.Kf5 Te3 61.g4+−

49.Kb4

1-0

E01.05

V. Onischuk (2620) – A. Ornstein (2325)

Hasselbacken Open Stockholm 2016

1.e4 e5 2.Sf3 Sc6 3.Lc4 Lc5 4.c3 Sf6 5.d3 a6 6.Lb3

Am häufigsten gespielt.

Wir empfehlen 6.0−0

6...d6 7.h3 La7 8.Sbd2 Se7 9.0−0 Sg6 10.d4 0−0 11.Te1 b5

11...Te8 und 11...h6 sind die Hauptzüge.

12.Sf1 c5

12...Lb7 13.Sg3 h6 14.Lc2 Te8 15.a4 ist eine andere Hauptvariante.

13.dxe5

Weiß zielt auf ein typisches Endspiel ab, das objektiv ausgeglichen ist.

Nach 13.Sg3 Lb7 14.a4 Te8?! hat der weiße Plan etwas mehr Biss: 15.dxe5 dxe5 16.Dxd8 und C. Rossi (2357) – M. Godena (2502), Cremona 2005 endete mit Remis, obwohl Weiß etwas besser steht, z.B. 16...Texd8 17.c4 b4 18.Lg5 Lb6 19.a5 Lc7 20.Lc2 Sf4 21.Sf5±

13...dxe5 14.Dxd8 Txd8 15.c4!

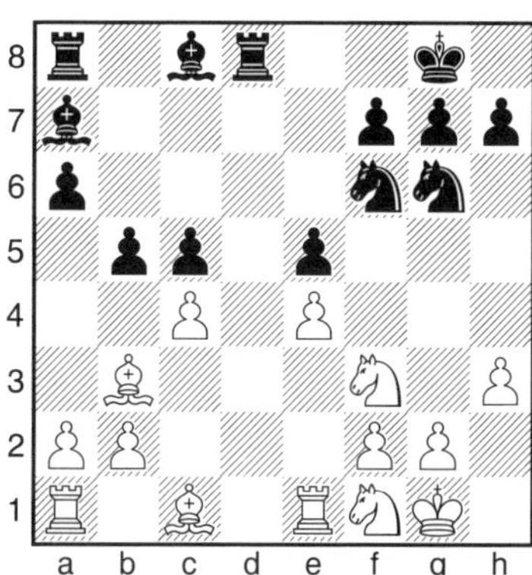

Es ist wichtig gegen den Läufer auf a7 zu spielen.

15...Le6 16.Sg5 Lxc4 17.Lxc4 bxc4 18.Ld2 c3 19.Lxc3 c4?

Schwarz verpasst den Moment für 19...Sf4 20.Sf3 Sd3 21.Te2 Sf4 22.Tee1 Sd3=

20.Sf3 Ld4 21.Tac1 Tab8 22.Lxd4 exd4 23.e5

Sogar mit so wenig Figuren auf dem Brett ist die weiße Initiative spürbar, da die weißen Springer stärker sind als die schwarzen.

23...Se8?

23...Sh5 24.Txc4 Txb2 25.Sxd4 Shf4 26.Sc6 Te8 hält den Schaden in Grenzen.

24.Txc4 Txb2 25.Sxd4 Txa2 26.Sc6 Tc8 27.Se3 Kf8 28.Sf5 Td2 29.Tee4 Td5 30.g4 Sxe5?

30...f6 31.f4± ist erforderlich.

31.Txe5 Txc6 32.Txe8+

1-0

E01.06

An. Kovalev (2550) – A. Nosov (2372)

Alushta 2008

Im folgenden Endspiel ist das Manöver nach c5 typisch:

1.e4 e5 2.Sf3 Sc6 3.Lc4 Lc5 4.c3 Sf6 5.d3 d6 6.Lb3 Lb6 7.Sbd2 0–0 8.Sc4

Normalerweise rochiert Weiß zuerst und entscheidet danach, wo er diesen Springer aufstellt. Für unsere Hauptempfehlung mit dem Transfer nach g3 siehe Kapitel 6.2.

8...Se7 9.0–0 Sg6

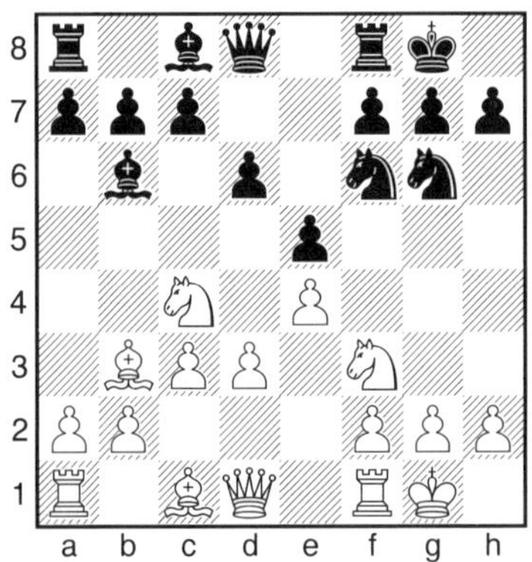

10.Te1!?

Das ist ein interessanter Zug mit der Idee für den Moment ohne h2-h3 auszukommen. Weiß muss sich keine Sorgen vor ...Sg4 machen, da er jederzeit den Läufer auf b6 tauschen kann. Dementsprechend macht es absolut Sinn hier ohne h2-h3 zu spielen.

10.a4 Ein logischer Zug, doch Weiß hat Schwierigkeiten in der Praxis einen Vorteil nachzuweisen. In den folgenden Varianten steht Schwarz sehr solide und schafft rechtzeitig den Vorstoß ...d5. 10...c6 11.Sxb6 axb6 (*11...Dxb6?! 12.a5 Dc7 13.Lg5 Sd7 14.d4±* J. Ehlvest (2600) – D. Arngrimsson (2383) Reykjavik 2010) 12.Le3 h6 13.h3 Weiß wählte in der Praxis fast immer diesen Aufbau. 13...Te8 (13...d5 14.Lc2 (*14.exd5 Sxd5 15.Lxd5 Dxd5 16.Lxb6 Sf4 17.c4 Dxd3 18.Dxd3 Sxd3 19.b3 Te8=* A. Delchev (2638) – A. Granero Roca (2432), Jaen 2014) 14...Te8 15.b4 (*15.Te1!?*) 15...Le6 16.Te1 Dc7= V. Spasov (2559) – D. Marjanovic (2348), Plovdiv 2015) 14.Te1 d5 (*14...Le6 15.Lc2 d5 16.exd5 Lxd5 17.d4 exd4 18.Sxd4 Le4=* I. Ortiz Suarez (2578) – I. Morovic Fernandez (2572), Varadero 2016) 15.Lc2 c5 16.b4!? cxb4 17.cxb4= T. Hillarp Persson (2539) – D. Howell (2693), London 2015

10...h6

10...c6 11.Sxb6 axb6 (*11...Dxb6 12.h3 h6 13.a4 Te8 14.a5 Dc7* J. Ye (2564) – A. Aung (2500) Yangon 1999 *15.Lc2N d5 16.d4±* sollte für Weiß dank des Läuferpaares etwas besser sein.) 12.d4 De7 13.Lc2 (*13.h3* ist präziser, da ...Lg4 irgendwann unangenehm sein könnte.) 13...h6 14.Le3 Td8 15.h3 c5 16.Sd2± Z. Amanov (2399) – H. Akopyan (2211) Los Angeles 2013;

10...Le6 11.d4 Verschwendet keine Zeit. (11.a4 c6 12.Sxb6 Lxb3 (*12...Dxb6 13.Lc2 a5 14.h3 h6 15.d4 Tad8* G. Pitl (2391) – C. Singer (2348) Austria 2015 *16.b3N Tfe8 17.c4±*) 13.Dxb3 Dxb6 (*13...axb6N 14.Le3* gibt Weiß eine leichte Initiative.) 14.Dc2 h6 15.d4 Dc7 16.dxe5 (*16.c4N* mit Raumvorteil ist auf jeden Fall angenehmer für Weiß.) 16...dxe5 17.Le3 Tfd8 18.h3 c5 19.Sd2 Sh5 20.Sc4 Shf4 21.Tad1 b6 22.Kh2 Te8?! (22...De7N 23.f3= (*23.g3? De6!*)) 23.g3 Se6 24.Td5± B. Ramnath (2393) – L. Babujian (2510) Hyderabad 2013) 11...Lxc4 12.Lxc4 exd4 C. Sandipan (2593) – Li Ruofan (2417) Singapur 2007 13.cxd4N d5 14.exd5 Sxd5 15.Db3 c6 16.Ld2± und das Läuferpaar sicher Weiß etwas Vorteil.

10...Lg4 Das ist ein Tempoverlust, denn es ist fragwürdig den Läufer auf h5 aufzustellen. 11.h3 Lh5?! 12.Sxb6 (12.d4N sieht sogar besser aus, z.B. 12...exd4 (*12...Lxf3 13.Dxf3 h6 14.Ld2±*) 13.Sxb6 axb6 14.cxd4±) 12...axb6 13.Lg5 Lxf3 14.Dxf3 h6 15.Lxf6 Dxf6 16.Dxf6 gxf6 17.g3± P. Velicka (2464) – P. Simacek (2493) Decin 2009;

10...De7 A. Ushenina (2448) – Hoang Thi Bao Tram (2265), Ningbo 2009 11.d4N Es gibt keinen Grund diesen typischen Vorstoß zu verzögern. Weiß steht etwas besser, da 10...De7 nicht so sinnvoll wie andere schwarze Züge aussieht.

11.d4

Weiß folgt seinem Plan h2-h3 zu verzögern und das Zentrum sofort zu besetzen.

11...Lg4?!

Das ist zweifelhaft, weil Weiß mit Tempo h3 spielen kann. Andere Züge scheinen aber auch nicht für Schwarz auszugleichen.

11...De7 12.a4 c6 13.dxe5!? dxe5 14.Dd6 Te8 15.Dxe7 Txe7 16.Sxb6 axb6 17.Le3 Sxe4 18.Lxb6± B. Kosic (2304) – F. Cottegnie (2415), ICCF email 2012;

11...Le6N 12.d5 Ld7 13.Lc2±;

11...c6?! 12.dxe5 Sg4 R. Gwaze (2413) – B. Amin (2535), Windhoek 2007 (*12...Sxe5N 13.Scxe5 dxe5 14.Dxd8 Txd8 15.Sxe5±*) 13.Sxb6!N Dxb6 14.exd6! Dxf2+ (*14...Sxf2 15.Dd4±*) 15.Kh1±;

11...exd4 12.cxd4 d5?! 13.Sxb6 axb6 P. Miroshnichenko (2245) – K. Kuderinov (2452), Moskau 2015 14.e5N Se4 15.Sd2±

12.h3 Le6

12...Lh5? funktioniert nicht wegen 13.g4 Sxg4 14.hxg4 Lxg4 15.Dd3± und Weiß kann sich sofort entfesseln.

13.a4

13.d5N Ld7 14.Lc2± sieht nach einer vernünftigen Alternative aus. Weiß erhält das Läuferpaar, sobald er auf b6 tauscht und Raumvorteil. Danach könnte ein Plan sein die Bauern am Damenflügel nach vorne zu schieben.

13...Lxc4

13...c6N 14.Sxb6 Lxb3 15.Dxb3 Dxb6 16.Dc2 verhält sich ähnlich wie B. Ramnath (2393) – L. Babujian (2510), Hyderabad 2013 nach 10...Le6.

14.Lxc4 c6 15.dxe5

Weiß möchte ins Endspiel überleiten aber

15.Ld3N hält die Spannung und sieht stellungsgemäßer aus. Weiß sollte etwas besser stehen mit dem Läuferpaar und dem Raumvorteil.

15...dxe5

15...Sxe5N 16.Sxe5 (*16.Lb3!?*)

16...dxe5 17.Dxd8 Tfxd8 18.a5 Lc5 19.b4 Le7 20.Lf1 ist immer noch etwas angenehmer für Weiß, aber hier ohne den Springer auf f3 kann Schwarz versuchen seinen Läufer über g5 abzutauschen.

16.Dxd8 Taxd8 17.a5± Lc7 18.g3

Ein schöner Zug, um das Feld f4 zu überdecken und falls gewünscht Kg2 zu spielen.

18...a6?!

Das sieht fragwürdig aus, da es die eigene Bauernstruktur fixiert und den Bauern b7 schwächt.

18...Td7N 19.b4 Tfd8 20.Kg2±

19.Sd2!

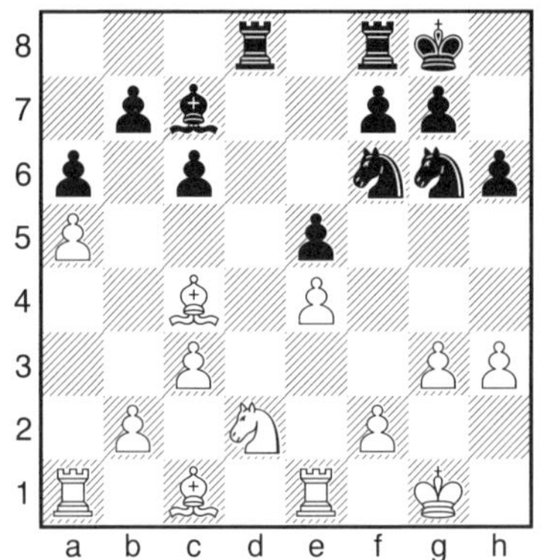

Weiß überführt den Springer nach c5, um den Bauern b7 anzugreifen.

19...Tfe8?!

19...Se8N 20.b4 Sd6 21.Lf1±

20.b4 Sf8 21.Sb3 Se6?! 22.Lxe6 fxe6 23.Sc5± Lb8?!

Es hilft nicht den Bauern zu geben. Die schwarze Stellung kollabiert jetzt schnell.

23...Tb8N 24.f3 Ld6 25.Sd3 Sd7 26.Td1±

24.Sxb7 Td3 25.Sc5!+−

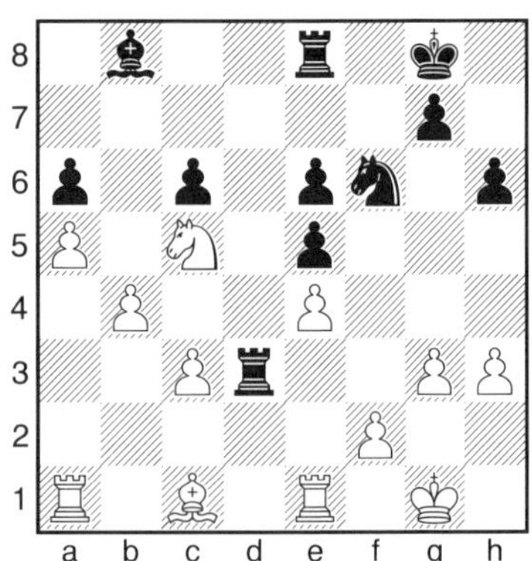

25...Txc3 26.Le3 Tc4

26...Ld6N 27.Sxa6 Sxe4 28.Lb6 Sf6 29.Lc7+−

27.Sxa6 Txe4 28.Tec1 Sd5 29.Lc5 Kh7?!

29...Te2N 30.Sxb8 Txb8 31.Ld6+−

30.Ta2

Der schwarze Turm auf e4 ist gefangen.

30...Tc8 31.f3

In einer verlorenen Stellung verliert Schwarz zusätzlich die Qualität.

1-0

Taktikaufgaben

(Lösung ab Seite 261)

Taktiktraining kann nie schaden. Wir schlagen vor, dass der Leser die Aufgaben zuerst selbst löst. Nehmen Sie sich genug Zeit und schauen Sie erst danach die Lösung an.

T01.01

Slavik Sarchisov (1842) – Polly Lambert C54

EU–Meisterschaft U12 Mureck

2007

1.e4 e5 2.Sf3 Sc6 3.Lc4 Lc5 4.c3 Sf6 5.d3 d6 6.0–0 Lg4 7.Sbd2 0–0 8.Te1 h6 9.Sf1 Se7 10.h3 Lh5?!

10...Le6 ist erforderlich.

11.Sg3 Lg6 12.Sh4 Lh7 13.Df3 c6?

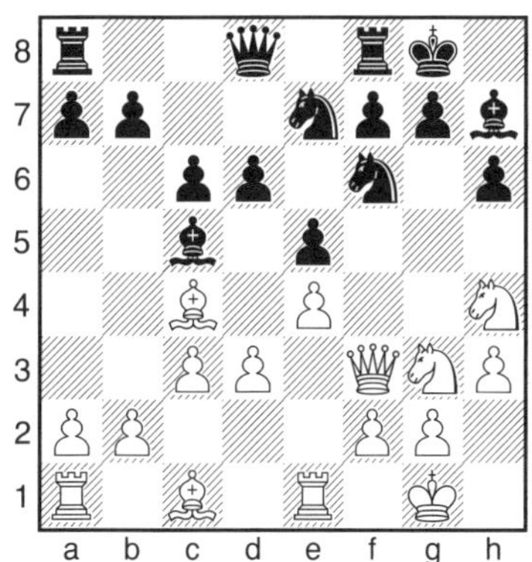

Wie setzt Weiß seine Initiative fort?

(Lösung Seite 261)

T01.02

Vitaly Tseshkovsky (2576) – Irina Sudakova (2376) C54

MTO Open Biel

2006

1.e4 e5 2.Lc4 Sf6 3.d3 Sc6

Bei dieser Zugfolge sollte Weiß auch ein Repertoire gegen 3...c6 haben.

4.Sf3 Lc5 5.0–0 d6 6.c3 Lg4 7.h3

Wenn Weiß rochiert hat und Schwarz noch nicht, dann ist dieser Zug immer ein wenig riskant.

7...Lh5 8.Te1 h6 9.a4 a5 10.Sbd2 0–0

10...g5 ist kritischer.

11.Sf1 d5?!

Schwarz ist auf diesen Vorstoß nicht vorbereitet.

12.exd5 Sxd5 13.Sg3 Lxf3 14.Dxf3 Sde7 15.Se4

15.Dh5!?+–

15...Lb6 16.Dh5 Sd5

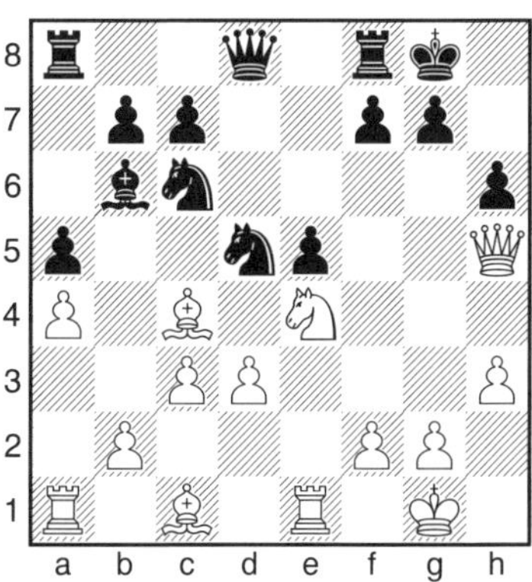

Wie soll man den Angriff am Königsflügel fortsetzen?

(Lösung Seite 261)

T01.03

Vasil Spasov (2578) – Jure Borisek (2508) C54

37. Olympiade Turin

2006

1.e4 e5 2.Lc4 Sf6 3.d3 Sc6 4.Sf3 Lc5 5.c3 d6 6.0–0 a6 7.Lb3

Unsere Hauptempfehlung lautet 7.Sbd2

7...0–0 8.Sbd2 La7 9.h3 Se7 10.Te1 Sg6 11.Sf1 b5?! 12.Sg3 Te8 13.Sg5 d5?!

13...Tf8 hält den Schaden in Grenzen.

14.exd5 h6 15.S5e4 Sxd5?!

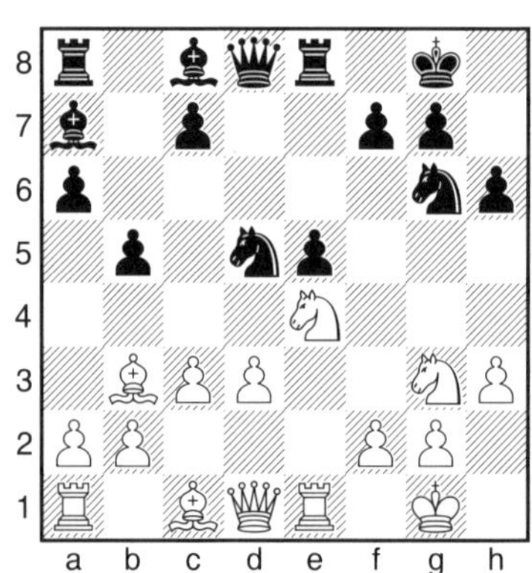

Wo soll Weiß zuschlagen?

(Lösung Seite 261)

T01.04

Andreas Tzermiadianos (2454) – Spyridon Zamit (2061) C54

Olympiade Athen

1999

1.e4 e5 2.Sf3 Sc6 3.Lc4 Lc5 4.c3 Sf6 5.d3 d5 6.exd5 Sxd5?

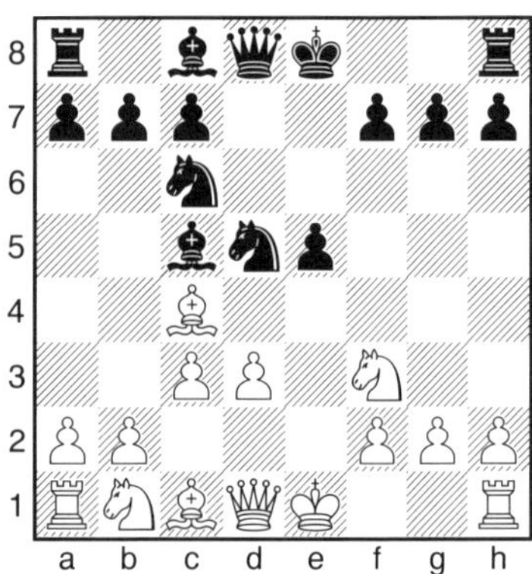

Wie nutzt man das frühe...d7-d5 aus?

(Lösung Seite 261)

T01.05

**John M. Emms (2502) –
David Ledger (2252) C54**

Britische Mannschaftsmeisterschaft (4NCL) Birmingham
2006

1.e4 e5 2.Sf3 Sc6 3.Lc4 Lc5 4.c3 Sf6 5.d3 a6 6.Lb3

Unsere Hauptempfehlung lautet 6.0–0

6...d6 7.Sbd2 0–0 8.h3 La7 9.Sf1 d5 10.De2 Dd6 11.Sg3 Sa5 12.Lc2 dxe4 13.dxe4 Ld7 14.Sh4 Lb5 15.Df3 Tfe8?

15...De6 ist erforderlich.

16.Shf5

16.Lg5± ist auch sehr stark.

16...Df8 17.h4 Te6?

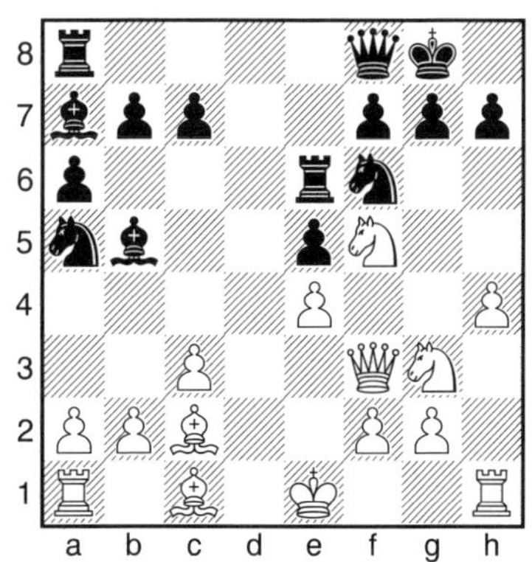

Wie soll man den Angriff am Königsflügel fortsetzen?

(Lösung Seite 261)

T01.06

**A. Brkic (2588) –
M. Schachinger (2444) C54**

Zadar Open A 2015

1.e4 e5 2.Sf3 Sc6 3.Lc4 Lc5 4.c3 Sf6 5.d3 0–0 6.0–0 d5 7.exd5 Sxd5 8.a4 a6 9.Sbd2 Lg4

Für mehr Details siehe Kapitel 4.2.

10.h3 Lh5 11.Se4 Le7 12.a5 Dd7?

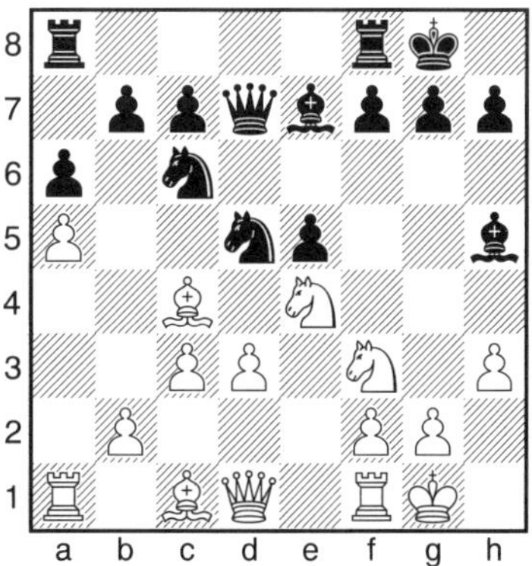

Wie nutzt man die Gelegenheit aus?

(Lösung Seite 261)

T01.07

J. Hector (2499) – Be Foo (2183) C54

London Classic Open

2015

1.e4 e5 2.Sf3 Sc6 3.Lc4 Sf6 4.d3 Lc5 5.c3 a6 6.Lb3

Wir empfehlen hauptsächlich 6.0–0

6...0–0 7.0–0 d6 8.Le3

Wir empfehlen 8.Sbd2 aber auch Hectors Ansatz ist interessant.

8...La7

8...Lxe3 9.fxe3 Se7 (*9...d5 10.exd5 Sxd5 11.De1*) 10.Sbd2 führt zu einer anderen Version der Stellung.

9.Sbd2 h6 10.Te1 Sh5 11.Sf1 Df6 12.h3 Se7 13.d4 Sg6?

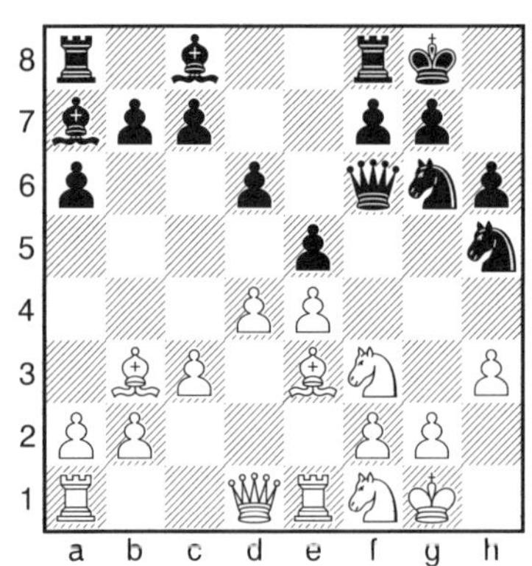

Wie nutzt man den Moment aus?

(Lösung Seite 262)

T01.08

Georgios Souleidis (2440) – Peter Acs (2542) C54

Bundesliga

2009

1.e4 e5 2.Sf3 Sc6 3.Lc4 Lc5 4.c3 Sf6 5.d3 0–0 6.0–0 d6 7.Lb3

7.Sbd2 ist unsere Hauptempfehlung.

7...a6 8.h3 La7 9.Sbd2 Se7 10.Te1 Sg6 11.Sf1 h6 12.Sg3 Ld7?! Sehr langsam und zahm.

13.d4 Te8 14.Lc2 Dc8 15.Le3 c5 16.Dd2 Kh7 17.Tad1 Sf8?

17...Td8 ist erforderlich.

18.dxe5 dxe5

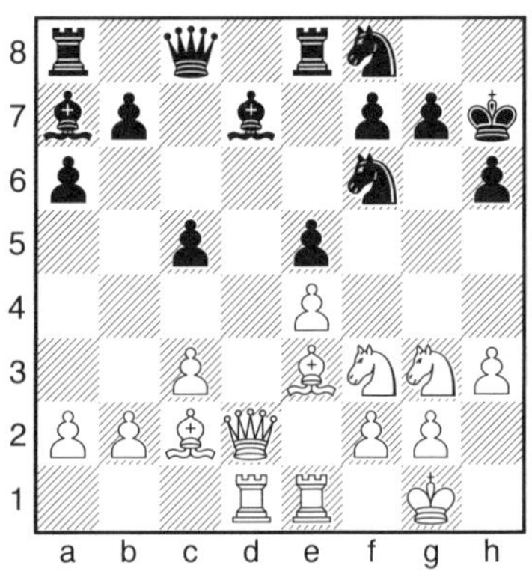

Wie setzte Weiß fort?

(Lösung Seite 262)

T01.09

Ivan Saric (2394) – Aleksandar Toth (2280) C54

EUJugendmeisterschaft U18 Balatonlelle

2006

1.e4 e5 2.Sf3 Sc6 3.Lc4 Lc5 4.c3 Sf6 5.d3 d6 6.0–0 0–0 7.Lb3 a6 8.Sbd2 La7 9.Sc4

Eine weitere interessante Hauptvariante.

Unsere Hauptempfehlung lautet 9.h3

9...h6 10.Te1 Le6 11.Le3 Te8 12.Lxa7 Txa7 13.h3 Ta8 14.Se3 Lxb3 15.Dxb3 Tb8 16.Tad1 Dd7 17.Sh4 Sa5?! 18.Dc2 d5?

Schwarz ist hier auf diesen Vorstoß nicht vorbereitet.

18...Sc6 ist umsichtiger.

19.Shf5 Sc6 20.De2 d4 21.Sd5 Te6?

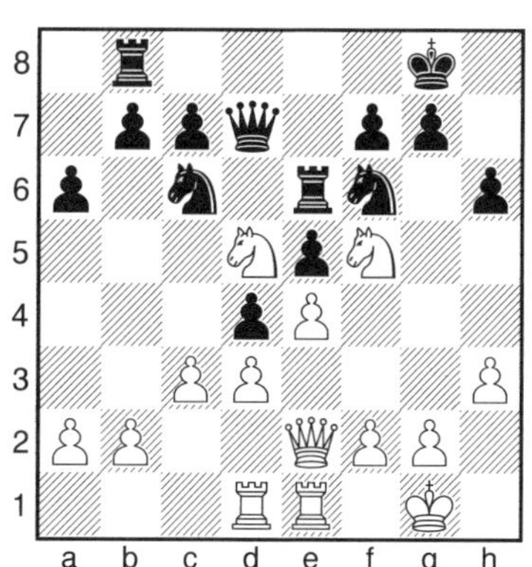

Weiß am Zug gewinnt auf typische Weise.

(Lösung Seite 262)

T01.10

Dibyendu Barua (2525) – Chanda Sandipan (2543) C54

Kalkutta Open

2004

1.e4 e5 2.Sf3 Sc6 3.Lc4 Lc5 4.c3 Sf6 5.d3 a6 6.0–0 d6 7.Lb3 0–0 8.Le3

Eine interessante Option. Wir empfehlen 8.Sbd2

8...Lxe3 9.fxe3 Se7 10.Sbd2 Sg6 11.a4 a5 12.h3 De7 13.Tf2 Le6 14.Lc2 d5 15.exd5 Lxd5 16.e4 Lc6 17.Sc4 b6 18.Se3 Tfe8?

18...Ld7 ist erforderlich.

19.Sf5 Dd7 20.Lb3 Tad8?

Das verliert, aber guter Rat war teuer.

21.Sg5 Tf8 22.Df3 Sf4 23.Dg3 S6h5 24.Dh4 Sf6 25.Tf3

25.Txf4!? exf4 26.Sf3 Ld5 27.Dg5+-

25...Sg6?! 26.Sh6+ Kh8

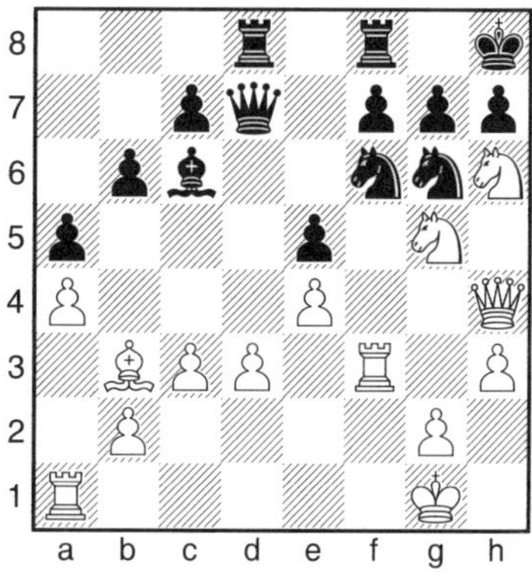

Wie schlägt man zu?

(Lösung Seite 263)

T01.11

Jonathan Yu (2085) – Wenlu Yu (1783) C54

Aurora Fall Open

2014

1.e4 e5 2.Sf3 Sc6 3.Lc4 Lc5 4.c3 Sf6 5.d3 d6 6.Sbd2 0–0 7.Lb3 a6 8.h3 h6 9.Sf1

Wir empfehlen 9.0–0

9...d5 10.De2 dxe4 11.dxe4 De7 12.Sg3 Le6 13.0–0 Tad8 14.Sh4 Lxb3 15.axb3 De6 16.b4 Lb6 17.Shf5 Td7 18.Le3 Lxe3 19.Dxe3 Tfd8?

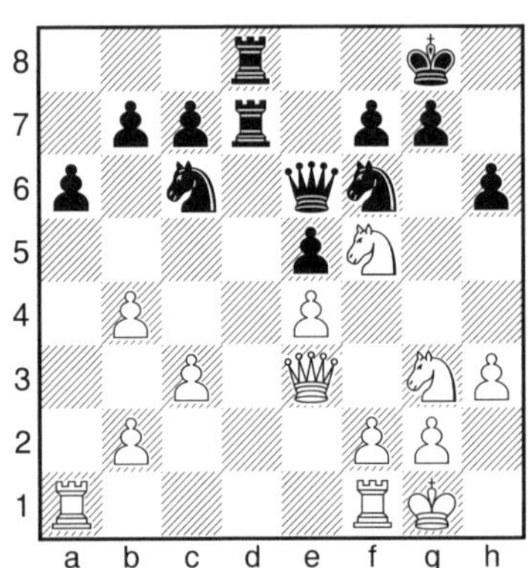

Wie setzte Weiß fort?

(Lösung Seite 263)

T01.12

Ge Ardelean (2495) – I. Uta (1806) C54

XXVII Felix Cup Baile

2012

1.e4 e5 2.Lc4 Sf6 3.d3 Lc5 4.Sf3 Sc6 5.Lb3 d6 6.c3 Lg4 7.h3 Lh5 8.Sbd2 0–0 9.Sf1 a5 10.a4 De7 11.Sg3 Lg6 12.0–0 Sd8 13.Sh4 Se6 14.Shf5 Lxf5?! 15.Sxf5 Dd7 16.Df3 Kh8

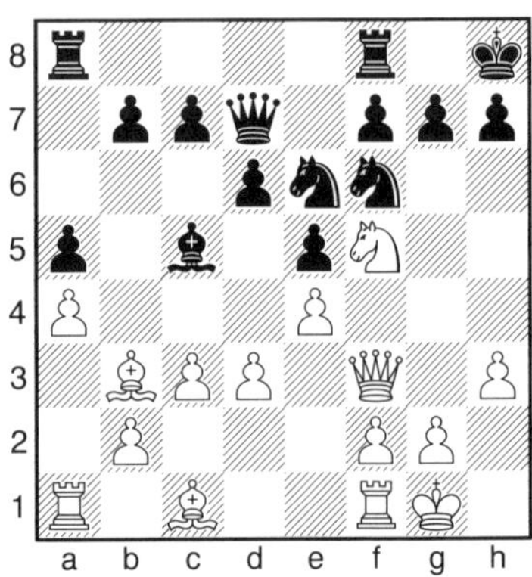

Wie setzt man den Angriff fort?

(Lösung Seite 263)

T01.13

T. Radjabov (2744) – P. Harikrishna (2669) C54

8. World Teams Ningbo

2011

1.e4 e5 2.Sf3 Sc6 3.Lc4 Lc5 4.0–0 Sf6 5.d3 0–0 6.Sbd2 d6 7.c3 Lb6 8.Lb3 Se7 9.h3 c6 10.Te1 Sg6 11.d4 h6 12.Lc2 Le6 13.Sf1 Dc7 14.Le3 Tad8 15.Dc1 Tfe8 16.Sg3 Dd7 17.a4 Lc7 18.a5 a6 19.Ta4 De7 20.c4 Df8?

20...d5 war erforerlich, um Gegenspiel im Zentrum zu kreieren.

21.d5 Ld7 22.Ta3 Tc8 23.Dd2 Se7 24.Lb1 Tb8 25.Tb3 Tec8 26.Sh4 Dd8 27.Ta3 Sh7 28.Shf5

28.c5!?

28...Sxf5 29.exf5 Df8?

29...Dh4 ist erforderlich.

30.Sh5 Ld8?

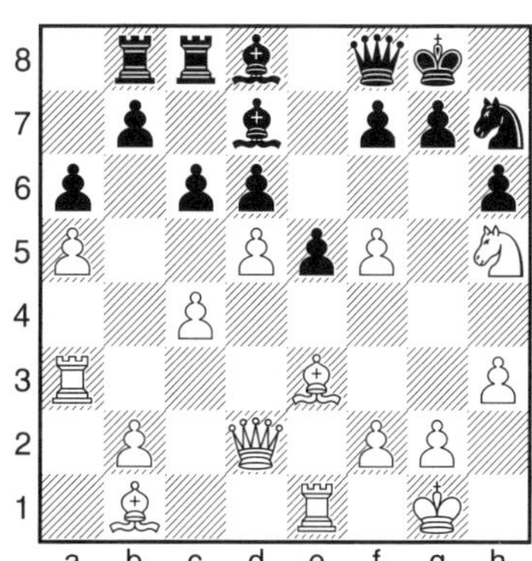

Wie soll man den Angriff am Königsflügel fortsetzen?

(Lösung Seite 263)

T01.14

Z. Andriasian (2579) – I. Khmelniker (2483) C54

26. European Club Cup Plovdiv

2010

1.e4 e5 2.Sf3 Sc6 3.Lc4 Lc5 4.c3 Sf6 5.d3 0–0 6.Sbd2 a6 7.0–0 d6 8.Lb3 La7 9.Sc4

Unsere Hauptempfehlung lautet 9.h3

9...b5 10.Se3 Le6 11.Lc2 h6 12.d4 exd4 13.Sxd4 Ld7 14.Sdf5 Se5 15.Kh1 Te8 16.f3 Lc6 17.Lb3 Dd7?! 18.Dd2!? Tad8?

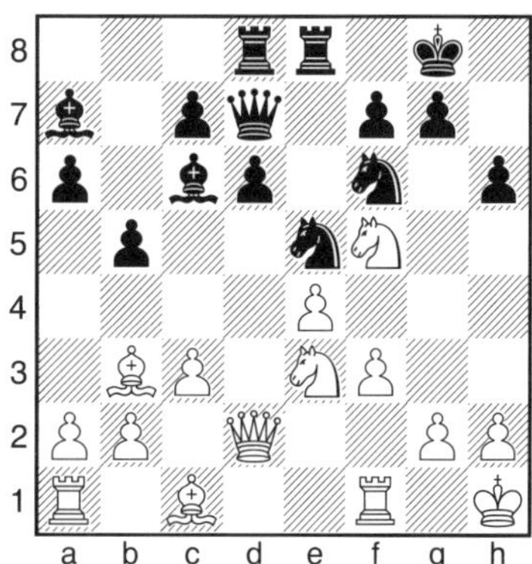

Wo schlägt man zu?

(Lösung Seite 263)

T01.15

J. Ramiro Ovejero (2377) – M. Oviedo Rodriguez (2059) C54

4. Lorca Open

2015

1.e4 e5 2.Sf3 Sc6 3.Lc4 Lc5 4.c3 Sf6 5.d3 d6 6.h3 0–0 7.Sbd2 Te8 8.0–0 Le6 9.Te1 a6 10.Lb3 Lxb3 11.axb3 d5 12.De2 dxe4 13.dxe4 Dd7 14.Sf1 Tad8 15.Lg5 De6 16.b4 Lf8?

16...La7 ist erforderlich.

17.Se3 Se7?!

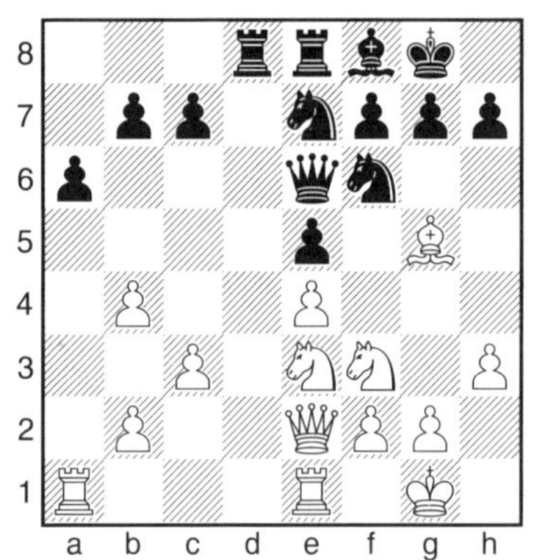

Wie setzte Weiß seine Initiative fort?

(Lösung Seite 263)

T01.16

Le Vajda (2569) – Ra. Mueller (2392) C54

25. Czech Open Pardubice

2014

1.e4 e5 2.Sf3 Sc6 3.Lc4 Sf6 4.d3 Lc5 5.c3 0–0 6.Sbd2 d5 7.exd5 Sxd5 8.Se4 Lb6 9.0–0 f6 10.a4 Le6 11.b4 a6 12.a5 La7 13.Le3 Lxe3?! 14.fxe3 Lf7 15.De1 De7?! 16.Sc5 Sd8?! 17.Sh4 g6?! 18.Dg3 Kh8?!

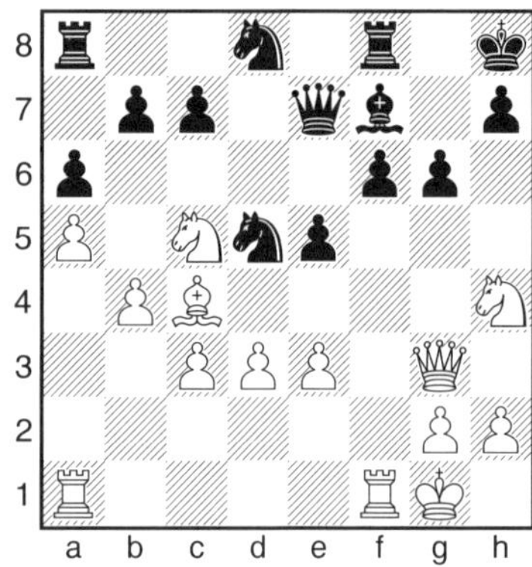

Wie sollte man den weißen Angriff fortsetzen?

(Lösung Seite 264)

T01.17

Georgios Souleidis (2390) – Hans-Hubert Sonntag (2391) C54

NRW – Oberliga

2011

1.e4 e5 2.Sf3 Sc6 3.Lc4 Sf6 4.d3 Lc5 5.c3 d6 6.Lb3

6.0–0 ist unsere Hauptempfehlung.

6...Lb6 7.Sbd2 Se7 8.Sf1 Sg6 9.Sg3 0–0 10.0–0 h6 11.Te1 c6 12.h3 d5 13.exd5 Sxd5 14.d4 exd4 15.Sxd4 Le6?! 16.Lc2

Die solide Wahl.

Der Computer bevorzugt 16.Sxe6 fxe6 17.Txe6 Txf2 18.Kh1 aber das scheint unnötig riskant zu sein.

16...Lxd4?!

16...Sdf4 ist kritisch, z.B. 17.Sxe6 Dxd1 18.Txd1 Sxe6 A. Brkic (2597) – D. Wagner (2485), Bad Gleichenberg 2014 19.a4N a6 20.a5 Lc7 21.Se4 Tfd8 22.Txd8+ Txd8 23.g3±

17.Dxd4 Sdf4?!

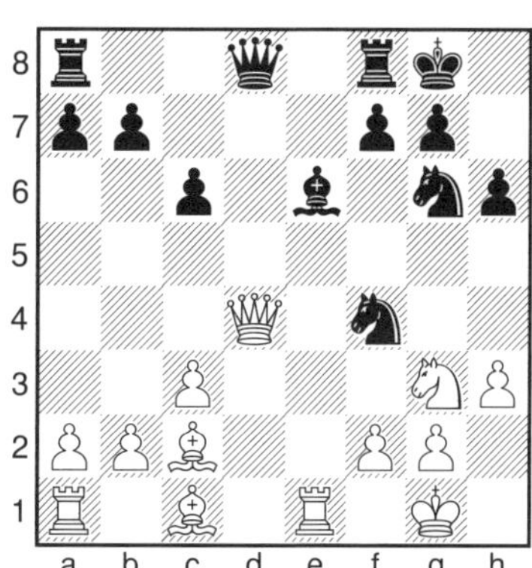

Wie kann Weiß die Disharmonie im schwarzen Lager ausnutzen?

(Lösung Seite 264)

T01.18

Jorden Van Foreest (2551) – D. Ronneland (2196) C54

Hasselbacken Open Stockholm

2016

1.e4 e5 2.Sf3 Sc6 3.Lc4 Lc5 4.0–0 d6 5.d3 Sf6 6.c3 0–0 7.h3 a6 8.Lb3 b5?!

Ein sehr seltener Zug.

9.Te1 h6 10.Sbd2 Te8 11.Sf1 d5?

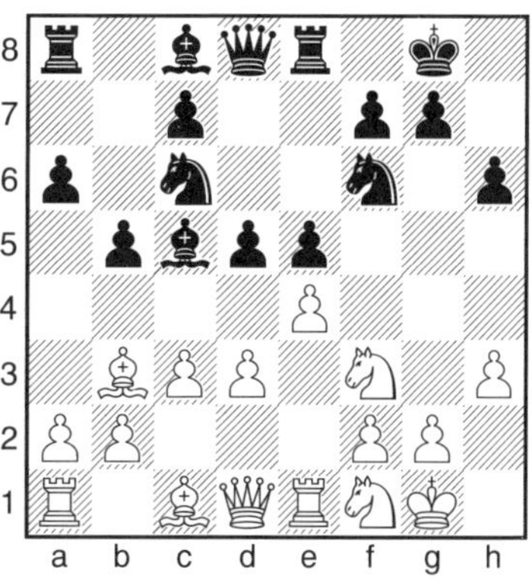

Wie sollte man auf diesen verfrühten Vorstoß reagieren?

(Lösung Seite 264)

T01.19

Marie Sebag (2491) – Albert Vermue C54

11. Vlissingen HZ Open

2007

1.e4 e5 2.Sf3 Sc6 3.Lc4 Sf6 4.d3 Lc5 5.c3 h6 6.Sbd2 0–0 7.0–0 d5?! 8.exd5 Sxd5 9.Se4 Lb6?

9...Le7 ist forciert.

10.Te1?

10.Lxh6!!+– ist jetzt schon spielbar.

10...Lg4?

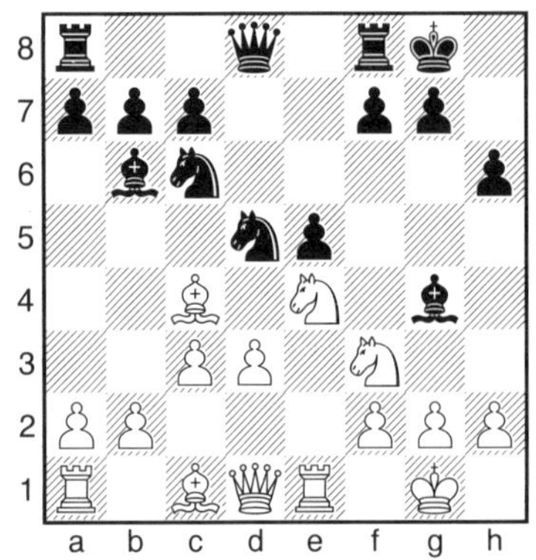

Wie kann man das sorglose Spiel des Schwarzen ausnutzen?

(Lösung Seite 264)

T01.20

Ax Bachmann (2633) – E. Santarius (2266) C54

43. Annual World Open Arlington

2015

1.e4 e5 2.Sf3 Sc6 3.Lc4 Lc5 4.c3 Sf6 5.d3 a6 6.Sbd2 b5 7.Lb3 d6 8.Sf1

Wir rochieren zuerst, aber Weiß kann 0–0 auch verzögern. Tiviakov spielt häufig auf diese Weise.

8...d5 9.exd5 Sxd5 10.Sg3 0–0 11.0–0 Sf6 12.h3

12.Lg5!?

12...h6 13.Te1 Dd6?

13...Te8 ist erforderlich.

14.Sh4! Lb7?

14...Se7 hält den Schaden in Grenzen.

15.Sgf5 Dd7

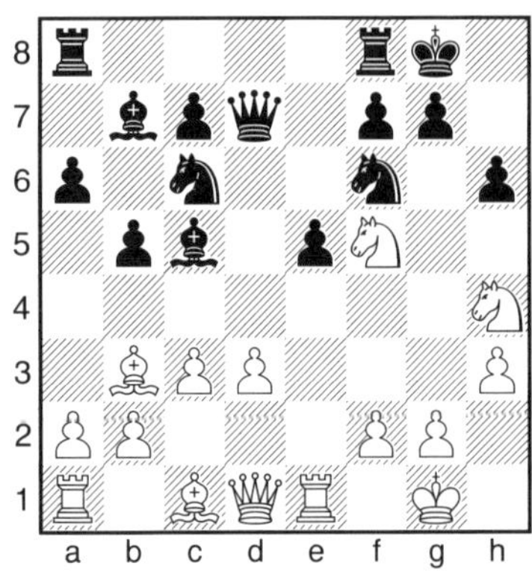

Wie soll das Spiel am Königsflügel fortgesetzt werden?

(Lösung Seite 264)

T01.21

Sergej Berezjuk (2435) – Jan Vinarcik C54

Bratislava Open

1993

1.e4 e5 2.Sf3 Sc6 3.Lc4 Lc5 4.c3 Sf6 5.d3 h6 6.Sbd2 d6 7.h3 Lb6 8.Lb3 a6 9.Sf1 De7 10.Sg3 Sd8?

Der schwarze Plan ist zu langsam.

11.0–0 Se6 12.d4 Sf8?! 13.Te1 Sg6?! 14.Le3?!

14.Sf5! Df8 15.Le3 ist sogar besser.

14...0–0 15.Dd2

Wieder war 15.Sf5!? stärker.

15...Te8

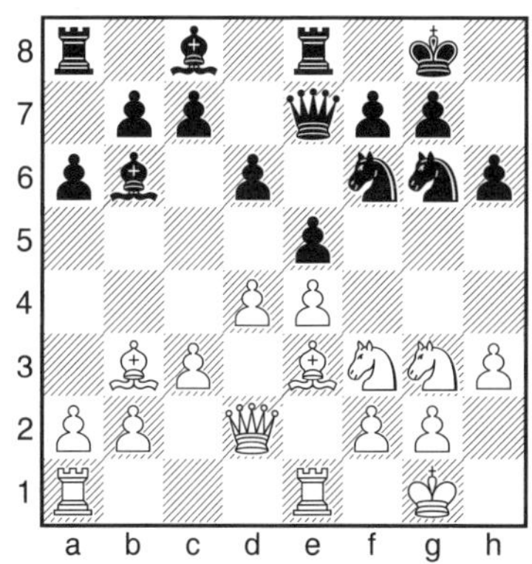

Wie sollte Weiß fortsetzen und welche ist die beste schwarze Verteidigung danach?

(Lösung Seite 265)

T01.22

Alexander Chudinovskih (2417) – Oliver Kniest (2274) C54

Pardubice Open

2007

1.e4 e5 2.Sf3 Sc6 3.Lc4 Lc5 4.c3 Sf6 5.d3 d6 6.Lb3 a6 7.Sbd2 La7 8.0–0 0–0 9.h3 h6 10.Sc4 Le6 11.Se3 Se7 12.Sh4 d5 13.Df3 dxe4 14.dxe4 Lxb3 15.axb3 Dd3?

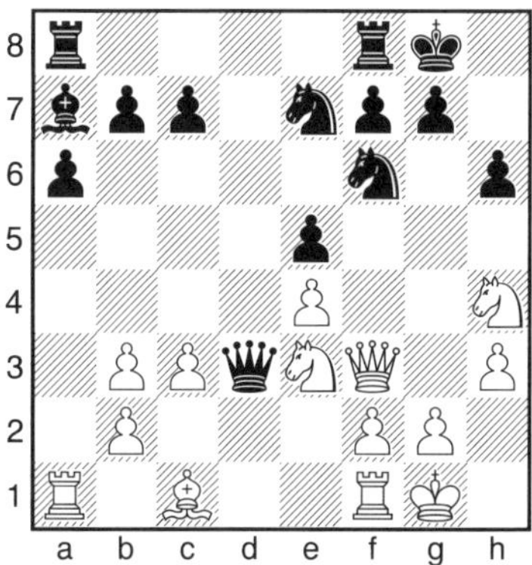

Warum war 15...Dd3 ein Fehler?

(Lösung Seite 265)

T01.23

Jean Marc Degraeve (2523) – Cyril Soyez (2254) C54

La Fere 7. Open

2008

1.e4 e5 2.Lc4 Sc6 3.Sf3 Lc5 4.c3 Sf6 5.d3 0–0 6.Sbd2 d5 7.exd5 Sxd5 8.0–0 Lb6 9.Te1 Sf4?

9...f6 oder; 9...Lg4 sind besser.

10.Se4 Le6?

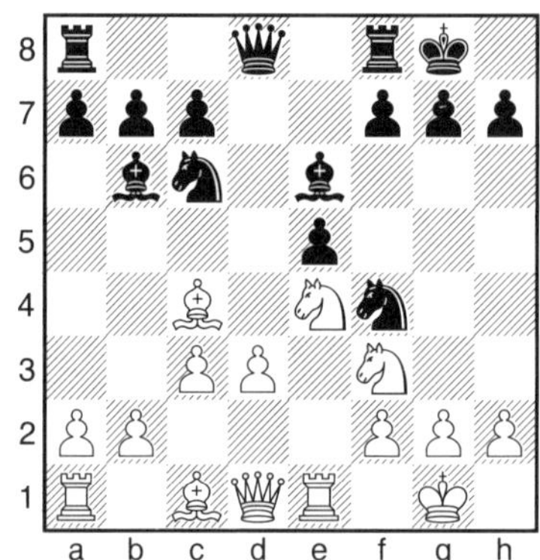

Wie kann man den Fehler 10...Le6 ausnutzen?

(Lösung Seite 265)

T01.24

J. Dourerassou (2436) – Ax. Bachmann (2623) C54

17. Sants Open Barcelona

2015

1.e4 e5 2.Sf3 Sc6 3.Lc4 Lc5 4.c3 Sf6 5.d3 a6 6.Lb3 La7 7.h3 d6 8.Sbd2 h6 9.Sf1 Se7 10.Sg3 Sg6 11.0–0 0–0 12.Te1 Te8 13.d4 b5 14.a4 Lb7 15.axb5?!

15.Dd3 ist präziser.

15...axb5 16.Dd3 Dd7?

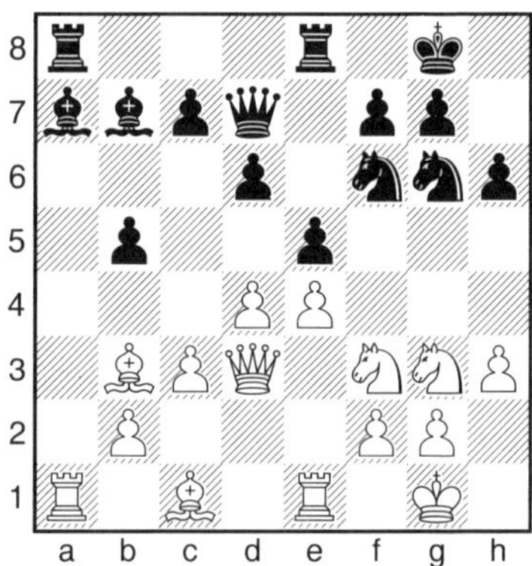

Weiß verpasste eine starke Fortsetzung. Können Sie es besser machen?

(Lösung Seite 265)

T01.25

Jana Jackova (2386) – Martina Korenova (2232) C54

Bundesliga

2006

1.e4 e5 2.Sf3 Sc6 3.Lc4 Lc5 4.c3 Sf6 5.d3 d6 6.Sbd2 0–0 7.h3 a6 8.Lb3 d5 9.exd5 Sxd5 10.Se4 La7 11.0–0 Lf5 12.Te1 Te8?! 13.Sfg5 f6?

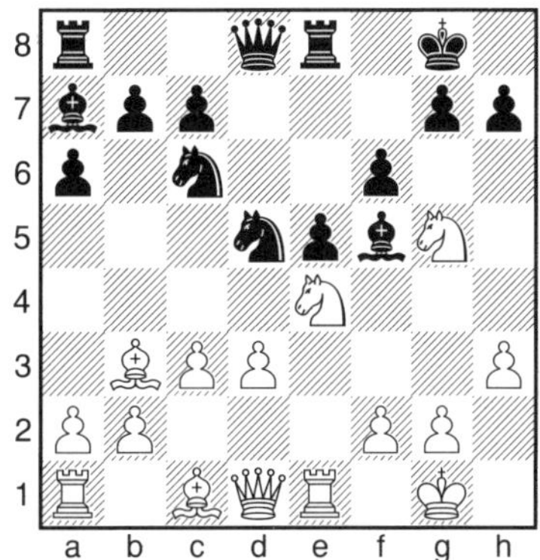

Setzten Sie den weißen Angriff fort!

(Lösung Seite 266)

T01.26

Evgeni Janev (2493) – Diana Soares C54

7. Open Lissabon

2001

1.e4 e5 2.Sf3 Sc6 3.Lc4 Lc5 4.c3 Sf6 5.d3 d6 6.0–0 Lg4?! 7.h3 Lh5?! 8.Sbd2 0–0 9.Te1 a6 10.a4 Te8 11.Sf1 d5 12.exd5 Sxd5 13.Sg3 Lg6 14.a5 Dd6?

14...Sf4 ist erforderlich.

15.Se4 Lxe4 16.dxe4 Sf6 17.Db3 Dd7 18.Sg5

18.Lg5!? ist sogar besser.

18...Tf8?

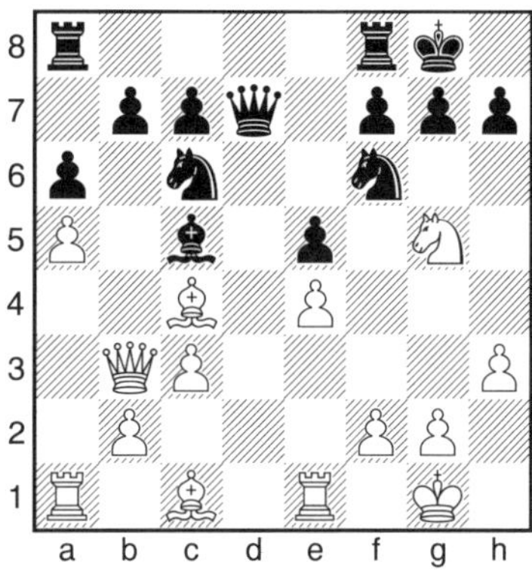

Was hatte Schwarz übersehen?

(Lösung Seite 266)

T01.27

Ladislav Kotan (2369) – Andrej Veres (2111) C54

Tatry Open Tatranske Zruby

2003

1.e4 e5 2.Sf3 Sc6 3.Lc4 Lc5 4.0–0 Sf6 5.d3 d6 6.c3 Lb6 7.Lb3 h6 8.Sbd2 a6 9.Sc4 La7 10.Le3 Lxe3 11.fxe3 Le6 12.d4 Lxc4 13.Lxc4 Dd7?! 14.Sh4 0–0?

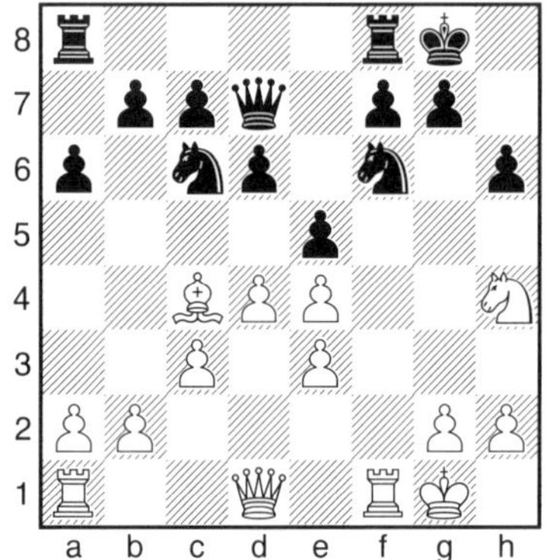

Wie soll man den weißen Angriff fortsetzen?

(Lösung Seite 266)

T01.28

Nikoletta Lakos (2335) – Günter Kuba (2238) C54

Oberwart Open

1999

1.e4 e5 2.Sf3 Sc6 3.Lc4 Lc5 4.c3 Sf6 5.d3 a6 6.0–0 d6 7.Te1 0–0 8.Lb3 Te8 9.Sbd2 Sh5?! 10.d4 exd4 11.cxd4 La7 12.Sf1 Df6?

12...Lg4 ist erforderlich.

13.Le3?

13.Sg5+–

13...Txe4?

13...Lg4 ist wieder erforderlich.

14.Lc2?

14.Sg5 Te7 15.Dxh5+–

14...Te8 15.d5 Se5?

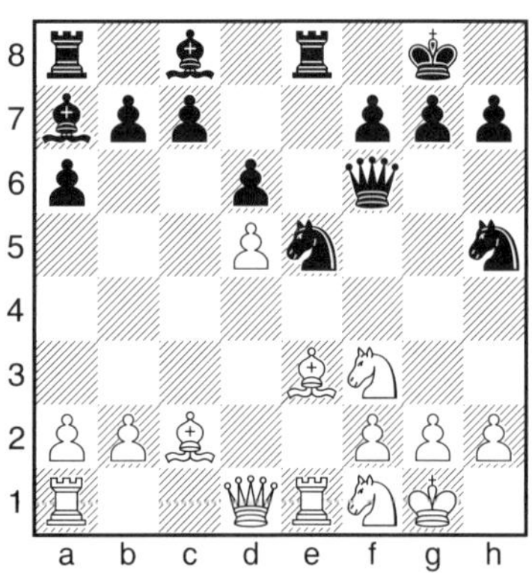

Wie nutzt man die Stellung des ungedeckten Springers auf h5?

(Lösung Seite 266)

T01.29

S. Melia (2409) – T. Mamedjarova (2257) C54

17. Europäische Damenmeisterschaft Mamaia

2016

1.e4 e5 2.Sf3 Sc6 3.Lc4 Lc5 4.c3 Sf6 5.d3 d6 6.0–0 0–0 7.Sbd2 a6 8.Lb3 La7 9.h3 Se7 10.Te1 Sg6 11.Sf1 Sh5 12.d4 exd4 13.cxd4 Shf4 14.Sg3 Le6 15.Lc2 Te8 16.Le3 Df6?

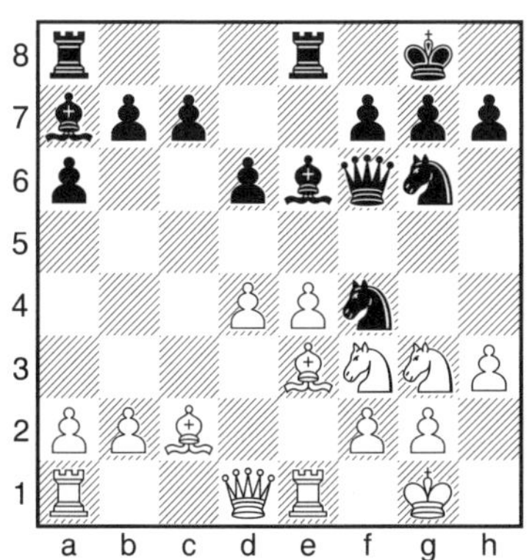

Welche typische Taktik gewinnt für Weiß?

(Lösung Seite 266)

T01.30

Vladislav Nevednichy (2593) – Anthony C. Kosten (2514) C54

Open Montpellier

2003

1.e4 e5 2.Sf3 Sc6 3.Lc4 Sf6 4.d3 Lc5 5.c3 a6 6.Lb3 La7 7.h3 d6 8.Sbd2 h6 9.Sf1 Le6 10.Sg3 0–0 11.0–0 Te8 12.Te1 d5 13.exd5 Sxd5 14.Ld2 Df6?

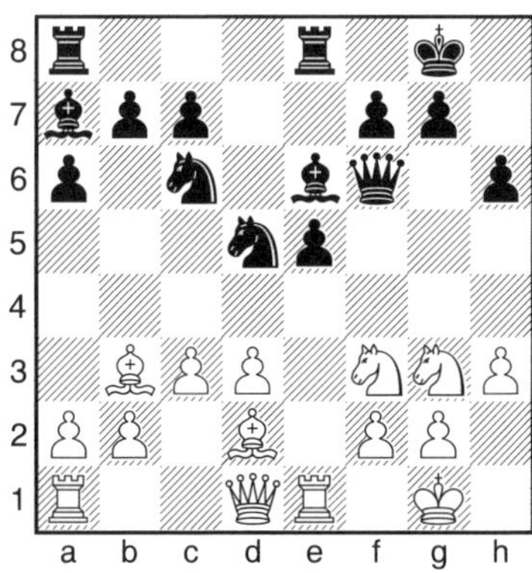

Wie kann man die Stellung der schwarzen Dame ausnutzen?

(Lösung Seite 266)

T01.31

Uffe V. Nielsen (2380) – Daniel Vesterbaek Pedersen (2250) C54

Dänische Meisterschaft

1996

1.e4 e5 2.Sf3 Sc6 3.Lc4 Sf6 4.d3 Lc5 5.c3 d6 6.0–0 0–0 7.Lb3 Le6 8.Te1 Sg4?! 9.Te2 d5?! 10.Sbd2 Te8 11.h3 Sf6 12.Sg5 Lc8?

Schwarz hat dafür keine Zeit.

12...Dd7 ist erforderlich.

13.exd5 Sxd5 14.Sde4 Le7 15.Te1 Lxg5 16.Sxg5?!

16.Lxg5 Sde7 17.Dh5 Le6 18.Te3+– ist sogar besser.

16...h6?

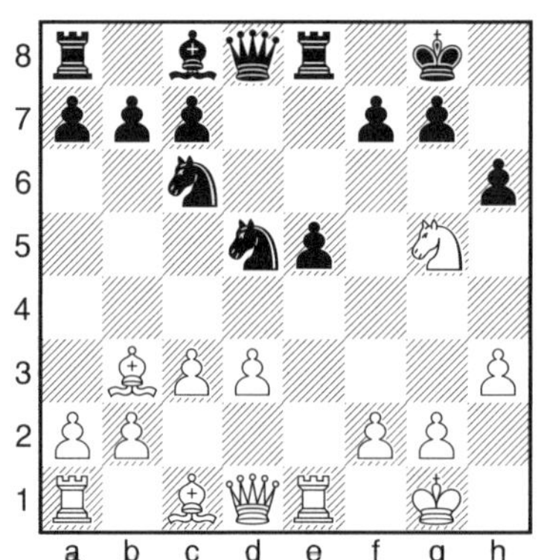

Wie kann man den Moment ausnutzen?

(Lösung Seite 266)

T01.32

Dmitry Panchenko (2419) – Kristina Cherenkova (2254) C54

Riazan Open

2007

1.e4 e5 2.Sf3 Sc6 3.Lc4 Lc5 4.0–0 Sf6 5.d3 0–0 6.Lb3 d6 7.c3 a6 8.Sbd2 La7 9.h3 h6 10.Te1 Le6 11.Lc2 Te8 12.Sf1 d5 13.De2 Dd7 14.Sg3 b5 15.Sh2 Se7 16.Df3 Sh7 17.Sg4 Sg5?

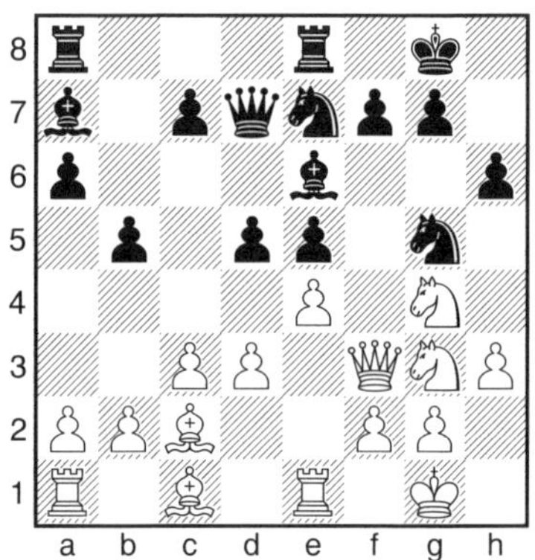

Wie soll man reagieren?

(Lösung Seite 267)

T01.33

Gyula Sax (2520) – Branko Rogulj (2411) C54

Slowenische Mannschafts-meisterschaft

2003

1.e4 Sc6 2.Sf3 e5 3.Lc4 Lc5 4.c3 Sf6 5.d3 a6 6.Lb3 0–0 7.0–0 d6 8.h3 h6 9.Te1 Sh7 10.d4 La7 11.Le3 Df6 12.Sa3 Te8 13.dxe5 Sxe5 14.Sxe5 Txe5?

14...dxe5 ist erforderlich.

15.Lxa7 Txa7 16.Sc4 Te8

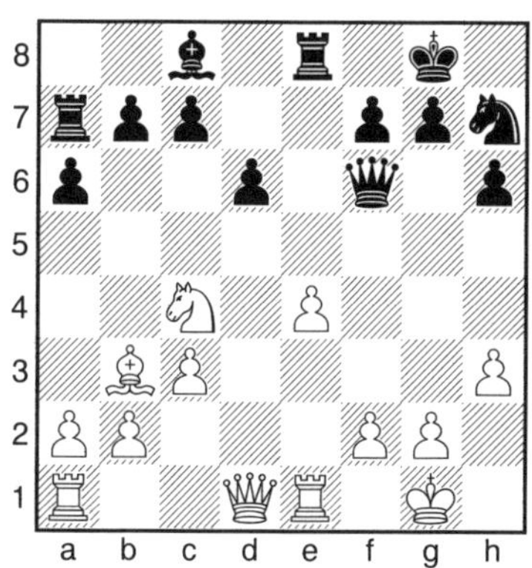

Wie kann man die weiße Initiative ausbauen?

(Lösung Seite 267)

T01.34

G. Souleidis (2405) – Robert Stein (2035) C54

105 Jahre FC St. Pauli, Open Hamburg

2015

1.e4 e5 2.Sf3 Sc6 3.Lc4 Lc5 4.c3 Sf6 5.d3 d6 6.Lb3 0–0 7.0–0 h6 8.h3 Te8 9.Te1 Lb6 10.Sbd2 Le6 11.Sc4 Lxc4?! 12.Lxc4 Sh5?

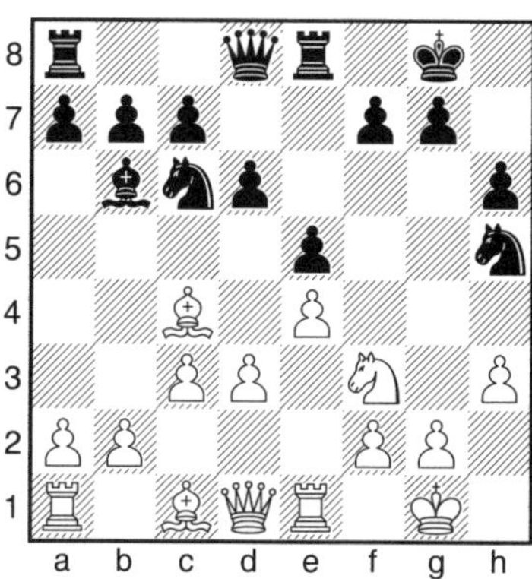

Wie nutzt man den Fehler 12...Sh5 aus?

(Lösung Seite 267)

T01.35

Georgios Souleidis (2398) – Hans Jürgen Schulz (2074) C54

Hamburger Meisterschaft

2004

1.e4 e5 2.Sf3 Sc6 3.Lc4 Sf6 4.d3 h6 5.0–0 Lc5 6.c3 d5? 7.exd5 Sxd5 8.b4

8.Db3+– ist sogar besser.

8...Lb6?

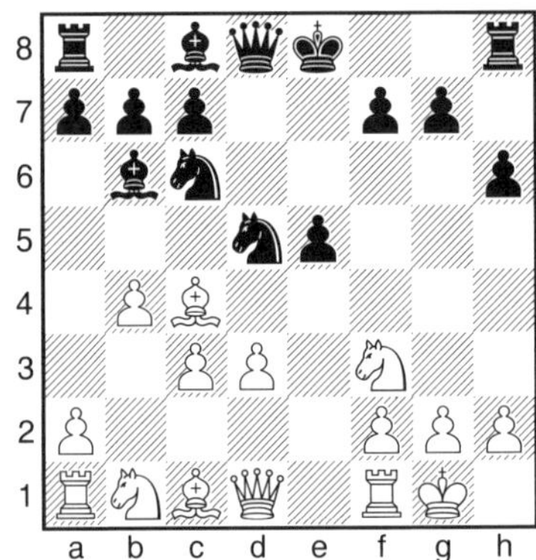

Wie nutzt man den Moment aus?

(Lösung Seite 267)

T01.36

Pelitov,Dimitar (2320) – Garkov,Mitko (2365) C54

Primorsko Open

1987

1.e4 e5 2.Sf3 Sc6 3.Lc4 Lc5 4.0–0 Sf6 5.d3 d6 6.c3 0–0 7.Lb3 a6 8.Le3 Lxe3 9.fxe3 d5 10.exd5 Sxd5 11.De1 Te8 12.Sbd2 Le6 13.Se4 h6 14.Sh4 Sb6?

14...Sa5 ist erforderlich.

15.Dg3 Te7 16.Sf6+ Kh8

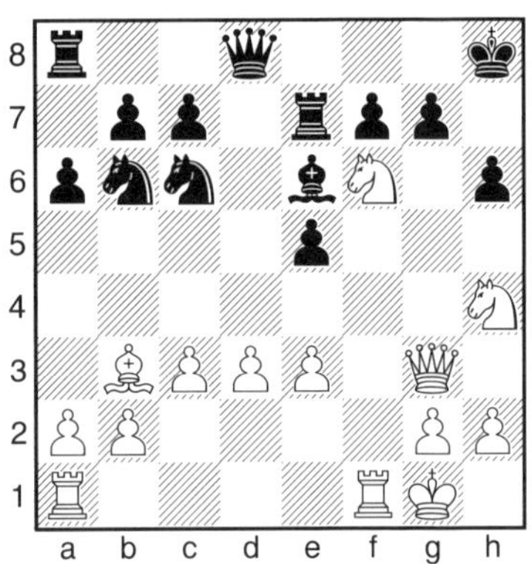

Zeige die weiße Pointe!

(Lösung Seite 267)

T01.37

Miroslav Voracek – Adolf Vegjeleki (2313) C50

WS TT/1/2 Latvian Gambit email ICCF

2007

1.e4 e5 2.Sf3 f5

2...Sc6 3.Lc4 f5?! 4.d4 ist unsere Zugfolge.

3.Lc4 Sc6 4.d4

Für weitere Details siehe Kapitel 1.

4...exd4 5.e5 d5 6.exd6 Dxd6 7.0–0 Le7 8.Te1 Ld7 9.Sg5 Sh6 10.Se6 Lxe6 11.Txe6 Dc5 12.b3 0–0-0 13.La3 Sb4

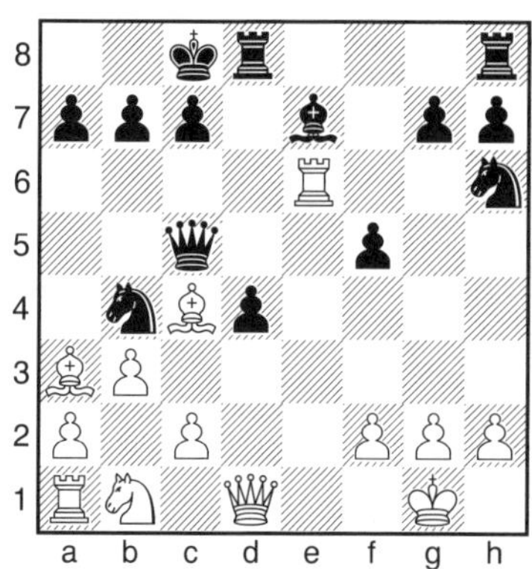

Weiß hat eine forcierte Zugfolge, um klaren Vorteil zu erzielen. Können Sie sie finden?

(Lösung Seite 267)

T01.38

Alexander V. Dyakov (2250) – Marcelo Rodolfo Ibar (2309) C24

QM IECG email

2002

1.e4 e5 2.Sf3 Sc6 3.Lc4 Sf6 4.d3 d5?!

Für weitere Details siehe Kapitel 3.

5.exd5 Sxd5 6.0–0 Lc5 7.Te1 0–0 8.Sxe5 Dh4

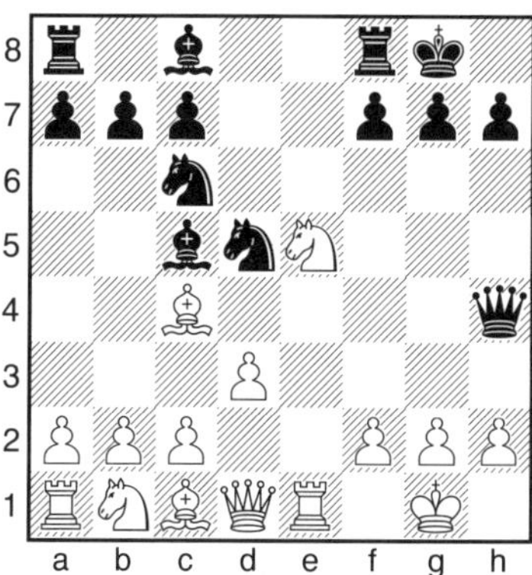

Schwarz hat für einen verfrühten Angriff einen Bauern geopfert. Wie kann Weiß den Angriff abwehren und klaren Vorteil erzielen.

(Lösung Seite 267)

T01.39

D. Bojkov (2521) – J. Radulski (2539) C55

Griechische Mannschafts-meisterschaft

2009

1.e4 e5 2.Sf3 Sc6 3.Lc4 Sf6 4.d3 Le7 5.0–0 0–0 6.Te1 d6 7.a4 Kh8 8.h3 Sg8 9.a5 a6 10.Sc3 f5 11.Sd5 Sf6

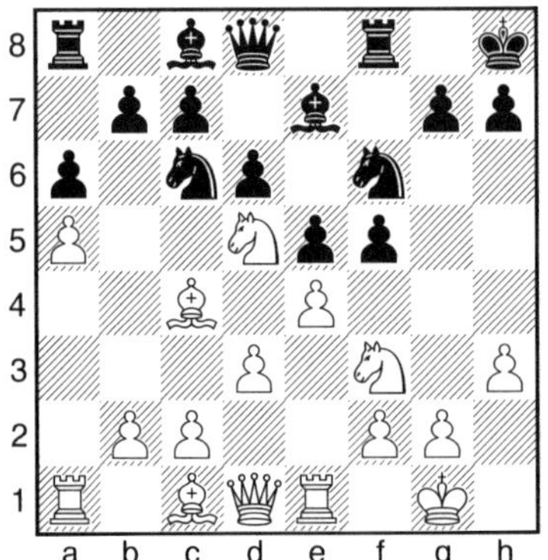

In dieser seltenen aber wichtigen Stellung aus Kapitel 3 hat Weiß eine taktische Lösung in petto. Finden Sie sie?

(Lösung Seite 268)

T01.40

Tomasz Rakowiecki (2315) – Miroslaw Gawronski (2205) C54

Lodz 1997

1.e4 e5 2.Lc4 Sf6 3.d3 Lc5 4.Sf3 Sc6 5.0–0 0–0 6.c3 d5 7.exd5 Sxd5 8.Te1

Für weitere Details siehe Kapitel 4.1.

8...Sb6 9.Lg5 Dd7?! 10.Lb3 Te8 11.a4 a5 12.Lh4 Ld6 13.Sbd2 h6 14.Se4 Lf8 15.h3 Sd5? 16.d4 exd4

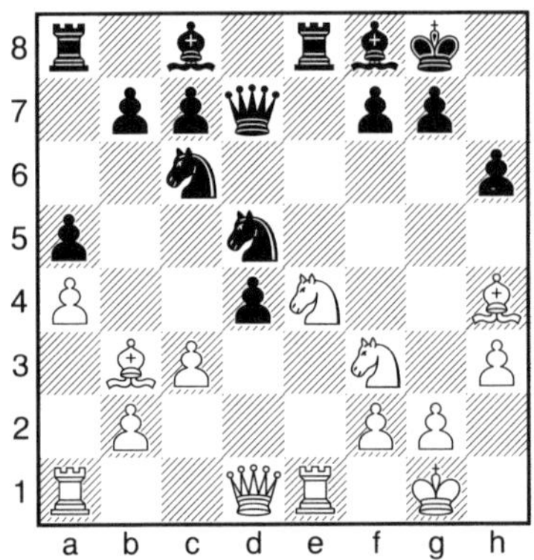

Der letzte Zug war ein Fehler. Wie kann Weiß die Partie entscheiden?

(Lösung Seite 269)

T01.41

K. Piorun (2591) –
J. Lampert (2469) C50

Bundesliga, Dresden

2016

1.e4 e5 2.Sf3 Sc6 3.Lc4 Sf6 4.d3 Lc5 5.c3 0–0 6.0–0 d5 7.exd5 Sxd5 8.a4 a6 9.a5

9.Sbd2 ist unsere Empfehlung aus Kapitel 4.2.

9...b5 10.axb6 Sxb6 11.Lb3 Lf5 12.Lc2 Dd7 13.De2 Tfe8 14.Sbd2 a5 15.Se4 Lf8 16.Sg3 Le6 17.Sg5 Ld5 18.Dh5 h6 19.S5e4 Le6

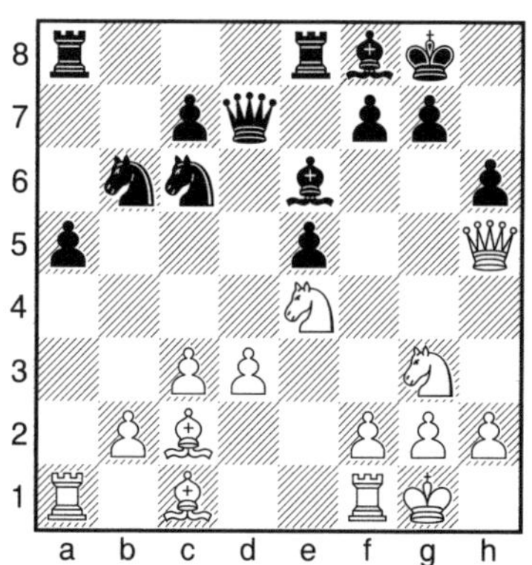

Weiß steht bereit zum Angriff. Wie geht es los?

(Lösung Seite 269)

T01.42

M. Antipov (2567) –
Samuel Sevian (2578) C50

78. Tata Steel GpB Wijk aan Zee

2016

1.e4 e5 2.Sf3 Sc6 3.Lc4 Lc5 4.0–0 Sf6 5.d3 0–0 6.c3 d5 7.exd5 Sxd5 8.a4

Für weitere Details siehe Kapitel 4.2.

8...a6 9.Sbd2 Lg4 10.h3 Lh5 11.Se4 Le7 12.Te1 Sb6 13.Lb3 Lg6 14.a5 Sd5 15.La4 f6 16.Sh4 Sxa5 17.Sxg6 hxg6 18.b4 b5 19.Lc2 Sb7

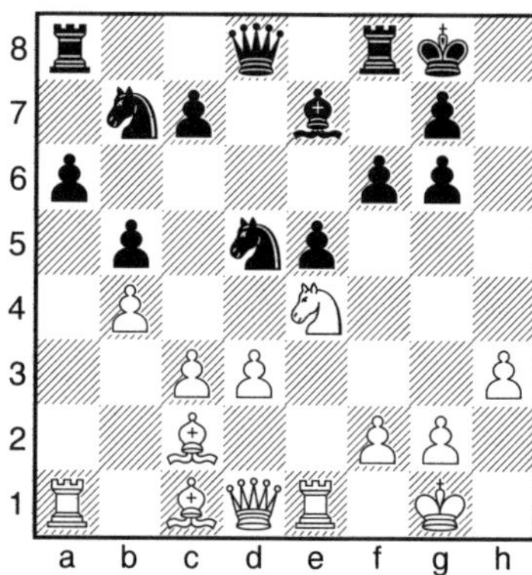

Wie kann Weiß die weißfeldrigen Schwächen im schwarzen Lager ausnutzen?

(Lösung Seite 270)

T01.43

K. Dragun (2595) –
T. Banusz (2621)

4. Polen–Ungarn Wettkampf Katowice 2016

1.e4 e5 2.Sf3 Sc6 3.Lc4 Lc5 4.0–0 Sf6 5.d3 0–0 6.Sbd2 a6 7.c3 d5 8.exd5 Sxd5 9.Te1

Für weitere Details siehe Kapitel 4.3.

9...Lg4 10.h3 Lh5 11.Se4 Le7 12.Sg3 Lxf3 13.Dxf3 Sb6 14.Lb3 Lg5 15.Se4 Lxc1 16.Taxc1 De7 17.Dh5 h6 18.Te3 Tad8 19.Tf3 Sa5 20.Sf6+ Kh8 21.Sg4 f6 22.Lc2 De8 23.Dh4 h5?!

Weiß hat einen Großteil seiner Armee am Königsflügel versammelt. Wie setzte er seinen Angriff fort?

(Lösung Seite 270)

T01.44

R. Rapport (2701) –
Dr. Blagojevic (2505)

Paracin 2014

1.e4 e5 2.Sf3 Sc6 3.Lc4 Lc5 4.c3 Sf6 5.d3 0–0 6.Sbd2

Für weitere Details bezüglich dieser Zugfolge siehe Kapitel 4.4.

6...d5 7.exd5 Sxd5 8.Se4 Le7 9.0–0 Sb6 10.Lb3 Lf5 11.a4 a5 12.Le3 Sd5 13.Lc4 Sxe3 14.fxe3 Lxe4 15.dxe4 Lc5 16.De2 De7 17.h4 Sd8 18.Tad1 Ld6 19.Sg5 h6

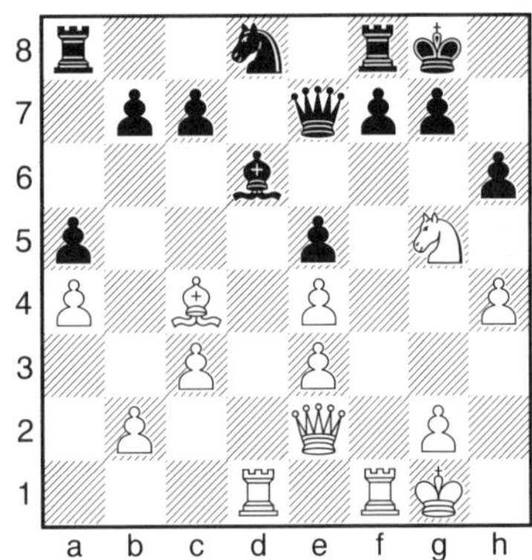

Der junge ungarische Großmeister gab eine Kostprobe seines taktischen Könnens. Können Sie es ihm nachmachen?

(Lösung Seite 271)

T01.45

Tomasz Slawinski (2384) – Wladyslaw Krol (2395) C54

POL-ch email 2009

1.e4 e5 2.Sf3 Sc6 3.Lc4 Lc5 4.c3 Sf6 5.d3 d6 6.Sbd2 a6 7.Lb3 La7 8.0–0 Sg4 9.h3 h5 10.Sc4 Df6 11.d4 exd4 12.cxd4 Sxd4 13.Sxd4 Lxd4 14.Le3 Le5 15.Dd2 Lh2+ 16.Kh1 De7 17.Lg5 f6

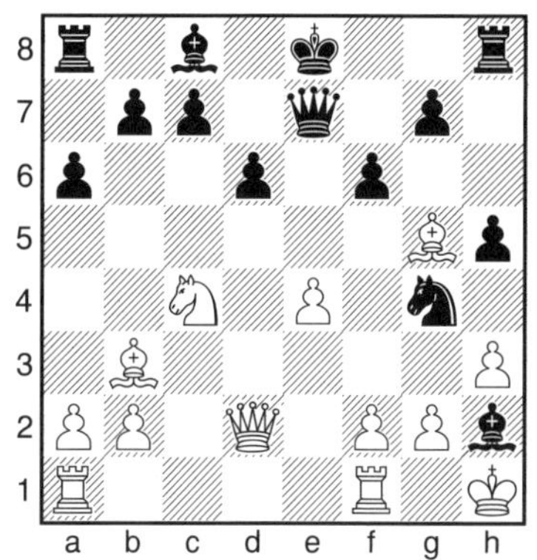

Wie kann Weiß seinen Entwicklungsvorsprung in dieser recht chaotischen Stellung ausnutzen?

(Lösung Seite 271)

T01.46

R. Padmini (2427) – A. Muzychuk (2537) C50

Gibraltar Masters Caleta 2016

1.e4 e5 2.Sf3 Sc6 3.Lc4 Lc5 4.0–0 Sf6 5.d3 d6 6.c3 a6 7.Lb3 La7 8.Te1 h6 9.Sbd2 g5

Diese Variante wird in Kapitel 5.1.2 beleuchtet.

10.Sf1 g4 11.S3d2 h5 12.Sc4 h4 13.Le3 h3 14.g3 d5

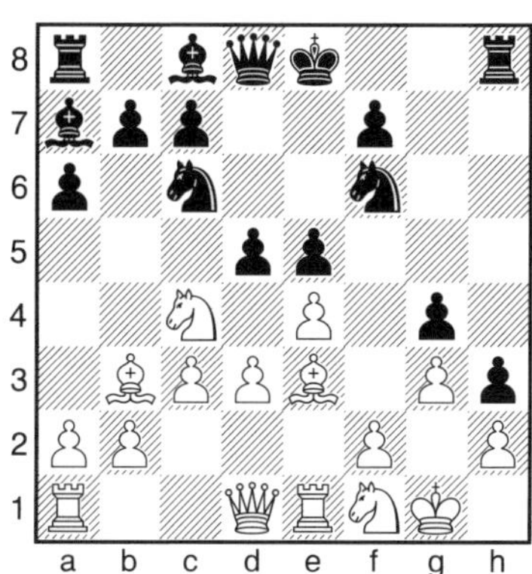

Schwarz griff ohne Angst vor Verlusten an. Wie hätte Weiß sie hier bestrafen können?

(Lösung Seite 271)

T01.47

**M. Aghayev (2357) –
Ja Stopa (2498) C53**

34. Bratto Open

2014

1.e4 e5 2.Sf3 Sc6 3.Lc4 Lc5 4.c3 Sf6 5.d3 d6 6.0–0 0–0 7.Lb3 h6 8.Te1 a6 9.Sbd2 Le6 10.Lc2?

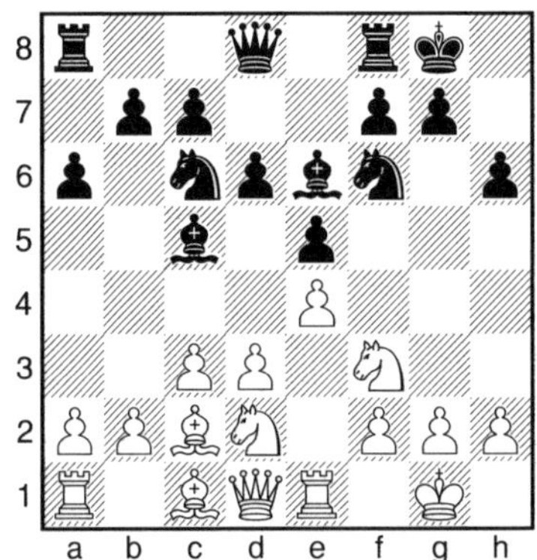

Der letzte weiße Zug war ein Fehler. Warum?

(Lösung Seite 272)

T01.48

**Hou Yifan (2629) –
A. Stefanova (2486) C50**

SportAccord Basque Frauen Beijing

2013

1.e4 e5 2.Sf3 Sc6 3.Lc4 Lc5 4.0–0 Sf6 5.d3 0–0 6.h3 d6 7.c3 Lb6 8.Lb3 h6 9.Sbd2 Se7

Wir schauen uns diese Variante ausführlich in Kapitel 6.2 an.

10.Te1 c6 11.d4 Sg6 12.Sf1 Le6 13.Lc2 Te8 14.Sg3 Dd7 15.Le3 Tad8 16.a4 Lc7 17.a5 a6 18.Dc1 d5

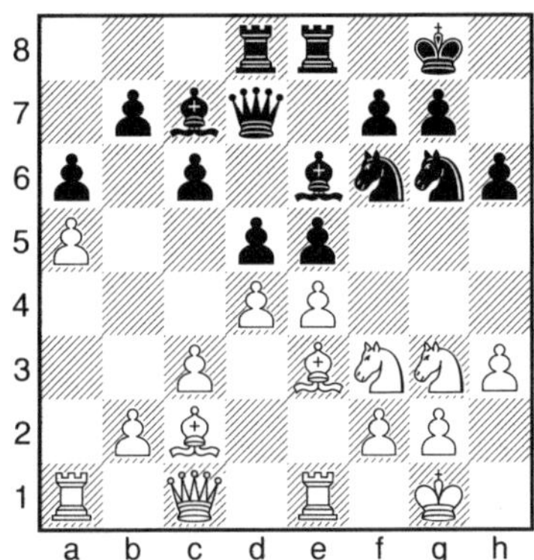

Das ist eine typische Situation, wenn Schwarz seinen Springer nach g6 überführt. Wie kann Weiß den schwarzen Königsflügel angreifen?

(Lösung Seite 272)

T01.49

Evgeny E. Vorobiov (2542) – Robert Cvek (2430) C54

Pardubice Open

2002

1.e4 e5 2.Sf3 Sc6 3.Lc4 Lc5 4.c3 Sf6 5.d3 a6 6.Sbd2 La7 7.Lb3 d6 8.h3 Se7 9.Sf1

Das ist eine Variante, die wir in Kapitel 6.3 analysieren.

9...Sg6 10.Sg3 0–0 11.0–0 Le6 12.d4 Te8 13.Te1 h6 14.Le3 Dc8 15.Lc2 Ld7 16.Dd2 Kh7 17.Tad1 Lc6 18.c4 exd4

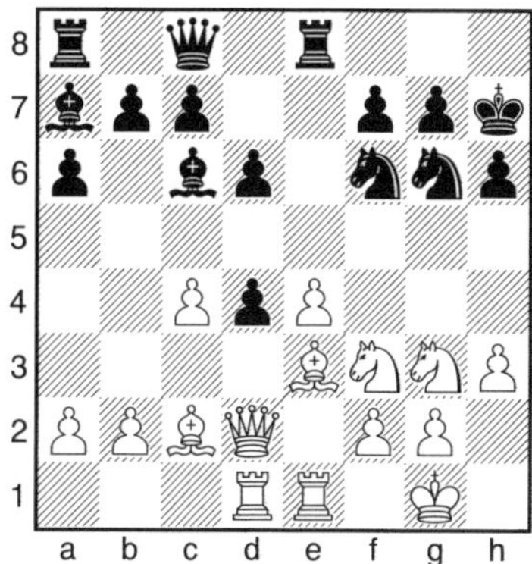

Wie würden Sie mit Weiß fortsetzen?

(Lösung Seite 273)

Lösungen der strategischen Aufgaben

ST01.01

12.Lxf6! gxf6 13.Sh4

Ein typisches Manöver, um die geschwächten weißen Felder auszunutzen.

13...Kh8

13...Se7 14.exd5 Lxd5 15.Sc4 Dc6 (*15...Lxc4 16.Dg4+ Kh8 17.dxc4±*) 16.Se3 Kh8 17.Sxd5 Sxd5 18.Df3±

14.Df3 Dd8 15.exd5 f5

15...Lxd5 16.Se4±

16.Sxf5

16.dxc6!?

16...Dg5?

16...Lxd5 17.Se4 Se7 18.Lb3 Lxb3 19.axb3 Sxf5 20.Dxf5 f6± hält den Schaden in Grenzen.

17.Se3 Ld7 18.dxc6 Lxc6 19.Se4 Dg6 20.Sf5 Tae8 21.Lb3 a5 22.a4

1-0

ST01.02

17.a5! La7?

17...exd4 ist forciert, z.B. 18.cxd4 La7 19.e5 Sh7 20.Tac1± und Weiß steht besser dank der Schwächen am schwarzen Damenflügel.

18.dxe5 Lxe3 19.exf6

1-0 wegen

19...La7 20.fxg7 Te8 21.Sf5+-

ST01.03

16.g5!

Weiß erhält jetzt einen starken Angriff auf der g – Linie.

16.Sf5?! Lxf5 17.gxf5 d5 ist nicht so klar.

16...Sd7

16...hxg5 17.Lxg5 Sb8 18.Kh2 Sbd7 19.Tg1 Kh8 20.Sf5±

17.Dh5 hxg5 18.Lxg5 f6??

18...Sf6 hält den Schaden in Grenzen, doch der weiße Angriff ist stark nach 19.Df3 d5 20.Kh2 Dd6 21.Tg1±

19.Lb3+

1-0

ST01.04

14.Sg4!

Dieser typische Rösselsprung zwingt Schwarz das Läuferpaar abzugeben.

14.Sxd5? Lxd5 15.Sxe5 läuft in 15...Sxe5 16.Txe5 Lxb3 17.axb3 Lxf2+=

14...Lxg4

14...f6? 15.c4 bxc4 16.dxc4 Sde7 17.c5+-

15.hxg4 Dd6 16.g5 Sf4?

16...hxg5 17.Lxg5 Tae8 18.De2 Sf6 19.Sd2± aufgrund des Drucks auf den weißen Feldern.

17.Lxf4 exf4 18.d4 h5?! 19.Sh4 g6 20.Dd3 Se7 21.Txe7

1-0

ST01.05

12.Sg3!

12.g4?! Lg6 13.Sxe5 dxe4 14.d4±

12...dxe4

12...Lg6 13.Sxe5±;

12...Lxf3 13.Dxf3 dxe4 14.dxe4 Se8 15.Sf5±

13.Sxh5 exf3?

13...Sxh5 14.Txe4 f6 15.d4 exd4 16.cxd4±

14.Lg5 Dd6 15.Lxf6 gxf6 16.Dxf3 Kh8 17.Sxf6 a6 18.Df5 Kg7 19.Dg5+

1-0

ST01.06

15.h4! exd4?

15...Le6 ist besser, doch die weiße Initiative setzt sich fort mit 16.g3 Lxb3 17.Dxb3 Sh5 18.Lg5 Dd7 19.Dd1 f6 20.Le3 Df7 21.Sd2 Se7 22.Df3±

16.h5 Lxf5 17.exf5 Txe1+ 18.Sxe1 d3 19.hxg6 Se2+ 20.Kf1 Dh4 21.gxf7+ Kf8 22.Sxd3 Sg3+ 23.fxg3 Dh1+ 24.Ke2 Dxg2+ 25.Ke1 d5 26.Lf4 Td8 27.De2 Dh1+ 28.Kd2

1-0

ST01.07

21.d4! Lxf3?

21...exd4 ist forciert, aber Weiß behält die Initiative auf typische Weise: 22.Sxd4 Txe3 23.Dxe3 Te8 24.Df4 Sxd4 25.Dxd4 c6 26.Sf5 und die Verteidigung ist nicht einfach.

22.Dxf3 exd4 23.Le4 Se5 24.Ld5+

1-0 wegen

24...Kh8 25.Txe5 Txe5 26.Lxa8+-

1-0

ST01.08

15.Txe4!

15.Sxe4? Lg4 16.Sxf6 gxf6 17.Le3 d5 ist nicht so klar.

15...h6

15...d5 16.Th4 Le6 17.Lc2 Lg8 18.Dd3 Dd7 19.Se5 Sxe5 20.dxe5 Lxf2+ 21.Kh1 Se4 22.Txe4+-; 15...Se7 16.Dd3 Sxe4 17.Dxe4 Te8 18.Lc2+-

16.Th4! d5

16...Se7 17.Lxh6 gxh6 18.Txh6+ Kg7 19.Dd2 Sh7 20.Sg5 Th8 21.Sxh7 Txh7 22.Dg5++-

17.Dd3 Se7 18.Lc2 Kg8

18...Se4 19.Txe4 dxe4 20.Dxe4 Lf5 21.Sxf5 hxg5 22.Sxe7+-

19.Lxf6 Txf6 20.Dh7+ Kf8 21.Sh5

1-0

ST01.09

11.d4?

Weiß steht noch nicht bereit für solch konkrete Aktionen. Der Hauptzug lautet

11.Se4! und gibt Weiß auf typische Weise eine angenehme Initiative. Außerdem punktet der Zug sehr gut, z.B. 11...Lb6 12.Lg5 Dd7 (*12...f6? 13.Lxf6±*) 13.b4 (*13.Sxe5!?N* ist auch gut für Weiß.) 13...Kh8?! 14.Lxd5 Dxd5 15.c4 Dd7 16.c5± I. Bulmaga (2393) – I. Khouri (2205), Abu Dhabi 2015

11...Lb6 12.g4

12.dxe5 wird mit 12...Sxe5! 13.g4 Sf4 und Angriff beantwortet.

12...Lg6 13.Sxe5?

Nur nach 13.Sf1 Sf6 kann Weiß auf e5 nehmen: 14.Sxe5 Sxe5 15.dxe5 Dxd1 16.Txd1 Txe5 17.Le3=

13...Sxe5 14.dxe5

14.Txe5 Txe5 15.dxe5 Lxf2+ 16.Kxf2 Dh4+–+

14...Lxf2+!

Ein typischer Schlag.

15.Kxf2 Dh4+ 16.Kf1 Dxh3+ 17.Kf2?! Dh2+ 18.Kf1 Dh3+?! 19.Kf2?! Dh2+ 20.Kf1 Txe5?

20...Dh1+ 21.Kf2 Dh4+ 22.Kf1 Sb6–+

21.Sf3?

21.Txe5 Dh1+ 22.Kf2 Dxd1 23.Lxd5 Dxg4 24.Sf3 hält den Schaden in Grenzen.

21...Dh3+ 22.Kf2 Txe1 23.Dxd5 Tae8 24.Dd7 Dh1?

24...T1e7–+

25.Lf4

1-0

ST01.10

12.Sc4

12.h3!N Weiß sollte auch mit einem Abwartezug reagieren, der die Stellung am Königsflügel verbessert. Das Problem mit dem natürlichen Zug 12.Sc4 ist, dass Schwarz seinen weißfeldrigen Läufer unangefochten auf sein Traumfeld e6 stellen kann. Für eine detaillierte Analyse von 12.h3!N siehe Kapitel 3 auf Seite 27 (Hauptvariante nach 7...Sa5/10...h6!?). Nun kann 12...Le6?! mit 13.Lxe6 fxe6 14.b4 mit der Initiative auf dem Damenflügel.

12...Le6 13.h3 Te8 14.Db1 Lf8 15.b4 b5 16.Se3 Lxa2 17.Txa2 cxb4 18.cxb4 und jetzt

18...bxa4!N

nebst 19...d5 gleicht komplett aus für Schwarz. In der Partie spielte Schwarz

18...Dd7 und die Partie endete letztendlich remis.

½-½

Lösungen der taktischen Aufgaben

T01.01

14.Lxh6! gxh6?!

14...d5 15.Lb3 a5 16.Lg5 Se8 17.Shf5±

15.Dxf6 Sg6 16.Dxd8 Taxd8 17.Shf5

und Weiß gewann.

1-0

T01.02

17.Lxh6! Sce7

17...gxh6 und jetzt ist 18.Dxh6 sogar noch stärker als (*18.Lxd5,* was auch gewinnt.) 18...Sce7 19.Sg5+-

18.Dxe5

18.Dg4!?+-

18...f6

18...gxh6 19.Lxd5 Sxd5 20.Dxd5 Dxd5 21.Sf6++-

19.De6+ Kh7 20.Ld2 Te8 21.Df7 c6 22.Le3 Lxe3 23.Txe3 Sg6 24.Lxd5 cxd5 25.Tg3

1-0

T01.03

16.Lxh6!

16.Lxd5? Dxd5 17.Df3 (*17.Lxh6?* funktioniert nicht wegen *17...f5 18.Dh5 Dc6 19.Sxf5 Lxf5 20.Dxf5 Tf8 21.Dh5 gxh6 22.Dxh6 Tad8* und hier kann nur Schwarz besser stehen.) 17...Kf8 und Schwarz verteidigt sich.

16.Sh5? Le6 17.d4 Kf8 und;

16.Dh5? Le6 17.Lxh6 Sdf4 18.Lxf4 Sxf4 19.Df3 Dxd3 20.Lxe6 Dxf3 21.Lxf7+ Kf8 22.gxf3 Kxf7 sind besser für Weiß aber nicht so gut wie die Partie.

16...Sdf4

16...gxh6? 17.Lxd5 Dxd5? 18.Sf6++-

17.Lxf4 exf4

17...Sxf4 18.Sh5 Dh4 19.Sxf4 Dxf4 20.Dh5 Le6 21.d4 exd4 22.Sg5 Df5 23.g4+-

18.Sh5 Le6 19.d4 Dh4 20.Df3 Tad8

und jetzt anstatt

21.Sd2?,

wonach Weiß trotzdem gewann, entscheidet 21.g3 fxg3 22.fxg3 Dxh3 23.Sg5+- sofort die Partie.

1-0

T01.04

7.Db3 Sa5 8.Db5+

1-0

T01.05

18.Sxg7!! Kxg7

18...Dxg7 19.Sf5 Dg6 20.h5 Sxh5 21.Txh5+-

19.Lh6+ Kxh6 20.Sf5+ Kg6 21.Dg3+ Kh5 22.Dg5#

1-0

T01.06

13.Sxe5! Sxe5 14.Dxh5 Sxc4 15.dxc4 Sf6 16.Sxf6+ Lxf6 17.Dd5 Dxd5 18.cxd5 Tfd8 19.Td1 Td7 20.Le3 Tad8?! 21.c4 Lxb2?! 22.Tab1 Le5

22...Lc3 23.Txb7 Lxa5 24.Ta1+-

23.f4

23.Txb7!?

23...Lc3 24.Txb7 f5

24...Lxa5?! 25.Ta1 Lc3 26.Txa6+−

25.Tb3 Lf6 26.Lc5 Te8 27.Te3 Txe3 28.Lxe3 Lc3?! 29.Kf2 Kf7 30.Ke2 Lxa5 31.Ta1 Lc3 32.Txa6 Lf6 33.Kd3 Ke8 34.Ld4 Ld8 35.Le5 g5 36.Ta8 Kf7 37.Tc8 g4 38.Kd4 Lf6 39.Kc5 gxh3 40.gxh3 Ld8 41.Kc6 Ke8 42.Lxc7

1-0

T01.07

14.Sxe5! dxe5

14...Sxe5 15.Dxh5 Sd3 16.Te2+−

15.Dxh5 exd4 16.cxd4 Sf4

16...Lxd4? 17.Lxd4 Dxd4 18.Dxg6+−

17.Lxf4?!

17.Dd1!? ist viel stärker gemäß dem Silikonmonster.

17...Dxf4 18.Tad1 Le6 19.g3 Df6 20.e5 Dg5 21.Dxg5 hxg5 22.Kg2

22.Lxe6!? fxe6 23.Sh2 Tad8 24.Kg2 Lxd4 25.Te2 Td5 26.Sf3 c5 27.Tde1±

22...Lxb3 23.axb3 c6 24.Se3 Tad8 25.Sf5 Td7 26.Td3 Tfd8 27.Ted1 g6 28.Sd6 Lb8 29.d5 cxd5 30.Txd5 Kf8 31.Kf3 Ke7?

31...f6 ist die letzte Chance zu kämpfen.

32.Kg4 Ke6?

Das läuft in einen verrückten Springerangriff. Aber Schwarz dürfte sowieso auf Verlust stehen.

33.Sxf7! Txd5 34.Sxd8+ Kxe5 35.Sf7+ Ke6 36.Sxg5+ Kd6 37.Sf7+ Ke6 38.Sd8+ Ke5 39.f4+ Ke4 40.Txd5 Kxd5 41.Sxb7 Kc6 42.Sd8+ Kb5 43.Kg5 Ld6 44.Kxg6 Kb4 45.Sb7 Lf8 46.Kf7 Lh6 47.h4 Kb5 48.h5 Kb4 49.Kg6

1-0

T01.08

19.Sxe5! Öffnet die Schleusen für den weißen Angriff.

19.Sh4? Le6 20.Shf5 Td8 21.Dc1 ist auch besser für Weiß aber nicht so gut wie die Partie.

19...Txe5 20.f4 Te6 21.e5+ Kg8 22.exf6 Txf6 23.f5

23.Se4!?+−

23...Tb6 24.b3 Lb8 25.Lf4 a5?!

25...Lxf4 26.Dxf4 Db8 bietet mehr Widerstand.

26.Te7 Lxf4 27.Dxf4 Dd8 28.De5 Db8 29.Dxb8 Txb8 30.Tdxd7 Sxd7 31.Txd7 Te8 32.Le4 a4 33.Ld5 Tf6 34.Txb7 Te3 35.Kh2 a3 36.Ta7 h5 37.h4 Kf8 38.Txa3 g6 39.Ta8+ Kg7 40.Ta7 Kf8 41.a4 Te5 42.c4

1-0

T01.09

22.Sxf6+! Txf6 23.Dg4

Der typische Doppelangriff.

23...Txf5

23...g6? 24.Sxh6++−

24.exf5 f6 25.f4 Td8 26.fxe5 Sxe5 27.Dxd4 Dxd4+ 28.cxd4 Txd4 29.Te4 Td7 30.Kf2 Kf7 31.Ke2 Sc6 32.d4 Se7 33.g4 Sd5 34.Kf3 Td8 35.h4 Th8 36.Td3 Tb8 37.Tb3 b6 38.Td3 a5 39.Td1 Td8 40.Tde1 Ta8 41.a3 Td8

42.Ke2 Kf8 43.Kd3 Kf7 44.Kc4 Kf8 45.Kb5 Kf7 46.h5 Kf8 47.Kc6 Td6+ 48.Kb7 Td8 49.Tc1

1-0

T01.10

27.Txf6!

27.Shxf7+? Txf7 28.Dxh7+ Sxh7 29.Sxf7+ Dxf7 30.Txf7 Ld7 ist auch besser für Weiß aber nicht komplett klar.

27...gxf6 28.Df2 Kg7 29.Sf5+ Kh8 30.Sxh7 Kxh7 31.Df3 Sf4 32.Dg4 Se6 33.Dh4+ Kg8 34.Tf1 Lxe4 35.dxe4 Dd2 36.Se7+ Kg7 37.Dxf6+ Kh7 38.Df5+ Kh6 39.Lxe6 Dg5 40.Dxg5+ Kxg5 41.Ld5 Td6 42.Tf3 f6 43.Tg3+ Kh5 44.Sf5 Td7 45.Lc4 Td2 46.Tg7

1-0

T01.11

20.Sxg7! Kxg7 21.Sf5+ Kg8

21...Kf8? 22.Dxh6+ Ke8 23.Dh8+ Sg8 24.Dxg8#

22.Dg3+ Sg4 23.Dxg4+ Dg6 24.Sxh6+ Kh7 25.Dxg6+ Kxg6 26.Sf5 Td2 27.Tab1 T8d3 28.Tfe1 Kg5 29.Se3

1-0

T01.12

17.Sxg7! Kxg7

17...Sxg7 18.Dxf6+−

18.Lh6+ Kg8

18...Kxh6? 19.Dxf6+ Kh5 20.g4#

19.Lxf8 Sxf8 20.Dxf6

1-0

T01.13

31.f6!

Der klarste Weg, um dem Angriff den Weg zu ebnen.

31.Lxh6 gxh6 32.f6 gewinnt auch. Sogar 31.Sxg7 Dxg7 32.Lxh6 Df6 33.h4 kommt in Betracht.

31...Lxf6 32.Lxh6 De7

32...gxh6 33.Lxh7+ Kxh7 34.Sxf6++−

33.Lxg7 Lg5

33...Lxg7 34.Tg3+−

34.f4 Lh4 35.g3 Sf6 36.fxe5 Sxh5 37.Dh6 f5 38.Dh8+

1-0

T01.14

19.Sxg7!

19.Sxh6+? Kh8 20.Shf5 d5± ist nicht so gut wie die Partie.

19...Lxe3

19...Kxg7 20.Sf5+ Kg8 21.Dxh6+−

20.Sxe8

1-0

T01.15

18.Lxf6!

18.Dc4? trifft auf 18...Dxc4 19.Sxc4 Sd7 20.Sa5 f6 21.Le3 b6±

18...gxf6?!

18...Dxf6 19.Sg4 De6 20.Sgxe5 f6 21.Sd3 Sc6 22.Sf4±

19.Sh4! Sg6 20.Shf5 Sf4 21.Dg4+ Kh8 22.g3 Sg6 23.Tad1 Le7 24.h4 Lf8 25.Sd5 Txd5 26.Txd5 Se7 27.Td3 Sxf5 28.exf5 Dc8 29.Ted1 Ld6 30.De4+−

Weiß steht auf Gewinn, auch wenn die Partie später remis endete.

½-½

T01.16

19.Lxd5 Lxd5 20.Dxg6!! Lxg2

20...hxg6 21.Sxg6+ Kg7 22.Sxe7+−

21.Dh6

1-0

T01.17

18.Te4!

18.Lxf4? Dxd4 19.cxd4 Sxf4∓

18...Dxd4

18...Sd5 19.Txe6! fxe6 20.Lxg6+− war die Hauptpointe. 18...Sxg2 19.Kxg2 Ld5 20.f3±

19.cxd4 Sxh3+

19...Sxg2 20.Kxg2 Ld5 21.f3±

20.gxh3 Lxh3 21.Kh2 Ld7 22.Ld2+−

und Weiß gewann.

1-0

T01.18

12.exd5 Sxd5 13.d4!

Der typische Konter.

13...Lf8

13...exd4? 14.Txe8+ Dxe8 15.Lxd5+−

14.dxe5 Le6 15.Sg3 Sb6 16.Dc2 Sc4 17.Lf4 De7 18.De4 Dc5 19.Lc2 g6 20.b4 Db6 21.Sh5 Lg7 22.Sxg7 Kxg7 23.Lc1 S6xe5 24.Sxe5 Lf5 25.Lxh6+ Kxh6 26.Df4+ Kg7 27.Lxf5 Sxe5 28.Txe5 Df6 29.Tae1 Txe5 30.Txe5 Td8 31.Dg3 Td1+ 32.Kh2 Td2 33.f4 Txa2 34.Lg4 Dc6 35.f5

1-0

T01.19

11.h3?

11.Lxh6!! Sxc3 (*11...gxh6 12.Lxd5 Te8 13.h3 Lf5 14.Dd2 Kg7 15.Sg3 Lg6 16.Le4 Lxe4 17.Txe4+−; 11...f6 12.Ld2+−*) 12.bxc3 gxh6 13.h3 Lh5 14.Sg3 Lg6 15.Dd2 Kh7 16.Lb5+−

11...Lh5?

11...Le6 ist wieder erforderlich.

12.Sg3?!

Das ist auch besser für Weiß, aber viel stärker war wieder der typische Schlag 12.Lxh6!! Sxc3 (*12...gxh6? 13.Lxd5+−*) 13.bxc3 gxh6 14.Sg3 Lg6 15.Dd2 Kh7 16.Lb5±

12...Lxf3?

12...Lg6 13.Sxe5 Sxe5 14.Txe5 c6 hält den Schaden in Grenzen.

13.Dxf3 Sf6?! 14.Sf5 Kh7 15.a4 De8?

15...Sg8 ist forciert.

16.Sxh6! e4 17.Df5+ Kh8 18.d4 Se7 19.De5 Sd7 20.Dxe4

1-0

T01.20

16.Lxh6!

16.d4 exd4 17.Lxh6+− funktioniert genausogut. 16.Df3? Sd4 17.Dxb7 Sxf5 18.Sg6 ist ebenfalls besser für Weiß aber nicht so klar.

16...gxh6 17.Dc1 Se7 18.Txe5 Sxf5 19.Txf5 Dd6 20.Dxh6 Sh7 21.Dh5 Lb6 22.Txf7

1-0

T01.21

16.Lxh6!? gxh6 17.Dxh6 Sh8?

Die einzige Verteidigung lautet 17...d5! 18.Sxe5 Df8 19.Dg5 Sh7 20.Sxg6 Sxg5 21.Sxf8 Txf8 22.exd5, wonach Weiß besser steht, aber Schwarz noch kämpfen kann.

18.Sg5 Df8 19.Dxf6 Dg7 20.Sh5 Df8 21.Lxf7+

1-0

T01.22

16.Sd5

1-0 aufgrund

16.Sef5 gewinnt auch.

16...Dxf3 17.Sxe7+ Kh7 18.gxf3+−

T01.23

11.Lxf4 Lxc4

11...exf4 12.Lxe6 fxe6 13.Seg5+−

12.dxc4 Dxd1 13.Taxd1 exf4

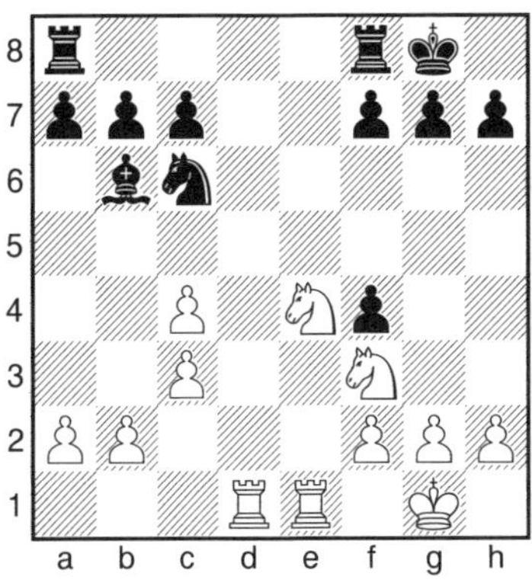

14.c5!

14.b4? a6 ist besser für Weiß aber natürlich nicht so gut wie die Partie.

14...f5

14...La5 15.Tb1 Tfe8 16.b4+−

15.Seg5 Lxc5 16.Se6 Ld6 17.Sxf8 Txf8 18.b4 g6 19.Te2 a5 20.b5 Sb8 21.b6

1-0

T01.24

17.Le3?

17.Lxh6!! gxh6 (*17...d5 18.Lxg7 Kxg7 19.dxe5 Sxe5 20.Sxe5 Txe5 21.Txa7 Txa7 22.Dd4+−*) 18.De3 Kh7 19.Txa7 Txa7 20.dxe5 Lxe4 21.Sxe4 Sxe4 22.Dxa7+−

17...exd4 18.Txa7?

18.cxd4 ist erforderlich.

18...Txa7 19.Lxd4

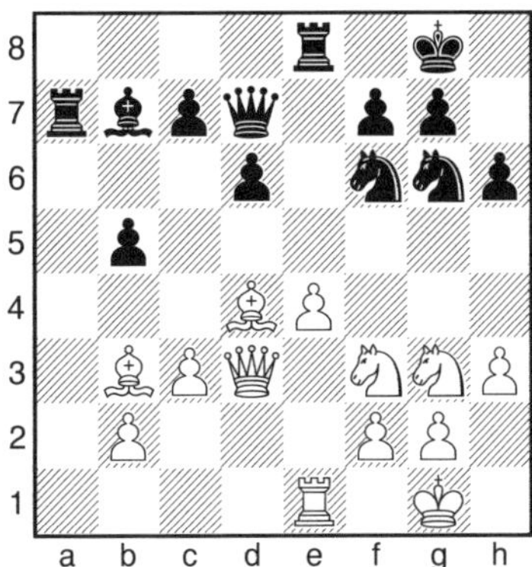

19...Ta6?

19...Se5−+ widerlegt das weiße Konzept.

20.Lxf6 gxf6 21.Dd2 Lxe4?

21...d5 22.Dxh6 Dd6 ist forciert.

22.Sxe4 Kg7 23.Sc5

1-0

T01.25

14.Df3! Sce7 15.c4

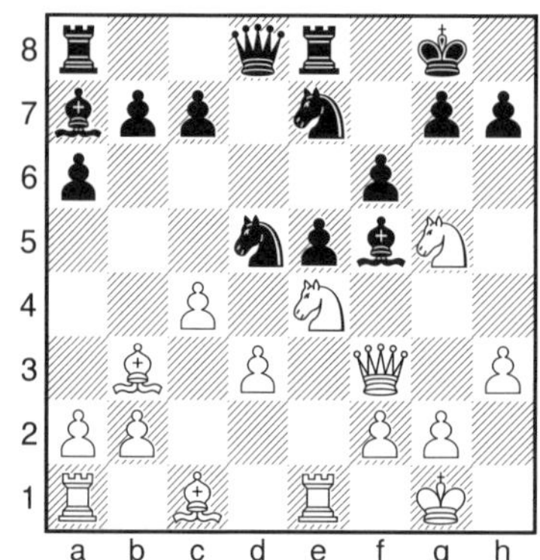

15...Sb6?

15...fxg5 16.cxd5 Kh8 17.Sxg5 Tf8 18.Le3±

16.c5+ Sbd5 17.Sd6 cxd6?!

17...c6 18.Sge4+−

18.Lxd5+ Kf8 19.Dh5

19.Sxh7+!? Lxh7 20.Dxf6+ gxf6 21.Lh6#

1-0

T01.26

19.Se6!

1-0

T01.27

15.Txf6!

15.Sf5? Kh7 16.Df3 Se8 ist ebenfalls gut für Weiß aber nicht so gut wie die Partie.

15...gxf6

15...De7 16.Txf7 Txf7 17.Dg4+−

16.Sf5

1-0

T01.28

16.Lxa7?

16.Sxe5! Txe5 17.Lxa7 Txa7 18.Dxh5+− ist die richtige Zugfolge.

16...Txa7?

16...Lg4! streut Sand ins Getriebe, z.B. 17.Txe5 dxe5 18.Le3 e4 19.Dd4 Lxf3 20.Dxf6 Sxf6 21.gxf3 Sxd5 und Schwarz kann noch kämpfen.

17.Sxe5 Txe5 18.Dxh5

1-0

T01.29

17.Sh5!! Sxh5 18.Lg5 Lxd4 19.Lxf6 Lxf6 20.Sd4 Lxd4 21.Dxd4 Shf4 22.De3 Ld7 23.h4 d5 24.Df3 h5 25.exd5 Lg4 26.Db3 Sxh4 27.Txe8+ Txe8 28.Da4 Se2+ 29.Kh2 Te5 30.f3

1-0

T01.30

15.Se4?

15.d4!N exd4 16.Sh5 Dg6 (*16...Dd8 17.Lxh6 gxh6 18.Lxd5*+−) 17.Sh4 Dh7 18.Txe6 fxe6 19.Dg4 Se5 20.Dg3+−

15...De7 16.De2 Tad8 17.Lc2 f6 18.Sg3 Df7=

und die Partie endete später remis.

½-½

T01.31

17.Sxf7!

17.Df3? hxg5 18.Lxd5 Le6 ist besser für Weiß aber nicht so überzeugend.

17...Kxf7 18.Df3+ Ke6 19.d4

1-0, z.B. wegen

19...Tf8 20.De4 Sce7 21.Dh7 Tf7 22.Lxh6 gxh6 23.Txe5+ Kf6 24.Dxh6+ Sg6 25.Dg5++-

T01.32

18.Sxh6+! gxh6 19.Lxg5 Lxh3

19...hxg5 20.Df6 Sg6 21.exd5 Dxd5 22.Sh5 Kf8 23.d4 Dd8 24.Dg7+ Ke7 25.Lxg6+-

20.Sh5 De6 21.Lxe7

1-0

T01.33

17.e5! dxe5 18.Sxe5 Le6?

18...Txe5 19.Txe5 Dxe5 20.Dd8+ Sf8 21.Dxc8 c5 22.Td1±

19.Sxf7! Dxf7 20.Txe6 Txe6 21.Dd8+ Sf8 22.Db8

1-0

T01.34

13.Sg5! hxg5 14.Dxh5 Df6 15.Lxg5 Lxf2+

15...Dxf2+ 16.Kh2 Se7 17.Tf1+-

16.Kf1

1-0

T01.35

9.Lxd5! Dxd5 10.c4 Dd6 11.c5 Lxc5 12.bxc5 Dxc5 13.La3 Dd5 14.Sc3 Da5 15.Db3 Ld7 16.d4 exd4 17.Tfe1+ Kd8 18.Dxb7 Tc8 19.Sxd4 Dxc3 20.Sxc6+ Dxc6 21.Dxc6 Lxc6 22.Tad1+ Ld7 23.Te7

1-0

T01.36

17.Dg6! Dg8

17...fxg6? 18.Sxg6# lautet die schöne Pointe.

17...gxf6 18.Dxh6+ Kg8 19.Tf3+-

18.Sxg8 fxg6 19.Sxe7

1-0

T01.37

14.De1! Sxc2 15.Lxc5 Sxe1 16.Txe7 Sc2 17.Sa3 Sxa1 18.Sb5! b6

18...d3? 19.Lxa7!+-; 18...The8 19.Le6+ Kb8 20.Lxa7+ Ka8 21.Txe8 Txe8 22.Sxc7+ Kxa7 23.Sxe8 d3 24.Kf1 g6 25.Lc4±

19.Lb4 d3 20.Ld2 g5?!

20...The8 21.Txc7+ Kb8 22.Txg7 Sg4 23.Sc7 Te2 24.Sa6+ Ka8 25.Tg8! Kb7 26.Txd8 Txd2 27.Td7+ Kc8 28.Txd3±

21.Sxc7 Sg8 22.Tf7 Sh6 23.Tg7 Thg8 24.Txh7 Th8 25.Tg7 Thg8 26.Te7 Kb8 27.h4 f4 28.Lxg8 Sxg8 29.Sa6+ Ka8 30.Tg7 Sc2 31.hxg5 Sd4 32.Kf1 Sf5 33.Sc7+ Kb7 34.Th7 Sfe7 35.Se6

1-0

T01.38

9.Sf3

9.Df3?! ist nicht so klar, z.B. 9...Sf6 (*9...Sb6! 10.Sxc6 Lg4 11.Df4 bxc6 12.h3 Sxc4 13.dxc4 f5! 14.Le3 Ld6 15.Dg5 Dxg5 16.Lxg5 Lh5*±) 10.Sxc6 Sg4 11.d4! Dxh2+ 12.Kf1 Ld6 13.Se5 Lxe5 14.dxe5 Sxe5 15.Txe5 Dxe5 16.Sc3± K. Shanava (2513) – M. Lyell (2212), Dresden 2007

9...Dxf2+ 10.Kh1 Sf6 11.Te2 Sg4 12.c3

Ein schöner ruhiger Zug.

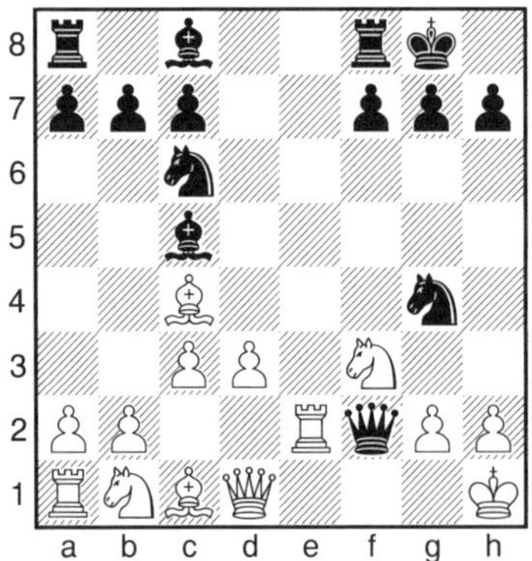

12...b5

12...Sa5 13.h3 Dg3 14.hxg4 Sxc4 15.dxc4 Lxg4 16.De1!±

13.Ld5 Lb7 14.Sbd2

Schwarz verliert Material.

14...Tae8 15.Se4 Dxe2 16.Dxe2 Sf2+ 17.Dxf2 Lxf2 18.Sxf2 Sa5 19.Lxb7 Sxb7 20.a4 Sc5 21.axb5 Te2 22.Kg1 Sb3 23.Tb1 Sxc1 24.Txc1 Txb2 25.c4 a6 26.bxa6 Ta2 27.Tb1 Txa6 28.Se4 Tfa8 29.Kf2 Ta2+ 30.Kg3 f5 31.Sc3 T2a3 32.Sd5 Txd3 33.Tb7 g5 34.h3 h5 35.Kh2

1-0

T01.39

12.Sg5! Sg8

Die Rechtfertigung lautet 12...Sxd5? 13.Sxh7! Sf6 (*13...Kxh7?? 14.Dh5+ Kg8 15.Lxd5++–*) 14.Sxf6 g6 15.Sd5±;

12...fxe4 13.Sxf6 Txf6 14.Sf7+ Txf7 15.Lxf7 exd3 16.Dxd3±

13.Dh5 Sh6 14.c3 f4 15.Sxe7 Dxe7 16.b4

Das ist nicht schlecht, aber wir schlagen hier den neuen Zug

16.g3! vor – siehe Kapitel 3 (Hauptvariante nach 7...Kh8).

16...Ld7 17.Lb2

17.d4!?

17...Tf6 18.d4?

18.Kf1 hält die Stellung vielleicht.

18...Tg6 19.Sf3 Sg4!

Jetzt steht Schwarz besser.

20.Sh4

20.hxg4 Lxg4 21.Dh4 Lxf3–+

20...Tg5

Der Computervorschlag 20...Th6 21.Sf5 Lxf5 22.Dxf5 Sxf2 23.Kxf2 Tf8 24.Dg4 Tg6 25.Dh5 exd4 26.cxd4 f3 27.g3 d5!∓ mit der Idee 28...Dxb4 ist eine Sequenz, die für einen Menschen schwierig zu berechnen ist.

21.Df7 Dxf7 22.Lxf7 Sh6 23.Ld5 Lxh3 24.Kf1 Ld7 25.Sf3 Th5 26.dxe5 dxe5 27.Ted1 Sg4 28.Lf7 Th1+ 29.Ke2 Txd1 30.Txd1 Sf6 31.c4?

31.Sg5=

31...Lg4 32.Ld5 Sxb4∓ 33.Lxe5 Sbxd5

33...c6∓

34.cxd5 Sxe4 35.Td4 Sd6 36.Lxd6 cxd6 37.Txf4 Te8+ 38.Kd3 Lxf3 39.Txf3 Kg8

Das Turmendspiel sieht nicht haltbar aus für Weiß und Schwarz gewann.

40.Kd4 Tf8 41.Tb3 Txf2 42.Txb7 Txg2 43.Tb6 h5 44.Txa6 h4 45.Tb6 h3 46.Tb1 Ta2 47.Ke4 Txa5 48.Kf5 Txd5+ 49.Kg6 Kf8 50.Tb8+ Ke7 51.Tb7+ Ke6 52.Txg7 Td3

0-1

T01.40

In der Partie spielte Weiß

17.Sxd4?

wonach er auch besser steht und später gewann.

Aber 17.Lxd5!N entscheidet die Partie sofort: 17...Dxd5 18.Sf6+ gxf6 19.Txe8 Dd7 20.Txf8+! Andere Züge gewinnen auch, aber das ist der beste. 20...Kxf8 21.Dd2 Kg7 22.Lxf6+! Kxf6 23.Dxh6+ Ke7 24.Te1++-

1-0

T01.41

20.Lxh6!

20.Sf6+ gxf6 21.Lxh6 Lg4 22.Dh4 Lxh6 23.Dxh6 Te6 24.f3 f5 25.Dh4 De7 26.Dxe7 Sxe7 27.fxg4± ist auch besser für Weiß.

20...f5 21.Lxg7!

Die Pointe.

21...fxe4?

21...Lxg7 ist relativ am besten. Weiß steht besser nach 22.Sg5 Sd5 23.Lb3 Tab8 (*23...Sf6 24.Sxe6 Sxh5 25.Sc5+ Df7 26.Lxf7+ Kxf7 27.Sxh5±*) 24.Dh7+ Kf8 25.Lxd5 Lxd5 26.Sxf5 Lg8 27.Dg6 Tb6 28.f4! Sd4 29.Dxg7+ Dxg7 30.Sxg7 Se2+ 31.Kf2 Kxg7 32.Kxe2±;

21...Dxg7? 22.Sxf5 Lxf5 (*22...Df7 23.Dg5+ Kh8 24.Sf6 Lxf5 25.Dxf5+-*) 23.Dxf5 Se7 24.Sf6+ Kh8 25.Dh5+ Dh6 26.Dxh6+ Lxh6 27.Sxe8+-

22.Dh8+ Kf7

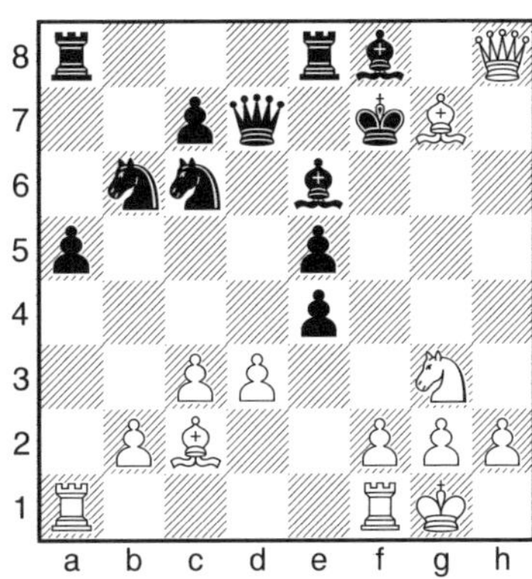

23.Ld1

Das führt zu einem technisch gewonnenen Endspiel, aber es gab bessere und schönere Wege zum Sieg.

23.Lf6!! gewinnt. Die Idee lautet 24.Dh7+ Kxf6 25.Sxe4#. Schwarz hat keine Verteidigung, z.B. 23...Te7 24.d4! Ke8 25.Lxe4 Ld5 26.Lg6+ Lf7 27.Lxe7 Sxe7 28.Lxf7+ Kxf7 29.f4 exd4 30.f5 Sed5 31.f6+-; 23.Sh5 exd3 24.Lxe5!+- ist ein weiterer eleganter Weg die Partie zu beenden.

23...Lxg7 24.Lh5+ Ke7 25.Dxg7+ Kd8 26.Dxd7+ Sxd7 27.Lxe8 Kxe8 28.Sxe4+-

Mit Turm und drei Bauern gegen zwei Figuren steht Weiß auf Gewinn.

28...Tb8 29.b4?!

Es gab keinen Grund den b-Bauern zu geben.

29.Tfb1+-

29...axb4 30.cxb4 Sxb4 31.Tfb1 Tb6 32.h4?!

Weiß spielt mit dem Feuer.

32.Ta3±

32...Sxd3 33.Txb6 cxb6 34.h5 Kf7?

34...Ke7! ist das korrekte Feld für den König. Weiß steht nur etwas besser nach 35.f3 (*35.h6?! Lf5!* und alle drei Resultate sind möglich.) 35...Ld5 36.Sc3 Lb7 37.Ta4±

35.h6!

Schwarz muss jetzt Material geben für den Bauern.

35...Sf8

35...Ld5 36.Sg5+ Kg8 37.Ta7 S3c5 38.Tc7 Sf8 39.Tc8 Scd7 40.f3+− Die schwarzen Kräfte sind paralysiert.

36.Sg5+ Kf6

36...Ke7 37.h7 Sxh7 38.Ta7+ Kd6 39.Sxe6+−

37.h7 Kg7 38.Ta8

38.Ta7+! Ld7 39.Se6+ Sxe6 40.Txd7+ Kh8 41.Txd3+−

38...Sxh7 39.Ta7+ Kg6 40.Sxe6+− Sf6 41.Tb7 Sd5 42.Sf8+ Kf5 43.Sd7 Sc3 44.Sxb6 Sd1 45.Sc4 Ke6 46.f3 Sc3 47.Kh2 Sd5 48.Sd2 S5f4 49.g3 Sd5 50.Tb3 Sc5 51.Ta3 Sf6 52.Ta5 Sd3 53.Ta6+ Kf5 54.g4+ Kg5 55.Kg3 Sf4 56.Sc4

1-0

T01.42

20.Lb3?

20.Dg4!! Weiß verpasste diesen Zug und verlor die Partie nach einem Fehler. 20...f5 (20...Kh7 21.Dh4+ Kg8 22.Lb3 c6 23.c4 bxc4 24.dxc4 Sxb4 25.Td1 De8 26.c5+ Sd5 27.Txd5! cxd5 28.Lxd5+ Tf7 29.Lxb7 f5 30.Dg3 (*30.Lg5+−*) 30...fxe4 31.Dxg6 Tf6 32.Dxe4+−) 21.Dxg6 fxe4 (*21...De8 22.Dg3 c6 23.Sg5±*) 22.Dxe4 c6 23.d4 Sf6 24.Dxc6 Dd7 25.Dxd7 Sxd7 26.dxe5± Weiß hat eine starke Bauernarmada am Königsflügel für den Springer und ein starkes Läuferpaar.

20...c6 21.Dg4 De8

und hier spielte Weiß

22.c4?=

und verlor später sogar.

Nach 22.Ld2 steht er dagegen noch etwas besser.

0-1

T01.43

24.Sxf6! gxf6

24...Txf6 25.Txf6 gxf6 26.Dxf6+ Kg8 27.Dg5+ Kf8 28.Te1+−

25.Txf6

25.Tf5! ist sogar besser und gewinnt nach z.B: 25...Kg7 26.d4!+− aber Weiß gewann auch so in überzeugender Manier.

25...Td6 26.Txf8+ Dxf8 27.Dxh5+ Kg8 28.Te1

28.Dxe5+−

28...Sc6

28...Df7 29.Dxe5+−

29.Lb3+ Kg7 30.Te3 Tg6 31.Tf3 De7 32.Tf7+

32.Lg8!+−

32...Dxf7 33.Lxf7 Kxf7 34.Df5+ Kg7 35.h4 Tf6 36.Dh3 Td6 37.h5 Sd5 38.Dc8 b5 39.Dxa6 b4 40.Dc8 bxc3 41.bxc3 Sce7 42.Dg4+ Kf7 43.De4 Sf6 44.Dxe5 Txd3 45.Dxc7 Sfd5 46.De5 Txc3 47.g4 Tf3 48.h6 Sf6

49.g5 Tf5 50.g6+ Kxg6 51.Dxe7 Kxh6 52.a4 Sh7 53.Dd6+

1-0

T01.44

20.Dg4! hxg5 21.hxg5 Lc5 22.Tf3!+-

Bringt weitere Kräfte in den Angriff. Schwarz ist verloren, egal was er macht.

22...Se6

22...Lxe3+ 23.Txe3 Dc5 24.Tdd3! Dxc4 25.Dh5+- mit der Idee 26.Th3.

23.g6 Ta6

23...Tae8 24.Tdf1+-

24.b4!?

24.Tdf1 Sf4 25.gxf7+ Txf7 26.g3 Tg6 27.Dxg6! Sxg6 28.Txf7+-

24...axb4 25.cxb4 La7

25...Sg5 26.gxf7+ Kh8 27.Lxa6 Sxf3+ 28.Dxf3+-

26.b5 Lxe3+ 27.Txe3 Dc5 28.Dh3

1-0

T01.45

18.e5!!

Was für eine großartiger Zug! Weiß möchte die e-Linie öffnen.

18...Lxe5

18...dxe5 19.f3! und Schwarz ist verloren, z.B. 19...fxg5 20.fxg4 Lf4 (*20...hxg4 21.Kxh2 gxh3 22.g3+-*) 21.Txf4! gxf4 22.Sxe5! Th6 23.Te1 Td6 24.Dxf4+-;

18...Sxe5 19.f4! fxg5 20.fxe5+-;

18...fxg5 19.exd6 Lf4 20.Tae1! Lxd2 21.Txe7+ Kd8 22.Sxd2 cxd6 23.Txg7+-

19.f4! Le6 20.fxe5 Sxe5 21.La4+! Sd7

21...b5 22.Sxe5 dxe5 23.Lc2 Td8 24.Df2 fxg5 25.Lg6+ Kd7 26.Tfd1+ Kc8 27.Da7+-

22.Lf4 0-0

22...Lxc4 23.Tfe1 Le6 24.Txe6 Dxe6 25.Te1+-

23.Se3+-

Die Figur ist hier deutlich mehr wert als drei Bauern, insbesondere weil der schwarze Königsflügel schwach ist. Weiß gewann problemlos.

23...Df7 24.Ld1 Se5 25.Lc2 Sg6 26.Tad1 Tfe8 27.Dd3 Sf8 28.Sf5 Kh8 29.Tf3 a5 30.Tg3 Lxf5 31.Dxf5 a4 32.Ld2 Te5 33.Df3 Dd5 34.Df2 Df7 35.Lc3 Tc5 36.Df3 d5 37.Tg5 c6 38.Tf1 Txc3 39.bxc3 Kg8 40.Txh5 Te8 41.Dg4 f5 42.Thxf5

1-0

T01.46

15.Scd2?

15.exd5! Dxd5 16.f3! gxf3 17.Dd2! Sg4 (*17...f2+ 18.Dxf2 Dg2+ 19.Dxg2 hxg2 20.Sfd2 Lxe3+ 21.Sxe3 Lh3 22.Sf3*±) 18.Sxe5!!

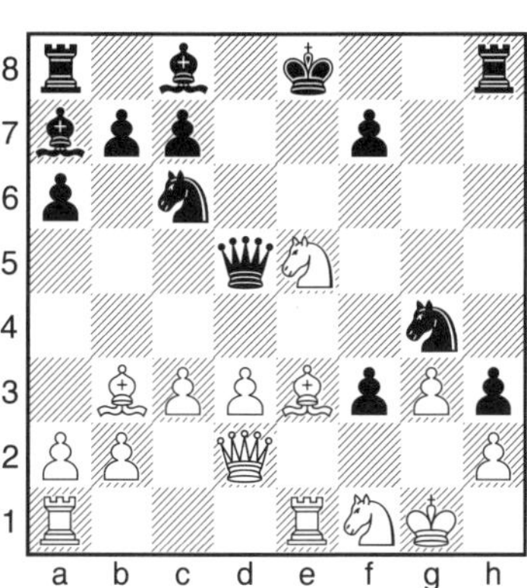

Dieser verrückte Zug war im Voraus schwierig zu sehen. 18...f2+ (*18...Lxe3+ 19.Txe3! Dxe5 20.d4!+−; 18...Sxe3 19.Lxd5 Sc4+ 20.d4 Sxd2 21.Sxc6++−*) 19.Dxf2! Sxf2 (*19...Dg2+ 20.Dxg2 hxg2 21.Sxg4 gxf1D+ 22.Kxf1 Lxg4 23.Lxa7+ Kd7 24.Lg1+−*) 20.Lxd5 Sxe5 21.Lxf2 Lxf2+ 22.Kxf2 Th5 23.d4 Le6 24.Lxb7 Tb8 25.Txe5 Txe5 26.Lc6+ Ke7 27.dxe5+−

15...d4∓

Schwarz steht etwas besser und gewann letztendlich.

16.Lg5 Th5 17.Lxf6 Dxf6 18.c4 Ld7 19.La4 Lc5 20.a3 Lf8 21.b4 Tg5 22.Ta2 Tg6 23.c5 b5 24.Lc2 a5 25.Tb2 axb4 26.axb4 Lh6 27.Db1 Ke7 28.Ld1 Tgg8 29.Ta2 Txa2 30.Dxa2 Sxb4 31.Da3 Sc6 32.Le2 Tb8 33.Tb1 Ke8 34.Da6 Lc8 35.Da3 De7 36.Sb3 Le6 37.Sfd2 Dd8 38.Ta1 Dc8 39.Kf1 Tb7 40.Da6 Sb4 41.Da5 Sc6 42.Da3 Ta7 43.Db2 Da8 44.Txa7 Dxa7 45.Dc2 Lxd2 46.Sxd2 Da1+ 47.Dd1 Dxd1+ 48.Lxd1 Sb4 49.Ke2 Kd7 50.Lb3 Lxb3 51.Sxb3 Kc6 52.Sa5+ Kxc5 53.Sb7+ Kb6 54.Sd8 f6 55.Sf7 c5 56.Sh6 c4 57.dxc4 bxc4 58.Sxg4 c3 59.Sxf6 d3+ 60.Ke3 c2 61.Kd2 Sa2

0-1

T01.47

10...Sg4!

Startet eine forcierte Sequenz.

11.Te2

11.Tf1 macht keinen Unterschied.

11...Lxf2+! 12.Txf2 Se3 13.De2 Sxc2 14.Tb1 Lxa2 15.b3 Lxb1 16.Sxb1 Sa1 17.Da2 Sxb3 18.Dxb3 b5∓

Ein Turm und drei Bauern sind mehr wert als zwei Leichtfiguren. Schwarz gewann.

19.Sa3 De7 20.Sc2 De6 21.Db1 f5 22.Se3 Se7 23.Ta2 a5 24.Te2 c6 25.d4 f4 26.Sc2 Dc4 27.Te1 Sg6 28.Sa3 Dxc3 29.Da2+ Kh7 30.Lb2 Dd3 31.De6 b4 32.Dh3 Da6 33.Sc2 Dc4 34.Tc1 Da2 35.Sg5+ Kh8 36.La1 b3 37.De6 b2

0-1

T01.48

19.Lxh6!

Ein typischer Schlag, auf den man immer Ausschau halten sollte in ähnlichen Stellungen.

19...exd4?

Das war eine Schnellschachpartie, so dass es natürlich ist, wenn man nicht immer die besten Züge findet.

19...gxh6 20.Dxh6 De7 21.dxe5 Sh7 22.Sf5 Df8 23.Dh5 Sf4 24.Dg4+ Sg6 25.S3h4 und der Angriff läuft weiter.

20.e5! Se4 21.Sh5

Nett war 21.Lxg7! Kxg7 22.Sh5+ Kf8 23.cxd4 und Schwarz ist verloren, z.B. 23...Lf5 24.Lxe4 dxe4 25.Dh6+ Ke7 26.Dg5+ Kf8 27.Sf6 De6 28.g4 Lxg4 29.Dh6+ Ke7 30.Sg5+− Aber auch so gewann Weiß in überzeugender Manier.

21...Lxh3 22.Lxe4 Dg4 23.Sg3 Sxe5 24.Sxe5 Txe5 25.gxh3 Dxh3 26.Lf4 dxe4 27.cxd4 Txd4 28.Lxe5 Lxe5 29.Ta3 Ld6 30.Tb3 Dg4 31.De3 c5 32.De2 Dh4 33.Td1 f5 34.Txd4 cxd4 35.Dc4+ Kh7 36.Dxd4

1-0

T01.49

19.Lxh6!!+−

Weiß ignoriert den Bauern auf d4 und beginnt einen verheerenden Angriff.

19...gxh6 20.Sf5 Sg8 21.Sg5+ Kh8

21...hxg5 22.Dxg5+− und Schwarz muss die Dame geben, um das Matt abzuwehren.

22.Sxf7+ Kh7 23.e5

Das gewinnt genau wie die folgende Fortsetzung.

23.S7xh6! Te6 24.e5! dxe5 25.Sf7 Dd7 26.Sg5+ Kh8 27.Sxe6 Dxe6 28.Dg5 Df7 29.Sh4 Sf8 30.c5+−

23...dxe5 24.Sg5+ Kh8 25.Sf7+ Kh7 26.Sxe5 Txe5 27.Txe5 Sxe5 28.Se7+ Kg7 29.Sxc8 Txc8 30.Df4 Te8 31.b4 Sxc4 32.Dg3+ Kf8 33.Lb3 Ld5 34.Dxc7 Lb6 35.Df4+ Kg7 36.Txd4 Lxd4 37.Dxd4+ Sf6 38.f3 b5 39.Da7+ Kg6 40.Lc2+ Kh5 41.Dg7 Te6 42.Dg6+ Kh4 43.g3+

1-0

Index Italienisch mit c3 und d3

7.Sbd2

7.a4 Kapitel 9.4 – Seite 145

7.Lg5 Kapitel 9.5 – Seite 152

7...a6

7...Kh8 Kapitel 5.2 – Seite 69

7...Le6 8.b4 Kapitel 5.4.1 – Seite 72

7...a5 Kapitel 5.5 – Seite 76

7...Se7 Kapitel 6.1 – Seite 80

8.Lb3 La7

8...Kh8 Kapitel 5.2 – Seite 69 8...d5 Kapitel 8.1.3.1 – Seite 111 8...h6 9.Te1 Te8 (9...d5? Kapitel 8.2.2.1 – Seite 123 9...Le6!? 10.Sf1 Kapitel 8.2.2.1 – Seite 123 9...Sg4?! Kapitel 8.2.2.1 – Seite 123) 10.h3 (10.Sf1!? Kapitel 8.2.2.1 – Seite 123) 10...Le6 (10...d5? Kapitel 8.2.2.1 – Seite 124) 11.Lc2!? (11.Sf1 Kapitel 8.2.2.1 – Seite 123 11.Lxe6!? Kapitel 8.2.2.1 – Seite 124) 11...d5 12.exd5 Kapitel 8.2.2.1 – Seite 124

9.h3 h6

9...Sd7 Kapitel 5.3 – Seite 71 9...Se7

10.Te1 Sg6

11.Sf1 Kapitel 6.3 – Seite 86

9...Sh5 10.Sc4! Kapitel 7.1 – Seite 98

9...Kh8 Kapitel 5.2 – Seite 70

9...Le6 10.Te1 Lxb3 Kapitel 8.1.1 – Seite 107 (10...Sd7 Kapitel 8.1.2 – Seite 110 10...Sh5 Kapitel 8.1.2 – Seite 110 10...d5? Kapitel 8.1.2 – Seite 111)

10.Te1 Le6 10...Sh5 Kapitel 7.2 – Seite 101

11.Sf1 Te8

11...Se7 Kapitel 8.2.1.1 – Seite 115

11...Dd7 12.La4!? Kapitel 8.2.1.1 – Seite 116

11...Lxb3 Kapitel 8.2.1.2 – Seite 119

11...d5 12.exd5 Sxd5 13.S1h2 Kapitel 8.2.2.2.1 – Seite 129 (13.Sg3 Kapitel 8.2.2.2.1 – Seite 129 13.Sxe5 Kapitel 8.2.2.2.1 – Seite 129)

12.Sg3

12.Le3!? Kapitel 8.2.1.1 – Seite 116

12...Dd7

12...d5 13.exd5 Sxd5!? Kapitel 8.2.2.2.2 – Seite 131

(13...Lxd5 Kapitel 8.2.2.2.3 – Seite 134)

Quellen

Bologan, Victor: Bologan's Black Weapons, New in Chess 2014

ChessBase, Magazin

ChessBase, MEGABASE 2015

Emms, John: Play the Open Games as Black, GAMBIT 2000

Emms, John: Beating 1.e4 e5, a repertoire for White in the Open Games, Everyman 2010

Gustafsson, Jan: Black repertoire against 1.e4, 2nd volume: Open games, ChessBase DVD, Hamburg 2010

Kindermann, Stefan: Intelligentes Italienisch, ChessBase DVD 2013

King, Daniel: PowerPlay 17 ChessBase DVD 2012

Lokander, Martin: The Open Games with Black, Everyman 2015

Marin, Mihail: Beating the Open Games, Quality Chess 2007

Mikhalchishin, Adrian: 1.e4 e5 – An active repertoire for Black, ChessBase DVD 2012

Ntirlis, Nikolaos: Playing 1.e4 e5, A Classical Repertoire, Quality Chess 2016

Pinski, Jan: Italian game and Evans gambit, Everyman 2005

Ris, Robert: A Black repertoire against the two knights, ChessBase DVD 2014

Saric, Ivan: Video chess24.com 2015 „A new look at the Italian (Giuoco Piano)"

The Week in Chess:
ChessBase Let's Check database

Tiviakov, Sergei: The Bishop´s Opening & The Italian Game ChessBase DVD 2015

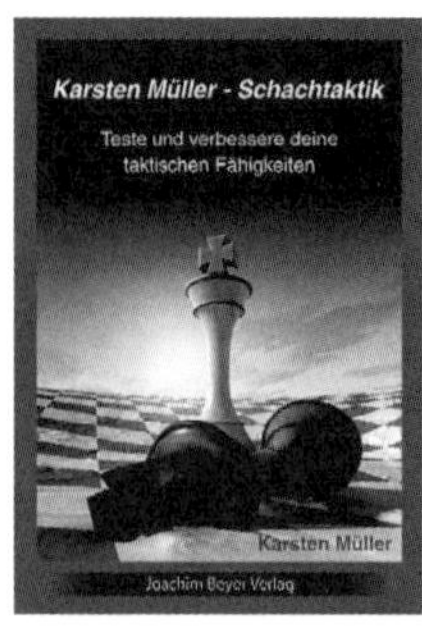

Karsten Müller

Karsten Müller – Schachtaktik

Teste und verbessere deine taktischen Fähigkeiten

268 Seiten, gebunden, Leseband

Unter den Übungs- und Testbüchern nimmt GM Karsten Müllers Schachtaktik einen hervorragenden Platz ein, wie man aus dem Erfolg der englischen Erstauflage ableiten darf. Das nun erstmals in deutscher Übersetzung erhältliche Werk versammelt insgesamt 565 Denksport- aufgaben aus dem Bereich der Taktik, wobei sämtliche Phasen der Schachpartie berücksichtigt werden. Der erste Teil des Buchs stellt alle erdenklichen Elemente und Motive der Schachtaktik in kurzer Form vor und verknüpft diese jeweils mit einer Reihe von lehrreichen Übungen, die sich vornehmlich an fortgeschrittene Anfänger richten. Der zweite Teil bietet Testaufgaben variierender Schwierigkeit, die den ambitionierten Vereinsspieler bis hin zum Meister ansprechen. Die Beispiele sind überwiegend der zeitgenössischen Turnierpraxis entnommen und befinden sich häufig auf großmeisterlichem Niveau. Kurze Hinweise (Lösungshilfen) zu den Tests werden in einem separaten Kapitel angeboten. Zwischen den beiden Hauptteilen des Buchs präsentiert der Autor außerdem eine kleine Auswahl der schönsten Kombinationen der Schachgeschichte sowie einige taktische „Perlen“ aus jüngeren Turnieren.

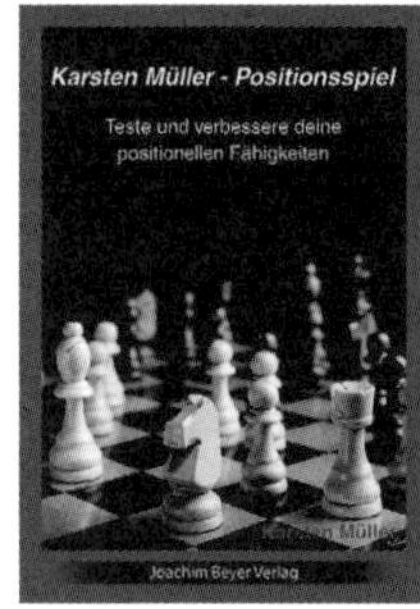

Karsten Müller

Karsten Müller – Positionsspiel

Teste und verbessere deine positionellen Fähigkeiten.

332 Seiten, gebunden, Leseband

Das Positionsspiel unterscheidet sich grundlegend vom Kombinationsspiel, das durch taktische Manöver einen schnellen Materialgewinn oder das Matt anvisiert. Das Positionsspiel zielt hingegen darauf ab, die Stellung allmählich zu verbessern, bis diese für einen entscheidenden Schlag reif ist. Bei dieser Schritt-für-Schritt-Strategie ist in der Regel keine präzise Berechnung oder abschließende Bewertung der Abspiele möglich. Zudem besteht oft eine Wahl zwischen verschiedenen gesunden Fortsetzungen, die dem Spieler eine schwierige Entscheidung abverlangt. Meist kann diese Entscheidung nur aufgrund eines tiefen Verständnisses des Stellungsspiels getroffen werden, zuweilen lediglich intuitiv aus einem Positionsgefühl, das erst durch eine mehrjährige Spielpraxis ausgebildet und erworben werden muss.

Das vorliegende Werk will die Fähigkeiten des Spielers im Stellungsspiel verbessern, den Positionsblick schärfen und helfen, ein Gefühl für die richtigen strategischen Entscheidungen zu entwickeln. Zu diesem Zweck präsentiert der Autor eine Vielzahl von sorgfältig ausgewählten, instruktiven Übungs- und Testaufgaben. Der Leser ist aufgefordert, sich mit diesen intensiv zu befassen und die Lösungen zu erarbeiten, die nachstehend im Buch angegeben werden (häufig weiter ausgeführt bis zum Partieende). Zahlreiche dem Positionsspiel zugehörigen Motive werden thematisiert: Schlechte Läufer, Domination, Unterminierung, Prophylaxe, Blockade, positionelle Qualitätsopfer, Farbkomplex-Schwächen, u.a.m.

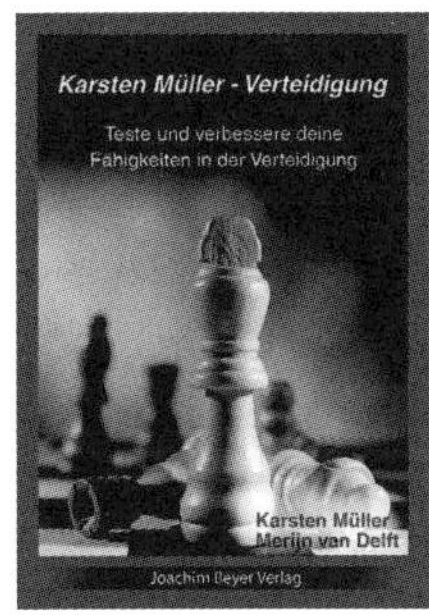

Karsten Müller / Merijn van Delft

Karsten Müller – Verteidigung

Teste und verbessere deine Fähigkeiten in der Verteidigung

260 Seiten, gebunden, Leseband

Die Autoren haben sich in diesem Buch der Verteidigung in besonderer Weise angenommen, indem sie den Leser nicht nur anhand instruktiver Beispiele in die einzelnen Themen einführen, sondern ihn gleichzeitig motivieren, als Löser von ausgewählten Übungen und Denksportauf- gaben an die „Grenzen seiner Komfortzone" zu gehen. Zu den behandelten Themen gehören: Prinzipien und Methoden des Verteidigers – Verteidigung gegen einen Königsangriff – Neutralisierung einer Initiative – Rettung des Remis – Passive oder aktive Verteidigung – die Entwicklung von Gegenspiel, aber auch sonst nur stiefmütterlich behandelte Fragen wie die der Verteidigung gegen den Minoritätsangriff. Einem der findigsten und zähesten Verteidiger unter den Weltmeistern, Tigran Petrosjan, ist ein eigenes Kapitel gewidmet, zudem ist die deutsche Ausgabe um ein neues Kapitel mit aktuellen Beispielen und Testaufgaben erweitert worden. Die Übungen richten sich an versierte Vereinsspieler, bei der ernsthaften Beschäftigung mit diesen „Herausforderungen" winkt als Lohn, die eigenen Fähigkeiten in der Verteidigung erheblich verbessert und gefestigt zu haben. Nur derjenige, der auch die Verteidigung beherrscht und bis zum Partieende nicht aus den Augen verliert, wird letztlich beim Kampf am Brett Erfolg haben!

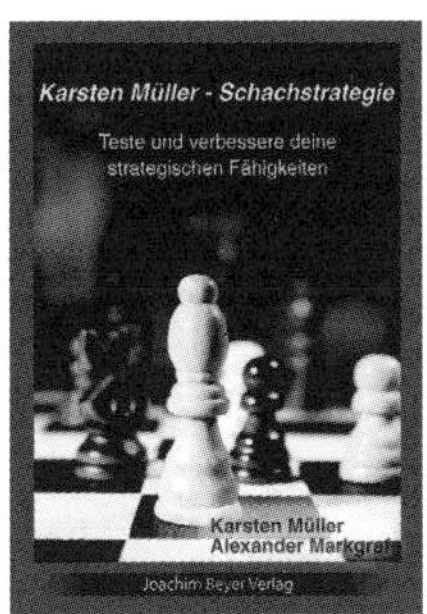

Karsten Müller / Alexander Markgraf

Karsten Müller – Schachstrategie

Teste und verbessere deine strategischen Fähigkeiten

284 Seiten, gebunden, Leseband

Im Schach strategisch spielen bedeutet, langfristige Ziele zu planen und diese möglichst auch innerhalb einer begrenzten Partiephase zu erreichen. Das strategische Spiel unterscheidet sich damit im Wesen vom Kombinationsspiel, das die Umsetzung kurzfristiger Zielsetzungen mit taktischen Mitteln betreibt. Es liegt in der Natur der Sache, dass eine Strategie in kleinen Schritten, die meist taktischer Natur sind, zum Erfolg geführt wird. Strategisches und taktisches Vorgehen sind daher eng miteinander verwoben und nicht scharf voneinander zu trennen. Bekanntlich gilt: Alle guten Züge haben einen strategischen Zweck, und überwiegend weisen sie zugleich taktische Elemente auf.

Dies ist der vierte und krönende Schlussband von Karsten Müllers Reihe zu Lehr- und Übungsbüchern, die sich dem Mittel- und Endspiel widmen. Thematisch nahe verwandt mit dem vorhergehenden Band „Positionsspiel", will dieses Werk weitere Schwerpunkte im Bereich der strategischen Spielführung setzen und wiederum den Leser anleiten, sich anhand zahlreicher Übungs- und Testaufgaben zu verbessern. Zu den Kernthemen gehören Prophylaxe, der richtige Abtausch, Domination, Verwertung eines Vorteils, u.a.. Fraglos richtet sich dieser Trainingskurs an fortgeschrittene Spieler, die bereits auf grundlegende strategische Kenntnisse zurückgreifen können.

Karsten Müller – Die Endspielkunst der Weltmeister

Da die Schachweltmeister natürlich in allen Bereichen des Spiels herausragen, kann man von ihrem Können am meisten lernen, und es versteht sich von selbst, dass das Endspiel diesbezüglich keine Ausnahme bildet. Ganz gleich, ob sie renommierte Taktiker oder hervorragende Positionsspieler waren – ganz gleich, ob sie ihre Eröffnungen in aller Tiefe analysierten oder diese eher intuitiv spielten: Es ist vollkommen ausgeschlossen, dass einer von ihnen den höchsten Titel hätte erlangen können, wenn er nicht auch die Endspielphase weltmeisterlich beherrscht hätte.

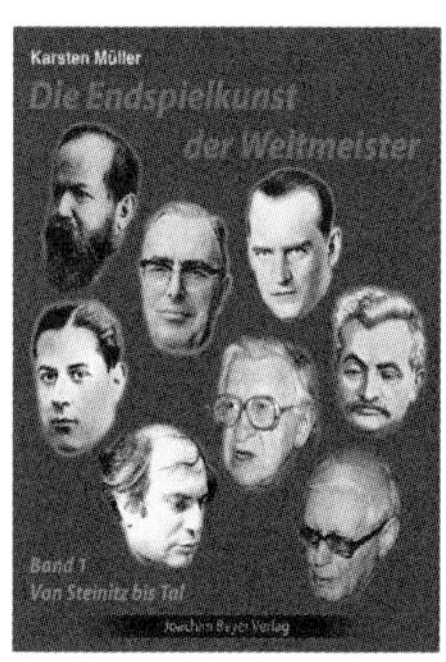

Band 1
Von Steinitz bis Tal

238 Seiten, gebunden, Großformat, Leseband
mit QR-Code zu jeder Partie

Und um seinen Lesern zu ermöglichen, von den Weltmeistern zu lernen, hat der Autor sein Augenmerk vorneweg auf deren individuell gegebene Spezialgebiete gerichtet – wie z.B. auf Steinitz' gekonnten Umgang mit dem Läuferpaar, Laskers Verteidigungskunst, Capablancas Einsatz des Königs, Aljechins Angriffskunst in der 4. Partiephase, Euwes geschickte Nutzung von Freibauern, Botwinniks eiserne Logik und weitsichtige Strategie, Smyslows minutiöse Turmendspiele und Tals Magie, die oft auch im Endspiel zauberhaft zum Zuge kam.

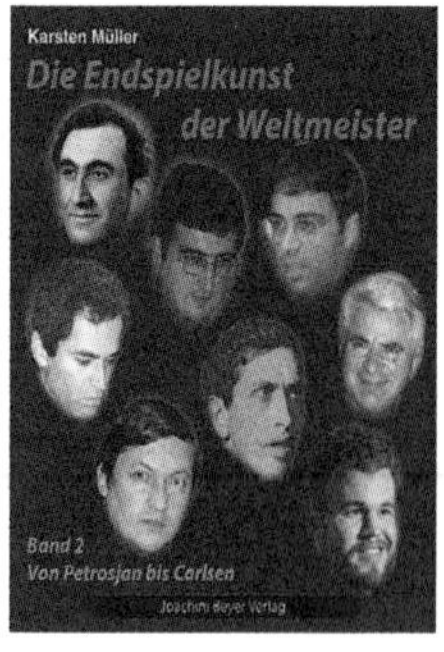

Band 2
Von Petrosjan bis Carlsen

232 Seiten, gebunden, Großformat, Leseband
mit QR-Code zu jeder Partie

Auch im zweitenten Band hat der Autor sein Augenmerk vorneweg auf deren individuell gegebene Spezialgebiete gerichtet – wie z.B. auf Petrosjans untrügliches Gespür in Fragen des *richtigen* Abtauschs und sein Können im Endspiel 'Turm + Springer gegen Turm + Läufer' (mit der Springerpartei im Vorteil), auf Spasskis Umgang mit der Initiative, Fischers Präzision im 'Fischer-Endspiel' mit 'Turm + Läufer gegen Turm + Springer' (mit der Läuferpartei im Vorteil), auf Karpows Dominanz- und Restriktionsmethoden, Kasparows Königsangriffe bei reduziertem Material, Kramniks strategisches Powerplay speziell auf einem geschwächten Farbkomplex, auf Anands nicht nachlassendes aktives Druckspiel und Carlsens Technik in dem nach ihm benannten 'Carlsen-Endspiel' mit Türmen und gleichfarbigen Läufern.